AF643099

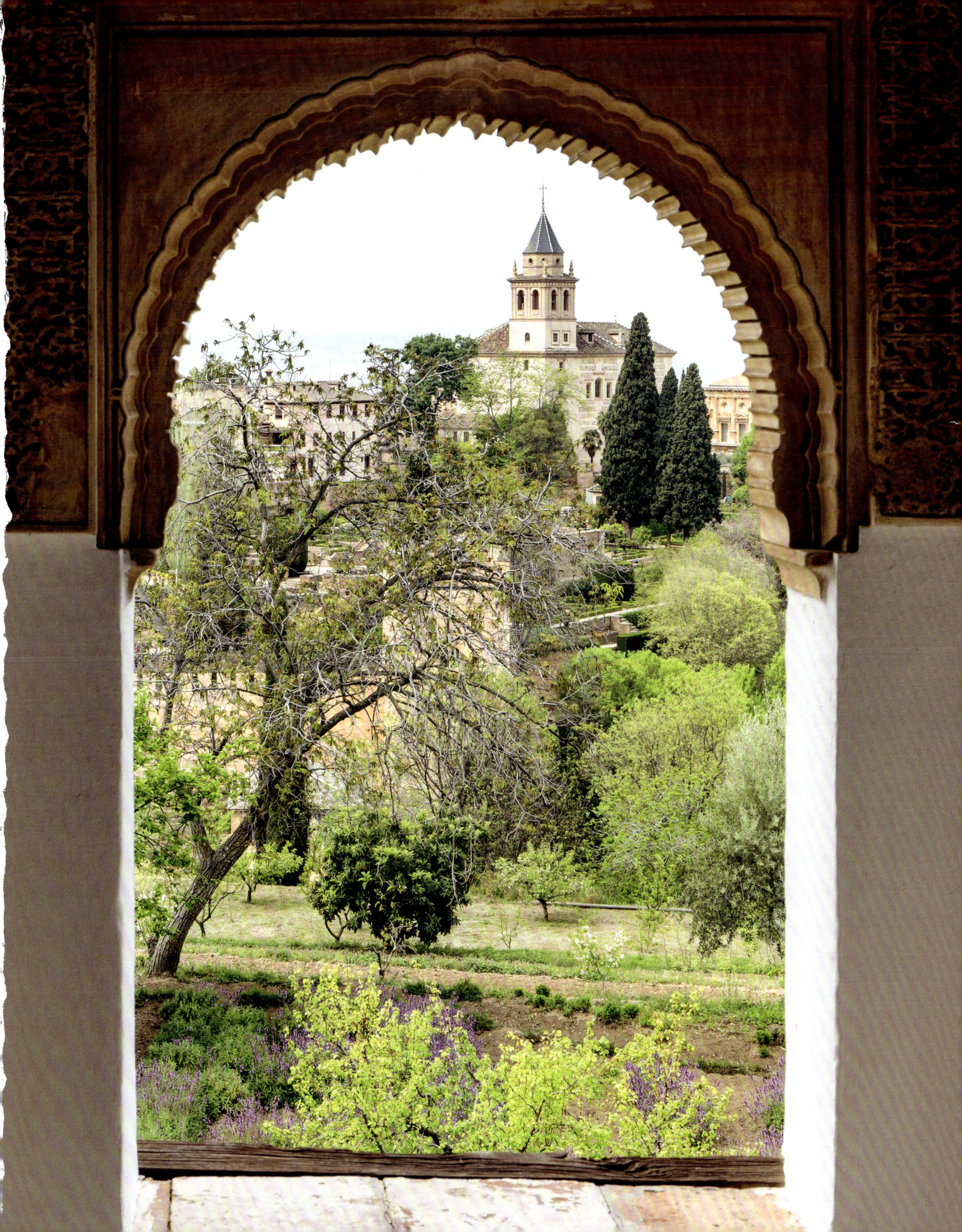

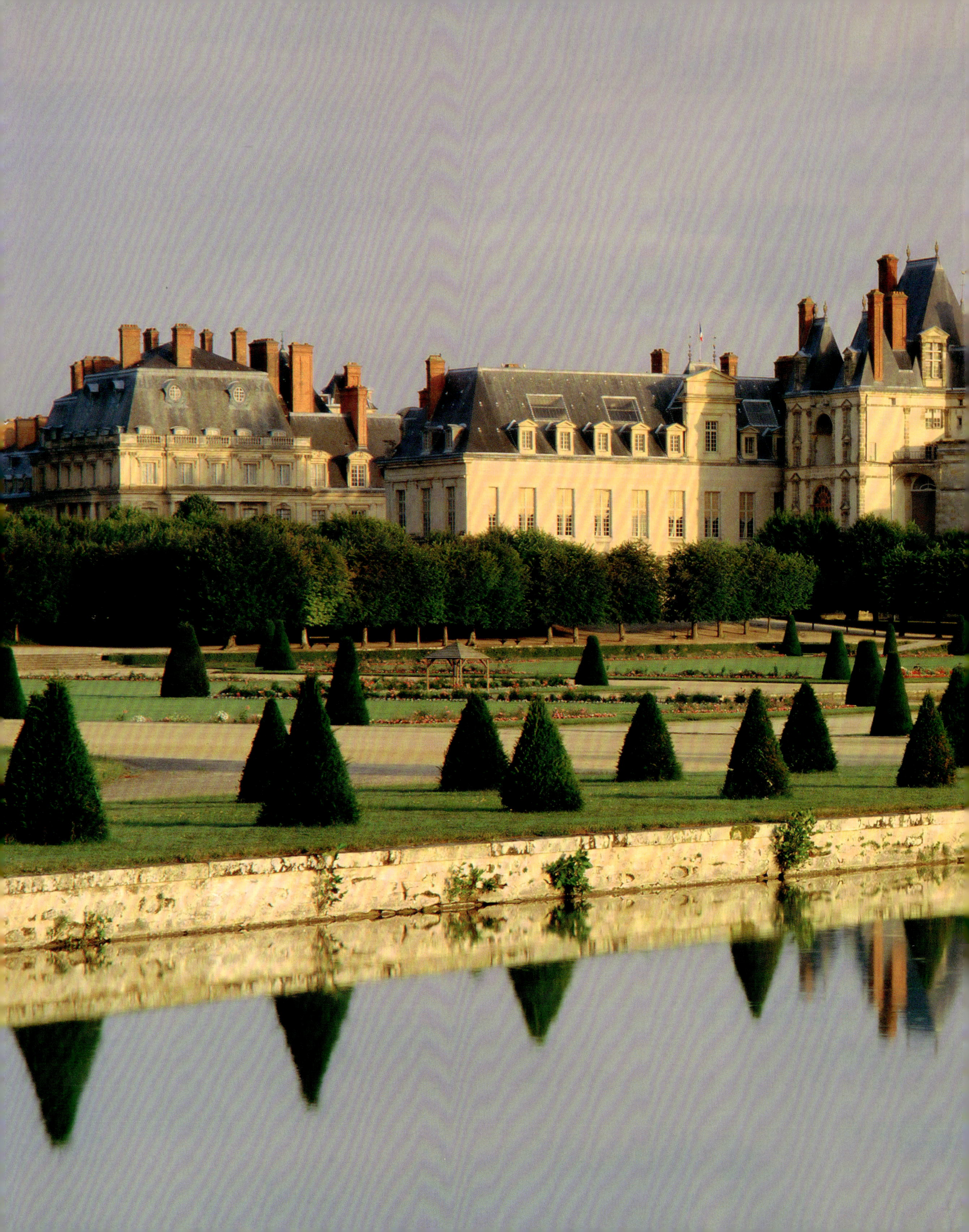

ROYALE GÄRTEN

MARK LANE

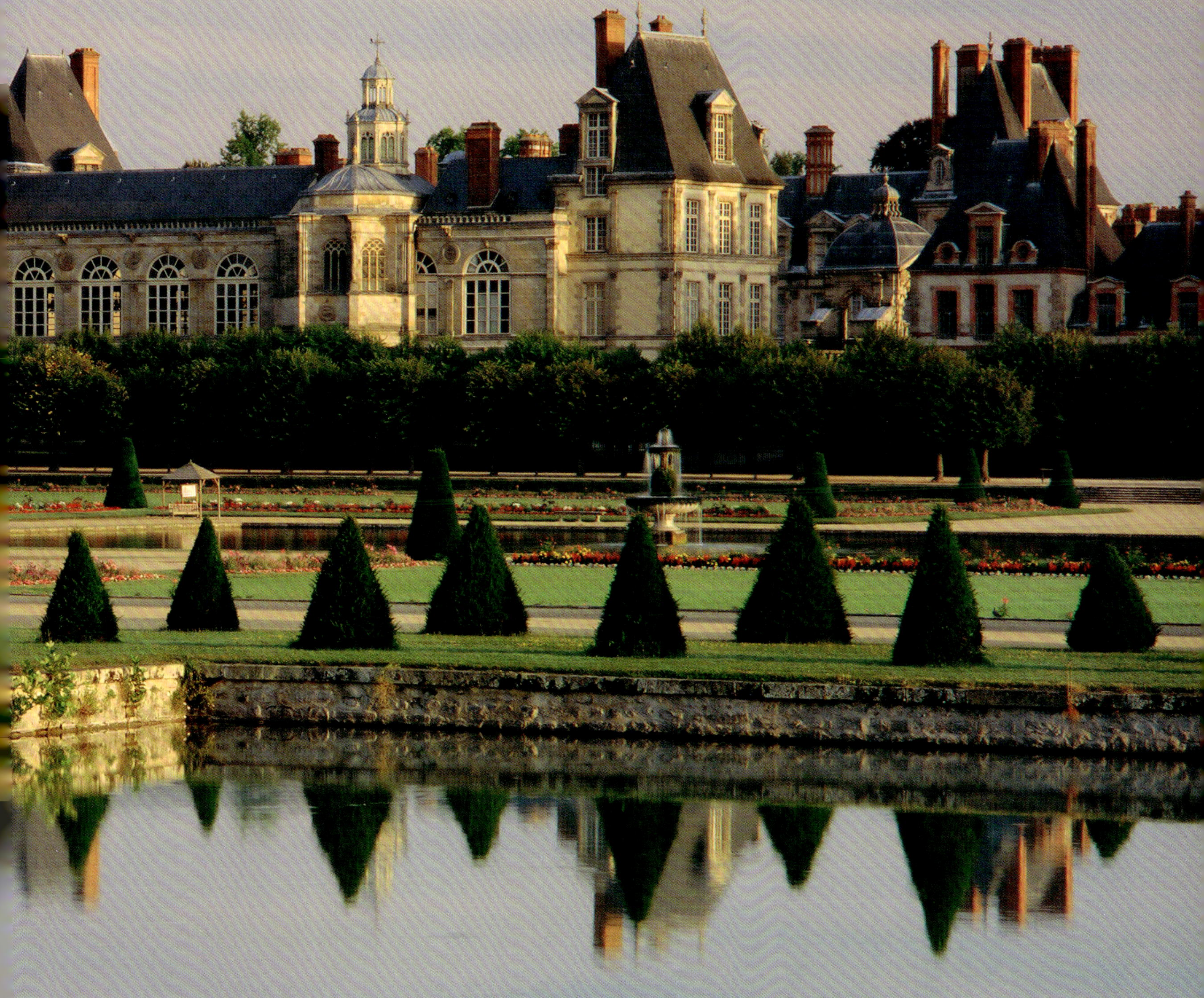

PRESTEL
MÜNCHEN · LONDON · NEW YORK

Impressum

Die englischsprachige Originalausgabe erschien 2020 im Vereinigten Königreich bei Kyle Books, einem Imprint von Kyle Cathie Ltd, Teil von Octopus Publishing Group Ltd, Carmelite House, 50 Victoria Embankment, London EC4Y 0DZ.

© Text: Mark Lane 2020
© Layout und Design: Kyle Cathie Ltd 2020
Alle Rechte vorbehalten

Verlegerin: Joanna Copestick
Lektorat: Jenny Dye
Design und Kartenillustration: Robin Rout
Bildredaktion: Giulia Hetherington
Herstellung: Lisa Pinnell

Deutsche Ausgabe:
© Prestel Verlag, München · London · New York, 2021
in der Verlagsgruppe Random House GmbH
Neumarkter Straße 28 · 81673 München

Der Verlag weist ausdrücklich darauf hin, dass im Text enthaltene externe Links vom Verlag nur bis zum Zeitpunkt der Buchveröffentlichung eingesehen werden konnten. Auf spätere Veränderungen hat der Verlag keinerlei Einfluss. Eine Haftung des Verlags ist daher ausgeschlossen.

Projektleitung: Claudia Stäuble
Projektmanagement: Sabine Schmid
Übersetzung aus dem Englischen: Werner Kügler
Lektorat und Satz: VerlagsService Dietmar Schmitz GmbH
Herstellung: Andrea Cobré
Umschlaggestaltung deutsche Ausgabe: Atelier Schug, München

Gedruckt in China

ISBN 978-3-7913-8701-7

www.prestel.de

Schmutztitel und Frontispiz

Blick auf die Alhambra, Granada, Spanien *(siehe Seiten 122–131)*

Schloss Fontainebleau, Paris, Frankreich *(siehe Seiten 78–89)*

INHALT

EINFÜHRUNG 6

England — HAMPTON COURT PALACE 12
HIGHGROVE HOUSE 24
ROYAL BOTANIC GARDENS, KEW 34
Schottland — CASTLE OF MEY 44
Deutschland — SCHLOSS HERRENHAUSEN 54
SCHWERINER SCHLOSS 68
Frankreich — SCHLOSS FONTAINEBLEAU 80
SCHLOSS VERSAILLES 90
Italien — KÖNIGSPALAST VON CASERTA 102
PALAST VON VENARIA REALE 114
Spanien — STADTBURG ALHAMBRA 122
Österreich — SCHLOSS SCHÖNBRUNN 132
Tschechien — PRAGER BURG 142
Niederlande — SCHLOSS HET LOO 152
Schweden — SCHLOSS DROTTNINGHOLM 164
Dänemark — SCHLOSS FREDENSBORG 174
SCHLOSS FREDERIKSBORG 184
Russland — SCHLOSS PETERHOF 194
Indien — MAUSOLEUM TAJ MAHAL 208
Bali — KÖNIGLICHER WASSERPALAST
TIRTA GANGGA 216
Japan — KAISERPALAST TOKIO 224

BIBLIOGRAFIE 234
REGISTER 236
BILDNACHWEIS 239
DANK 240

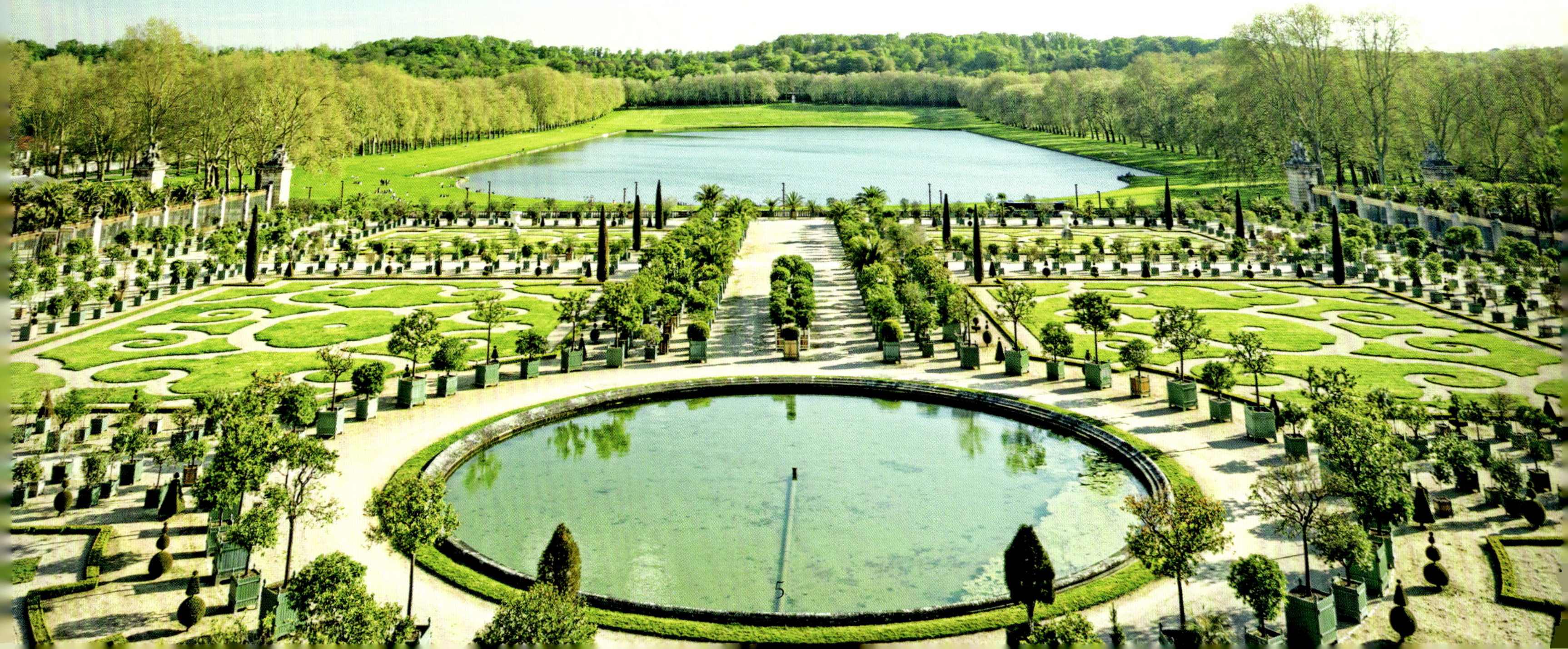

EINFÜHRUNG

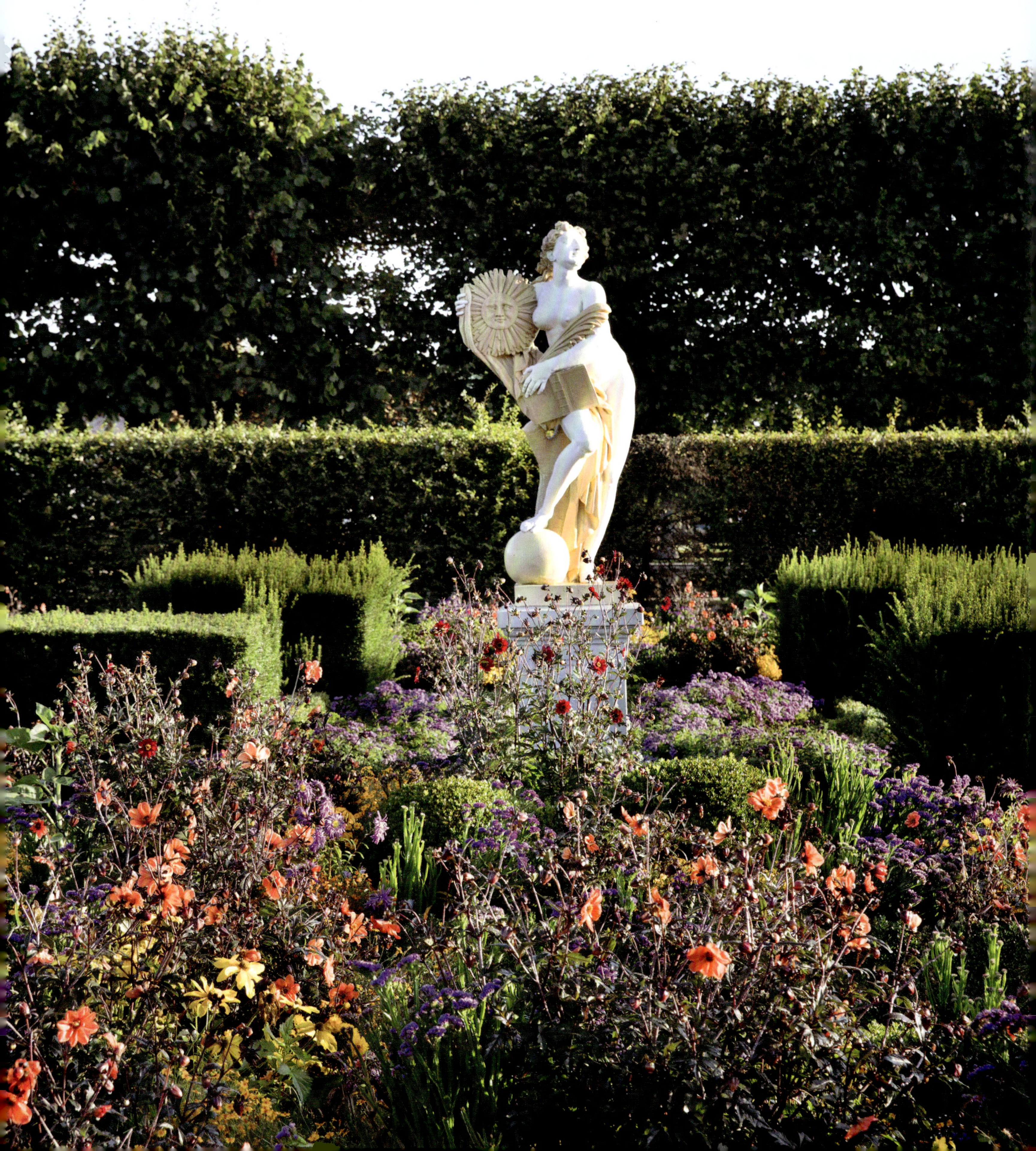

»GÄRTEN MÖGEN AN MANCHEN ORTEN SCHON SEIT VIELEN JAHREN EXISTIEREN, ABER ANDERS ALS ALTE GEBÄUDE UNTERLIEGEN SIE EINEM STETIGEN WANDEL.«

Prinz Philip, Herzog von Edinburgh

Seit Langem schon schwebte mir eine Art »Grand Tour« in Buchform durch einige der berühmtesten königlichen Gärten vor. Dabei könnte ich mein Kunststudium am University College London mit meiner aktuellen Tätigkeit als Verlagsleiter des Royal Institute of British Architects verbinden. Als Bürgerlichem kam bei mir nicht die Illusion auf, ich müsse – wie so viele adelige Männer und auch einige Frauen im 17. und 18. Jahrhundert – zur besseren »Ausbildung meines Kunstsinns, meines Geistes und meiner Gefühle« sämtliche königliche Gärten der Welt besuchen. Im 19. Jahrhundert ließ der Bau von Eisenbahnen die Kavalierstour durch Europa wieder aufleben. Vor allem vermögende Engländer gingen für ein halbes Jahr auf Reisen oder lebten einige Jahre im Ausland, um dort »erwachsen« zu werden. Meine persönliche Begeisterung für Gärten, Pflanzen und Pflanzenexperten ist hingegen seit frühester Jugend ungebrochen. Glücklicherweise durfte ich viele Länder bereisen, staune aber immer noch über das aufregende Gefühl, das mich befällt, wenn ich einen neuen Ort oder Garten besichtige oder eine mir bis dahin unbekannte Pflanze kennenlernen darf.

Viele fürstliche Familien, Herrscher, Hofgärtner, Mäzene, Behörden, Garten- und Landschaftsarchitekten haben, Frauen wie Männer, in den letzten 500 Jahren berühmte Gärten geschaffen, die sie als lebende Kunstwerke betrachteten. Deren Gestaltung lässt die wechselnden Vorlieben der Regierenden und den Geschmack und die Moden ihrer Zeit erkennen, wie die Recherchen über etwa 950 Personen belegen, die ich für dieses Buch angestellt habe. Aber wie jeder Garten spiegeln auch Fürstengärten die Persönlichkeit eines Individuums wider. Bezüglich der Gestaltung gibt es natürlich Parallelen, und diese Ähnlichkeiten sind eine Folge der unzähligen Expeditionen, Besuchs- und Kavaliersreisen, aber auch Heiraten und politischen Verbindungen, die von den Fürstenhäusern in aller Welt geknüpft wurden. Für manche entwickelte sich der Garten – seine Planung, seine Pflanzen und Architekturen – zur verzehrenden Leidenschaft. Und »Leidenschaft« ist tatsächlich der beste Ausdruck, wenn man die Sehnsüchte, Hoffnungen und Träume beschreiben will, die sich in den meiner Meinung nach sehr persönlichen Gärten spiegeln und die vielfach gebildete, mächtige und willensstarke adelige Frauen faszinierten, von Marie-Antoinette bis hin zur Königinmutter Elizabeth.

Hinter allen diesen Gartenanlagen verbirgt sich eine reiche und wechselvolle Geschichte. Darin einzutauchen war aufregend, bereichernd und auch überraschend. Die Beschränkung auf 21 Gärten, von denen ich glaube, dass sie eine wichtige Rolle in der Geschichte des Gartens und seiner Gestaltung spielen, war eine echte Herausforderung. Dieses Buch ist keine Ansammlung von großartigen Fürstengärten, die man unbedingt besichtigen sollte. Von mittelalterlichen Jagdparks über Mausoleen bis hin zu Wassergärten ist *Royale Gärten* ein Augenschmaus und eröffnet Einblicke in politische Ereignisse, Macht und ihre Ausübung, menschliche Eigenheiten und Persönlichkeiten. Sämtliche Gärten sind öffentlich zugänglich, auch wenn manche Teile privat sind. Daran lag mir viel, weil die Leser sie möglichst so besichtigen sollten, wie ich es tun durfte – in den Lauben sitzend, durch die Alleen flanierend und vielleicht auf Wasserläufen

Linke Seite
Highgrove House, England

dahingleitend, so wie Könige, Kaiser und ihr Hofstaat es Jahrhunderte hindurch getan haben.

Selbstverständlich würdigt dieses Buch auch die Gärtner, angestellte wie ehrenamtliche, denn nicht jeder Besitzer oder Mäzen war ein begabter Gärtner oder interessierte sich für Landschaftsarchitektur. Diesen Menschen gebührt Dank, weil sie die Zähmung der Natur mit dem Bewusstsein ihrer Schönheit verbanden, sie formten oder ihre Wildheit, ihre Kräfte und ihre natürliche Pracht in ihre Planung einbezogen. Dasselbe gilt auch für die Restauratoren, Konservatoren und Historiker, die viele Jahre später den Gärten in unermüdlicher Arbeit neues Leben einhauchten.

Rund um die Welt gibt es viele königliche Gärten. Mir ging es darum, unter Betonung ihres Stils und ihrer Atmosphäre die Geschichte einiger dieser Anlagen zu beschreiben und zu zeigen, wie ihre Besitzer und deren Gärtner sie gestalteten. Viele weitere derartige Gärten warten auf Besucher und Forscher, und jeder Einzelne hat seine eigene Geschichte. Dabei darf man nicht vergessen, dass Geschichte ein Zusammenwirken vielschichtiger Kräfte ist. Diese Gärten stehen im Zusammenhang mit vergangenen Ereignissen in Europa, in Fernost und anderswo, mit Heiraten zwischen Fürstenhäusern, deren Gebiete dadurch vereinigt wurden. Neue Höfe mit neuen Idealen und kreativen Leidenschaften entstanden, die sich in der Architektur der Bauten und Gärten niederschlugen.

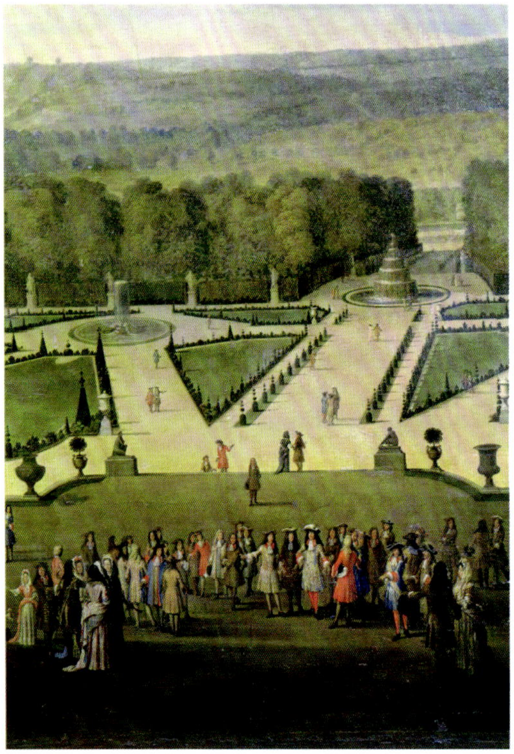

Jedem der hier vorgestellten Gärten könnte man ohne Frage ein eigenes Buch widmen. Mein Ziel war es jedoch, einige der schönsten Schmuckstücke ruhmreicher Gartenkunst zu präsentieren und zu würdigen. Der Gartengestaltung wird oft der Charakter einer Kunstform abgesprochen. Die hier gezeigten eindrucksvollen Fotos, Pläne und Werke weltberühmter Landschaftsarchitekten liefern in meinen Augen Belege dafür, dass das Bepflanzen und Gestalten von Gärten durchaus eine Kunstform ist, die Erfüllung, Staunen und Begeisterung für die lebendige Natur hervorrufen kann. Nicht anders als bei den schönen Künsten ist das Erlebnis von Gärten und ihren Architekturen ein individuelles Ereignis, bei sommerlicher Hitze oder winterlicher Kälte, bei schönem oder trübem Wetter, durch Lektüre historischer Gartenbeschreibungen oder moderner Interpretationen. Auf diese Weise fordert das Kunstwerk Garten zu kritischen Betrachtungen und Diskussionen geradezu heraus.

Oben
Etienne Allegrain (1644–1736), *Promenade Ludwigs XIV. in den Gärten von Versailles mit Blick auf das Nordparterre*, Öl auf Leinwand, um 1688

Rechte Seite
Der Hof des Wasserkanals *(Patio de la Acequia)* in der Alhambra

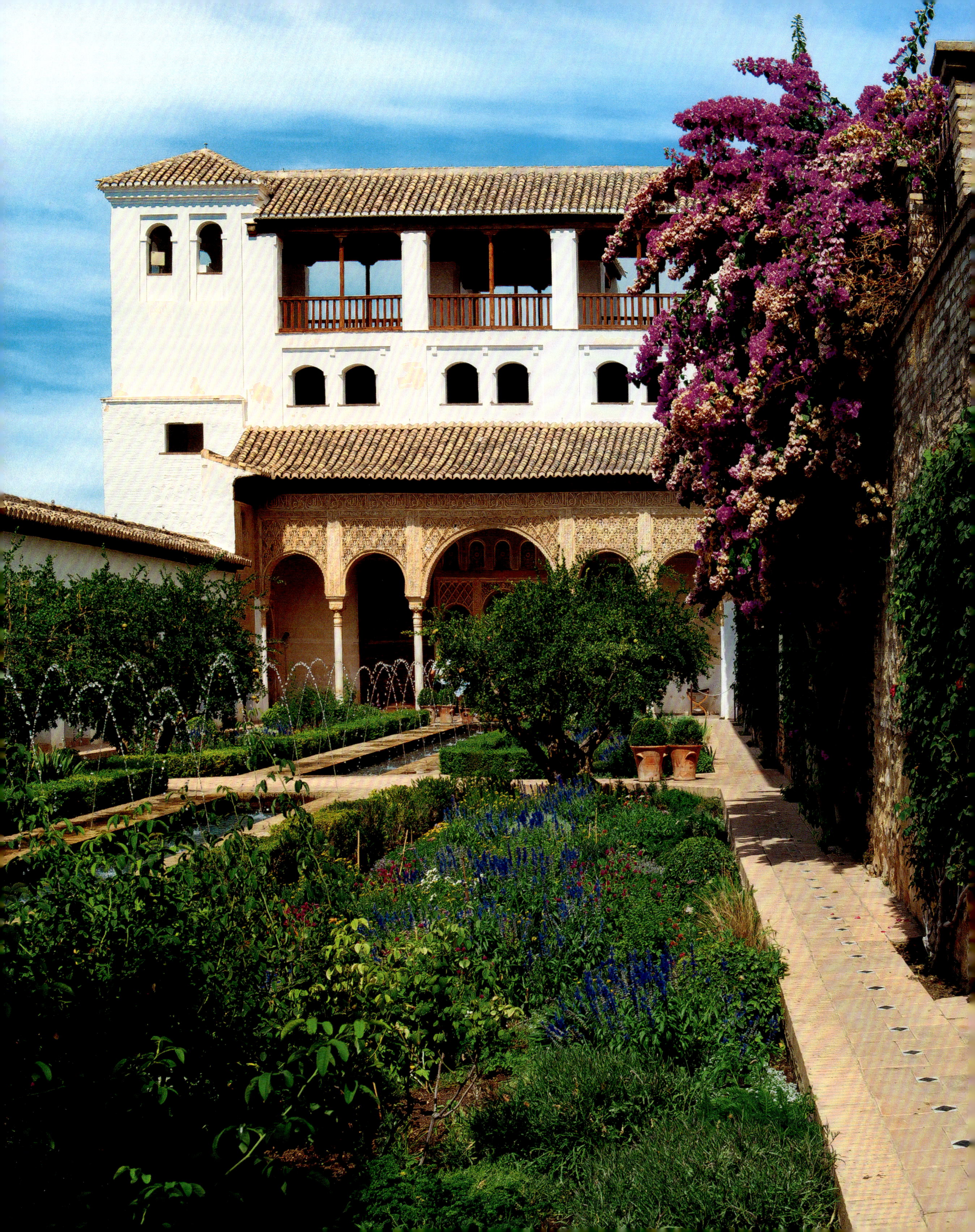

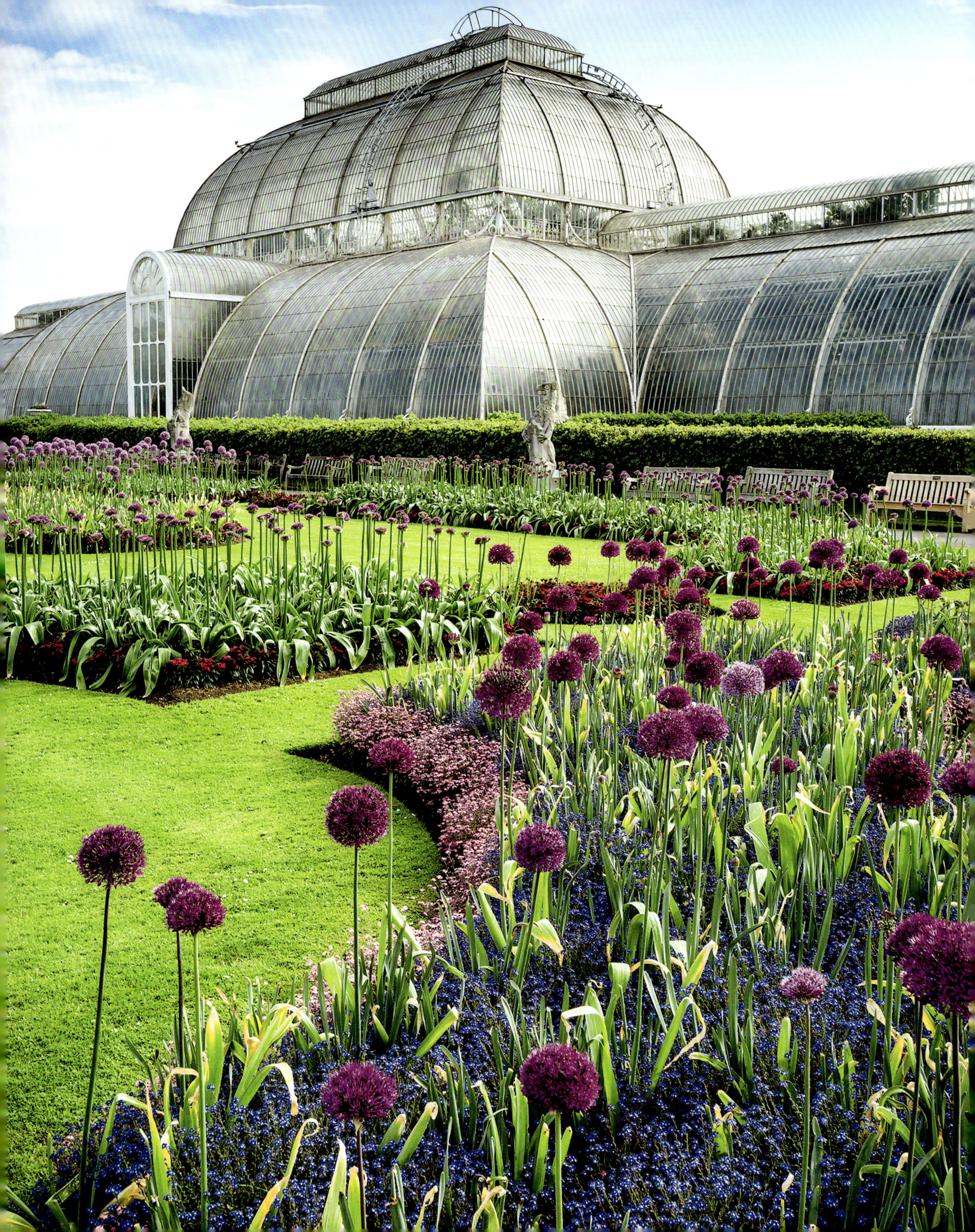

Frühe und spätere Gartenstile

Wenn es um Pioniertaten in Bezug auf königliche Gärten geht, denken viele Leser vermutlich an André Le Nôtre, den obersten Gärtner und Landschaftsarchitekten Ludwigs XIV. (siehe Seite 87). Aber schon vor ihm hatte eine Dynastie von Gärtnern, die Familie Mollet, in ganz Europa den französischen Gartenstil mit der Entwicklung des Parterres eingeführt, eines geometrischen Ziergartens, der sich, wie der Kunsthistoriker Roy Strong schreibt, »in der Renaissance entwickelte, aber seine klassische Ausprägung in Frankreich erreichte. Seine wichtigste Spielart war als *Parterre de broderie* – Stickereiparterre – bekannt, ein symmetrisches, von beschnittenem Buchs gesäumtes geometrisches Muster … auf farbigem Boden aus Ziegelstaub, Kies, blauem Kobalt, Sand und sogar Kohlenstaub und Knochenmehl.«

Diese Ziermuster, Sinnbilder für die Unterwerfung der Natur durch den Menschen, wurden unmittelbar vor dem Haus angelegt, sodass man sie aus der ersten Etage überblicken konnte. André Mollets einflussreiches Buch *Le Jardin de plaisir* (1651) wurde zunächst ins Schwedische und Deutsche übersetzt, nach Mollets Tod auch ins Englische. Es beschrieb, wie sich das Haus (oder Schloss) und sein Garten zu einer »Einheit« verbanden: Ein von Bäumen gesäumtes Rechteck, häufig mit einer großen Wasserfläche oder einer Anzahl Brunnen versehen, umschloss eine zentrale Achse, der strahlenförmig mit Skulpturen geschmückte Alleen entsprangen. In einer gewissen Entfernung vom Haus ging der Garten in den Park über, der vor allem der Jagd diente und sich später zum englischen Landschaftsgarten entwickelte. Der zum Park überleitende Gartenteil war manchmal in zwei spiegelsymmetrische Abschnitte unterteilt, mit einer Hauptachse und *Bosquets*, geometrisch gepflanzten Gehölzen mit kompliziert geformten, von niedrigen Hecken gesäumten Rasenflächen.

Der in Europa vorherrschende französische Garten wurde vom englischen Landschaftsgarten abgelöst. Er führt einen revolutionär neuen, mit Theologie, Kunst, Literatur und sogar Newton'scher Naturwissenschaft verknüpften Stil ein. Dieser *Jardin anglais* leitete vom geometrischen französischen Formgarten zum freieren Stil über, der in den 1750er- und 1760er-Jahren die Gärten prägte. Diese ließen sich leichter und kostengünstiger instand halten und wollten nicht bestaunt, sondern erwandert werden. Mit der Entwicklung der Botanik zum Fachgebiet erlangte Großbritannien durch seine botanischen Gärten – insbesondere Kew – eine führende Rolle auf diesem Gebiet. Viele Paläste, Schlösser und Gärten wurden nun völlig umgestaltet. Die Gärten verwandelten sich in Bühnenbilder, in romantische Gemälde und ab Mitte der 1850er-Jahre in blumengeschmückte Parkanlagen. Im 20. Jahrhundert, nach zwei zerstörerischen Weltkriegen, wandte sich die Gartengestaltung modernen Ideen zu, Anlage und Bepflanzung wurden vereinfacht. In den 1970er- und 1980er-Jahren kamen als Folge der Ökologie-Bewegung wieder Cottagegärten in Mode. Aber auch der höfische Gartenstil wurde als Kunstform wiederentdeckt, wie Roy Strong schreibt: »Wir leben in einer neuen Ära der Gartengeschichte. Erhalt und Wiederherstellung sind die Prinzipien dieses [und des 21.] Jahrhunderts. Die königlichen Gärten sind ebenso wichtig wie die königlichen Paläste [und andere Arten von Gebäuden] und erfordern die gleiche einfühlsame Pflege und Achtung … Andere europäische Gärten, die heute erloschenen Dynastien gehörten, sind Gegenstand mühevoller Restaurierungen mit dem Ziel, ihren einstigen Ruhm wiederherzustellen.«

Geschmack, Mode und Prioritäten ändern sich, aber Einigkeit herrscht darüber, dass die königlichen Gärten ein lebendes Vermächtnis sind, das sich anpasst, verändert und neu erfindet.

Linke Seite

Blick über blühende Blumenbeete auf das Palmenhaus von Kew, England

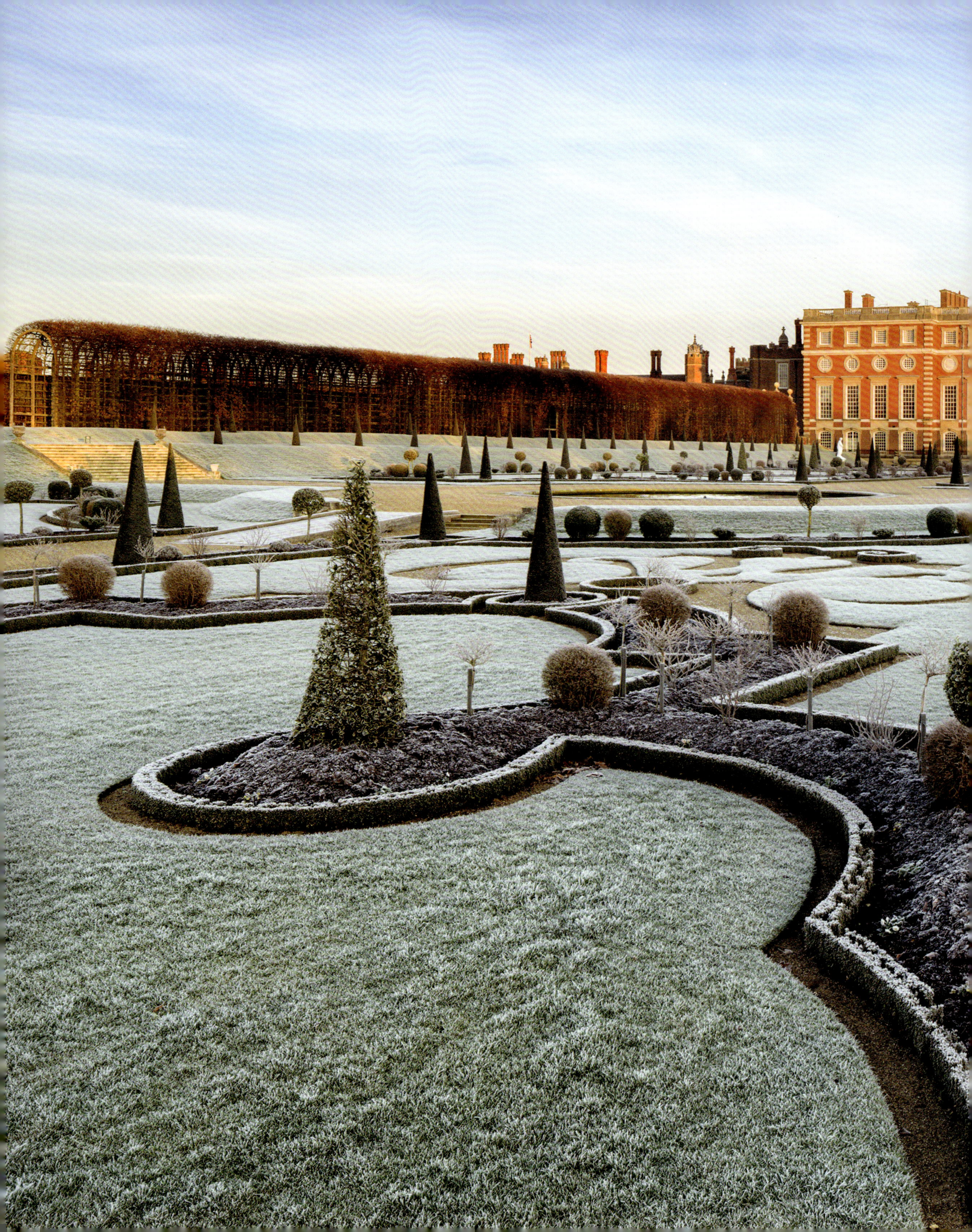

HAMPTON COURT PALACE

Richmond upon Thames, England

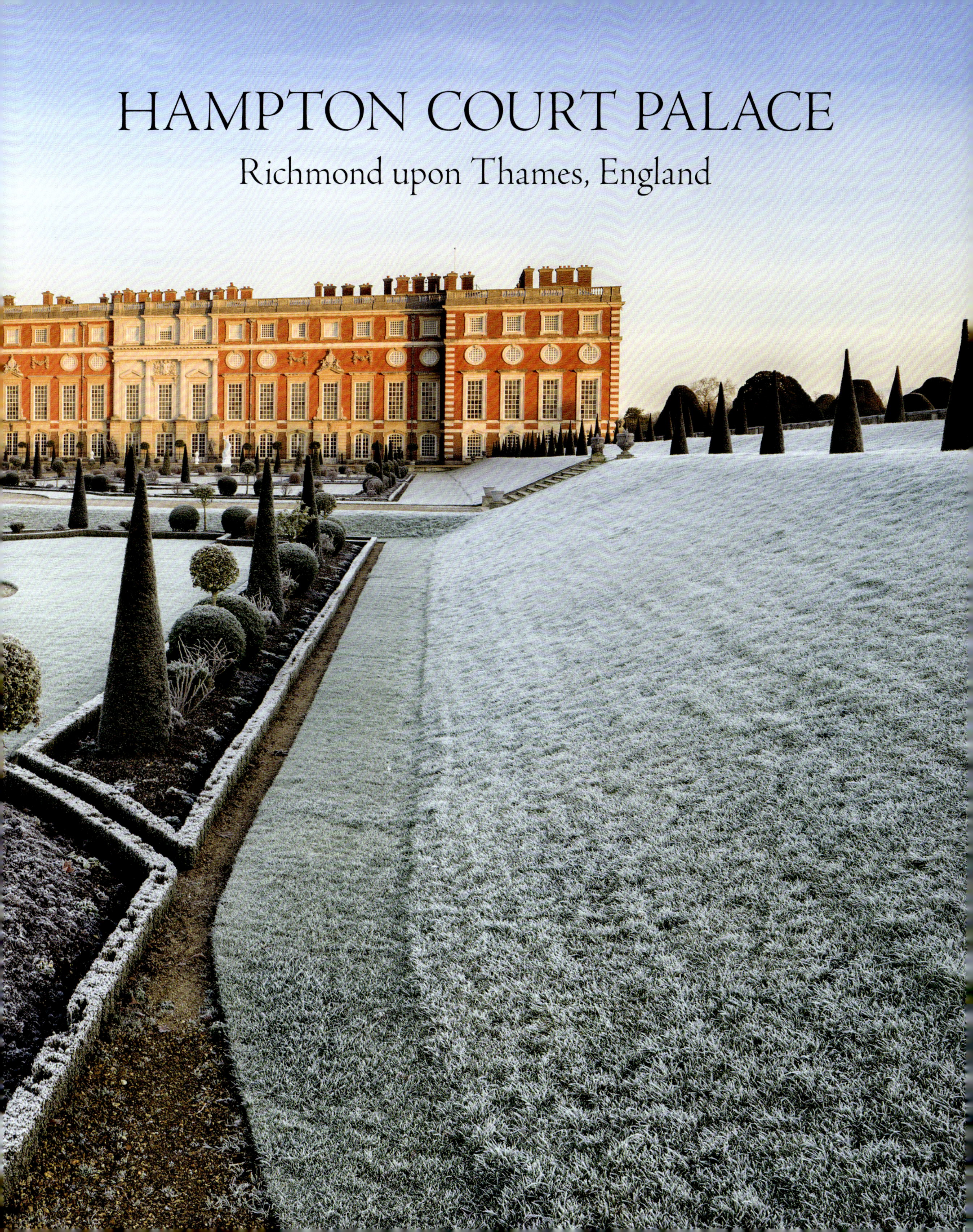

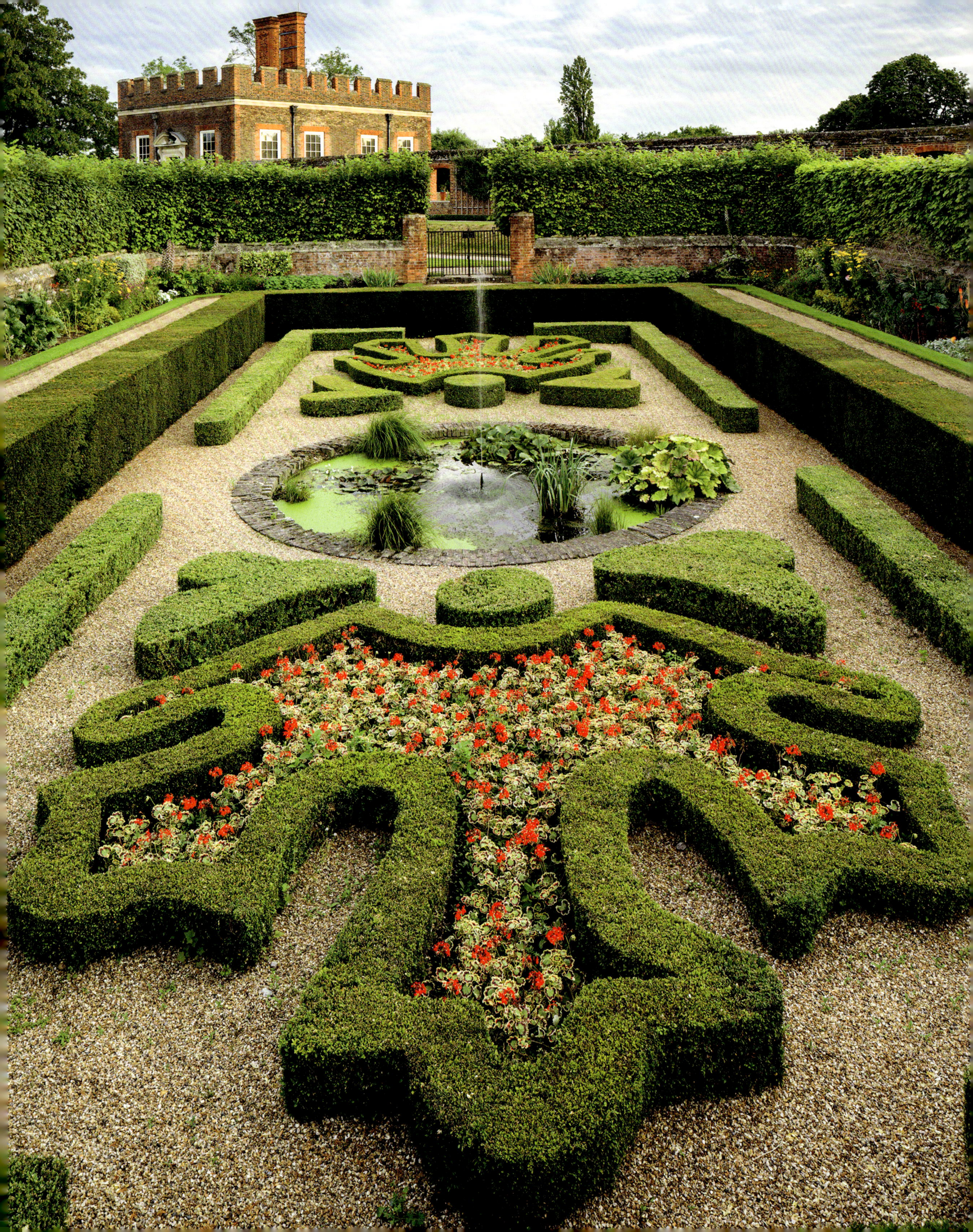

IM LONDONER STADTBEZIRK RICHMOND UPON THAMES, 20 KILOMETER VOM STADTZENTRUM ENTFERNT, LIEGT **HAMPTON COURT PALACE** INMITTEN MEHR ALS 24 HEKTAR UMFASSENDER FORMGÄRTEN UND EINES SICH ÜBER 300 HEKTAR ERSTRECKENDEN NATURPARKS.

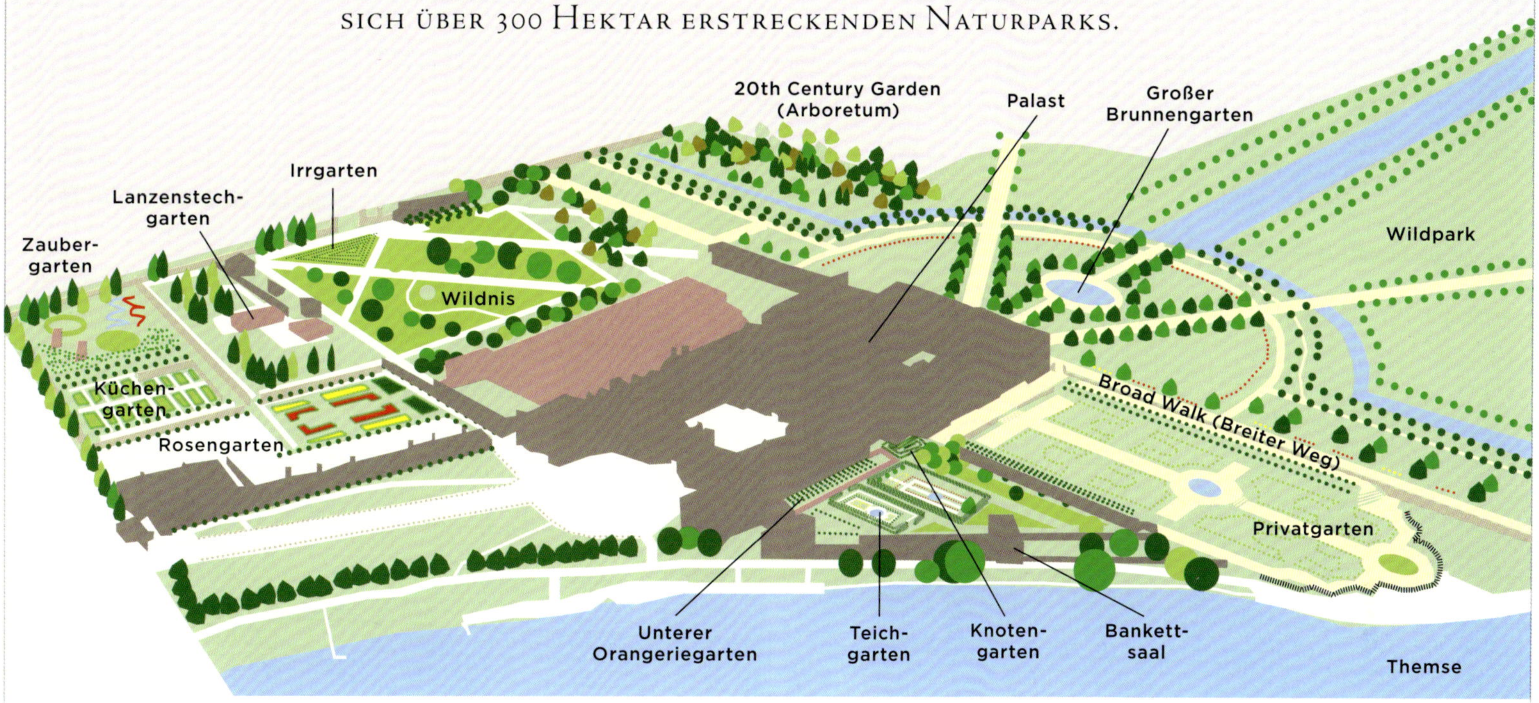

Die ersten in Hampton Court errichteten Bauten gehörten dem im 11. Jahrhundert gegründeten geistlichen Ritterorden der Johanniter. Der englische Zweig des Ordens kaufte 1236 das Manor of Hampton, einen kleinen, als *Camera* bezeichneten Landsitz. Um 1500 errichtete der englische Großprior ein Herrenhaus aus Ziegeln und Stein. 1514 wurde der Landsitz an einen Günstling Heinrichs VIII. (1491–1547) verpachtet, Kardinal Thomas Wolsey, Erzbischof von York und Lordkanzler von England. Er wollte sich hier eine private Residenz errichten, die Arbeiten daran begannen 1515. Wolsey plante eigenhändig einige der kleinen Knotengärten. Da ihm die Annullierung von Heinrichs erster Ehe mit Katharina von Aragon (1485–1536) missglückte, fiel der Kardinal 1528 in Ungnade und verlor sein Schloss an den König – und sein Leben.

Umbau und Erweiterung von Hampton Court Palace kosteten nach heutigem Geldwert mehr als 18 Millionen Pfund. Etwa zehn Jahre danach war das Schloss eines der modernsten, abwechslungsreichsten und prächtigsten Schlösser Englands.

Neben St James's Palace ist es der einzige noch erhaltene Palast Heinrichs VIII. Zeitgenössischen Berichten zufolge besaß der König einen »heraldischen« Privatgarten, in dem Rosen, Veilchen, Schlüsselblumen, »Minze und andere liebliche Blumen«, Rosmarin und Nelken gepflanzt wurden.

Nachdem König Karl II. (1630–1685) 1660 den englischen Thron bestiegen hatte, ließ er im Winter 1661/62 als Geschenk für seine Braut Katharina von Braganza (1638–1705) einen in ostwestlicher Richtung verlaufenden Kanal anlegen, der auf den Balkon ihrer Gemächer in der Mitte der Ostfassade zulief. Das *Long Water* führte ursprünglich viel näher an das Schloss heran. Er wurde später ein wichtiges Element des von Christopher Wren für Wilhelm III. und Maria II. umgebauten Palasts und der von William Talman angelegten Gärten. John Evelyn, der Hampton Court 1662 besuchte, schreibt in seinem Tagebuch: »[Der Park], früher ein flaches nacktes Stück Land, ist jetzt bepflanzt mit lieblichen Reihen von Linden, und der Kanal für das Wasser ist fast vollendet.«

Vorhergehende Doppelseite
Blick auf Hampton Court Palace vom Privatgarten aus

Linke Seite
Der Teichgarten mit dem Bankettsaal im Hintergrund

Barocke Pracht

In dem aus roten Ziegeln erbauten Palast von Hampton Court vereinen sich unterschiedliche Stile auf harmonische Weise. Er ist von den starken vertikalen Linien der englischen Spätgotik und des Tudorstils geprägt, zeigt aber auch barocke Einflüsse. Wilhelm III. (1650–1702), bekannt als Wilhelm von Oranien, war von 1689 bis 1702 König von England, Irland und Schottland. Er und seine Gemahlin Königin Maria II. (1662–1694) brachten aus Schlossgärten in den Niederlanden (Het Loo, siehe Seite 152) zahlreiche Pflanzen mit. Nach der Glorreichen Revolution (1688) beauftragte das Herrscherpaar Christopher Wren mit der Umgestaltung von Hampton Court, außerdem den aus Frankreich stammenden niederländischen Architekten Daniel Marot, einen dem neuen Bau angemessenen Garten zu schaffen.

Wren, Le Vau und Mansart

Wren entwarf einen modernen Palast als Herzstück eines ausgedehnten Parks. Ursprünglich wollte er das Tudorschloss mit Ausnahme der Großen Halle abbrechen, wofür aber weder Zeit noch Geld reichten. Wren und William Talman, der an der Gestaltung der Innenräume und der Gärten mitwirkte, mussten sich damit begnügen, den Süd- und den Ostflügel mit den alten Tudorgemächern umzubauen. Wie Wrens noch erhaltene Aufrisszeichnungen zeigen, waren seine Vorstellungen stark von Le Vaus neugestaltetem Louvre in Paris beeinflusst. Durch die unter Wilhelm vorgenommenen Vergrößerungen sollte das Schloss sich mit Versailles (siehe Seite 90) messen können. Den ehrgeizigen Plänen fielen wesentliche Elemente des alten Tudorpalasts zum Opfer. Die Türme und Kamine an der Ost- und Südfassade wurden durch eine großartige und elegante Barockfassade ersetzt, die bis heute die Gartenansicht beherrscht. Mit ihrem flachen und blockhaften Aussehen ähnelt sie den Fassaden von Jules Hardouin-Mansart und Louis Le Vau in Versailles.

Die königliche Pflanzenfreundin

Die Umgestaltung und Pflege der Gärten wurde niederländischen Gärtnern anvertraut, die Blumen aus ihrer Heimat anpflanzten. Aus Honselaarsdijk traf eine ganze Schiffsladung Tulpenzwiebeln ein. Maria liebte seltene Pflanzen und wollte ihre aus der ganzen Welt stammenden *Exoticks* zur Schau stellen. Gemeinsam mit Marot entwarfen Wilhelm und Maria für den südlichen Park Blumengärten und einen Privatgarten für empfindliche und exotische Arten. Sie waren an der dem Fluss zugewandten Seite durch ein vergoldetes Eisengitter des Schmiedemeisters Jean Tijou abgezäunt. Ein weiteres Element stellen Marias Gewächshäuser dar, die zu den frühesten in England zählen. Erfunden von dem niederländischen Zimmermann Hendrick Floris, standen dort Öfen und Abzugsrohre, mit denen man ein für die empfindlichen Pflanzen angemessenes Klima herstellte. Eine andere Attraktion war der »Melonenboden« mit Oschersträuchern, die ebenfalls zu Marias Lieblingen zählten. Der Botaniker Dr. Leonard Plukenet katalogisierte und beschrieb in Hampton Court über 2000 verschiedene Pflanzenarten, während Charles Hatton 1690 nach seinem Besuch erklärte, er habe »etwa 400 seltene, in England unbekannte indische Pflanzen vorgefunden«.

Maria starb 1694 an den Pocken. Der Landschaftsarchitekt Stephen Switzer schrieb später: »Der Tod dieser erlauchten Fürstin warf auf den Gartenbau und alle anderen Vergnügungen einen tiefen Schatten.« Ihr Verlust traf Wilhelm tief. 1699 stellte er 40 000 Pfund für neue Gartenprojekte bereit. Am 16. Juni 1701 begannen die Arbeiten für einen erweiterten Privatgarten. Er wurde abgesenkt, sodass man vom Schloss aus einen Blick auf die Themse hatte. Die Reste der alten Gärten gingen durch die umfangreichen Erdbewegungen großteils verloren. 1702, bald nach dem Ende der Umbauten, starb Wilhelm. Wegen seines vorzeitigen Todes konnte er sich an Hampton Court, das sein heutiges Aussehen vor allem ihm verdankt, nur für kurze Zeit erfreuen.

Rechte Seite oben
Blütenpracht am Breiten Weg *(Broad Walk)*

Rechte Seite unten
Beet am Rand des Großen Brunnengartens

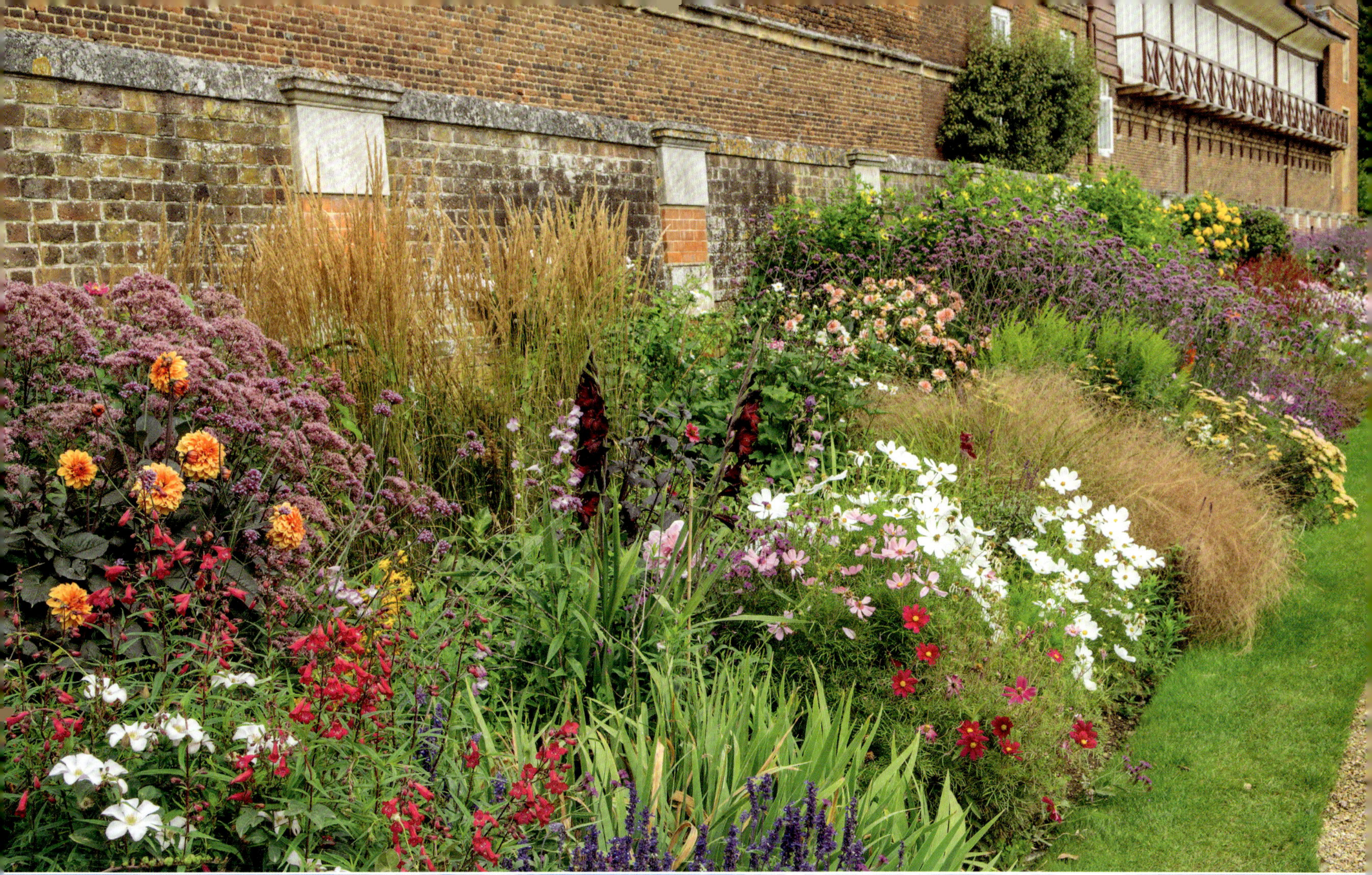

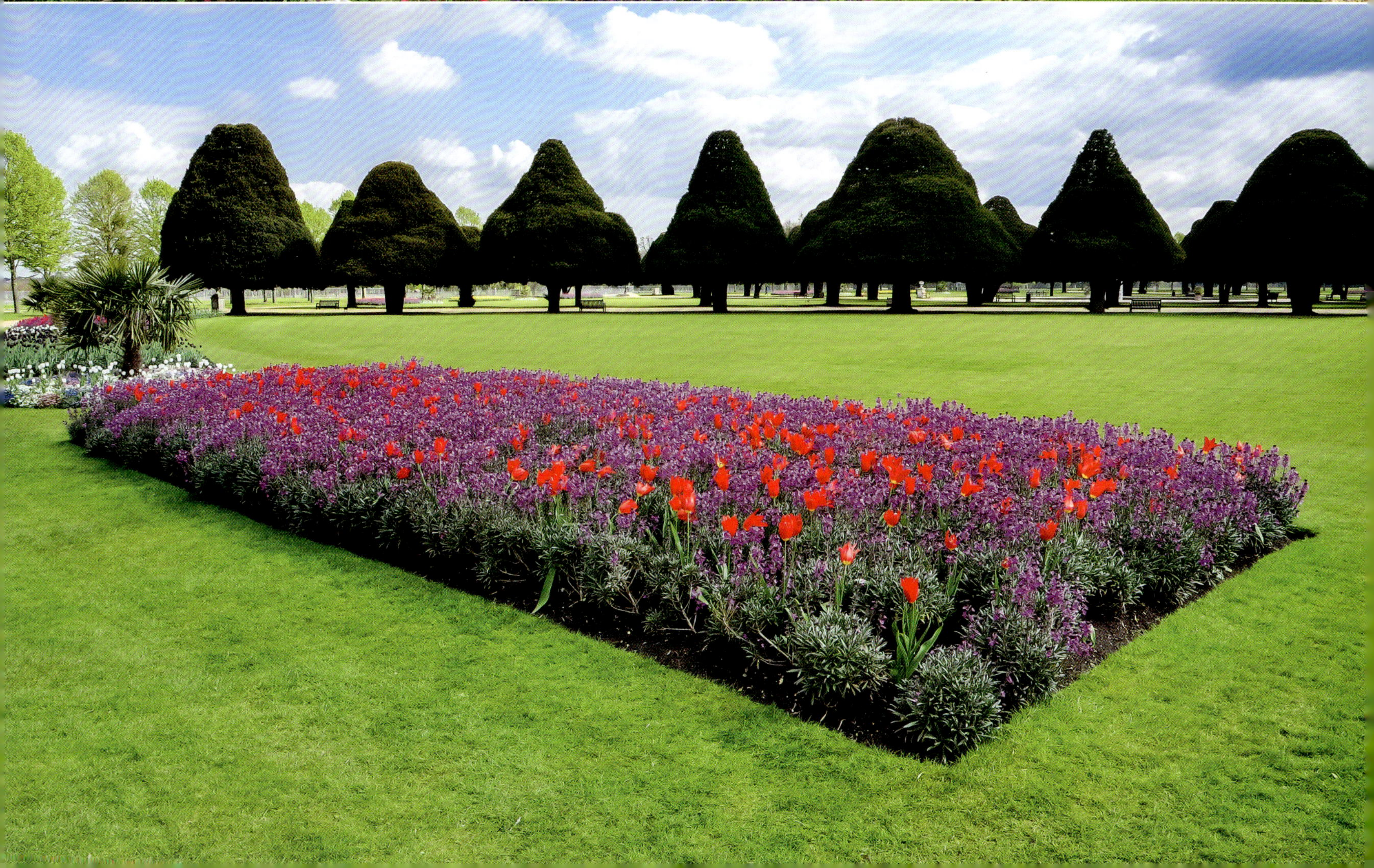

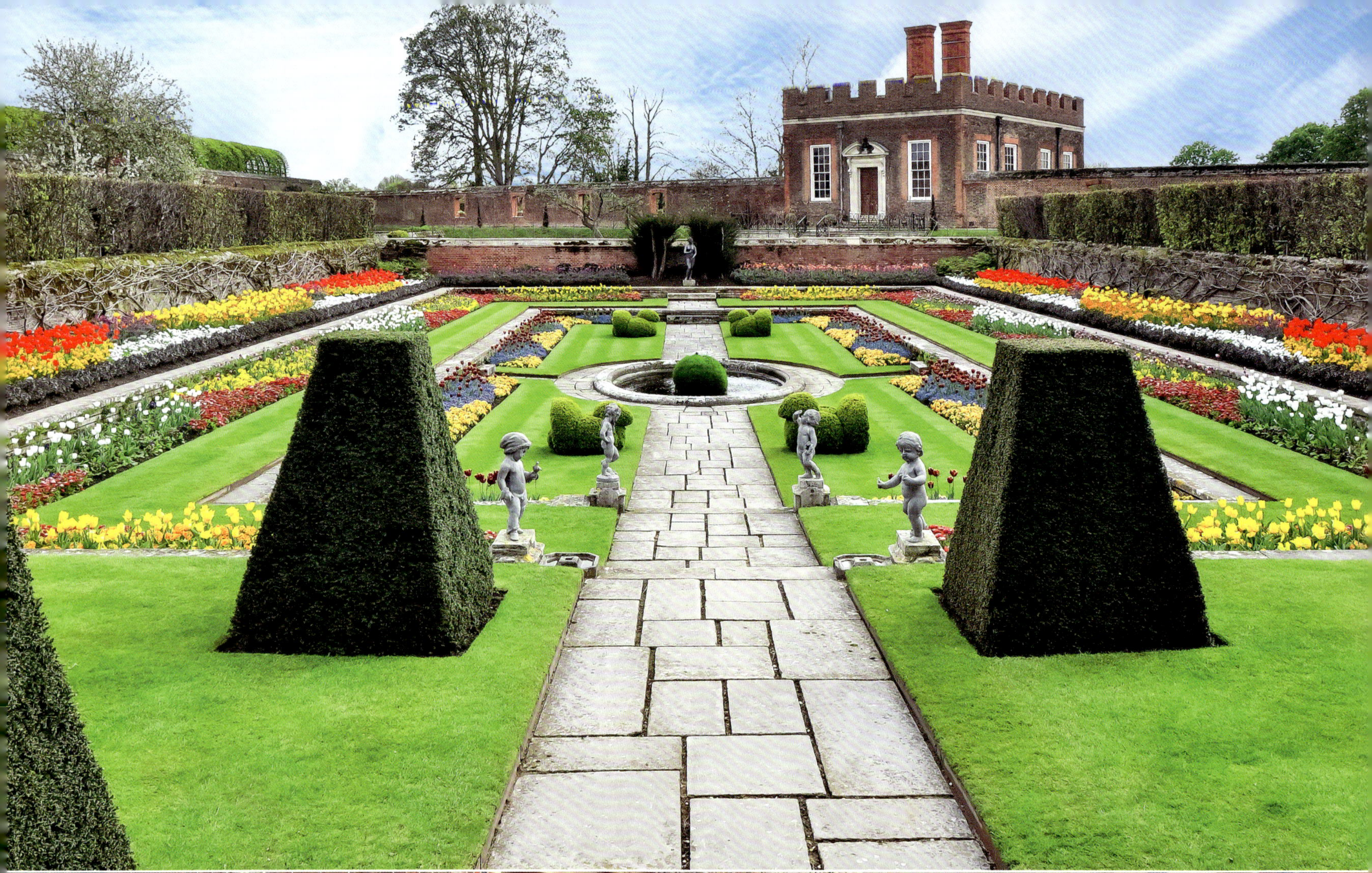
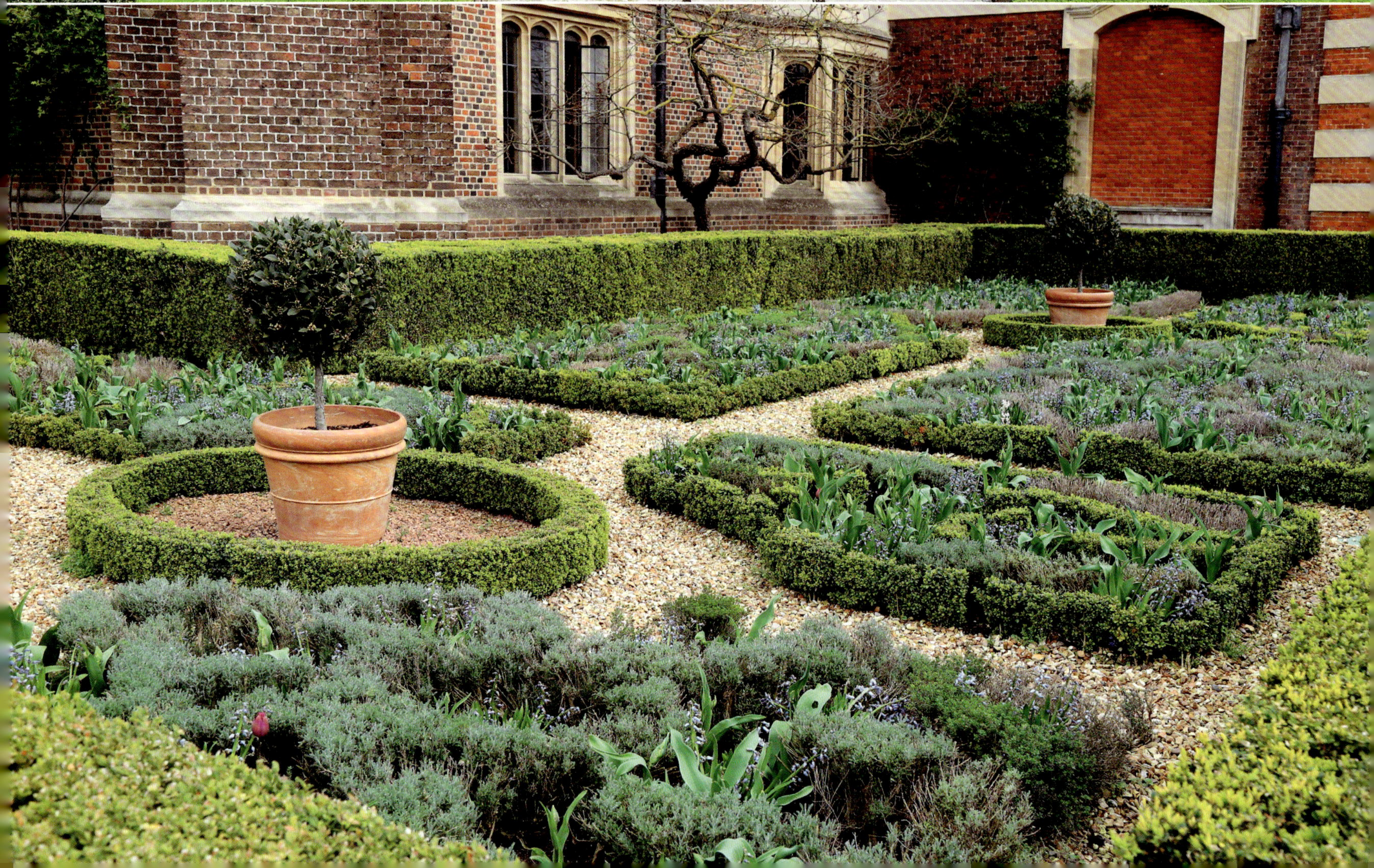

Barocker Internationalismus

Als Georg I. (1660–1727), vormals Georg Ludwig, Kurfürst von Hannover, als König von England, Schottland und Irland den Thron bestieg, fand er Hampton Court in einem französisch geprägten internationalistischen Stil vor, dessen überbordende Formen- und Detailfülle niederländische Einflüsse verriet. Georg I. liebte Schloss Herrenhausen, Residenz des Hauses Hannover in Sachsen, das selbst einen bemerkenswerten Barockgarten (siehe Seite 58) besaß, verbrachte jedoch einige Winter in St James und einige Sommer in Kensington und Hampton Court. In Begleitung von Höflingen, sechs Dienern, sechs Leibgardisten und seiner in einer Sänfte getragenen Mätresse genoss er die Promenaden durch die Gärten. In Hampton Court fühlte er sich sehr wohl und veranlasste zur Enttäuschung seiner Schloss- und Gartenverwaltung nur wenige Umbauten. Dem Inspektor der Bauarbeiten, John Vanbrugh, wurde 1715 das neugeschaffene Amt des Intendanten der Gärten und Gewässer in mehreren englischen Schlössern übertragen, was den Spielraum des Landschaftsgärtners Henry Wise einschränkte, der neben George London für zahlreiche in Hampton Court vorgenommene Umbauten verantwortlich war.

Gärten in fünf Jahrhunderten

Mit einer Umgebung aus Parklandschaft und Lustgärten verfügte Hampton Court Palace über eine ausgedehnte und zugleich wohldurchdachte Umrahmung. Im Norden lagen Obstgärten, im Süden der Privatgarten, der Teichgarten (sein Name verweist auf die mittelalterliche Fischzucht) und der Reitgarten. Vor der Westseite des Schlosses lag der Lanzenstechgarten Heinrichs VIII. (ein Vorplatz für Turniere), aus dem unter Wilhelm III. der königliche Küchengarten wurde.

Den Privatgarten entlang verlief der Laubengang Königin Marias, einer der intimsten und abgeschiedensten Gartenteile. Er geht nicht auf Wilhelm III., sondern auf die Tudorzeit (um 1530) zurück. Königin Maria ging unter den verflochtenen Baumkronen gern spazieren. Zu den spektakulärsten noch existierenden Elementen des alten Privatgartens zählt das restaurierte Laubenportal, ein grau gefasstes Eisengitter mit vergoldeten Symbolen, die für Wilhelms vier Königreiche stehen. Nach einem Originalentwurf Wilhelms III. wurde der Laubengang mit Hainbuchen neu bepflanzt und 1995 fertiggestellt.

Neben dem Privatgarten liegt der von Maria II. entworfene Teichgarten mit Hecken und Terrassen. Die unterste Terrasse schmückt ein von Zierbeeten und Formschnitteiben umsäumtes Rundbecken. Daneben befindet sich ein eindrucksvolles Glashaus mit dem vermutlich ältesten und größten Weinstock der Welt. 1768 pflanzte »Capability« Brown hier einen Rebstock der Tafeltraubensorte Black Hamburg (Trollinger), der heute noch trägt. Der als *Great Vine* bekannte Stock war Sprössling eines riesigen Weinstocks, der 1758 in Valentines Mansion gepflanzt wurde, einem Herrensitz bei Ilford (Greater London). Zwei Jahrzehnte nach seiner Pflanzung wurden vom *Great Vine* in Hampton Court 2200 Trauben zu jeweils 450 Gramm geerntet.

Der untere Orangeriegarten, der einst die »Exoten« Marias II. beherbergt hatte, wurde umfassend restauriert. Nach Marias Tod 1694 verfiel der Teichgarten und die sommers in Kübeln im Freien stehenden Orangenbäume wurden in den Orangeriegarten verlegt. In den 1880er-Jahren hielt man einen Orangeriegarten für verzichtbar. Die Restaurierung im ersten Jahrzehnt des 21. Jahrhunderts verlieh ihm das ursprüngliche Aussehen um 1700. Verfallene Stufen wurden instand gesetzt, und in Gefäßen aus Delfter Keramik wachsen wieder Pflanzen aus Marias Exotensammlung. Unter Wilhelm III. war die längs der Ostfassade des Schlosses verlaufende, gut 18 Meter breite Promenade entstanden, der Breite Weg. Henry Wise und sein Schüler George London hatten weite Rasenflächen mit geometrischen Einfassungen angelegt.

Der Gänsefuss

Von der Ostfassade des Schlosses gehen strahlenförmig drei Alleen aus, deren mittlere in der Achse des Portikus von Wrens Bau und des weiter östlich beginnenden Kanals von Karl II. liegt. Möglicherweise

Linke Seite oben
Der von Hecken umschlossene Teichgarten

Linke Seite unten
Der Grundriss des Knotengartens ähnelt einem Gartenlabyrinth.

wurden sie von London und Wise geplant, die als Bewunderer französischer Gärten galten. Sie veröffentlichten 1706 die bearbeitete Übersetzung eines französischen Gartenbaubuchs, *The Retir'd Gard'ner*. London hatte 1698 Le Nôtre persönlich kennengelernt. Die breiten, von Eiben und Stechpalmen flankierten Kiespromenaden haben die in französischen Barockgärten übliche Form der *Patte d'oie* (Gänsefuß). Ungewöhnlich daran ist, dass die Fortsetzung der mittleren Allee keinen Geh- oder Fahrweg umrahmt, sondern den 1,2 Kilometer langen Kanal *(Long Water)* Karls II. Möglicherweise wurde sie von André Mollet geplant, während der Intendant des Königsgartens, Adrian May, die Ausführung übernahm. Der Kanal war von 738 Linden flankiert, die 2003 bis 2004 neu gepflanzt wurden. Neben der *Patte d'oie* existieren noch weitere Alleen, von den im 17. Jahrhundert gepflanzten Linden sind jedoch nur wenige erhalten. Viele wurden im 18. Jahrhundert neu gesetzt. 1990 bis 1994 wurden fast 1200 auf der *Cross Avenue* am östlichen Ende des *Long Water* gepflanzt.

Nördlich vom Schloss liegt der Irrgarten. Man nimmt an, dass er das älteste Heckenlabyrinth der Welt ist. Er wurde von London und Wise in den letzten Jahren der Herrschaft Wilhelms III. geplant und von Wise vollendet, der Hofgärtner von Königin Anna (1665–1714) war. Auf einer trapezförmigen Fläche von 1200 Quadratmetern entstand der Irrgarten in der sogenannten »Wildnis«, in die sich Höflinge zurückziehen und in aller Ruhe flanieren konnten. Ursprünglich war sie mit aus den Niederlanden stammenden Hainbuchen bepflanzt, die man später durch Eiben ersetzte.

Die »Wildnis« und der Turniergarten

Die »Wildnis« wurde auf dem Gebiet eines Obstgartens der Tudorzeit als Boskett aus Hainbuchen und Ulmen angelegt. Man nimmt an, dass es unter König Jakob II. (1633–1701) von Guillaume Beaumont geplant wurde, der in Versailles Le Nôtre ausbildete und in England durch seine Arbeiten in Levens Hall bekannt wurde, einem Landsitz im Lake District. Die heutige Bepflanzung der »Wildnis« datiert großteils aus dem 20. Jahrhundert.

Nordwestlich des Schlosses und von der »Wildnis« durch eine Mauer aus dem 16. Jahrhundert getrennt, liegt der ehemalige Lanzenstechgarten Heinrichs VIII. Das letzte belegte Turnier fand hier 1604 statt. Er hat die Form eines etwa 2,5 Hektar großen Rechtecks, das heute durch Quermauern und Wege in sechs separate Abschnitte gegliedert ist: den Rosengarten, den Küchengarten, den Zaubergarten (2016 anstelle eines Tennisplatzes errichtet), den Turnierhof und ein Restaurant. Der letzte Abschnitt ist heute ein asphaltierter Parkplatz. Der Küchengarten, zuvor ein Kräutergarten, wurde nach altem Vorbild neu angelegt.

Charles Bridgeman, der von 1728 bis zu seinem Tod 1738 Hofgärtner war, fertigte von den Gärten in Hampton Court Pläne an. Bridgeman wohnte im *Wilderness House* westlich des Lion Gate, ebenso Lancelot »Capability« Brown, der von Georg III. 1764 zum Obergärtner von Hampton Court ernannt wurde. Keiner von beiden scheint größere Veränderungen vorgenommen zu haben. Einen Eindruck vom Aussehen der Gärten in Browns Amtszeit verschafft eine umfangreiche Sammlung von Aquarellen seines Aufsehers John Spyers. Aus Aufzeichnungen geht hervor, dass Brown sich weigerte, die geometrische Anordnung Wilhelms III. zu zerstören, »aus Achtung vor sich selbst und vor seinem Beruf«. Jedoch versuchte er möglicherweise, den Gärten ein natürlicheres Aussehen zu geben, indem er die Praxis des Formschnitts aufgab.

Hampton Court entwickelte sich zum beliebten Touristenziel. 1817 erschien ein detaillierter gedruckter Führer. Königin Victoria (1819–1901) machte die

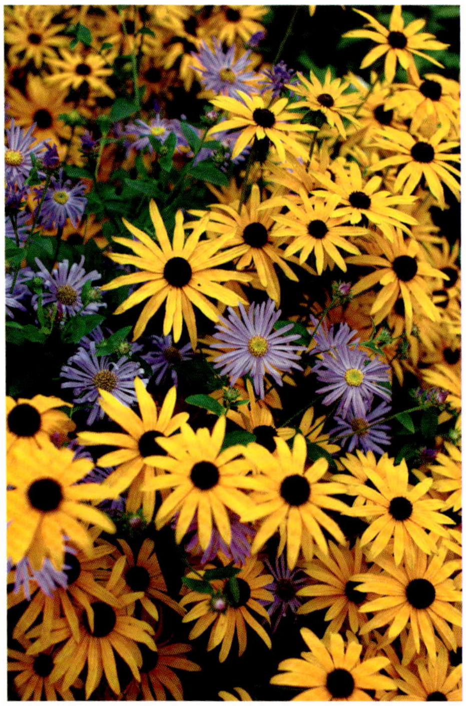

Rechts
Schwarzäugige Rudbeckien

Rechte Seite
Blick über den Küchengarten

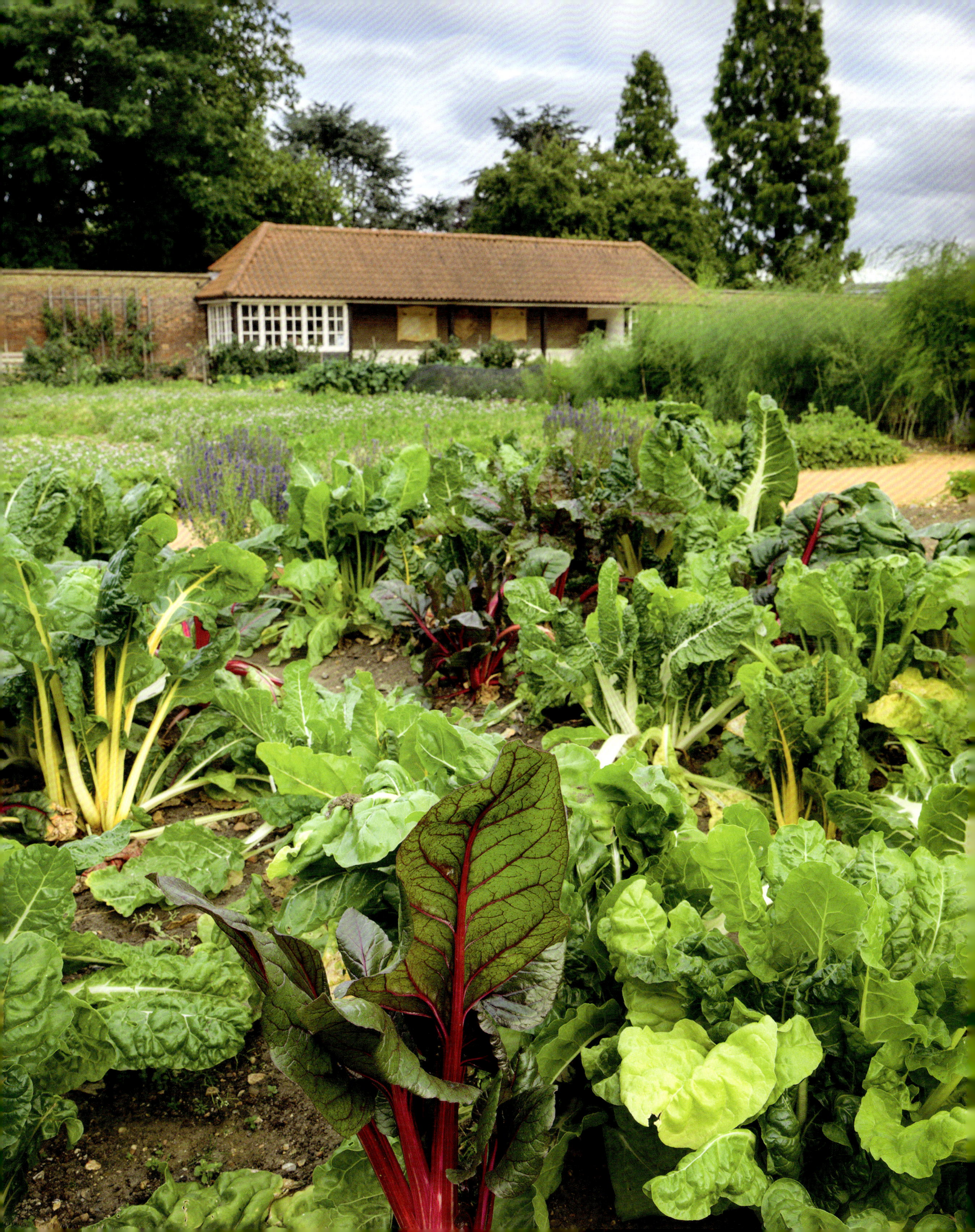

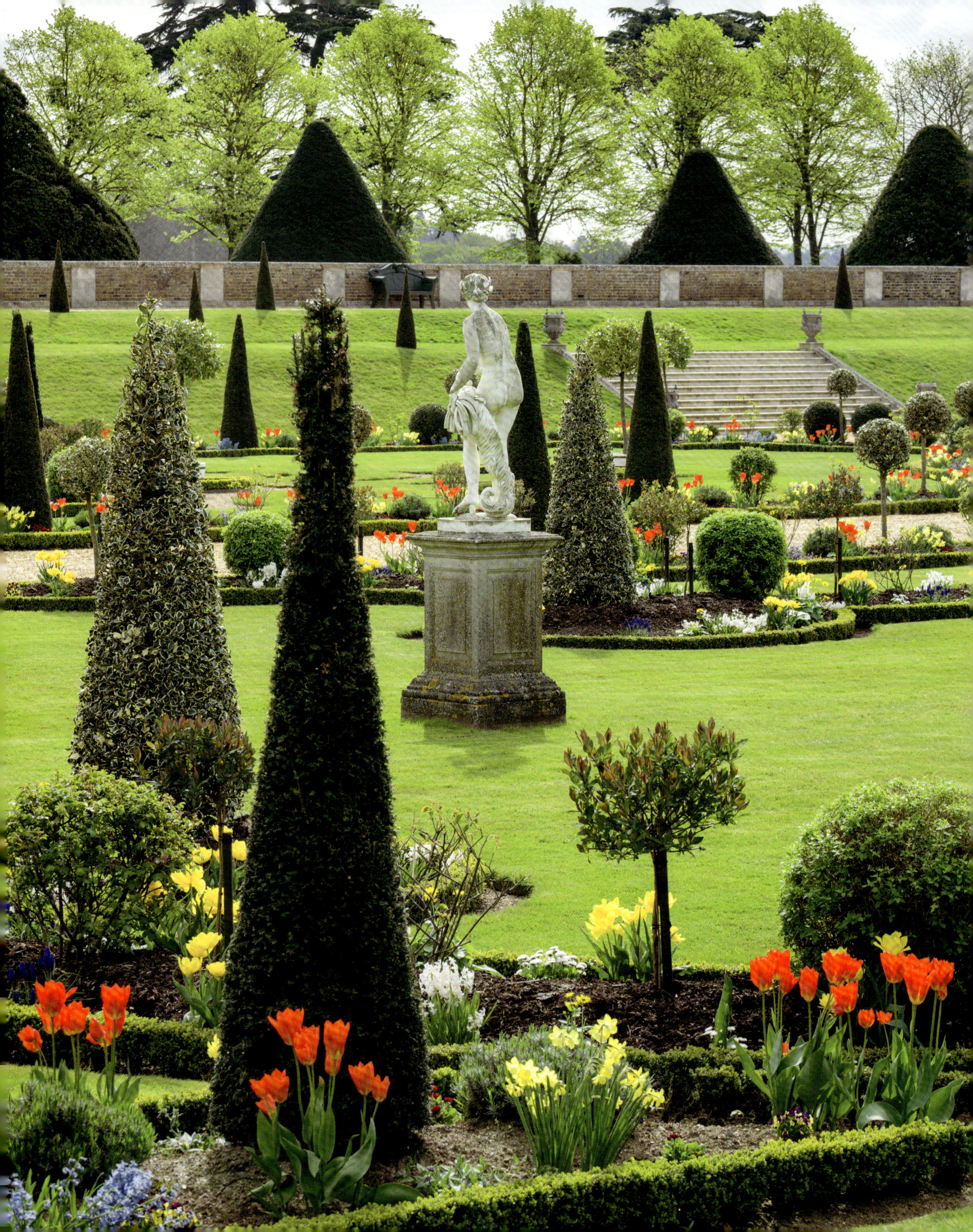

Gärten 1838 der Öffentlichkeit zugänglich, und nach 1850 erlangte der Große Brunnengarten durch seine Blumenpracht Berühmtheit. Die Gärten waren äußerst beliebt, ungeachtet der Kritik an den »mit mathematischer Genauigkeit geformten und mit kargen immergrünen Pflanzen gesäumten Rasenflächen, die in festen Abständen platziert waren« (Keane, 1850). Ab Mitte des 19. Jahrhunderts brach in Hampton Court für drei Jahrzehnte die viktorianische Mode der Teppichbeete aus. Nach 1920 wurden die Gärten für ihre mit Stauden oder gemischt bepflanzten Rabatten gerühmt, was besonders für den zwischen Schlossfassade und Brunnengarten verlaufenden *Breiten Weg* galt.

Die Restaurierung

Am 31. März 1986 zerstörte ein Brand die von Wren stammenden Paradezimmer, auch das des Königs. Originalgetreu restauriert, machte man sie am 8. Juli 1992 wieder der Öffentlichkeit zugänglich. 1987 wurden die Alleen neu mit Linden bepflanzt. Nach beträchtlichen Sturmschäden in den Jahren 1987 und 1990 wurden die Pflanzungen fortgesetzt. 1995 begann die Rekonstruktion des 1701 von Wilhelm III. angelegten Privatgartens. Auf diese Weise wurde die Schlossfassade nach 200 Jahren erstmals wieder vom Fluss aus sichtbar. Wilhelms Garten war entstanden, um Höflinge und ausländische Würdenträger zu beeindrucken, die hier an Land gingen und durch das *Watergate* (einen langen, am Flussufer beginnenden Bau) zum Schloss gelangten. Nach Wilhelms Tod ließ man die bis dahin auf eine Höhe von etwas über zwei Meter geschnittenen Bäume frei wachsen, wodurch das Schloss verdeckt wurde.

Während der Rekonstruktion von Wilhelms Privatgarten wurde die Vegetation erheblich ausgedünnt. Bei den anschließenden Ausgrabungen kamen die symmetrischen Muster der Formhecken, Eibenwege, Rasenflächen, Stufen und sogar die früheren Standorte von Marmorstatuen ans Tageslicht. Als man in der kiesigen Flussterrasse Gräben anlegte, um fruchtbare Erde einzubringen, stieß man auf den »heraldischen« Garten der Tudorzeit mit schachbrettartig angeordneten Blumenbeeten. Derartige Anlagen waren mit Formsträuchern und an Pfosten befestigten Bildern heraldischer Tiere geschmückt. Die als *Platesbandes* bezeichneten Rabatten ließen sich deutlich erkennen. Sie waren 1,8 Meter breit und mit Zwergbuchshecken eingefasst, aus denen Eibenpyramiden ragten. Zwischen den *Plates-bandes* lagen verschnörkelt geformte Rasenflächen. Sie waren von Eiben und kugelförmigen Stechpalmen gesäumt, zwischen denen Sträucher wie Rosen, Zaunrosen, Flieder, Geißblatt und Lavendel wuchsen.

Heute beherbergt Hampton Court drei staatliche Pflanzensammlungen – *Heliotropium*, *Lantana* und die *Exoticks* von Königin Maria II. *Heliotropium* trat in Hampton Court erstmals im 19. Jahrhundert in Blumenbeeten im Großen Brunnengarten in Erscheinung, *Lantana* in den Exotensammlungen des 17. Jahrhunderts. Maria besaß eine der größten privaten Pflanzenkollektionen der Welt. Im Ersten Weltkrieg gingen mangels Pflege die letzten dieser Pflanzen zugrunde. Seit 1987 hat das Gärtnerteam nach Recherchen die 215 Arten, darunter auch Myrten, Palmen und Aloen, umfassende Sammlung in der unteren Orangerie und den Privatgärten neu angelegt. Im Gedenken an das Herrscherpaar Wilhelm und Maria begann im Juli 2017 ein Austausch historischer Pflanzenarten zwischen Hampton Court und Het Loo in den Niederlanden.

Linke Seite
Der Privatgarten

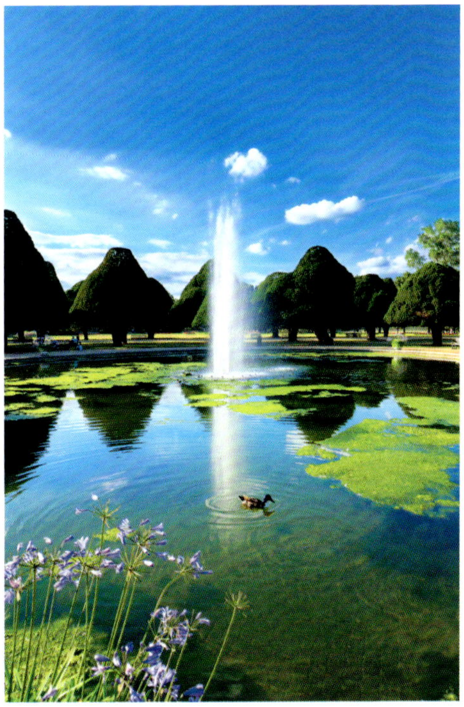

Links
Die Fontäne im Großen Brunnengarten

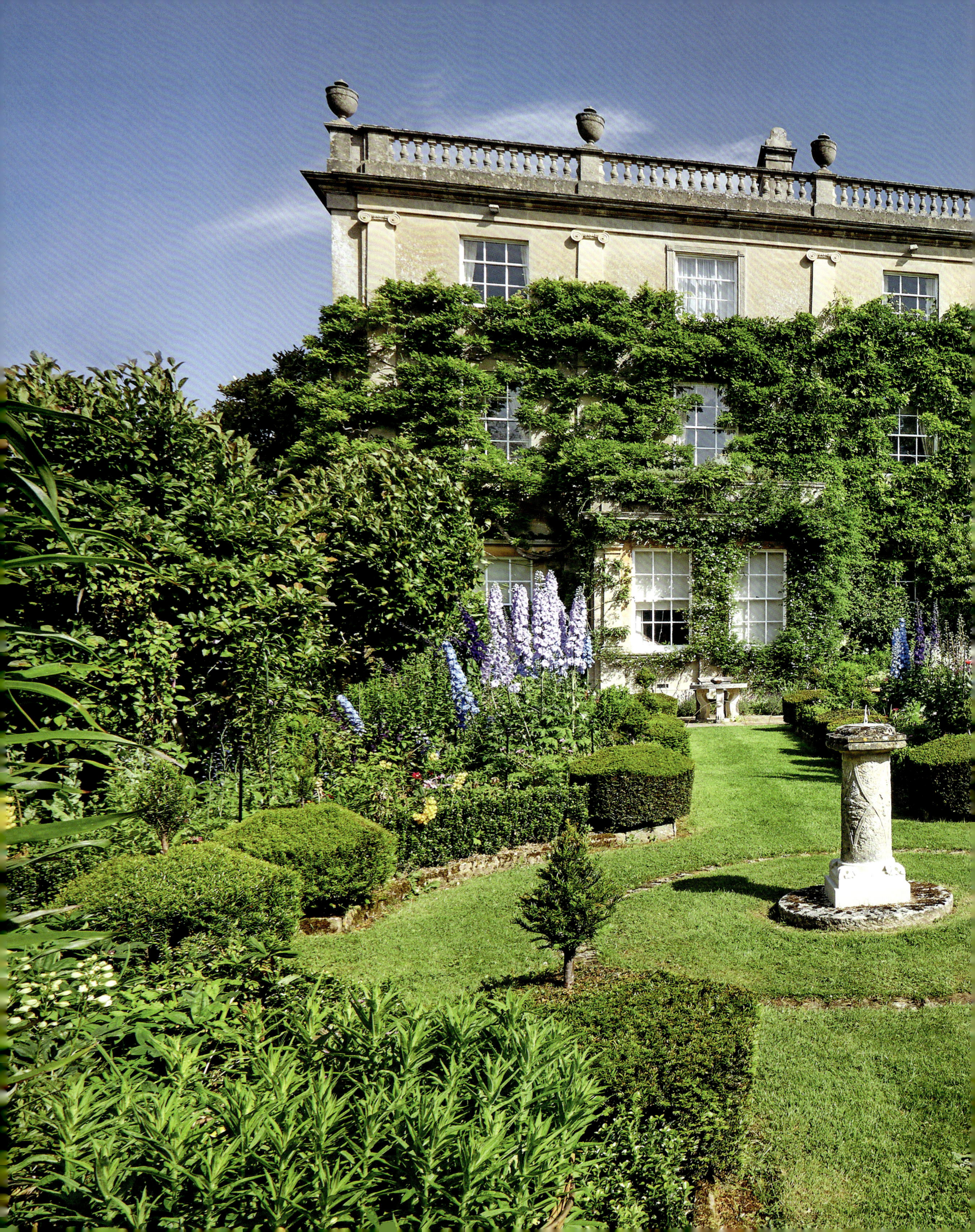

HIGHGROVE HOUSE

Tetbury, England

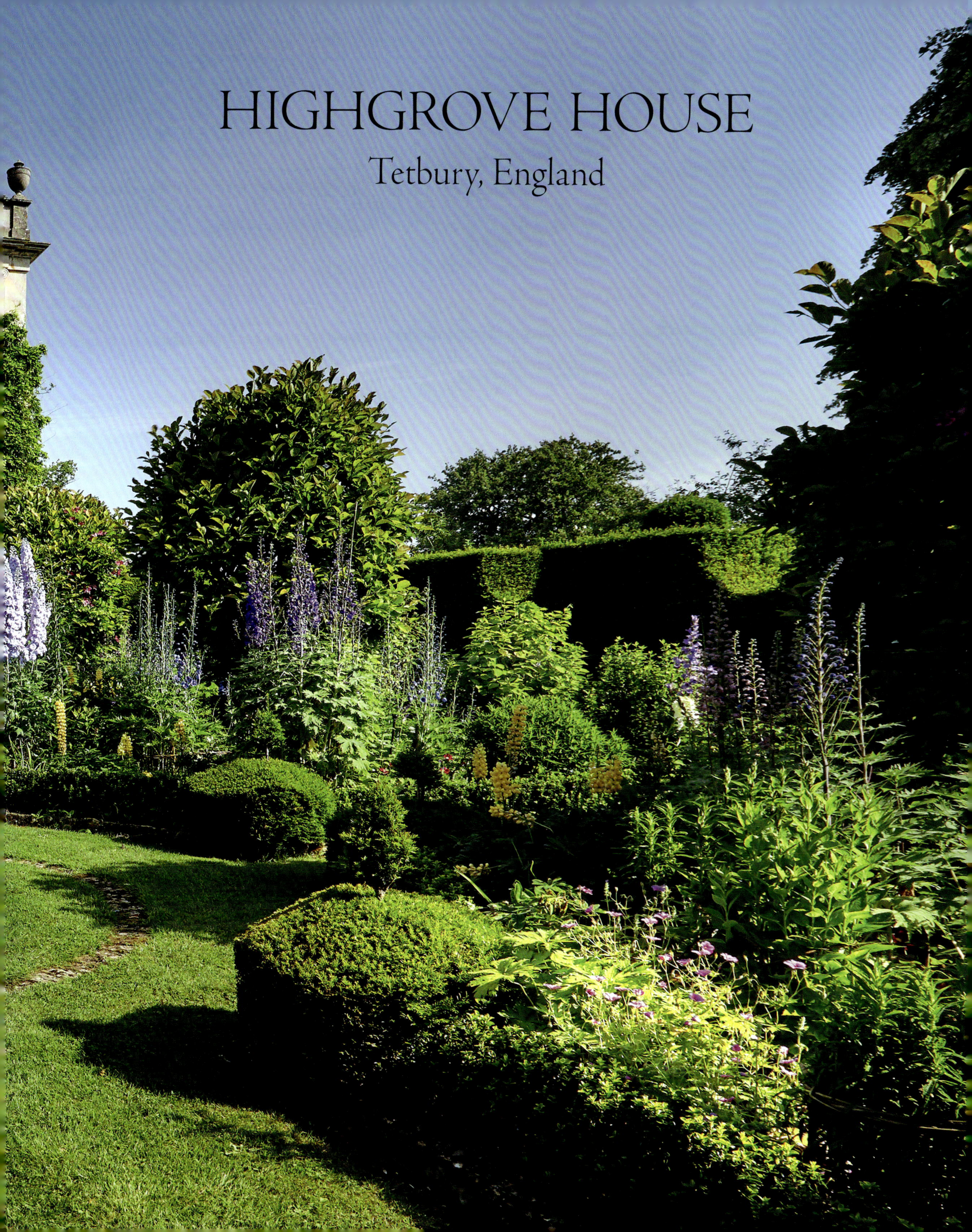

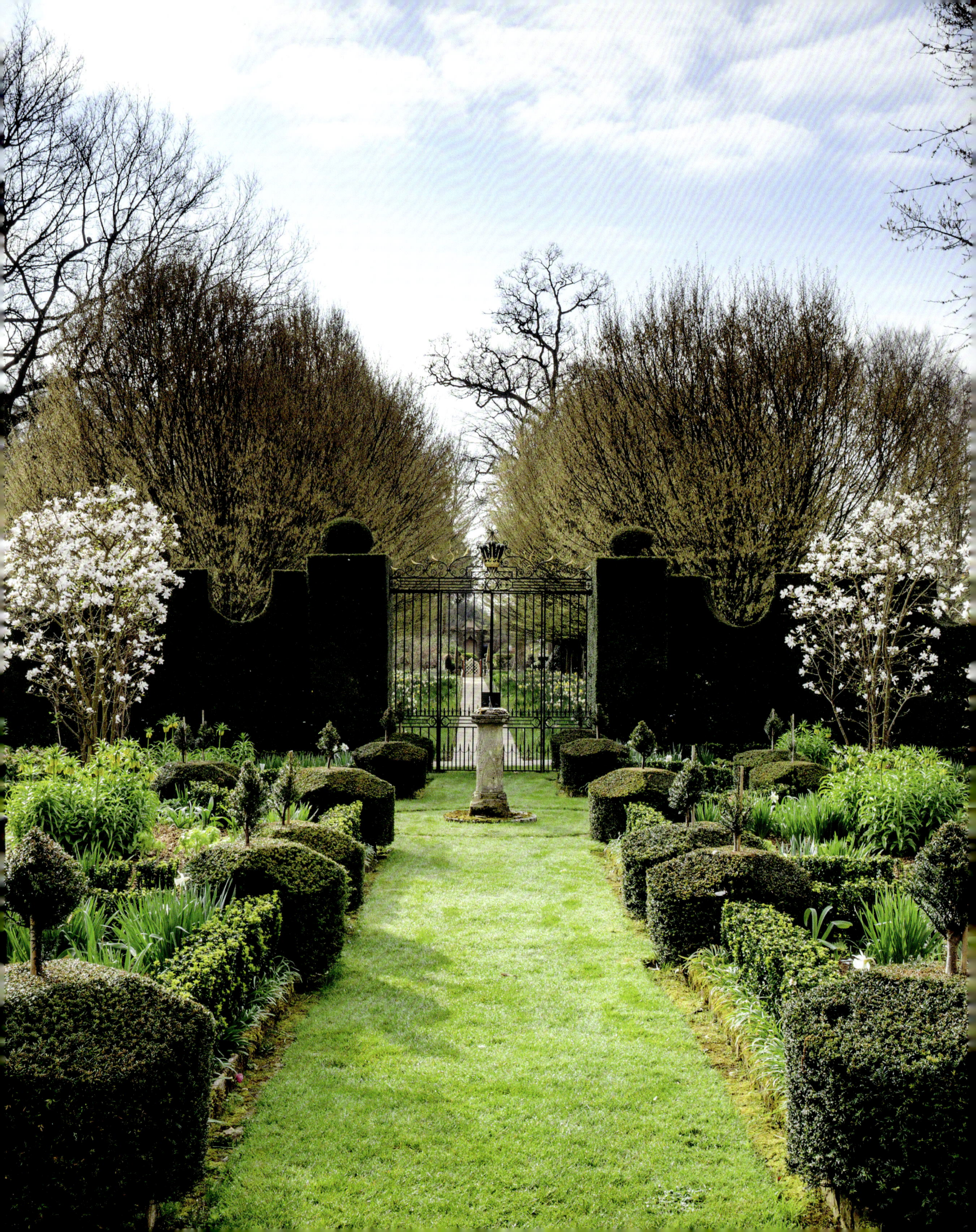

Inmitten einer idyllischen Landgegend südwestlich von Tetbury in Gloucestershire liegen Wohnsitz und Garten des Prince of Wales und der Herzogin von Cornwall.

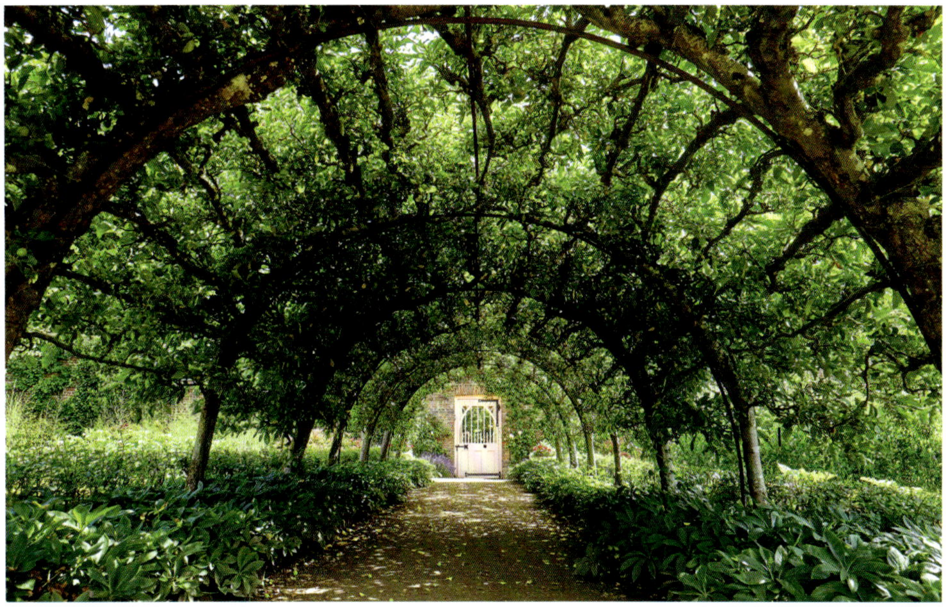

Das erste Haus in Highgrove wurde für den Landbesitzer John Paul Paul erbaut, der mit Tuchhandel Reichtum und einen Adelstitel erworben hatte. Nach einem Entwurf von Anthony Keck (1726–1797), der sich an Robert Adam orientierte, entstand 1796–98 ein dreigeschossiger Bau aus Hausteinen. Das Dach ist mit Schiefertafeln gedeckt, die Fassaden entsprechen dem klassizistischen Stil des späten 18. Jahrhunderts. In seinem Landsitzführer *Delineations of Gloucestershire* beschreibt J. N. Brewer den Bau als »nicht pompös ... Die Lage ist schön, vom Haus und den dazugehörigen Gärten genießt man hervorragende Ausblicke.«

Highgrove blieb bis 1860 im Besitz der Familie Paul und wurde dann verkauft, vier Jahre später erwarb es der Anwalt William Yatman. 1893 zerstörte ein Brand die Westfassade. Das dreiteilige, über zwei Geschosse reichende Fenster stürzte auf die Terrasse herab. Die neuen Besitzer bauten Highgrove für 6000 Pfund um und verbargen das Dach hinter einem hohen, mit kleinen Globen geschmückten Geländer. Von Kecks ursprünglicher Gestaltung blieb kaum etwas übrig, die Westfassade wirkte nun schlicht und solide.

Highgrove diente dann als Wohnsitz von Maurice Macmillan, dem Sohn des ehemaligen Premierministers Harold Macmillan. 1980 ging das Anwesen in den Besitz des Herzogtums Cornwall über. Der neue Eigentümer, Prinz Charles, der Architektur, Gartenbau und Umweltschutz überaus schätzt, erkannte das Potenzial des Hauses. Er beauftragte den aus Neuseeland stammenden Maler Felix Kelly mit dem Entwurf eines nach künstlerischen Maßstäben neugestalteten Baus, mit einer luftigen Balustrade, einem Giebeldreieck in einem Rundfenster über der Hauptfassade und ionischen anstelle der von Keck entworfenen ägyptischen Pilaster. Kelly ließ sich bei der Arbeit an einem seiner letzten Werke von Vorbildern wie Stourhead und Chiswick House inspirieren. Der Thronfolger war begeistert, und der Architekt Peter Falconer, der bereits für den Vorbesitzer Veränderungen vorgenommen hatte, wurde mit der Leitung der Umbauten beauftragt, die 1987 nach Kellys Entwurf erfolgten.

Vorhergehende Doppelseite und linke Seite
Der Sonnenuhrgarten

Oben
Im »Walled Garden«

Der Prince of Wales hat im Lauf von fast 40 Jahren das sechs Hektar große Anwesen in eine der genialsten und innovativsten Gartenanlagen Großbritanniens verwandelt, wie Fachleute finden. Sie zeigt die Handschrift eines leidenschaftlichen Umweltschützers. Seine strikte Anwendung biologisch-nachhaltiger Methoden hat zum Entstehen von ökologisch vorbildlichen Gartenräumen beigetragen, deren Zauber und Faszination man sich kaum entziehen kann. Im Wesentlichen handelt es sich um einen Landhauspark im georgianischen Stil mit formal angelegten Teilen, ummauerten Gärten und solchen mit wilder Flora und Fauna. Im Unterschied zu anderen in diesem Buch vorgestellten Gärten ist Highgrove ein junger Garten, mit dem sich viele Menschen trotz seiner Größe identifizieren können. Die Gartenbauten und Zierelemente wurden im Stil von englischen Landschaftsgärten des 18. Jahrhunderts geschaffen.

Der Garten ist eine von zwei in unterschiedliche Bereiche gegliederten Hälften, weswegen man nicht sofort seine ganze Schönheit erfasst. Die beiden »Seiten« des Gartens werden durch eine natürliche Grenze getrennt – den Waldgarten und die Wildblumenwiese. Eine Seite des Gartens umfasst neben dem Haus und einigen Gebäuden den Sonnenuhrgarten (benannt nach der großen steinernen Sonnenuhr, einem Geschenk des Herzogs von Beaufort), den Seerosengarten, den Taubenschlag, den Cottagegarten, die Lindenallee, den Terrassengarten, die Rosenpergola, den Obstgarten, die ehemalige Kutschenwaschanlage, den Thymianweg, einen Teil mit Obstbäumen und den Teppichgarten. Die andere Seite besteht aus dem Azaleenweg, dem »Tempel der Würdigen«, dem Arboretum, dem Winterbourne Garden mit Eukalyptus- und Baumfarnen *(Dicksonia antarctica)*, dem »Walled Garden«, der »Mauer der Geschenke«, dem Baumhaus, dem Stumpfgarten, dem Sanktuarium und dem Unteren Obstgarten. Formales und Ungeformtes vereinen sich zu einem ausgewogenen und harmonischen Ganzen.

Alles in diesem Garten ist sorgfältig geplant, und Prinz Charles ist nach wie vor an jeder Planungsphase beteiligt. Die Umgestaltung des Gartens beschreibt er als »einen bescheidenen Versuch, den schrecklichen Schaden gutzumachen, der dem Boden, der Landschaft und unseren Seelen kurzsichtig zugefügt wurde«. Und weiter: »Auch wenn er manchen nicht gefällt oder andere spötteln, er liege nicht in ›der realen Welt‹ oder sei bloß ein kostspieliger Luxus.« Und er fügt hinzu: »Wie auch immer, meine beständige Hoffnung ist, dass alle, die diesen Garten besuchen, hier etwas finden, was sie inspiriert, anregt, fasziniert oder tröstet.«

Eine der eindruckvollsten Komponenten der Anlage ist die Wildblumenwiese, eine ständig wechselnde Tapisserie aus Strukturen, Tieren und Farben. Sie wurde von Dame Miriam Rothschild und Prinz Charles geschaffen. Weil in Großbritannien kaum mehr traditionelle Wiesen existieren, bemühten sie sich, eine »Wiese wie früher« neu anzulegen. Zu diesem Zweck wurden 130 in der natürlichen Umgebung wachsende Arten angepflanzt. Mit abnehmender Fruchtbarkeit des Bodens entstanden schließlich ideale Bedingungen für das Gedeihen von Wildblumen. Man findet darunter Fuchs' Knabenkraut *(Dactylorhiza fuchsii)*, Übersehenes Knabenkraut *(D. praetermissa)*, Kleines Knabenkraut *(Anacamptis morio)*, Schachblumen *(Fritillaria Meleagris)* und Gelbe Narzisse *(Narcissus pseudonarcissus)*. Der Zyklus dieser Wiese verläuft völlig natürlich, von der Mahd über das Beweiden durch Schafe vom August bis Oktober (dabei werden die Samen in den Boden getreten) bis zum Keimen im Frühling.

Prinz Charles ist der Ansicht, dass man mit der Natur und nicht gegen sie arbeiten muss. Ein vollendetes Zeugnis dieser Einstellung ist das 1992 geschaffene Arboretum, das völlig neu geplant und gepflanzt wurde. Im Herbst leuchten Alleen mit japanischen Ahornbäumen in Gold-, Orange- und Rottönen, darauf folgen Teppiche aus gelben Winterlingsblüten *(Eranthis hyemalis)* und purpurroten Zyklamen. Mehrere Eiben wurden mit speziellen Formschnitten versehen. Das Arboretum ist für Prinz Charles ein sehr persönlicher Gartenbereich. Jetzt,

Rechte Seite oben
Das verwunschene Arboretum

Rechte Seite unten
Der Stumpfgarten wurde mit Strünken und Totholz angelegt.

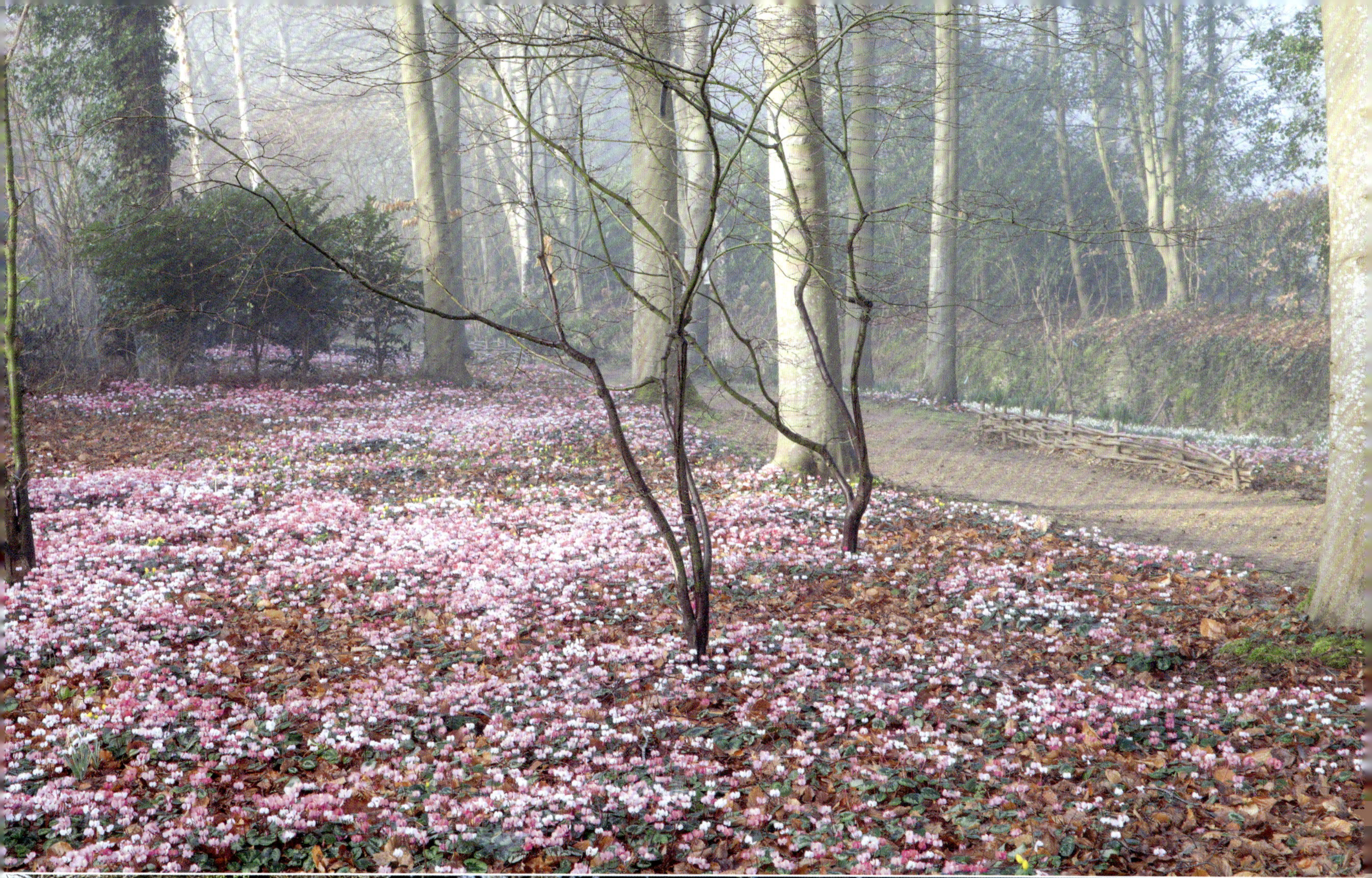

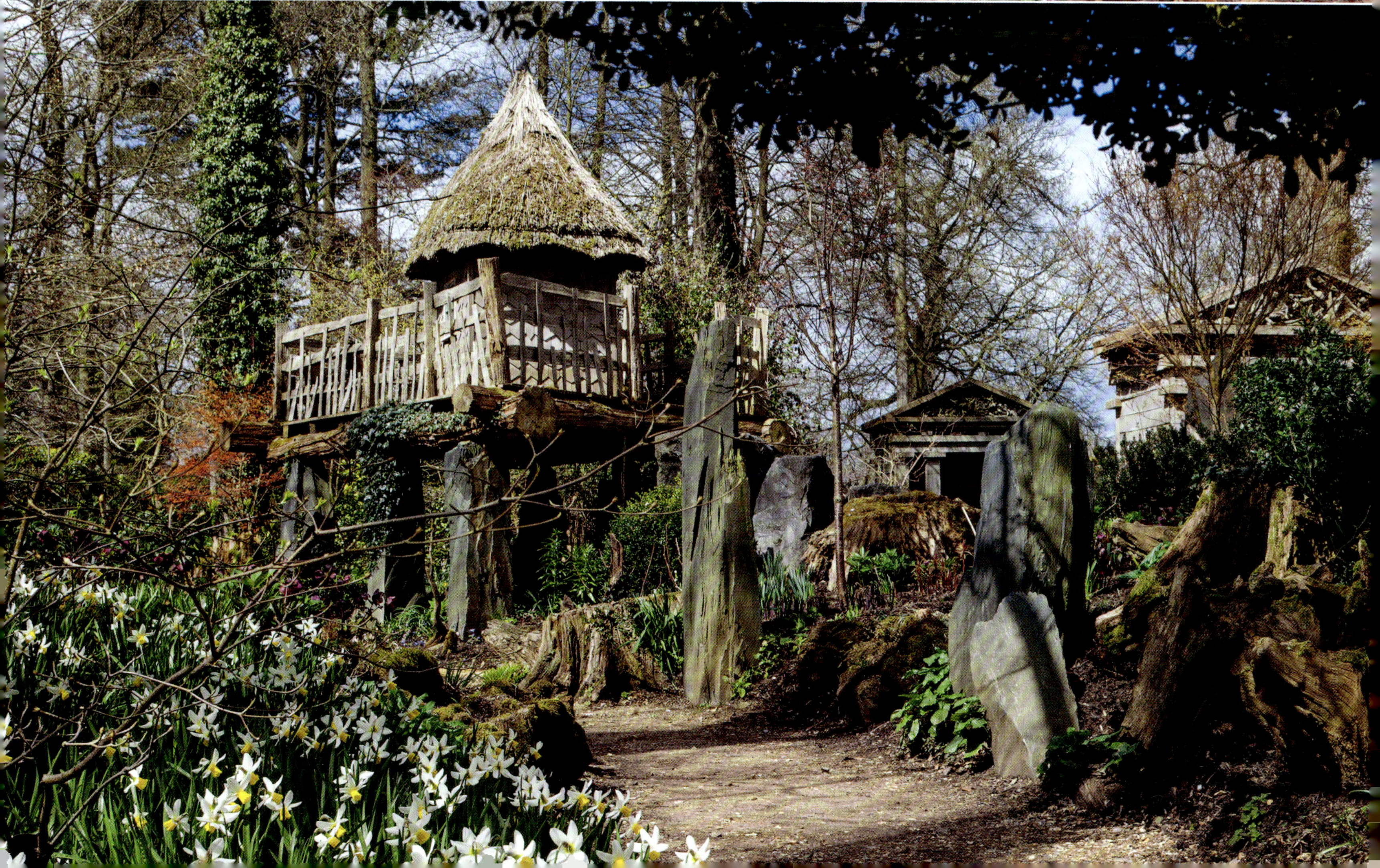

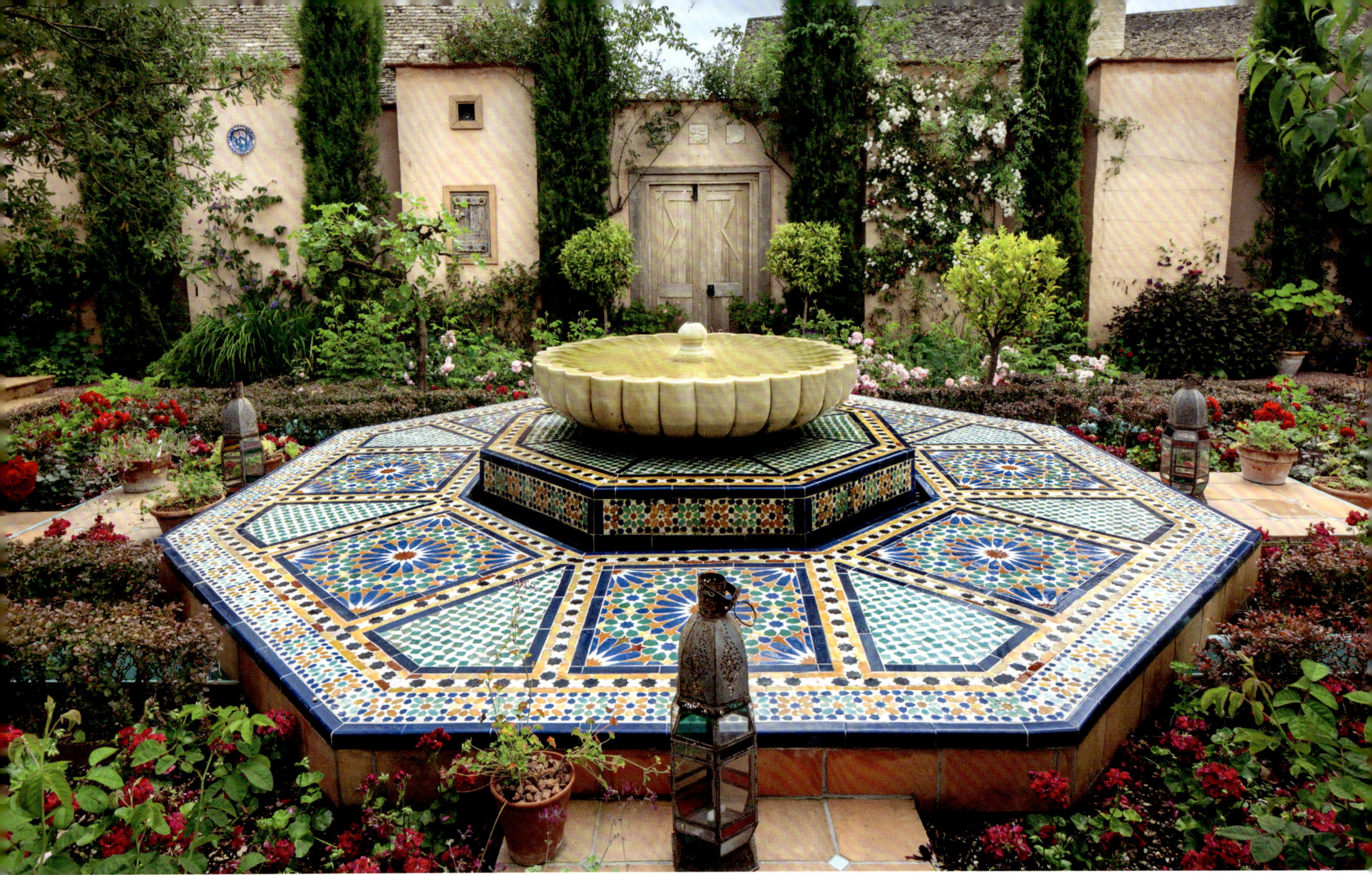

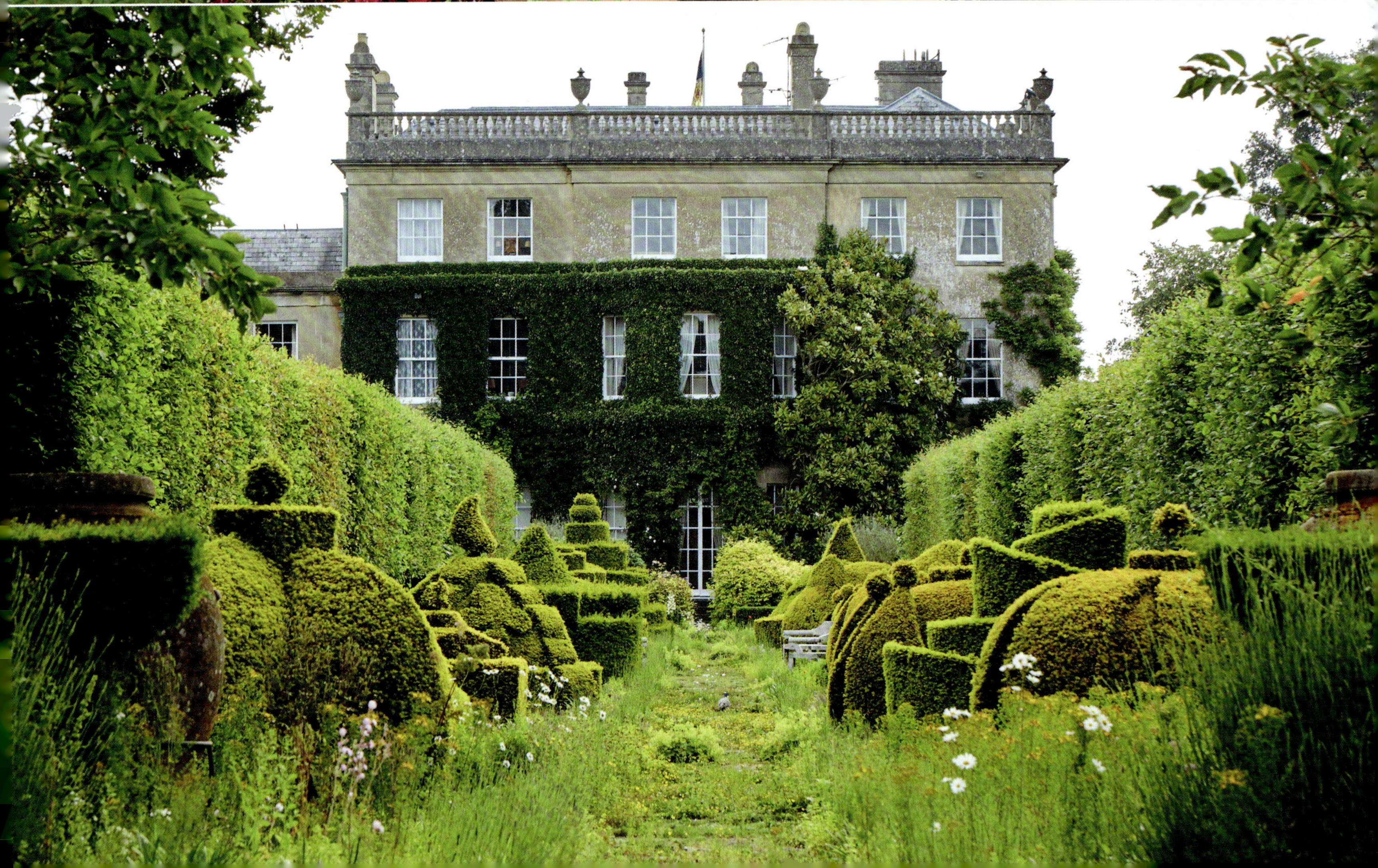

im Alter, erklärt er, habe er nur mehr den Wunsch, Bäume zu pflanzen.

Der neben dem Haus liegende Sonnenuhrgarten wurde ursprünglich von Lady Salisbury, einer Bekannten des Prinzen und selbst passionierte Gärtnerin, als Rosengarten entworfen. Mit niedrigen Buchshecken gesäumte Rasenwege mit Eibenkugeln an den Ecken führen zu einem kreisrunden Ziegelgebilde, in dessen Zentrum sich eine Sonnenuhr befindet. 1999 wurde dieser Teil als schwarz-weißer Garten angelegt, mit schwarzen Gräsern und weißen Pfingstrosen und Lupinen. Die Innenräume wurden mit Dahlien geschmückt, deren purpurrote Blütenblätter die dunkleren Farbtöne des Gartens noch verstärkten. In der Folge verwandelte sich der Garten in eine duftende Blumenpracht aus Rosa, Purpurrot, Weiß und Lavendelblau. Die Liebe des Prinzen zu Ritterspornen (die seine Großmutter, die Königinmutter, im Castle of Mey teilte, siehe Seite 44) wird im Sommer spürbar, wenn ihre blauen und violetten Spitzen den Sonnenuhrgarten prägen und im Verein mit rotem Mohn, kräftigem rosa Phlox und spätblühenden violetten, karminroten und rosa Salbeiarten zahllose Bestäuber anlocken. In die den Garten umschließenden Formhecken sind Nischen geschnitten, die Platz für Büsten des Prince of Wales bieten.

Ein besonderes Element der Anlage ist der faszinierende, mit bunten Farben und Duftnoten gesättigte Islamische Teppichgarten. Er wurde 2001 für eine königliche Blumenschau in Chelsea entworfen. Als Grundlage für den in der internationalen Presse in zahlreichen Beiträgen vorgestellten Garten diente ein in Highgrove vorgefundener türkischer Teppich. Das Mosaik aus blauen und türkisen Steinen, das muschelartige Wasserbecken, die aprikosenfarbenen Mauern, italienischen Zypressen, Weinstöcke und Orangenbäume entführen uns inmitten des ländlichen Gloucestershire sogar bei trübem Wetter in einen anderen Weltteil.

Die meisten der Gärten von Highgrove sind durch Wege verbunden. Der sogenannte Thymianweg besteht aus unregelmäßig verlegten Steinplatten, zwischen denen 20 von Prinz Charles gepflanzte, zart duftende Sand-Thymianarten in Rosa, Violett und Gelb blühen. In jüngster Vergangenheit kamen goldgelber Majoran, tiefblaue Schmucklilien und Lavendel 'Grosso' hinzu. Der Thymianweg beginnt vor den Glastüren des Hauses und erstreckt sich über eine Länge von 95 Metern, vorbei am achteckigen Wasserbecken des Terrassengartens mit seinen von Frauenmantel *(Alchemilla mollis)* und Heiligenkraut *(Santolina chamaecyparissus)* überquellenden Eckpavillons (»Pepper Pot«) und den saisonalen Pflanzen in großen Terrakottatöpfen. Mit seinen geraden Linien dient er zugleich als Sichtachse. Er wird von goldgelben, ca. 1,8 Meter hohen, in Abständen gesetzten und in unterschiedliche Formen geschnittenen Eibenbüschen gesäumt, eingerahmt von vier Rechtecken und vier mittig dazwischen gesetzten Quadraten aus miteinander verwachsenen Hainbuchen. Dank dieser einzigartigen Anordnung ist hier einer der malerischsten und einprägsamsten Gartenräume von Highgrove entstanden.

Auch der früher als Waldgarten bezeichnete Abschnitt birgt Überraschungen. Gerade Linien fehlen hier völlig. Das Areal wurde 1980 von Prinz Charles und Julian und Isabel Bannerman entworfen und wird jetzt als Stumpfgarten bezeichnet. Eine derartige Ansammlung von Strünken und Totholz wirkt zunächst verblüffend. Als Prinz Philip zum ersten Mal die herangeschafften Baumstümpfe sah, sagte er zu Prinz Charles: »Wann wirst du das Zeug denn verbrennen?« Heute wirkt das Ganze selbstverständlich. Durch die gezielte Anordnung der Strünke wurde eine Waldlandschaft geschaffen, die nichts Vergleichbares hat und schon seit Jahrhunderten zu existieren scheint. Der erste Stumpfgarten entstand 1856 in Biddulph Grange (etwa 200 Kilometer von Highgrove) in Staffordshire, entworfen von Edward William Cooke für James Bateman. Im farnvernarrten viktorianischen Großbritannien galt er als Berühmtheit. Der ihm nachempfundene Stumpfgarten von Highgrove gilt als der größte Großbritanniens. Man findet hier vor allem Stümpfe von Eichen *(Quercus robur)* und Edelkastanien *(Castanea sativa)*. Das Ziel war, ein Habitat für Prinz Charles'

Linke Seite oben
Der farbenprächtige Islamische Teppichgarten

Linke Seite unten
Der sogenannte Thymianweg

Sammlung groß- und breitblättriger Funkien zu schaffen, es gedeihen darin aber auch Farne, Euphorbien und Schneerosen – Waldpflanzen, die sich hier wohlfühlen. Die einzigartige Anordnung aus zerfallenden Baumresten schafft Dutzende von Nischen mit idealen Bedingungen für sonnen-, schatten- und feuchtigkeitsliebende, aber auch trockenheitsverträgliche Pflanzen. Ganz im Sinn der Ökologie und Nachhaltigkeit baut sich dieser Wald langsam selbst ab, wodurch dem Boden wertvolle Stoffe zurückgegeben werden. Er bietet Nahrung für seine Mikroflora und entwickelt sich zu einem Paradies für Tiere wie Kröten und Hirschkäfer.

Das Paradies eines Pflanzers

In dieser Gartenanlage gibt es keine Prestigeobjekte. Augenfällig ist, welche Rolle die Bäume in der gesamten Anlage spielen. Prinz Charles befasst sich mit allen Aspekten ihrer Auswahl, Platzierung und Pflege. Er hat im Garten und auf dem gesamten Besitz 10 000 Bäume und fast 15 Kilometer Hecken gepflanzt. Viele Bäume sind oder waren Geschenke, so etwa im Cottagegarten der inzwischen leider abgestorbene goldblättrige *Catalpa bignonioides* (Gold-Trompetenbaum) von Sir Elton John. Als der Dalai Lama Highgrove besuchte, bat Prinz Charles ihn, einen seltenen *Fraxinus mandshurica* (Mandschurische Esche) zu pflanzen, der sich an seinem neuen Standort nahe beim Obstgarten wohlfühlt. In den Obstgärten stößt man auf Apfelbäume der Staatlichen Obstbaumsammlung: Ashmead's Kernal, Golden Knob und Devon Buckland. In der Buchen-Sammlung des NCCPG (National Council for the Conservation of Plants and Gardens) findet man Kultivare wie *F. sylvatica* 'Rohanii', 'Dawyck', 'Pendula' und die rosa-dunkelrote *F. sylvatica* 'Roseomarginata' (oder *F. s.* 'Purpurea Tricolor'). Das 1992 angelegte Arboretum umfasst großblättrige Rhododendren, duftende Azaleen, Hortensien und japanische Fächer-Ahorne *(Acer palmatum)*.

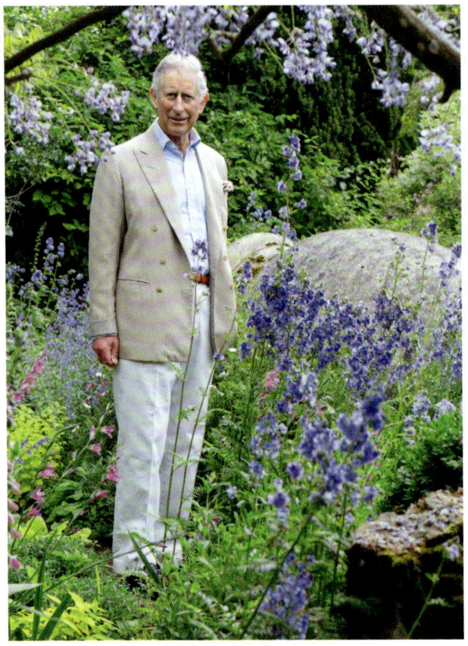

Wie faszinierend der Garten von Highgrove ist, wie anregend er wirkt und wie wohl man sich in ihm fühlt, betont auch die Obergärtnerin Debs Goodenough, wenn sie über ihren Arbeitsplatz spricht: »Ich weiß, dass [der Prince of Wales] im Garten bestimmte Lichtverhältnisse liebt, Momente, in denen dieser Garten ganz besonders zur Geltung kommt. Diese Momente wechseln das ganze Jahr hindurch, und es kann an einem Tag mehrere davon geben. Seine Königliche Hoheit kennt den Garten gut genug, um dieses goldene Licht zu genießen, das man erlebt, wenn die Sonne durch die Bäume dringt.«

Anlässlich seines 70. Geburtstags erklärte Prinz Charles in einem Beitrag für *The Australian Women's Weekly*: »Für mich bedeutet dieser Garten jetzt vor allem, dass er ein Zufluchtsort für einige der seltenen und bedrohten Arten geworden ist, die vor 40 Jahren auf unverantwortliche Weise ausrangiert wurden – in einer von Kurzfristigkeit, Vorteilsdenken und leichtsinniger Geringschätzung der Natur geprägten Welt. Aber ich hoffe, dass er auch ein harmonischerer Ort geworden ist, von dem man sich anregen lassen kann.«

Gärtner erleben hautnah den Rhythmus, die Zyklen der Natur und den Wechsel der Jahreszeiten. Prinz Charles hat diese Zyklen viele Jahre lang beherzigt und sich dem ökologischen Landbau, der Nachhaltigkeit und dem Erhalt der Artenvielfalt gewidmet. Highgrove ist ein sehr persönlicher Garten mit einem ganz eigenen natürlichen Rhythmus.

Oben
Besitzer eines kleinen Paradieses: Prinz Charles

Rechte Seite
Im Cottagegarten

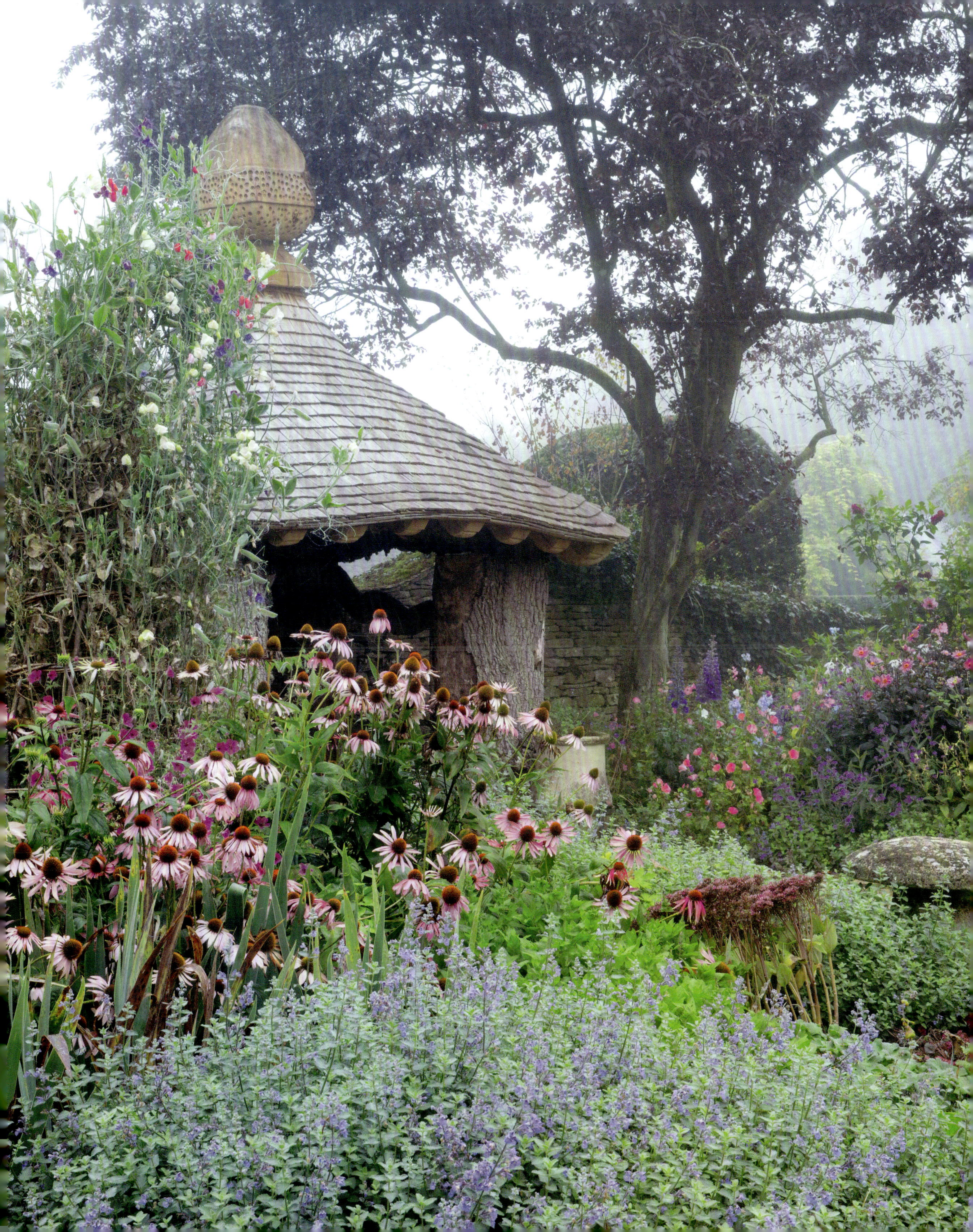

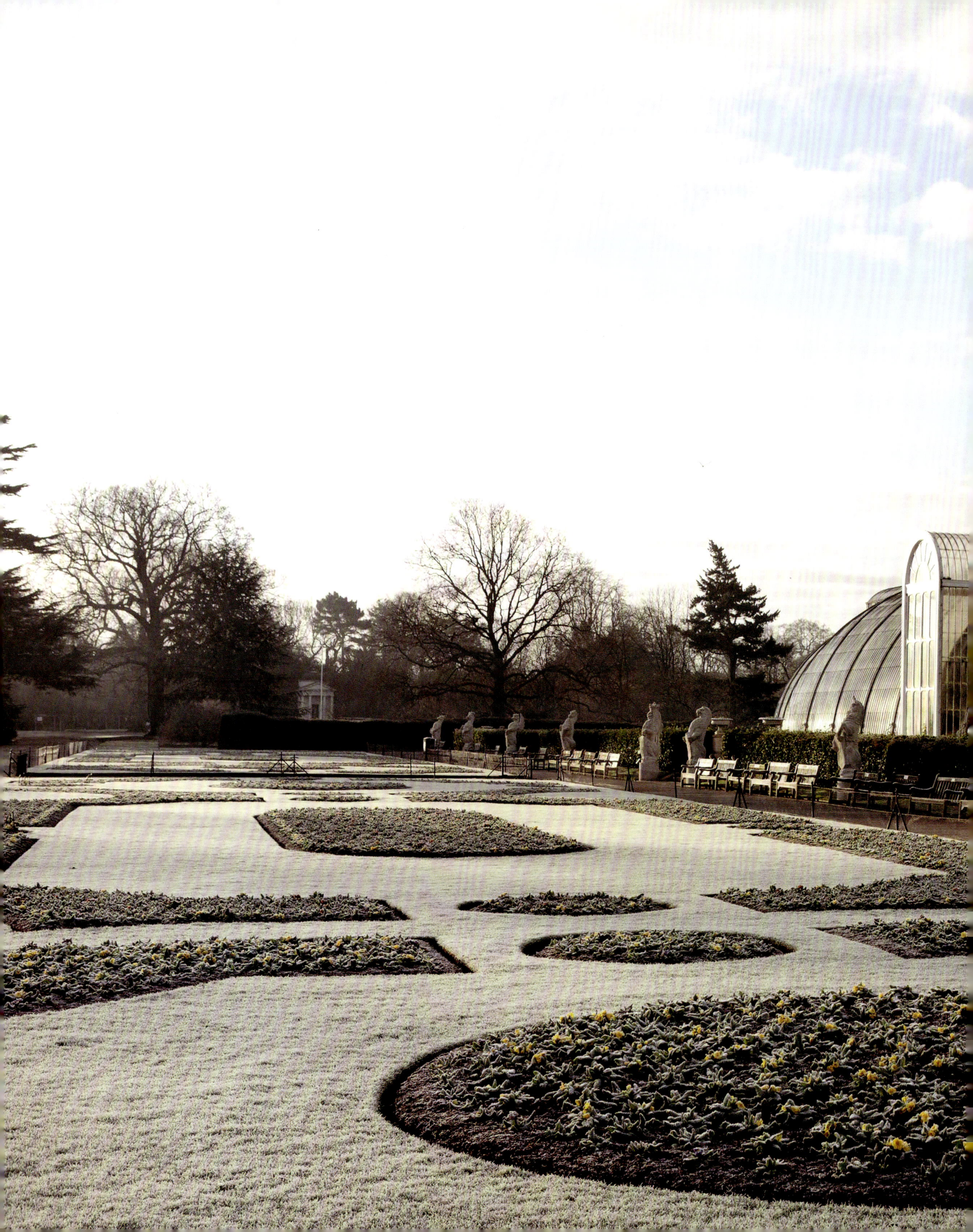

ROYAL BOTANIC GARDENS

Kew, England

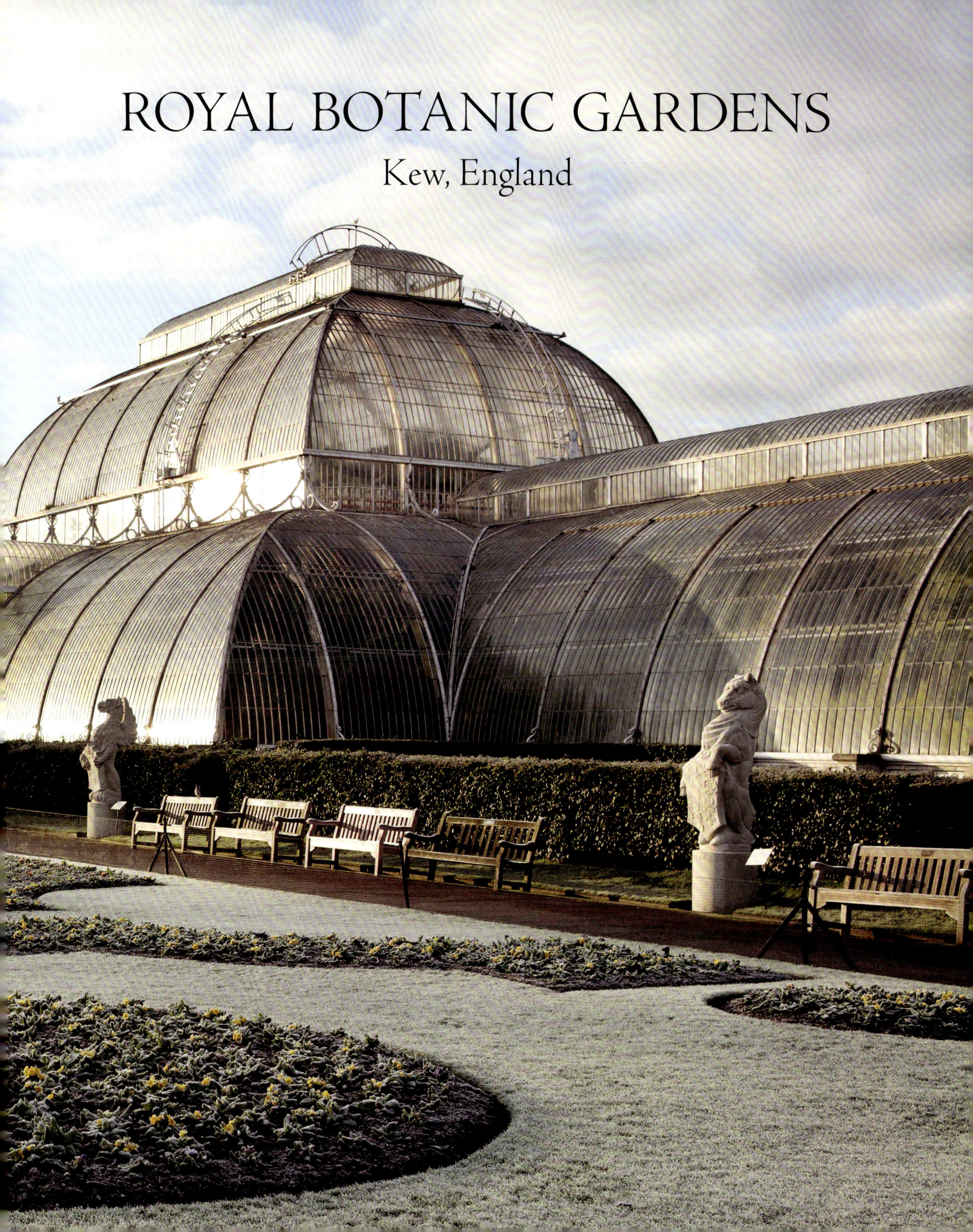

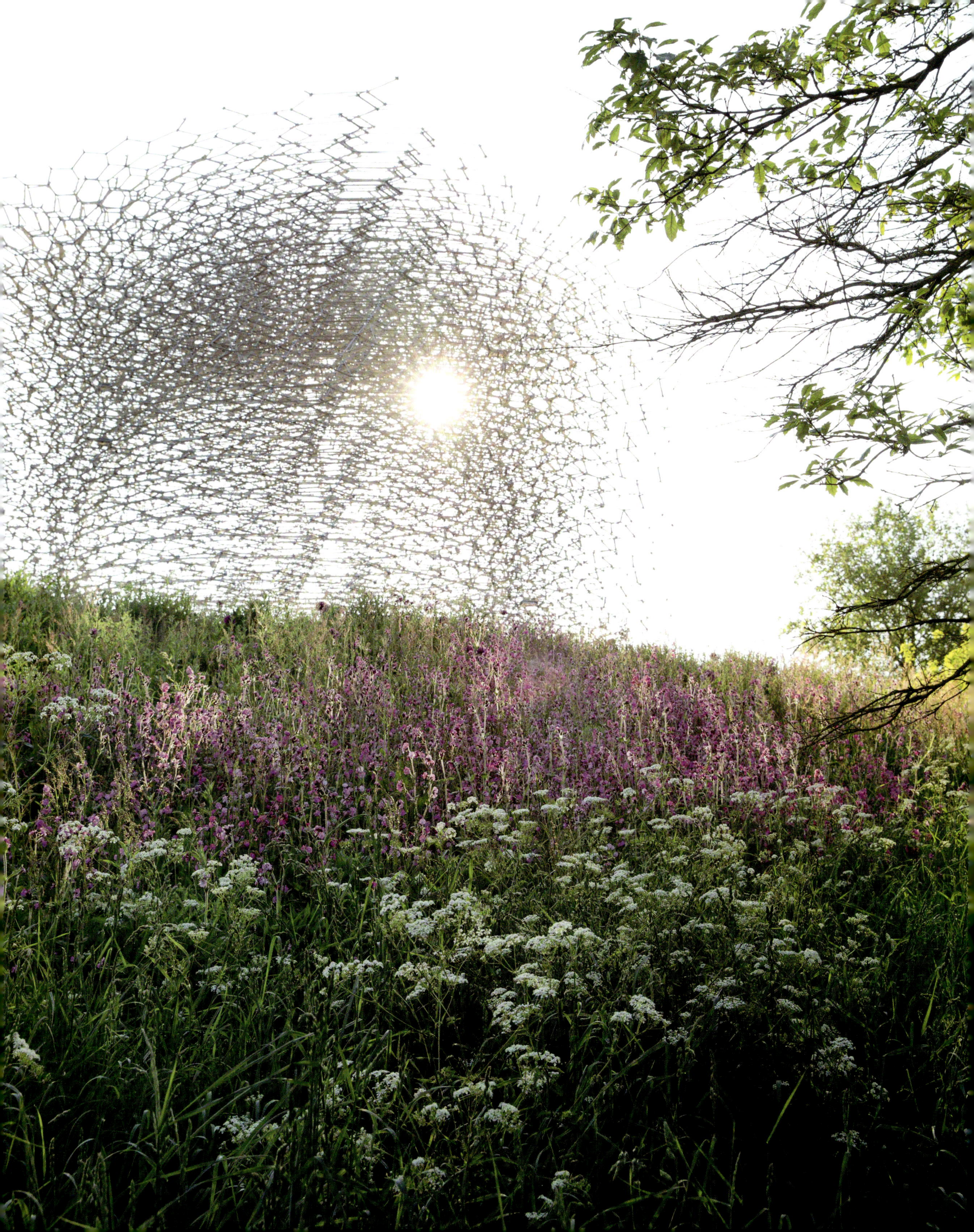

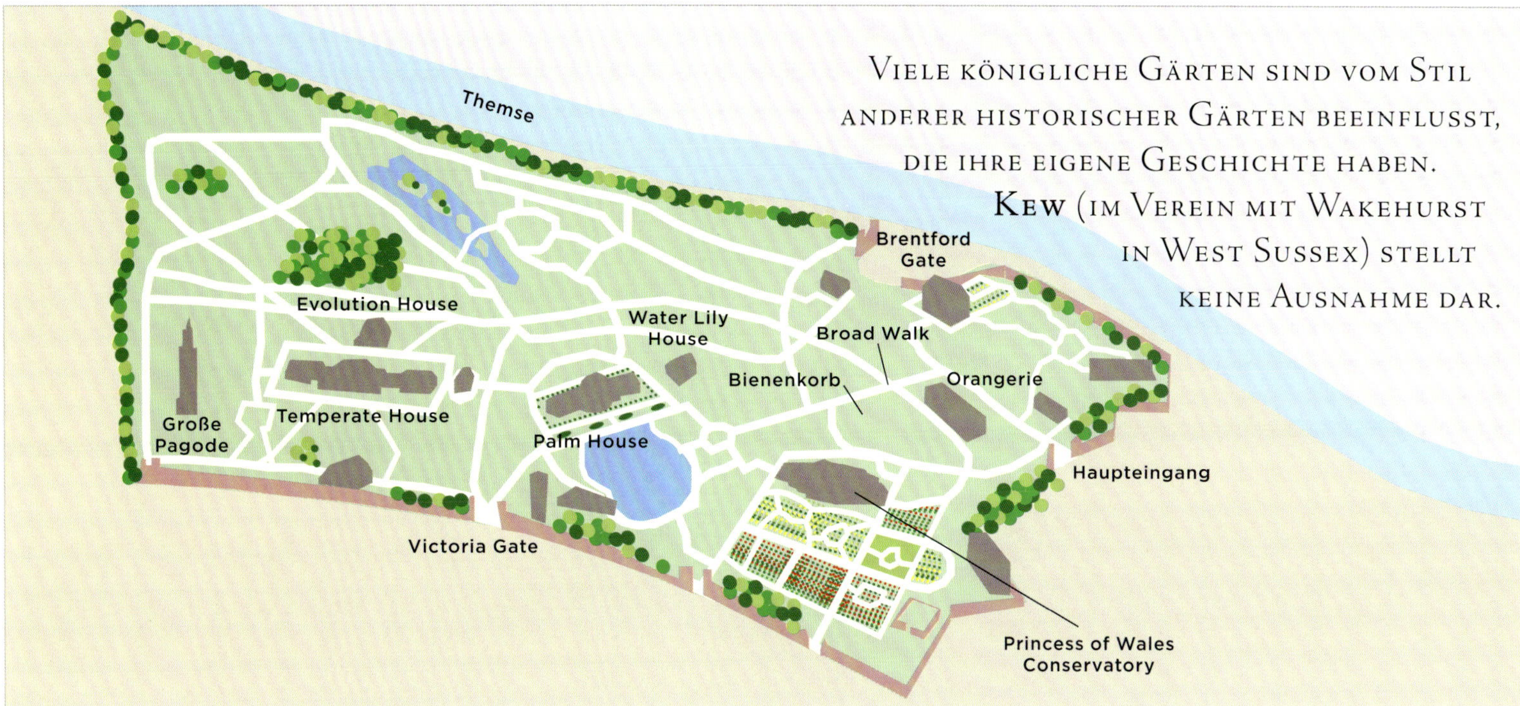

VIELE KÖNIGLICHE GÄRTEN SIND VOM STIL ANDERER HISTORISCHER GÄRTEN BEEINFLUSST, DIE IHRE EIGENE GESCHICHTE HABEN. **KEW** (IM VEREIN MIT WAKEHURST IN WEST SUSSEX) STELLT KEINE AUSNAHME DAR.

Kew hat sich im Lauf der Jahrhunderte nicht nur innerhalb seiner Grenzen entwickelt, sondern wirkt darüber hinaus weltweit durch seine wissenschaftliche Forschung und Lehre. Das Gebiet der heutigen Anlage umfasst zwei Landgüter, Kew und Richmond Estate, die sich entlang der Windungen der Themse bei Richmond erstreckten und später zu den Königlichen Botanischen Gärten von Kew vereint wurden. Kew Castle, in der nordwestlichen Ecke gelegen, wurde 1631 von dem Kaufmann und Landbesitzer Samuel Fortrey erbaut und diente später als Ruhesitz von Georg II. (1683–1760) und Georg III. (1738–1820).

In Kew waren zahlreiche international berühmte Landschaftsarchitekten tätig, wie Charles Bridgeman, William Kent, William Chambers, Lancelot »Capability« Brown und William Andrews Nesfield. Sie hinterließen Spuren in der Gartengestaltung vom 17. Jahrhundert bis heute. In Kew und Richmond entstanden die Wohnsitze zahlreicher Höflinge und Politiker sowie königliche Schlösser, die wiederum Anlage, Gestaltung und Architektur der Gärten beeinflussten. 2003 wurden die 1759 gegründeten Royal Botanic Gardens zur Welterbestätte erklärt. Der UNESCO zufolge »trugen sie zur Erforschung der Pflanzenvielfalt, der Pflanzensystematik und der Wirtschaftsbotanik« bei.

Wandel der Gartenstile

Die östliche Hälfte der Anlage hieß ursprünglich Kew Gardens und war ein vom Chinoiseriestil geprägter Park des 18. Jahrhunderts. Charakteristisch dafür sind chinesische Motive und Handwerkstechniken. In Kew fungiert als Bezugspunkt der Formschnittpflanzungen, Wege und Bäume die Große Pagode. Die westliche Hälfte ist ein von Waldungen geprägter Naturpark. An seiner Entwicklung im 18. Jahrhundert waren führende Vertreter des englischen Landschaftsgartens beteiligt – Bridgeman, Kent und Brown. Der nördliche Abschnitt des Areals war zunächst nicht Teil der beiden Gärten. Ab den 1840er-Jahren vereinigten William Hooker, William Andrews Nesfield und Decimus Burton alle drei Teile zu einer einheitlichen Landschaft mit einem Tropenhaus und Sichtschneisen. Auf ihren Planungen basiert die heutige Anlage.

Die frühen Jahre

Den Bemühungen von Pflanzensammlern, Botanikern und Baumschulen und der wachsenden Begeisterung für Pflanzen ist es zu verdanken, dass viele ausländische Pflanzen nach Großbritannien gelangten. In dieser

Vorhergehende Doppelseite
Blick auf das imposante Palmenhaus

Linke Seite
Künstlerische Installation: der Bienenkorb

Zeit endete das vom 15. bis ins 18. Jahrhundert währende Zeitalter der Entdeckungen. In der zweiten Hälfte des 18. Jahrhunderts stellte die Aufklärung die Wissenschaft auf neue Grundlagen und beflügelte auch die Jagd nach Pflanzen zu Forschungszwecken.

Friedrich Ludwig von Hannover (1707–1751) war ein eifriger Förderer des Gartenbaus; Kew wurde zu einem Zentrum der Gartengestaltung. Nach dem Tod des beliebten Thronfolgers führte seine Witwe Prinzessin Augusta (1719–1772) die königliche Patronage weiter, wobei sie von Lord Bute unterstützt wurde, einem Weggefährten des Verstorbenen. Der Architekt William Chambers erhielt 1757 den Auftrag für einige Bauten wie die 1757 begonnene Orangerie und die 1761/62 errichtete Große Pagode. Nach der Rückkehr von seinen fernöstlichen Reisen verfasste er ein Buch über asiatischen Gartenbau, in dem er schrieb: »Ihre Gärtner sind nicht nur Botaniker, sondern auch Maler und Philosophen.« Chambers ist es zuzuschreiben, dass in Kew der Chinoiseriestil eingeführt wurde.

Der 1759 angelegte botanische Garten war ein vier Hektar umfassender ummauerter Garten ohne Rasen, Gehölze, Wäldchen und Spazierwege. Als Georg III. 1760 Richmond Estate erbte, beauftragte er »Capability« Brown mit der Anlage eines Landschaftsparks. Für die Bepflanzung wurde noch im selben Jahr der schottische Botaniker William Aiton eingestellt. Er hielt sich an das System Linnés, der die Pflanzen nach ihrem Aufbau und ihren Charakteristiken geordnet hatte. Aiton verfasste eine umfassende Beschreibung der Sammlung mit dem Titel *Hortus Kewensis* (1789). 1772 erbte Georg III. auch Kew Estate. Durch den Naturforscher und Botaniker Joseph Banks, einen Förderer der Naturwissenschaften, prosperierte Kew Gardens und beeinflusste auch den Gartenbau im Ausland. Zu den im 18. Jahrhundert in Kew angesiedelten Pflanzen zählen die Japanische Aukube *(Aucuba japonica)*, der Portugiesische Lorbeerkirschbaum *(Prunus lusitanica)*, die Hexenhasel *(Hamamelis virginiana)* und die Gartenzinnie *(Zinnia elegans)*.

Nach dem Tod Georgs III. 1820 verfiel der Garten. 1840 genehmigte Königin Victoria (1819–1901) die Gründung der Royal Botanic Gardens von Kew und stellte dafür zusätzlich Land zur Verfügung, wodurch sich die Fläche auf mehr als 130 Hektar erhöhte. Als ersten Direktor bestellte sie 1841 William Hooker. Mit Werken wie *British Jungermanniae* (1816), *Genera Filicum* (1838), *Flora Scotica* (1821), *The British Flora* (1830) und *Flora Borealis Americana* (1840) trug er wesentlich zum Wissen über Pflanzen bei.

Hooker hatte *Arboretum et Fruticetum Britannicum* gelesen, ein achtbändiges Werk von John Claudius Loudon, einem schottischen Botaniker, Gartenarchitekten und Schriftsteller, der den Begriff »Gardenesque« einführte, eine viktorianische Pflanzungslehre. Loudon bevorzugte statt einheimischer Pflanzen »fremde Vegetation ähnlicher Art«, damit sich gärtnerische Pflanzungen besser von natürlichem Pflanzenwuchs abhoben. Er empfahl die Entfernung umstehender Pflanzen, um den Wuchs zu fördern, intensive Pflege und die Anlage geometrischer Beete. Zwei Jahre nach dem Studium von Loudons Werk begann Hooker mit der Anlage der Gärten nach dessen Lehren. Die exotischen Sträucher und Bäume wurden mit großer botanischer Sorgfalt als natürlich wirkende Gruppen gepflanzt, durch die man die Verwandtschaft der diversen Pflanzengattungen und -familien veranschaulichte. Bekannt wurde diese Methode als die nach Hooker und seinem Freund, dem Botaniker George Bentham, benannte Bentham-Hooker-Klassifizierung.

Palm House und Temperate House

Mitte des 19. Jahrhunderts entstanden im östlichen Teil des Gartens zwei Attraktionen, die in der ganzen Welt kopiert wurden: zwei aus Eisen und Glas gefertigte Gewächshäuser, ein Tropenhaus für Palmen und ein Haus der gemäßigten Klimazonen.

Die Materialkosten sanken durch die Abschaffung der Steuer auf Glas und Ziegel 1845 bzw. 1850. 1847 ließ James Hartley ein Verfahren zur Herstellung größerer und klarerer Glasscheiben patentieren. Verbesserte Methoden zum Verglasen von Rahmen aus Holz oder Gusseisen folgten. Das von Decimus Burton und Richard Turner entworfene, 1844 bis 1848 erbaute, 110 Meter lange Palmenhaus ist ein herausragendes

Rechte Seite oben
Japanische Blütenkirsche *(Prunus serrulata 'Tai Haku')*

Rechte Seite unten
An den *Great Broad Walk Borders*

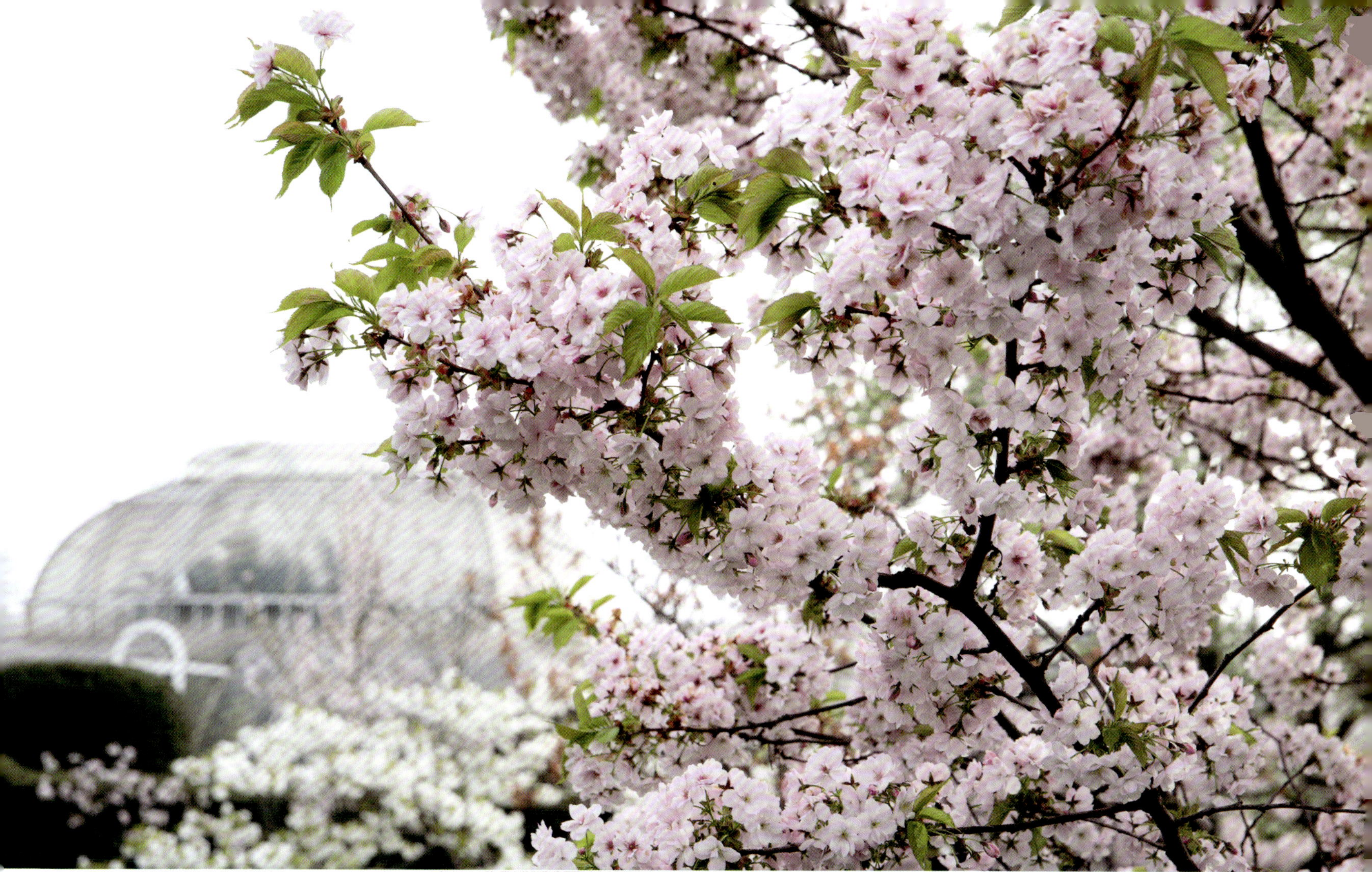

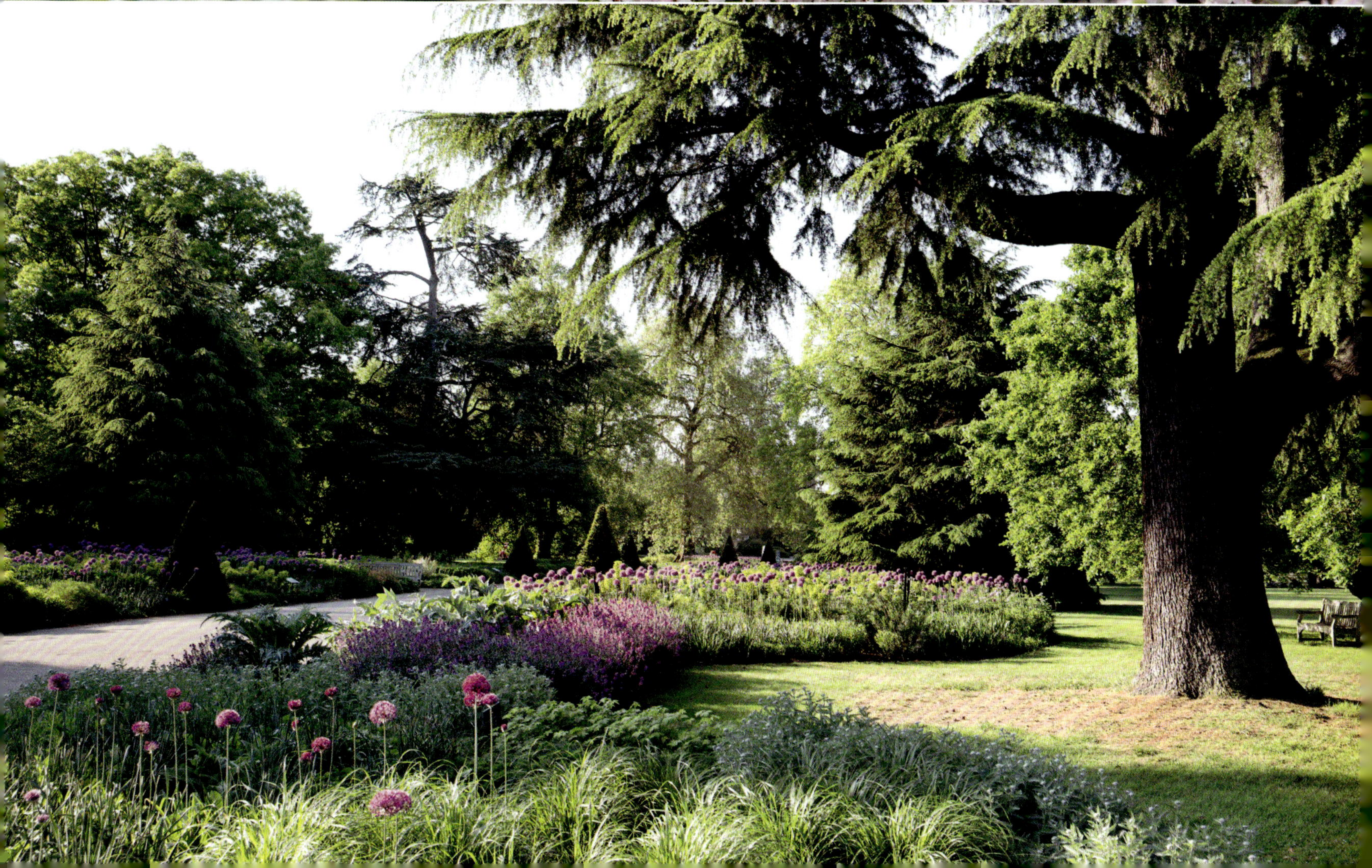

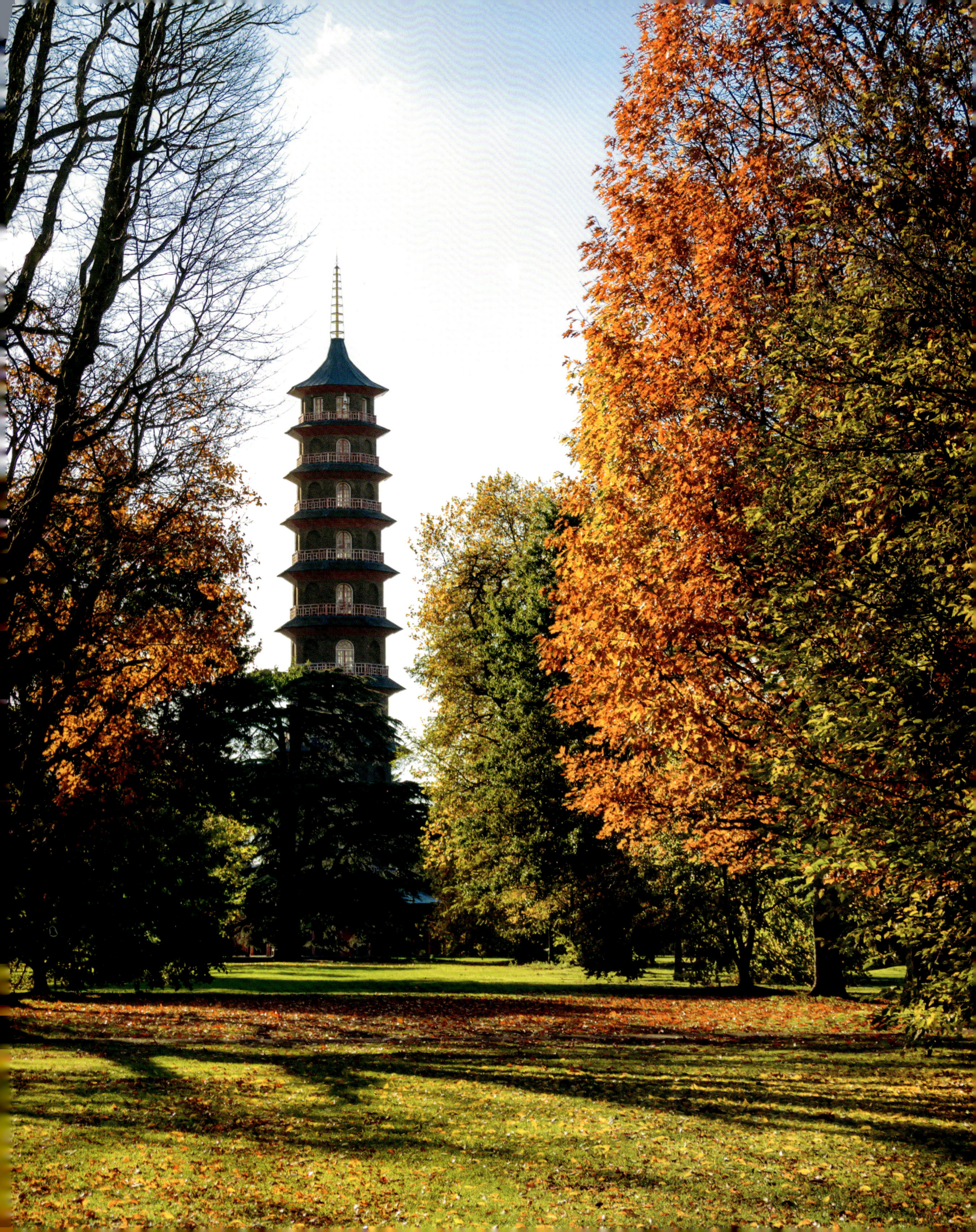

Beispiel für diese Neuerungen. Sein gewölbtes Profil optimiert den Lichteinfall, das Klima entspricht genau den Erfordernissen der Pflanzen.

Währenddessen war William Andrews Nesfield, einer der erfolgreichsten viktorianischen Gartenarchitekten, mit der Umgestaltung der Gärten betraut. Er schuf die Parterres und ein geometrisches Becken neben dem Palmenhaus. Nesfields dreieckige Anlage mit drei Sichtachsen *(Syon Vista, Cedar Vista* und *Pagoda Vista)* vereinigte räumlich und funktional die vorher getrennten Gärten von Richmond und Kew zu einer kohärenten Anordnung (einer »Bildkomposition«), in der Architektur und Landschaft eine Einheit bildeten.

Der Gartenhistoriker Christopher Thacker bescheinigte dem Palmenhaus die Formenreinheit und Zweckorientierung eines Iglus, aber im Ausmaß einer Kathedrale. Es bot ideale Bedingungen für das Gedeihen exotischer Pflanzen. Arten aus gemäßigten Zonen Afrikas, Asiens, Australiens und Neuseelands verkümmerten darin allerdings, sodass der Bau eines zweiten Glashauses erforderlich wurde. Dieses von Decimus Burton entworfene *Temperate House* wurde aber erst nach fast 40-jähriger Bauzeit 1863 eröffnet. Es ist doppelt so groß wie das Palmenhaus und gilt als Wunder viktorianischer Ingenieurskunst. Burton dekorierte es mit Ziermotiven wie Akanthuskapitellen und Girlanden aus tropischen Früchten und Blumen.

Nach Thackers Meinung besitzt das *Water Lily House* von 1852 mehr oder minder dieselben Eigenschaften wie das Palmenhaus, während das *Temperate House* zu einer Architektur zurückkehrt, die menschlich und auch botanisch von Interesse sei. »Schön ist es zweifellos, aber es ist die Schönheit eines Feenpalasts und nicht eines Hauses für Pflanzen.«

Das *Temperate House* befindet sich auf einer erhöhten Aushubterrasse aus Kies und Sand, die man in der ersten Bauphase dem örtlichen See entnommen hatte. Bei der Eröffnung existierten lediglich der hochragende Mittelteil und zwei angrenzende Achtecke. Es dauerte 40 Jahre, bis die Mittel ausreichten, um den 1897 eröffneten südlichen und 1899 eröffneten nördlichen Flügel zu bauen, *Himalaya House* und *Mexican House*. 1925 wurde an der Westseite des nördlichen Achtecks ein Anbau aus Teakholz hinzugefügt, in dem man chinesische und aus dem Himalaya stammende Rhododendren unterbrachte.

Die höchsten Temperaturen herrschen in Kew im 1852 fertiggestellten, von Burton entworfenen und später von Richard Turner gebauten *Water Lily House*. Ursprünglich war es nur für die Zucht von Amazonas-Riesenseerosen *(Victoria amazonica)* bestimmt, heute beherbergt es auch die weltweit kleinste Seerose und andere tropische Wasserpflanzen. Sein Becken hat einen Durchmesser von zehn Metern, ist aber im Zentrum nur 65 Zentimeter tief.

Erweiterungen und Renovierungen

Nördlich des Palmenhauses liegt das technisch modernste Glashaus, das von Gordon Wilson geplante *Princess of Wales Conservatory*. Es ist nach Prinzessin Augusta benannt, der Mutter Georgs III. Der Bau wurde 1982 begonnen. 1985 füllte David Attenborough eine Zeitkapsel mit Samen gefährdeter Arten, die im Fundament des Gewächshauses vergraben wurde. 1986 begann die Bepflanzung, 1987 wurde der Bau wurde von Prinzessin Diana eröffnet. Das Gewächshaus beherbergt Pflanzen aus zehn tropischen Klimazonen, von kühlen Wüsten hin bis zum Regenwald, die mittels eines modernen Computersystems betrieben und überwacht werden. Der Großteil der Räume liegt im Untergeschoss, die heißeste Zone im Zentrum. Man findet hier außer Pflanzen auch Fische und fünf Grüne Wasseragamen. Der größte Baum ist eine venezolanische *Brownea grandiceps*. Nicht alle Blumen des Gewächshauses verströmen angenehmen Duft: Der nur in Sumatra heimische Titanenwurz *(Amorphophallus titanum)* riecht nach verdorbenem Fleisch. Östlich des Baus liegt das von Wilkinson Eyre in Form zweier sich berührender Bogen konstruierte *Davies Alpine House*. Es wurde 2006 eröffnet und besitzt ein spezielles Beschattungssystem, das für Gebirgspflanzen optimale Bedingungen schafft. Die fächerförmigen Schirme erinnern an Pfauenräder.

Im August 2013 wurde das *Temperate House* für die umfassendste Sanierung seiner Geschichte geschlossen.

Linke Seite

Bezugspunkt der Formschnittpflanzungen, Wege und Bäume: die Große Pagode

Mühevoll wurden alte Lackschichten abgetragen und über 5280 Liter neuer Lack aufgebracht sowie 15000 Glasscheiben ersetzt. 69000 Einzelteile wurden gereinigt, repariert oder ausgetauscht, wozu auch 116 Ziervasen zählten, die mit einem Kran vorsichtig von ihren Pfeilern gehoben wurden. Vor Beginn der Arbeiten wurden 500 Pflanzen entfernt, gepflegt und vermehrt, ehe man sie wieder zurückbringen konnte. 150 Pflanzenarten wurden aus in der Millennium-Samenbank von Wakehurst in West Sussex aufbewahrten Samen gezogen. Insgesamt dauerten die Renovierungsarbeiten 1731 Tage. 400 Angestellte und Bauarbeiter verliehen dem Glashaus wieder seinen alten viktorianischen Glanz, wobei freilich Materialien des 21. Jahrhunderts und modernste Technik eingesetzt wurden.

In botanischen Gärten, auch in königlichen, herrscht nie Stillstand. Über eine Länge von 320 Metern erstrecken sich die *Great Broad Walk Borders*, die das Palmenhaus mit der Orangerie verbinden. In den 1840er-Jahren war der *Broad Walk* eine geometrisch gestaltete Promenade, die Nesfield mit Formschnittpflanzen eingefasst hatte. Richard Wildford, leitender Gartenplaner, legte an beiden Seiten Staudenrabatten an, um die Perspektive zu betonen. Sie enthalten über 30000 Pflanzen, deren Blüten im Sommer ein lebhaftes Formen- und Farbenspiel erzeugen. Um die Länge des Wegs zu unterstreichen, wird er zusätzlich von Eibenpyramiden gesäumt. Hinzu kommt eine Reihe von Halbkreisen, sie sind mit Affenleitern *(Entada gigas)* geschmückt, tropischen Lianen mit den größten Samenschoten der Welt. Die neuen Rabatten sind von allen Seiten einsehbar. Einige Beete vereinen eine Pflanzenfamilie oder Gruppe wie Lippenblütler *(Lamiaceae)* und Korbblütler *(Compositae)*.

Eine andere bedeutende Neuerung ist der Bienenkorb, eine 17 Meter hohe permanente Installation des britischen Künstlers Wolfgang Buttress. Mit seiner aus dem Boden ragenden Form erinnert er an einen Bienenschwarm und symbolisiert die unverzichtbare Rolle dieser Bestäuber für die Nutzpflanzen, auf die der Mensch angewiesen ist, aber auch die aktuellen Probleme der Menschheit. Man erreicht den Bienenkorb über eine Wildblumenwiese. Das Innere der 40 Tonnen schweren Gitterkonstruktion wird durch tausende LED-Lichter belebt. Bienengesumm in C-Dur und musikalische Untermalung mit Gesang und Cello verstärken dieses Rundumerlebnis. Wie in einem echten Bienenkorb wechselt in diesem Raum die Intensität der Töne und des Lichts fließend.

Pflanzenvielfalt

Mit 30000 Arten weist Kew eine beachtliche Vielfalt an Pflanzen auf. Im Palmenhaus findet man Bananen, Kochbananen, Ingwer, Palmen, Orchideen, Nüsse und Gewürzpflanzen. Es beherbergt auch die »älteste Topfpflanze der Welt«, einen riesigen Brotpalmfarn *(Encephalartos altensteinii)*. Kew verdankt ihn seinem ersten Pflanzensammler, Francis Masson, der ihn 1775 vom Ostkap Südafrikas nach England sandte. Im *Temperate House* stehen Exemplare der Banksia *(Banksia brownii)* mit gefiederten Blättern sowie des australischen Emustrauchs *(Eremophila nivea)*, der Klivie *(Clivia miniata)*, einer afrikanischen Fackellilie *(Kniphofia pauciflora)*, einer seltenen Glockenblume aus Georgien *(Campanula kachethica)* sowie Cayman-Salbei *(Salvia caymanensis)* von den Caymaninseln, der als ausgestorben galt. Das Arboretum ist eine einzigartige Sammlung äußerst seltener und alter Arten. Sie umfasst auch »ererbte«, im 18. Jahrhundert gepflanzte Bäume wie Japanischer Schnurbaum *(Styphnolobium japonicum)*, Spanische Eiche *(Quercus x hispanica* 'Lucombeana'*)* und Scheinakazie *(Robinia pseudoacacia)*. Im *Redwood Grove* findet man eine Mischung aus Küsten- und Riesenmammutbäumen *(Sequoia sempervirens* bzw. *Sequoiadendron giganteum)*.

Aus dem ehemaligen königlichen Ruhesitz und Lustgarten hat sich Kew zu einer modernen Institution entwickelt, in der sich Wissenschaft, Gartengeschichte, Pflanzenerhalt und Schönheit vereinigen. Mit ihrem Auftrag, die Biodiversität zu schützen, verbindet sich auch die Verwaltung der botanischen Gärten von Wakehurst in West Sussex mit der im Jahr 2000 eröffneten Millennium-Samenbank.

Rechte Seite

Königs-Protea *(Protea cynaroides)*

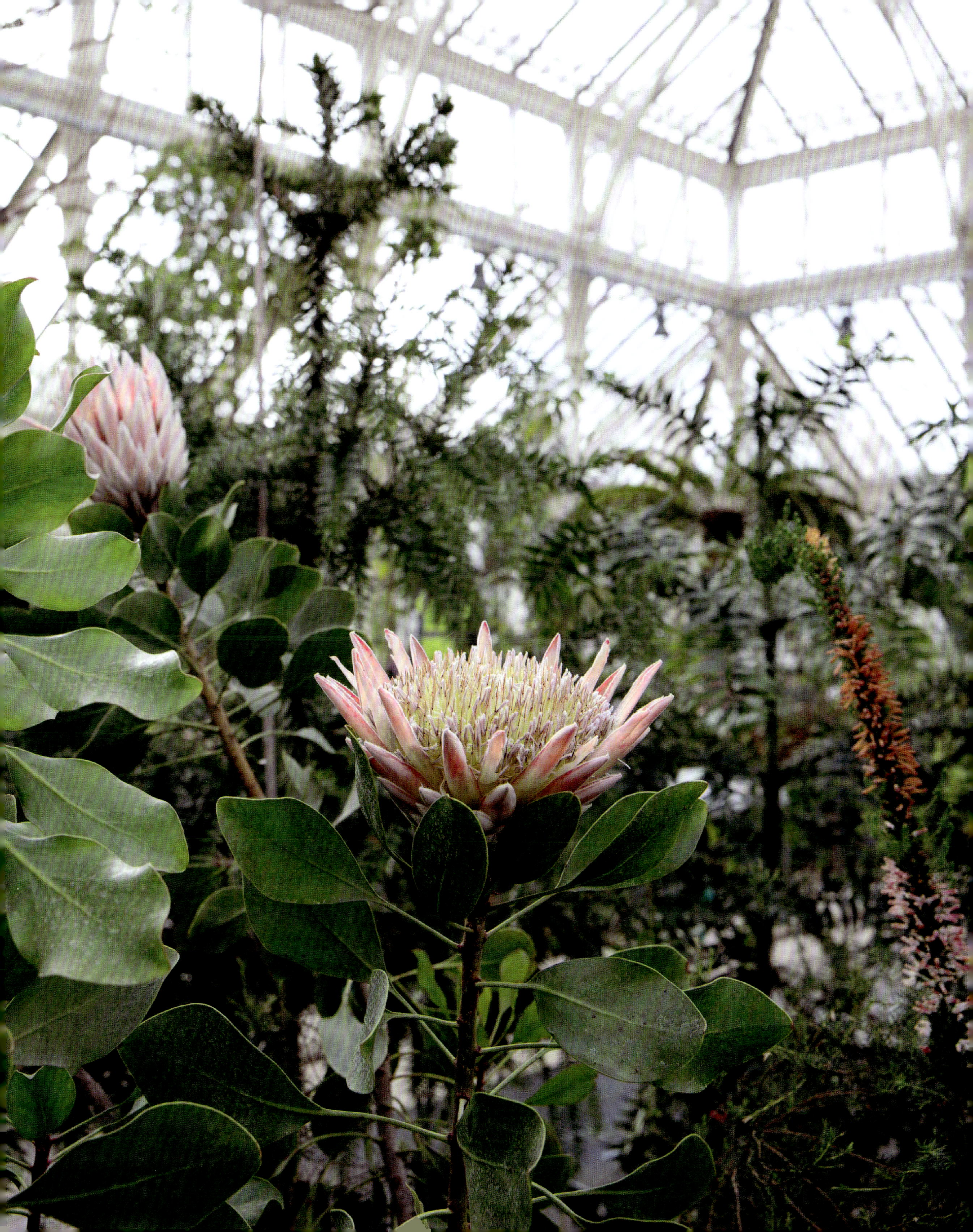

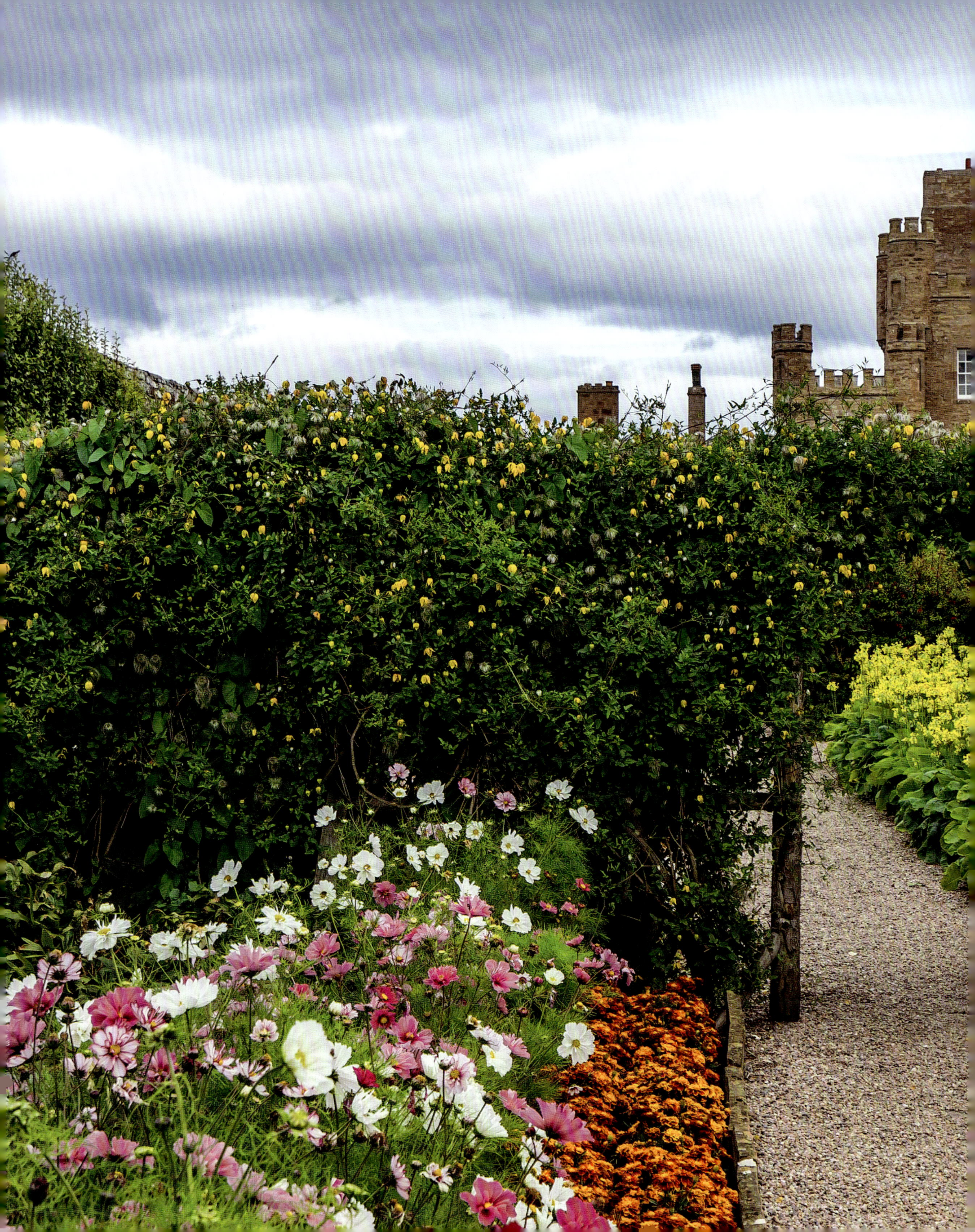

CASTLE OF MEY

John o' Groats, Schottland

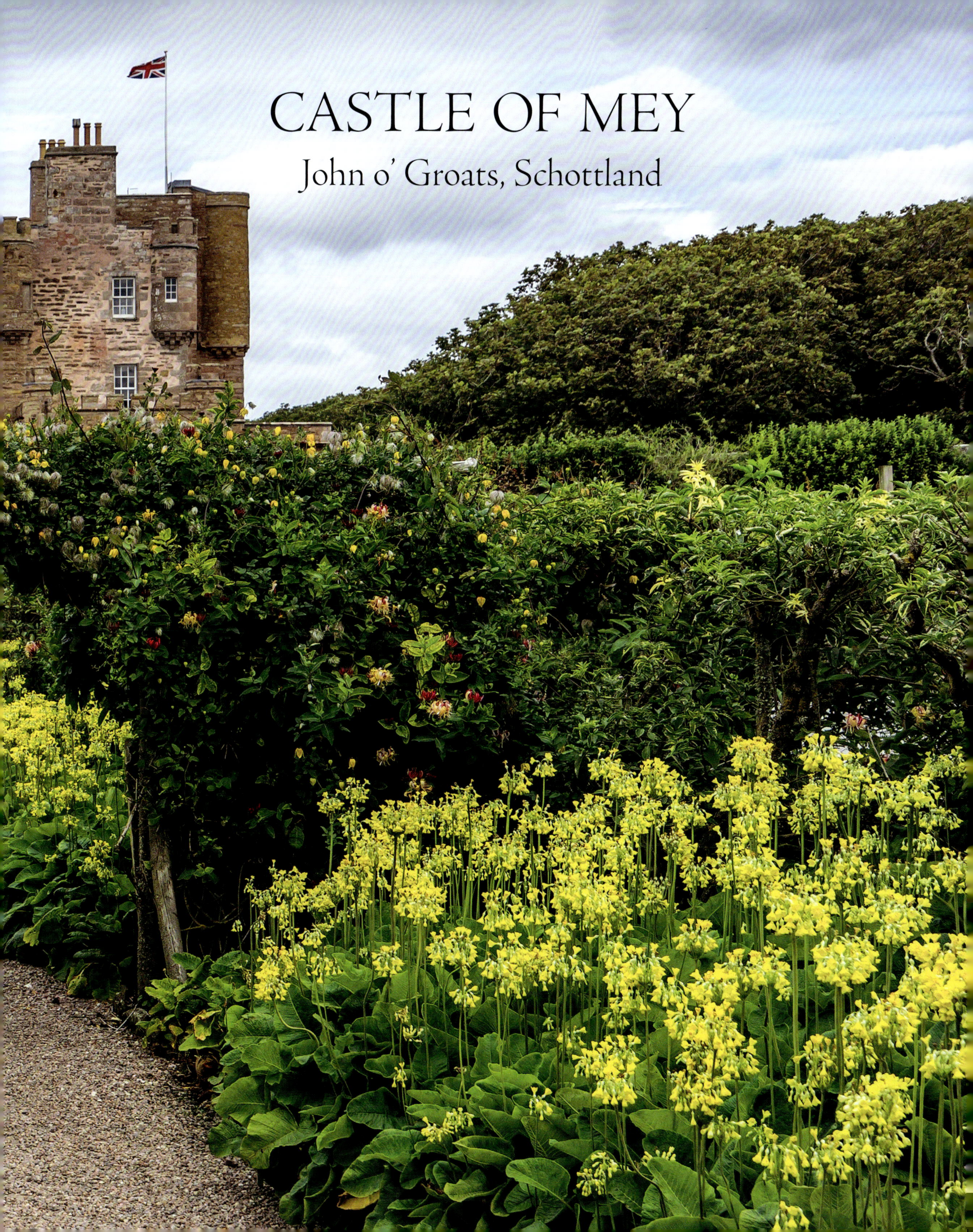

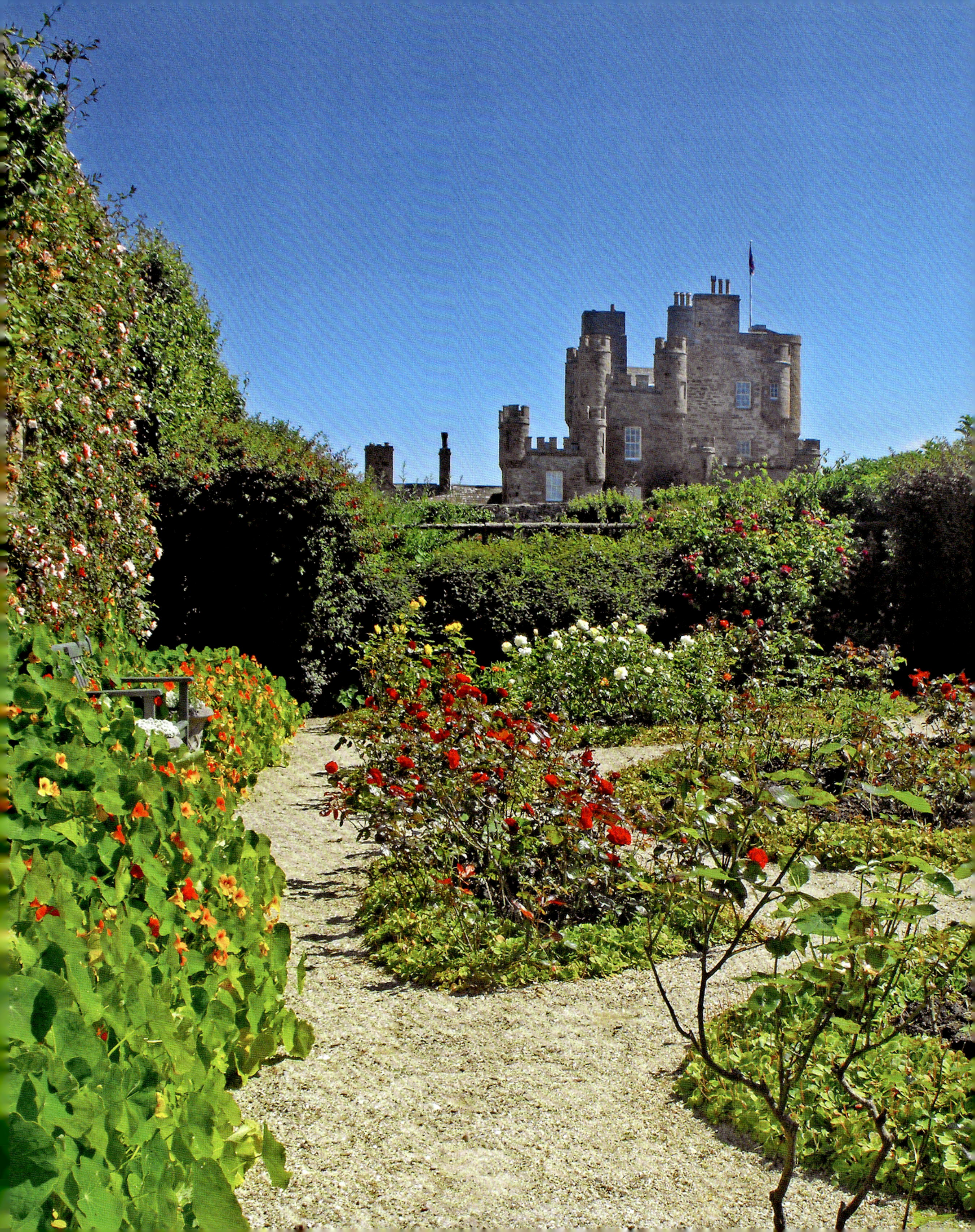

An der Nordküste Schottlands, etwa acht Kilometer westlich von John o' Groats in der Grafschaft Caithness, umgeben von Getreidefeldern und Grasland, liegt **Castle of Mey**. Dem rauen Klima und den Küstenwinden trotzend, blickt es über den Pentland Firth auf die Orkneyinseln.

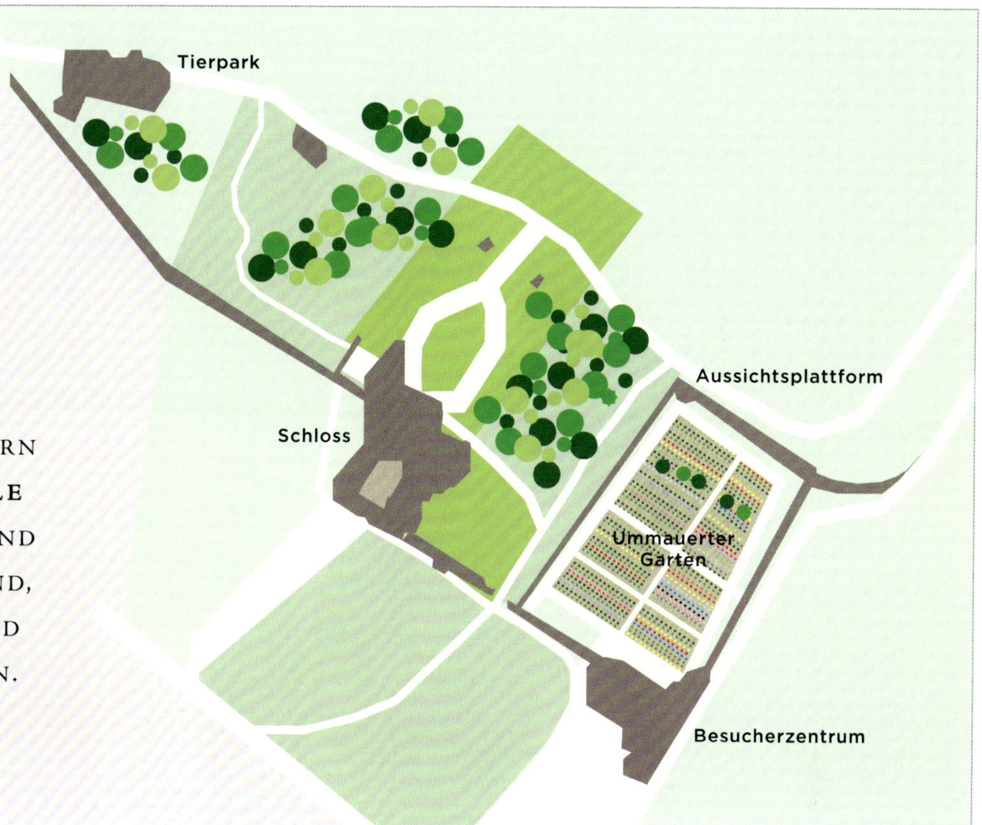

Das Schloss war der private Sommersitz von Königinmutter Elizabeth (1900–2002). Nur 460 Meter von der Küste entfernt, wirkt es wie aus dem Fels gewachsen. Sein Standort ist nicht gerade ideal für einen Garten, aber dank der Energie und Ausdauer der Königinmutter und ihrer Liebe zu Pflanzen und Gartenanlagen befindet sich hier einer der legendärsten Gärten Großbritanniens.

Eine blutige Geschichte

In der Zeitschrift *House and Garden* schrieb Loelia, Herzogin von Westminster, 1959: »Die frühe Geschichte von Mey ist die einer blutigen Familienfehde und des Verrats. Das Schloss wurde vom 4. Earl of Caithness [1527–1582] für seinen Sohn William Sinclair erbaut, [den 1. Laird of Mey 1544–1573]. 1573 besuchte William den Familiensitz Castle Girnigoe bei Wick, wo sein älterer Bruder John [Garrow Sinclair, Master of Caithness, 1543–1576] vom Earl gefangen gehalten wurde.

Als William Johns Fluchtpläne entdeckte, verriet er diese dem Earl. John rächte sich und tötete William, wurde dann aber selbst umgebracht. Das Schloss in Mey kam schließlich in den Besitz des dritten Sohns des Earls, George [1555–1616, 2. Mey Chancellor of Caithness]. 1819 beauftragte der 12. Earl [James Sinclair, 1766–1823] den Architekten William Burn (1789–1870), den aus dem 16. Jahrhundert stammenden Bau zu einem komfortablen Herrenhaus umzugestalten.«

Überall im Schloss begegnet man den Initialen des 4. Earl of Caithness, George Sinclair, und seiner Gemahlin Lady Elizabeth Graham. Burn und der Earl verlegten den Haupteingang von der Seeseite auf die Landseite, samt neuem Torhaus, außerdem fügten sie ein Speisezimmer hinzu. Sein Sohn Alexander Campbell Sinclair (1790–1855) errichtete ein Denkmal zu Ehren von Viscount Charles John Canning, der nach der Übernahme der Ostindien-Kompanie durch die Krone zum Vizekönig von Indien aufstieg.

Der 15. Earl George (1858–1889) starb unverheiratet und kinderlos im Alter von 30 Jahren. Er vererbte das Schloss an einen Freund, den schottischen Zoologen F. G. Heathcote. Eine Bedingung dabei war, dass Heathcote seinen Namen in Frederick Granville

Vorhergehende Doppelseite
Blick vom ummauerten Garten auf das Castle of Mey

Linke Seite
Lieblingsplatz der Königinmutter: der Shell Garden

Sinclair änderte. Dessen Witwe verkaufte es später an Captain Frederic Bouhier Imbert-Terry. Im Zweiten Weltkrieg wurde das Gebäude beschlagnahmt und diente als Kompanieunterkunft des Küstenschutzes.

Erwerb durch die Königinmutter

Einige Monate nach dem Tod ihres Gemahls, König Georg VI. (1895–1952), besuchte die Königinmutter Freunde in Caithness. Bei einer Fahrt auf der Küstenstraße nach John o' Groats sah sie »dieses romantisch wirkende Schloss am Meer«. Nach dem Krieg war es heruntergekommen und hatte kurz zuvor noch Sturmschäden davongetragen. Die Königinmutter schrieb später in einem Brief: »Am folgenden Tag fanden wir heraus, dass der Abriss bevorstand, und ich fand das jammerschade.«

Ihrem Schatzmeister Sir Arthur Penn schrieb sie: »Oben in Caithness kam ich an einem reizenden kleinen Schloss am Meer vorbei. Bei der Besichtigung erfuhr ich, dass man es zu einem Spottpreis veräußern wollte, dem Materialwert des Bleis auf dem Dach. Ich fand das so traurig, dass ich mir überlegte, es als Zuflucht für schlechte Zeiten zu kaufen. Der alte Mann, der hier lange Zeit gelebt hat, wollte es mir unbedingt schenken, aber ich widerstand dieser freundlichen Geste, und jetzt hat er es mir für 100 Pfund angeboten. Es könnte Spaß machen, ein so abgelegenes kleines Haus zu besitzen – die Luft ist herrlich, und vom Salon aus überblickt man Orkney. Einziger Haken an der Sache ist, dass der heftige Sturm im Januar einen Teil des Dachs abgetragen hat und ich natürlich elektrische Beleuchtung installieren lassen muss.«

Die Königinmutter kaufte das Schloss trotz seines desolaten Zustands. Die Renovierungsarbeiten begannen fast unmittelbar anschließend. Sie selbst wandte ihre Aufmerksamkeit dem zwölf Hektar großen Park zu. 1955, als die Arbeiten großteils abgeschlossen waren, gab sie dem bis dahin Barrogill Castle genannten Schloss wieder seinen alten Namen Castle of Mey.

Königinmutter Elizabeth verbrachte hier alljährlich drei Wochen im August und etwa zehn Tage im Oktober. Drei Tage im Jahr wurden die Gärten für »Scotland's Garden Scheme« geöffnet, dem schottischen Pendant zu Englands »National Garden Scheme«, einer Art Tag der offenen Tür für private Gärten. Diese Tradition wird in Mey von den Treuhändern bis zum heutigen Tag fortgeführt. William Shawcross schreibt 2009 in der offiziellen Biografie der Königinmutter: »Sie genoss die frische Luft und die Weite, die ihr dieser Besitz bot, mit dem ständig wechselnden Anblick der Wolken und des Meers und den Schatten über Orkney in der Ferne. Sie liebte Caithness, weil sie Schottland verbunden war, vor allem aber erinnerte sie dieser Ort nicht an anderswo verbrachte glückliche Tage.«

Die Entstehung eines Gartens

Als Schutz gegen die Küstenwinde und das Salz des Meerwassers wurde in Mey die »Große Mauer« errichtet. Sie ist bis zu fünf Meter hoch und verläuft in östlicher Richtung zum Ostgarten und zum Waldpark, sowie nach Westen, wo sie einen 8000 Quadratmeter großen ummauerten Garten begrenzt. Die Aufteilung der Gartenanlage entspricht im Wesentlichen noch der zu Lebzeiten von Königinmutter Elizabeth.

Die Queen Mother war eine leidenschaftliche und erfahrene Gärtnerin. Mit ihrem grünen Daumen sorgte sie dafür, dass der Gartenbau im Castle of Mey aufblühte, und sie überwachte die Entwicklung zweier Gärten. Ihre Vorliebe dafür hatte die damalige Herzogin von York 1936 entdeckt, als sie bei der Erneuerung des Royal Lodge Garden im Großen Park von Windsor half und später die Gestaltung der Gärten von Sandringham und Buckingham Palace begleitete.

»Gärten mit grünem Gesicht«

Der an der Nord- und Ostseite umzäunte East Garden wurde dem Denkmalschutz zufolge vom 14. Earl (James Sinclair, 1821–1881) angelegt und mit einem Glashaus versehen, das dem Ausstellungsgebäude (*Crystal Palace*) der Weltausstellung von 1851 nachempfunden war. Zeitgenossen berichten davon, dass in diesem Glashaus purpurrotes Aschkraut sowie rote und weiße Kamelien wuchsen, an den Wänden rankte sich ein Weinstock.

Rechte Seite
Blütenpracht im Schutz der »Großen Mauer«

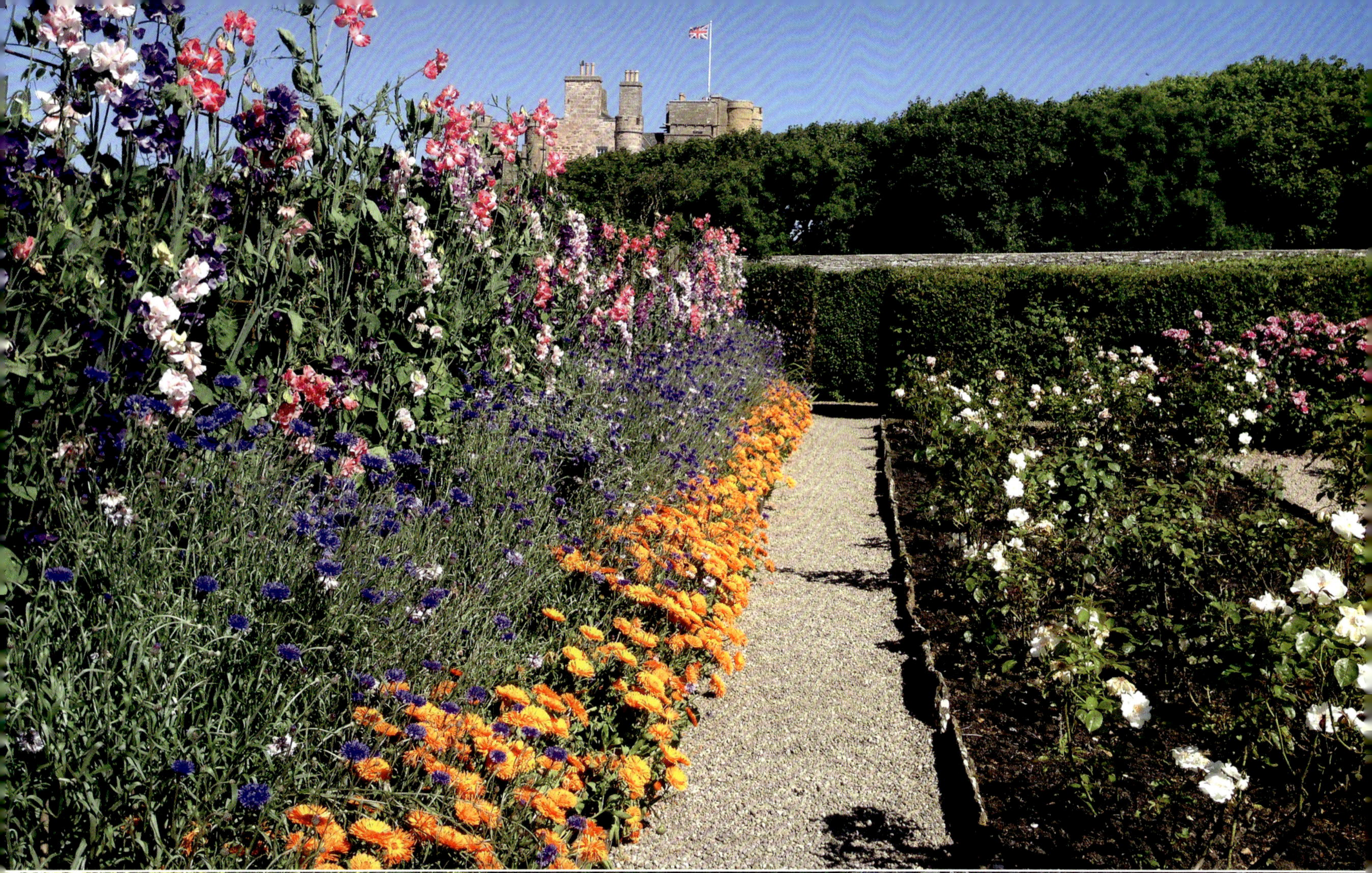
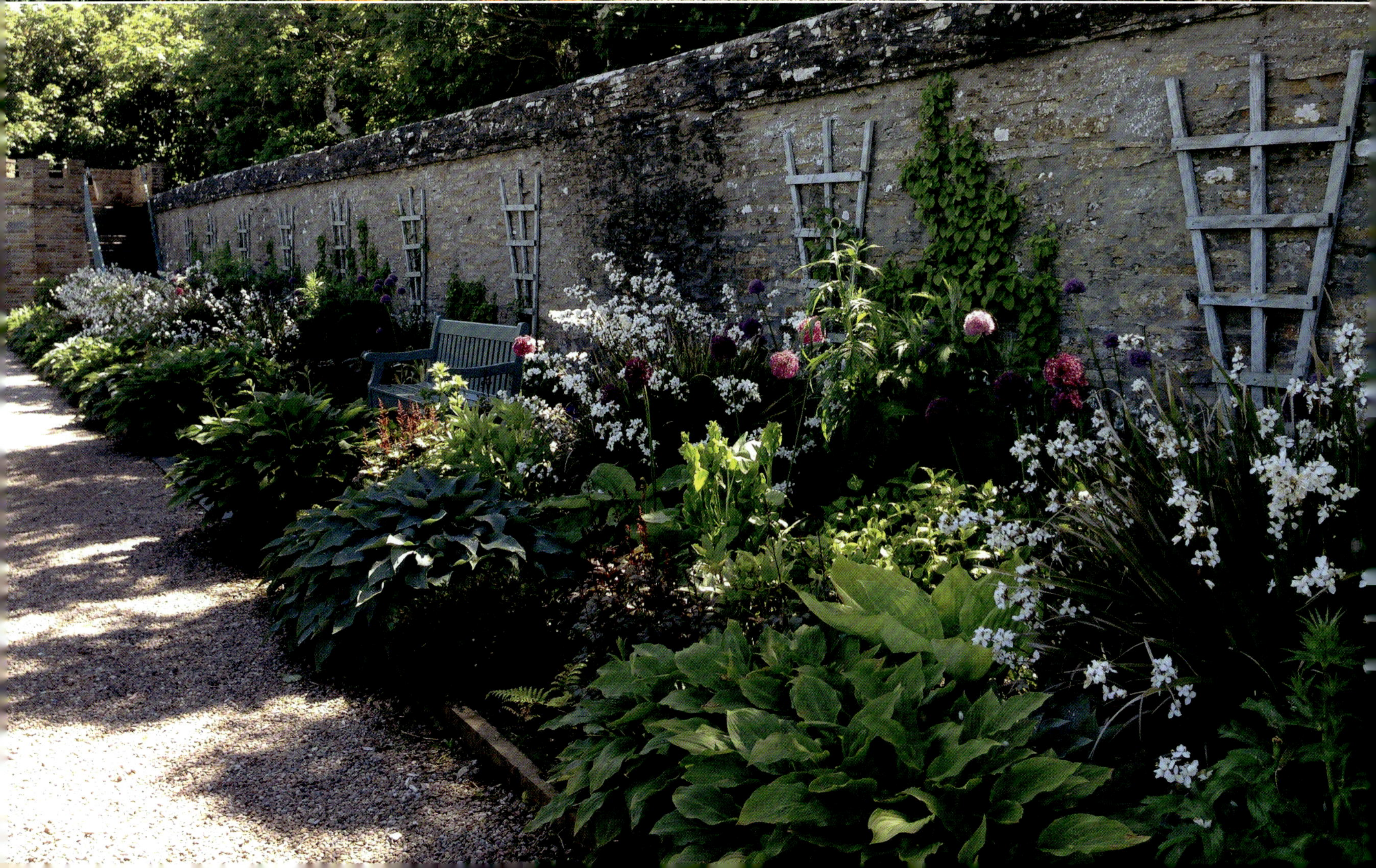

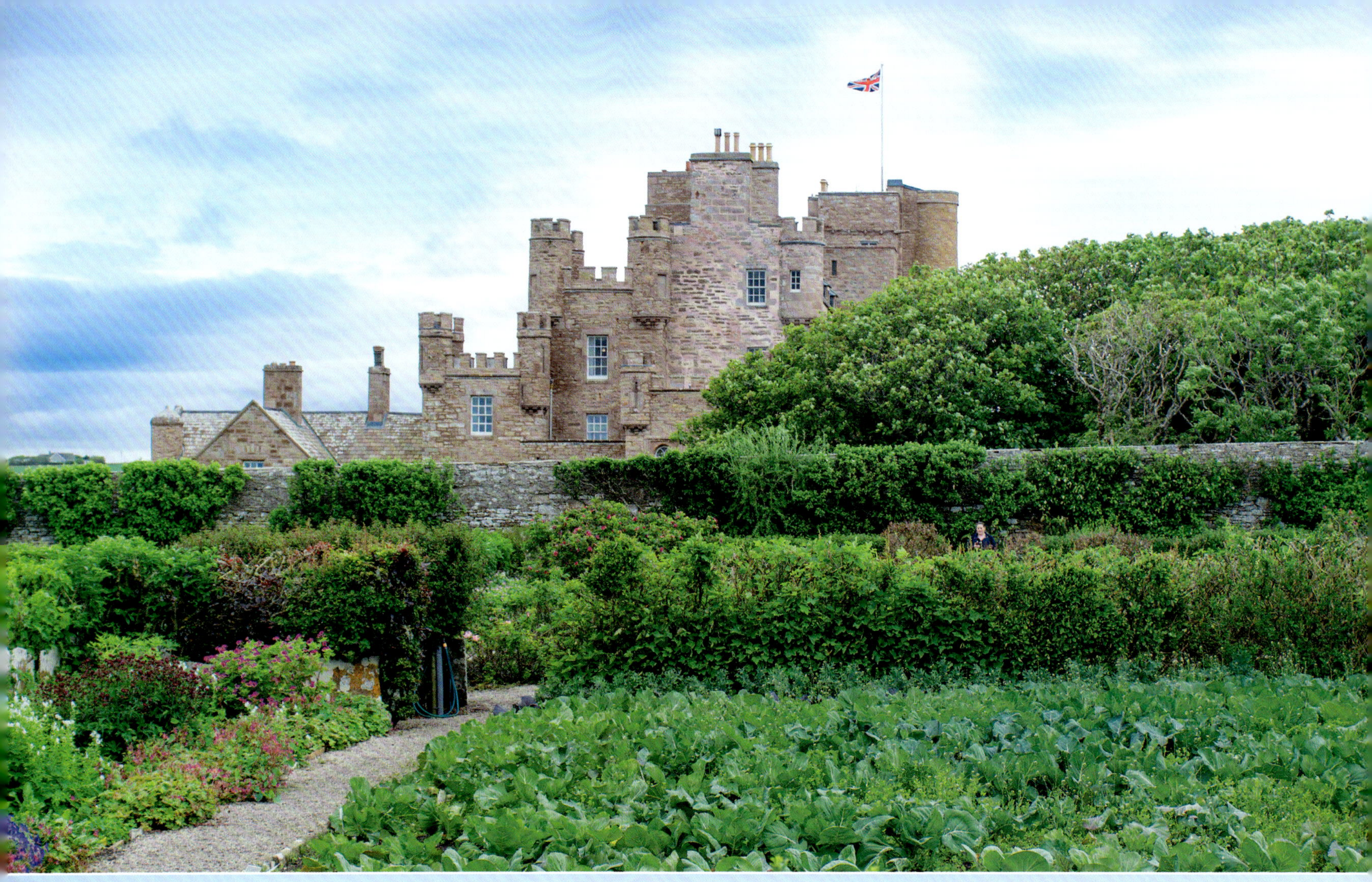

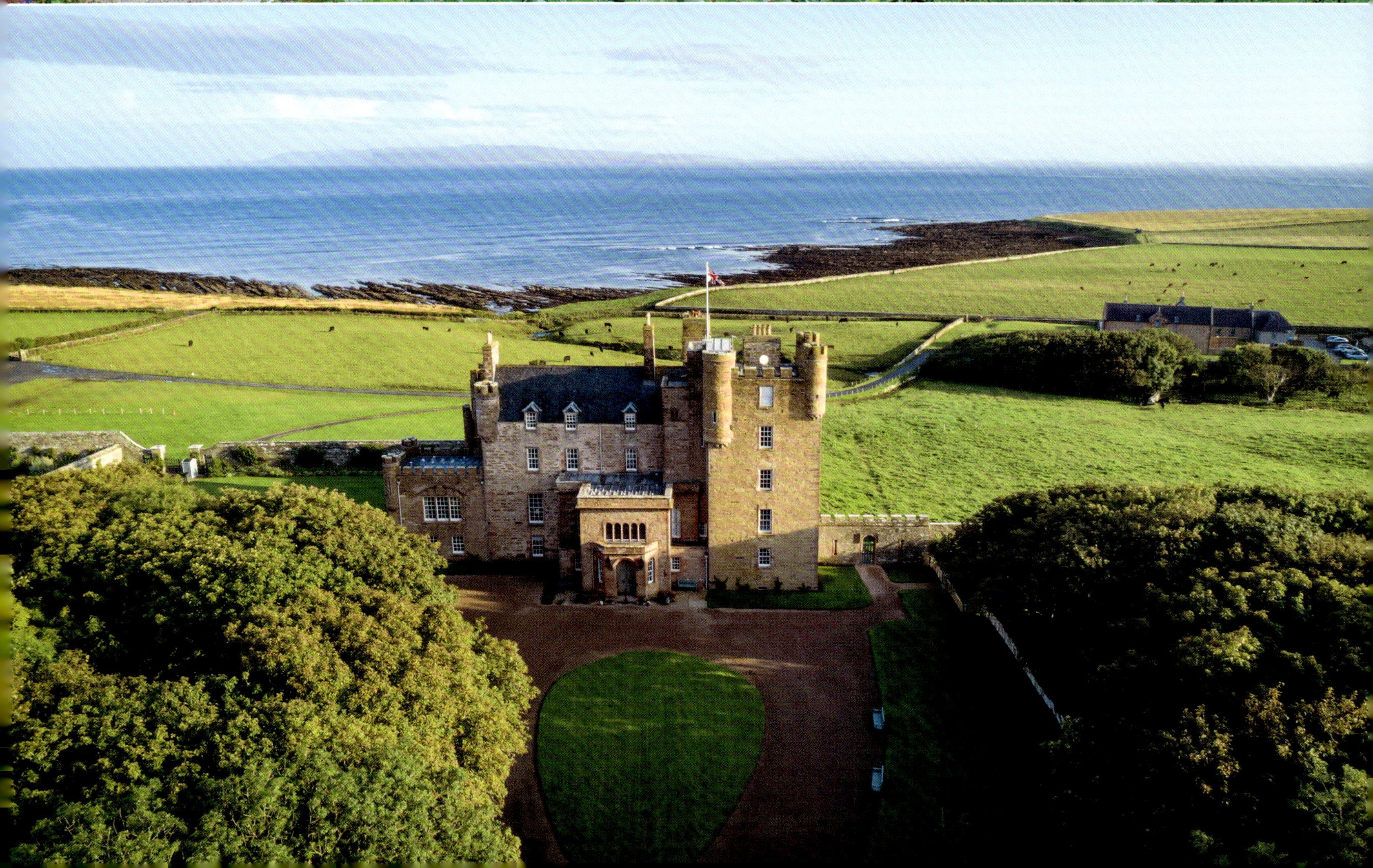

Leider war es um 1950 so heruntergekommen, dass man es durch ein Primelbeet ersetzte. Heute ist der East Garden, ein langer und schattiger Streifen, mit Herzblattlilien, Helleboren, Scheinmohn (*Meconopsis*, in schottischen Gärten häufig anzutreffen), Farnen und Primeln bepflanzt, als höheres Gewächs ist die Weigelie 'Bristol Ruby' vertreten. Am hinteren Ende führen Spazierwege durch Berg-Ahornwälder mit Teppichen aus Bärenklau.

Der West Garden gilt als der ältere von beiden. Er ist allseits von Mauern umgeben, in der nordwestlichen Ecke steht ein kleiner Turm. Vermutlich war dies jener Gartenteil, den der reisende Schriftsteller William Lithgow 1628 »Gärten mit grünem Gesicht« nannte. In den breiten Beeten an der Südseite der nördlichen Mauer drängen sich Rittersporn, Salbei, Spornblumen, Herzblattlilien, Sommerflieder, Schmucklilien 'Castle of Mey' und weiße Gänseblümchen.

Der West Garden ist der wichtigste der kultivierten Gärten. Sauber gestutzte, naturnahe und mit gelben Glocken-Schlüsselblumen *(Primula florindae)* unterpflanzte Hecken aus Berberitzen, Holunder, Liguster und Weißdorn unterteilen ihn in acht Räume. Die nach Süden ausgerichteten Gewächshäuser – eines an der Mauer, das andere frei stehend – sind für empfindliche Pflanzen und für die Anzucht reserviert. Im frei stehenden gedeihen Pfirsiche und Tomaten, die Wärme der Steinmauer hingegen eignet sich perfekt für Töpfe mit Schopflilien *(Eucomis* spp.*)*, Strelitzien *(Strelitzia)*, Lobelien, Geranien und Petunien. Eine weitere Attraktion der Glashäuser ist die umfangreiche Sammlung der Königinmutter von alten Duftblatt-Pelargonien. Jährlich werden Ableger entnommen, während neue Pflanzen hinzukommen, sodass der Garten verjüngt wird, ohne seinen individuellen Charakter zu verlieren. An einem Drahtgitter an der Ecke des an der Mauer stehenden Glashauses ranken sich im Sommer herrliche gelbe Waldreben *(Clematis tangutica)*.

Im Schutz der nördlichen Mauer liegt der Shell Garden, ein Lieblingsplatz der Königinmutter, in dem mit zerbrochenen Muscheln bestreute Wege organisch geformte Rosenbeete umschließen. Hier gelang es ihr sogar, ihre Lieblingssorten *Rosa* 'Albertine' und *R.* 'London Pride' zu züchten, darüber hinaus blühen hier Ringelblumen, Stiefmütterchen und Dahlien. Hier saß die Königinmutter nachmittags mit ihren Corgis, umgeben von Kapuzinerkresse – orangefarbenem 'Tom Thumb' und scharlachroter 'Empress of India'. Ein grün gestrichenes Tor in der Steinmauer gibt den Blick auf das Meer frei.

Die Gärten des Castle of Mey wirken wie Highgrove (siehe Seite 24) sehr persönlich. Verglichen mit den meisten Hausgärten sind sie groß, doch die Unterteilungen schaffen kleinere Gartenräume, zu denen man schnell einen Bezug findet. Pflanzen wie Frauenmantel *(Alchemilla* spp.*)* überwuchern die Wege, an den von Salzwasser besprühten Mauern ranken sich Kletterpflanzen. Die Blickachsen sind mit Ausnahme der Hauptwege von Unterteilungen und Hecken durchbrochen, sodass an jeder Ecke Überraschungen warten.

Prinz Charles verfolgt mit großem Interesse die Entwicklung dieser Gärten und hält sich hier im August gerne auf, wenn die besten Gartenfrüchte auf die königliche Tafel kommen. Er unterstützt die Treuhänder auch bei ihren Plänen. Erträge und Blumen werden im Schloss verwertet, der Überschuss wird im Kiosk verkauft.

2012 wurde anlässlich des zehnten Jahrestages des Todes von Königinmutter Elizabeth ein neuer Rosengarten eröffnet, die darin gepflanzten Rosen hat Prinz Charles persönlich ausgewählt.

Park und Wald

Südlich des Schlosses erstrecken sich ein Park und Waldungen, die ursprünglich Captain Imbert-Terry gepflanzt hatte, allerdings wurde 1939 ein Teil des Schutzgürtels neu angelegt. Die verkrümmten, dem Wind ausgesetzten Bäume erinnern an Zeichnungen in Märchenbüchern. Man findet hier Bergahorn, Eschen, Kastanien, Rotbuchen und Wildkirschen. Wie in vielen Laubwäldern ist im Frühling, wenn die belaubten Kronen das direkte Sonnenlicht noch nicht fernhalten, der Boden mit Narzissen, Blauglöckchen, Primeln, Eisenhut und Schöllkraut übersät. Im Sommer sorgen kühles Wetter und lichter Schatten für ideale Bedin-

Linke Seite oben
Blick auf das Castle of Mey aus dem ummauerten Garten

Linke Seite unten
Schlossblick, im Hintergrund sichtbar die Insel Stroma

gungen für Flechten und Bärenklau. Näher am Schloss wird die Naturlandschaft von formal gestalteten Rasenflächen abgelöst, auf denen Kanonen stehen.

Pflanzen und Wachstumsbedingungen

Natürliche und vom Menschen geschaffene mikroklimatische Verhältnisse erlauben es, im Castle of Mey eine Vielfalt von Pflanzen zu züchten. Die Sommer sind in diesem Teil Schottlands kühl und regnerisch. Die Luft ist sehr rein, aufgrund des Windes allerdings salzhaltig, doch die Steinmauern bieten Schutz. Die feste Mauer leitet den Luftstrom über den Garten hinweg, bei starkem Wind wirken die Hecken im Garten wie Filter. Das Salz verursacht Blattbräune und Entblätterung. Deshalb erweisen sich die widerstandsfähigen Mischhecken als unverzichtbar.

Selbst hergestellter Kompost und zerstoßene Muschelschalen lockern den Boden auf. In der angereicherten wasserdurchlässigen Erde gedeihen einjährige Duftwicken. Die süß riechenden, aus Samen im Gewächshaus gezogenen Blumen waren für das Schlafzimmer der Königinmutter bestimmt. Orangefarbene Ringelblumen und blaue Kornblumen erzeugen als Partner ein überwältigendes Farbenspiel.

Entlang der Mauern des West Garden bewirken unterschiedliche Bepflanzungsmuster wechselnde Effekte, an der Ostseite heben warme Farben die Stimmung, an der Westseite sorgen kühlere Nuancen für Beruhigung.

Von den Mauern geschützt, erheben sich statuenhaft Rittersporne, die zu den Lieblingsblumen der Königinmutter zählten. Andere Beete setzen auf eine Mischung aus roten und grau-roten Sterndolden *(Astrantia)*, weinroten Bachdisteln *(Cirsium)* und den Blättern der Purpurglöckchen *(Heuchera)*, das satte Gelb der Färberkamille *(Anthemis tinctoria)* und das silbergraue Blattwerk des Sommerflieders *(Buddleia)* mit einem Schuss Hellblau der Stranddistel *(Eryngium)*.

Im Zweiten Weltkrieg wurde im gesamten ummauerten Garten ausschließlich Gemüse gezogen. Heute gedeihen hier in exakt ausgerichteten Reihen Kopfsalat, Rote Beete, Zwiebeln und Kohl in vierjährlichem Fruchtwechsel zum Schutz gegen Krankheiten und Schädlinge. Als Mulch dienen Meeresalgen. Neben dem üblichen Gemüse werden Artischocken (ein Geschenk aus einem französischen Garten) und traditionelle dunkelschalige Shetland-Kartoffeln sowie die Kartoffelsorte 'Rosa Tannenzapfen' gezogen. Die unterschiedlichen Farben und Texturen dienen der Belebung des Gartens. Um solche Effekte fortzusetzen, ritzt der Gärtner in die nach Abernten der Kohlköpfe verbleibenden Strünke ein Kreuz, aus dem vier Knospen wachsen. Aus ihnen kommen vier kleine Kohlköpfe zum Vorschein, die den sonst leeren Raum füllen.

Viele der Hecken bringen essbare Früchte wie Himbeeren, schwarze, rote und weiße Johannisbeeren hervor, aber mehr davon findet man im Obstkäfig. Die Königinmutter hatte den Amseln zuliebe schwarze Johannisbeeren gepflanzt. Im Lauf der Jahre haben sich diese Büsche eigenständig vermehrt.

Königinmutter Elizabeth hat viel zur Gestaltung mehrerer königlicher Gärten beigetragen, doch nirgendwo so sehr wie in Mey, der weiterhin erkennbar ihre Handschrift trägt. Bemerkenswert, wie sie ihre Gärten mit großer Willenskraft den Elementen abgetrotzt hat. Ihre Energie und Weitsicht zeigen, dass man einen Garten auch an scheinbar ungeeigneten Stellen unter schwierigsten Bedingungen schaffen kann. Das Castle of Mey ist ein sehr persönlicher »Lustgarten«. Im Schutz seiner Mauern und Hecken wirkt er romantisch und steht in deutlichem Kontrast zum Weideland der Umgebung. Trotzdem gehen die Waldungen und der Park nahtlos in die Landschaft über, was ihn zu einem typisch schottischen Garten macht.

In der Vorhalle des Schlosses hängen die blauen Gummistiefel und der Regenmantel der Königinmutter. Ihr gemütliches Wohnzimmer sieht immer noch so aus, als wäre sie gerade im Haus. Eine humorvolle Note sind kitschige Nippessachen wie Nessie-Figuren und andere billige Andenken, die viele ihrer jüngeren Gäste als »Dankeschön« für den Aufenthalt im Schloss der Queen Mother zurückließen.

Rechte Seite

Ein Weg führt an der Mauer des Gartens entlang.

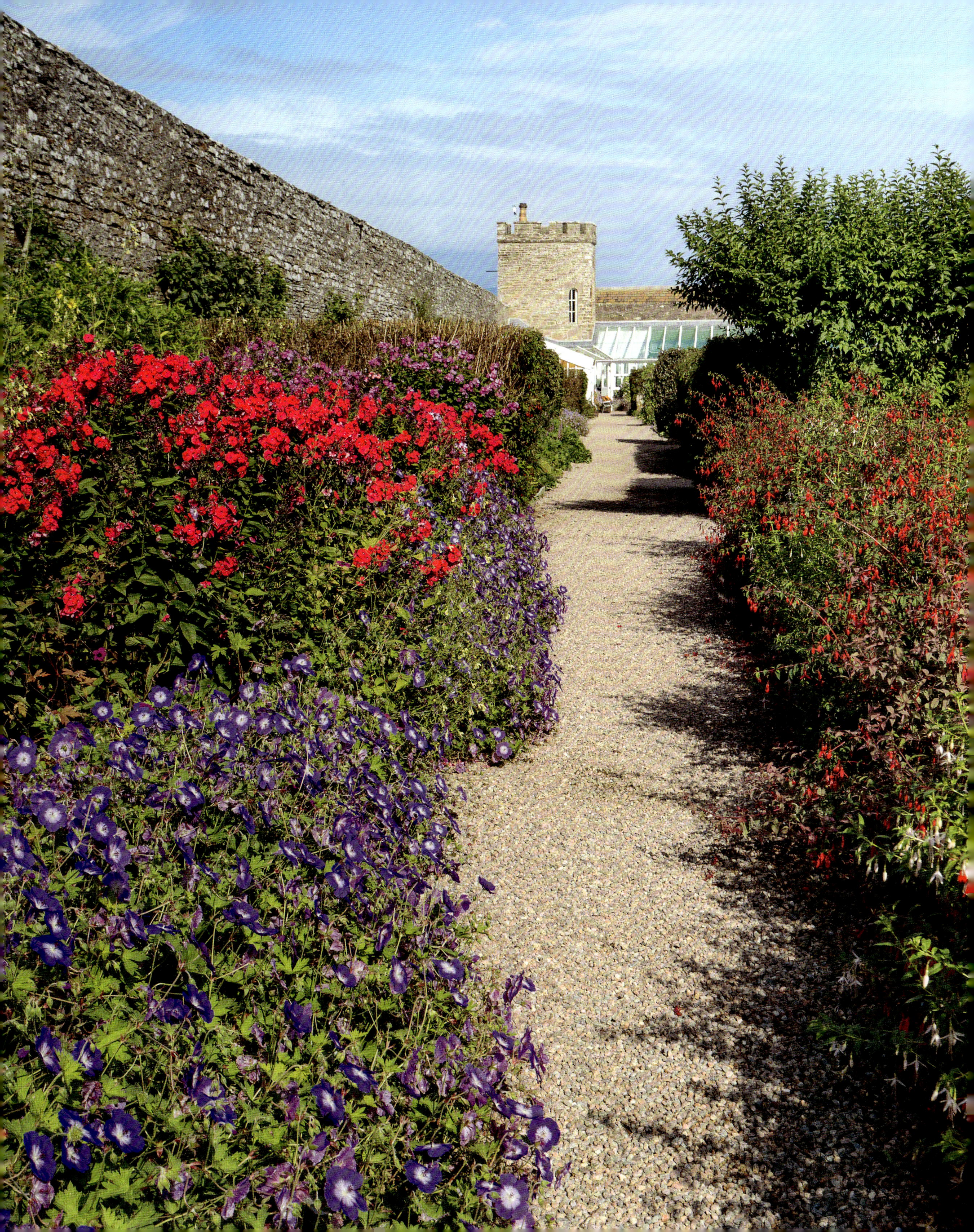

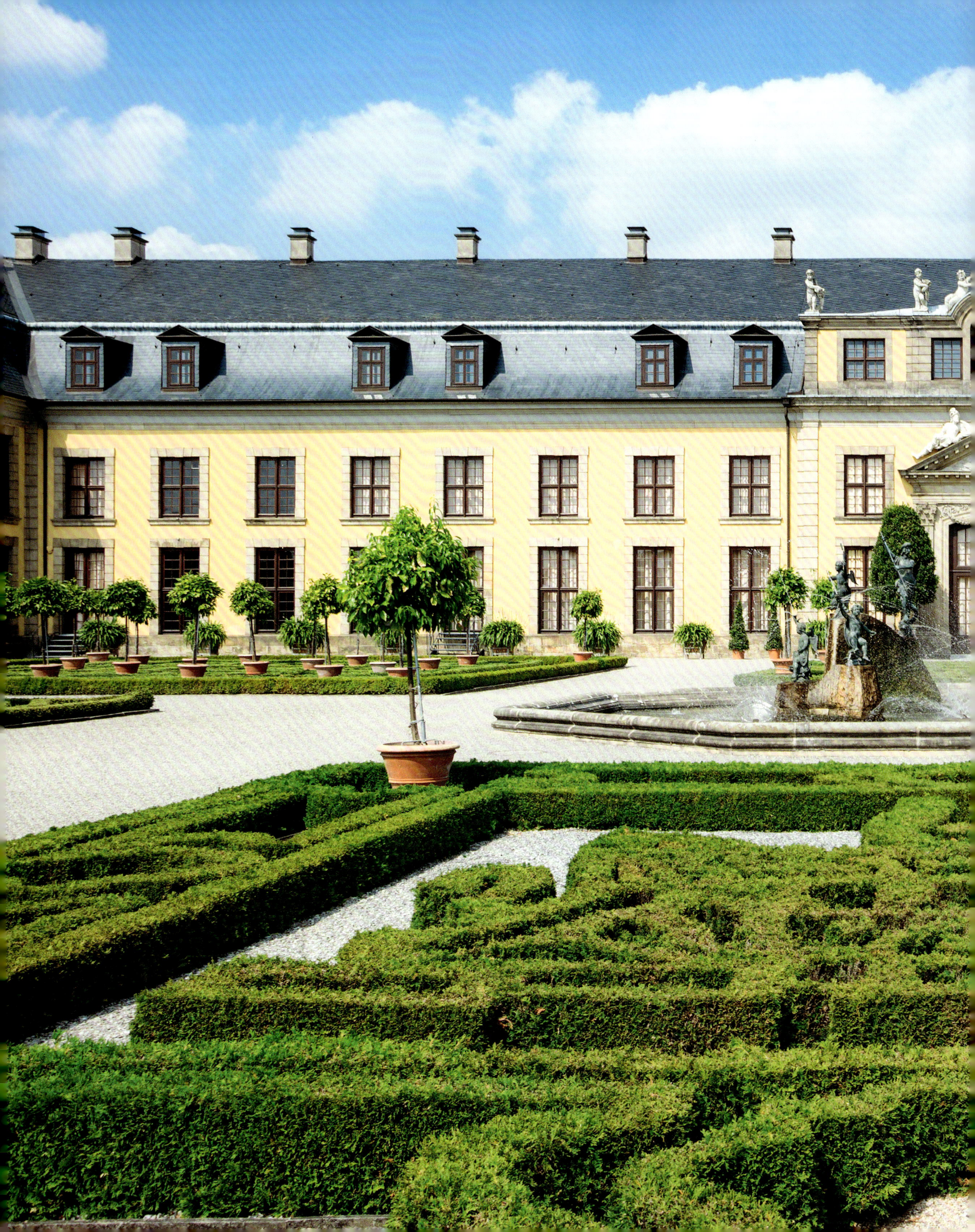

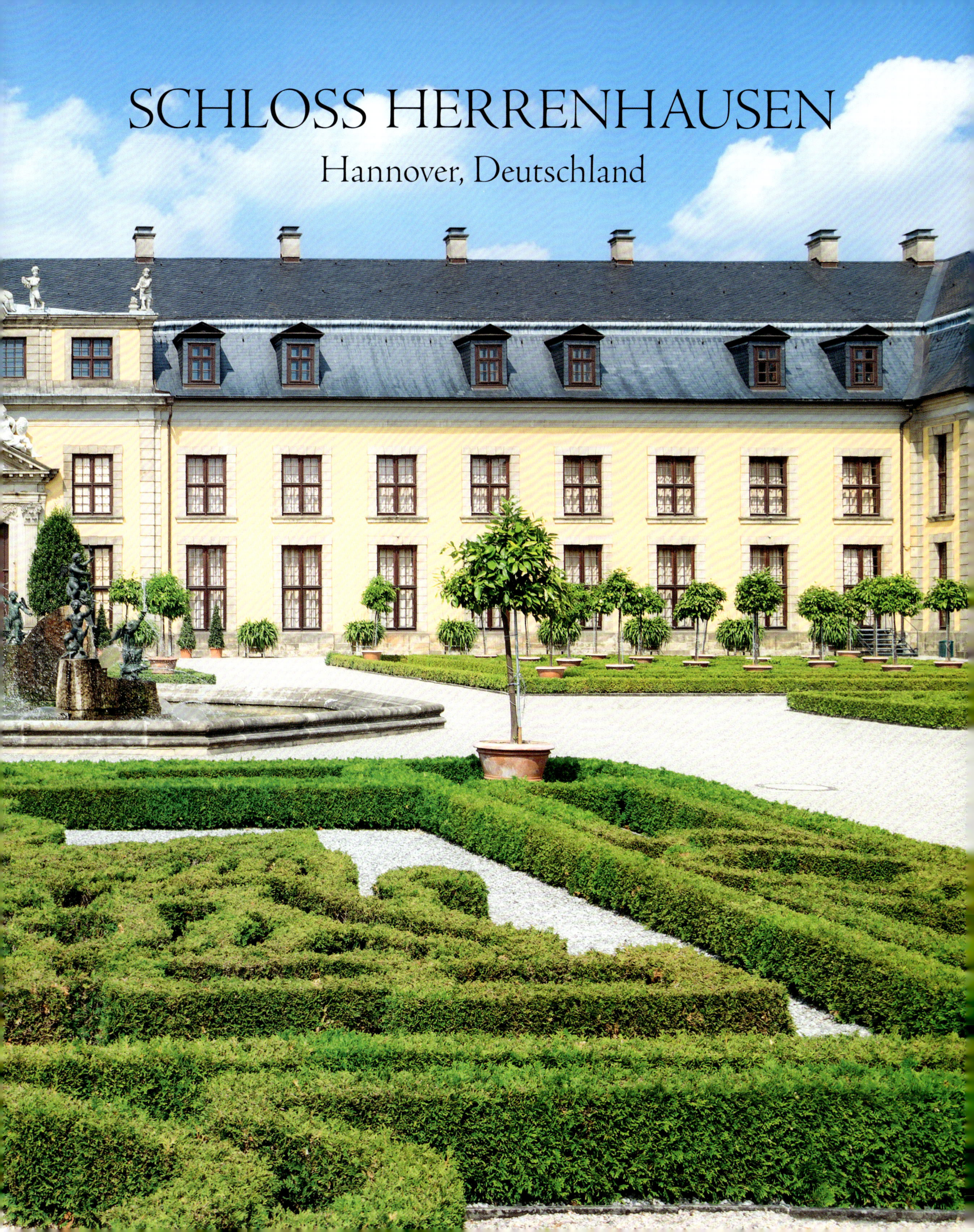
SCHLOSS HERRENHAUSEN
Hannover, Deutschland

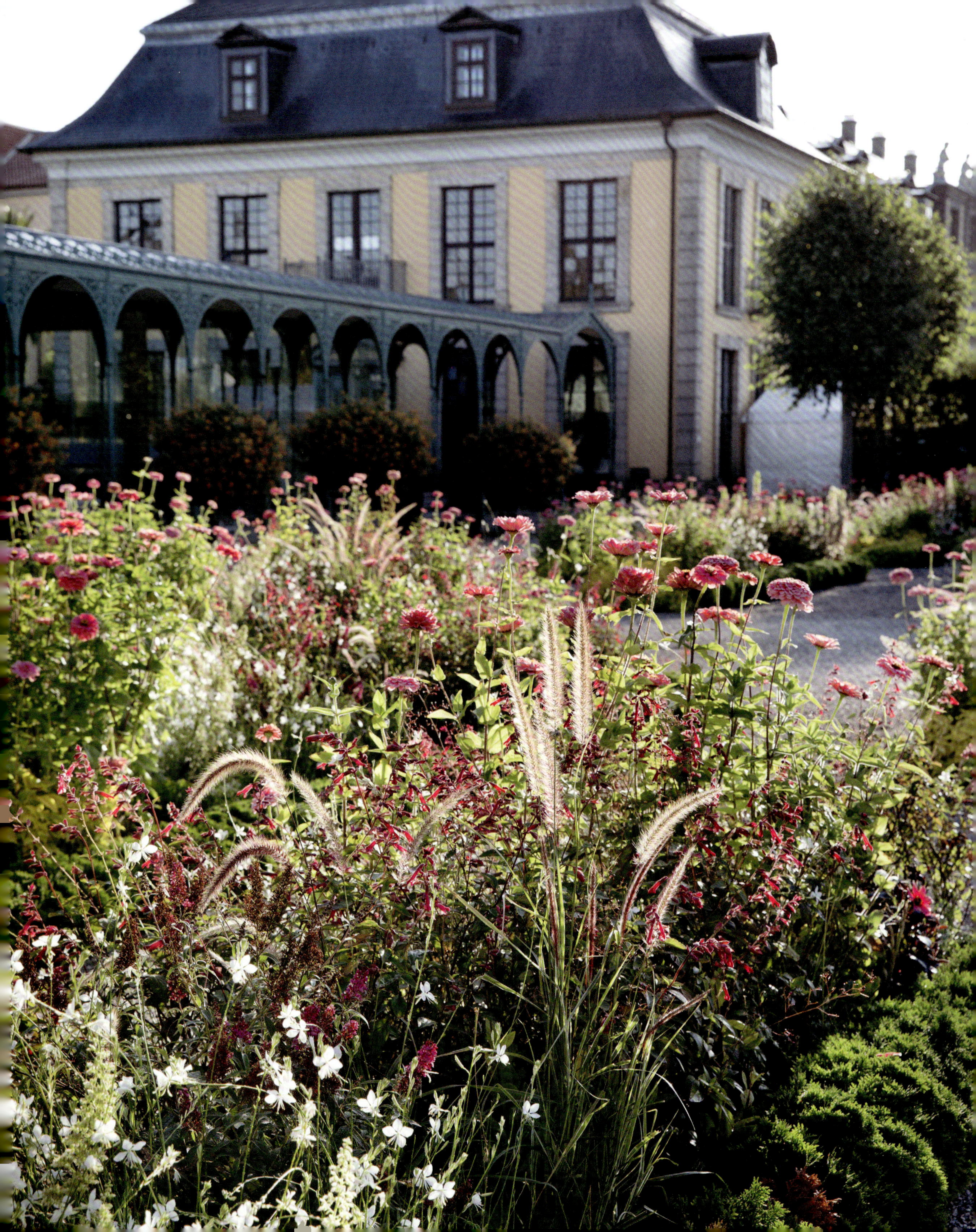

»JEDERMANN DARF IM KÖNIGLICHEN GARTEN ZERSTREUUNG SUCHEN ...« SO STEHT ES SINNGEMÄSS AUF EINER 1777 AM PRINZENTOR VON **SCHLOSS HERRENHAUSEN** ANGEBRACHTEN TAFEL, UND DIESE WORTE SIND HEUTE, FAST 250 JAHRE SPÄTER, IMMER NOCH GÜLTIG.

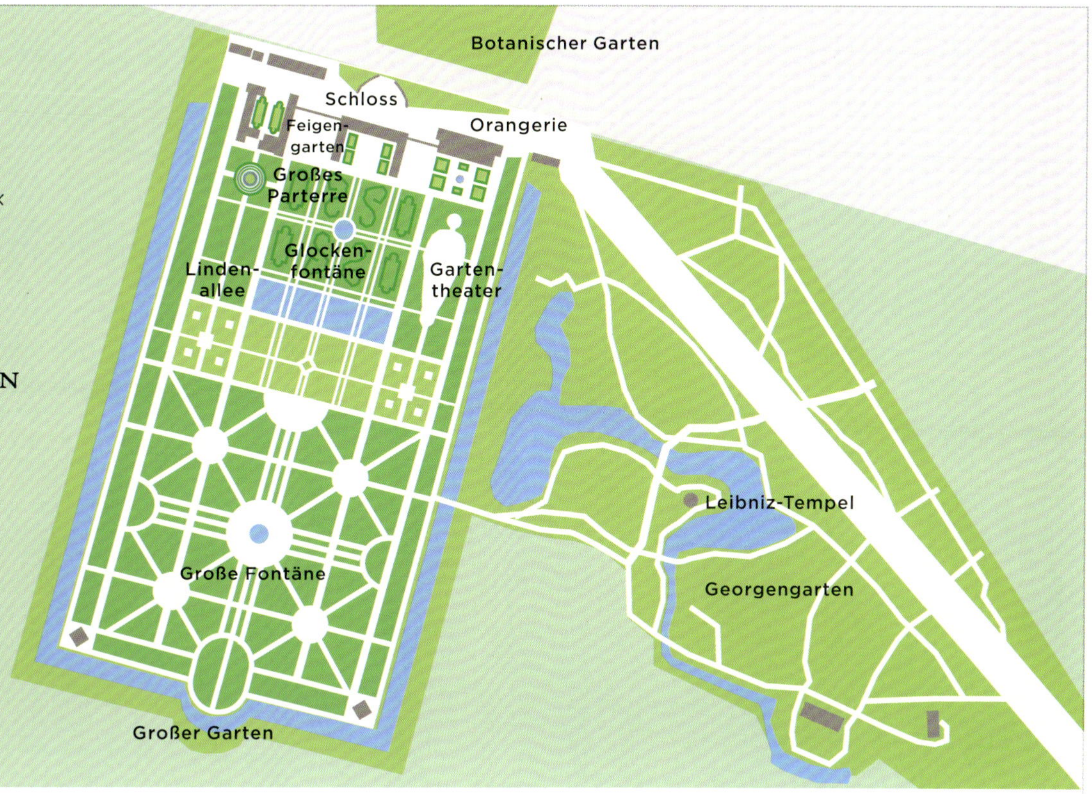

Herrenhausen besitzt einen der bedeutendsten historischen Gärten Europas. Mehr als drei Jahrhunderte begegneten sich hier Diplomaten, Künstler oder Wissenschaftler, und es war romantischer Schauplatz für Herzensangelegenheiten. Die Anlage umfasst den Großen Garten im Barockstil, den Georgengarten, den als Landschaftsgarten angelegten Welfengarten und den botanischen Berggarten. Im heutigen Stadtteil Herrenhausen von Hannover gelegen, wirkt der Schlossbau angesichts der umgebenden Gärten relativ bescheiden. Mit 130 Hektar sind sie ein Juwel des Gartenbaus im großen Stil, der Gärtnerkunst von 1680 bis zum heutigen Tag.

Ursprünglich wurde Herrenhausen als Sommerresidenz der Welfendynastie errichtet. 1679/80 übersiedelten Herzog Ernst August (1629–1698) und seine Gemahlin, Kurfürstin Sophie (1630–1714), von Osnabrück nach Hannover. Sophies Mutter war Elisabeth Stuart (1596–1662), die einzige Schwester Karls I. von England (1600–1649). In Hannover wurde der Hof von Ernst August und Sophie zu einem der prächtigsten Deutschlands, berühmt für seine venezianischen Maskeraden, Gondelfeste und Illuminationen.

SOPHIE UND HERRENHAUSEN

Angeregt von den französischen Schlössern Vaux-le-Vicomte und Versailles (siehe Seite 90) sowie Het Loo in den Niederlanden (siehe Seite 152), wo sie ihre Kindheit und Jugendzeit verbracht hatte, wollte Sophie die Herrenhäuser Gärten vergrößern. 1682 beauftragte sie damit den französischen Gärtner Martin Charbonnier, der schon in Osnabrück für sie gearbeitet hatte. Sophie war die treibende Kraft bei den Planungen und gestaltete mit Charbonnier in drei Jahrzehnten den Großen Garten – ihr »kleines Paradies«. Sie verdoppelte seine Ausdehnung auf 50 Hektar und ließ ihn mit einem Kanal (der Graft) umgeben. Mit dem Anspruch der Modernität und Fortschrittlichkeit ließ sie Pflanzen aus der ganzen Welt kommen und beauftragte berühmte Bildhauer, die Anlage mit Skulpturen zu beleben: »Der Große Garten in Herrenhausen ist das Einzige, womit wir auftrumpfen können.« Ihre Leidenschaft geht aus einem Satz in einem Brief an »Liselotte« (Prinzessin Elisabeth Charlotte, Herzogin von Orléans) hervor, der Schwägerin Ludwigs XIV. (1638–1715): »Der Garten ist mein Leben.«

Vorhergehende Doppelseite und linke Seite
Der im Barockstil angelegte Große Garten

Sophie, kreativ und hochgebildet, wäre beinahe Königin von England geworden. Sie erhielt Unterricht in Kunst, Rechtswesen, Mathematik, Theologie, Philosophie, Geschichte und mehreren Sprachen und hatte lange Reisen durch Europa unternommen. Berühmte Persönlichkeiten waren ihre Gäste. Bereits im Vorfeld der Aufklärung holte man Architekten und Dichter an den Hof, den Komponisten Georg Friedrich Händel und den Philosophen Gottfried Wilhelm Leibniz, der Sophies Berater wurde. Mit ihm verbrachte sie viel Zeit, um über philosophische Fragen zu diskutieren. Leibniz schrieb: »Hier findet man kaum jemanden, mit dem man sprechen kann. Genauer gesagt, ein Höfling ist hier nicht dazu da, über gelehrte Dinge zu reden, und ohne die Kurfürstin [Sophie] würde man darüber noch weniger sprechen.« Häufig mündeten solche Gespräche ins Thema Gartenplanung.

Im Alter von 80 Jahren schrieb Sophie: »Ich sitze in meinem Kabinett, direkt in der Sonne, wie die Melonen im Gewächshaus, ich habe zwölf Kanarienvögel, die einen Krach machen, als wäre ich in einem Dickicht. Ich muss Gott für meine gute Verfassung danken und dass ich immer noch ohne Anstrengung die große Runde im Garten von Herrenhausen machen kann, denn ich gehe sehr gern in diesen schönen Laubengängen spazieren.«

Bei einem solchen Spaziergang starb sie am 8. Juni 1714 an Herzversagen. Eine Statue erinnert an das Lebenswerk dieser außergewöhnlichen Frau. Nach ihrem Tod übersiedelte der Hof nach London. Deshalb blieb Herrenhausen in seiner Einzigartigkeit erhalten, da es nicht mehr dem sich stetig verändernden Zeitgeschmack unterworfen war. Der englische König Georg I. (1660–1727), vormals Kurfürst Georg Ludwig, schätzte Hampton Court, hing jedoch weiterhin an Herrenhausen. Er verzichtete auf einen neuen Palast und konzentrierte sich auf den Bau der Wasserspiele, insbesondere der schon zu Sophies Lebzeiten geplanten Großen Fontäne. Er beauftragte Leibniz mit der Konstruktion eines Wassersystems, das den höchsten Springstrahl Europas erzeugen und Versailles und Het Loo übertreffen sollte.

Georg II. (1683–1760) griff den Plan für ein neues Schloss auf, das zu den Dimensionen des Großen Gartens passte. Er wollte den Neubau um 180 Grad gedreht errichten, sodass er stärker Versailles glich; dieser Plan kam aber nie zur Ausführung. Anschließend verfiel das Schloss, stand sogar vor dem Abriss. 1814 wurde das Königreich Hannover gegründet. In England empfand man Hannover nun zunehmend als Relikt der Vergangenheit. Als 1837 mit der Thronbesteigung Königin Victorias die Personalunion mit England endete, wurde Hannover unabhängig, woraufhin das Interesse an dem Garten wieder erwachte. Diese Unabhängigkeit fand 1866 ihr Ende. Hannover wurde eine preußische Provinz und sein letzter König, Georg V. (1819–1878), ging nach Österreich ins Exil.

Grosser Garten und Orangerie

Der Große Garten, ein typischer Garten des Frühbarock, bedeckt eine Fläche von 36 Hektar. Seine Achse weicht, vom Auge nicht wahrnehmbar, um 2,8 Grad von der Geraden ab, um eine unbewusste Spannung zu erzeugen. Leibniz zufolge erkenne der Mensch eine Abweichung erst jenseits von drei Grad. Mit seiner absolut künstlichen Gestaltung feiert der Große Garten die von Menschenhand gebändigte Natur und steht damit im Kontrast zum angrenzenden Berggarten und dem Georgengarten, die nach den Regeln des englischen Landschaftsgartens angelegt sind.

Die heutige Orangerie wurde 1720 erbaut, 1819 fügte der spätere Hofbaumeister Georg Ludwig Friedrich Laves eine teils hölzerne Erweiterung hinzu. Die Orangerie beherbergt die älteste Pflanze des Gartens – einen Granatapfelbaum, der 1653 aus Venedig nach Hannover kam. Weitere Arten sind Hibiskus, Zypressen und Palmen wie die Chinesische Hanfpalme *(Trachycarpus fortunei)* und die Zwergpalme *(Chamaerops humilis)*. 1965 gestaltete Gartendirektor Karl H. Meyer das Orangenparterre als Schachbrettmuster und versah es mit buntem Marmorkies und ornamentalen Zwergbuchshecken. Als direkte Entsprechung zur Architektur der nahe gelegenen Orangerie werden hier in den Sommermonaten in der Art von Schachfiguren Orangenbäume in großen Terrakottatöpfen sowie Nachtschattengewächse wie Engelstrompeten *(Brugmansia)* in hölzernen Pflanzkübeln aufgestellt.

Rechte Seite oben
Rasterförmig angeordnete Baumreihen im Großen Garten

Rechte Seite unten
Im Blumengarten

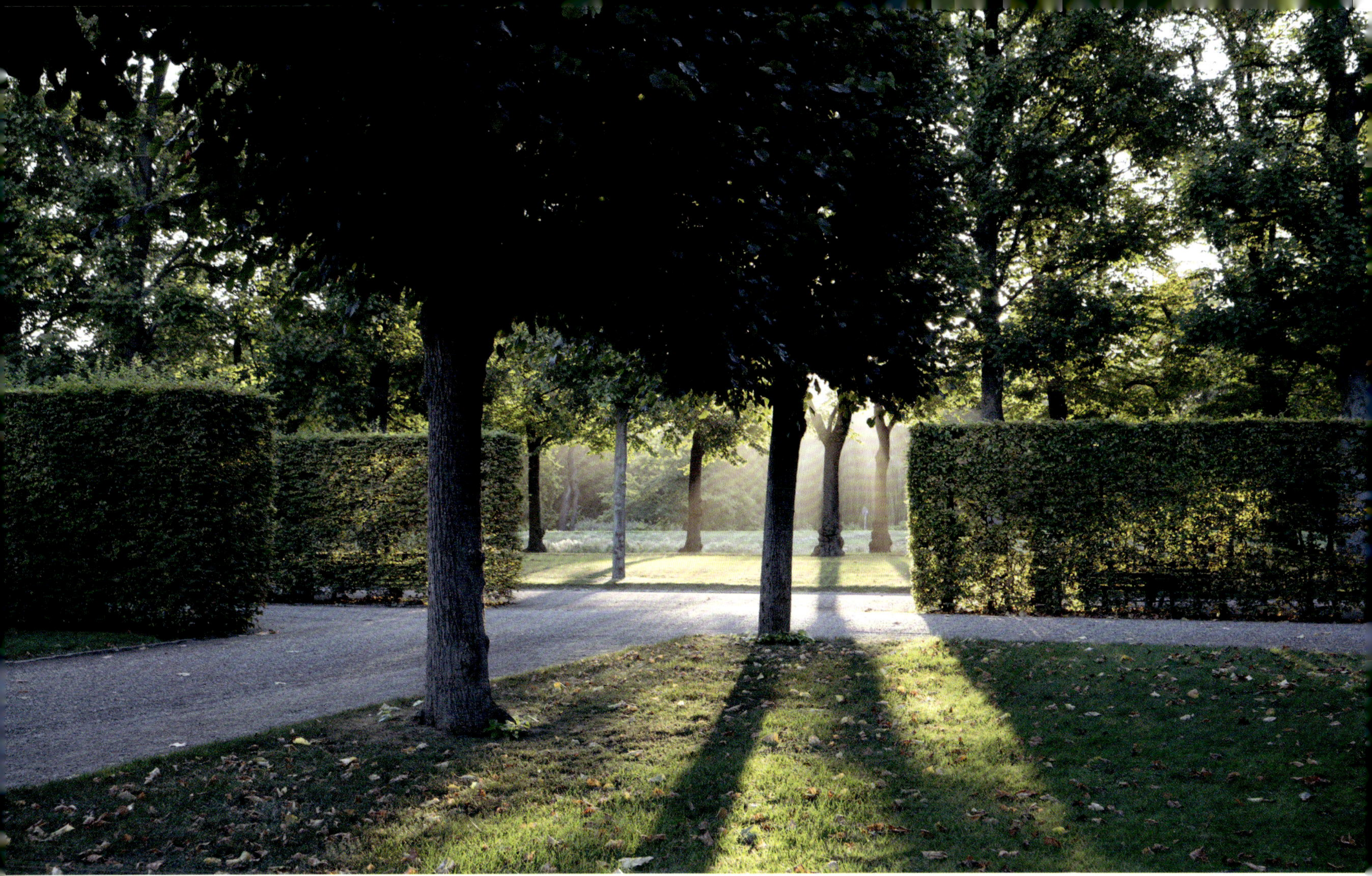

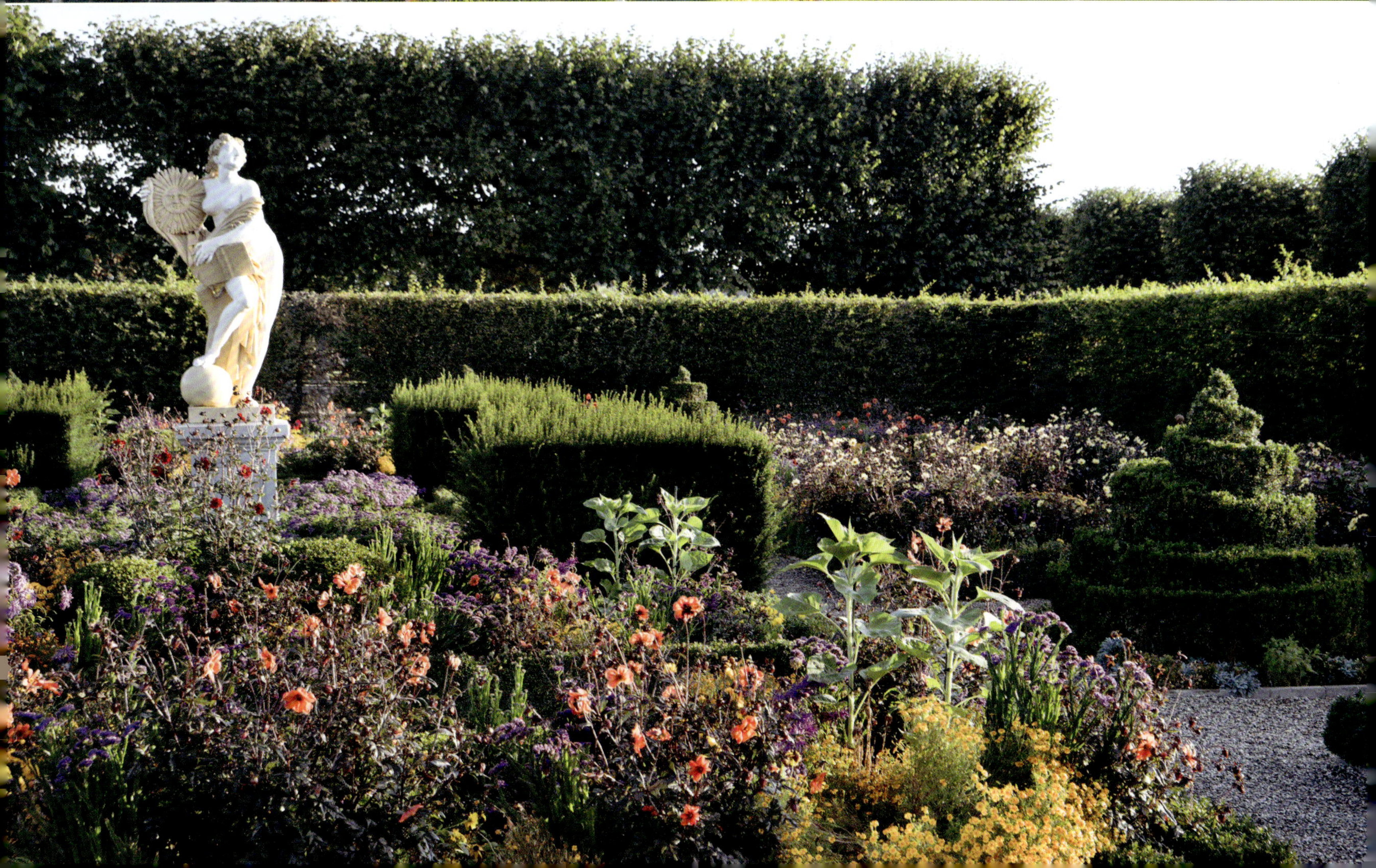

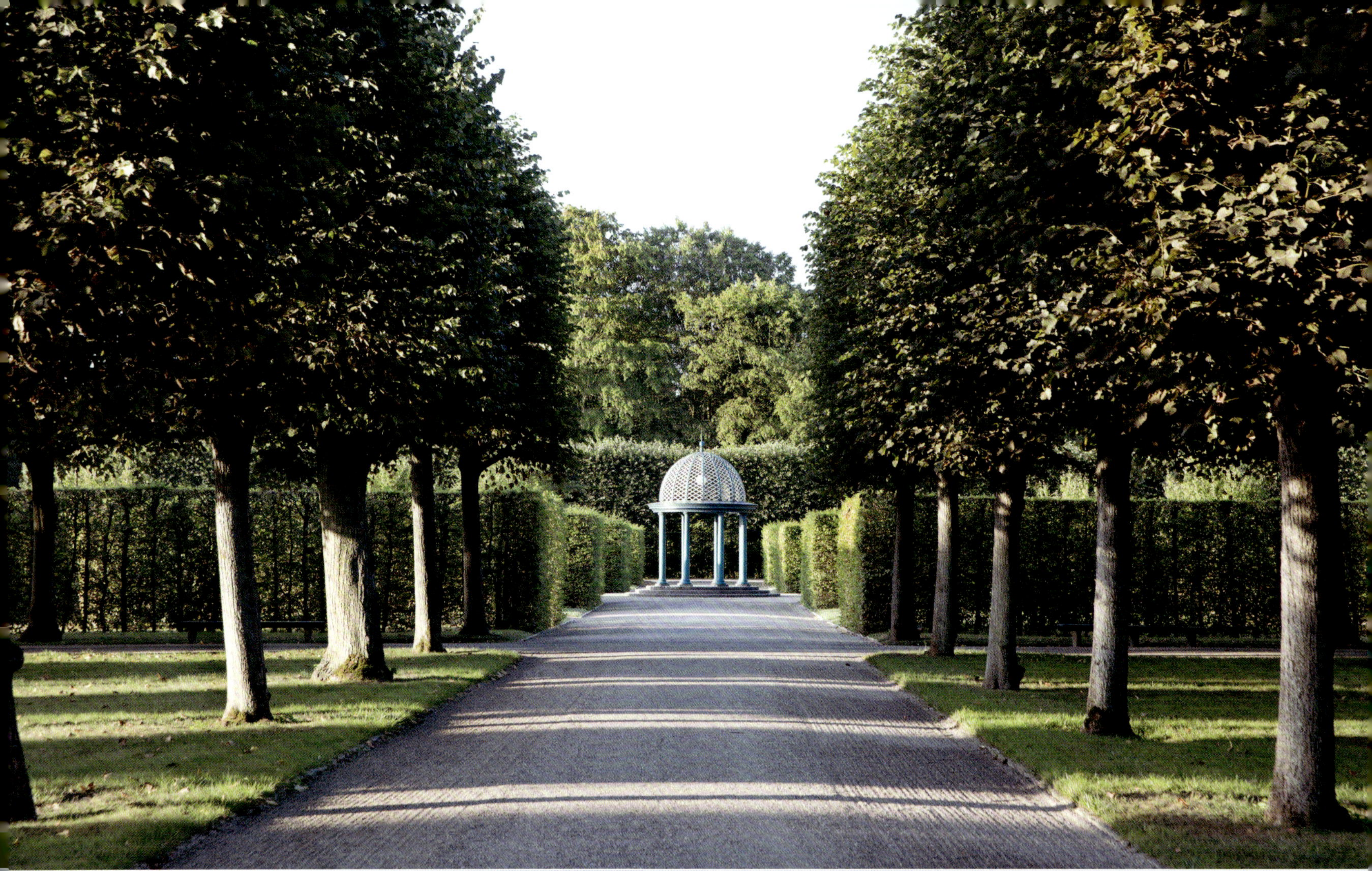

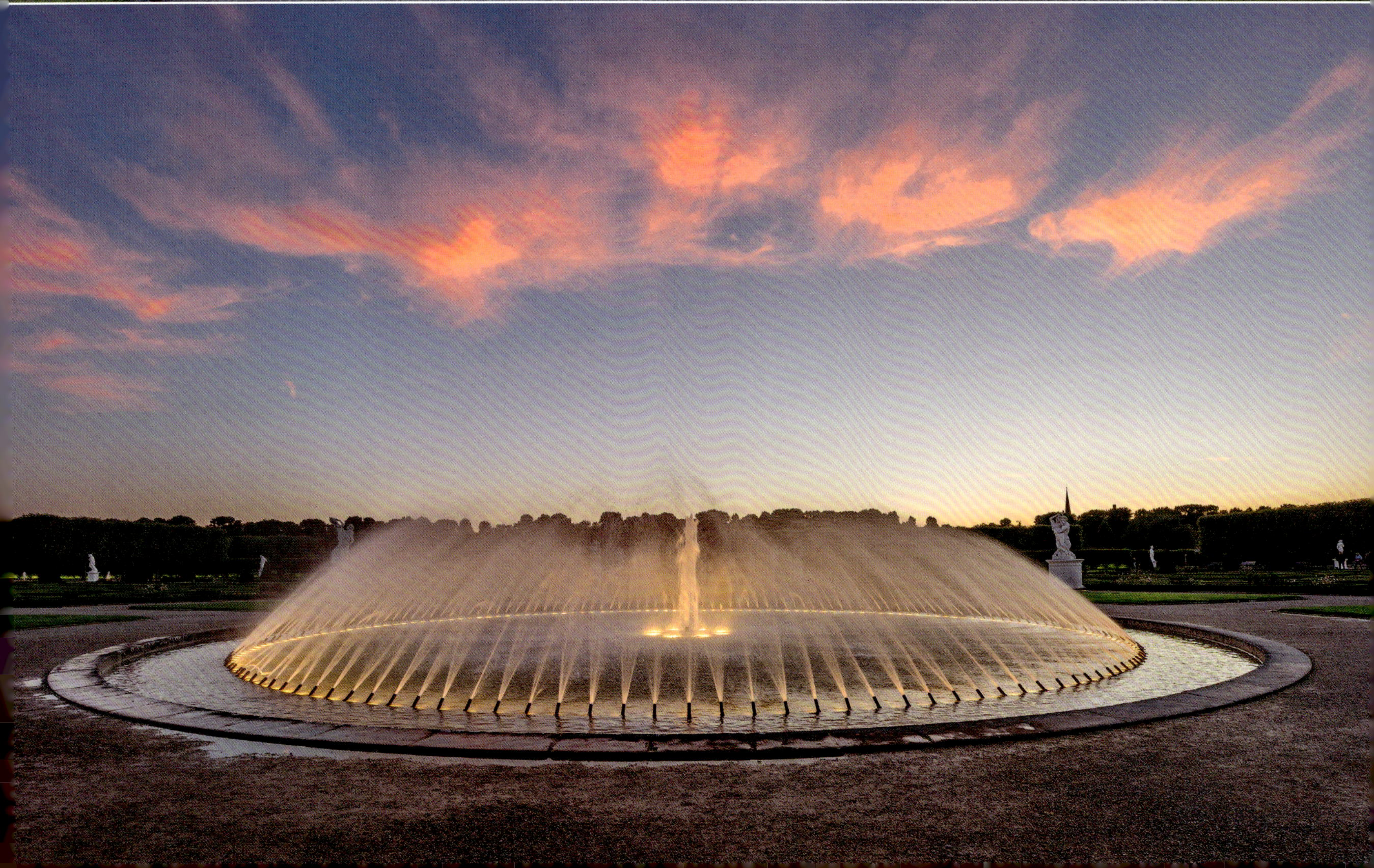

Vom Orangenparterre gelangt man durch das berühmte Goldene Tor in den Großen Garten. Westlich der ursprünglich als Orangerie dienenden, jetzt mit Stuckarbeiten ausgeschmückten Galerie und des Orangenparterres liegt der ehemalige Privatgarten. Er wurde von dem Schweizer Landschaftsarchitekten Guido Hager zum Blumengarten umgestaltet. Dieser intime Gartenteil enthält 36 schmale Beete. Sie sind dem langen Glasfoyer des dänischen Architekten Arne Jacobsen nachempfunden, das sich an der Gartenseite harmonisch mit den ornamentierten Eisenbogen verbindet. Die schmalen Beete spiegeln einfache Teppichmuster aus dem Schloss wider. Das permanente Gittermuster wird alljährlich durch leichte Veränderungen der Bepflanzung in fünf Farbtönen verändert. Die übrigen Seiten dieses Blumengartens bildet ein Boskett aus gestutzten Linden, die in einem Meer von immergrünen Dickblatt-Bergenien und Elfenblumen stehen. Diese Bäume werden jeden Winter geschnitten, damit über dem astfreien Stamm die Würfelform erhalten bleibt. In ihrem Schatten sind die Pflanzen bestens gegen die Sonne geschützt.

Gegenüber den Linden des Blumengartens befindet sich seine älteste Architektur, die von 1676 stammende Große Kaskade des Fontänenmeisters Marinus Cadart, über deren mineralische Verzierungen und Bleimuscheln nach wie vor Wasser strömt. Sie gliedert sich in vier sechsstufige Kaskaden, die 24 Wasservorhänge erzeugen. Darüber sieht man Figuren von Hermes, Luna, Ares, Pallas Athene, Zeus, Hephaistos und Herkules. Die Kleine Kaskade erzeugt ein im ganzen Garten hörbares Rauschen. Wenn sie in Betrieb ist, strömt aufgrund des Wasserdrucks überschüssige Luft aus den Rohren in die Hörner der Titanen, wodurch das Geräusch entsteht.

Abgetrennt durch das heutige Herrenhäuser Schlossmuseum und seine vier Rasenstücke mit ihren mit jeweils einer Blumenart bepflanzten Rabatten lagen der Feigengarten und die Treibhäuser für Pfirsich- und Aprikosenbäume. Der königliche Haushalt wünschte das ganze Jahr hindurch frische Früchte, auch exotische. Um das Innere der Gewächshäuser warm zu halten, wurde an ihren Außenwänden Pferdemist aufgestapelt. Die Methode war äußerst wirksam, ab April konnte man die ersten Früchte ernten. Auch heute besitzt Herrenhausen wieder einen Küchen- und einen Feigengarten.

Letzterem gegenüber befindet sich ein weiteres für den Barockgarten typisches Element: die Grotte. Aufzeichnungen zufolge wurde sie 1676 von dem Augsburger Michael Riggus angelegt, es blieben aber keine Entwürfe zu ihrem ursprünglichen Aussehen erhalten. Forscher und Restauratoren vermuten, dass ihr Inneres mit Kristallen, Mineralien, Muscheln und Glas dekoriert war. 1996 wagte die französisch-amerikanische Künstlerin Niki de Saint Phalle einen Neuanfang und schuf ein modernes, die Sinne erfreuendes Kunstwerk. Sie entwarf eine neue Version einer künstlichen Tropfsteinhöhle und verwandelte die Grotte in ein begehbares Kunstwerk aus farbigen Kieseln und Spiegelglasmosaiken. Nach zwei Jahren wurde die Grotte am 29. März 2003 wiedereröffnet.

Das Grosse Parterre

Das Große Parterre ist eine ausgedehnte Fläche mit ausschließlich künstlichem Dekor auf ebenem Substrat, das durch Wege und gepflegte, schachbrettartig angeordnete Rasenflächen mit der Hauptachse verbunden ist. Es wurde 1674 bis 1678 von Henri Pérronet angelegt und bildet den Schwerpunkt des Gartens. Von acht rechteckigen Broderiebeeten umgeben, erhebt sich die kreisrunde Glockenfontäne. Das Große Parterre und der gesamte Große Garten sind eine räumliche Darstellung von Ordnung, Werten und Identität. Die Annahme, der Garten sei ausschließlich im Stil des französischen Barockgartens angelegt, wäre irrig. Auch der niederländische Stil und insbesondere Het Loo übten einen starken Einfluss aus. Kurfürstin Sophie und Georg I. entwickelten den Gartenbau zu einer Kunstform mit eigener, in Richtung »Landschaftsgestaltung« gehenden Identität. Die Glockenfontäne besteht aus 164 auf die zentrale Fontäne gerichteten Strahlen, die gemeinsam eine Wasserkuppel bilden. Die breiten, in der Längsrichtung verlaufenden Wege betonen wie in Versailles und Het Loo die Länge des Parterres und erzeugen eine Perspektive der Kontinuität und Unend-

Linke Seite oben
Der kleine hölzerne Tempel im Zentrum des Labyrinths

Linke Seite unten
Die Glockenfontäne im Großen Parterre

lichkeit, die sich in den Bosketten fortsetzt, um schließlich am »Vollmond« zu enden, einem kreisförmigen Ruheplatz. Die gesamte Gartenanlage ist absolut regelmäßig und symmetrisch, sämtliche Gehölze sind durch Formschnitt geometrische Dekorelemente. In den von beschnittenem Zierbuchs umsäumten Beeten blühen im Sommer bis zu 30 000 Pflanzen.

Ein kreatives und effektvolles Element des Gartens sind die blendend weißen, von ihrem dunklen Hintergrund abstechenden Skulpturen aus Deister-Sandstein. Er ist in seinem Naturzustand graubraun, deshalb tünchte der Gärtner Jens Petersen die Skulpturen weiß. Heute werden sie alle drei bis vier Jahre mit Wasser gereinigt, anschließend wird Kalkfarbe aufgetragen. Statuen der vier damals bekannten Kontinente, der Jahreszeiten und Elemente, mythologische Figuren, Kreaturen und Götter sowie Prunkvasen auf Bleipostamenten leiten den Blick durch den Garten. Im nordöstlichen Teil liegt das älteste, 1689-92 erbaute Gartentheater Deutschlands. Als Halbkreis hinter dem Zuschauerraum und beiderseits der Bühne stehen kastenförmig geschnittene Linden, die den Eindruck der unnatürlichen Präzision nur noch verstärken. An den Innenseiten dieser Lindenallee stehen vergoldete Bleifiguren in gleichmäßigen und dann kleiner werdenden Abständen, bis sie die 1892 erbaute Kleine Kaskade erreichen. Damit wird der Eindruck des Regelmäßigen und Formalen verstärkt und zugleich das Auge getäuscht, da man die Allee für länger hält, als sie ist. Der gesamte Theaterplatz ist von hohen Hainbuchenhecken umschlossen, sodass ein eigener Gartenraum entsteht. Die westlich als Gegenstück zum Theater gelegene Aussichtsterrasse ermöglicht einen Panoramablick über den Garten. Sie wurde 1937 aufgeschüttet, um einen besseren Blick auf die geometrische Anordnung des Großen Parterres zu ermöglichen. Gegenüber der Aussichtsterrasse liegt ein oktogonales Labyrinth. Rundherum sind Kreise mit einer Ziervase auf einem Postament und einer Bank angeordnet, das Zentrum bildet ein kleiner hölzerner Tempel. Es ist von einer 500 Meter langen Hainbuchenhecke umschlossen, die alljährlich beschnitten wird. Die heutige Hecke beruht auf Plänen aus den Jahren 1936/37.

Entlang dem Südende des Großen Parterres reihen sich acht Themengärten. Als separate Gartenräume illustrieren sie die Geschichte der Gartenkunst von der italienischen Renaissance bis zum Spätbarock. Sie sind zum Teil französischen Vorbildern nachempfunden, insbesondere Le Nôtres Vaux-le-Vicomte, als Anregung diente aber auch der Heidelberger Hortus Palatinus.

Beiderseits der Themengärten dehnen sich Boskette. In geometrische Formen gezogene Hainbuchenhecken bilden grüne Korridore mit abgeschiedenen Nischen. Entlang der äußeren Begrenzung des Großen Gartens erstrecken sich in dichten Doppelreihen gepflanzte Linden, deren Kronen angenehmen Schatten spenden. Die Doppelreihe westlich des Großen Gartens wird durch eine dritte Baumreihe ergänzt, was die geplante Abweichung von 2,8 Grad verdeutlicht.

Südlich des Großen Gartens liegt der *Nouveau Jardin*. Von 1699 an wurde dieses Areal in zehnjähriger Arbeit in vier Abschnitte unterteilt, die wiederum in je acht Dreiecke zerfielen. Dieser ursprünglich mit Hainbuchenhecken und Obstbäumen bepflanzte Garten wird durch Wege und Rasenflächen gegliedert, den Mittelpunkt bildet die Große Fontäne. An den beiden südlichsten Ecken erheben sich zwei um 1706 von Louis Rémy de la Fosse erbaute Pavillons. Sie bestanden aus Holz, der südwestliche brannte 1754 ab und wurde durch einen Steinbau ersetzt. Das Ende der Zentralachse bildet der »Vollmond«, von dem aus man durch Korridore aus Linden und Hainbuchen auf das Schloss und die beiden Pavillons blickt.

Die Grosse Fontäne

Nach französischem Vorbild besitzt der Große Garten 30 Kaskaden und Brunnen, um Macht und Reichtum zu demonstrieren. Die Große Fontäne existiert seit 1720. Ihr Wasser stammt aus einer Quelle auf dem Benther Berg oberhalb Hannovers und wird in 15 Kilometer langen Rohrleitungen aus über 1400 ausgehöhlten Kiefernstämmen zugeführt. Der Wasserdruck reichte zunächst nicht für eine wirklich hohe Fontäne aus. König Georg I. entsandte englische Techniker, darunter William Benson, um ein Pumpsystem einzurichten. 1721 erzeugte man

Rechte Seite
Blumenwiese im Berggarten

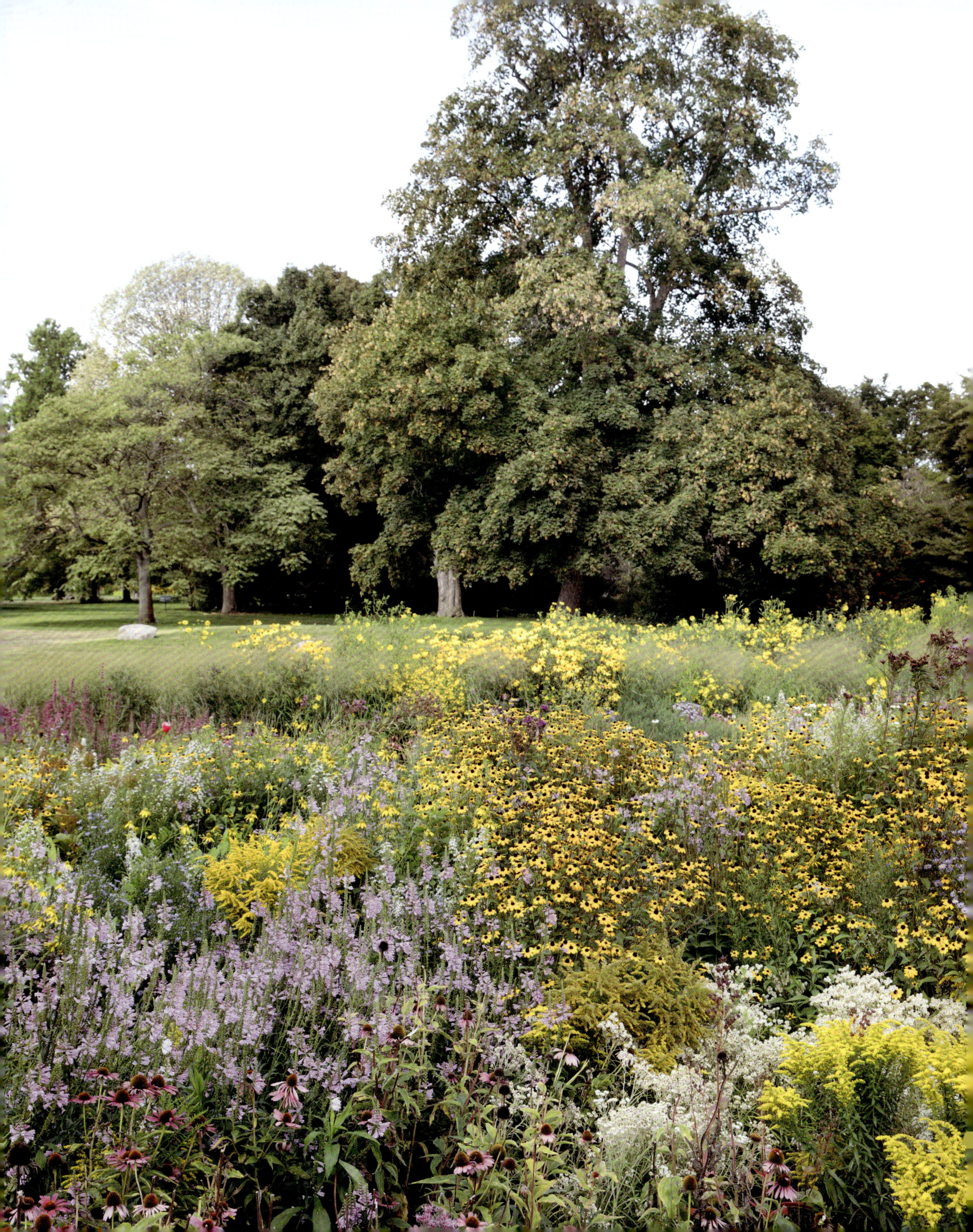

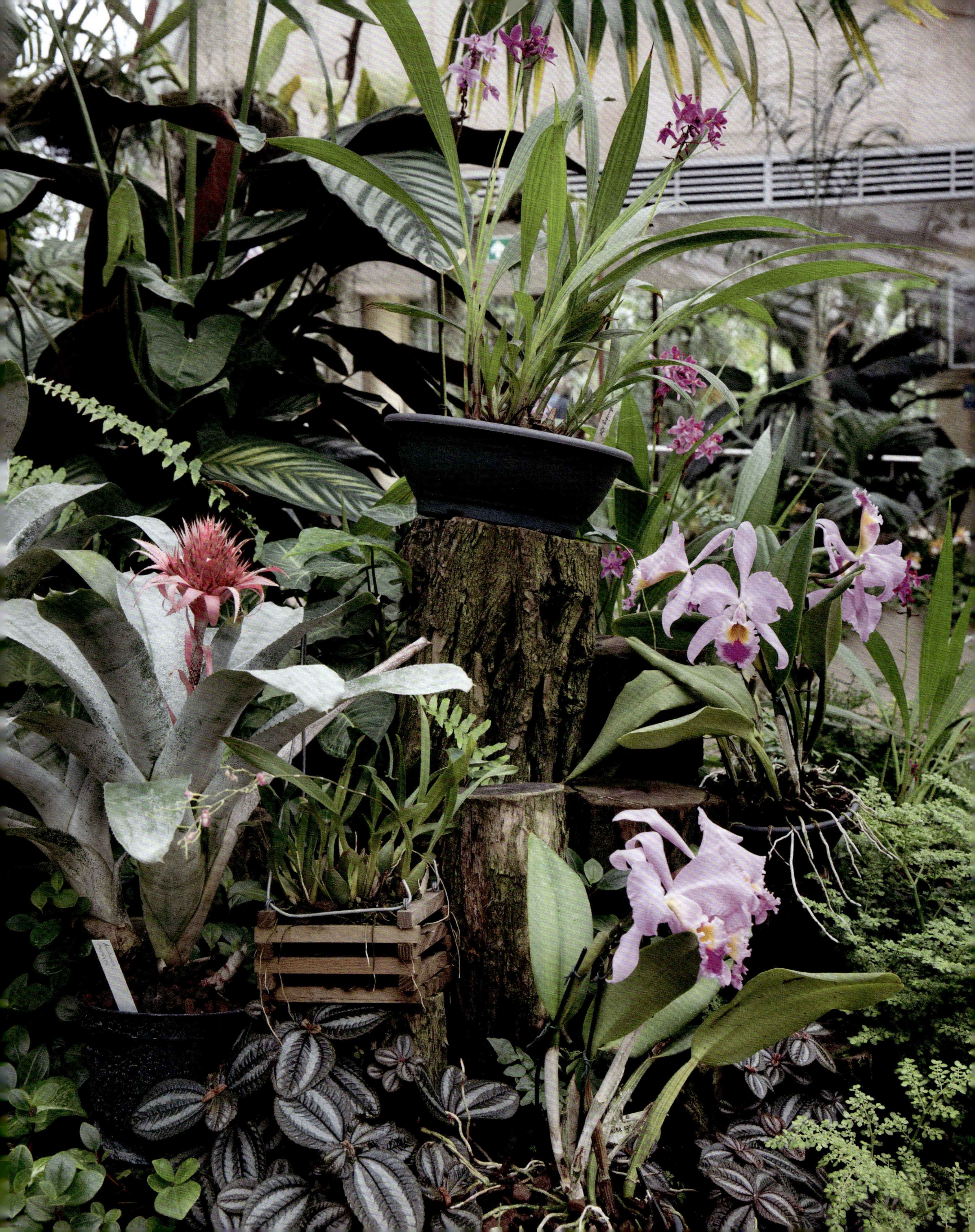

einen senkrechten, 35 Meter hohen Strahl. Das Wasser wurde mit der unglaublichen Geschwindigkeit von 140 Stundenkilometern durch einen vier Millimeter schmalen Schlitz gepresst. Damit übertraf man Peterhof (siehe Seite 194), dessen Fontäne 21 Meter erreichte. Der Gartentheoretiker Christian Cay Lorenz Hirschfeld beschrieb das Schauspiel: »Es ist vielleicht das einzige Springwasser, das man seiner Höhe wegen mit einer Wonne betrachtet, die sich dem Gefühl des Erhabnen nähert. ... Indessen schäumt die stolze Säule immer in ihrer Höhe, blitzende Diamanten springen oben ab, fallen und verschwinden, wie der Kronenschmuck von den Häuptern der Monarchen.« Die Große Fontäne galt als die höchste Europas. Mit der 1956 installierten elektrischen Pumpe erreicht ihr Strahl 72 Meter Höhe.

Der zwei Kilometer lange Kanal wurde 1696 bis 1701 angelegt. Dazu mussten 100 000 Kubikmeter Erde von Hand ausgehoben werden. Eigentlich war er als Schutz gegen Überschwemmungen gedacht, diente dann aber Vergnügungsfahrten in venezianischen Gondeln. Dafür warb man in Venedig den Gondoliere Pierre Madonetto an, der die Gondeln selbst anfertigte.

Berg-, Georgen- und Welfengarten

Im nördlich vom Schlossbau gelegenen Berggarten gibt es keine Gipfel, aber 11 000 Pflanzenarten. Woher der Name kommt, ist nicht belegt, doch 1700 werden erstmals Gärtner erwähnt, die den Berggarten pflegten. 1726 wurden im Georgen- und im Berggarten zwei vierreihige Lindenalleen gepflanzt, um die Schlossanlage mit der Stadt zu verbinden. Aus der Vogelschau verlängern die Baumreihen des Berggartens die Hauptachse des Großen Gartens und enden am Mausoleum der Welfen. Im Georgengarten wurden 1972 bis 1974 die Bäume der zwei Kilometer langen, nach Südosten verlaufenden Herrenhäuser Allee komplett neu gepflanzt.

Mit der Anlage des Großen Gartens begann 1666 Herzog Johann Friedrich, Ernst Augusts älterer Bruder. Er verwandelte das Gebiet nördlich des Schlosses in einen Küchengarten. Kurfürstin Sophie errichtete 1668 das erste Glashaus für Kaffee- und Kakaobäume. Das örtliche Klima war allerdings für viele Exoten ungeeignet, und gegen Ende des 17. Jahrhunderts entschied man sich für widerstandsfähigere Pflanzen. Auf diese Weise entstand für etwa ein Jahrhundert eine Maulbeerplantage mit Seidenwürmern.

Friedrich Ehrhart, ein Schüler des schwedischen Botanikers Carl von Linné, arbeitete am Berggarten, als 1734 ein Ananasglashaus errichtet wurde. Ananasfrüchte waren das Vorrecht des Adels. 1790 verfasste Ehrhart einen Pflanzenkatalog nach der Linnéschen Taxonomie. Er machte es sich zur Aufgabe, »die Kenntnisse von allem, was an auswärtigen Gewächsen in Herrenhausen vorhanden war, zu berichtigen und zu erweitern, alles, was mangelt, zu verschaffen, alles Unbekannte ans Licht zu ziehen, alles Unbestimmte zu bestimmen, alles Nützliche zu beschreiben und bekannt zu machen«.

Da gegen Ende des 18. Jahrhunderts der Wunsch nach exotischen Pflanzen aufkam, wurde aus dem Berggarten ein botanischer Garten mit Pflanzen aus der ganzen Welt, darunter Rhododendren und Azaleen. Die eher als Landschaftspark angelegte und gegenüber der formalen Strenge des Großen Gartens natürlich wirkende Anlage erhielt Rasenflächen mit in Gruppen gepflanzten Bäumen und Räumen für bestimmte Arten und Zuchtbedingungen. Johann Christoph Wendland (er stand Pate für die botanischen Namen von 176 Pflanzen) wurde 1795 zum Obergärtner und später zum Garteninspektor bestellt. Die Familie Wendland betreute den Berggarten über drei Generationen. Johanns Sohn Heinrich Ludolph übernahm ihn 1829. Er ließ neue Gewächshäuser errichten und brachte 1834 die ersten 21 Palmen in den Berg-

Linke Seite
Orchideenschauhaus im Berggarten

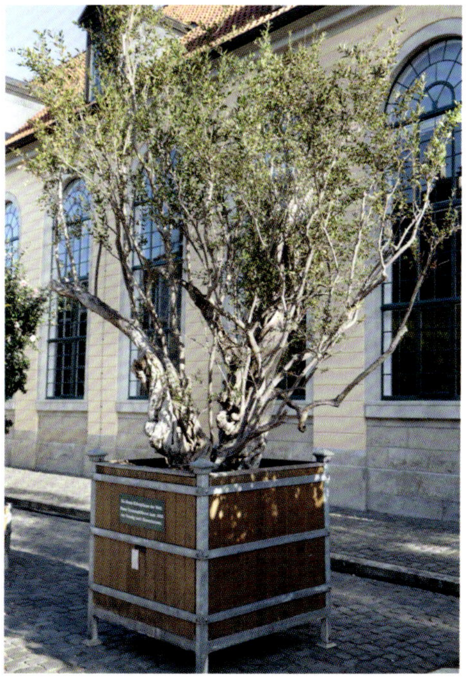

Links
Granatapfelbaum

garten. In den folgenden 20 Jahren erweiterte er die Sammlung auf 224 Exemplare. 1815 arbeitete Heinrich als Praktikant in den Royal Botanic Gardens in Kew (siehe Seite 34) und sicherte sich dort die Unterstützung, um die Verluste gutzumachen, die Hannover im Verlauf der Besetzung durch die napoleonischen Truppen erlitten hatte.

Östlich des Großen Gartens liegt der 50 Hektar bedeckende Georgengarten. Benannt nach Georg IV. (1762–1830), König von Hannover, wurde er 1835 von Christian Schaumburg im Stil des englischen Landschaftsgartens angelegt und ist einer der wenigen ausgereiften Landschaftsgärten Deutschlands. Ein noch älterer Landschaftschaftsgarten ist der 1720 entstandene, heute als Stadtpark genutzte Welfengarten. Über seinen weiten Rasenflächen wölben sich die Kronen von Buchen, Eichen, Kastanien, Ahornbäumen, Eschen und Platanen.

1859 wurde Hermann Wendland als Nachfolger seines Vaters und seines Großvaters zum Hofgärtner ernannt. Er unternahm ausgedehnte Reisen bis nach Costa Rica in Zentralamerika und brachte auch das Usambaraveilchen *(Saintpaulia)* und das Löwenmäulchen nach Europa. Die Mitte des 19. Jahrhunderts war die »goldene Zeit der Palmen«, und Wendland wurde der führende Palmenexperte des europäischen Festlands. Er benannte 129 Palmenarten und kultivierte in Herrenhausen die höchste Palme Europas, eine Australische Livingstonpalme *(Livistona australis)*. Als sie 1826/27 gemessen wurde, betrug ihre Höhe 32 Meter. Sie musste leider 1920 gefällt werden.

Im Zweiten Weltkrieg wurden Teile von Hannover wie so viele andere europäische Städte durch Bomben zerstört, auch Herrenhausen und seine Pflanzen blieben nicht verschont. Die Gärten wurden schwer in Mitleidenschaft gezogen, vom Schloss blieb lediglich die Freitreppe erhalten. Von den Gewächshäusern überlebte ein einziges. Durch jahrelange Restaurierungsarbeiten stellte ein engagiertes Team aus Fachleuten und ehrenamtlichen Helfern seine Schätze wieder her. 1903 hatte Herrenhausen die größte Orchideensammlung Europas besessen. 1948 wurden das Orchideenschauhaus und das Kanarenhaus erbaut. Letzteres beherbergt den Drachenbaum *(Dracaena draco)* und Lorbeerarten *(Laurus novocanariensis* und *Apollonias barbujana)*. 1958 kam das Tropenschauhaus hinzu. Mit einer Größe von 300 Quadratmetern beherbergt es tropische Gewächse wie Ananas- und Kakaopflanzen, Kaffeesträucher und die Amazonas-Riesenseerose *(Victoria amazonica)*, die man auch in Kew bewundern kann (siehe Seite 41). Im Kakteenschauhaus kann man 2400 verschiedene Kakteen und 1000 weitere Sukkulenten bewundern. Bemerkenswert ist der höchste Kaktus, *Cereus forbesii*. Er misst heute sieben Meter und hat die Bomben überlebt.

Direkt hinter dem Tropenschauhaus liegen Iris-, Stein- und Pergolagarten, ein Werk des international bekannten Gartenexperten Karl Foerster. Diese Gärten gehen schrittweise in den steinigen Steppen- und den Wiesengarten über, die 1996 geschaffen wurden. Dieser Teil des Berggartens ist eine bunte Mischung von Farben und Formen. Voll zur Geltung kommt er im Herbst mit Sonnenbraut, Rudbeckien, Ziergräsern und Blumen-Dost 'Herrenhausen' *(Origanum laevigatum* 'Herrenhausen'*)*, eine nach dem Schloss benannte deutsche Züchtung. Diese Areale bedecken zusammen 9000 Quadratmeter. An der Stelle des ehemaligen Großen Palmenhauses steht jetzt das 2000 eröffnete Regenwaldhaus, ein Werk der Architekten Gordon Wilson und Ray Hole, die auch das *Princess of Wales Conservatory* in Kew entwarfen. Unter der 15 Meter hohen Glaskuppel des Baus befindet sich ein 2007 eröffnetes Meeresaquarium.

Herrenhausen und sein Garten sind eine Freude für alle, die sich für Gartenbau interessieren. Sie ermöglichen, das moderne Leben hinter sich zu lassen und in die Vergangenheit einzutauchen. Sie sind zu einem identitätsstiftenden Kunstwerk geworden, in dem gartenbauliche, soziale und politische Werte Gestalt annehmen. Kurfürstin Sophie schuf hier mit ihrer von französischen, niederländischen und englischen Formgärten inspirierten Vision einen deutschen Barockgarten, dessen Wirkung sich auch heute niemand entziehen kann.

Rechte Seite
Blick auf den Bibliothekspavillon beim Berggarten

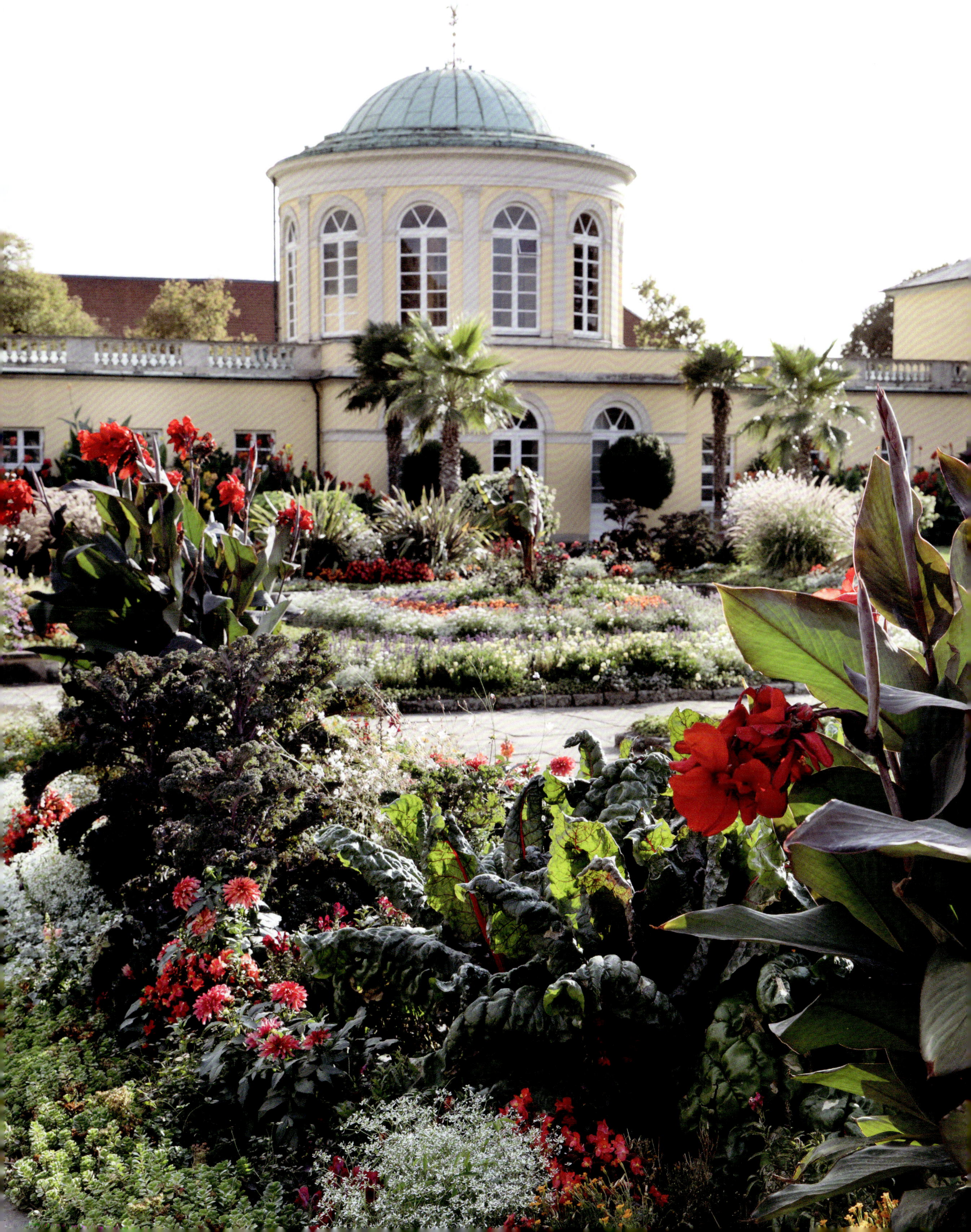

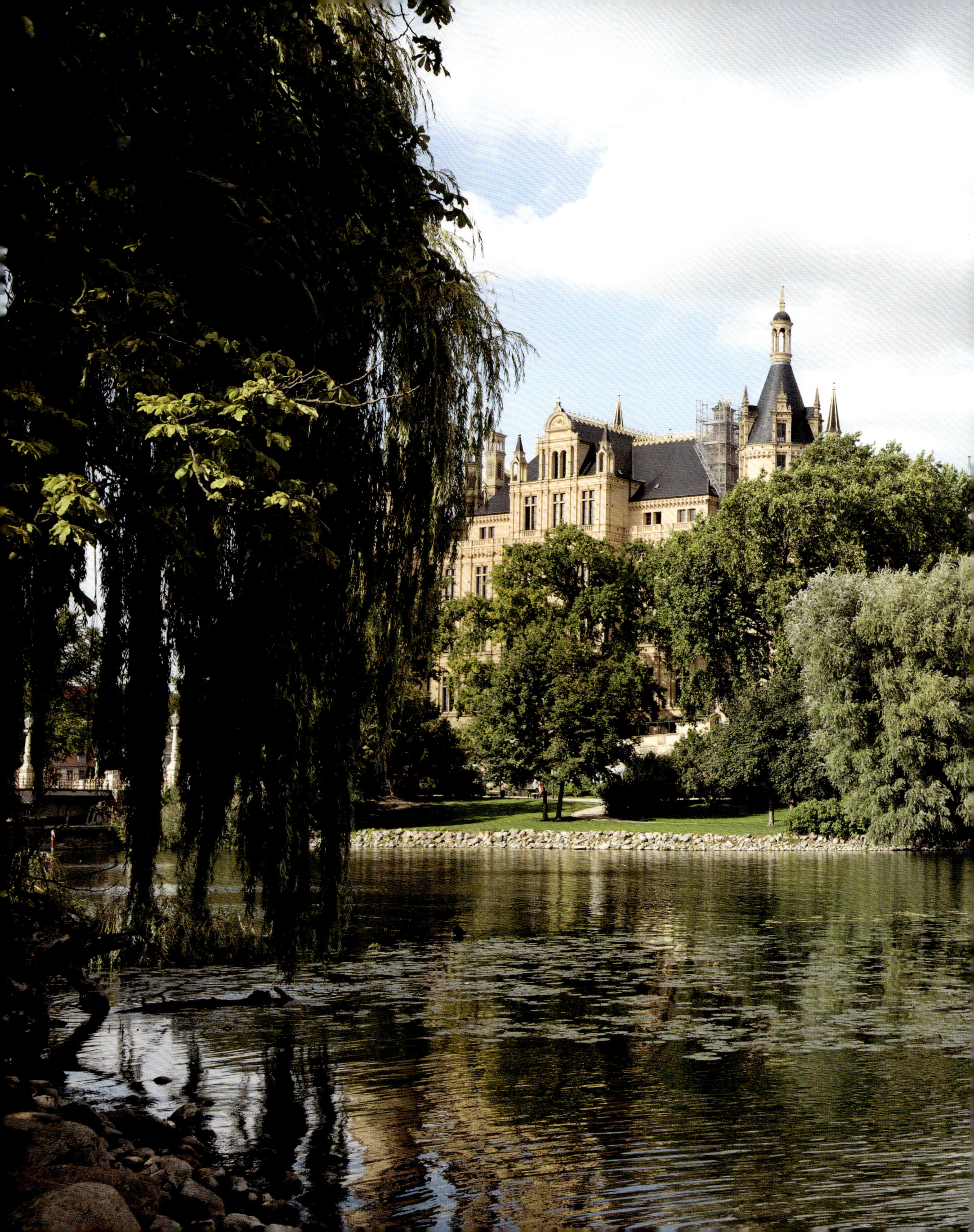

SCHWERINER SCHLOSS

Schwerin, Deutschland

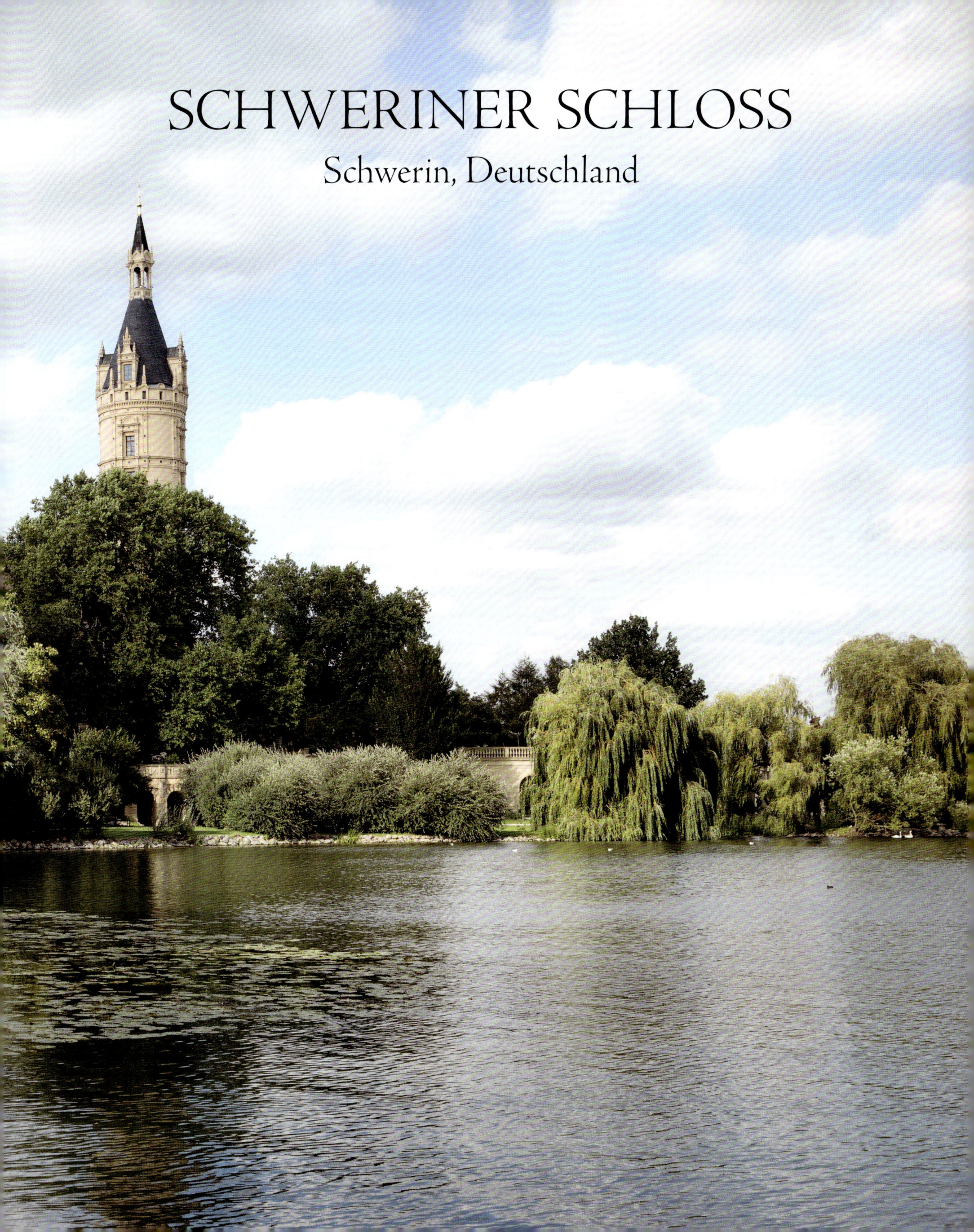

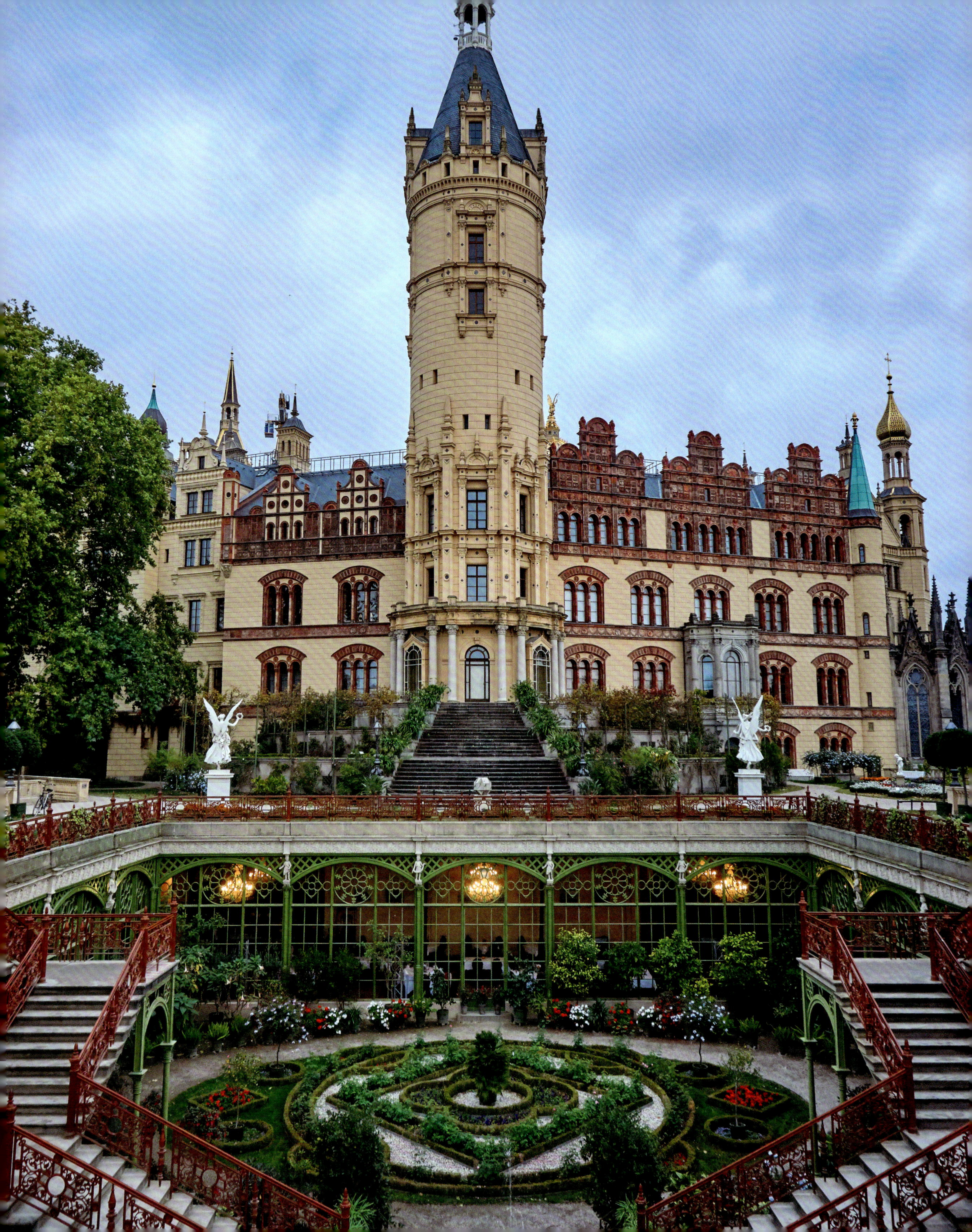

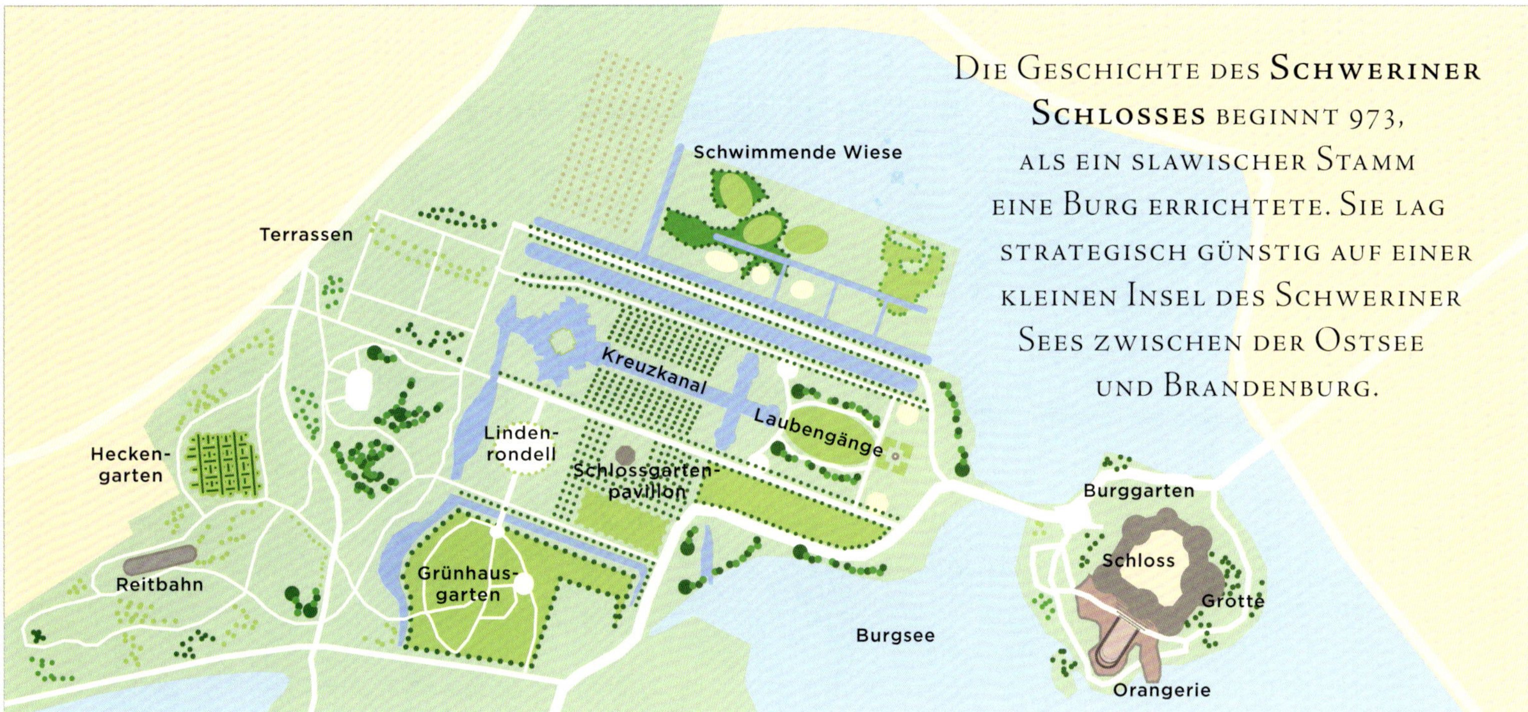

Die Geschichte des **Schweriner Schlosses** beginnt 973, als ein slawischer Stamm eine Burg errichtete. Sie lag strategisch günstig auf einer kleinen Insel des Schweriner Sees zwischen der Ostsee und Brandenburg.

An dieser Stelle, 100 Kilometer östlich von Hamburg, erhebt sich heute das Schweriner Schloss. Die Burg war 1160 Ziel eines Feldzugs von Heinrich dem Löwen (1129–1195), Herzog von Sachsen und Bayern, gegen die slawischen Abodriten unter Niklot (1090–1160). Sie zerstörten ihre Burg und zogen sich zurück, widersetzten sich aber weiterhin der Sachsenherrschaft. Nach jahrelangen Aufständen söhnte sich Heinrich der Löwe mit Niklots Sohn Pribislaw aus und machte ihn zum Landesherrn von Mecklenburg. Es war der Beginn des Fürstentums Mecklenburg. Schwerin wurde 1358 Sitz der Herzöge von Mecklenburg und blieb es bis 1918. Das um 1500 erbaute befestigte Schloss war eine ihrer wichtigsten Residenzen.

Die Renaissance veränderte den Baustil in den norddeutschen Fürstentümern; der mecklenburgische Herzog Johann Albrecht I. (1525–1576) förderte die Verwendung von Terrakotten aus dem für seine gotischen Backsteinbauten berühmten Lübeck. Der Schweriner Dom wurde aus Ziegeln errichtet, das Schloss von einer Burg in einen mit Terrakottaplatten verzierten Palast umgebaut. 1612 erhielt der Baumeister Gerhart Evert Pilooth den Auftrag zu einer völligen Neugestaltung. Die Arbeiten begannen 1617, mussten jedoch durch den Dreißigjährigen Krieg (1618–1648) unterbrochen werden. 1635 bis 1643 wurden Teile des Schlosses mit Fassaden im Stil der Niederländischen Renaissance ausgestattet.

Neorenaissance und Historismus

Die Umgestaltung des Schweriner Schlosses zu einem der wichtigsten Beispiele europäischer Neorenaissance mit Barockgärten begann unter den Großherzögen von Mecklenburg-Schwerin Friedrich Franz I. (1756–1837) und Paul Friedrich (1800–1842). Friedrich Franz II. (1823–1883) brachte 1843 bis 1857 die Umbauarbeiten zum Abschluss. Das Schloss erhielt sein heutiges Aussehen im romantisch-historistischen Stil mit fünf Flügeln und Ziergiebeln. Verantwortlich für die Umgestaltung waren führende Architekten dieser Zeit: Karl Friedrich Schinkel, Friedrich August Stüler und Georg Adolf Demmler.

Demmler, ein eher »moderner« Architekt, konnte den Großherzog mit seinen Entwürfen für das Schweriner Schloss nicht überzeugen. Nach Reisen ins europäische Ausland legte er schließlich einen dritten Entwurf vor, zu dem er sich von Chambord inspirieren ließ, einem Renaissance-Jagdschloss des französischen Königs Franz I. (1494–1547) im Loiretal. Schwerin ist

Vorhergehende Doppelseite
Blick auf die Schweriner Schlossinsel

Linke Seite
Der Burggarten mit Muschelbrunnen und Orangerie

das archetypische Feenschloss mit Türmen und Türmchen, umgeben von herrlichen Gärten auf einer ufernahen kleinen Insel im See.

Friedrich Franz II., geboren im Schloss Ludwigslust am 28. Februar 1823 als ältester Sohn Paul Friedrichs (1800–1842) und Prinzessin Alexandrines von Preußen (1803–1892), wurde 1842 Großherzog von Mecklenburg-Schwerin. Er heiratete dreimal und regierte 41 Jahre. In dieser Zeit führte er in seinem Großherzogtum zahlreiche Reformen auf dem Gebiet des Rechts, des Gesundheitswesens und der Kirche durch. Nach seinem Tod 1883 beauftragte sein Sohn den Bildhauer Ludwig Brunow mit einem Reiterstandbild Paul Friedrichs, das am Eingang des Schlossgartens steht. 1920 wurden die Gemächer des Großherzogs zu einem Museum. Seit 1990 tagt im Schweriner Schloss der Landtag von Mecklenburg-Vorpommern.

Die Gärten

Die Parkanlagen und Gärten des Schweriner Schlosses nehmen heute 25 Hektar ein. Sie gliedern sich in 13 Areale. Auf der Insel selbst liegt der Burggarten, in dem sich das Schloss und, im östlichen Teil, die Orangerie und eine Grotte befinden. Im nördlichen, westlichen und südlichen Teil liegt jeweils eine Bastion. Vom Burggarten führt eine Brücke zum Schlossgarten, zum Park und zum Schlossgartenpavillon.

Im Schlossgarten befinden sich in gleichmäßigen Abständen gepflanzte Bäume, Alleen, Blumenrabatten, weite Rasenflächen und Arkaden sowie Baumgruppen. Sie unterstreichen die Ausblicke auf das Schloss, die Stadt, den See und die umgebende Landschaft. Besonderheiten des Schlossgartens sind zwei Laubengänge, eine in jüngster Zeit angelegte Schwimmende Wiese, der Kanal, ein Lindenrondell, Alexandrines Grünhausgarten und der Heckengarten sowie Terrassen und eine Reitbahn.

Die Formgärten am Kreuzkanal wurden von dem französischen Architekten Jean Laurent Legeay unter Christian Ludwig II. (1683–1756) angelegt. Den Kreuzkanal legte Legeay auf die Zentralachse des Gartens. Er wird von Skulpturen des berühmten sächsischen Hofbildhauers Balthasar Permoser umrahmt, einem Schüler von Giovanni Battista Foggini und Gian Lorenzo Bernini. Die Gärten und der Park wurden 1748 als abgeschlossener Lustgarten im französischen Stil mit schattigen Promenaden, Statuen und ornamentalen Wasserbecken angelegt.

Im 19. Jahrhundert erweiterte der preußische Gärtner und Landschaftsarchitekt Peter Joseph Lenné den Schlossgarten. Er fügte Legeays Anlage einen Küchengarten hinzu und schuf neue Barockgärten, die großen Einfluss auf die deutsche Gartengestaltung des 19. Jahrhunderts hatten. Einige Gartenteile gestaltete Lenné im Stil des englischen Landschaftsgartens, darunter Alexandrines Grünhausgarten und die Reitbahn, die mit den barocken Anlagen kontrastieren.

Hofgärtner Theodor Klett

Das Amt des Hofgärtners versah in dieser Zeit Theodor Klett, er war verantwortlich für die großherzoglichen Gärten von Ludwigslust und des Schweriner Schlosses. 1843 übernahm er Lennés Pläne für den englischen Landschaftsgarten in dem 1,8 Hektar umfassenden Burggarten. Er schuf auf drei Seiten der Insel ein sich am Seeufer erstreckendes Ensemble von Gärten mit gewundenen, von seltenen Bäumen und Pflanzen gesäumten Wegen und einer kleinen Granitgrotte.

Klett, ein kreativer Gartenbauer, war der Ansicht, nicht nur die Schlossinsel, sondern die gesamte Umgebung müsste der Großartigkeit und Schönheit des Schlosses entsprechen.

Direkt unter dem Hauptturm des Baus säumt eine halbkreisförmige Kolonnade einen symmetrischen Teppich aus Formbuchsbäumen, Sträuchern und Blumen wie Schmucklilien, Fuchsien und Engelstrompeten. Man findet hier auch Kübelpflanzen – Bananenstauden, Oleander und Baumfarne – sowie Figuren, Fliesen und einen zentralen Muschelbrunnen.

Um 1840 übersiedelte Klett, der die Pläne Demmlers und Lennés umsetzte, in die Wickedesche Büdnerei am Ufer des Faulen Sees. Christine Rehberg-Credé schreibt in ihrem 2010 erschienenen Buch über Theodor Klett: »... einer der vorzüglichsten Gärtner: Garten-

Rechte Seite oben
Die begehbare Grotte im Burggarten

Rechte Seite unten
Ein Arkadengang schließt die Orangerie ab.

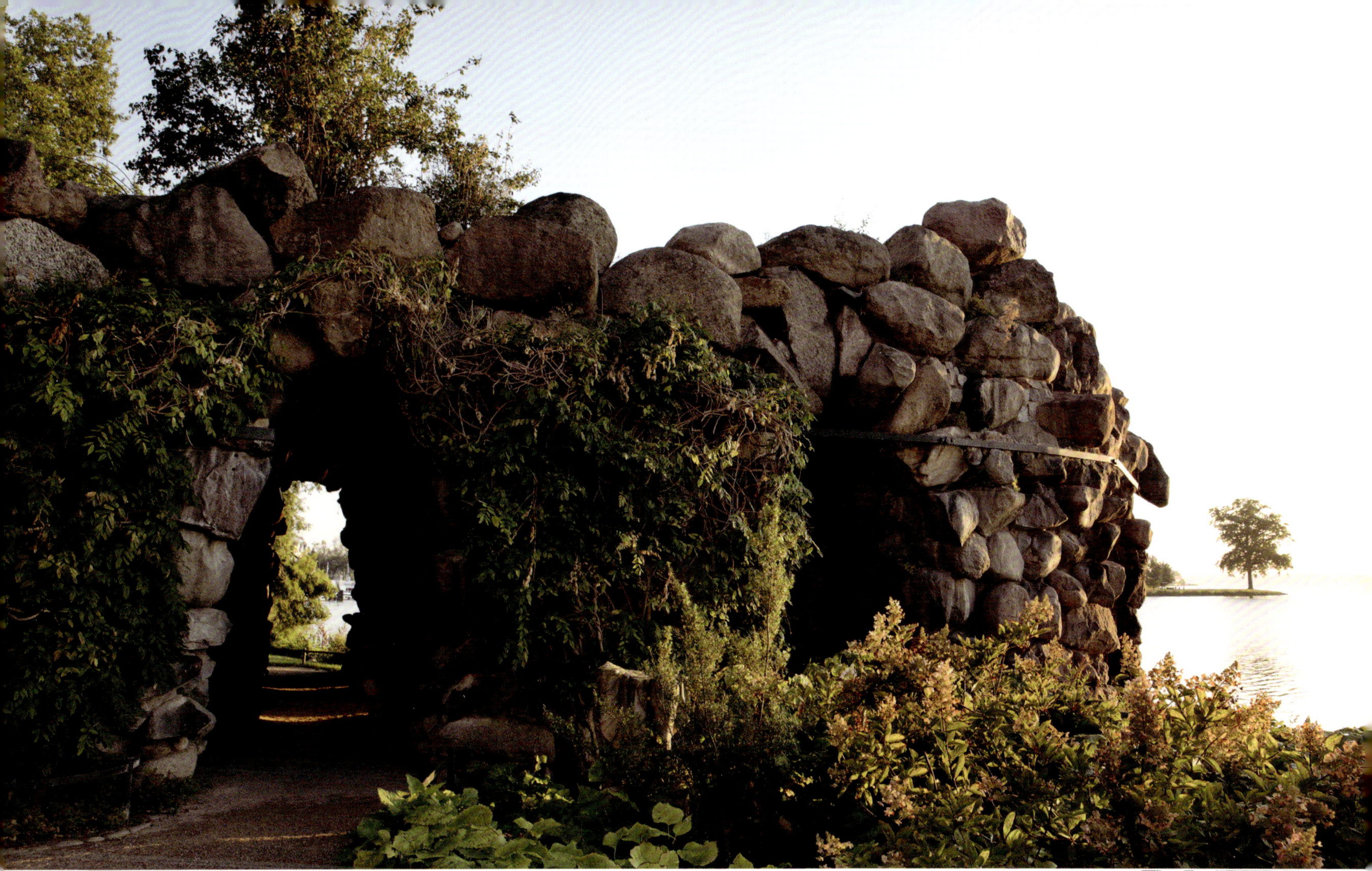

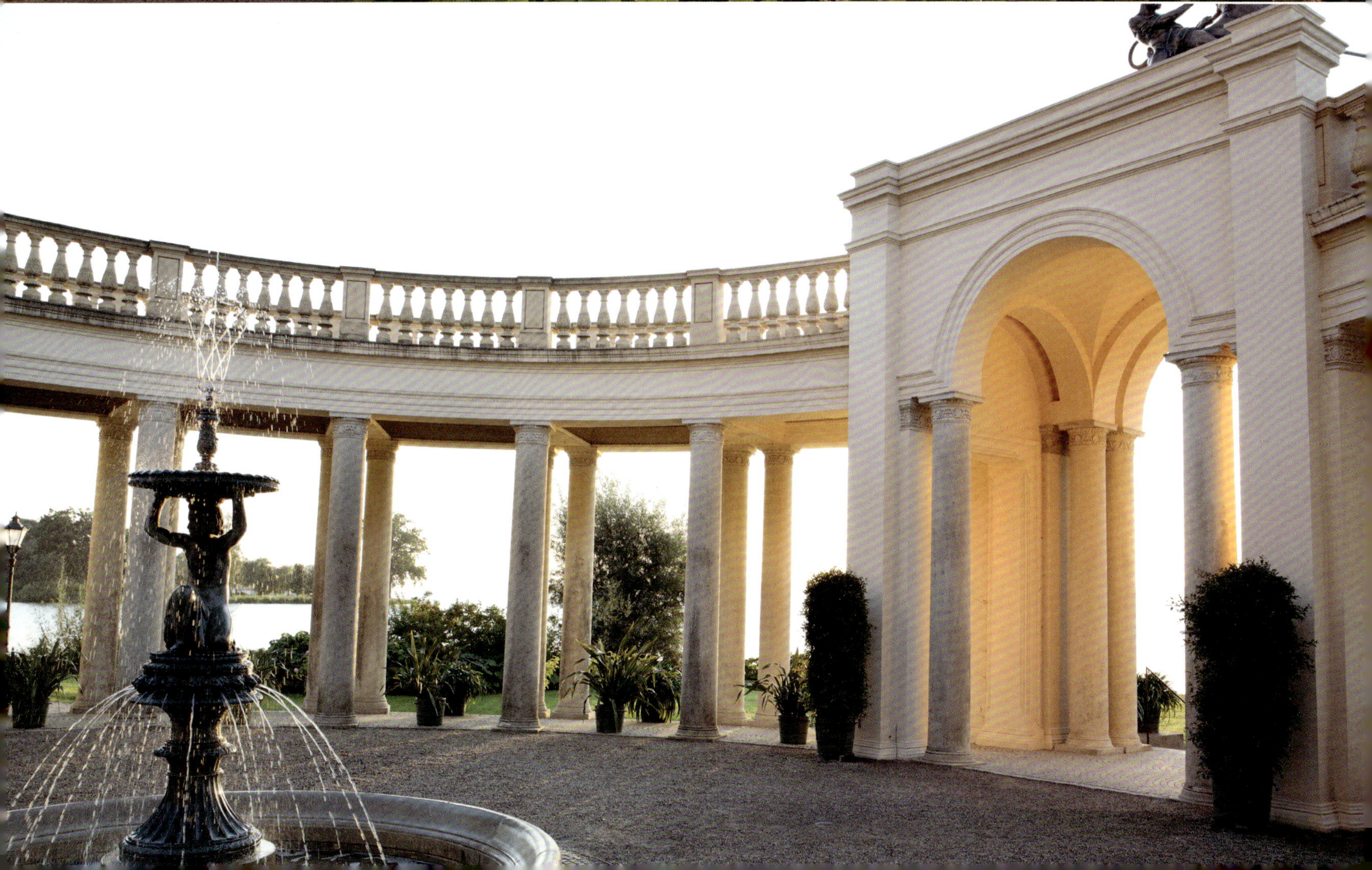

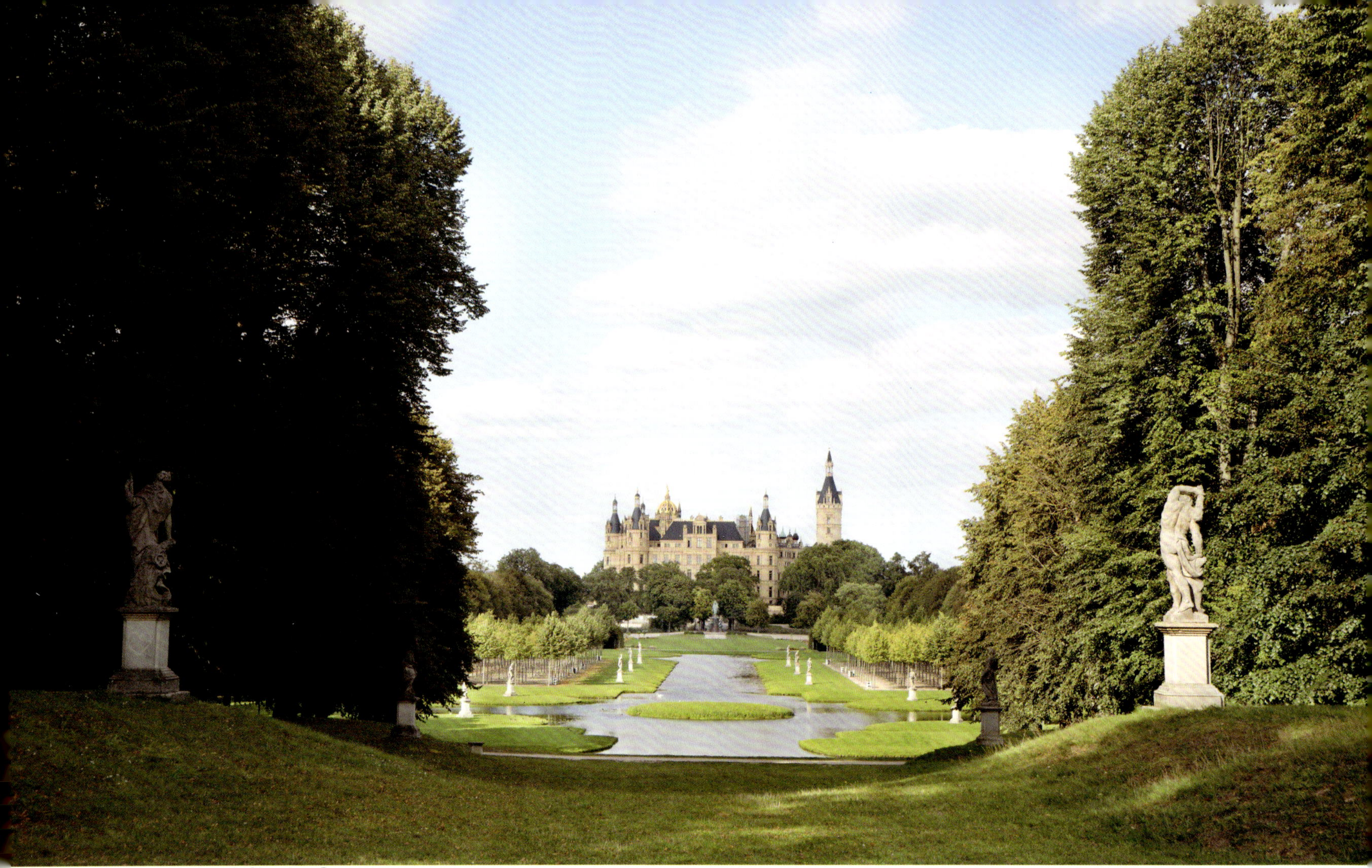

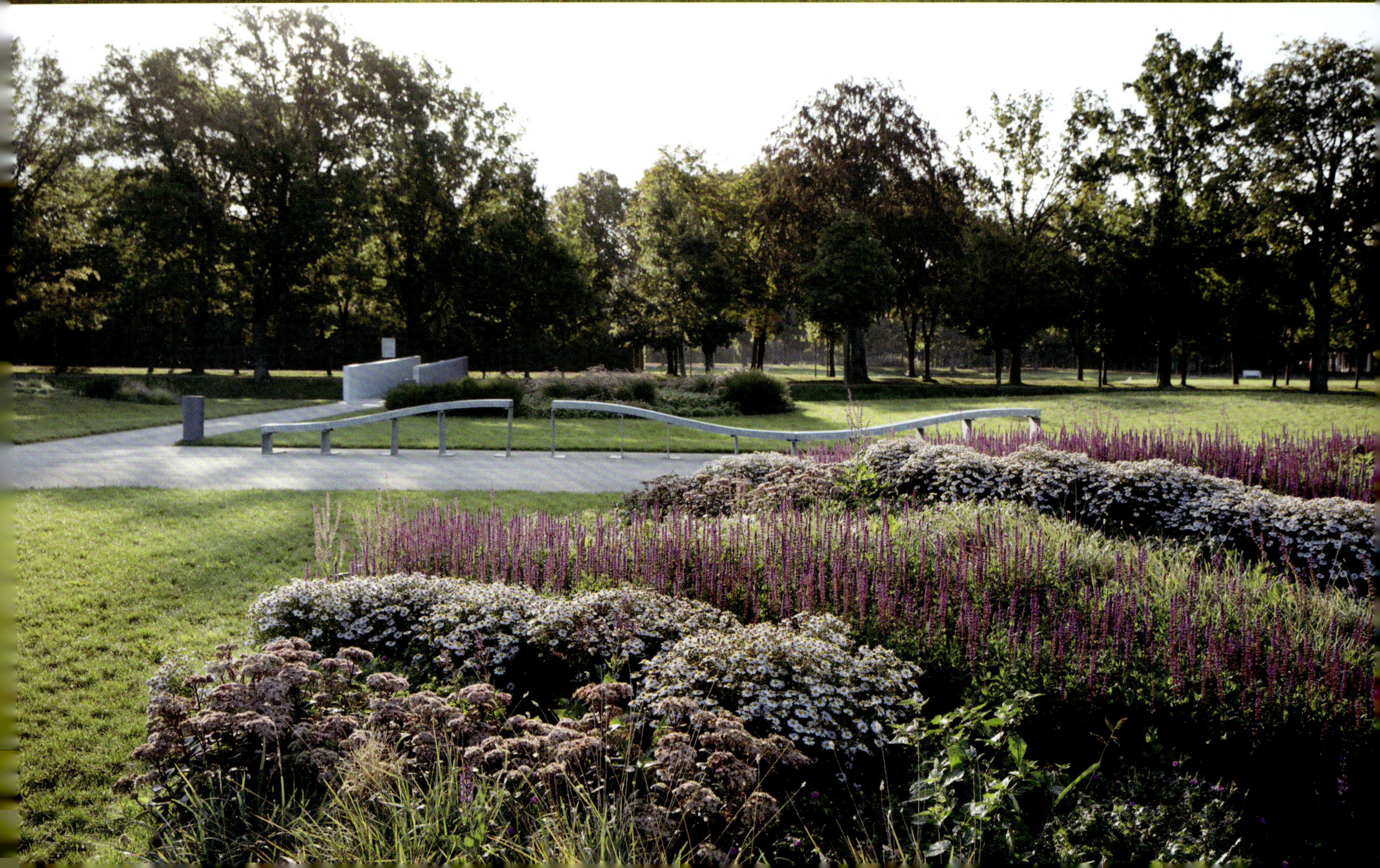

zaun und Pergola rahmen auf einer Zeichnung aus dieser Zeit das Haus des Hofgärtners und späteren Gartendirektors; Jahre später entstand dahinter eine von Hofbaurat Demmler geplante Scheune. Der Großherzog persönlich nahm den Bauplatz in Augenschein und genehmigte den Entwurf. Aus Aufzeichnungen Kletts weiß man, dass die Dienstwohnung nicht nur ihm und seiner Familie als Wohnung diente, sondern zugleich Zeichen- und Schreibbüro (...) war.«

Die Orangerie

Durch die Industrielle Revolution wurde Gusseisen deutlich günstiger und ab Mitte des 19. Jahrhunderts in zahlreichen Bauten kunstvoll für dekorative Zwecke eingesetzt. Ein außergewöhnliches Zeugnis dieser Handwerkskunst ist die den Terrassengärten römischer Villen nachempfundene Orangerie im Burggarten. Pläne von 1857 zeigen deutlich, wie gezielt die Elemente des Entwurfs angeordnet wurden: getrennte Gartenräume und Dachterrassen, Brunnen, Steinstufen, Skulpturen und Blumenbeete. Von 1995 bis 2001 wurde die Orangerie nach dem Originalplan rekonstruiert. Das Ergebnis zeigt die Macht des Menschen über die Natur und steht damit in deutlichem Kontrast zu den ausgedehnten Landschaftsgärten. Den obersten Teil der Orangerie mit ihrer Grotte bildet eine Gartenterrasse, die einen wunderbaren Blick auf die Seen und Uferlandschaften bietet.

Der Kreuzkanal und seine Umgebung

Das Schweriner Schloss und die Gärten sind tief gelegen; landschaftsbeherrschend ist das Wasser des Burgsees. Auch in der Anlage der Gärten ist Wasser ein wichtiges Gestaltungselement in Form von Kanälen, Brunnen, kleinen Kaskaden und dem eindrucksvollen Kreuzkanal. Er ist das absolut symmetrische Zentrum des barocken Gartens, in seinem Wasser spiegeln sich die im Stil der Renaissance errichteten Türme des Schlosses. Ursprünglich war die barocke Achse so geplant, dass sie das Auge in die offene Ferne führte, um die ins Unendliche reichende Macht des Großherzogs darzustellen. Der Plan, auf einem Hügel eine eindrucksvolle Kaskade zu erbauen, wurde niemals umgesetzt. Vielmehr wurde im 19. Jahrhundert die Achse durch den Bau einer Villa und Brunows Reiterstandbild von Friedrich Franz II. unterbrochen. 1861 umpflanzte man den Kanal mit Hainbuchen für zwei Laubengänge. Trotz seiner geometrischen Konzeption wirkt der Garten einfach und leicht.

Eine von Legeay entworfene Rasenterrasse am Ende des Kanals wird als Ostorfer Berg bezeichnet. 1766 schrieb darüber der irische Reiseschriftsteller Thomas Nugent: »Ganz am Ende des Gartens ist ein Hügel, zu dem vom Rasen eine Treppe hochführt. Auf dem Hügel genießt man einen herrlichen Ausblick auf die gesamte Umgebung.«

1812 schrieb der Schriftsteller Stephan Schultz: »Der Schweriner Schlossgarten erstreckt sich in vielarmigen Gartenparthien; man spaziert von Brücke zu Brücke über Kanäle zu einer hohen Terrasse auf Rasenstufen und von dort zu den Rasenbänken, von wo aus der Blick auf das Schloss [der Lohn ist].«

Im 19. Jahrhundert kam es zu weiteren Ergänzungen und Umgestaltungen, darunter der sechseckige Schlossgarten-Pavillon (heute ein Café) – er ist von einem Gitter aus Linden umgeben, die verschiedene Ausblicke über den Schlossgarten und das Lindenrondell gewähren – und der Grünhausgarten. Man erreicht ihn über eine niedrige Fußbrücke, die über einen kleineren, parallel zum Kreuzkanal verlaufenden Kanal führt. Hier öffnet sich eine weite Rasenfläche mit schattigen Wegen, die an einem Abfluss des Kreuzkanals enden.

Eine andere Sehenswürdigkeit ist die Mühle am Burgsee, in der man ab 1706 Lohe aus Eichenrinde zum Gerben von Leder herstellte. Bis in die 1750er-Jahre wurde Gerste gemahlen, 1862 bis 1904 Wolle hergestellt. Klett schrieb 1853: »Die Mühle besitzt für Mecklenburg einen historischen Wert und hat jahrhundertelang Kunstschätze hervorgebracht, die an den erhabensten Höfen Europas als Heiligtümer aufbewahrt wurden ... In gleicher Weise ist die Mühle als solche eine Zier des Schlossgartens, sie bringt Leben in die Landschaft.«

Linke Seite oben
Blick durch den Schlossgarten

Linke Seite unten
Die Schwimmende Wiese

Die Schwimmende Wiese

Auf einer über kleine Brücken erreichbaren Insel östlich des Burgsees befindet sich die sechs Hektar große Schwimmende Wiese. Hier handelt es sich um einen wahrhaft modernen Garten, er wurde für die Bundesgartenschau 2009 angelegt. Man erreicht ihn durch eine sieben Meter hohe weiße Kolonnade. Verstärkt wird die Illusion des »Schwimmens« durch 84 wellenartige, mit Stauden, Ziergräsern, Heidekraut und Zwiebelpflanzen besetzte Beete. Hinzukommen wellenförmige Bänke und Streifen aus grün gefärbtem Asphalt. Die Kosten für das nach Entwürfen der Landschaftsarchitekten Breimann & Bruun (jetzt Bruun & Möllers) durchgeführte Projekt betrugen 18 Millionen Euro. Vor der Kolonnade wurden gittermusterartig 170 Robinien gepflanzt. Als Belag für die Wege dienten die Splitter hunderttausender Weinflaschen.

Restaurierungsarbeiten

Um das herrliche, von Klett, Lenné und Demmler geschaffene Gartenkunstwerk und die überwältigende Architektur des Schweriner Schlosses zu bewahren, wurde 1984 das Staatliche Museum Schwerin ins Leben gerufen. 1986 wurde eine eigene Abteilung für Park und Gärten geschaffen. Sie erstellte eine Reihe von Restaurierungsplänen für die folgenden Jahre und setzte sich auch langfristige Ziele. Nach 1990 konzentrierte man sich auf die Orangerie und die Wiederherstellung der Zierbeete und Pflanzungen Kletts in den Höfen. Hauptziel war, den sanften Übergang vom Schloss zum Garten, dem See und der Landschaft der Umgebung zu bewahren. Die Arbeiten dauerten von 2001 bis 2008 und folgten auf eine detaillierte Rekonstruktion des Schlossgartenkomplexes. Ein Beispiel mit spezieller architektonischer Bedeutung ist der 1822 von Johann Georg Barca errichtete klassische hölzerne Rundpavillon im südlichen Teil des Schlossgartens. Er fiel 1836 einem Sturm zum Opfer und wurde im Jahr darauf wieder errichtet. Um 1870 ersetzte man ihn durch einen neuen Pavillon, den sogenannten Jugendtempel, der aufgrund seiner Baufälligkeit 1964 abgerissen werden musste. 2014 wurde nach den Plänen von 1821 ein neuer Jugendtempel errichtet. Der mit Stahl verstärkte Holzbau ruht jetzt auf einem mit Sandstein gepflasterten Betonfundament.

Bäume und Hecken, alt und neu

Nähert man sich dem Schloss über die Brücke von der Lennéstraße, kommt man zu einer großen »hängenden« Hecke aus Hängebuchen, Ginkgos und Eiben. Unter der Krone einer herrlichen Platane bilden strahlenförmig ausgerichtete Rosenbeete einen nach Kletts Plänen rekonstruierten Formgarten. Im formal gestal-

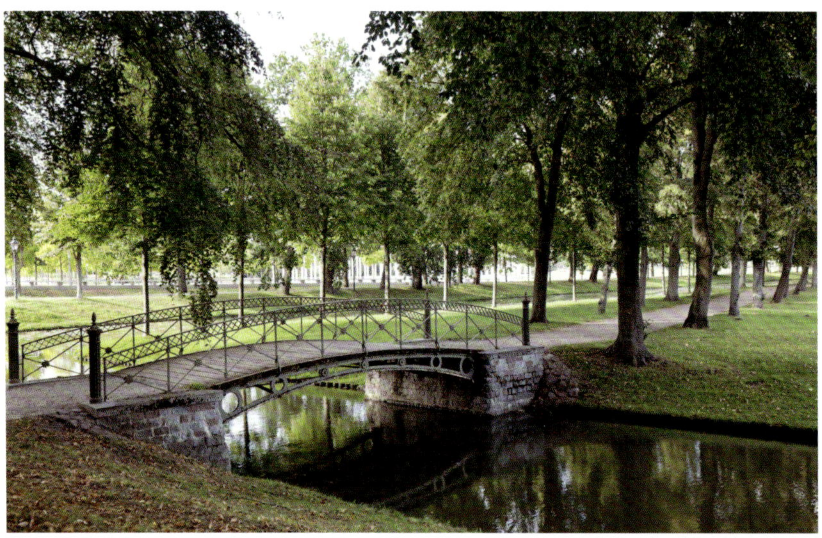

Oben
Alleebäume flankieren den Kreuzkanal.

Rechte Seite
Blick am Reiterdenkmal Friedrich Franz' II. vorbei auf das Schloss

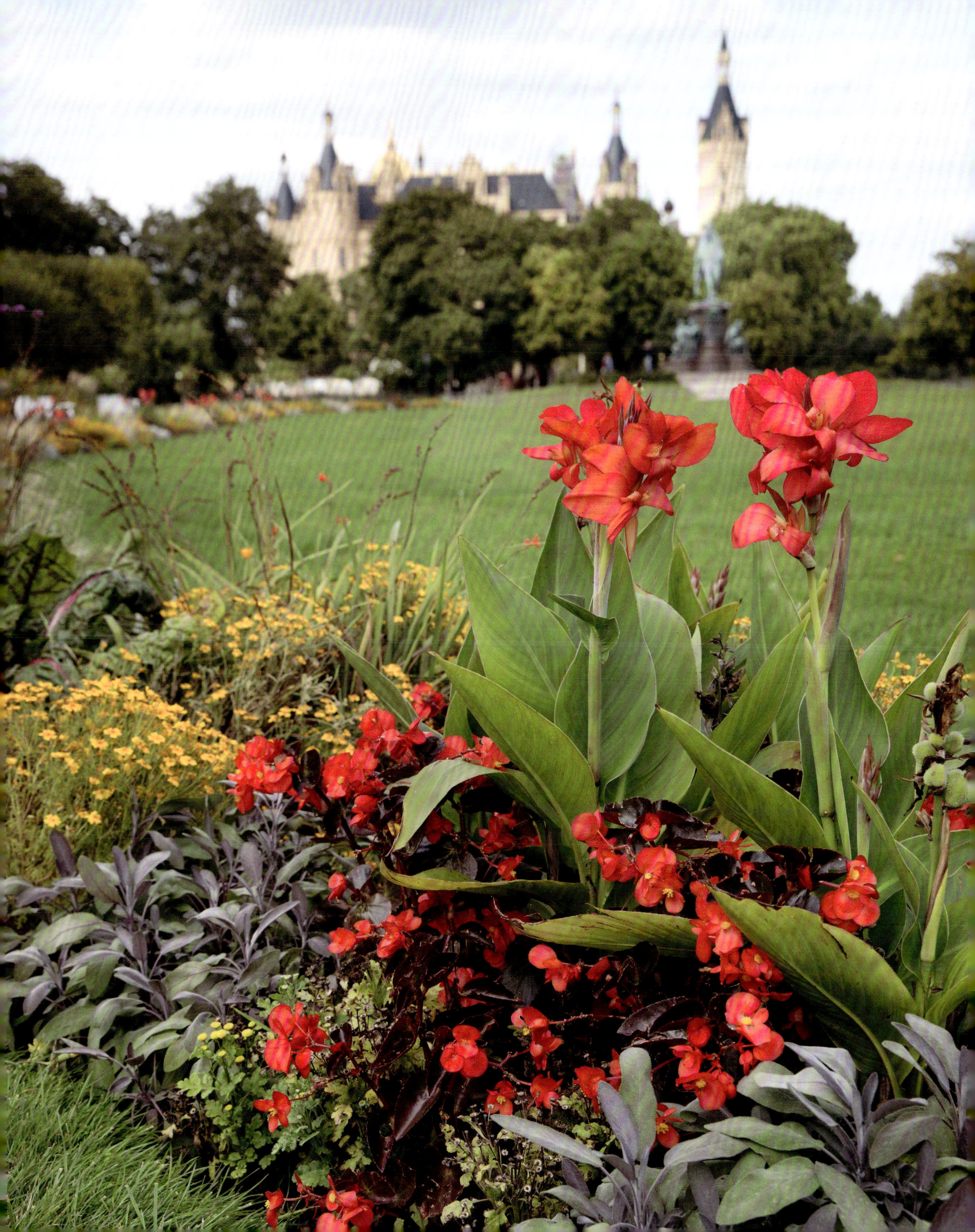

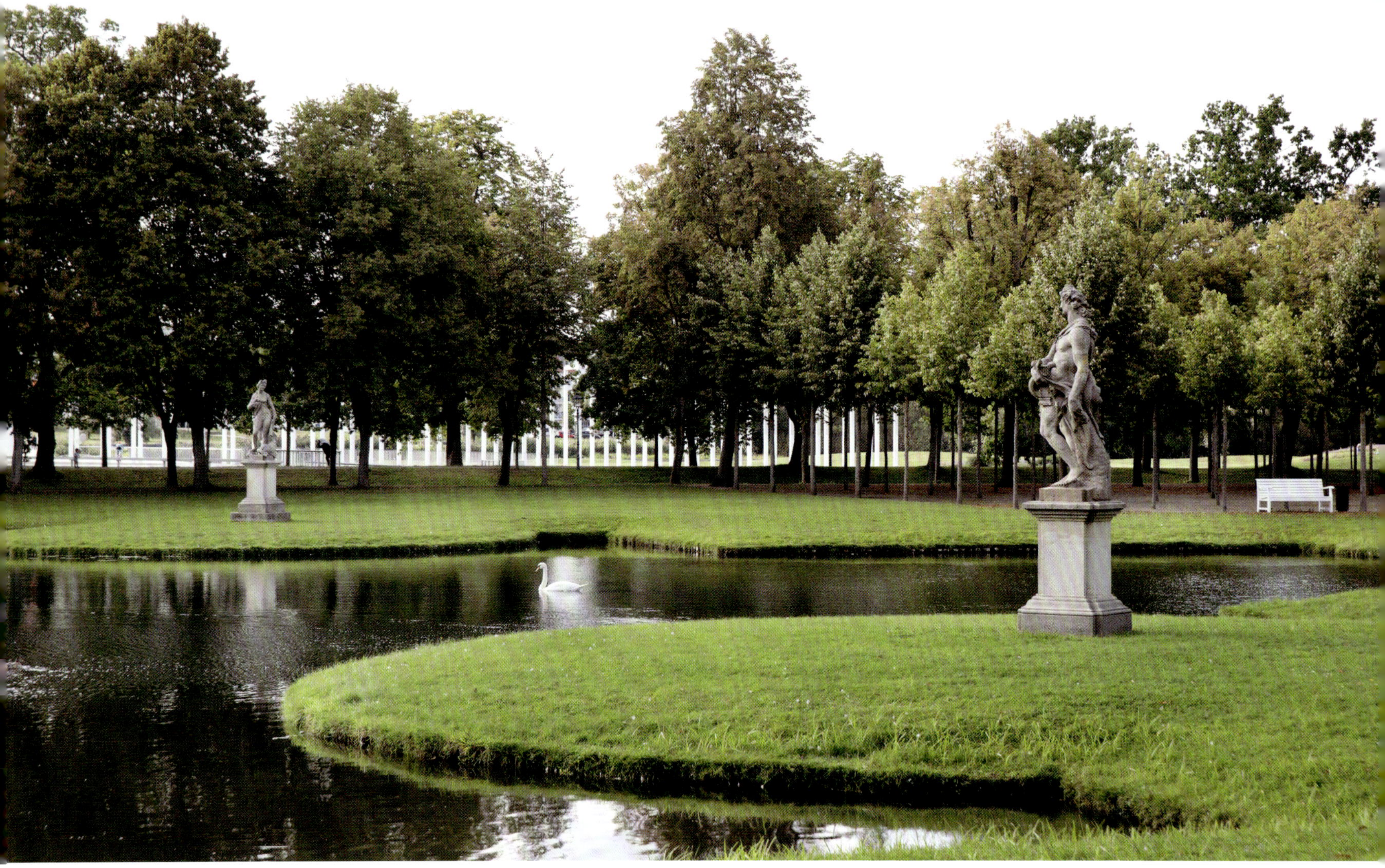

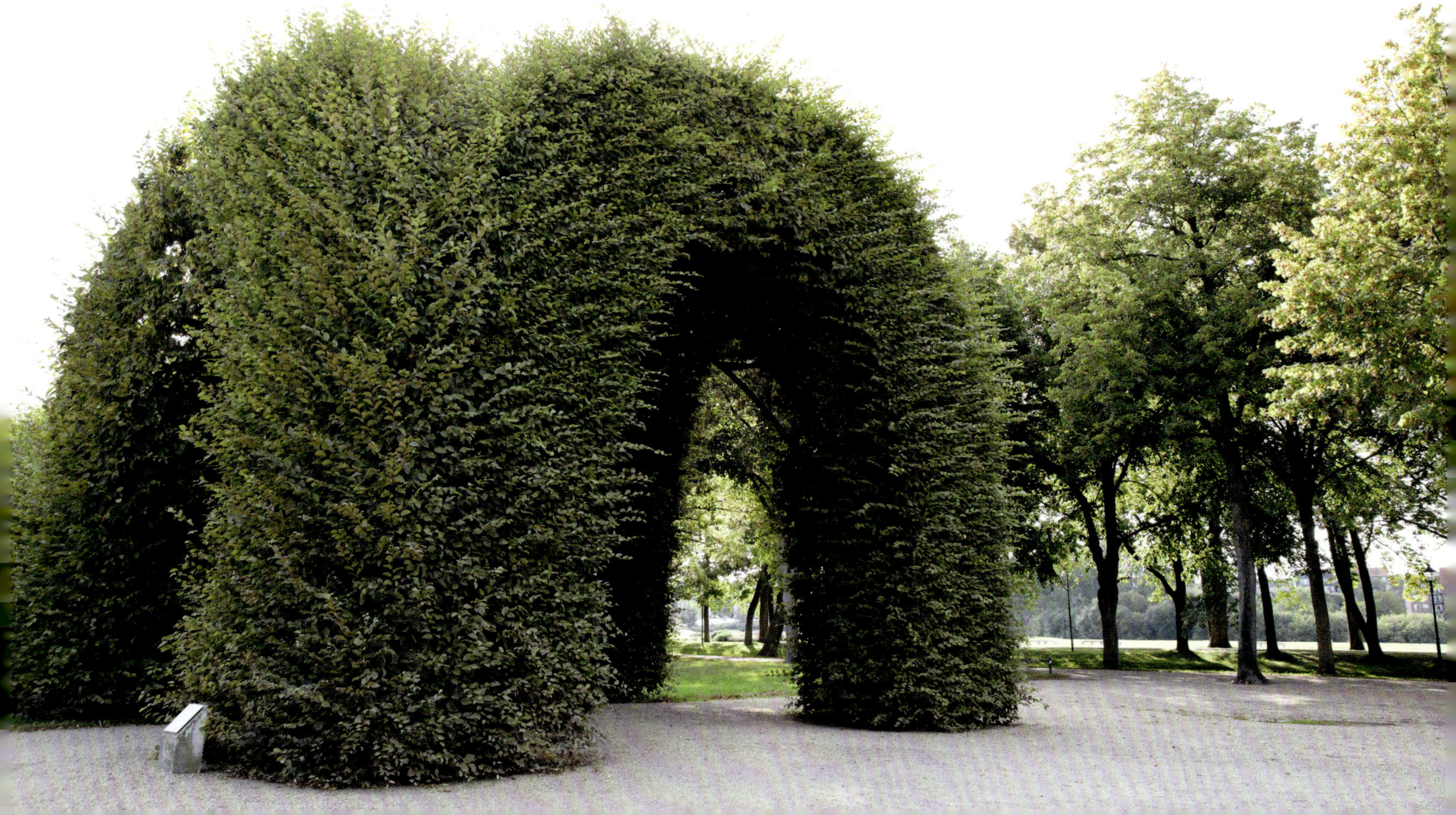

teten Teil des geometrischen Barockgartens selbst wird die breite Zentralachse von zwei Alleen aus neugepflanzten Linden flankiert. Die Boskette beiderseits des Kreuzkanals wurden 2006 und 2007 für die Bundesgartenschau neu gepflanzt und zwar ebenfalls nach Plänen aus dem 18. Jahrhundert - acht Reihen mit 25 Bäumen. Die beiden Alleen, die den parallel zum Kreuzkanal verlaufenden Kanal säumen, waren früher als getrennte Promenaden für Herren und Damen gedacht, daher die Bezeichnungen Herrenallee und Damenallee. Die Baumalleen, Boskette, Hainbuchenlauben und weiten Rasenflächen unterstreichen die Länge und perspektivische Wirkung dieses bemerkenswerten Gartens.

Der Grünhausgarten war im Lauf der Jahre in Vergessenheit geraten, heute steht dort eine weiße Marmorstatue der Großherzogin Alexandrine. Das Grünhaus, ein Geschenk ihres Gemahls Paul Friedrich, wurde 1835 bis 1840 als Sommerhaus erbaut, ebenso das damit über eine Brücke verbundene Kavaliershaus. Die Bauten existieren noch, das Grünhaus ist jetzt ein Kindergarten, der älteste Mecklenburgs. Es wurde an der Stelle eines alten, 1760 erwähnten und von Lenné Anfang des 19. Jahrhunderts umgestalteten Palmenhauses errichtet. Früher war es von einem großen Wintergarten umschlossen, in dem die Großherzogin spazieren ging, von dem jedoch nichts erhalten ist. Heute wird das Areal auf zwei Seiten von Ziegelmauern mit Rosen, Beetpflanzen, Rasenflächen, Nussbäumen, Platanen, Ginkgos und am morastigen Ufer von Sumpfzypressen beherrscht. Sie fühlen sich hier wohl und beeindrucken mit ihren aus dem Boden ragenden Luftwurzeln (den sogenannten »Knien«).

Der Heckengarten wurde als künstlerische Installation für die Bundesgartenschau 2009 geschaffen. Er baut auf dem traditionellen Prinzip des Irrgartens auf, besitzt jedoch eine moderne Note. Die Hecken schaffen separate Räume und sind, anders als in herkömmlichen Irrgärten, voneinander völlig verschieden. Man trifft hier 32 Laub- und 18 Nadelbaumarten unterschiedlicher Höhe an, wie Eibe, Hainbuche, Holzapfel, Zierkirsche und Berberitze. Hinzukommen Beete mit Glockenblumen, Tulpen, Steinbrech und Herbstanemonen. Aus der Vogelschau gleicht der Garten mit seinen kräftigen, kreuz und quer verlaufenden Linien aus den Farben Grün, Rot und Gelb einem Gemälde von Piet Mondrian.

Mit seinen formal gestalteten Alleen und Wasserspielen, majestätischen Bäumen und offenen Räumen bewahrt das Schweriner Schloss seinen historischen Charakter. Man findet hier keine goldenen Statuen, ausgedehnten Parterres und riesigen Gewächshäuser wie in vielen anderen Schlossgärten, sondern einen Park, der durch seine Einfachheit das Schloss mit der umgebenden Landschaft verbindet und zugleich daran erinnert, dass hier eine bereits vergessene Vergangenheit wiedererweckt wurde.

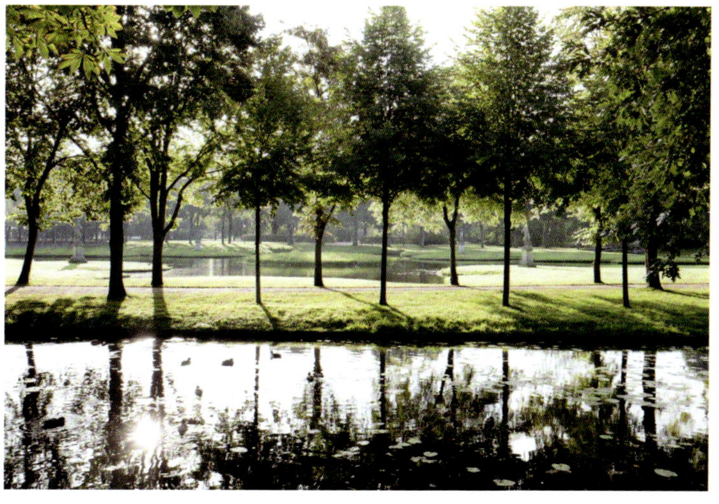

Auf diesen Seiten
Der Kreuzkanal dominiert die Anlage des Schlossgartens.

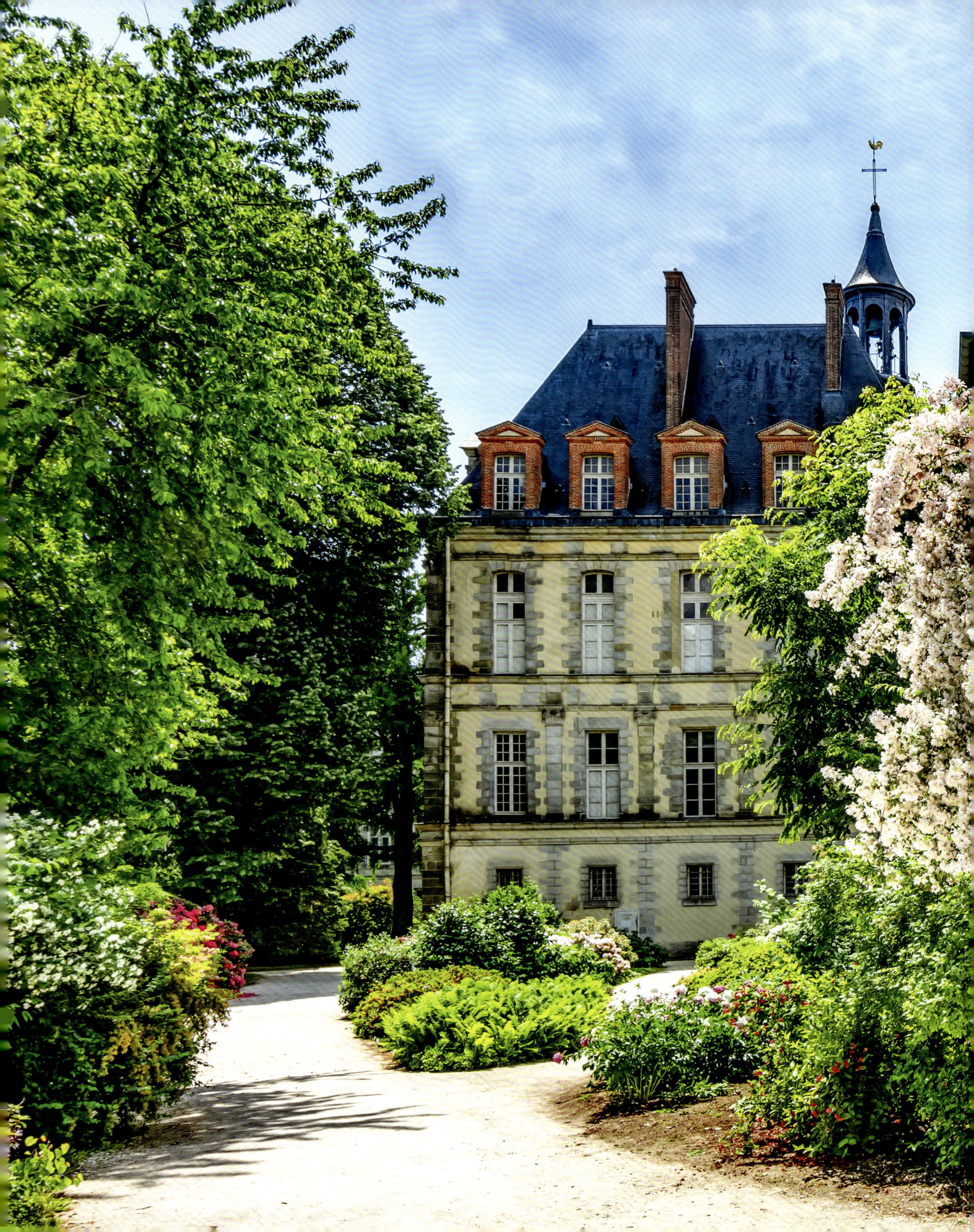

SCHLOSS FONTAINEBLEAU

Fontainebleau, Frankreich

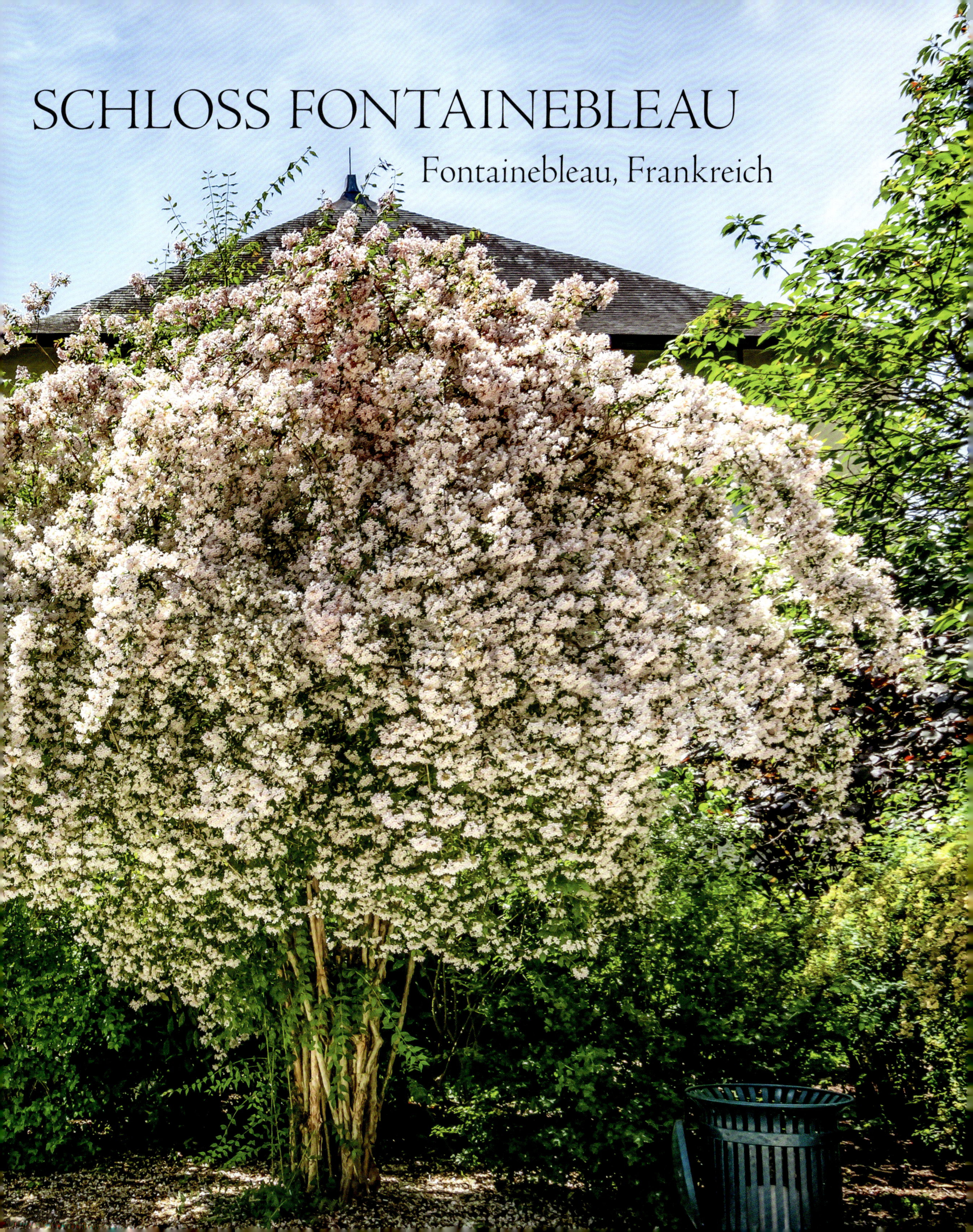

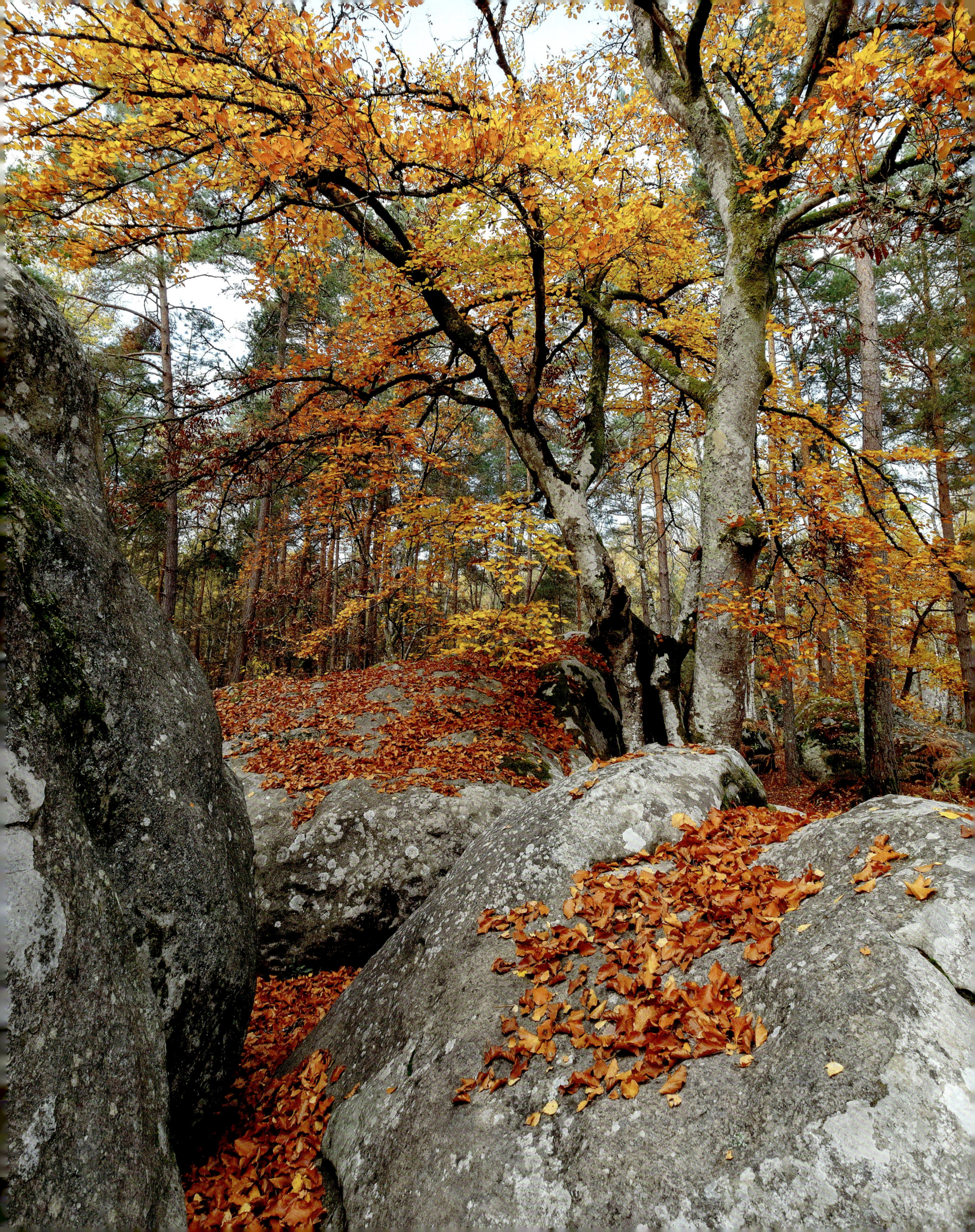

Schloss Fontainebleau ist ein Königsschloss im Département Seine-et-Marne in der Region Île-de-France. Es liegt rund 60 Kilometer südöstlich von Paris.

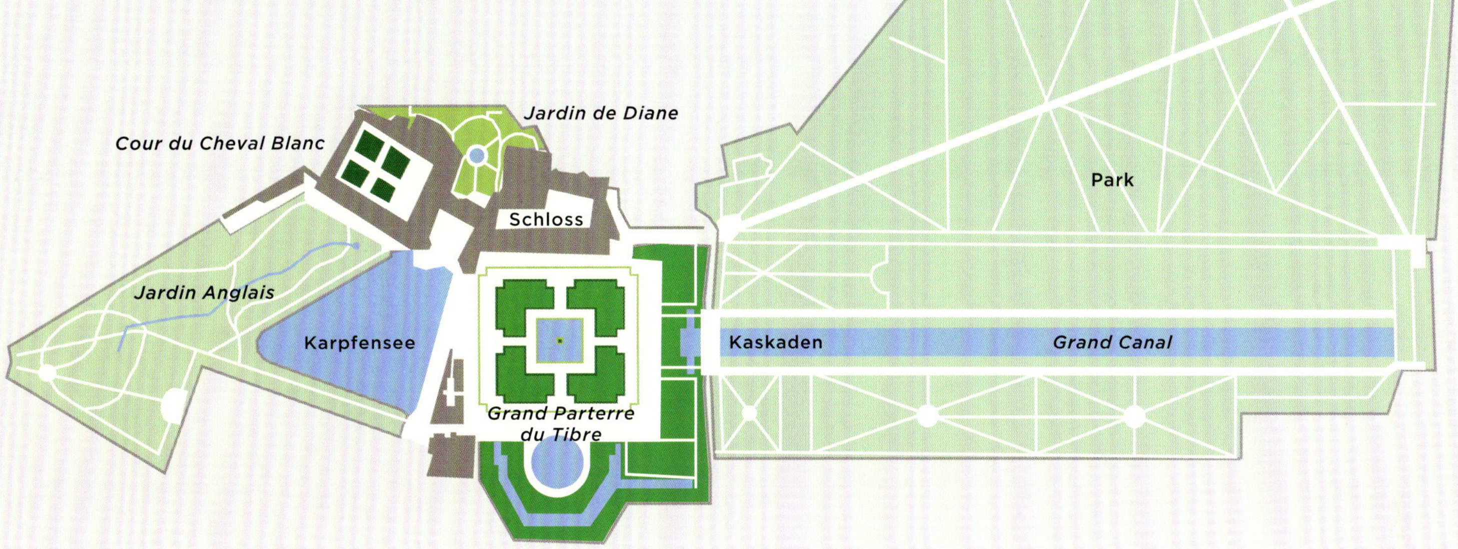

Das Schloss liegt im Wald von Fontainebleau, einem 17 000 Hektar großen Gebiet, in dem jahrhundertelang französische Herrscher zur Jagd gingen. Der heutige, von Franz I. (1494–1547) in Auftrag gegebene Bau, ein Meisterwerk der französischen Renaissancearchitektur, ersetzte ein auf das 12. Jahrhundert zurückgehendes königliches Schloss. Fontainebleau stand lange Zeit im Schatten seines berühmten Gegenstücks: Versailles, südwestlich von Paris. Seine Geschichte reicht jedoch fünf Jahrhunderte weiter zurück. Im Unterschied zu anderen Schlössern war es 700 Jahre fast ununterbrochen die Residenz von nicht weniger als 34 französischen Königen und zwei Kaisern, von Ludwig VII. (1120–1180) bis Napoleon III. (1808–1873). Napoleon Bonaparte (1769–1821) bezeichnete das Schloss als *La Maison des Siècles*, das Haus der Jahrhunderte.

Die Ursprünge im Mittelalter

Aufzeichnungen zufolge wurde hier bereits im 12. Jahrhundert ein Herrenhaus neben einer Quelle errichtet, von der es den Namen *Fontaine belle* (schöne Quelle) erhielt, aus dem später *Fontainebleau* wurde. 1259 erbaute Ludwig IX. (1214–1270) westlich des heutigen Schlosses ein Kloster der Trinitarier, die ein Krankenhaus für die Dorfbewohner unterhielten. Es existierte bis zur Französischen Revolution. Das Schloss wurde unter Ludwig IX. erweitert. In jedem Herbst verbrachte er hier zwei Monate, um sich mit der Jagd zu vergnügen und den Frieden und die Ruhe fern vom Hof zu genießen. Der Park, vier große Höfe und drei Gärten eingerechnet, nimmt eine Fläche von 147 Hektar ein.

Schönheit und Eleganz

Als königliches Jagdschloss diente Fontainebleau bis zur Herrschaft von Franz I., der 1515 bis 1547 über Frankreich regierte. Er gilt als erster französischer Renaissanceherrscher und war ein eifriger Förderer der Künste. 1520 ließ er das alte Schloss bis auf den *Donjon* (Wehrturm) abreißen und den gotischen Bau durch einen schönen und eleganten Palast ersetzen. Der Architekt und Maurermeister Gilles Le Breton wurde mit der Errichtung eines Renaissanceschlosses beauf-

Vorhergehende Doppelseite
Der Frühling bringt Fontainebleau zum Leuchten.

Linke Seite
Ausgedehnte Laubwälder umgeben das Schlossareal.

tragt, das schnell zur Lieblingsresidenz des Königs avancierte. Le Breton ließ sich vom Herzogspalast von Urbino in Mittelitalien inspirieren, fügte jedoch einen ovalen Hof und eine Reihe streng geometrisch angelegter Gärten hinzu sowie weitere Anleihen aus Italien wie offene Loggien und korinthische Kolonnaden.

Das Gelände des heutigen Schlosses und seines Parks war für eine derartige Anlage kaum geeignet, das Gefälle zu gering, damit das Wasser von selbst abfließen konnte. Es musste mithilfe von aufwendigen Kanälen, Gräben und eines hydraulischen Systems abgeführt werden, damit sich das sumpfige Tal in fruchtbare und schöne Gärten verwandeln ließ.

Manierismus und die Schule von Fontainebleau

Der südlich gelegene Haupteingang des Schlosses vermischte neue und alte Stilelemente – der Beginn der von Einfallsreichtum und künstlerischer Fantasie beherrschten manieristischen Architektur Frankreichs. Charakteristisch sind die vielen Hochreliefs bei Kartuschen, Grotesken, Schnörkel und Stuckfiguren. Le Breton baute ein monumentales Treppenhaus und den Serlio-Portikus (nach dem Namen eines der italienischen Architekten). Sie führten zu den an der Nordseite des Ovalen Hofs gelegenen königlichen Gemächern. Dieser Hof diente jahrhundertelang als eigentlicher Ehrenhof *(Cour d'honneur)* des Schlosses.

1528 bis 1558 arbeiteten zahlreiche Künstler an der Ausschmückung des Baus, insbesondere die florentinischen Maler Giovanni Battista di Jacopo (genannt Rosso Fiorentino), Francesco Primaticcio, die italienischen manieristischen Architekten Sebastiano Serlio und Giacomo Barozzi da Vignola sowie französische und flämische Künstler. Ihr Stil wurde als Schule von Fontainebleau bekannt, prägte die französische Kunst und Architektur bis zum Ende des 16. Jahrhunderts und beeinflusste den flämischen Manierismus sowie die englische, deutsche und niederländische Architektur.

Schloss Fontainebleau erhielt einen neuen Park im Stil der italienischen Renaissancegärten mit Pavillons und der ersten künstlichen Grotte Frankreichs. Franz I. ließ den heute *Jardin de Diane* genannten Königsgarten errichten (bis dahin der Garten der Königin, als der er auch bezeichnet wurde), den *Jardin des Pins* (Kieferngarten, später wurde daraus der englische Garten) und südöstlich des Schlosses das Große Parterre. Anders als der Königsgarten, der bis zur Herrschaft Heinrichs IV. keine Brunnen besaß, befand sich im 1535 angelegten Kieferngarten der Brunnen *Belle Eau*, möglicherweise Namensgeber für Fontainebleau. Er speist den künstlichen Wasserlauf im *Jardin anglais* (englischer Garten).

Heinrich IV. und Fontainebleau – eine Liebesbeziehung

Nach dem Tod von Franz I. erfuhr das Schloss Erweiterungen durch seinen Sohn Heinrich II. (1519–1559) und dessen Gemahlin Katharina von Medici (1519–1589). Die Anlage der Gärten geht jedoch größtenteils auf Heinrich IV. (1553–1610) zurück, der Fontainebleau sozusagen wiederentdeckte, denn zu seiner Zeit war es bereits verlassen. Ein venezianischer Gesandter schrieb 1577: »Jetzt verfällt alles: Der schöne See am Fuß der Galerie ist fast trocken und die Gärten sind in ziemlicher Unordnung.« Mit Augenmaß machte sich Heinrich daran, das Werk seiner Vorgänger zu verschönern.

Die für Franz I. und Heinrich IV. angelegten Renaissancegärten umfassten eine Reihe von Brunnen und Kanälen, die zum *Grand Canal* führen. Eine dieser Wasserflächen ist der vier Hektar große Karpfensee neben dem Schloss, der vom Hofstaat für Bootsfahrten genutzt wurde und Fische für die Küche lieferte. Unter dem gesamten Areal verlief ein Netz von Drainagekanälen, die Wasserflächen, Seen, Rinnen und Brunnen verbanden und es ermöglicht hatten, das vorher sumpfige Gebiet in einen Lustgarten zu verwandeln.

1599 wurde das von Franz I. angelegte kleine Parterre von Heinrich IV. umgestaltet und vergrößert, um ein umschlossenes Areal zu schaffen, den Königsgarten. Hauptattraktion blieb die aus der Zeit von Franz I. stammende Statue der Jagdgöttin Diana. 1602 wurde ihr zu Ehren ein Brunnen errichtet und mit bronzenen Hirschköpfen und sitzenden Hunden geschmückt, die als Wasserspeier dienen. Der Garten

Rechte Seite oben
Im *Jardin anglais*

Rechte Seite unten
Blick über das *Grand Parterre du Tibre* aufs Schloss

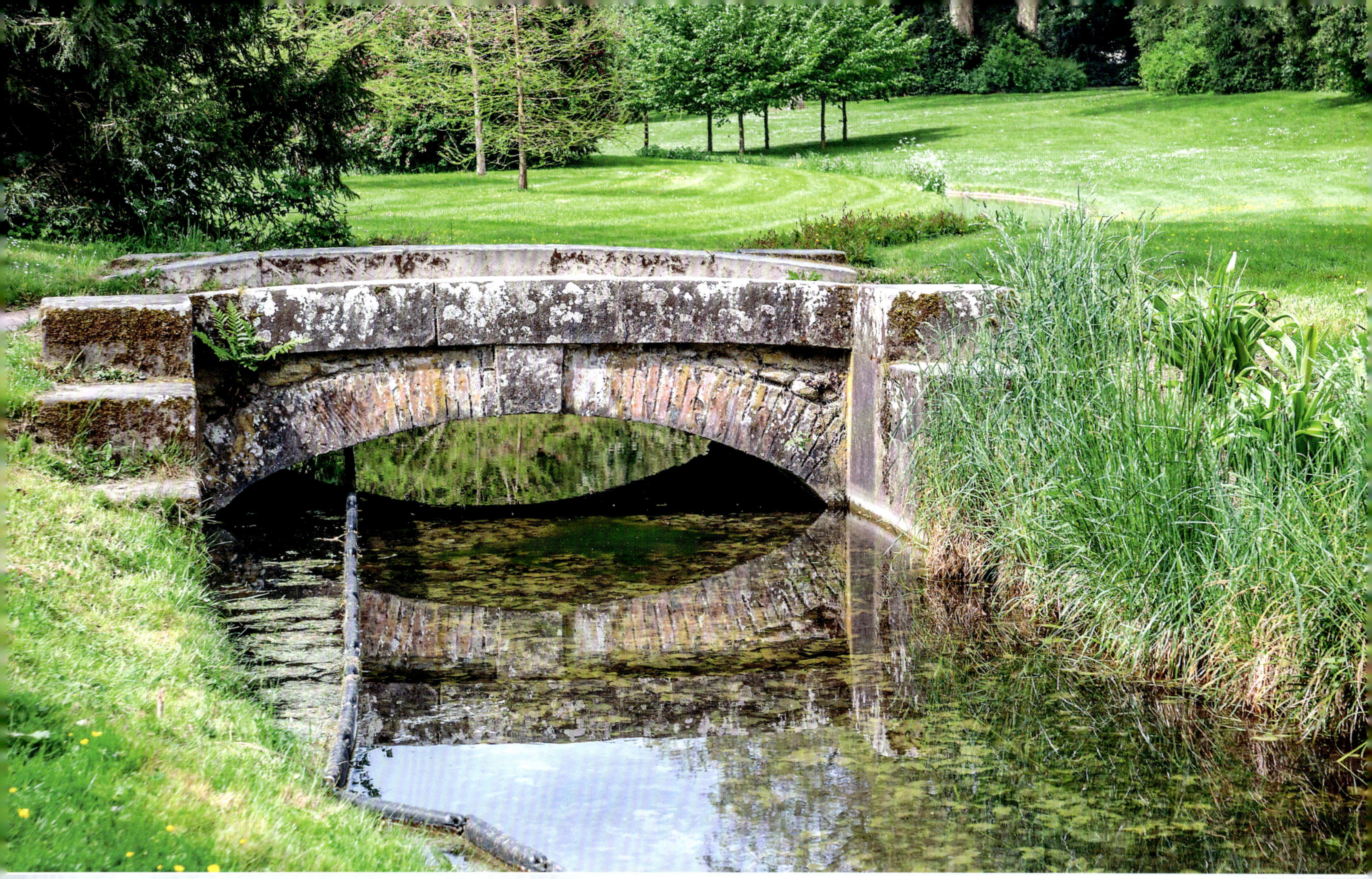
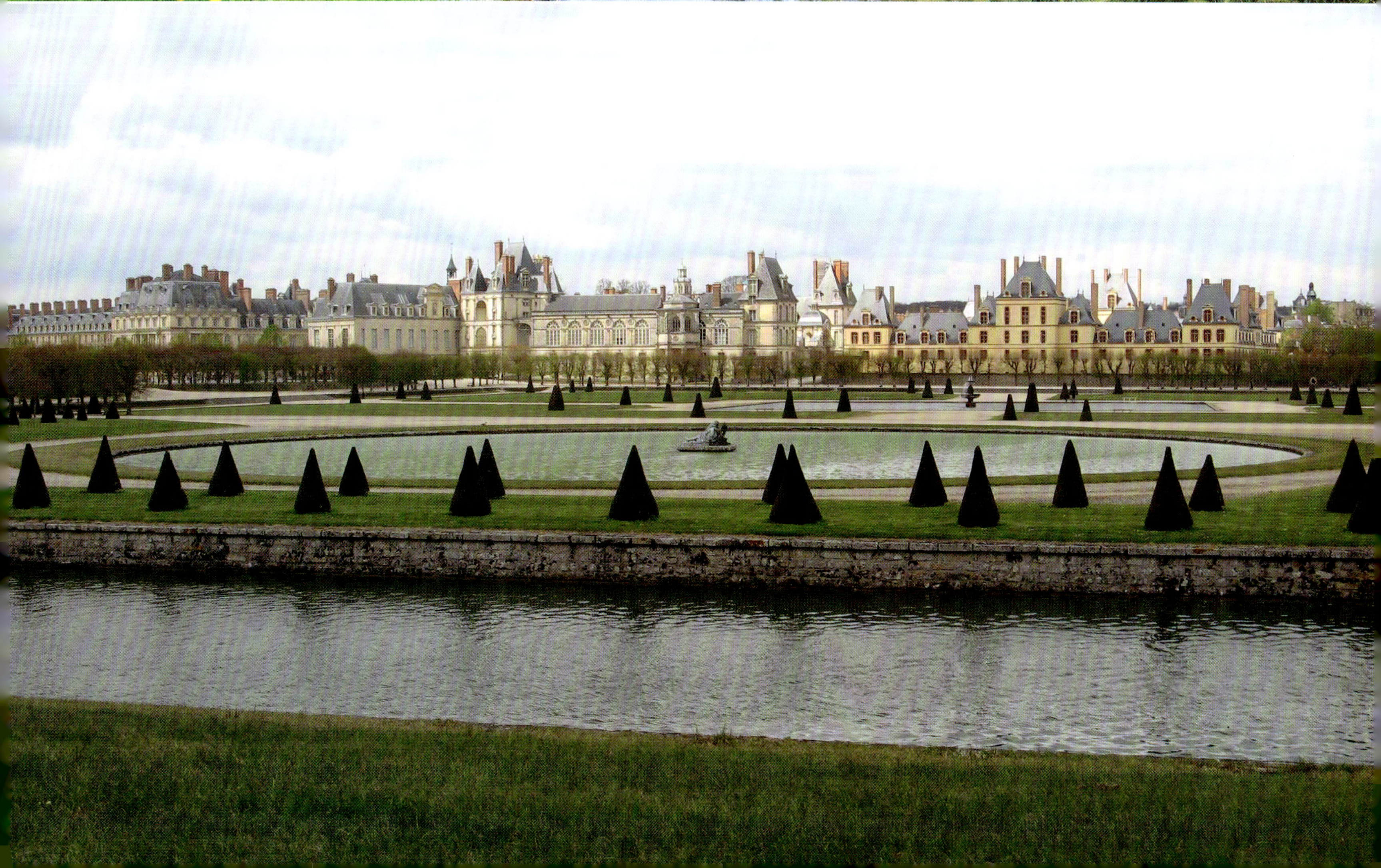

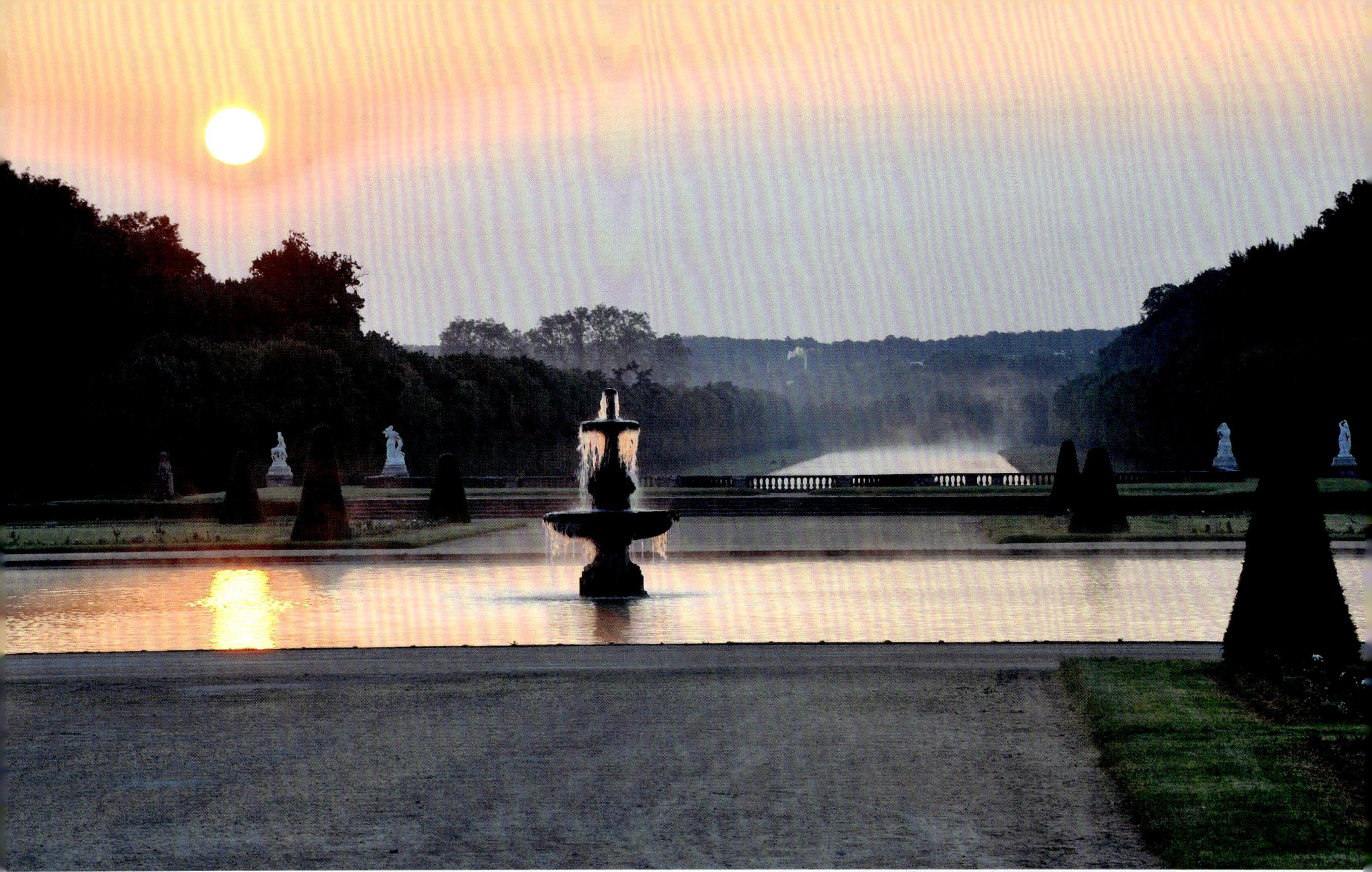

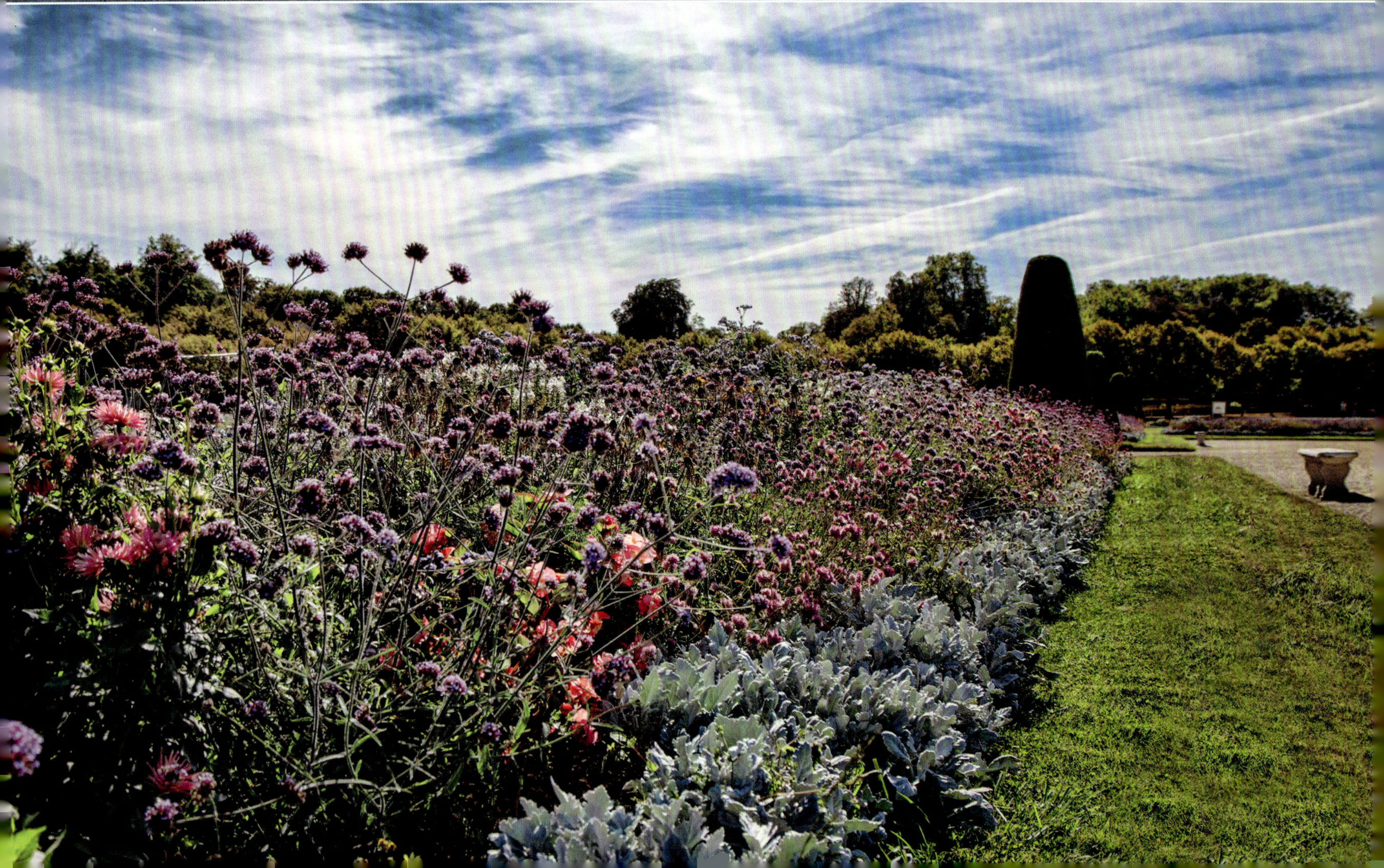

wird von mit Buchs eingefassten Parterres und Terrassen umrahmt. Anfangs war er der Privatgarten des Königs im klassischen italienischen und französischen Stil. Eine nördlich davon gelegene Voliere wurde bald zu einer Orangerie mit vier Blumenbeeten, Süß- und Bitterorangen *(Citrus* x *sinensis* und *C.* x *aurantium)* sowie Kopien antiker Skulpturen.

Brunnen und Parterres

Mit dem Bau der Brunnen von Fontainebleau wurden zwei toskanische Ingenieure betraut, Tommaso und Alessandro Francini. Heinrich IV. erbaute den *Jardin de l'Étang* (Teichgarten) im Karpfensee vor dem Brunnenhof *Cour de la Fontaine*. Er wurde 1595 als Broderieparterre angelegt, jedoch 1713 zerstört und 1807 bis 1811 restauriert. Heinrich IV. legte das *Grand Parterre du Tibre* mit der Kolossalstatue des an Felsen lehnenden Vaters Tiber an. Die Ecken dieses Parterres sind mit paarweise angeordneten Brunnen geschmückt. In der Achse des *Grand Parterre* auf dem Areal des Gartens von Franz I. ließ Heinrich IV. einen 40 Meter breiten, dem Kanal des nahen Schlosses Fleury-en-Bière nachempfundenen *Grand Canal* graben. Er diente nur als Staffage und erstreckte sich 1200 Meter lang östlich vom *Grand Jardin* der Valois (dem Großen Königlichen Garten).

Neben der Jagd war das *Jeu de paume* ein Lieblingsvergnügen des französischen Adels, »Spiel der Könige und König der Spiele«, ein Vorläufer des heutigen Tennis. Das dafür unter Heinrich IV. errichtete Ballspielhaus brannte 1702 ab, wurde 1732 neu erbaut und 1812 restauriert. Es weist noch heute fast alle Originalelemente auf. Die herrliche hufeisenförmige Doppeltreppe in der *Cour du Cheval Blanc* wurde von dem französischen Architekten Jean Androuet du Cerceau geschaffen. Der Hof hat seinen Namen vom Gipsnachguss des Pferdes der Reiterstatue Mark Aurels in Rom.

Ludwig XIV., Le Nôtre und Le Vau

Ludwig XIV. (1638–1715) bestieg 1643 den Thron. Fontainebleau war das bei Weitem schönste seiner Schlösser, er interessierte sich aber mehr für Versailles. Seine größte architektonische Leistung in Fontainebleau war das *Grand Parterre*, mit einer Größe von elf Hektar der größte Formgarten Europas. Es wurde 1660 bis 1664 von seinem bedeutendsten Gärtner André Le Nôtre und dem Architekten Louis Le Vau angelegt. Die vier symmetrischen Abschnitte wiesen geometrische Muster auf, Formschnitteiben und mit Buchs und bunten Rabatten gesäumte Wege. Unter dem Nachfolger Ludwigs XIV., seinem Urenkel Ludwig XV., verschwanden die im Broderiestil angelegten Buchshecken.

Heute blühen im Sommer im *Grand Parterre* bis zu 45 000 Pflanzen. Eingebettet sind zwei Becken, ein quadratisches, der *Siedende Topf*, und südlich davon ein rundes, das Romulusbassin mit der Statue des Tiber. Von einer Aussichtsterrasse kann man die arabesken Muster bewundern. Das *Grand Parterre* ist der ideale Ort, um einen Blick zurück auf das weitläufige majestätische Schloss und seine Nebengebäude zu werfen.

Le Nôtre fügte auch nordöstlich des *Grand Parterre* am Beginn des *Grand Canal* ein mit Brunnen verziertes Bassin hinzu, *Les Cascades*. Er rahmte den Kanal mit schattenspendenden Hainbuchen und legte eine breite Promenade an. Durch seine Perspektivkunst wird der Blick hinweg über den Kanal geführt.

Im nördlichen Teil des den *Grand Canal* umgebenden, großteils schon unter Heinrich IV. gestalteten Gebiets wurden 60 000 Bäume gepflanzt. Es wird beschrieben als »kleine Bocage mit [fünf] hellen Quellen« und erhielt später den Namen *La Grande Prairie* (Große Wiese). Als Übergang zur offenen Landschaft der Umgebung unterschied es sich von den Formgärten und war mit Kiefern, Mehlbeeren und Weiden übersät – Natur in ihrer ganzen Pracht. Entlang des Landschaftsparks errichtete Le Nôtre auf einer erhöhten Terrasse ein Rankgerüst für Chasselas-Weinstöcke. In ihren besten Zeiten lieferten sie 2700 bis 3000 Kilogramm Trauben, von denen die schönsten für die königliche Tafel bestimmt waren. Le Nôtre legte auch fünf Becken und Brunnen an. Als Ludwig XIV. 1715 starb, war von den Gartenanlagen seines Großvaters Heinrich IV. kaum etwas übriggeblieben.

Linke Seite oben
Blick vom Kaskadenbassin auf den *Grand Canal*

Linke Seite unten
Im Sommer blühen bis zu 45 000 Pflanzen im *Grand Parterre*.

Napoleon Bonaparte und Maximilien Joseph Hurtault

Wie kein anderer Herrscher schätzte Frankreichs erster Kaiser Napoleon Bonaparte (1769–1821) das Schloss Fontainebleau. Er ließ es mit einem Kostenaufwand von zwölf Millionen Franc restaurieren. Er beauftragte 1810–1812 den Architekten Maximilien Joseph Hurtault mit der Umgestaltung der südlichen Gärten zum *Jardin anglais* (englischen Garten) nach der damaligen Mode des »malerischen« Gartens und der Restaurierung des *Jardin de Diane*. Im englischen Garten liegt die unter Franz I. entstandene Renaissancegrotte, ein derber, mit vier Atlasstatuen geschmückter Steinbau. Hier stehen auch zwei aus dem 17. Jahrhundert stammende Bronzenachgüsse antiker Skulpturen, der Borghesische Fechter und der Sterbende Gladiator. Der englische Garten war eine Kunstlandschaft mit Fluss, Felsbrocken, Pflanzen, Hainen und gewundenen Wegen, die zu Spaziergängen einluden. Hinzu kamen Alleen mit exotischen Bäumen wie Grautanne *(Abies concolor)*, Rotblühende Rosskastanie *(Aesculus* x *carnea)*, Trompetenbaum *(Catalpa bignonioides)*, Judasbaum *(Cercis siliquastrum)*, Blutbuche *(Fagus sylvatica f. purpurea)*, Schwarznuss *(Juglans nigra)*, Tulpenbaum *(Liriodendron tulipifera)*, Meerkiefer *(Pinus maritima)*, Waldkiefer *(P. sylvestris)*, Orientalische Platane *(Platanus orientalis)*, Kanadische Pappel *(P.* x *canadensis)*, Robinie *(Robinia pseudoacacia)*, Japanischer Schnurbaum *(Styphnolobium japonicum)* und Echte Sumpfzypresse *(Taxodium distichum)*. Hurtault gestaltete die Schlossgärten radikal um, ließ jedoch das *Grand Parterre* und den Park praktisch unverändert.

1815 schrieb Napoleon im Exil auf St. Helena über Fontainebleau: »Die wahre Königsresidenz, das Haus der Jahrhunderte. Es war vielleicht kein streng architektonischer Palast, aber ohne Zweifel ein gut erdachter Wohnsitz und absolut angemessen. Es war mit Sicherheit das komfortabelste und am schönsten gelegene Schloss Europas.«

Unter Napoleon III. (1808–1873) diente Fontainebleau 1852 bis 1870 ein zweites Mal als kaiserliche Residenz.

Ungewöhnliche Pflanzen

In der *Description générale du Château de Fontainebleau* (1842) beschrieb Claude-François Denecourt folgende Pflanzen: Gelber Günsel *(Ajuga chamaepitys)*, Gemeine Ochsenzunge *(Anchusa officinalis)*, Großer Augentrost *(Euphrasia rostkoviana)*, Breitblättriges Laserkraut *(Laserpitium latifolium)*, Kleinblütige Königskerze *(Verbascum thapsus)*, Gewöhnlicher Gelbstern *(Gagea lutea)*, Pyrenäen-Milchstern *(Ornithogalum pyrenaicum)*, Kriechendes Fingerkraut *(Potentilla reptans)*, Heckenrose *(Rosa canina)*, Echtes Mädesüß *(Filipendula ulmaria)* und Echter Ehrenpreis *(Veronica officinalis)*.

In königlichen Gärten waren solche Pflanzen ungewöhnlich, entsprachen jedoch dem Wunsch Le Nôtres nach »wilderen« Arten, um die künstlich geschaffene Landschaft an die Natur rund um den Schlosspark anzubinden. Im englischen Garten und im Jagdpark ist die Breitblättrige Mehlbeere *(Sorbus latifolia)* häufig anzutreffen. Sie ist eine Kreuzung der Elsbeere *(S. torminalis)* mit Vertretern anderer Mehlbeerarten, kann jedoch – anders als viele Hybriden – samenfest gezogen werden. Diese kräftigen Bäume mit glänzenden Blättern sind vor allem in der Gegend von Fontainebleau endemisch. Ihre essbaren braunorangen Beeren wurden bis in die 1950er-Jahre in Fontainebleau auf dem Markt angeboten.

Restaurierungsarbeiten

Im Deutsch-Französischen Krieg (1870/71) wurde Fontainebleau von deutschen Truppen besetzt, ebenso im Zweiten Weltkrieg. Von 1945 bis 1966 war es Hauptquartier der westlichen Alliierten. Unter der Präsidentschaft Charles de Gaulles wurde das renovierungsbedürftige Schloss schließlich restauriert. Für den Zeitraum 2014 bis 2026 läuft ein Restaurierungsprogramm, für das 115 Millionen Euro eingeplant sind. Versailles, dessen auf 17 Jahre anberaumte Instandsetzung 2003 begann (Kostenpunkt 350 Millionen Euro), ist das einzige französische Königsschloss, für dessen Restaurierung die bereitgestellten öffentlichen Gelder ähnlich großzügig bemessen wurden.

Rechte Seite
Figurenbrunnen im *Jardin de Diane*

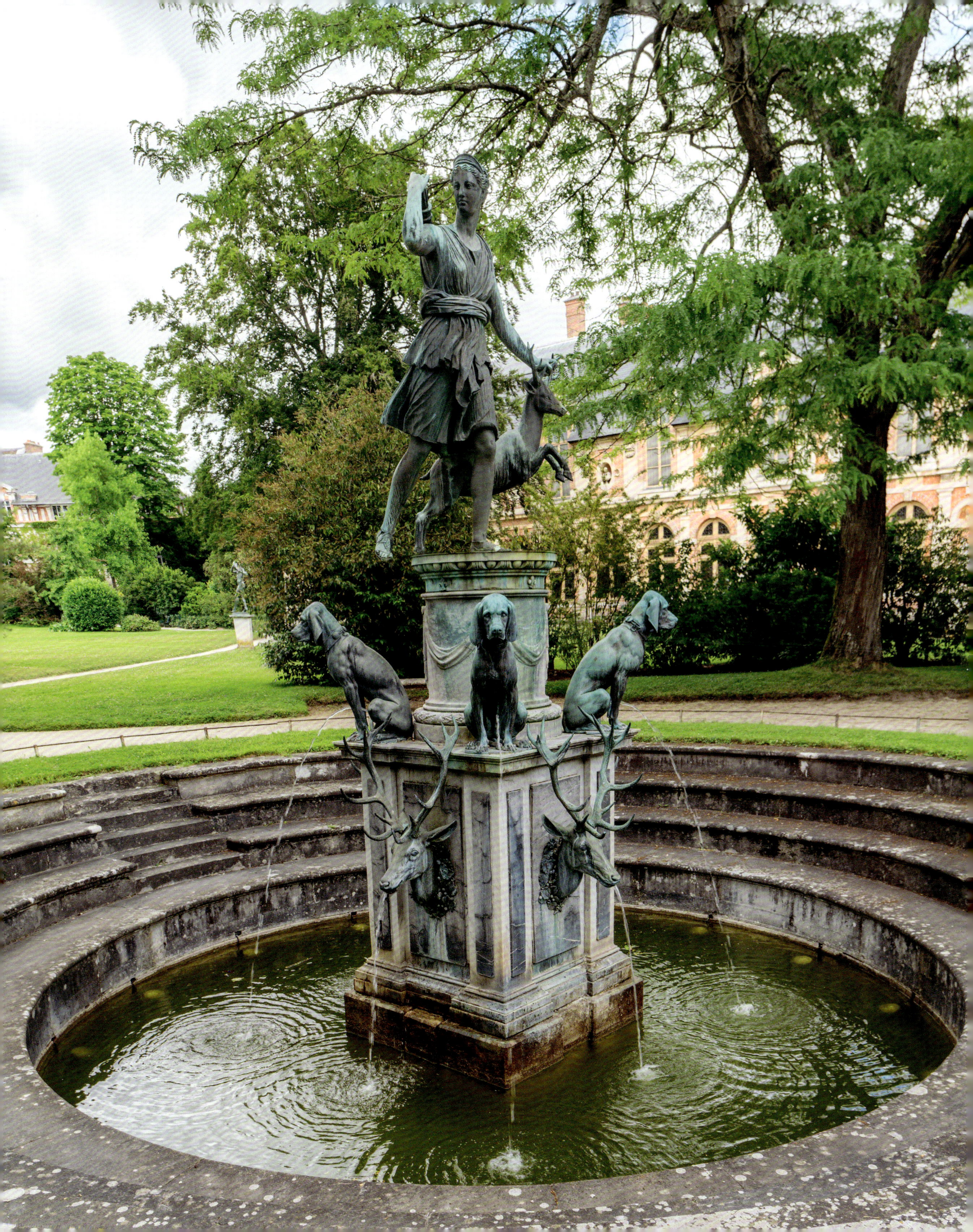

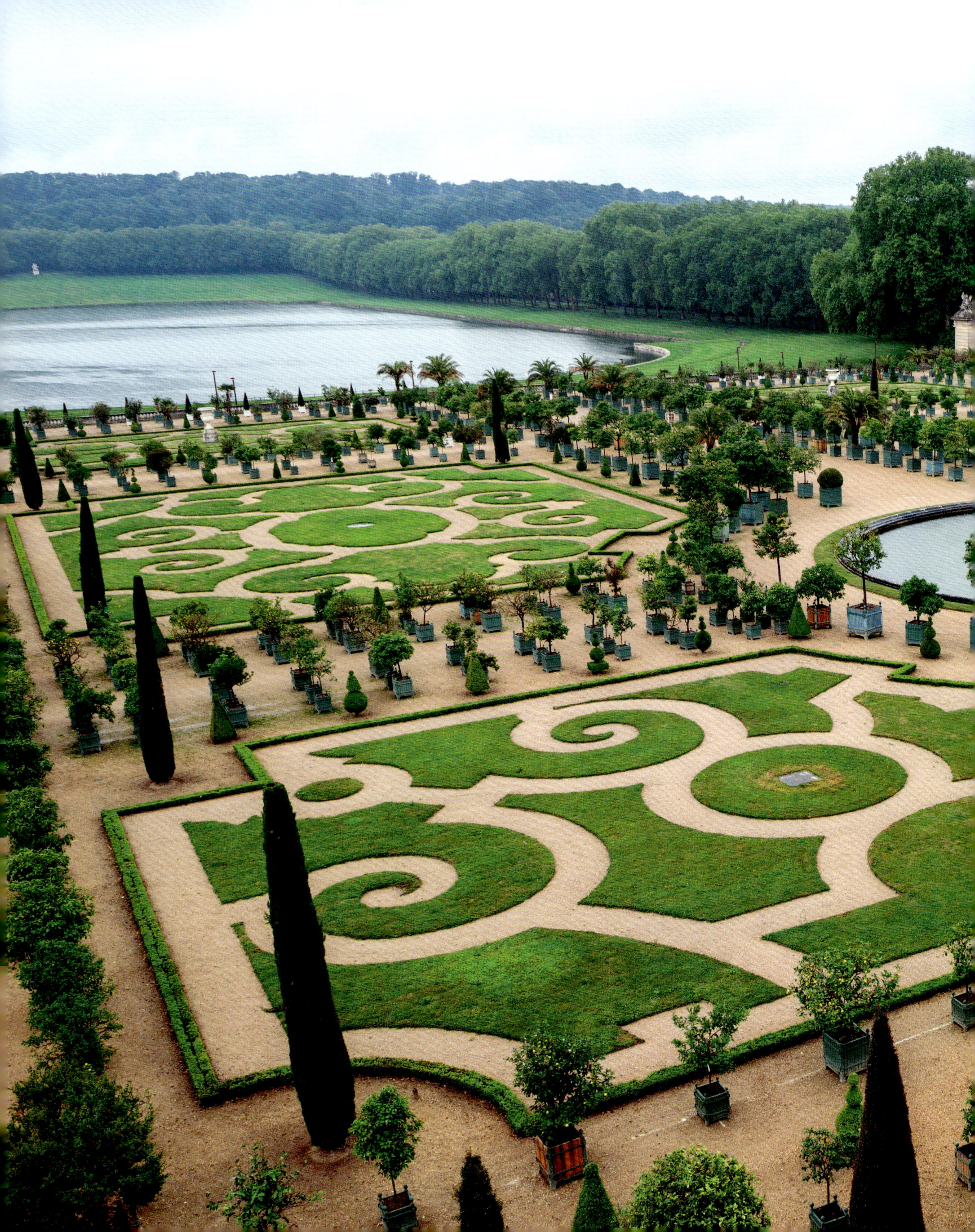

SCHLOSS VERSAILLES

Versailles, Frankreich

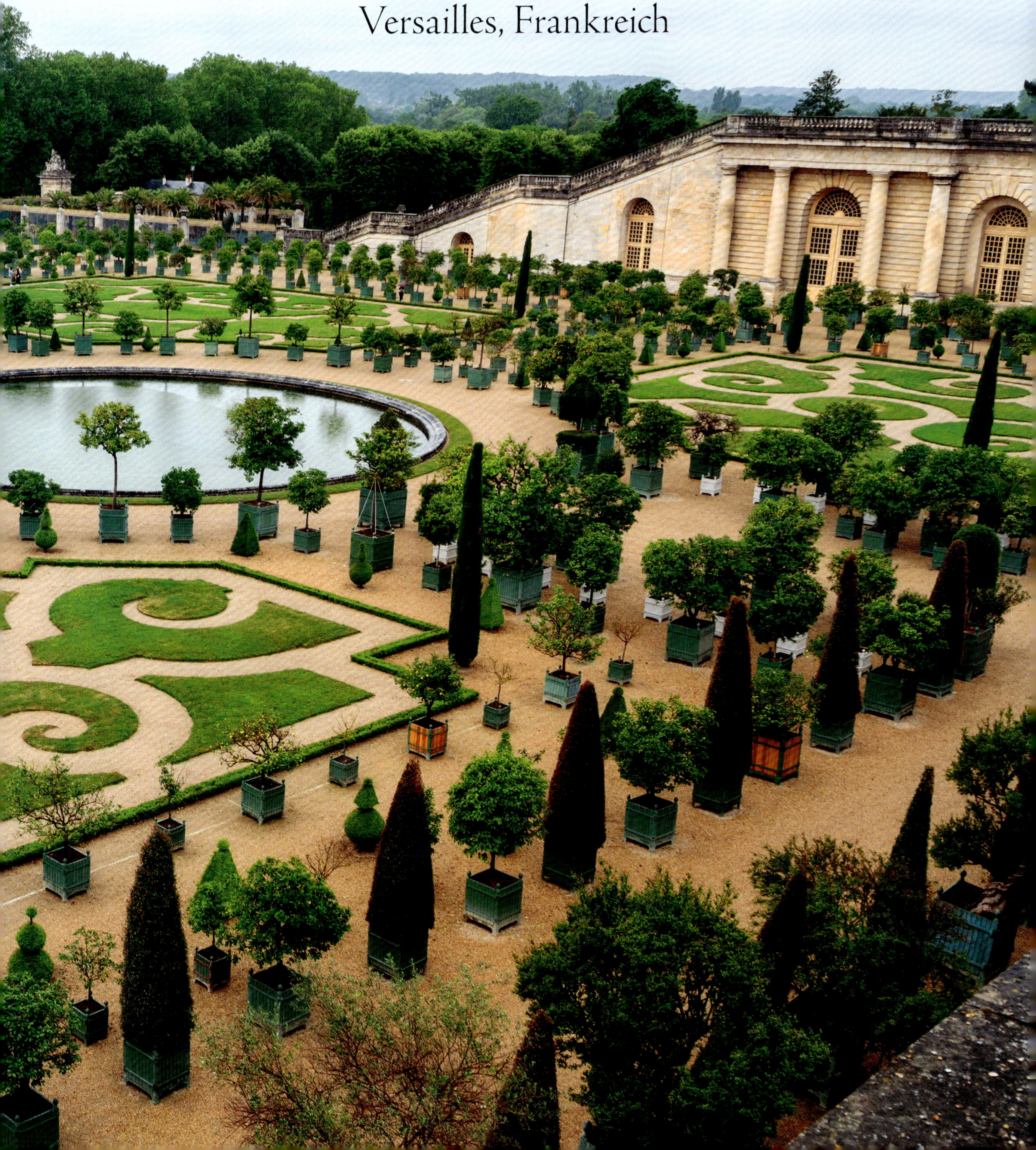

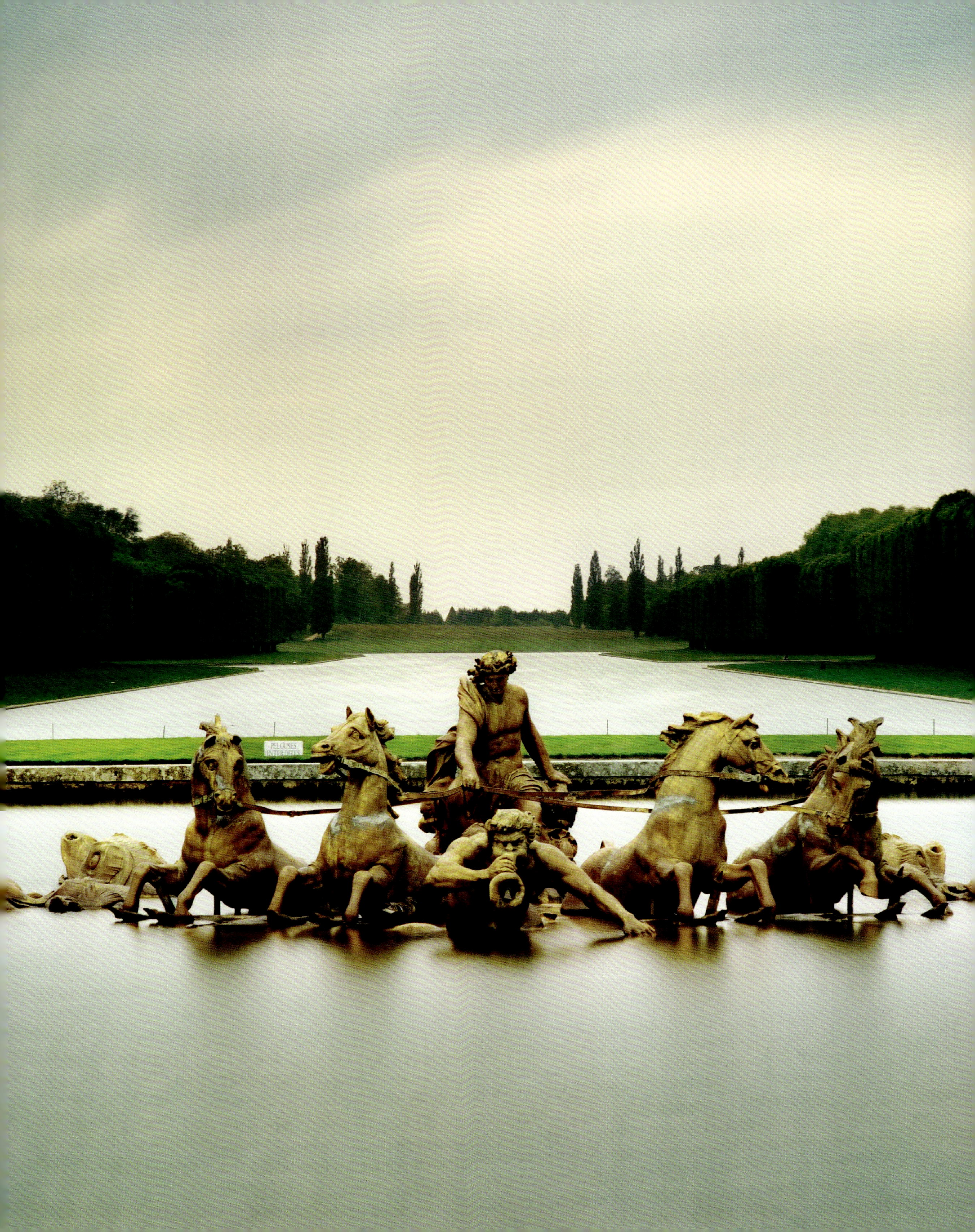
PELOUSES
INTERDITES

Die Geschichte der Gartenplanung zeigt sich in jedem Element des Parks von Schloss Versailles, 20 Kilometer südwestlich von Paris. Um diese Anlage zu verstehen, muss man ihren Protagonisten verstehen, Ludwig XIV. (1638–1715).

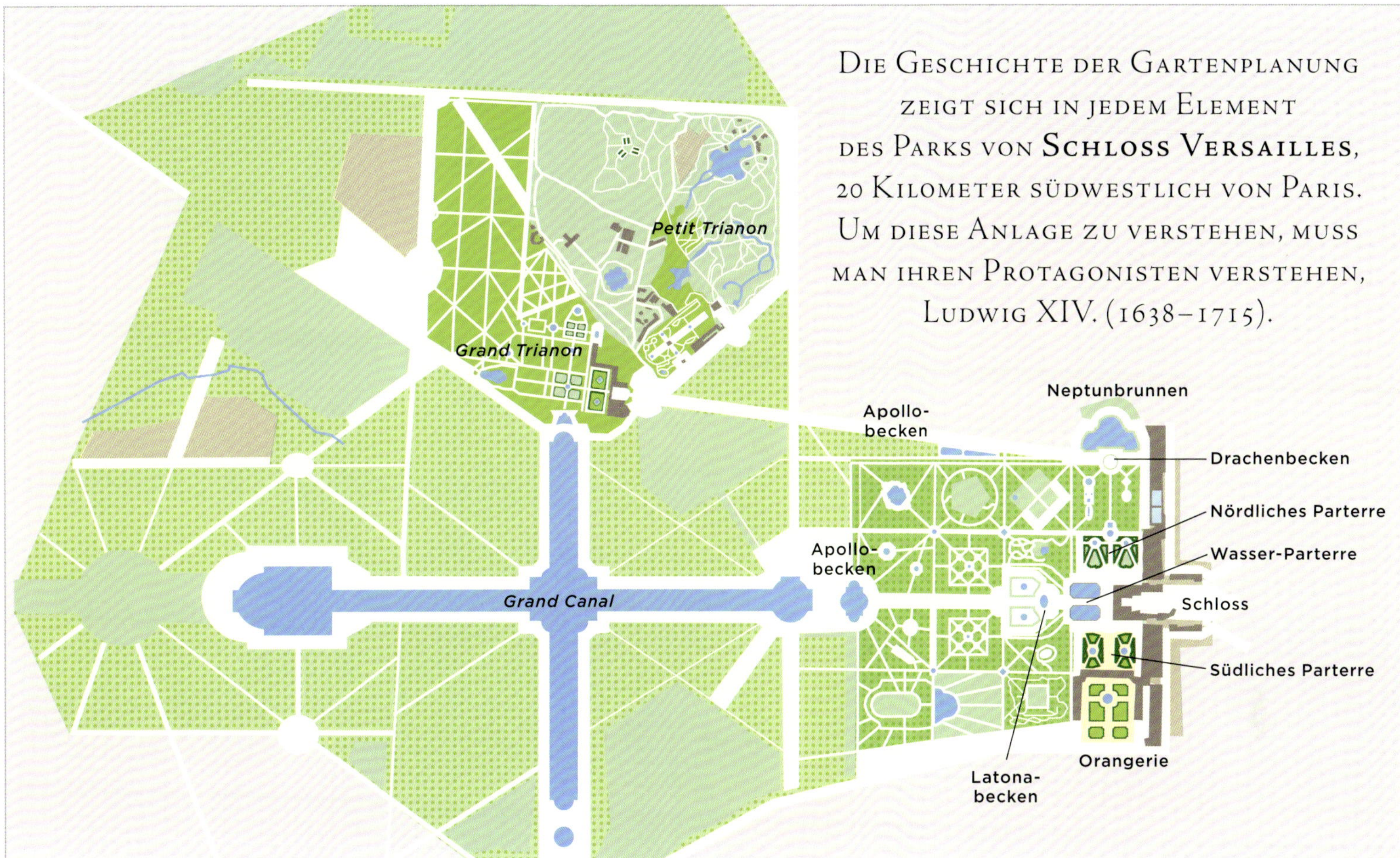

Die Herrschaft Ludwigs XIV. gilt als *Grand Siècle* (das Große Jahrhundert), er selbst als starker, absoluter Monarch. Geboren am 5. September 1638, wurde er im Alter von vier Jahren durch den Tod seines Vaters Ludwig XIII. (1601–1643) König von Frankreich. Die Regentschaft übernahm seine Mutter Anna von Österreich (1601–1666). Nach dem Tod des Hauptministers Kardinal Richelieu 1642 setzte Kardinal Mazarin als Erster Minister dessen Bemühungen fort, die Vormachtstellung Frankreichs in Europa zu festigen und die inländische Opposition zu zerschlagen. Die ersten Regierungsjahre Ludwigs XIV. waren durch eine Reihe von Aufständen überschattet, die sogenannte *Fronde*, die aus der Unzufriedenheit der Pariser Oberschicht über neue Steuern entstand. Weil er in Paris um sein Leben fürchtete, verbrachte Ludwig mehr Zeit in Versailles. Nach dem Ende der Fronde 1653 wurde er 1654 gekrönt. 1660 heiratete er die spanische Infantin Maria Theresia (1638–1683), die Tochter Philipps IV. von Spanien (1605–1665). Nach Mazarins Tod 1661 beschloss Ludwig im Glauben an seine gottgegebene Macht, ohne Ersten Minister zu regieren. Er pflegte dieses Gottesgnadentum gezielt und wählte die Sonne als Emblem, um sich Apoll gleichzustellen, dem griechischen Gott des Friedens, der Künste und des Lichts – daher sein Beiname »Sonnenkönig« –, und regelte alles und jedes, vom Hofzeremoniell bis hin zur Porträtmalerei.

Die Anfänge

Inmitten eines Areals von 800 Hektar war Versailles anfangs ein kleiner Bau aus Stein und Ziegeln, den Ludwig XIII. als Jagdschloss nutzte. Aufzeichnungen besagen, dass nach 1630 von Claude Mollet und Hilaire Masson entworfene Formgärten angelegt wurden, die bis in die 1660er-Jahre nahezu unverändert blieben. Ein früher, um 1662 entstandener und als Plan von Du Bus bezeichneter Entwurf zeigt klar erkennbar eine

Vorhergehende Doppelseite
Blick über die kunstvoll angelegte Orangerie

Linke Seite
Das Apollobecken am Ende der Königlichen Allee

Nord-Süd- und eine Ost-West-Achse. 1661 begannen die Arbeiten am Bau eines prächtigen Schlosses mit Park, das 1682 als Residenz des Hofes und Regierungssitz zum politischen Zentrum Frankreichs wurde. Ludwig XIV. residierte abwechselnd im Louvre, den Tuilerien, den Schlössern Saint-Germain-en-Laye (wo er geboren war), Vincennes, Fontainebleau (siehe Seite 80) und dem sich schnell entwickelnden Versailles. Der König umgab sich mit führenden Künstlern und vergnügte sich mit Jagden, Promenaden, Fechten, Gesellschaftsspielen, Opernaufführungen, Theaterstücken und dem Veranstalten großartiger Feste.

André Le Nôtre gestaltete den Schlosspark, der Architekt Louis Le Vau und der Maler Charles Le Brun planten das Schloss, das Ende der 1670er-Jahre von dem Barockarchitekten Jules Hardouin-Mansart erweitert wurde. Park und Palast wurden gleichzeitig in Angriff genommen. Le Vau erhielt den Auftrag, das alte, aus Ziegeln und Stein erbaute Schloss um zwei Trakte (die *Ummantelung*) für die Gemächer des Königspaars zu erweitern. Auf der Gartenseite verkleidete er die Ziegelfassade mit weißen Werksteinen und verlieh ihr dadurch einen modern-markanten, den tiefer gelegenen Gärten entsprechenden Charakter.

Ehe Le Nôtre nach Versailles kam, arbeitete er an den Gärten von Chantilly in der Picardie. Er gilt als der Vater des »französischen« Gartens, der auf klaren, durch Baumalleen betonten Achsen und symmetrischen Linien beruht und sich mit seinen Parterres, Bosketten, Wasserspielen, Brunnen, Blumenrabatten und niedrigen Hecken in die Ferne zieht, ein Meisterwerk der Gartenplanung und Vorbild für Jahrhunderte. Er basierte auf den formal angelegten Gärten der italienischen Renaissance mit ihren großen, aber unterteilten Flächen. Für die Anlage des französischen Gartens legte Le Nôtre im Verlauf seiner 25-jährigen Tätigkeit in Versailles strenge Regeln fest. Nach seiner Lehrzeit im Pariser Tuileriengarten entwickelte er die den Ruhm der Champs-Élysées begründende weite Perspektive. Seine Gartenanlage für das Barockschloss Vaux-le-Vicomte des Finanzministers Nicolas Fouquet (1656–1661, im heutigen Département Seine-et-Marne) wurde wegen ihrer Schönheit gefeiert.

Eine Folge von Ausblicken

Der Park von Versailles ist riesig, aufwendige Grabungen und ungeheure Erdbewegungen von Hand und mit Fuhrwerken waren erforderlich. Tausende Männer und ganze Regimenter wurden für dieses ehrgeizige Projekt eingesetzt, das unter der Leitung von Jean-Baptiste Colbert stand, wobei der König jede Einzelheit überwachte. Die Arbeiten dauerten fast 40 Jahre. Alles verlangte Pflege, Instandsetzungen, neue Pflanzungen und sehr viel Zeit und Geld. Bäume wurden aus ganz Frankreich herangeschafft. Le Brun schuf einen großen Teil der Zeichnungen für Statuen und Brunnen. Le Nôtres Plan sah ein zum Schloss führendes *Trivium* aus drei Alleen vor, sowie Brunnen, Kanäle und mehrere quadratische Blumenbeete. Vor dem Schloss, auf dem Areal des Gartens von Ludwig XIII., legte man zwei große Parterres an, ein nördliches und ein südliches. Über eine neue Ost-West-Achse lenkte er den Blick weit in die Ferne – die berühmte »Perspektivkunst« –, durch die eine »unendliche« Sichtachse entstand. Schattige Boskette wurden als Orte der Rast und der Begegnung geschaffen, offene Flächen in Parterres verwandelt.

Versailles mit einem Blick zu erfassen ist fast unmöglich. Die Anlage erschließt sich dem Auge erst nach und nach wie die Szenenfolge eines Theaterstücks. Le Nôtre benutzte Rankgitter und Lauben als lebende grüne Mauern zur Betonung der Perspektiven. Diagonale oder gewundene Alleen führten zu den Bosketten. Wasserflächen kontrastierten mit baumbepflanzten Abschnitten, die trotz ihrer geometrischen Formen eine offene, von Tageslicht durchflutete Fläche darstellten. Innerhalb des Gesamtplans setzte Le Nôtre ein Gitter kleinerer, unterschiedlich gestalteter Räume, mit verschiedenen Pflanzen wie Goldmelisse *(Monarda didyma)* und Maiglöckchen *(Convallaria majalis)*. Das Schloss war von mehreren Parterres umgeben, die wie die großen Alleen mit Statuen und beschnittenen Eiben geschmückt waren. (Die heutige Situation zeigt eine Rekonstruktion der Parterres nach 1920. Anders als diese von kleinen Hecken gesäumten Rasenflächen wiesen die Originalparterres komplexe, von Kies gesäumte Formen auf.) Das Wasser-Parterre, das Latona-

Rechte Seite oben
Blick über die Gärten zum Palast

Rechte Seite unten
Blühende Beete am *Grand Trianon*

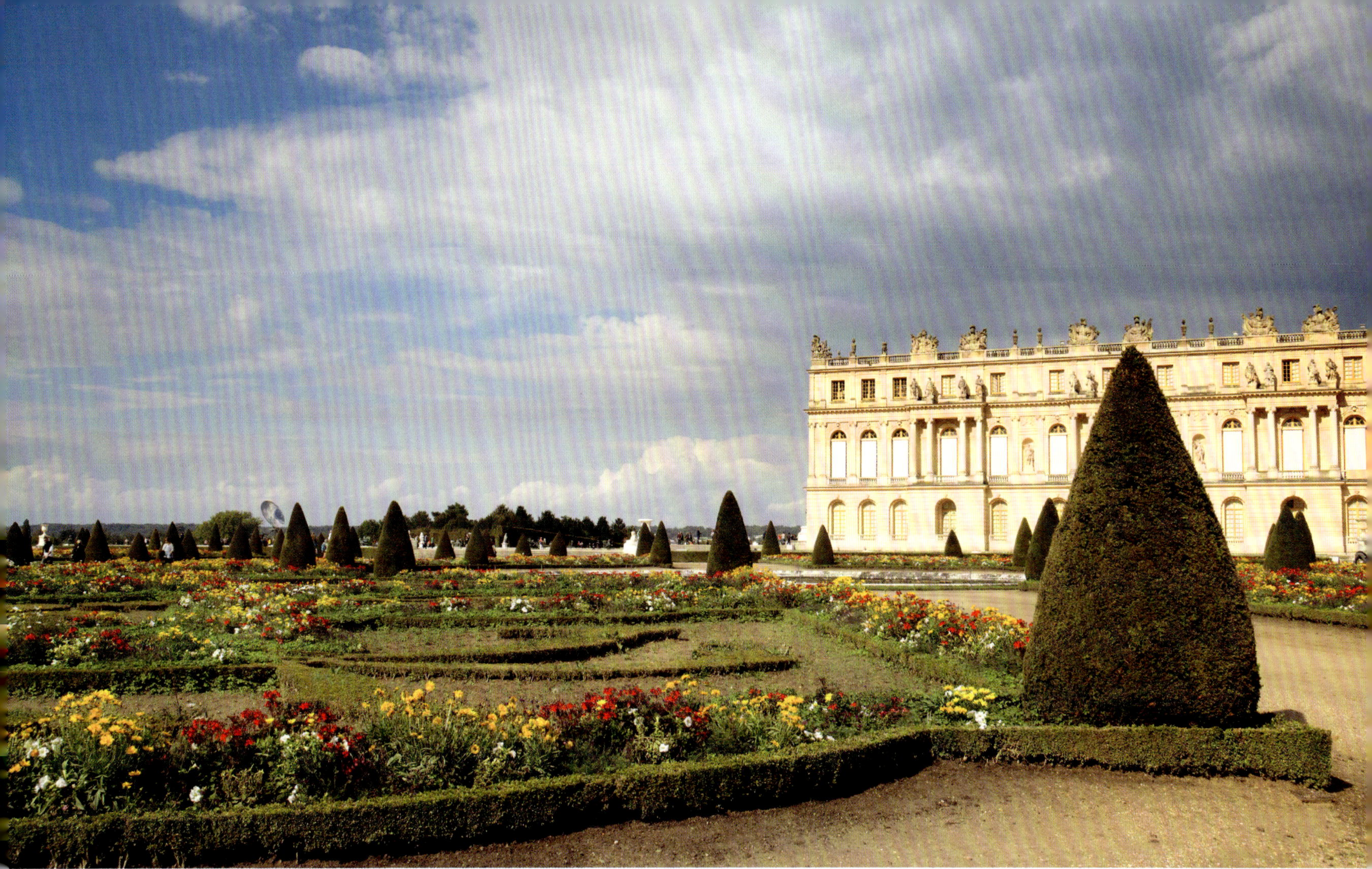

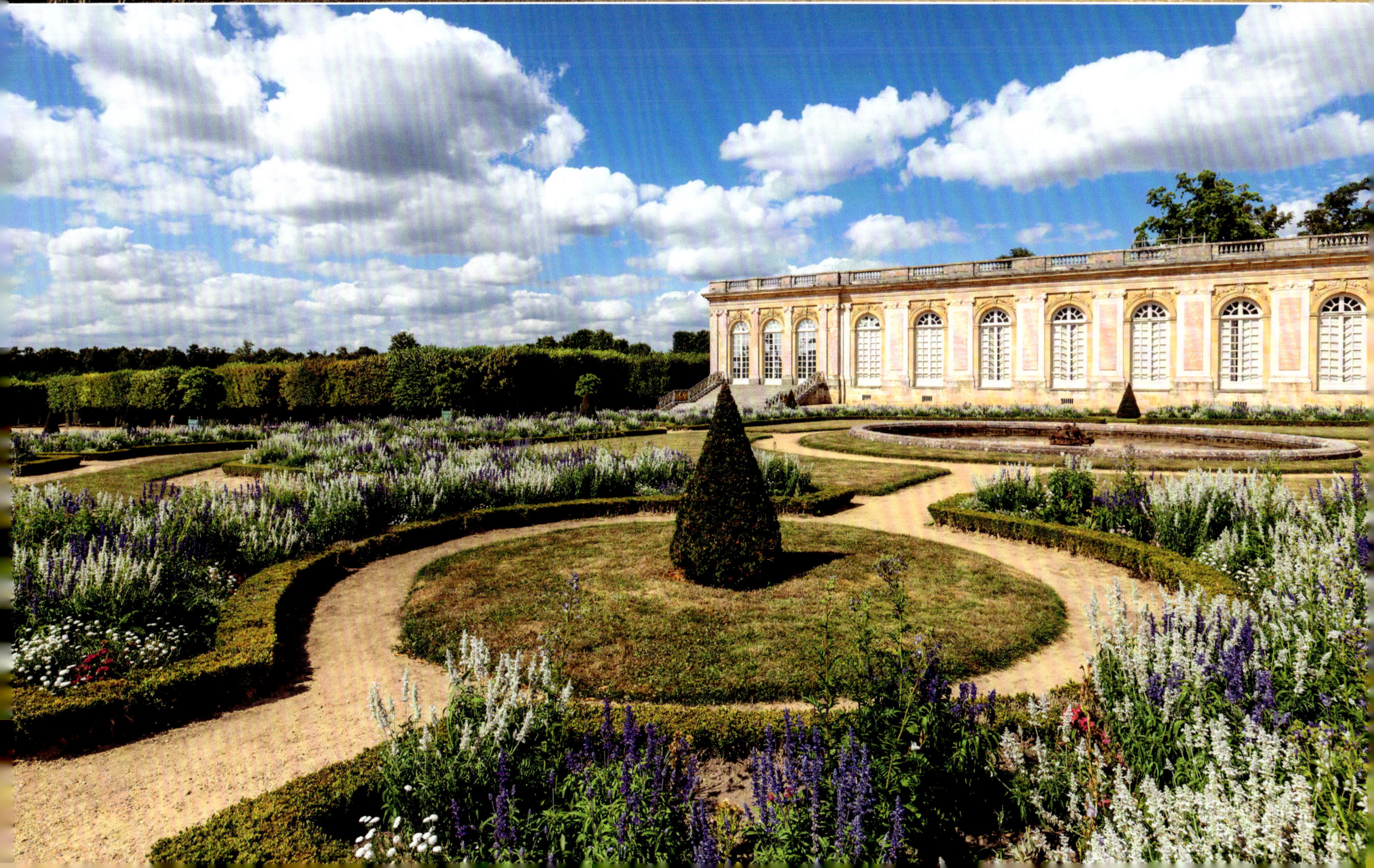

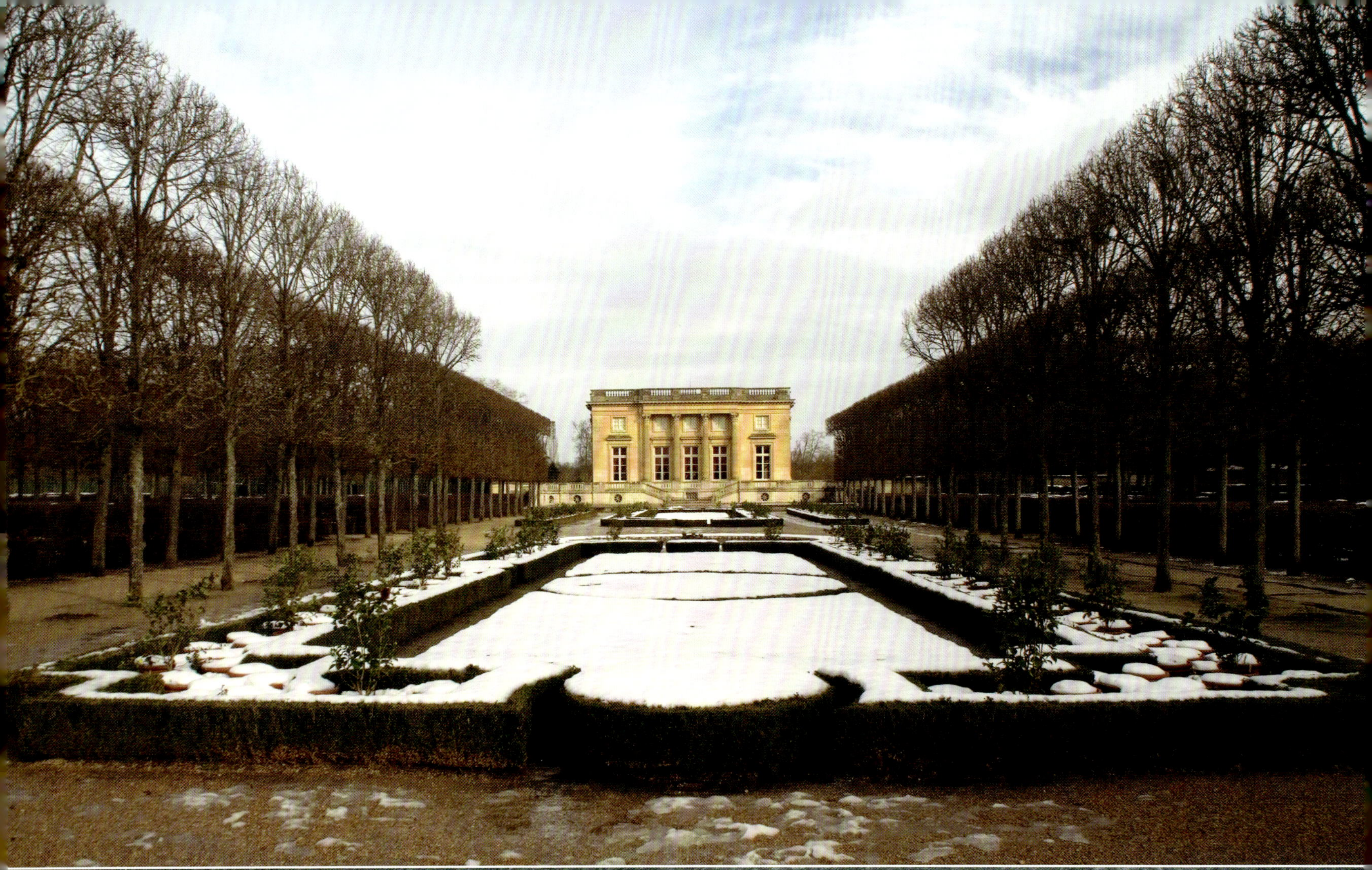

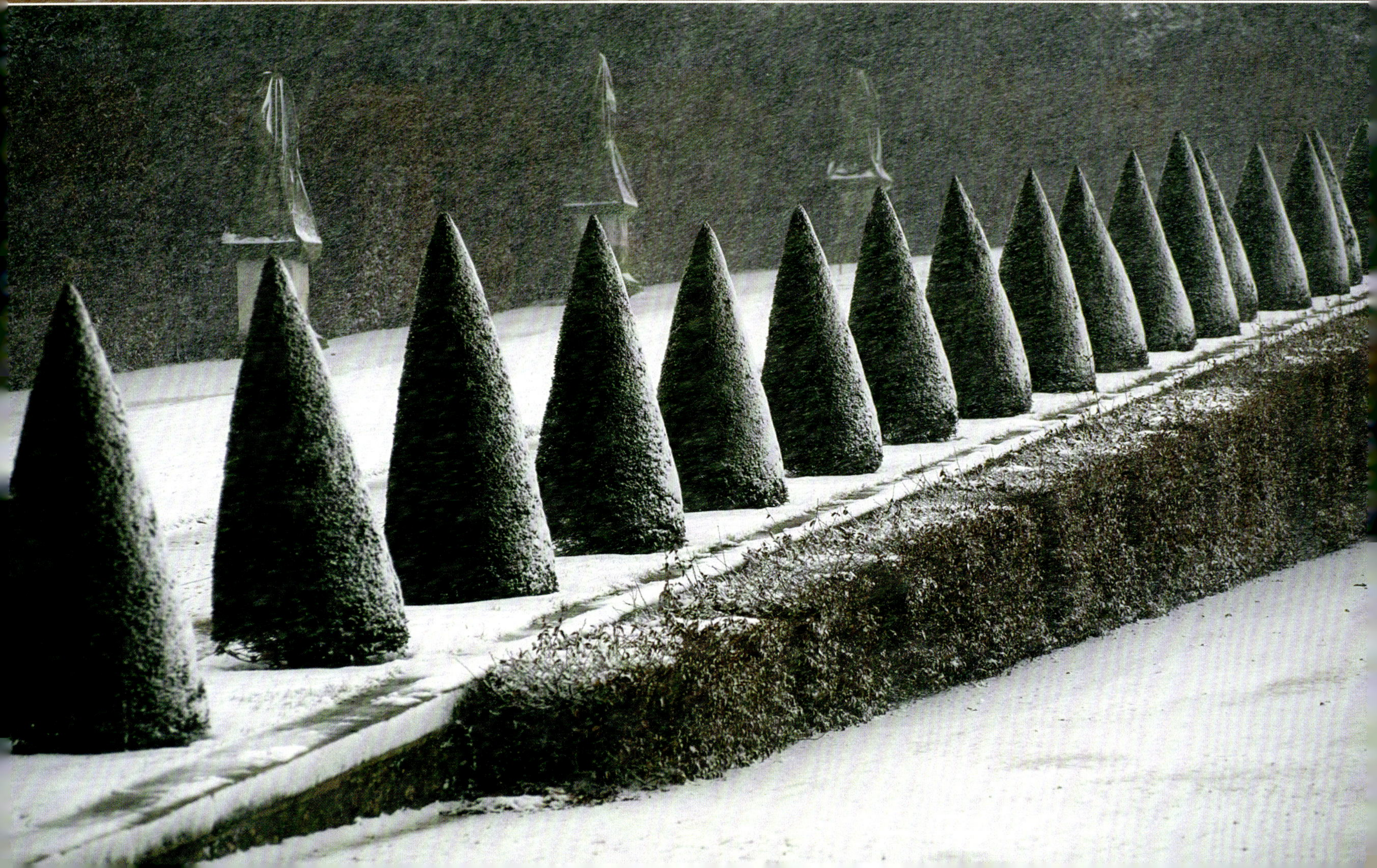

Parterre, das Nördliche, das Mittlere Parterre (auch Blumengarten genannt) auf dem Dach der Orangerie sowie das Südliche Parterre – über das man den besten Blick vom höher gelegenen Mittleren Parterre hat – gehören zu den größten Attraktionen. Sie zeigen die typischen Arabeskenmuster aus Buchs und Blumen.

In größerer Entfernung vom Schloss lagen geometrisch mit Bäumen bepflanzte Boskette mit ihren Gartenräumen *(Cabinets de verdure)*, daneben auch der Natur nachempfundene. Acht Boskette befanden sich nördlich des zentralen Grünen Teppichs *(Tapis vert)* der Königlichen Allee, sechs südlich davon. Sie wurden von 1680 bis 1690 angelegt.

Die Funktion des Wassers

Der 1500 Meter lange Große Kanal des Schlossparks von Versailles ist ein Meisterwerk der Planung und Technik. Ludwig XIV. befuhr ihn in Booten oder Gondeln. Le Nôtre strebte eine untadelige Harmonie an. Der *Grand Canal* besteht aus zwei sich kreuzenden Kanälen von 62 bzw. 80 Metern Breite. Was auf dem Papier asymmetrisch aussieht, wirkte völlig harmonisch, wenn der König das Kreuz vom Latonabecken aus überblickte. Le Nôtre ließ durch eine optische Täuschung den schmäleren Kanal breiter aussehen. Heute versperren zum Teil Bäume den Blick.

Eine Schlüsselrolle nahmen in französischen Gärten die Wasserspiele ein, mehr noch als Pflanzen und Boskette. Den durch längs oder quer verlaufende Alleen gegliederten Schlosspark beleben elf große Brunnen mit ihrem Plätschern und ihrem über Statuen herabrieselnden oder sich aus den Mäulern von Delfinen und anderen Tieren der griechisch-römischen Mythologie ergießenden Wasser. Dem Schloss am nächsten liegt Le Nôtres *Parterre d'eau*, zwei Becken, deren Wasser die Schlossfassade widerspiegelt. Aufgrund ihrer Lage reflektieren sie durch die Fenster Licht in den berühmten Spiegelsaal. Am Fuß einer vom Schloss wegführenden Treppe liegt das Latonabecken mit dem Latonabrunnen. Er verweist auf Ovids *Metamorphosen*. Das ursprünglich als »Schwanenteich« bezeichnete Apollobecken wurde bereits unter Ludwig XIII. angelegt und später von Ludwig XIV. mit einer Statue des Sonnengotts Apoll und seinem eigenen Emblem verziert. Es liegt am Ende der durch den zentralen *Tapis vert* geteilten Königlichen Allee, die zum *Grand Canal* führt. Insgesamt gibt es in der Anlage 55 Becken. Vier davon sind den Jahreszeiten gewidmet, andere sind mit mythologischen und allegorischen Figuren verziert, wie der Neptunbrunnen und – als größtes – das Drachenbecken, dessen bedeutendster Strahl eine Höhe von 27 Metern erreicht. Weitere allegorische Bassins sind das Spiegelbecken, das Nymphenbad, das Pyramidenbecken und das Becken mit der Insel der Kinder.

Porzellan- und Grand Trianon

1668 beschloss Ludwig XIV., in einiger Entfernung ein kleineres Schloss zu errichten, wo er fernab der Menschenmengen und des Hofzeremoniells ein ruhiges Leben führen konnte. Er kaufte das an den Park grenzende Dorf Trianon und ließ einen mit blauen und weißen Kacheln verkleideten Pavillon im modischen chinesischen Stil errichten, das Porzellan-Trianon, das er 1687 durch das *Grand Trianon* von Mansart ersetzen ließ, einen größeren und klassischen Bau.

Die Orangerie und das Labyrinth

Wie in anderen fürstlichen Gärten diente die Orangerie von Versailles zum Kultivieren von Zitrusbäumen, die darin überwintern konnten. Sie nimmt die erstaunliche Größe von drei Hektar ein. Heute beherbergt sie 1000 über 200 Jahre alte Zitrusbäume wie *Citrus* x *aurantium*, die aus Italien, Spanien und Portugal stammen. Im Sommer werden viele davon in den Park gebracht.

Unmittelbar westlich der Orangerie im südlichen Teil des Parks lag ein Labyrinth. Es wurde 1665 von Le Nôtre als schmuckloser Irrgarten angelegt. In den 1670er-Jahren ließ es ein hoher Beamter, der Schriftsteller Charles Perrault, mit 39 Brunnen und 330 Bleifiguren ausschmücken, die Äsops Tierfabeln darstellten. Aufgrund der schwierigen Instandhaltung verfiel dieses Labyrinth im 18. Jahrhundert und wurde schließlich 1774 durch ein Boskett im Stil eines englischen

Linke Seite oben
Das *Petit Trianon*

Linke Seite unten
Im *Grand Parterre*

Gartens ersetzt, das dem Geschmack Marie-Antoinettes (1755–1793) entsprach. Von Perraults Brunnen sind nur Fragmente erhalten.

Obst und Gemüse für den König

Im wichtigen *Potager du Roi* (königlicher Küchengarten) südöstlich des Schlosses wurden auf einer Fläche von neun Hektar Gemüse und Obst für die königliche Tafel gezogen. Auf dem Gebiet eines Sumpfes legte ihn Mansart in seiner ursprünglichen Form von 29 regelmäßigen Kompartimenten mit Mauern für Spalierobst an. Aufgrund des sumpfigen Geländes wurde er 1678 bis 1683 mit einer unterirdischen Wasserableitung, Schuttdrainagen und Hochbeeten ausgestattet. Der Küchengarten wurde von Jean-Baptiste de La Quintinie weiterentwickelt, der einen grünen Daumen besaß und seltene Früchte und Gemüsearten zog. Das in den einzelnen Gartenabschnitten herrschende Mikroklima machte es möglich, Gemüse und Beeren auch außerhalb der Saison zu ziehen, etwa Spargel im Winter und Erdbeeren Anfang des Frühjahrs. Um im Frühsommer Feigen zu ernten, standen in einem Senkgarten 700 Töpfe mit Feigenbäumen, die man im Winter in das angrenzende Feigenhaus brachte. La Quintinie züchtete 50 Birnen- und 20 Apfelarten, auch Kräuter wie Kerbel, Rauke, Estragon, Minze und Zitronenmelisse. La Quintinie starb 1688, und 1691 übernahm die Familie Lenormand den Küchengarten, den sie in drei Generationen 90 Jahre lang betreute. Louis Lenormand, der ihn ab 1723 verwaltete, führte das holländische Gewächshaus ein, wo man nach 1730 die ersten französischen Ananasfrüchte ernten konnte. Heute kultiviert hier die École Nationale Supérieure du Paysage 130 Apfel- und ebenso viele Birnensorten sowie eine große Anzahl roter Beeren und herkömmlicher Gemüsesorten.

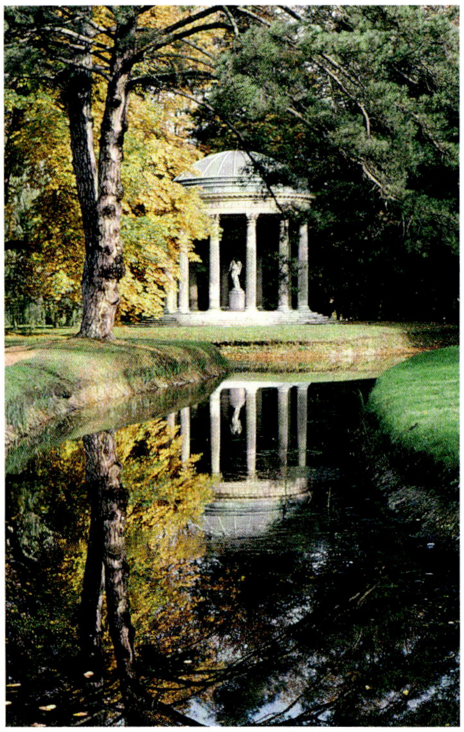

Auf diesen Seiten
Petit Trianon

Zeit der Vernachlässigung

Nach dem Tod Ludwigs XIV. im September 1715 zog der Hof nach Paris zurück; Versailles versank in einen Dornröschenschlaf. Peter der Große (1672–1725, siehe Seite 197) besuchte es 1717 zweimal und brachte Ludwig XV. (1710–1774) dazu, wieder an die Stätte seiner Geburt zurückzukehren. Zur Erhaltung seiner Form musste der Garten ungefähr alle 100 Jahre neu bepflanzt werden. Ludwig XVI. (1754–1793) nahm diese Aufgabe zu Beginn seiner Herrschaft in Angriff, ebenso Napoleon III. (1808–1873). Ludwig XVI., der schon vor seinem 20. Geburtstag König wurde, kam ebenfalls in Versailles zur Welt. 1770 heiratete er Erzherzogin Marie-Antoinette (Maria Antonia) von Österreich-Lothringen. Als Zeichen seiner Liebe schenkte er ihr 1774 das *Petit Trianon*, das Ludwig XV. für seine Mätresse Madame de Pompadour erbaut hatte. Marie-Antoinette machte es zu ihrem privaten Wohnsitz.

Der Erhalt der Gärten verschlang riesige Summen, und als die Formgärten des 17. Jahrhunderts außer Mode kamen, erteilte Ludwig XVI. den Auftrag, in Versailles einen Landschaftsgarten anzulegen, der jedoch nie vollendet wurde. Die königliche Familie siedelte schließlich erzwungenermaßen von Versailles nach Paris über und mit dem Ende der Monarchie im August 1792 begann eine Periode der Unsicherheit. 1830 beschloss Louis Philippe I. (1773–1850), in dem nunmehr unbewohnten Palast ein »den Ruhmestaten Frankreichs« gewidmetes Museum einzurichten. Napoleon III., der im *Trianon* residierte, benutzte es für die Veranstaltung von Feiern und Festen, wozu auch der Empfang für Königin Victoria 1855 zählte.

In der zweiten Hälfte des 19. Jahrhunderts fiel Versailles Zerstörungen und Verwüstungen anheim. 1870 entwurzelte ein heftiger Sturm Hunderte von Bäumen und beschädigte die

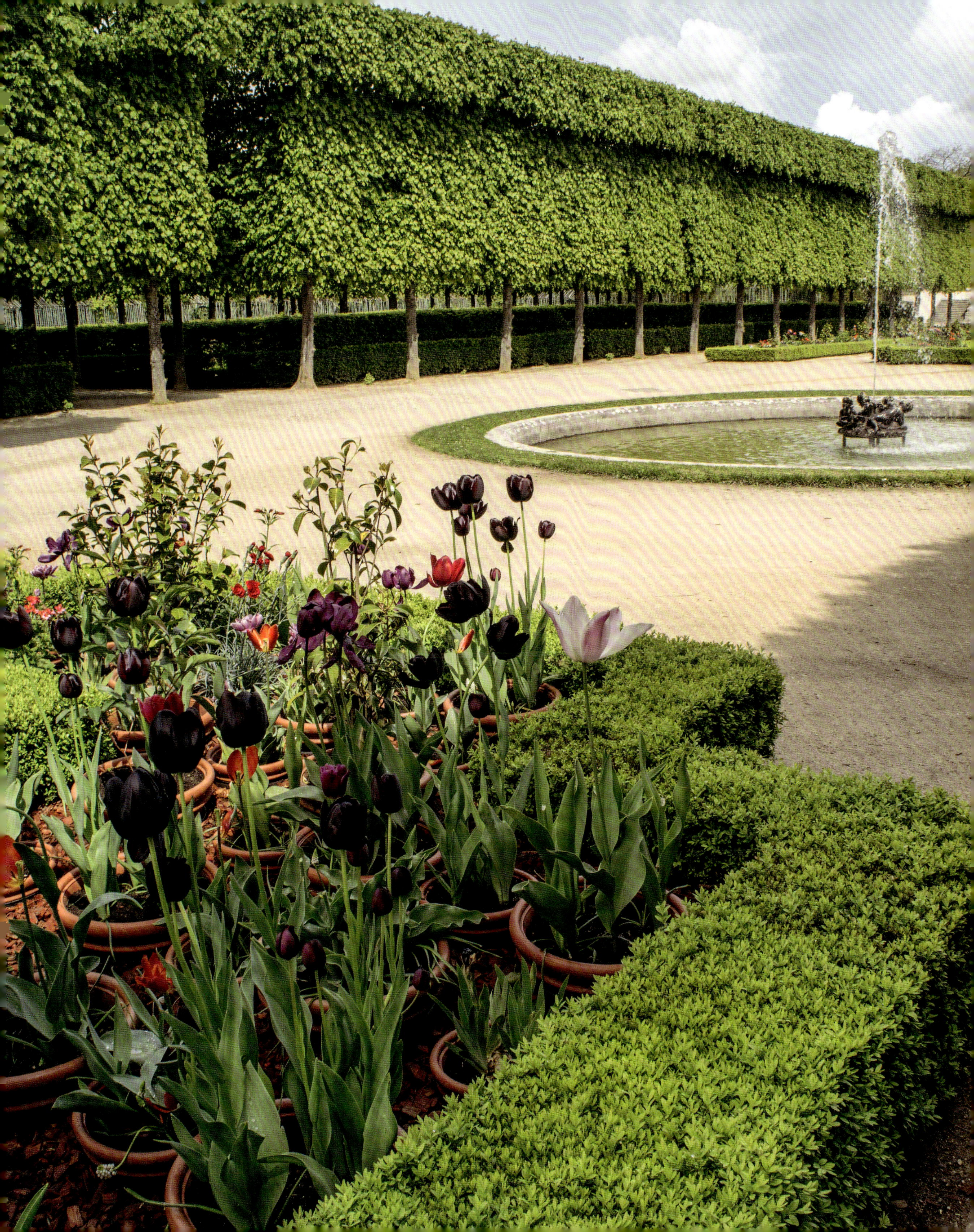

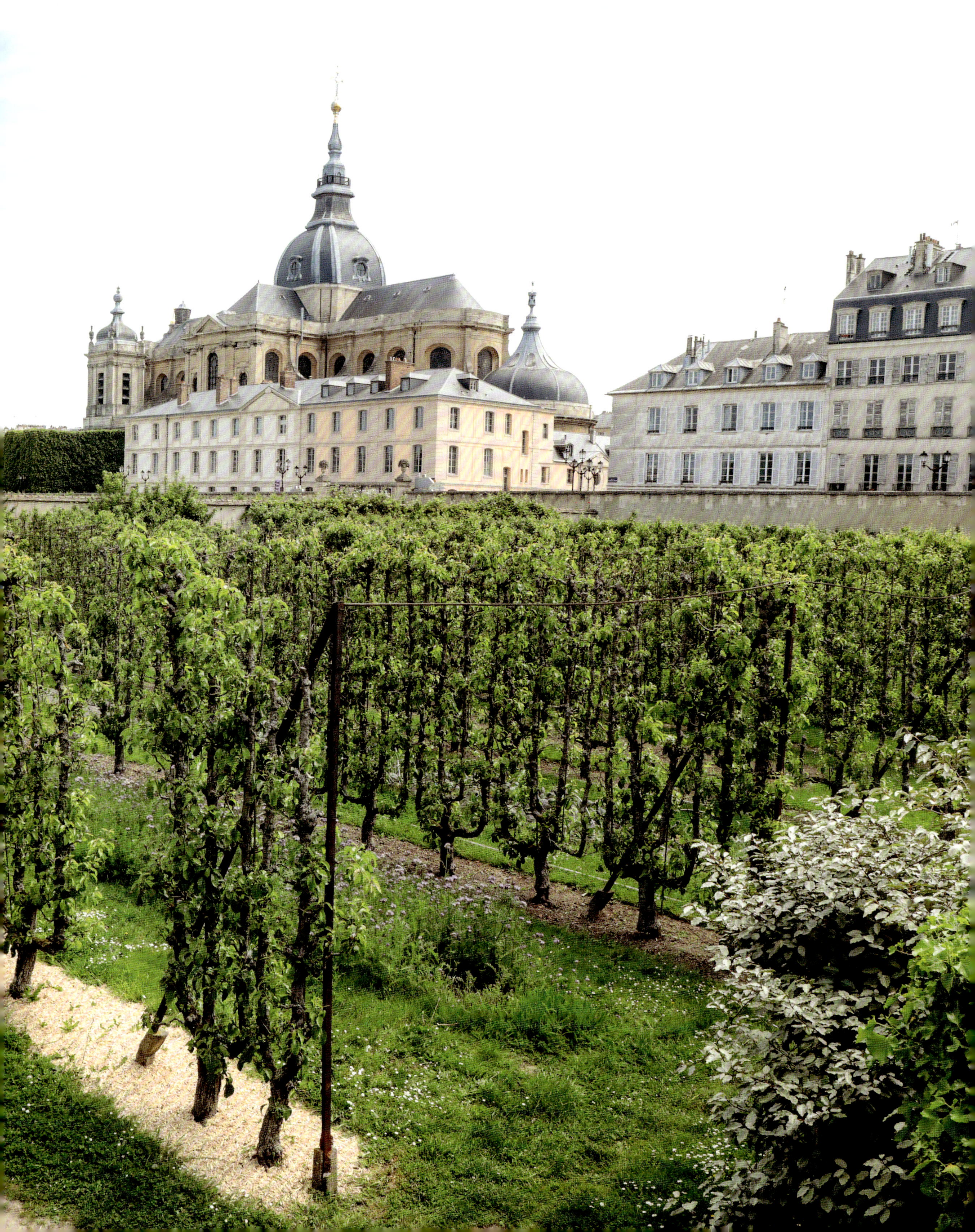

Gärten, was eine umfassende Neubepflanzung erforderte. Im Ersten Weltkrieg blieben die Bauten zum Schutz der Kunstwerke geschlossen. Nach dem Krieg konnten im Schloss und im Park nur vereinzelt Instandhaltungsarbeiten durchgeführt werden. Schließlich spendete der Philanthrop John D. Rockefeller enorme Summen und ermöglichte damit die Wiederaufnahme der Restaurierung. Am 14. Juni 1940 wurde in Versailles (wie auf dem Eiffelturm) die Hakenkreuzfahne gehisst, um zu zeigen, dass Frankreich in deutscher Hand war.

Restaurierung der Gärten

Durch einen verheerenden Orkan im Februar 1990 stürzten im Schlosspark und dem angrenzenden Trianongarten 1500 Bäume um, was die Umgestaltung beschleunigte. Noch im selben Jahr begann eine umfassende Restaurierung der Gärten. Man betraute damit den Architekten Pierre-André Lablaude, der dabei von Jean-Pierre Babelon, dem Direktor des Museums von Versailles, beraten wurde. Lablaude war vermutlich seit der Revolution von 1789 der erste Architekt mit alleiniger Verantwortung für die Gärten. Zuerst mussten etwa 250 angegriffene Bäume in den Waldungen des Nordparterres entfernt werden. 400 Bäume blieben erhalten, 800 wurden neu gepflanzt. Auch die Bäume in den Alleen hatten gelitten, diese waren teils unpassierbar. Schäden hatten zwei Tulpenbäume, von Marie Antoinette 1783 in Trianon gepflanzt, und eine von Napoleon gepflanzte korsische Pinie davongetragen. Stürme in den Jahren 1990 und 1999 legten bloß, wie sehr sich der Zustand der Vegetation im Park mittlerweile verschlechtert hatte. Wie Lablaude erklärte, war das Ziel der Restaurierung, wo immer möglich zum Geist und zur Landschaft von Le Nôtre zurückzukehren. Der von Ludwig XVI. angelegte *Jardin anglais* wurde originalgetreu erneuert.

2003 nahm man eine weitere Restaurierung in Angriff – das Projekt *Grand Versailles*. Es begann mit der Neubepflanzung der Gärten. Eine vorhergehende Untersuchung ermöglichte eine Schätzung der für den Bau von Versailles erforderlichen Kosten. Ihr zufolge wurden für Versailles bis zum Sturz des *Ancien Régime* durch die Revolution umgerechnet etwa 1,8 Milliarden Euro aufgewandt, was den tatsächlichen Kosten aber vermutlich nicht entsprach.

Jean Chaufourier, ein französischer Illustrator und Landschaftsmaler, hatte Versailles viele Male gezeichnet und gemalt. Seine Gesamtansicht von 1720 diente als Vorlage für die Erneuerung des Lustgartens. Die romantischen Pflanzungen des 19. und 20. Jahrhunderts hatten Le Nôtres komplizierte Muster völlig überdeckt. Nach ihrer Entfernung fanden Grabungen statt, um die großen Muschel- und Schnörkelmotive des Latona-Parterres anlegen zu können. Mithilfe von GPS wurde das Areal wie im 17. Jahrhundert mit Gipsmustern markiert, um den Verlauf der Metallstreifen festzulegen, zwischen denen die Rasenrollen aufgebracht wurden. Die Alleen wurden bekiest, anschließend die Buchshecken und Formsträucher wiederhergestellt, die Versailles berühmt gemacht hatten. Im Februar 2013 schrieb der *Guardian*: »40 Kilometer Hainbuchenhecken – auf eine Höhe von acht Metern geschnitten und durch mit traditionellem Kupferdraht zusammengehaltene Zäune verstärkt – markieren die Grenzen des Gartens, manche verlaufen völlig gerade, andere bilden komplexe arabeske Muster. Etwa 900 ornamentale Eibenbäume in 70 unterschiedlichen Formen – Kugeln, Würfel und Kegel – heben die weißen Marmorstatuen hervor. Einige davon stammen aus Vaux-le-Vicomte, dem früheren Besitz des Finanzministers Nicolas Fouquet. Der junge Ludwig XIV. ließ ihn gefangen setzen, weil er ihn verdächtigte, mit seinem prächtigen Landsitz seinen Herrscher übertrumpfen zu wollen.«

2018 wurde für 384 Millionen Euro der Weiler des *Petit Trianon* restauriert, der Marie-Antoinettes Vorstellungen vom Landleben entsprach – mit von Buchshecken umsäumten Gemüsebeeten, von rustikalen Lauben hängenden Kletterpflanzen wie duftendem Jasmin und von Topfpflanzen gesäumten Kieswegen.

So hoch all diese Kosten auch sein mögen, Versailles bietet eine faszinierende visuelle Geschichte der französischen Architektur vom 17. bis zum Ende des 18. Jahrhunderts.

Linke Seite
Potager du Roi (königlicher Küchengarten)

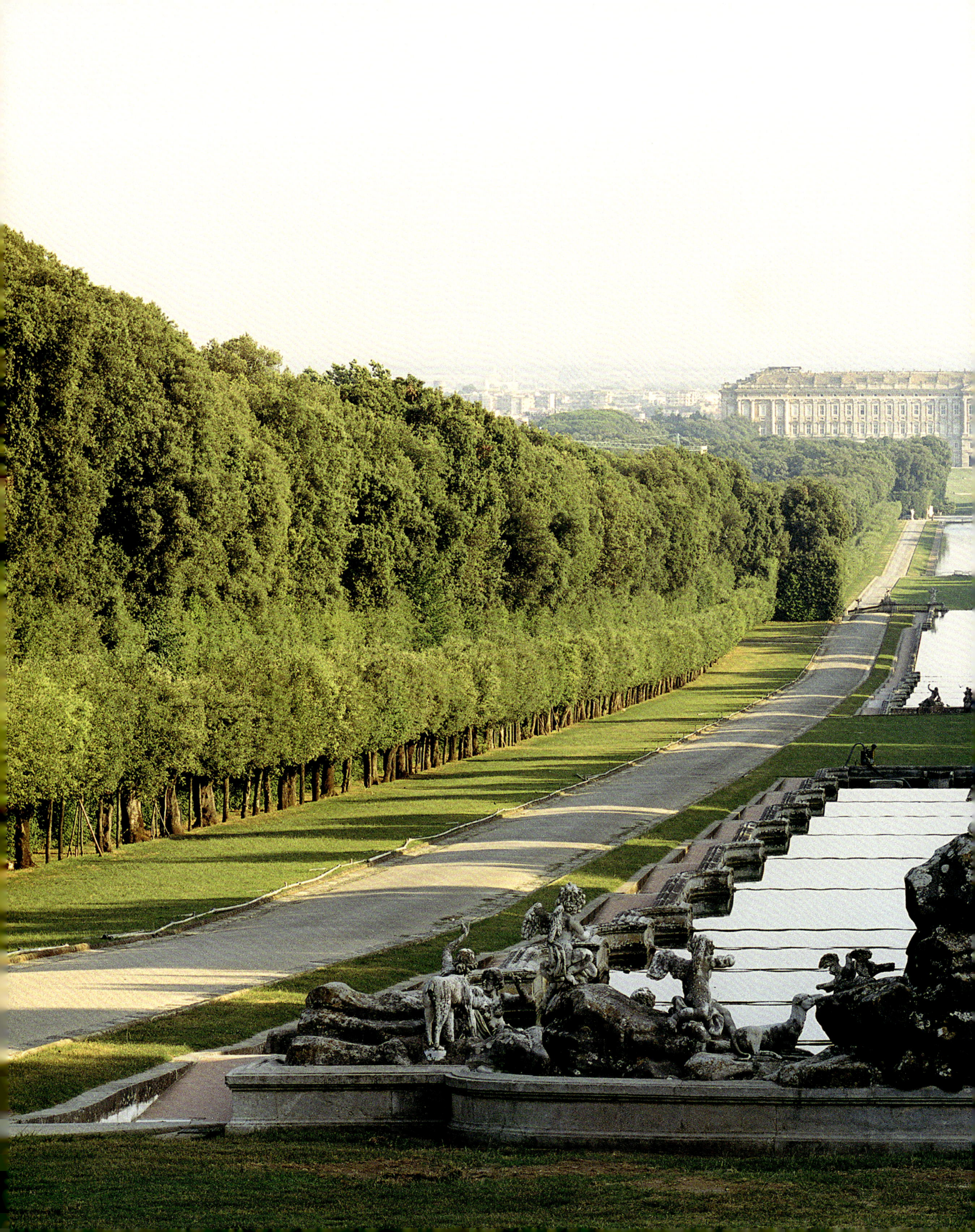

KÖNIGSPALAST VON CASERTA

Caserta, Italien

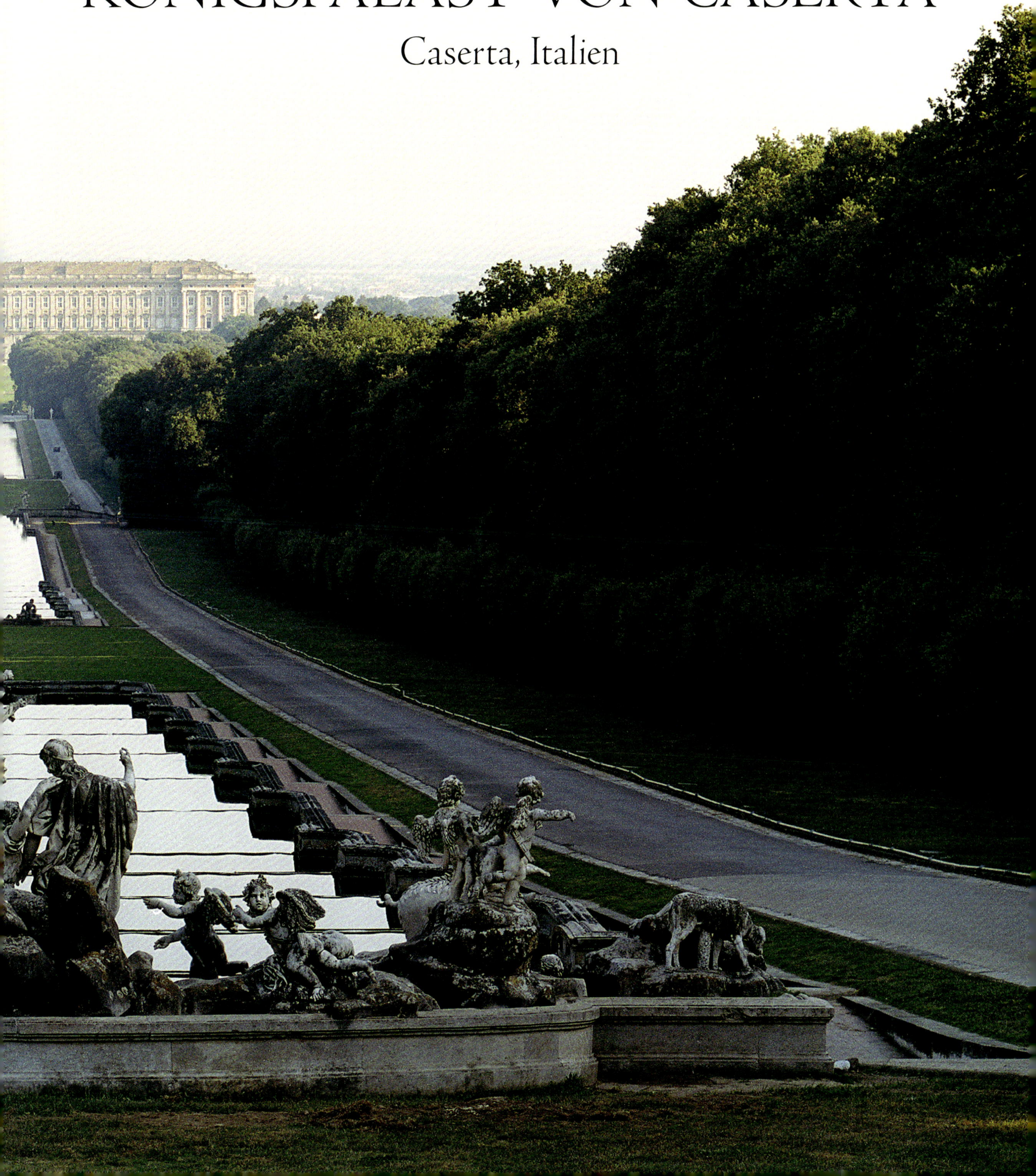

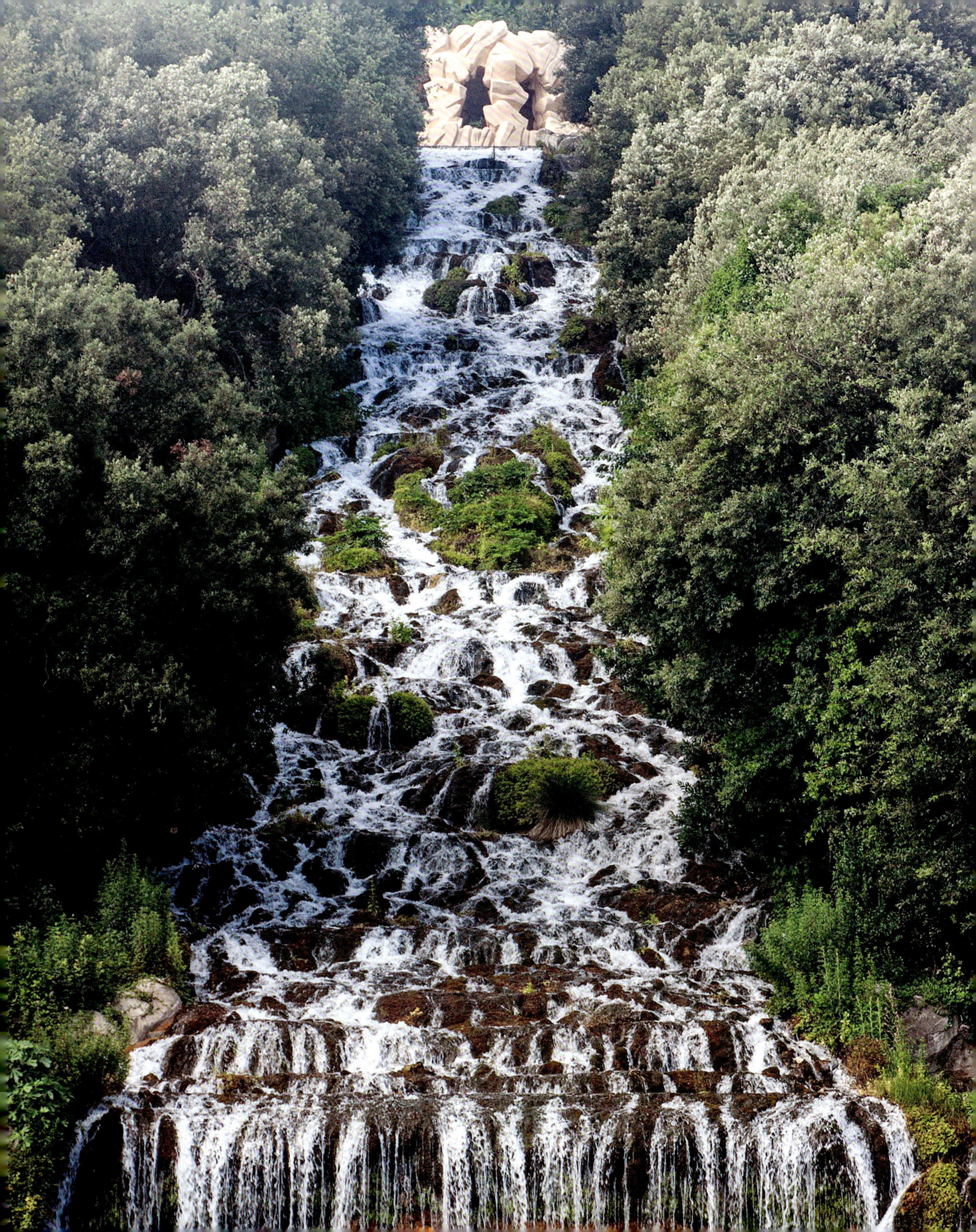

DER **KÖNIGSPALAST VON CASERTA** IN SÜDITALIEN WAR DIE RESIDENZ DER BOURBONEN, ALS SIE ÜBER DIE KÖNIGREICHE NEAPEL UND SIZILIEN HERRSCHTEN (1734–1861). NACH ZWEI JAHRHUNDERTEN SPANISCHER HERRSCHAFT SCHUFEN DIE BOURBONEN STABILE POLITISCHE VERHÄLTNISSE.

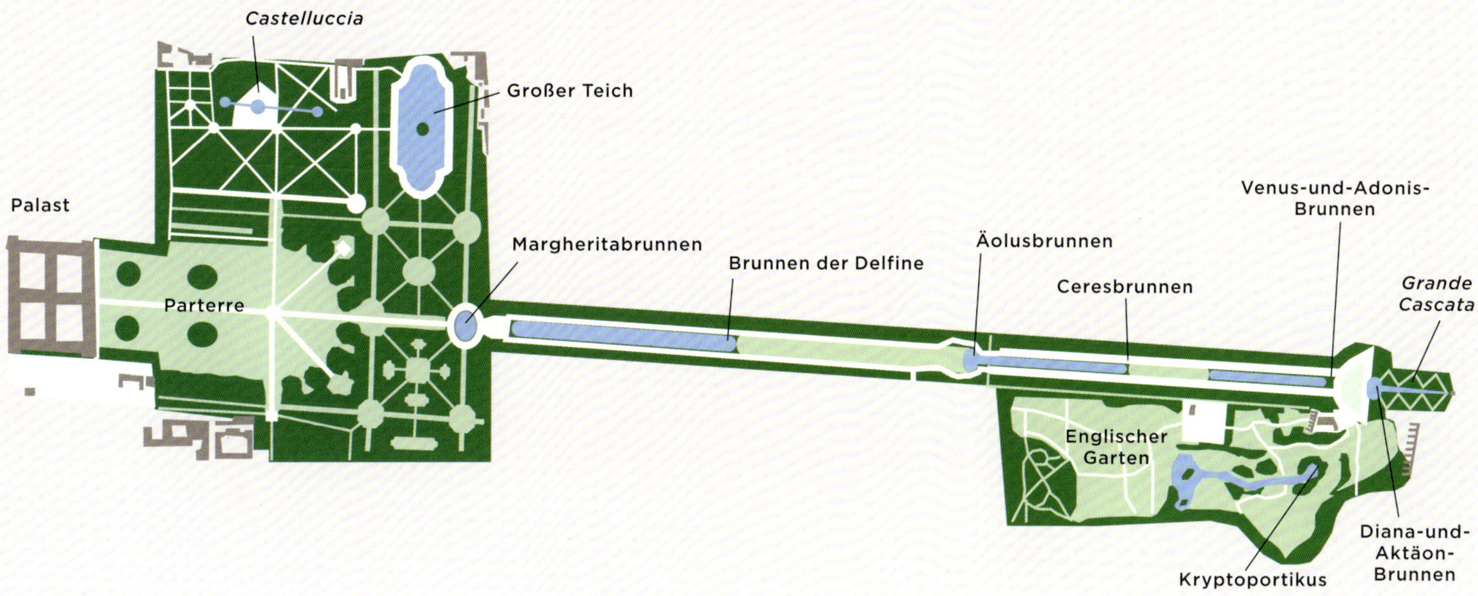

Der Königspalast *(Reggia)* ließ die Stadt Caserta aufblühen. Mit einer Ausdehnung von 23,5 Hektar zählt dieser Palastkomplex zu den größten Königsschlössern der Welt, sein Garten erstreckt sich über 120 Hektar. Abgesehen von der Liebe des königlichen Bauherrn zu mathematisch genauer Ordnung und strenger Geometrie erforderte allein schon die Größe der Anlage, dass die Entwürfe der Architekten gemäß den Lehren der Aufklärung vermehrt auf mathematischen und mechanischen Prinzipien basierten. Der Palast und der imposante Park von Caserta legen davon Zeugnis ab.

LUIGI VANVITELLI

Der niederländische Maler Caspar van Wittel, genannt Vanvitelli, verbrachte den Großteil seines Lebens mit dem Malen von Stadtlandschaften in Italien, was ihm die Gunst adeliger Mäzene einbrachte. Sein Sohn Luigi Vanvitelli wurde einer der meistbewunderten Architekten Neapels. Er plante zahlreiche Profanbauten in Rom, Neapel, Mailand und anderen italienischen Städten, arbeitete am Trevi-Brunnen in Rom und stabilisierte die Kuppel des Petersdoms im Vatikan. Vanvitelli folgte der Formensprache des Spätbarocks, zeigte sich aber offen für Neuerungen und wandte sich schließlich dem Klassizismus zu. Er war ein eifriger Leser und verfügte über eine umfangreiche Bibliothek, die er zum Großteil Giovanni Andrea Lorenzani verdankte, seinem Großvater mütterlicherseits. Sein Streben nach Harmonie und beständiges Vergleichen und Neubewerten erklären möglicherweise seine unterschiedlichen Stile.

Karl VII. (1716–1788), König von Neapel und Sizilien, betraute Luigi Vanvitelli mit der Planung der Bourbonenresidenz Caserta, 25 Kilometer nördlich von Neapel. Der Errichtung dieser Palastanlage widmete Vanvitelli den Großteil seines Lebens. Sie sollte nach dem Vorbild des Schlosses Versailles (siehe Seite 90) gestaltet werden, dem auch andere Königsschlösser nachempfunden waren (Karls Vater, Philipp V. von Spanien [1683–1746], war ein Enkel Ludwigs XIV.) Die Arbeiten begannen 1751. Karl VII. war damals erst 35 Jahre alt. Großen Einfluss auf das Projekt nahm

Vorhergehende Doppelseite
Blick über die Kaskaden auf den Palast

Linke Seite
Den Höhepunkt der zentralen Achse bildet die *Grande Cascata*.

seine gebildete und kunstsinnige Gemahlin Maria Amalia von Sachsen (1724–1760). Umrahmt von großen Festlichkeiten legte Karl am 20. Januar 1752 selbst den Grundstein. Als Regent im Sinne des aufgeklärten Absolutismus war er bei seinen neapolitanischen Untertanen sehr beliebt und wurde als reformfreudiger Monarch geschätzt.

Barock und Klassizismus

Caserta, ursprünglich ein kleines Jagdschloss, liegt in der Ebene Terra di Lavoro in Kampanien, einer Gegend, die Karl an Zentralspanien und die Sommerresidenz La Granja de San Ildefonso seines Vaters erinnerte. Vanvitellis Entwurf für den neuen Königspalast war eine grandiose Mischung aus Barock und Klassizismus. Im Schlosspark verband er die Tradition der italienischen Renaissance mit den Konzepten des französischen Gartens, die André Le Nôtre mit römischen und toskanischen Anleihen so erfolgreich in Versailles umgesetzt hatte. Der Park besticht nicht durch seine Blumenpracht, sondern durch weite theatralische Räume mit gepflegten Rasenflächen und dramatischen Wasserarchitekturen. Die Anlage wirkt ebenso imposant wie üppig – mit Brunnen und Kaskaden, Parklandschaften und Wäldern mit Jagdschlösschen und sogar einer Seidenfabrik. Der Palastkomplex hat eine Länge von vier Kilometern, hinzukommen das von Vanvitelli 1752 bis 1764 errichtete Karolinische Aquädukt und die Wasserzuführung mit einer Gesamtlänge von über 38 Kilometern.

Südlich des Palasts liegt die *Piazza Carlo III*, mit 13 Hektar der größte Platz Italiens. Seine Gartenflächen bildeten ursprünglich eine Einheit, was infolge durchlaufender Straßen und Umbauten nicht mehr der Fall ist. 2018 wurde eine Absichtserklärung zur Wiederherstellung des Platzes nach den Originalplänen Vanvitellis unterzeichnet.

Ein Teil der Gartenanlage erstreckt sich auf einem Hang. Sie umfasst einen Wasserfall, Kaskaden, Becken und Brunnen sowie einen englischen Landschaftsgarten, den *Giardino inglese*. Er ist der erste Garten Italiens, in dem Pflanzen aus der ganzen Welt kultiviert wurden. Zwischen Teichen und Tempeln erhebt sich der Kryptoportikus – eine künstliche Ruine, die man bald nach der Entdeckung Pompejis errichtete und mit originalen, aus Pompeji und aus der Farnese-Sammlung stammenden Statuen ausschmückte. Sie ist als kreisrundes Nymphäum (Nymphenheiligtum) aus Tuff gestaltet. Der Boden besteht aus gebrochenen farbigen Marmorfliesen. Aus den Wurzeln einer großen Eibe, gepflanzt von dem deutsch-englischen Gärtner John Andrew Graefer, strömt Wasser in einen malerischen See mit einer Marmorstatue von Tommaso Solari. Sie stellt die dem Wasser entstiegene Göttin Venus dar. Umgeben von Lorbeerbäumen, Eichen und Eiben, gedeihen in diesem Bereich auch viele Farne.

Der Bau der 1753 von Karl VII. in Auftrag gegebenen und nach ihm benannten, 38 Kilometer langen Wasserleitung dauerte fast 20 Jahre. Sie führt über das herrliche dreigeschossige, von Vanvitelli geplante Aquädukt und versorgt die Reggia di Caserta und ihre Brunnen sowie San Leucio mit Wasser. Das an römische Vorbilder erinnernde Bauwerk erregte weltweit Bewunderung und gilt als unglaubliche architektonische und technische Leistung.

Vanvitelli und der Perspektiveffekt

Vom Palast aus erstreckt sich der Garten, so weit das Auge reicht. Blickführung und der sich bei einem Blick in die Ferne ergebende Perspektiveffekt waren für Vanvitelli von speziellem wissenschaftlichem Interesse. 1756 verfasste er eine kurze Abhandlung mit dem Titel *Dichiarazione dei disegni del reale palazzo di Caserta* (»Erklärung der Entwürfe für den Königspalast von Caserta«), in der er diesen Perspektiveffekt erläuterte.

Um ihn zu erzielen, sah Vanvitelli eine gerade, drei Kilometer lange Sichtachse vor, die vom Schloss bis zu dem 75 Meter hohen Wasserfall am Ende des Gartens auf dem Monte Briano führte. Diese unglaublich lange, von immergrünen Steineichen *(Quercus ilex)* gesäumte Achse mit ihren die Wasserbecken umrahmenden Rasenstreifen wird durch Kaskaden, weite Rasenflächen, Teiche, mythologische Statuen und Brunnen unterbrochen. Vom Palast aus gesehen entsteht eine

Rechte Seite oben
Die *Piazza Carlo III*

Rechte Seite unten
Im Englischen Garten

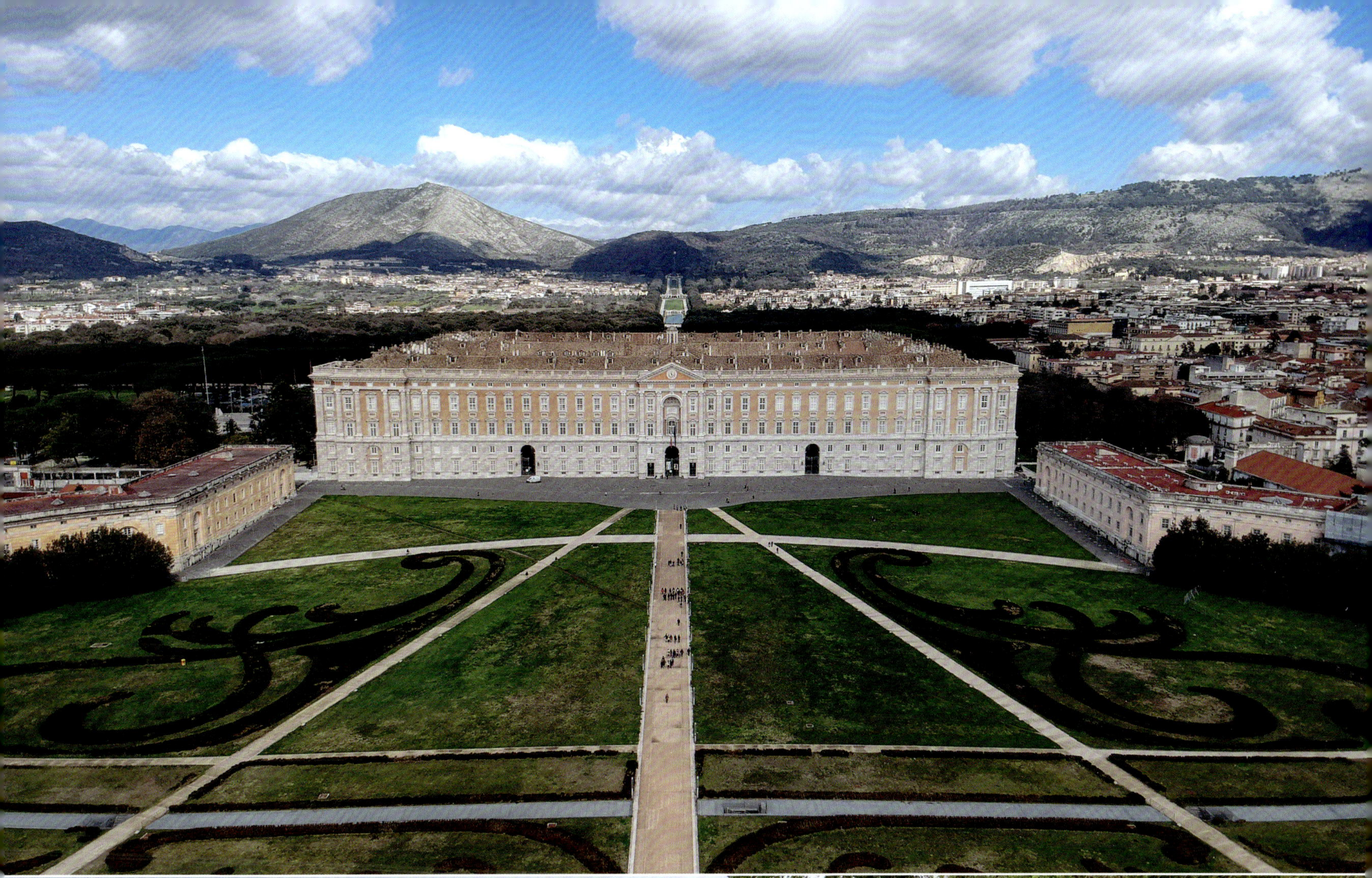

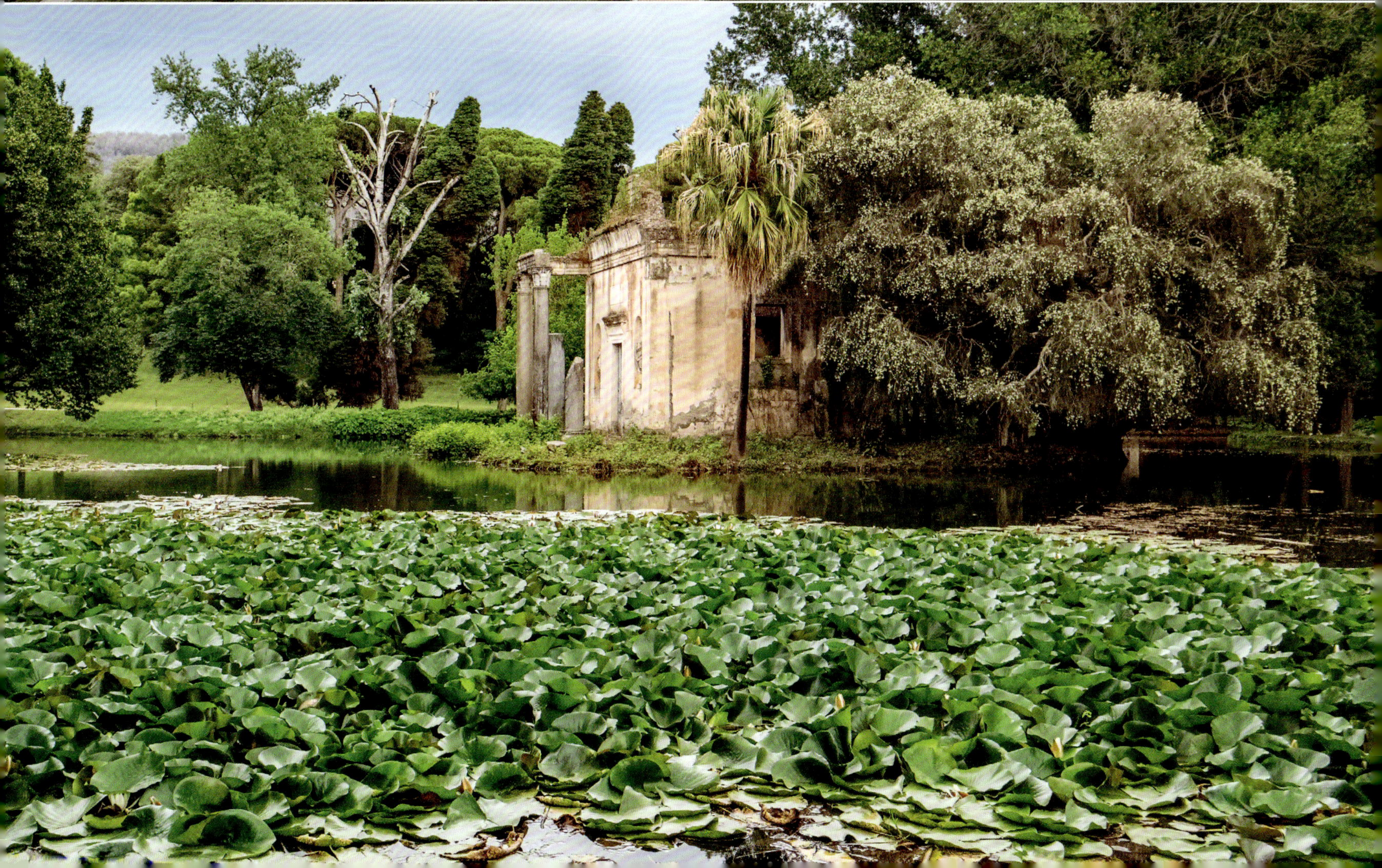

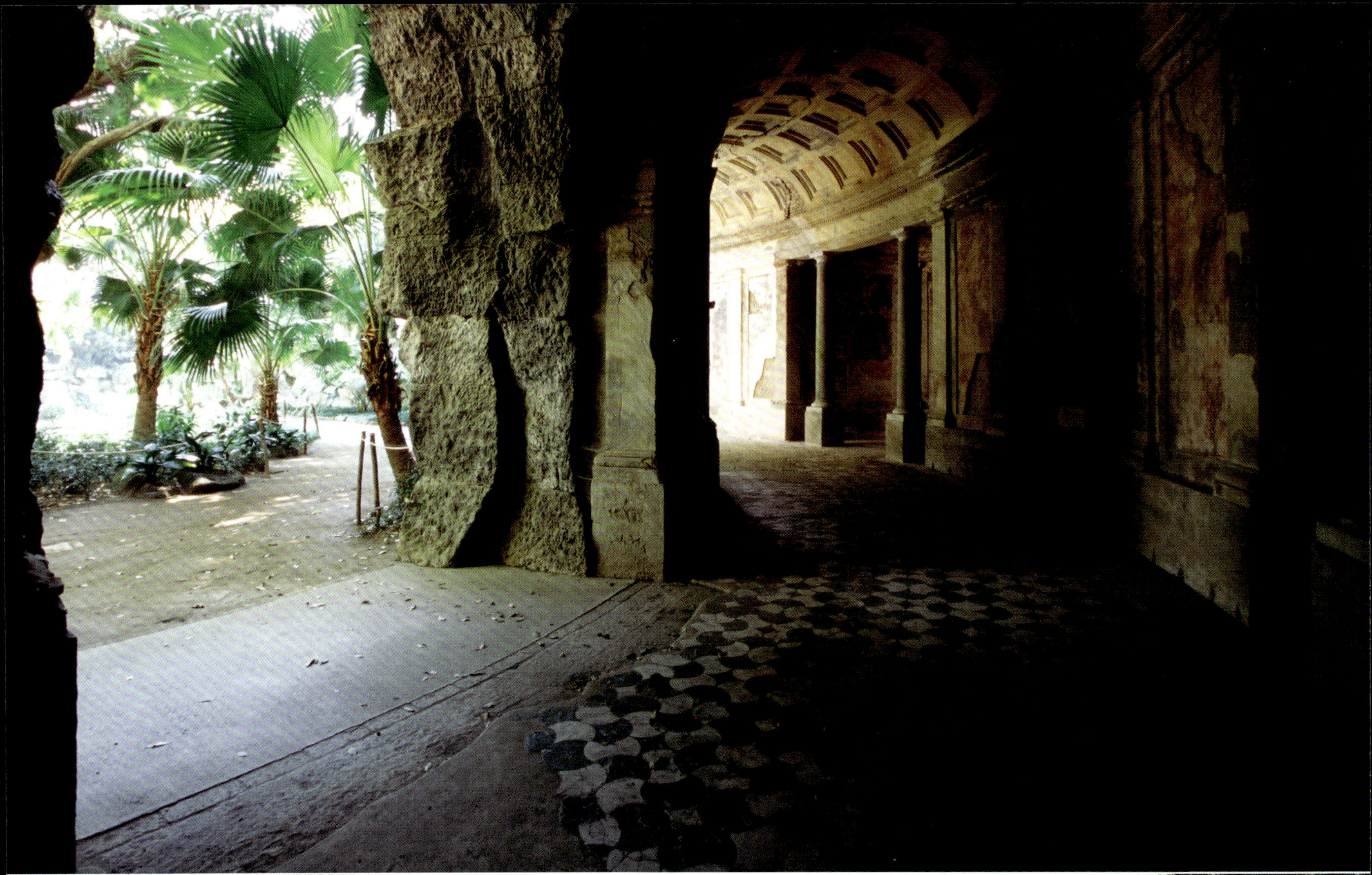

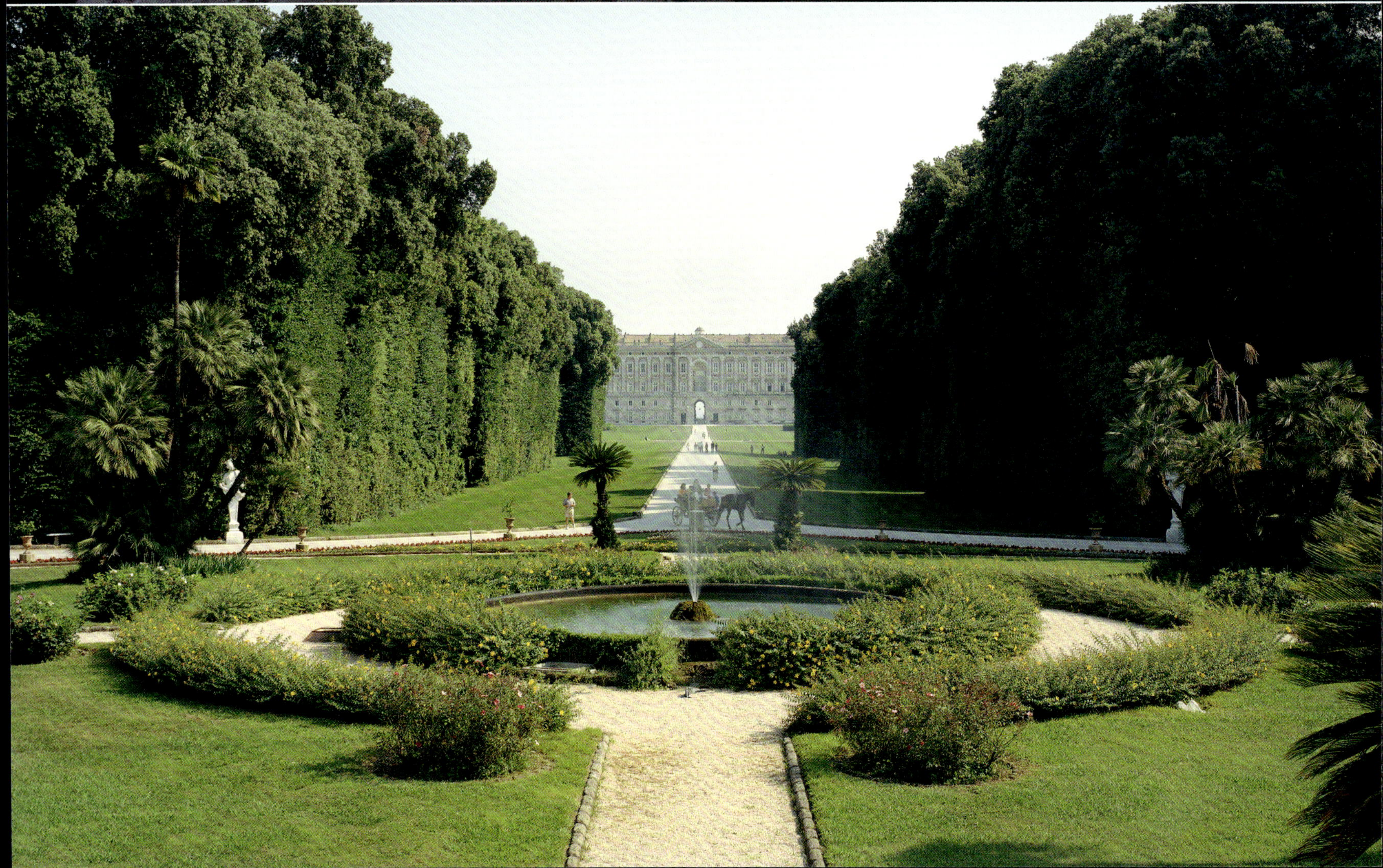

optische Täuschung, die den Abstand zwischen dem ersten, dem Margheritabrunnen im Park – oder sogar dem Brunnen der Delfine in der Allee –, und dem unteren Ende des Wasserfalls gering erscheinen lässt.

1753 begannen im Garten die ersten Pflanzarbeiten. Die unmittelbare Umgebung des Palasts sollte im Stil des Spätbarocks gestaltet werden, was jedoch aufgrund von Geldmangel unterblieb. Der 120 Hektar große heutige Garten ist eine verkleinerte Version von Vanvitellis ursprünglichem Entwurf. Als er 1773 starb, kamen die Arbeiten zum Stillstand. 1777 wurde sein Sohn Carlo zum Leiter der Bauarbeiten ernannt.

Das Parterre

Der Entwurf Luigi Vanvitellis sah filigrane Parterres und Boskette unmittelbar hinter dem Palast vor. Die grundsätzliche Form ist geblieben, die Gestaltung wurde jedoch vereinfacht, indem man im ersten und zweiten Gartenbereich die Zahl der Dekorelemente verminderte, insbesondere der Brunnen. Das Parterre vor der Hauptgalerie des Palasts bildete den ersten Teil des Gartens (der zweite ist die lange, am Wasserfall endende Allee). Es wies geometrische Muster im französischen Stil und mit Blumen bepflanzte, Broderien ähnelnde Formen auf (das klassische Broderieparterre). Verantwortlich dafür war der französische Obergärtner Martin Biancourt. Die kunstvollen Parterres mussten jedoch aus Kostengründen vier breiten Rasenflächen weichen, die im 19. Jahrhundert mit kreisrunden Eiben- und Lorbeerbeeten »verziert« wurden. Es handelt sich nicht wirklich um ein *Parterre à l'anglaise*, da die Rasenflächen nicht mit Rabatten umsäumt sind. Sie werden durch Wege unterteilt. An ihrem hinteren Ende beginnen fünf verzweigt angeordnete Wege, ebenfalls mit Rasenflächen dazwischen. Sie führen zu den umrahmenden Bosketten aus Hainbuchen, Linden und Steineichen. Diese weisen die charakteristische Stuhlform auf, die Bäume sind also unterschiedlich hoch. Am Ende des mittleren Wegs liegt ein von 16 weißen Marmorfiguren umrahmtes Rondell mit dem Margheritabrunnen. Hier endet der erste bzw. beginnt der zweite Teil des Gartens, die eigentliche Allee.

Westlich des Parterres liegt der *Bosco vecchio*, ein Gehölz, das Vanvitelli mit Steineichen, Efeu und Dornmyrten ergänzte. Die dichte Vegetation bildete einen diskreten Garten, wohin man sich zurückziehen konnte. Ein als kleine Burg gestalteter Bau, die *Castelluccia*, erhebt sich innerhalb eines achteckigen Wassergrabens mit Brücken, die zum Weg davor und dem dahinter liegenden Formgarten führen. Von der Brücke der Burg führen zwei geschwungene Treppen zum Formgarten mit seinen von Hecken gesäumten Rasenflächen, Zitrusbäumen, Palmen und Efeu. An einer Ecke der Begrenzungsmauern des Formgartens steht ein chinesischer Sonnenschirm aus rotem und grünem Metall mit Glocken und einer bekrönenden Wetterfahne. Die *Castelluccia* wurde als Ort der Zerstreuung errichtet und 1818 zu einem Landhaus umgebaut. Im Wassergraben spiegeln sich Magnolien, Affenbäume *(Araucaria)* und Palmen. Nördlich der *Castelluccia* befindet sich das große elliptische Fischbecken, das 1769 von Francesco Collecini (einem Mitarbeiter Vanvitellis) geschaffen wurde. Es besitzt eine erhöhte Steineinfassung, das Zentrum bildet eine kreisrunde Insel. Diese 270 Meter lange, 105 Meter breite und 3,5 Meter tiefe Wasserfläche ermöglichte Schauspiele wie nachgestellte Seeschlachten.

Brunnen

Die am Margheritabrunnen beginnende Allee ist mit einer Reihe weiterer Brunnen ausgestaltet. Der erste ist der Brunnen der Delfine, entworfen von Carlo Vanvitelli nach Plänen seines Vaters. Zwei kleinere Delfine flankieren einen größeren mit Klauenfüßen, der auf einem Felsen sitzt. Aus ihren Mäulern strömt Wasser in den großen, gerade verlaufenden Kanal. Der Brunnen wurde 1776 bis 1779 von Gaetano Salomone aus Travertin gehauen. Er liegt am Ende des ebenen Wasserwegs und wird durch eine halbkreisförmige Travertinmauer mit Metallbalustrade abgeschlossen, die den Beginn eines weiteren Hangabschnitts markiert. Über steile Hänge beiderseits des Wasserwegs gelangt man auf die Mauer, die einen Ausblick auf den Brunnen gewährt.

Linke Seite oben
Der Kryptoportikus, eine künstliche Ruine

Linke Seite unten
Der Margheritabrunnen

Wenn man über eine weite Rasenfläche in Richtung des Wasserfalls geht, gelangt man zu dem herrlichen Äolusbrunnen, wo ein neuer Hangabschnitt beginnt. Mit seinen 28 geflügelten Zephyrn und Göttern (im ursprünglichen Entwurf waren 54 Figuren vorgesehen) bietet er einen überwältigenden Anblick. Äolus, der Gott der Winde und König der schwimmenden Insel Äolia (die durch das Becken dargestellt ist), wird von Juno gedrängt, die Winde gegen Aeneas und die Trojaner loszulassen. An diesem Brunnen arbeiteten mehrere Bildhauer mit: Gaetano Salomone, Angelo Brunelli, Andrea Violani, Paolo Persico und Tommaso Solari der Ältere. Das Zentrum der Anlage bildet ein Wasserfall, der aus dem Wasserweg darüber gespeist wird. Beiderseits des Wasserfalls verläuft eine geschwungene Steinbalustrade mit weiteren Skulpturen.

Der von 1783 bis 1785 errichtete Ceresbrunnen (Ceres war die römische Göttin des Ackerbaus und der Fruchtbarkeit) wirkt wesentlich ruhiger. Gaetano Salomone schuf dafür Statuen aus Carrara-Marmor und Travertin. Sie stellen Ceres, Meeresnymphen, Tritonen, Nereiden und einen Delfin dar. Aus einem Becken strömt ein kleiner Wasserfall in den davor beginnenden Wasserweg.

Oberhalb einer Reihe von Kaskaden befindet sich der Brunnen mit Venus und Adonis und am Ende des Gartens, unterhalb des Wasserfalls, der Diana-und-Aktäon-Brunnen. Man erreicht beide über Stufen bzw. Rampen. Vor einem Hintergrund aus Bäumen und Wasser heben sich weiße Skulpturen von Paolo Persico, Pietro Solari und Angelo Brunelli ab.

Der Englische Garten

Ein großer Teil des Schlossparks von Caserta gehorcht den Regeln des französischen Gartens. Das Areal nordöstlich davon ist der 24 Hektar große *Giardino inglese*, ein 1785 angelegter englischer Garten, der als erster Landschaftsgarten Italiens gilt. Er ähnelt den natürlich wirkenden Landschaften des englischen Landschaftsarchitekten Lancelot »Capability« Brown und sollte das *Petit Trianon* in Versailles in den Schatten stellen. Er wurde von Königin Maria Carolina von Österreich entworfen, der Schwester der französischen Königin Marie-Antoinette (1755–1793) und Gemahlin Ferdinands IV. Ihr Entwurf wurde von Carlo Vanvitelli und John Andrew Graefer ausgeführt. Graefer hatte seine Ausbildung in England im Chelsea Physic Garten erhalten und war der Königin von dem Botaniker Joseph Banks empfohlen worden. Graefer ist es unter anderem zu verdanken, dass 1783 die gesprenkelte Art der Japanischen Aukube *(Aucuba japonica)* eingeführt wurde, anfangs als Treibhauspflanze. Er führte auch die Bollweiler Birne *(Pyrus bollwylleriana)* und den Sibirischen Holzapfel *(P. baccata*, später *Malus baccata)* ein.

Der 1807 angelegte Englische Garten wurde zum Königlichen Botanischen Garten von Caserta mit dem Herbarium Neapolitanum. 1861 bis 1903 unterstand er Nicola Terracciano, bemerkenswerte Beiträge leisteten sein Sohn Achille und dessen Kollege Giovanni Gussone. Das Herbarium beherbergt zwei Sammlungen Gussones mit bis zu 20 000 Objekten und eine 3500 Objekte umfassende Sammlung Terraccianos. Der Garten ist mit Tempeln, Statuen, Brücken und Ruinen ausgeschmückt. Spazierwege und kleine Wasser-

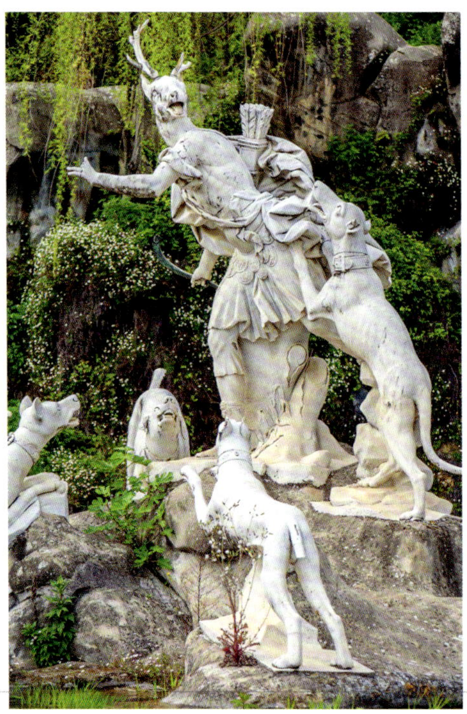

Rechts
Diana-und-Aktäon-Brunnen

Rechte Seite
Venusbad im Englischen Garten

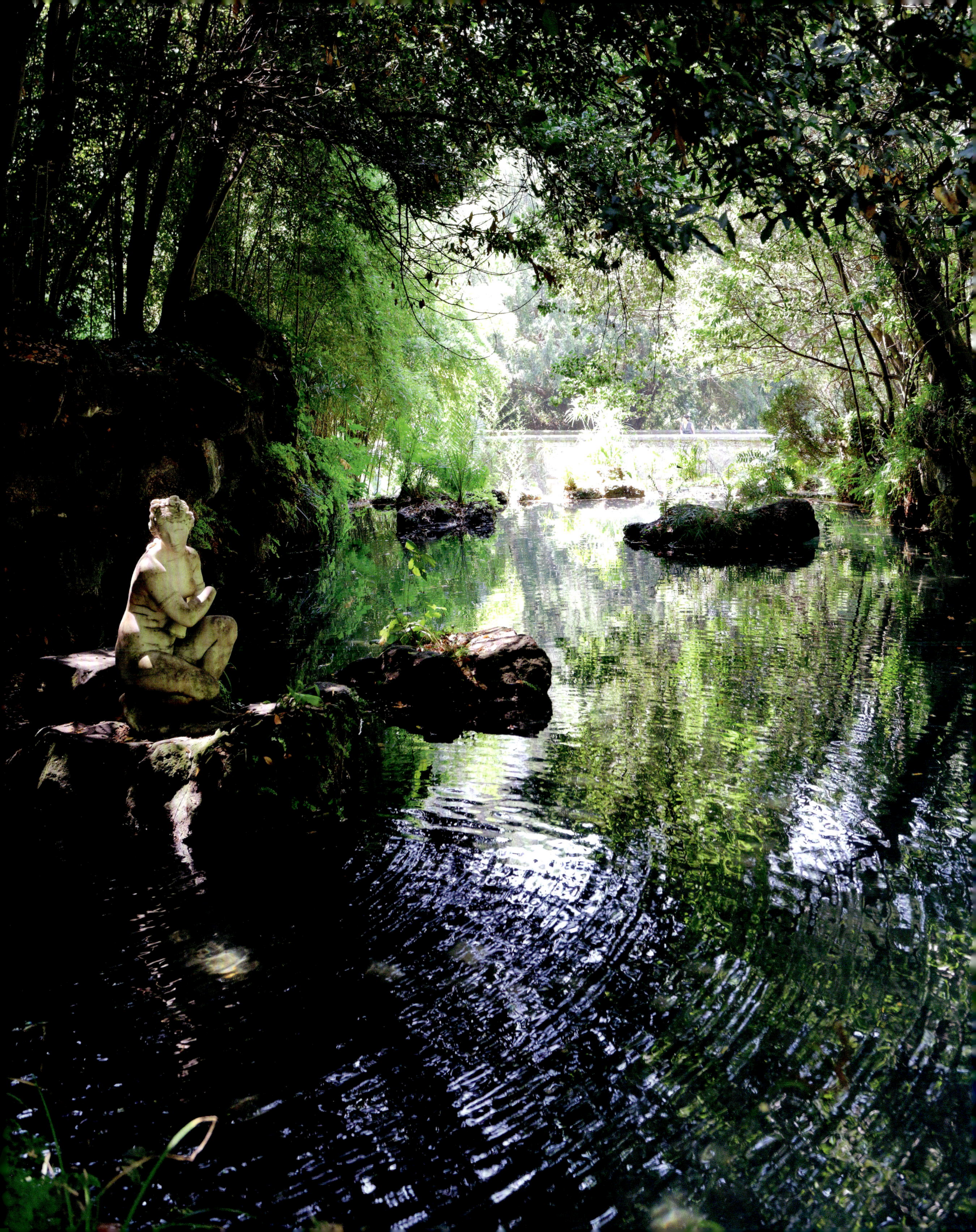

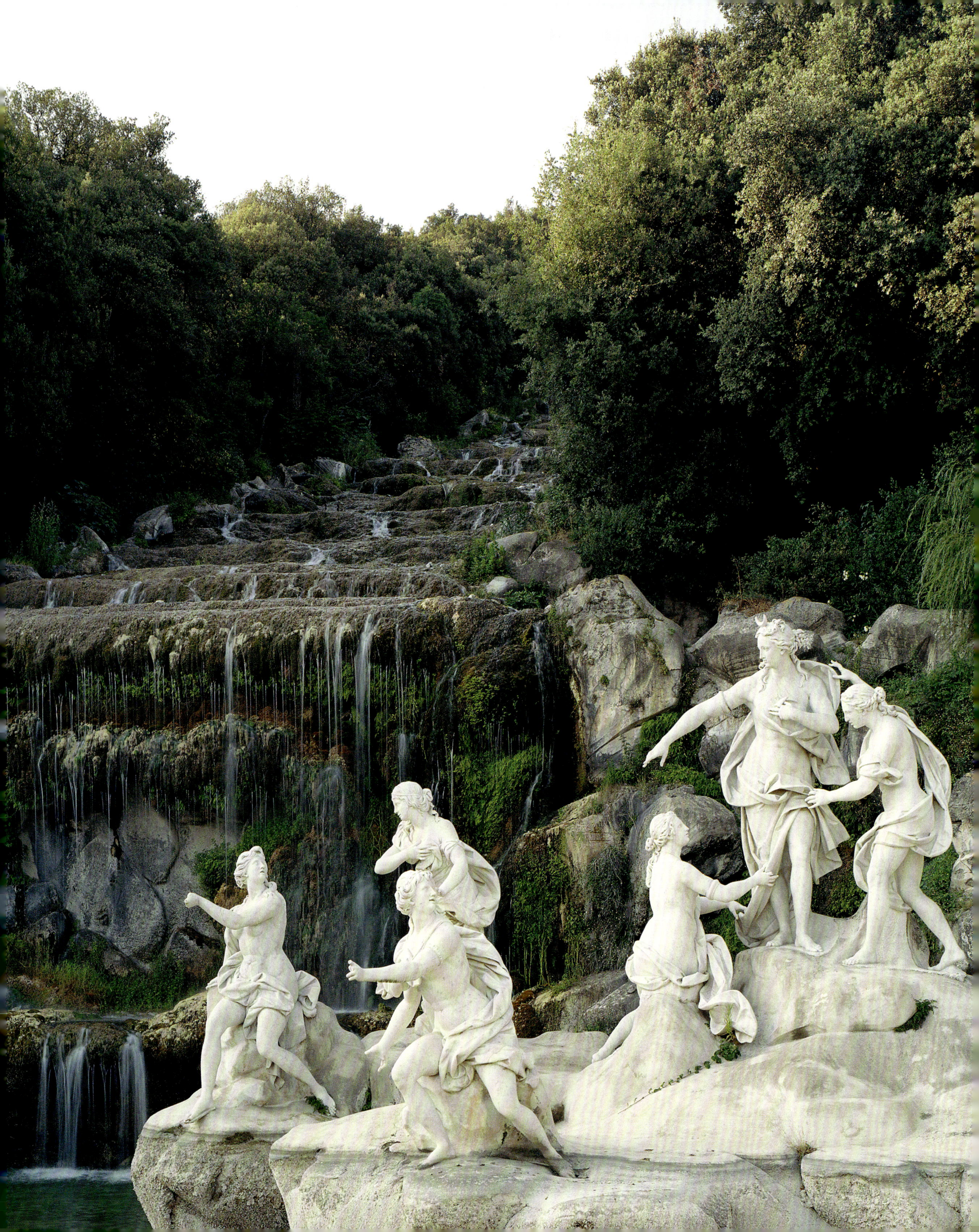

läufe winden sich durch Steineichengehölze und zwischen Libanesischen Zedern, Palmen, Stechpalmen, Eukalyptus, Ahorn, Farn, Rosenbeeten und Exemplaren der wahrscheinlich ersten aus Japan nach Europa gekommenen Kamelie, der *Camellia japonica*.

Neben dem Rosengarten befindet sich ein Gewächshaus aus dem 18. Jahrhundert, das für Begonien und Sukkulenten erbaut wurde. Ein weiteres, die *Serra Moderna* (Modernes Treibhaus) ist ein tonnengewölbtes Gewächshaus von 1785. Nördlich davon, in einem von Wald und hohen Palmen umschlossenen Bereich steht die *Serra Borbonica*, ein altes aus Eisen und Glas gebautes Gewächshaus, errichtet von Nicola Terracciano. Heute wirkt der klassizistische Bau für die empfindlichsten Pflanzen, mit dorischen Säulen und den breiten raumhohen Fenstern, etwas heruntergekommen. Er beherbergt einen großen Florettseidenbaum *(Ceiba speciosa)* aus Brasilien.

John Andrew Graefer bewohnte das Englische Herrenhaus (erbaut 1790–1794) in der Nähe der alten Gewächshäuser. Er reiste immer wieder durch Kampanien oder nach Capri und Palermo, um neue Pflanzen zu erwerben. Dank seiner Beziehungen zu englischen Botanikern gelangte er in den Besitz zahlreicher Pflanzen und Samen aus Australien, China und Japan, aus denen er Hybride und zahlreiche Raritäten züchtete. In England veröffentlichte Graefer einen Katalog, in dem er über 1100 Arten und Varietäten von Pflanzen und mehrjährigen Stauden beschrieb. Die Pflanzen in Caserta katalogisierte er in *Synopsis plantarum regii viridarii Casertani* (Neapel, 1803). Er verließ Caserta 1798 und wurde Verwalter von Admiral Nelsons Anwesen in Bronte auf Sizilien, wo er 1802 starb.

Caserta hat riesige Ausmaße. Durch kluge Planung und Anordnung von Skulpturen und Brunnen diente es als Bühne für Reichtum und Macht der Bourbonen. Mit seinen künstlichen Ruinen und Tempeln – sogar einer kleinen Pyramide – ist sein Garten ein wahrer Staffagenpark. Die komplizierten Barockparterres wurden durch ausgedehnte Rasenflächen ersetzt, doch die Boskette blieben erhalten, ebenso die zentrale Achse mit ihren Wasserkünsten, die den Blick vom Palast in die Ferne lenkt. Die Auswahl an Pflanzen im spätbarocken Garten und entlang der Zentralachse ist begrenzt; im Englischen Garten hingegen, in dem botanische Studien, Experimente mit Pflanzen und deren Pflege im Mittelpunkt stehen, begegnet man neben heimischen auch einer Vielzahl von Pflanzen aus fernen Ländern.

Linke Seite
Der Diana-Brunnen am Fuß der Kaskaden

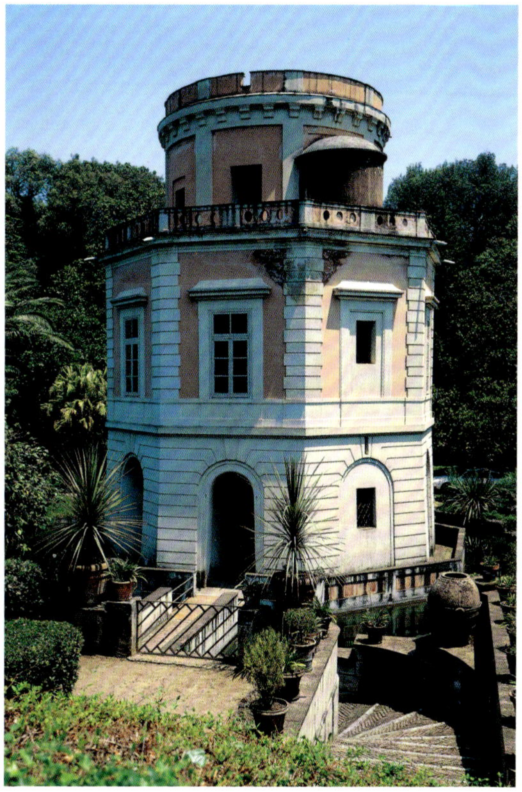

Links
Die *Castelluccia* ist wie eine kleine Burg gestaltet.

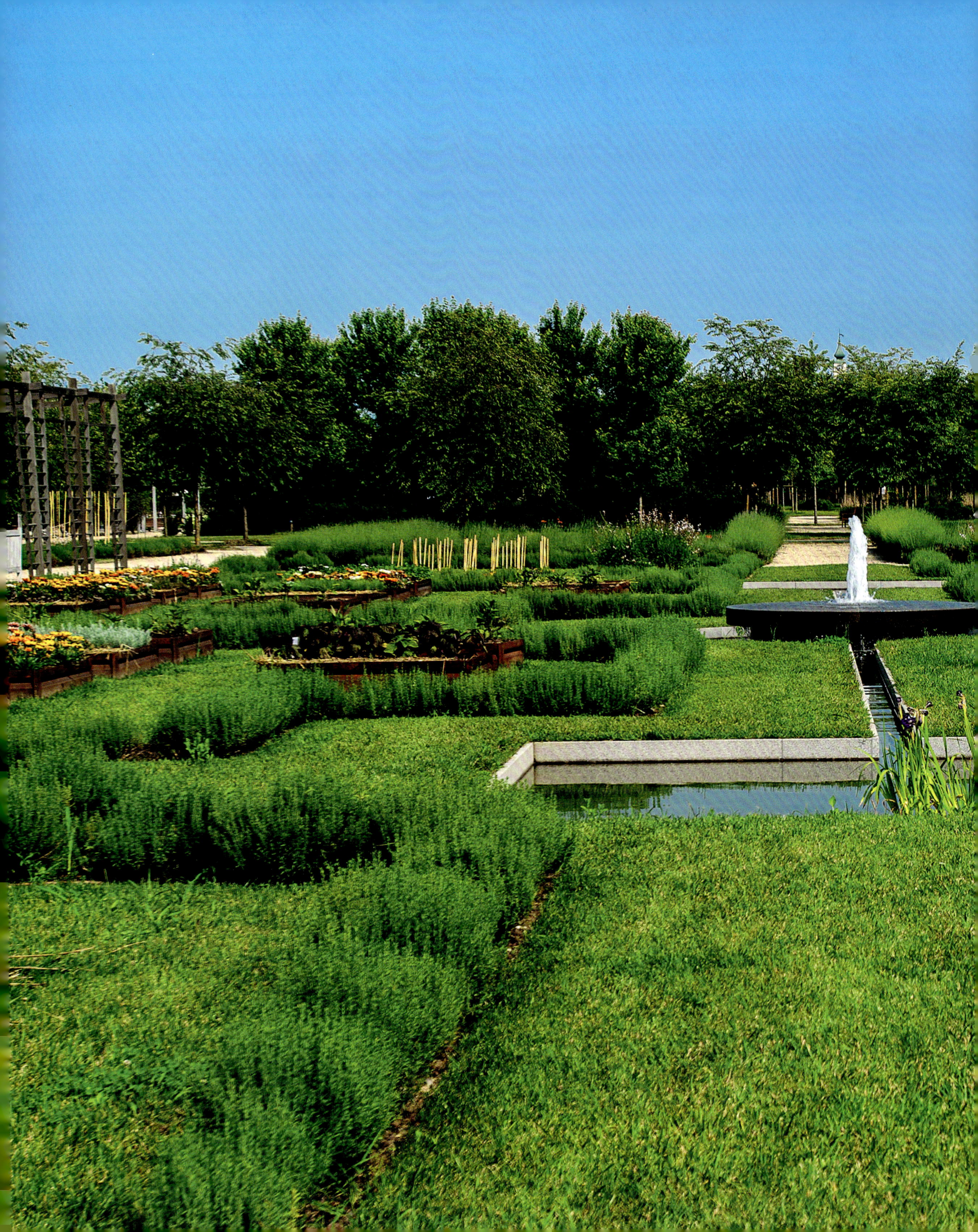

PALAST VON VENARIA REALE

Venaria Reale, Italien

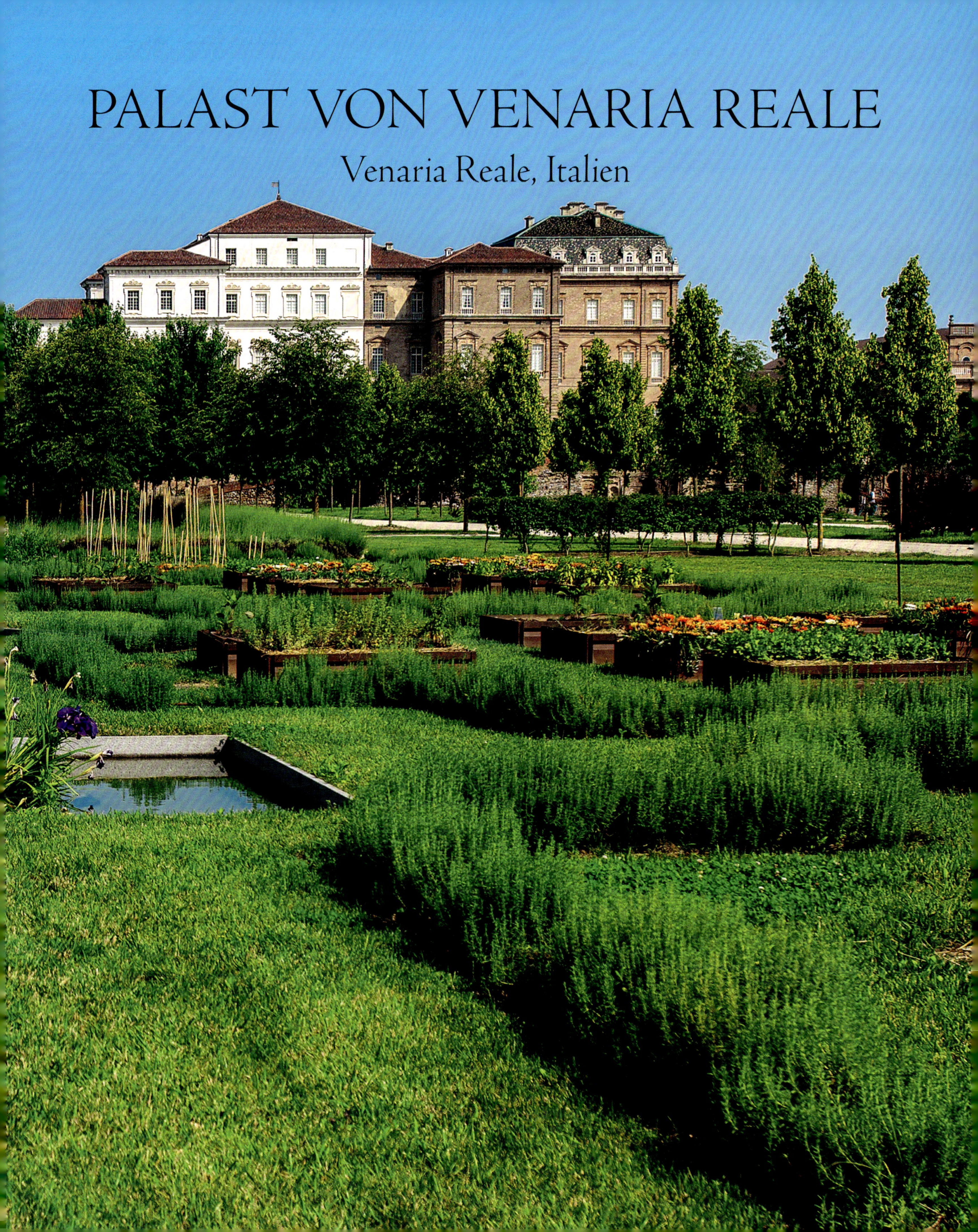

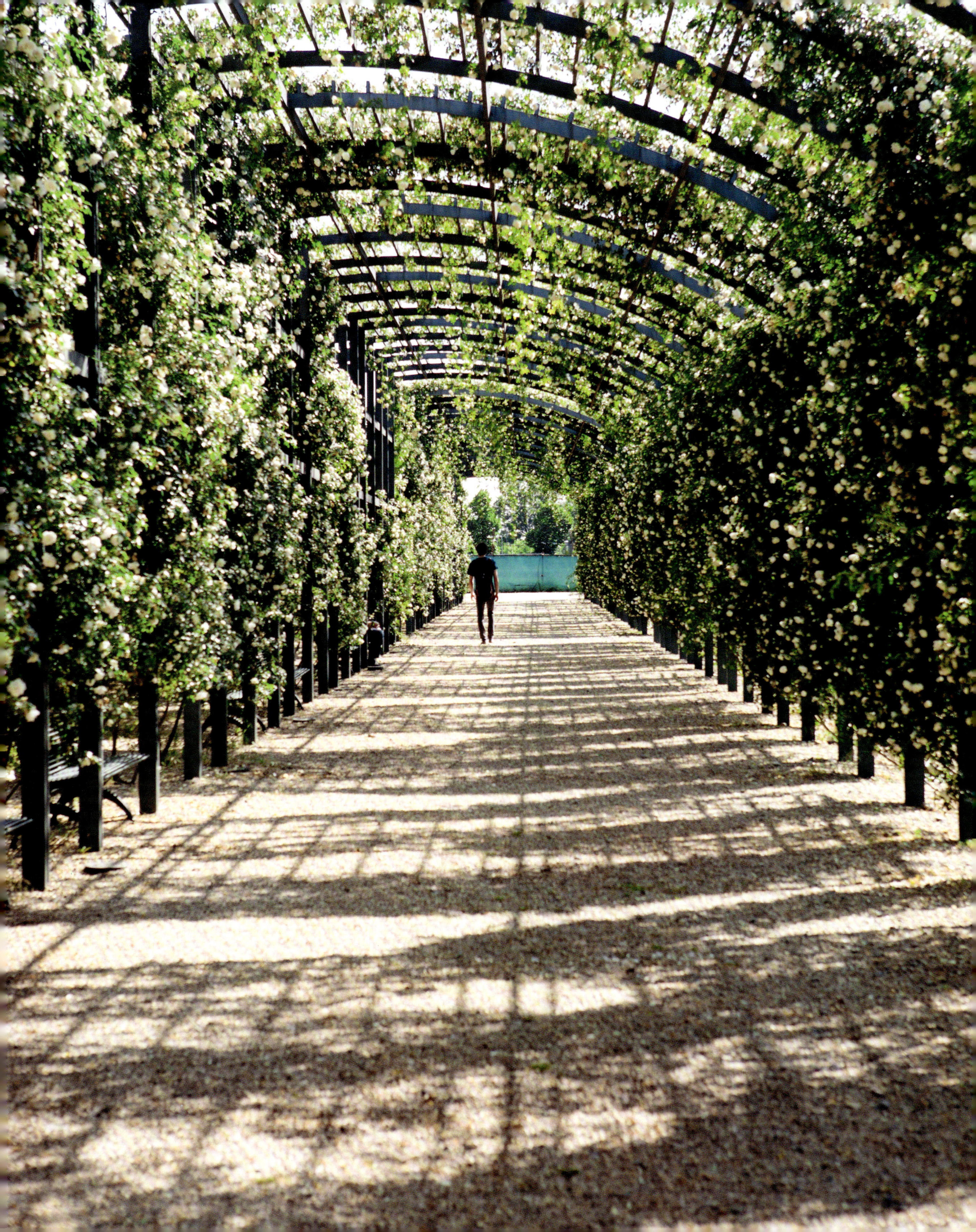

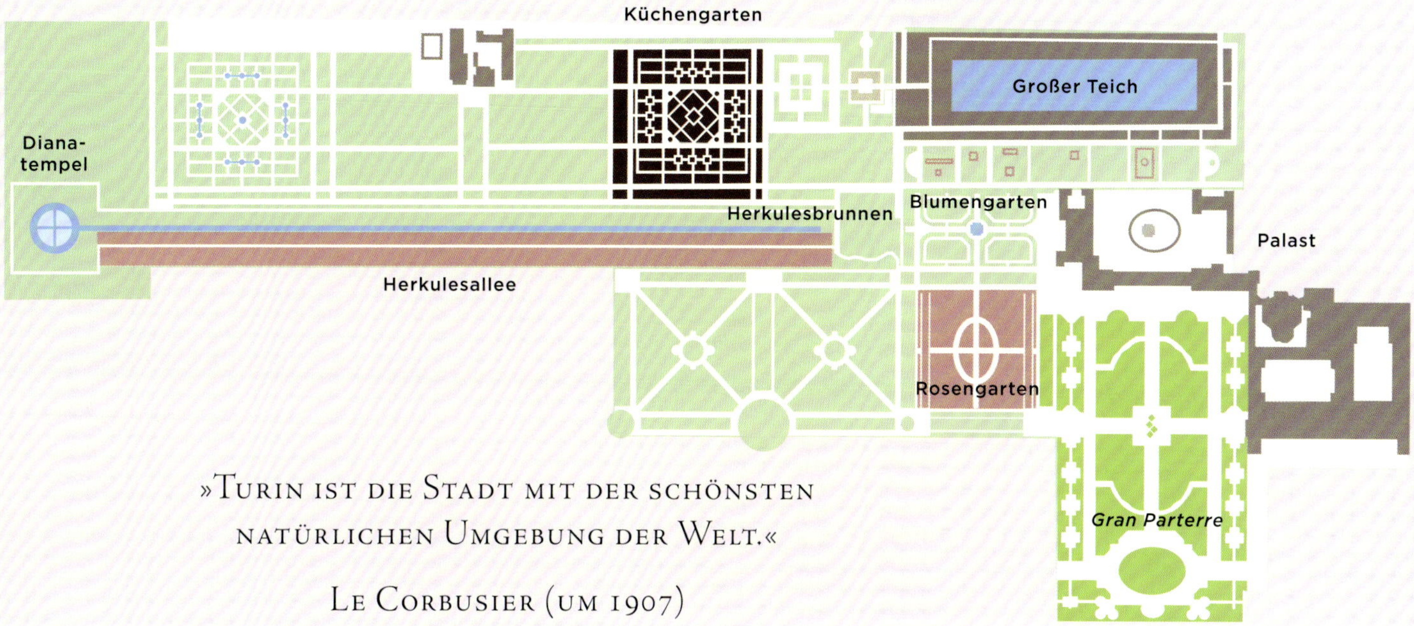

»Turin ist die Stadt mit der schönsten natürlichen Umgebung der Welt.«

Le Corbusier (um 1907)

Nach dem Palast von Caserta (siehe Seite 102) ist La Venaria Reale Italiens zweitgrößter Königspalast *(Reggia)*. Er liegt in der gleichnamigen Gemeinde, nördlich von Turin in Piemont am Zusammenfluss der Stura di Lanzo und der Ceronda. Der großteils aus dem 17. und 18. Jahrhundert stammende Komplex ist ein schönes Beispiel italienischer Barockarchitektur, Kunst und Landschaftsgestaltung. Nach 200-jährigem Verfall drohte der Anlage nach 1970 sogar der Abriss. Sie geht bis auf die Zeit der Renaissance zurück, die barocke Architektur und aktuelle Landschaftsgestaltung hingegen sind das Ergebnis achtjähriger Restaurierungen, die mit einem Kostenaufwand von 255 Millionen Euro 2007 abgeschlossen wurden.

Das Haus Savoyen, eine mächtige, bis ins 11. Jahrhundert zurückreichende Dynastie, war das am längsten herrschende Königshaus Europas. 1562 verlegte Emanuel Philibert von Savoyen (1528–1580) den Regierungssitz seines Herzogtums von Chambéry (heute in Frankreich) nach Turin und nahm ein umfassendes Bauprogramm in Angriff, das seine Nachfolger fortsetzten. Eines seiner Projekte war die Errichtung einer Reihe prächtiger Bauten mit Gärten und Parks. Der weitläufige Verband aus Palästen, Wohngebäuden und kirchlichen Bauten (bekannt als *La Corona di Delizie*, der »Kranz der Freuden«) war einer der größten der Welt und wurde von führenden Architekten und Künstlern aus einheitlichem Material und im selben Stil gestaltet.

Um die verschiedenen Bereiche der Palastanlage miteinander zu verbinden, entwarfen Amedeo di Castellamonte, Michelangelo Garove und nach ihm Filippo Juvarra ein Netz von Höfen und Gärten. Der Architekt und Ingenieur Castellamonte wurde von Herzog Karl Emanuel II. (1634–1675) beauftragt, die *Reggia* aus weißem Chianocco-Marmor zu errichten (den imposanten Flügel in Ost-West-Richtung aus rotem Backstein fügte später Garove hinzu). Der Herzog ließ sich hier vom Schloss Mirafiori inspirieren, einer weiteren Residenz des Hauses Savoyen. Von 1658 bis 1679 entwarf und erbaute Castellamonte eine Reihe von *Maisons de plaisance* (Lusthäusern), Gärten sowie Jagdschlössern und -parks im Umkreis von Turin, die vor allem den herzoglichen Lustbarkeiten dienten, aber auch die Möglichkeit boten, Gesellschaft und Handel in den Gebieten um die Hauptstadt zu überwachen.

Der Palast entstand auf dem Gebiet des Dorfes Altessano Superiore, das der Herzog von einer reichen Mailänder Familie kaufte, um sich hier seinen Wunsch nach einem einheitlich gestalteten Bau zu erfüllen. Nach der Vergrößerung des Palasts, des Gartens und des Jagdparks erhielt die Anlage den aus dem Lateinischen abgeleiteten Namen Venaria Reale (»königliche Jagd«).

Vorhergehende Doppelseite
Der Küchengarten

Linke Seite
Laubengang im Rosengarten

Nachdem Herzog Viktor Amadeus II. von Savoyen (1666–1732) Juvarra 1716 zum leitenden Hofarchitekten bestellt hatte, erreichten Palast und Garten den Höhepunkt ihrer barocken Pracht. Juvarra hatte den Ehrgeiz, sich mit den Erbauern von Versailles zu messen. Er fügte den Südflügel hinzu: die massiven Arkaden der von Garove entworfenen Großen Galerie (*Galleria Grande* als Verbindung der königlichen Gemächer), eine riesige, nach Süden blickende Orangerie *(Citroniera)* sowie einen Flügel mit Stallungen.

Unter Karl Emanuel III. (1701–1773) erhielt die Dynastie den Rang eines Königshauses. Benedetto Alfieri vergrößerte La Venaria Reale erneut. Unter Michel Bénard, einem vormaligen Gartenarchitekten von Versailles, hielt wieder der französische Stil Einzug in die Anlagen der *Reggia*. Karl Emanuel IV. musste sich 1798 nach Sardinien zurückziehen, von da an wurde der Palast vom Hof nicht mehr genutzt.

Der Schlosspark

Der Park von La Venaria Reale ist nach mathematischen Regeln als geometrische Anlage konzipiert, aber weder ein französischer noch ein »malerischer« Garten im Sinne des englischen Landschaftsstils. Die *Reggia* des Hauses Savoyen und die Formgärten aus dem 16. und 17. Jahrhundert gehorchten den barocken Grundsätzen perfekter Symmetrie, axialer Ausrichtung mit Alleen, geometrischer Flächen, breiter Sichtachsen, gepflegter Rasenstücke und gestutzter Sträucher und Bäume als Ausdruck von Harmonie und Unterwerfung der Natur. Palast und Park haben eine Gesamtfläche von 95, der Park selbst von 60 Hektar. Der Komplex liegt inmitten weiter Besitzungen, zu denen auch das Naturschutzgelände La Mandria im Westen gehört.

Die Gartenanlage besteht aus dem Unteren *(Parco Basso)* und dem Oberen Garten *(Parco Alto)*. Im Unteren Garten markieren die Überreste des 1669–1672 erbauten Herkulesbrunnens und die Fundamente des Dianatempels die beiden Enden der Herkulesallee mit ihrem zentralen Kanal. Nördlich der *Reggia* liegt der abgesenkte Große Teich *(Peschiera)*. Er ist von breiten Rasenstreifen, einer breiten Promenade auf der längeren Südseite und auf allen Seiten von hohen Formhecken umschlossen. Über eine sanfte Steigung gelangt man vom Großen Teich zu einer höher verlaufenden Promenade, von der man ihn überblicken kann. Neben der Herkulesallee erstreckt sich der zehn Hektar große *Potager royal* – der größte Küchengarten Italiens. Nach historischen Plänen sorgfältig in seiner alten Form restauriert, umfasst er die östlichen und westlichen, mit Lauben und Brunnen durchsetzten Gemüse-, Obst-, Blumen- und Kräutergärten. Das Gemüse wird jetzt in Hochbeeten gezogen. In einem Obstgarten des Unteren Gartens wurden 2010 nicht weniger als 1700 Spalierobstbäume gepflanzt – Apfel, Birne, Feige, Aprikose, Pfirsich und Kirsche.

Im Oberen Garten findet man einen Rosen- und einen Blumengarten. Im Rosengarten verlaufen auf drei Seiten des Gartenraums gewölbte, mit Kletterrosen bedeckte Laubengänge. Den Mittelpunkt bildet ein ovaler Rasen (der dem Betrachter rund erscheint). Er wird von weiten geschwungenen Buschrosenrabatten umschlossen. Der Blumengarten umfasst vier Bereiche; im Zentrum befindet sich ein ring- bzw. kreuzförmiges, in der Achse des Kanals angeordnetes Wasserbecken. Es umschließt vier kreissektorartige Flächen mit niedrigen Eiben- und Buchshecken. Ein- und mehrjährige Pflanzen repräsentieren die Flora der Region und die als Symbole dienenden Blumen der Gemälde und Stuckdekors im Inneren des Palasts, wie blauer Enzian, weißer Steinbrech und rosa Mannsschild. Moderne Bepflanzung ist im Blumengarten in Form von Ziergräsern und mehrjährigen Stauden vertreten. Westlich des Blumengartens existierte eine große halbkreisförmige Loggia, sie wurde jedoch im 18. Jahrhundert abgerissen, um einer Sichtachse Platz zu machen.

Das *Gran Parterre* ist eine Interpretation der Pläne, die Filippo Juvarra im 18. Jahrhundert für diesen Bereich entworfen hatte. Um den Palast mit dem Garten zu verbinden, sah er zwei Hauptachsen vor. Die erste lief auf die Große Galerie *(Galleria Grande)* zu, die zweite auf die Orangerie *(Citroniera)*. Sie bildet die Königliche Allee *(Allea Reale)*. Das Areal umfasst ganze sechs Hektar. Im Verlauf von zwei Jahren wurden 248 konisch geschnittene Eiben und 18000 Buchsbäume als Eingrenzung

Rechte Seite oben
Die Zentralallee

Rechte Seite unten
Der Blumengarten

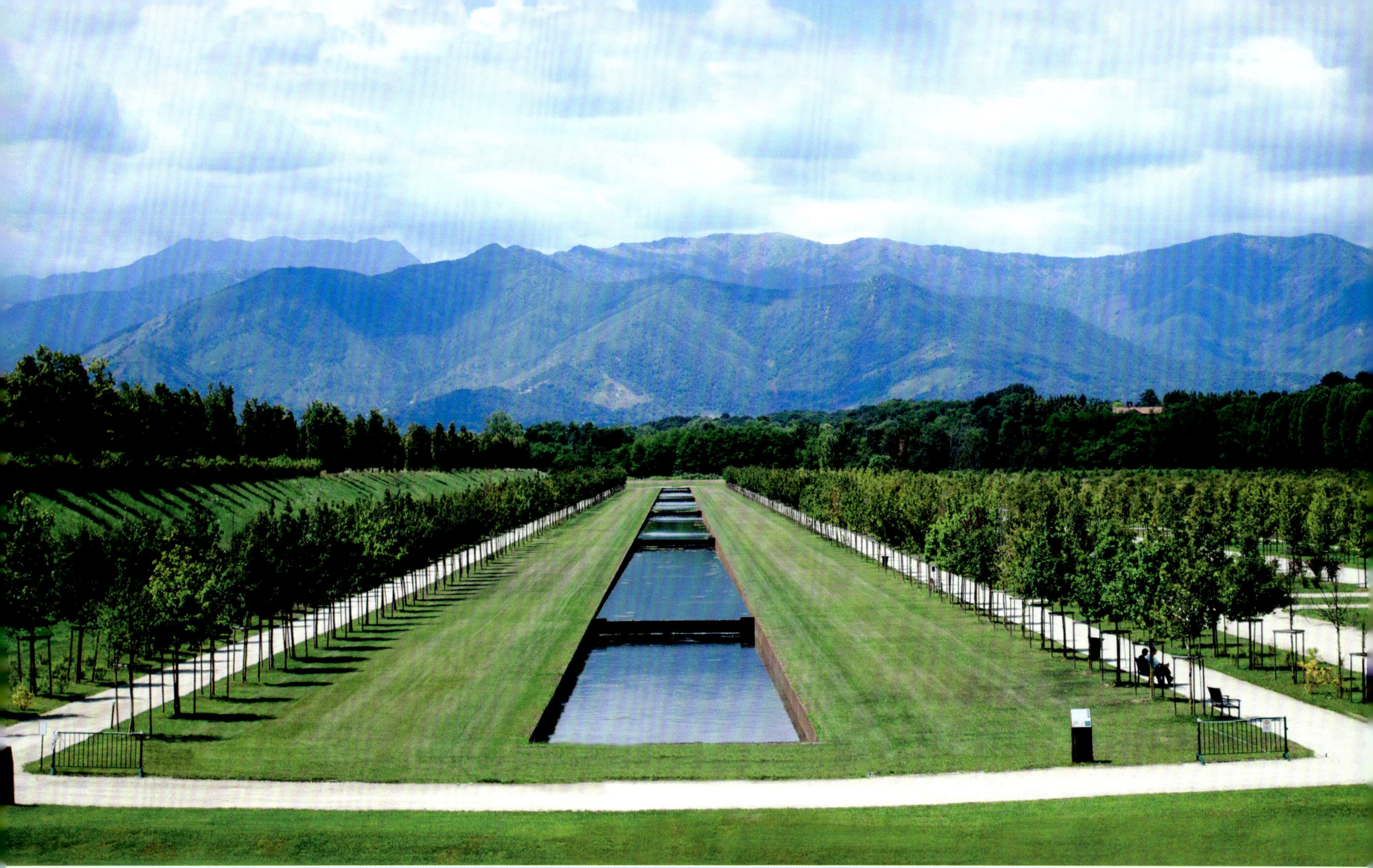

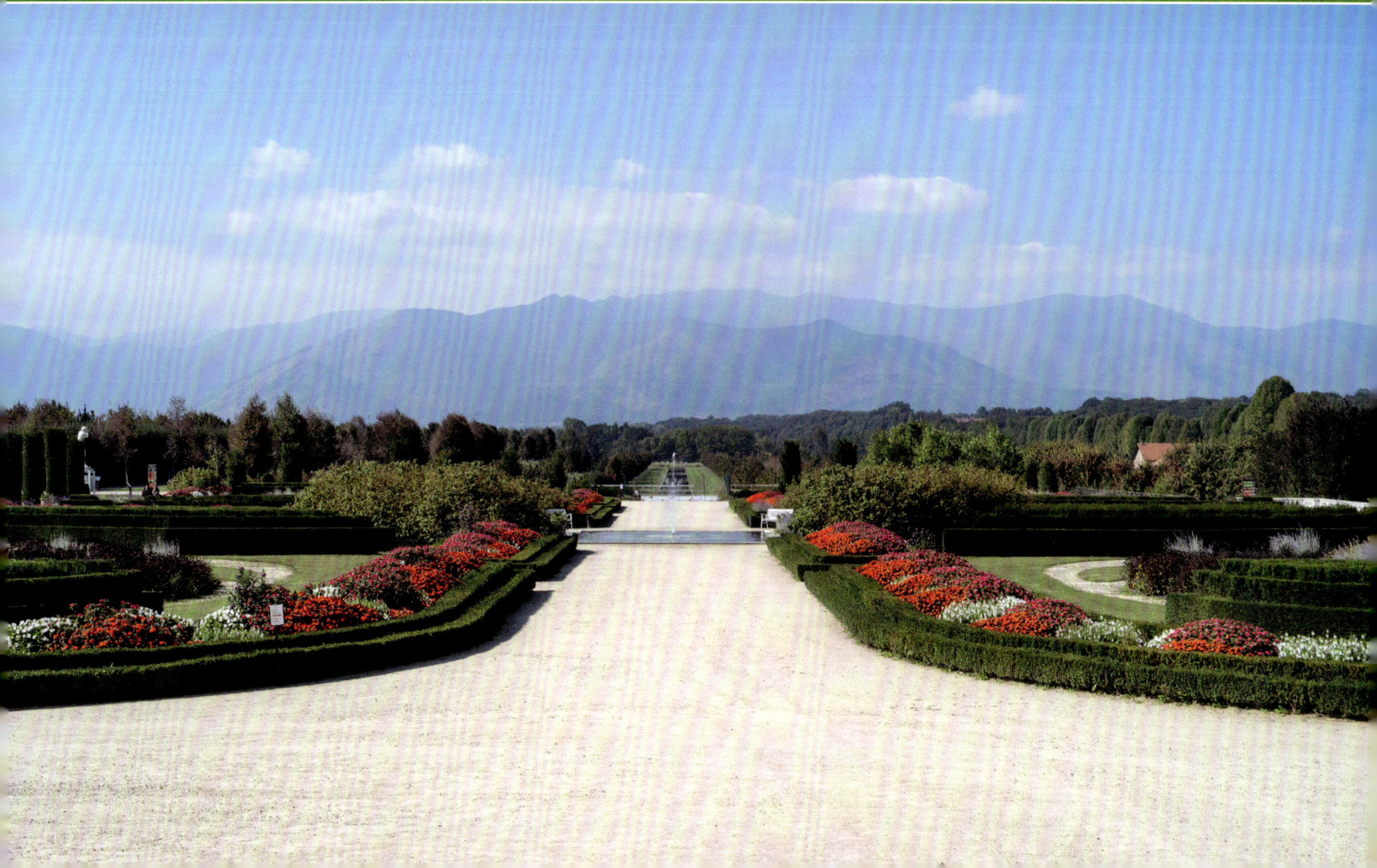

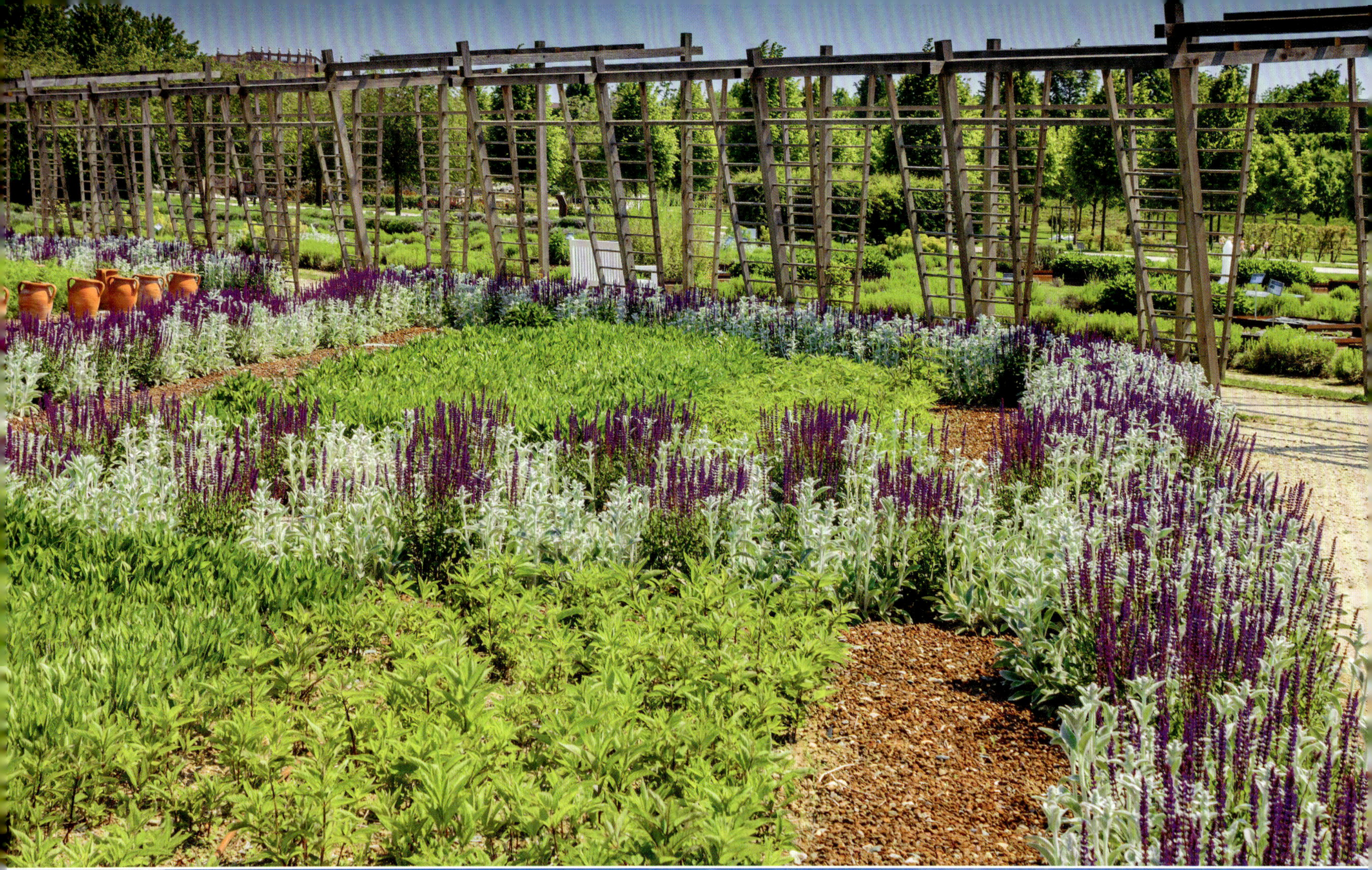
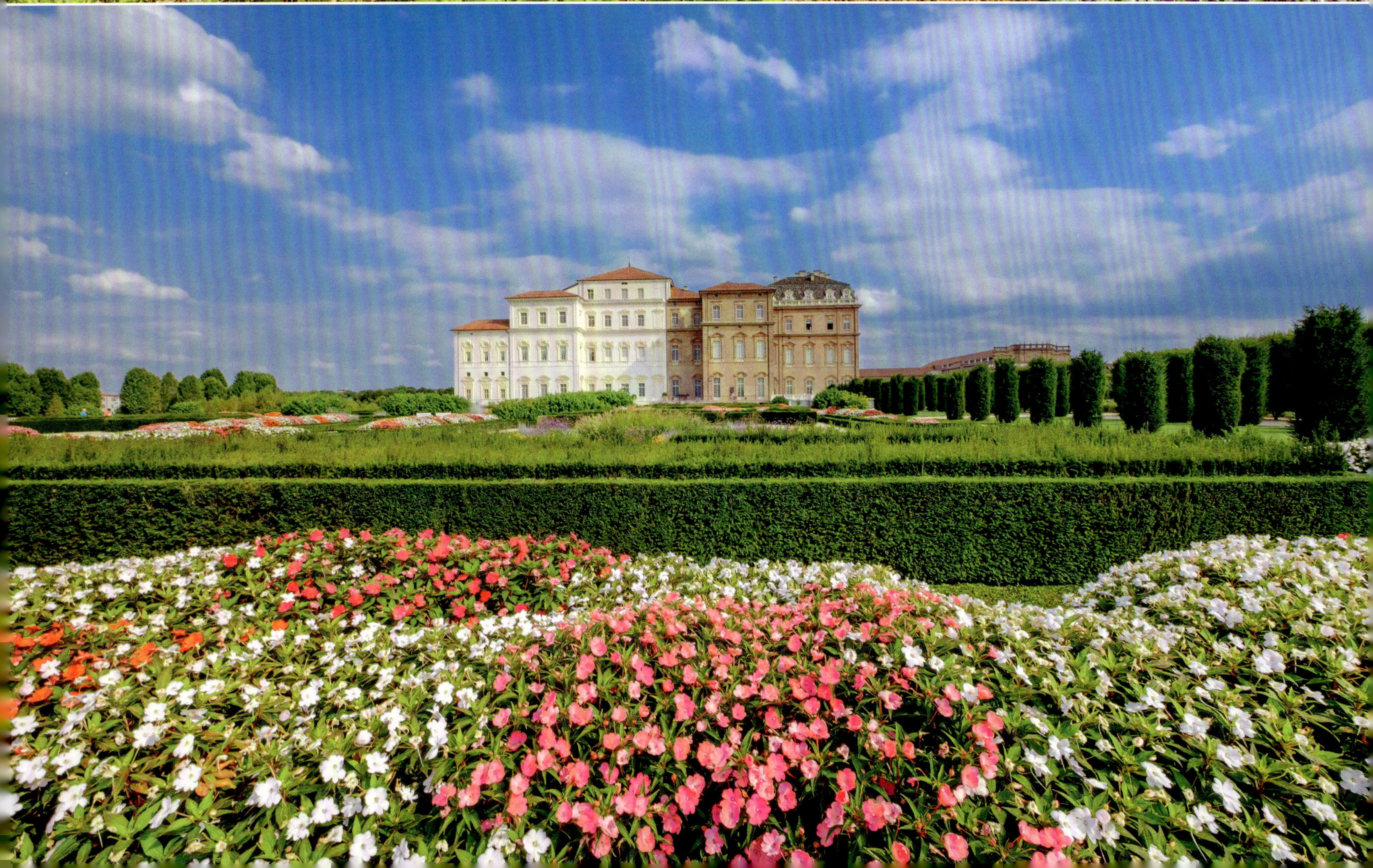

der Grasparterres angepflanzt. Mit nicht weniger als 5500 Hainbuchen wurden kleine Boskette mit kreisförmigen Innenräumen angelegt. Das *Gran Parterre* greift Formen auf, die im Park auch andernorts zu finden sind und ihn mit der umgebenden Landschaft verbinden.

Die Entwicklung des Schlossparks

Amedeo di Castellamontes Entwurf lenkte den Blick auf den Garten durch die Herkulesallee entlang des langen Kanals. Brunnen, Reliefs und Skulpturen spiegelten hier die Innenausstattung des Palasts wider. (Aufgrund der Witterungseinflüsse existieren allerdings nur noch wenige der im 17. Jahrhundert geschaffenen Figuren.) An der Nordseite des ehemaligen Herkulesbrunnens stehen jetzt neun Tulpenbäume an der Stelle der Pfeiler, die seinen Portikus trugen. Mit 800 Metern ist der Kanal tatsächlich lang. Er wurde früher von einer einzigen Reihe Eichen *(Quercus robur)* gesäumt. Sie wurden durch Feldahornbäume ersetzt, die mit den Linden des Oberen Parks kontrastieren. Hecken aus Berberitzen, Deutzien, Ölweiden, Schneeball- und Spiersträuchern sorgen das ganze Jahr hindurch für Farbe.

Der Entwurf von Michelangelo Garove, der 1700 mit Unterstützung französischer Gartenplaner entstand, bewahrte die Funktion der Mittelachse. Als jedoch Filippo Juvarra an der Südfront des Palasts die Orangerie und den Marstall hinzufügte, ging die Symmetrie des Gartens mit seinen entlang der Mittelachse (der Herkulesallee) angeordneten geometrischen Formen verloren. Die Mittelachse verschob sich zum Rand hin, die parallel zur Herkulesallee verlaufende Stützmauer des Oberen Gartens wurde durch eine Rasenböschung ersetzt. Juvarras Entwurf sah auch die Entfernung der Monumentalbauten an der Ost-West-Achse vor, um einen unverstellten Blick in die Ferne zu eröffnen. All diesen Umgestaltungen fielen auch der Dianatempel und später der Herkulesbrunnen zum Opfer. Die in unterschiedlichen Höhen angeordneten Becken sind durch Wasserstufen verbunden. Sie wirken belebend, sorgen für eine angenehme Geräuschkulisse und reichern das Wasser mit Sauerstoff an.

La Mandria

Karl Emanuel II., ein leidenschaftlicher Jäger, hatte im 17. Jahrhundert den Jagdpark La Mandria angelegt. Im 19. Jahrhundert umgab Viktor Emanuel II. diesen 3125 Hektar großen Park mit einer 30 Kilometer langen Ziegelmauer. Er stellt heute das zweitgrößte abgeschlossene Naturreservat Europas dar. La Mandria ist ein Mosaik aus Waldungen und Wiesen und besitzt ein reichhaltiges Ökosystem. Seine Bäume waren im Tal des Po vor 1000 Jahren in großer Zahl vorhanden – Eichen (Trauben-, Rot-, Stein- und Stieleiche), Hainbuchen, Eschen, Linden, Süßkirschen, Schwarzerlen und Ulmen.

Restaurierung und Rekonstruktion

1999 begann für die *Reggia* des Hauses Savoyen die Restaurierung nach Originalplänen des 18. Jahrhunderts. Die Wiederherstellung des heruntergekommenen Parks erschien nahezu unmöglich. Auf Luftaufnahmen konnte man die Spuren des historischen Gartens erkennen – Wege, Alleen, Böschungen und Gehölze. Bei Ausgrabungen wurden Marmorskulpturen entdeckt, die man restaurierte. Das Große Becken im Unteren Garten wurde erneuert, ebenso die Reste des Herkulesbrunnens und des Dianatempels. Auch das Große Parterre südlich des Palasts wurde rekonstruiert.

Vor dem Palast erstreckt sich der Ehrenhof, wo man im Verlauf der Ausgrabungen auch die Fundamente des Hirschbrunnens fand. Im Rahmen der Neugestaltung wurde hier allerdings ein modernes »Wassertheater« eingerichtet. Der Architekt Carlo Fucini installierte nach Entwürfen einer auf Wasserkünste spezialisierten Firma Strahldüsen, Projektoren und Dampfrohre und schuf damit einen modernen »Brunnen« mit einer faszinierenden Choreografie aus Musik und Licht.

An dem Restaurierungsprojekt arbeiteten zahllose Experten, Architekten, Archäologen und Landschaftsgestalter mit. Sie standen vor der schwierigen Aufgabe, den Barockgarten als eine unserer Zeit und unserer Einstellung gemäße Anlage neu zu erfinden. Das Projekt *La Venaria Reale* wurde zum größten Restaurierungsprojekt in der Geschichte Europas.

Linke Seite oben
Der Küchengarten

Linke Seite unten
Blick vom Blumengarten auf den Palast

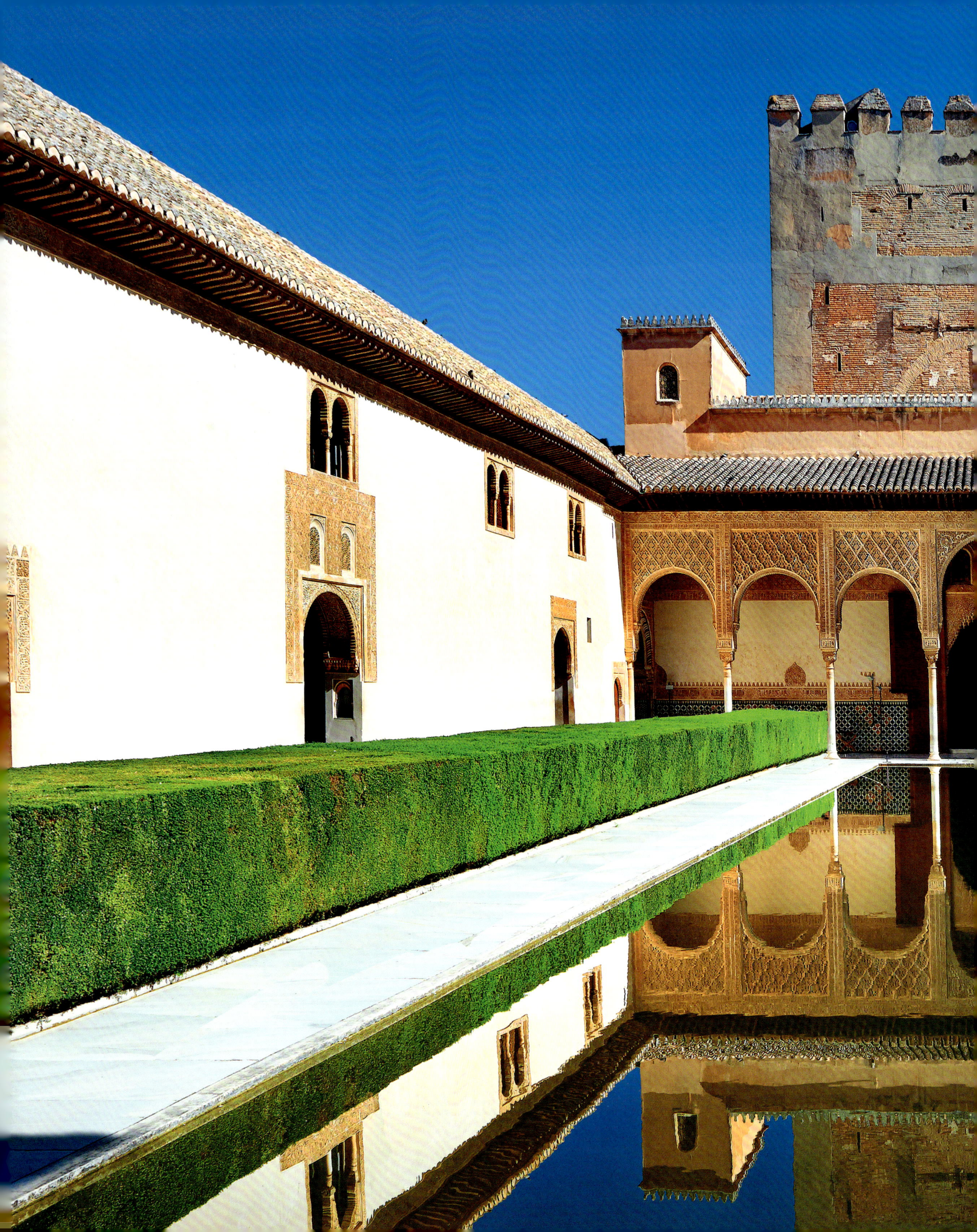

STADTBURG ALHAMBRA

Granada, Spanien

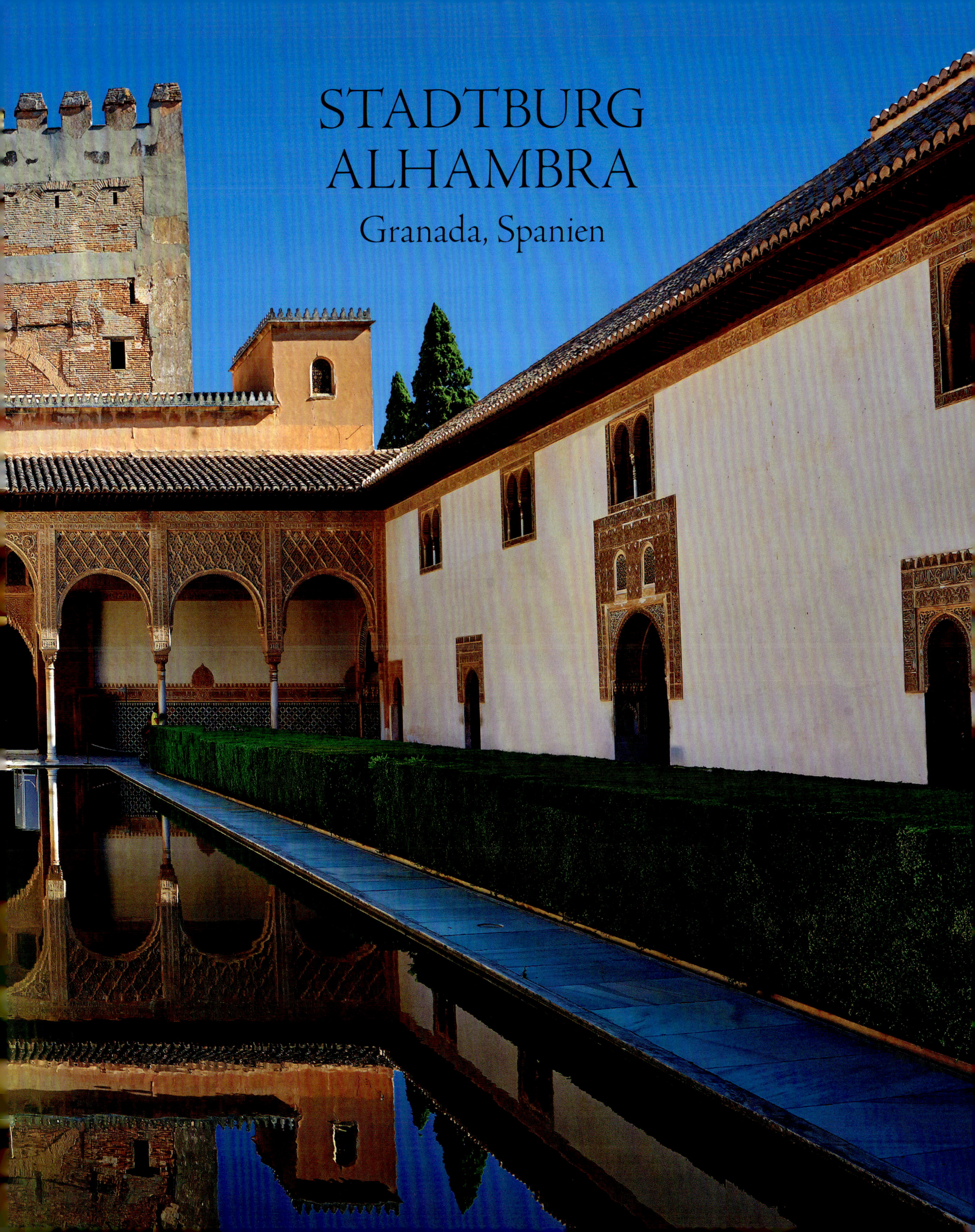

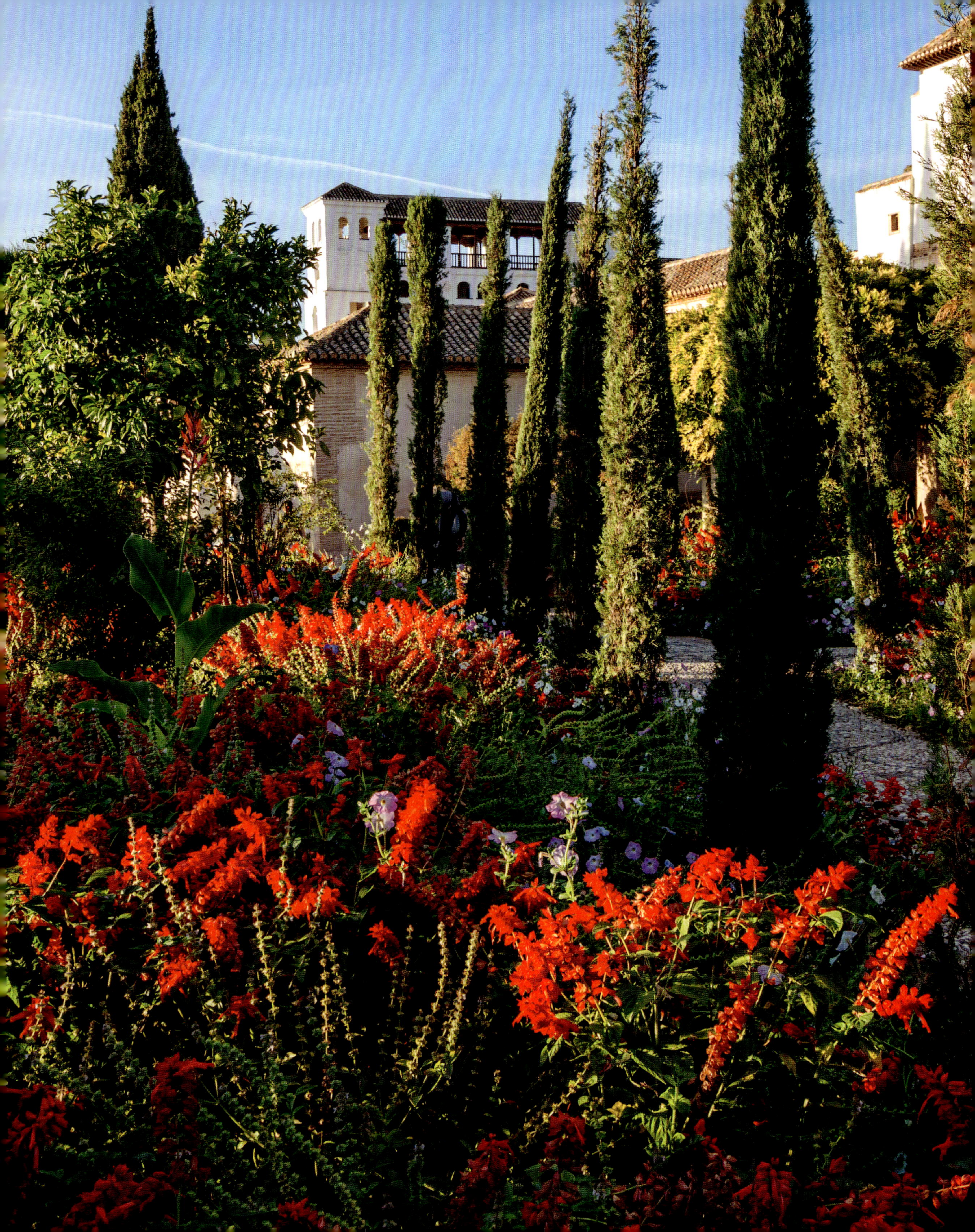

Vor dem Hintergrund der Sierra Nevada erhebt sich auf dem Sabikah-Hügel über der andalusischen Stadt Granada die **Alhambra**, die einzige vollständig erhaltene Stadtburg Spaniens aus der Maurenzeit.

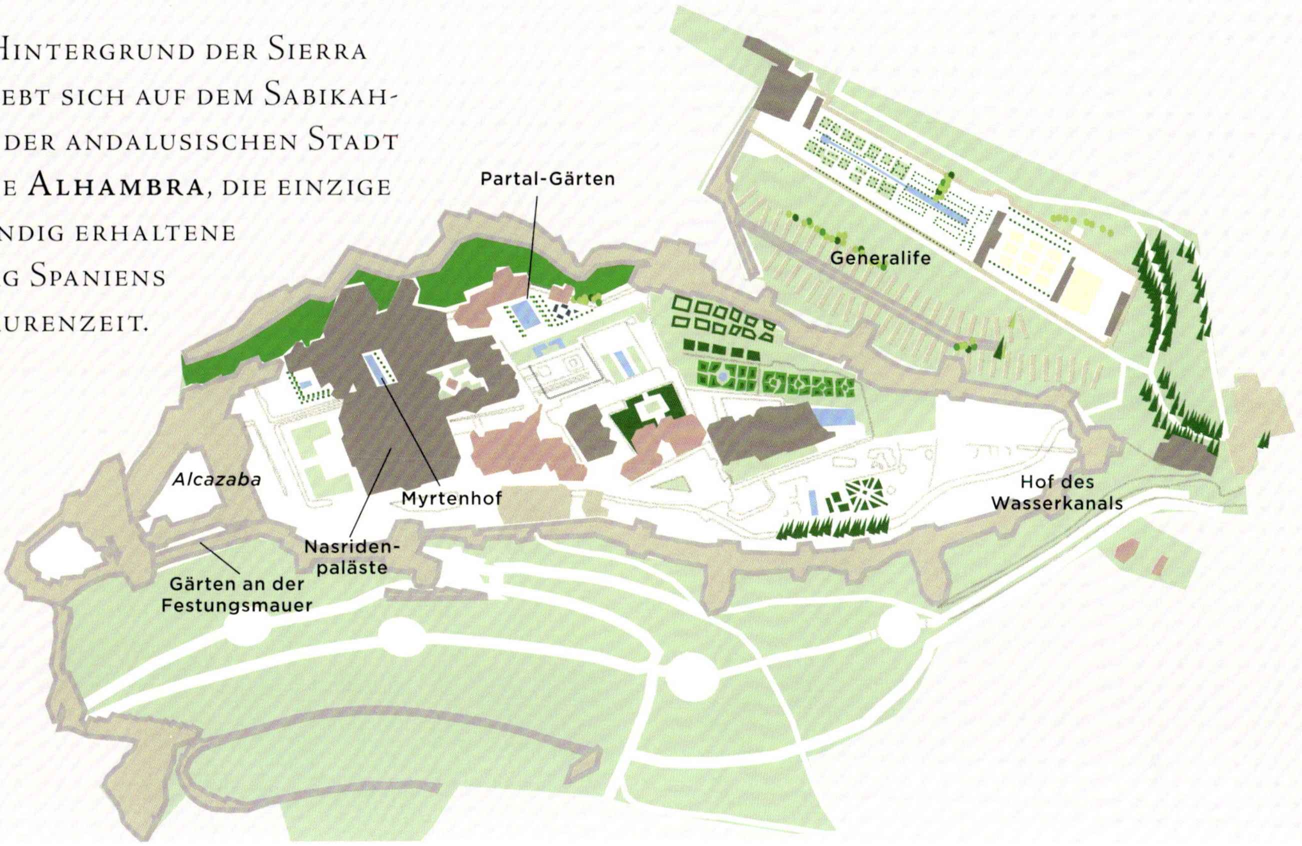

Die Alhambra gewährt Einblicke in die Bautätigkeit der Nasriden-Dynastie, aber auch in die Architektur der spanischen Renaissance und des Barocks. Östlich der Alhambra liegt der Generalife mit seinen Gärten, die ehemalige Residenz der Emire, die im 13. und 14. Jahrhundert über Granada herrschten.

Alhambra bedeutet »rote Festung« nach dem arabischen *Qa 'lat al-Hamra*, benannt nach der Farbe der in der Sonne getrockneten Ziegel *(Tapia)* aus Lehm und feinem Kies. Die Anlage wurde an der Stelle einer kleinen, 889 n. Chr. erbauten Festung errichtet. Ihre wesentliche Form erhielt sie 1237 bis 1254 unter dem Begründer der Nasriden-Dynastie, Abu Abdullah Muhammad Ibn Yusuf Ibn Nasr, bekannt unter dem Namen Ibn al-Ahmar (1195–1273). In der Folge war sie ohne Unterbrechung bewohnt. Der älteste Teil ist die *Alcazaba* (Zitadelle), die vor allem strategischen Charakter hatte. Königspalast wurde die Alhambra erst unter Yusuf I., Sultan von Granada (1318–1354). Ihre 1730 Meter langen Mauern und 30 Türme umschließen eine 10,5 Hektar große Stadt in der Stadt.

Nach der fast 780 Jahre dauernden christlichen Reconquista (Rückeroberung) endete 1492 die Herrschaft der Nasriden über Granada mit der Übergabe der Alhambra an Ferdinand II. von Aragon (1452–1516) und Isabella I. von Kastilien (1451–1504).

1526 ließ Karl V. (1500–1558, ab 1519 römisch-deutscher König) in der Alhambra einen Renaissancepalast errichten, wodurch das Aussehen des Komplexes, seine innere Einteilung und seine Verbindung mit der Stadt verändert wurden.

Im 17. und 18. Jahrhundert stand ganz Spanien im Zeichen des Niedergangs. Es geriet in den Sog der zahlreichen kriegerischen Konflikte in Europa, die Folge konfessioneller Spannungen und der französischen Expansionspolitik. Die Alhambra verfiel. Nachdem Napoleon Bonaparte (1769–1821) Spanien seinem Imperium einverleibt hatte, diente der ehemalige maurische Palast von 1808 bis 1812 als Kaserne. Washington Irvings *Erzählungen von der Alhambra* (1832) leiteten einen Bewusstseinswandel ein. 1870 wurde die Burg zum Nationaldenkmal erklärt und danach restauriert.

Vorhergehende Doppelseite
Der Myrtenhof *(Patio de los Arrayanes)*

Linke Seite
Abendstimmung im Generalife

Die islamischen Gärten und die Funktion des Wassers

Die verschiedenen Bereiche der Alhambra sind durch Wege, Gärten und Tore verbunden. Neben ihren Mauern liegt der mittelalterliche Sommerpalast *Generalife*, dessen Name sich aus dem arabischen *Jannat al-arif* ableitet. »Jannat« bedeutet »Paradies« bzw. »Garten«. Der Palastgarten verkörpert die maurische Tradition der Verwendung von Wasser zu ästhetischen Zwecken und der Gärten als Stätte der Kultur, Entspannung und Zerstreuung. Seine Kanäle, Brunnen und Pflanzungen lassen sich verstehen als Verweis auf Sure 2:25 des Korans: »... Gärten, durcheilt von Bächen ...«.

In der Gartenarchitektur der Nasriden war Wasser ein zentrales, integrales und immer wieder verwendetes Gestaltungsmittel in Form von Brunnen, Kanälen und Becken. Wasser ernährt, reinigt, kühlt, sein Anblick erfreut und sein Klang beruhigt. Die Menschen schätzten dieses Element und wollten es an ihren Wohn- und Arbeitsstätten um sich haben.

Der Generalife

Der königliche Gartenpalast Generalife entsprach (obwohl er stärker ornamentiert ist) vom Grundriss und Stil her den persischen Gärten und den Palastgärten von Menara und Agdal in Marokko. Sein Garten ist ein ständiges Spiel zwischen Offenheit und Abgeschlossenheit. Die Generalife-Gärten wurden im 13. Jahrhundert geschaffen und unter König Abu l-Walid Isma'il (1313–1324) ausgeschmückt. Ihre heutige Form verdanken sie jedoch einer 20 Jahre währenden Neugestaltung, die der spanische Architekt Francisco Prieto Moreno 1931 in Angriff nahm. Von ihrem ursprünglichen Aussehen sind keinerlei Aufzeichnungen erhalten. Sie waren im Lauf der Jahre verändert und umgestaltet worden, aber anhand anderer islamischer Gartenpläne wurden sie unter Mitwirkung von Historikern und Restauratoren zu neuem Leben erweckt.

Die Wege sind mit einem Mosaik aus Kieselsteinen aus nahen Flüssen im traditionellen Stil Granadas gepflastert, manchmal in Kreuzrippenmustern, manchmal sternförmig oder in einfacheren Mustern, und mit Streifen aus Kieseln und Ziegeln eingefasst. In den äußeren Gärten findet man unter anderem Granatapfel- und Walnussbäume, einen Gemüse- und einen Weingarten. Den unteren Garten schmücken Rosen, Salbei, Geranien, Brunnen und Formschnitt-Zypressen.

Der Generalife umfasst mehrere unterschiedliche Gärten. Der Hof des Wasserkanals *(Patio de la Acequia)* ist ein Arkadenhof mit 48,7 Metern Länge und 12,8 Metern Breite, seine 18 Bogen öffnen sich auf andere Gärten. Zu den unteren und oberen Gärten führen Treppen. Das den Hof als zentrale Längsachse gliedernde Element ist ein langer, auf beiden Seiten von glitzernden Fontänen gesäumter Kanal, der aus dem Königlichen Kanal gespeist wird. Seine beiden Enden werden durch Steinschalen markiert. Die hohen, mit Bougainvilleen und Kletterrosen bedeckten Mauern werfen den Schall zurück und verstärken die Akustik des Hofs. Ausgrabungen ab 1958 zeigten, dass der Kanal einmal zwölf Wasserspeier aufwies, es wird aber auch die Auffassung vertreten, er sei ein bloßes Wasserbecken gewesen, das den Himmel und das Licht reflektierte, ähnlich dem Becken des Myrtenhofs *(Patio de los Arrayanes)* oder der Partal-Gärten *(Jardines del Partal)*.

Der ursprüngliche Grundriss umfasste ein rechteckiges Transept, die *Acequia Real* (königlicher Bewässerungskanal), das die Hauptachse des *Patio de la Acequia* kreuzte. Der königliche Bewässerungskanal entnahm sein Wasser dem Darro-Fluss mittels eines Damms in einer Entfernung von sechs Kilometern. Das Wasser floss am rechten Ufer des Darro entlang, überquerte ihn mithilfe eines Aquädukts, floss am linken Ufer weiter und teilte sich in zwei Kanäle – einer führte zum Generalife, der andere zum Tercio –, um die Brunnen, Becken und anderen Wasserkünste speisen.

Der Zypressenhof, auch Hof der Zypresse der Sultanin *(Patio del Ciprés de la Sultana)* genannt, ist ein weiterer ummauerter Hof. Hier sorgt ein großes, von einer sauber beschnittenen Myrtenhecke umrahmtes Becken für Kühle. Es umschließt eine in drei gleiche Teile gegliederte Insel. Die beiden äußeren sind quadratische, von einer Myrtenhecke umrahmte Flächen mit

Rechte Seite oben
In den Partal-Gärten

Rechte Seite unten
Gärten an der Festungsmauer *(Jardines de los Adarves)*

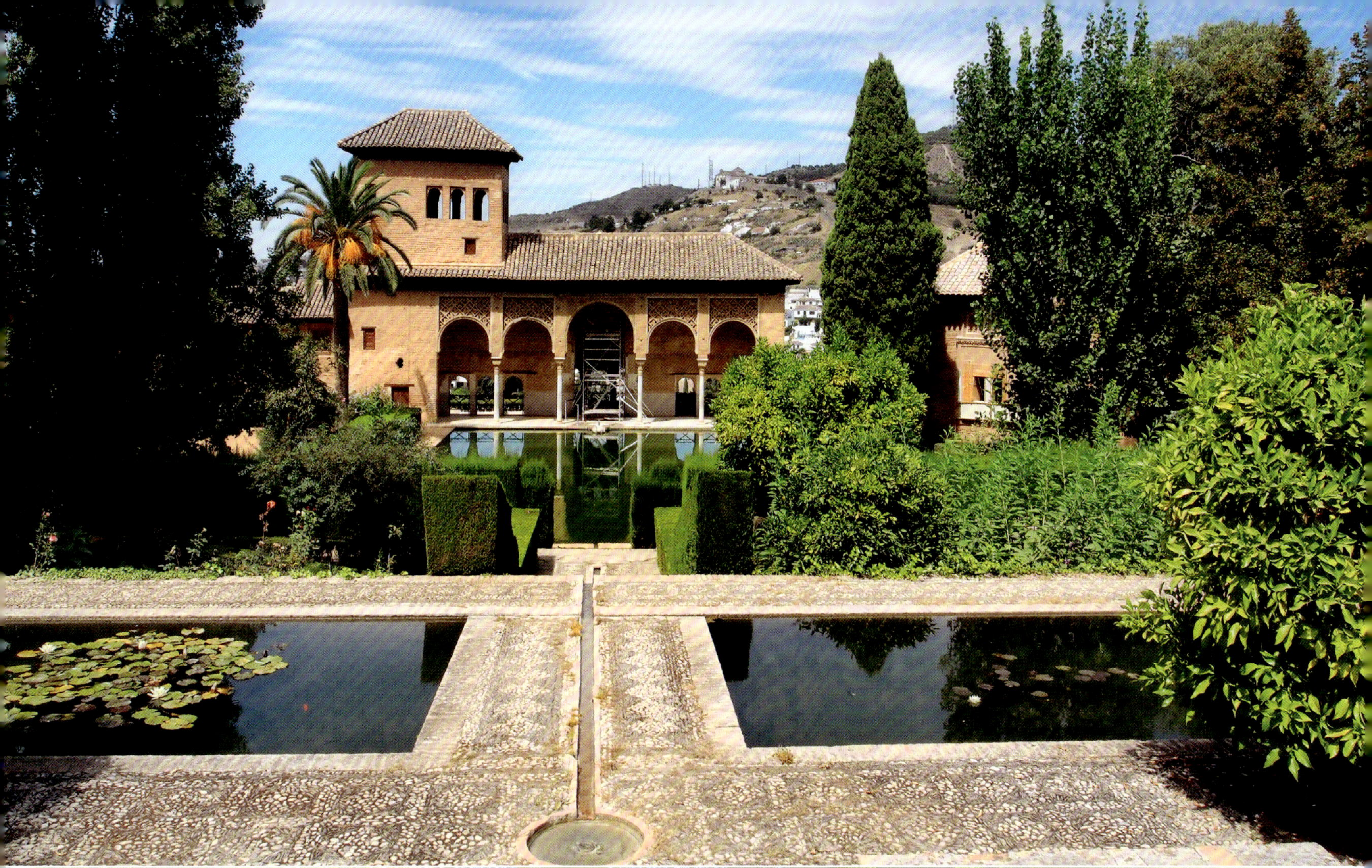

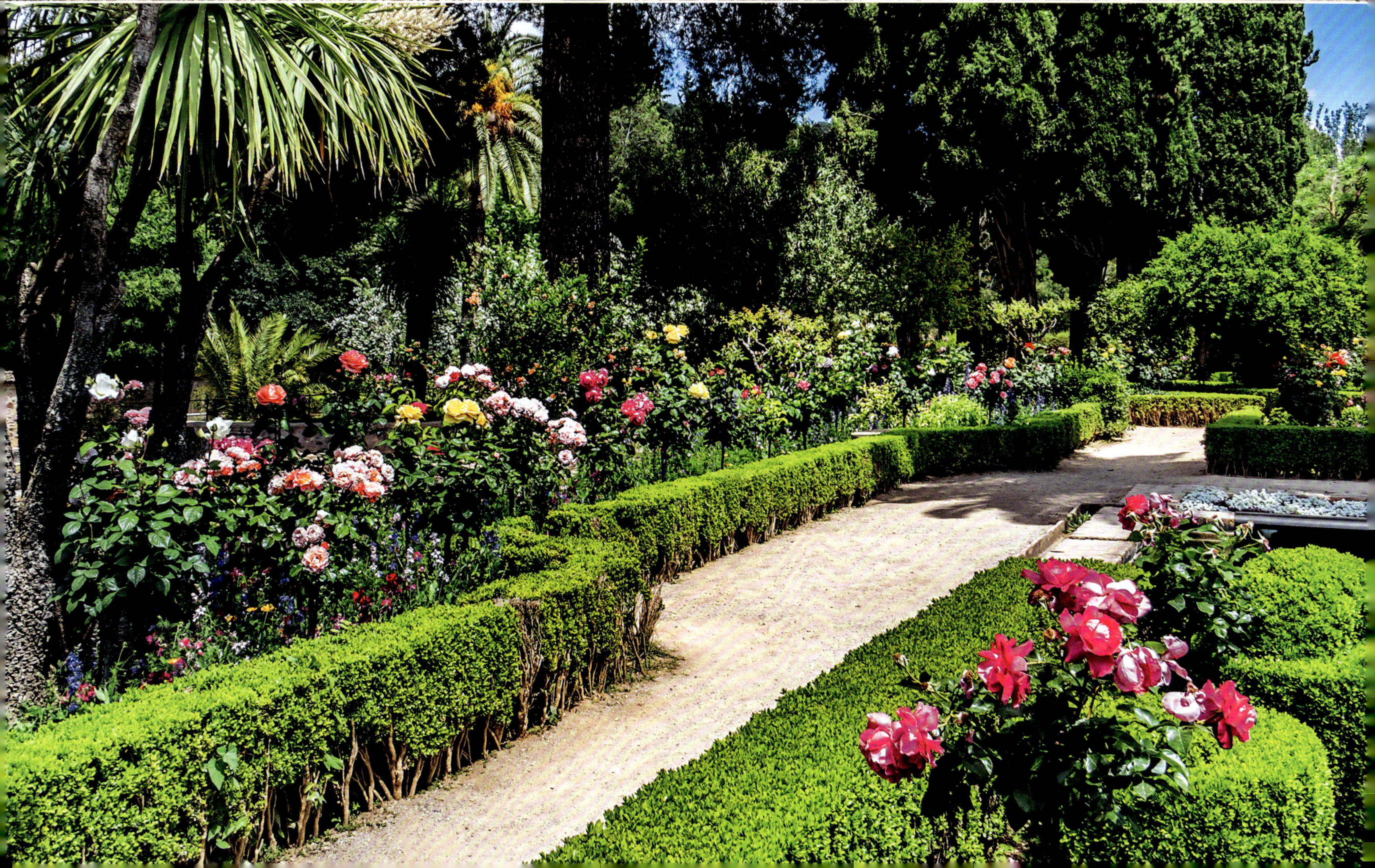

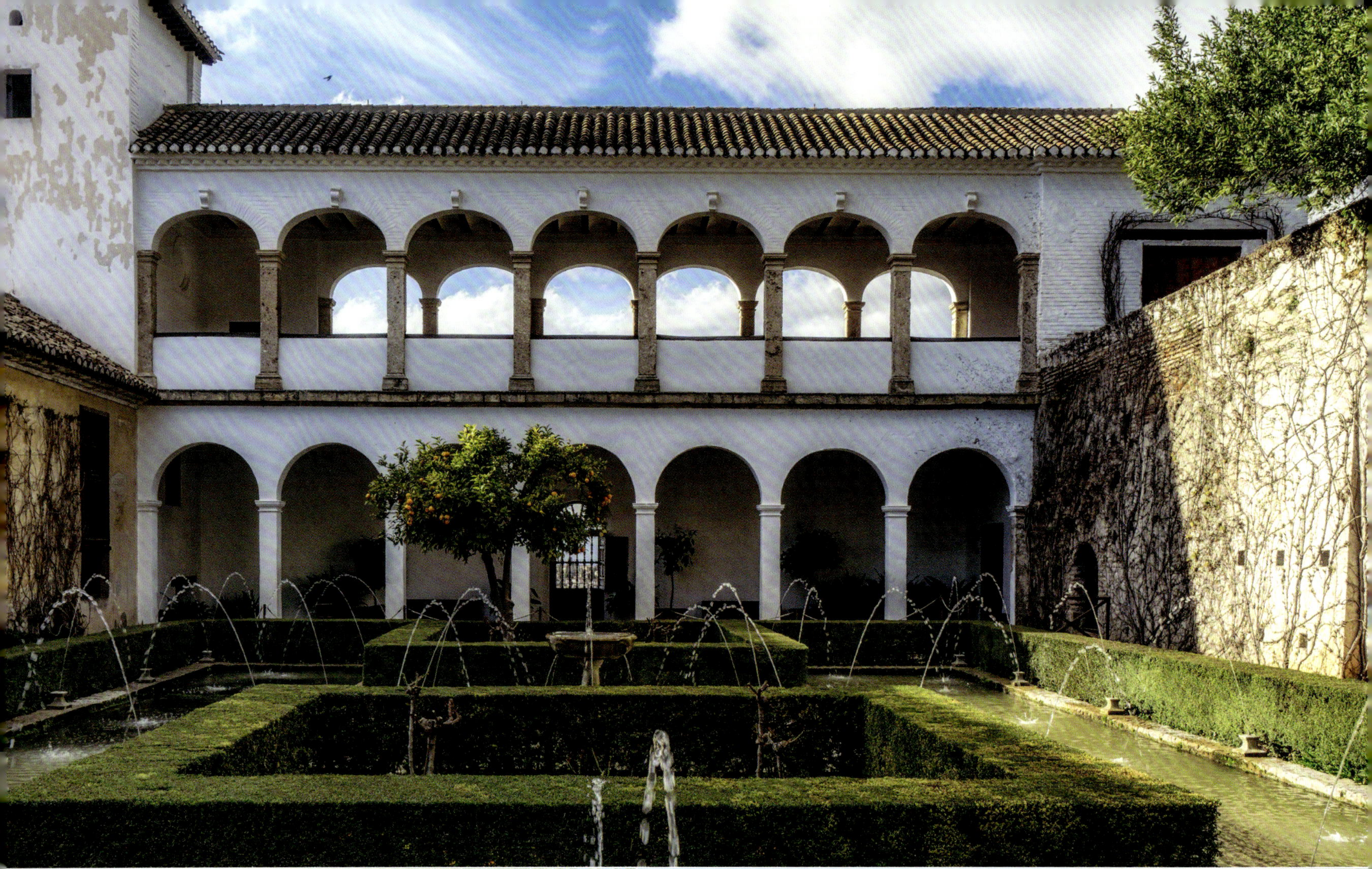

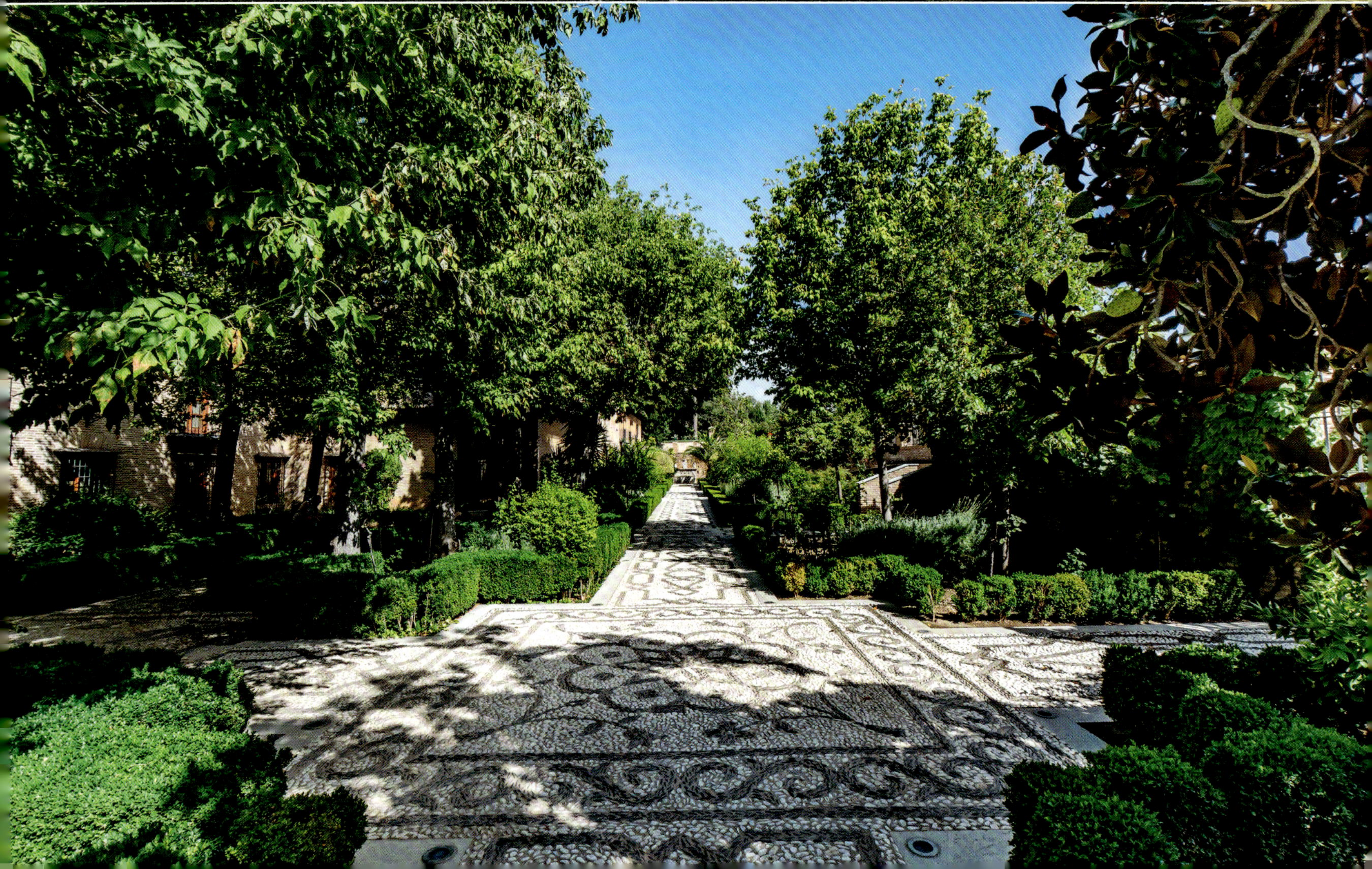

Blumen. Zwischen ihnen liegt ein kleineres Becken mit zentralem Standbrunnen. Auf den Einfassungen des umschließenden Beckens sind symmetrisch Fontänen angeordnet, deren Strahl das Wasser kräuselt. Man findet hier auch den Stamm einer Mittelmeer-Zypresse *(Cupressus sempervirens)*, die den Botanikern José Tito und Manuel Casares zufolge noch in der Zeit der Mauren vor 600 Jahren gepflanzt wurde. Den Ausgang bildet eine aus Ziegeln erbaute Treppe *(Escalera del agua)* mit drei Treppenläufen und -absätzen, die jeweils mit Kieselmosaiken und niedrigen Brunnen geschmückt sind. In die Mauern an der Treppe wurden Rinnen gehöhlt, als Handläufe fühlen sie sich organisch und griffig an. Über den Treppenstufen vereinigen sich hohe Lorbeerbäume zu einem grünen Gewölbe.

Westlich des Komplexes, am Eingang der *Alcazaba*, liegen die Gärten an der Festungsmauer *(Jardines de los Adarves)*. Geschmückt mit Zypressen, Blumen und Brunnen, bieten sie eine grandiose Aussicht auf die Stadt.

Die Daraxa-Gärten

Anders als die weißen Mauern der Patios weisen die der Daraxa-Gärten, auch Gärten der Orangenbäume genannt, eine gedämpfte Apricotfarbe auf. Die trapezförmige Anlage wurde 1526 bis 1538 in einem bereits existierenden Garten zwischen der Festung und den Wällen angelegt. Neben Zitrusbäumen *(Citrus medica* und *C.* x *aurantium)* findet man hier stolze Lorbeerbäume und Akazien. Buchshecken umgeben den großen zentralen Renaissancebrunnen aus Marmor, der mit einem umlaufenden arabischen Gedicht geschmückt ist. Er wurde 1626 errichtet, wobei man ein großes Becken verwendete, das sich vorher im Hof des Comares-Palasts befunden hatte.

Die Partal-Gärten

Muhammad III. (1257–1314) errichtete die Partal-Gärten *(Jardines del Partal)* auf der östlichen Seite des Palastes als Belvedere mit Ausblick auf Granada. Die Anlage besteht aus einem großen Becken, einem Portikus und einem Gewölbe mit Stalaktiten *(Mocárabes)*, den vermutlich ältesten der Alhambra. Die schlanken runden Säulen unter den Bogen des Portikus scheinen ihre Last kaum tragen zu können. Zweck dieser Fragilität ist, den Blick nach oben auf die unglaublich kunstvolle Gestaltung des Portikus und auf den Himmel zu lenken. Ursprünglich war ein Bereich des Gartens als Terrassenfolge mit einem U-förmigen Becken und einem Pavillon angelegt, erhalten ist nur ein Becken. Anders als viele der ummauerten Gärten ist dieser offen und von Sonnenlicht durchflutet.

Ausgrabungen und Pollenanalyse

Die 1959 vorgenommenen Grabungen ergaben, dass der *Patio de la Acequia* von Anfang an ein ornamental gestalteter Garten war, wie eine organisch-mineralische Schicht Gartenerde zeigte, die 60 Zentimeter unter seinem heutigen Niveau liegt. Sie enthielt Pollenreste von Myrten, Zypressen, Lorbeer- und Zitrusbäumen *(Citrus medica* und *C.* x *aurantium)* sowie Rosen, Jasmin, Geißblatt und Wiesengras. Die darunter liegende (aus dem Mittelalter stammende) Schicht enthielt keine Pollenüberreste.

Die Grabungen zeigten auch, dass der *Patio de la Acequia* als Senkgarten angelegt war, der etwa 40 Zentimeter tiefer lag als die umlaufenden Wege. Er umfasste rasenähnliche Bereiche und Blumenbeete im Wechsel mit Bäumen. Aus *Myrtus communis* subsp. *baetica* (einer seltenen Myrtenart) bestehende Hecken verdeckten ein Bewässerungssystem aus keramischen Röhren. Der abgesenkte Bereich wurde gegen Ende des 16. Jahrhunderts mit Erde aufgeschüttet und mit neuen Blumenarten aus Amerika, Fernost und dem südlichen Afrika bepflanzt.

Ein kleiner Garten wie dieser sollte als Innenraum erfreuen, in dem man der Natur nahe war und die Aufmerksamkeit auf kleine Dinge richtete. Im Mittelpunkt standen die Pflanzen mit ihren Farben und Düften und das plätschernde Wasser. Für das trockene südspanische Klima nicht geeignete Pflanzen aus anderen Weltteilen wurden sorgfältig beschnitten

Linke Seite oben
Der Garten der Sultanin *(Jardín de la Sultana)*

Linke Seite unten
Mit Kieselsteinen gepflasterte Wege im Generalife

und gegossen, damit sie so viele Blüten und Früchte wie möglich hervorbrachten.

Die Myrte galt als emblematische Pflanze der Alhambra und der Umgebung des Generalife. 1564 schlug der flämische Botaniker Carolus Clusius dafür den Namen *Myrtus baetica* vor und schrieb: »Ich habe diese Myrtenart nirgends anderswo gesehen als … in den herrlichen maurischen Gärten von Granada an den Becken und Seen, wo sämtliche Hecken nur aus dieser Art von Myrte bestehen.«

2016 wurde im *Journal of Agricultural Science and Technology* eine Studie veröffentlicht, die die Myrte subsp. *baetica* identifizierte und genetisch authentifizierte. Die genetische Bestimmung ermöglicht es, diesem im 14. Jahrhundert entstandenen Garten wieder ein zentrales Element zurückzugeben.

Ein irdisches Paradies

Die Alhambra und der Generalife sind Kunstwerke und zugleich Symbole des Sieges und des Paradieses. Die Art, wie hier Wasser genutzt wurde, weicht völlig von der Technik der Gartengestalter in der Renaissance und unseren heutigen Sichtweisen ab. Wasser galt als Element, das man bearbeitete wie Marmor, mit dem man Formen und Muster bildete. Gleichzeitig war es integraler Teil eines Gesamtkonzepts, das stille Besinnlichkeit und Kontemplation ermöglichte. In der Alhambra begegnet man einem Streben nach Geometrie und Disziplin, zugleich schaffen ihre eleganten Linien, das Spiel von Licht und Schatten, die Ausblicke und die ständige Gegenwart von Wasser ein Paradies auf Erden.

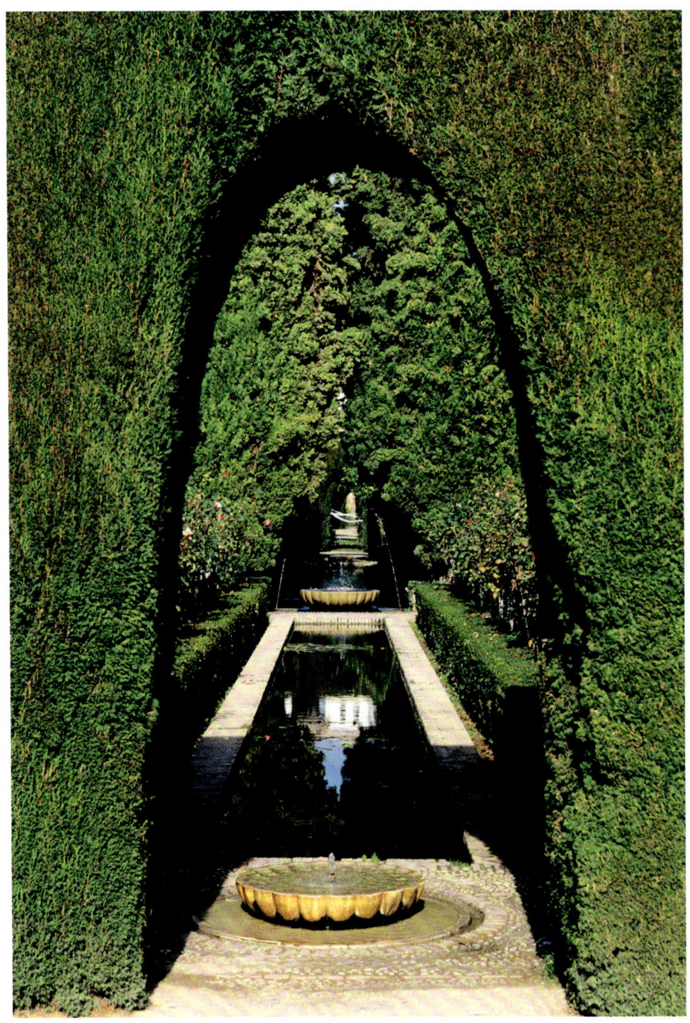

Rechts
Der Zypressenweg
(Paseo de los Cipreses)

Rechte Seite
Die Daraxa-Gärten
in den Nasridenpalästen

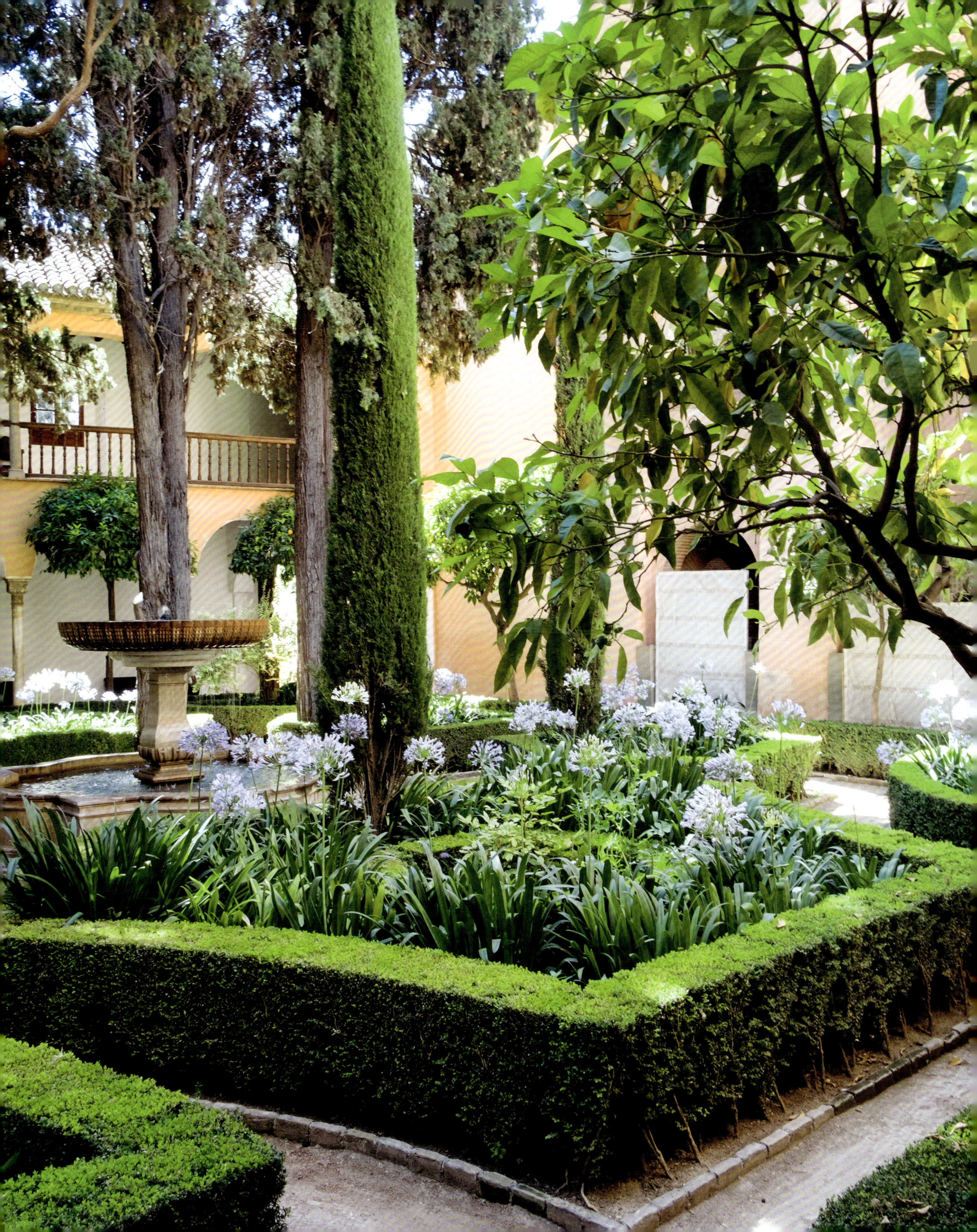

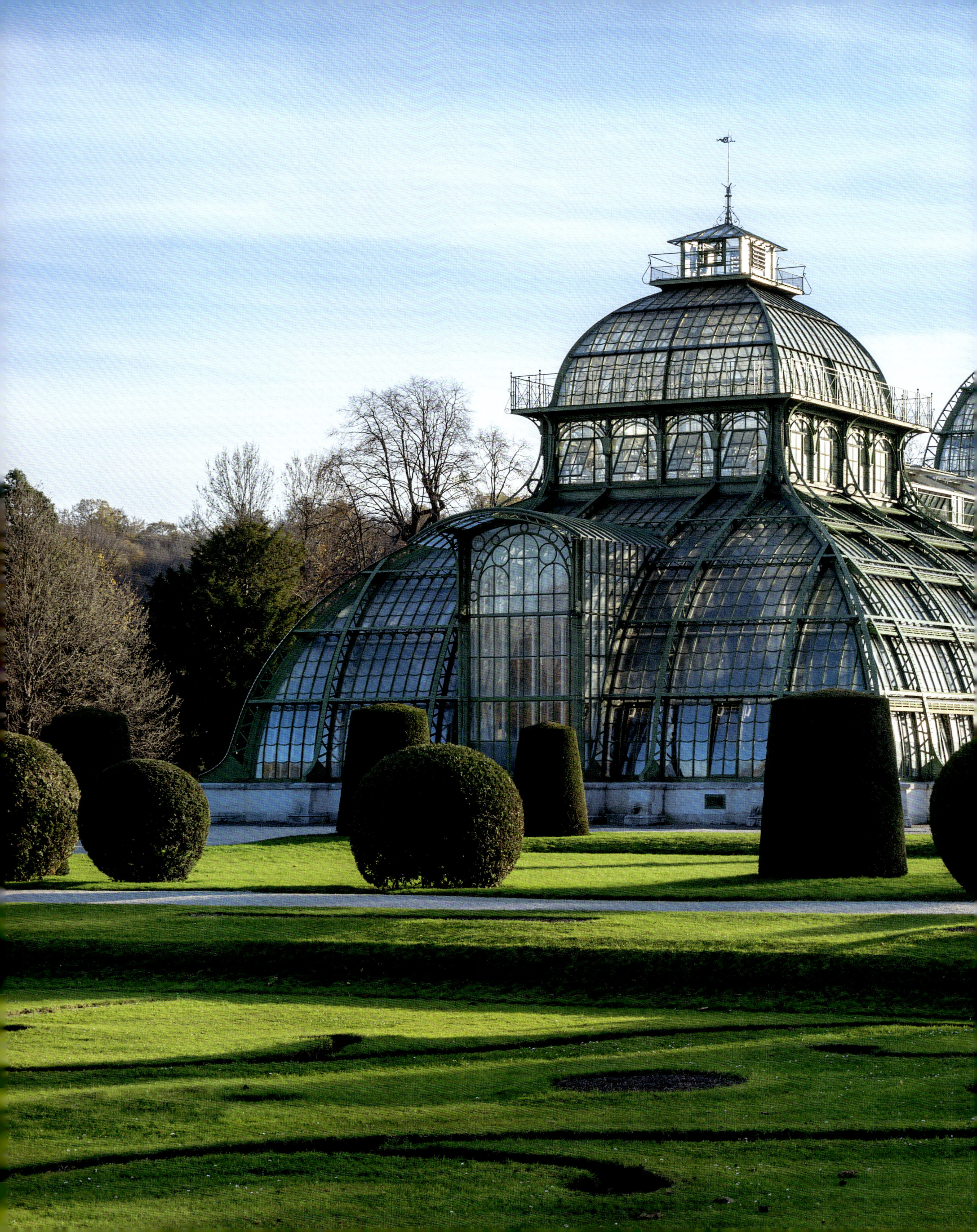

SCHLOSS SCHÖNBRUNN

Wien, Österreich

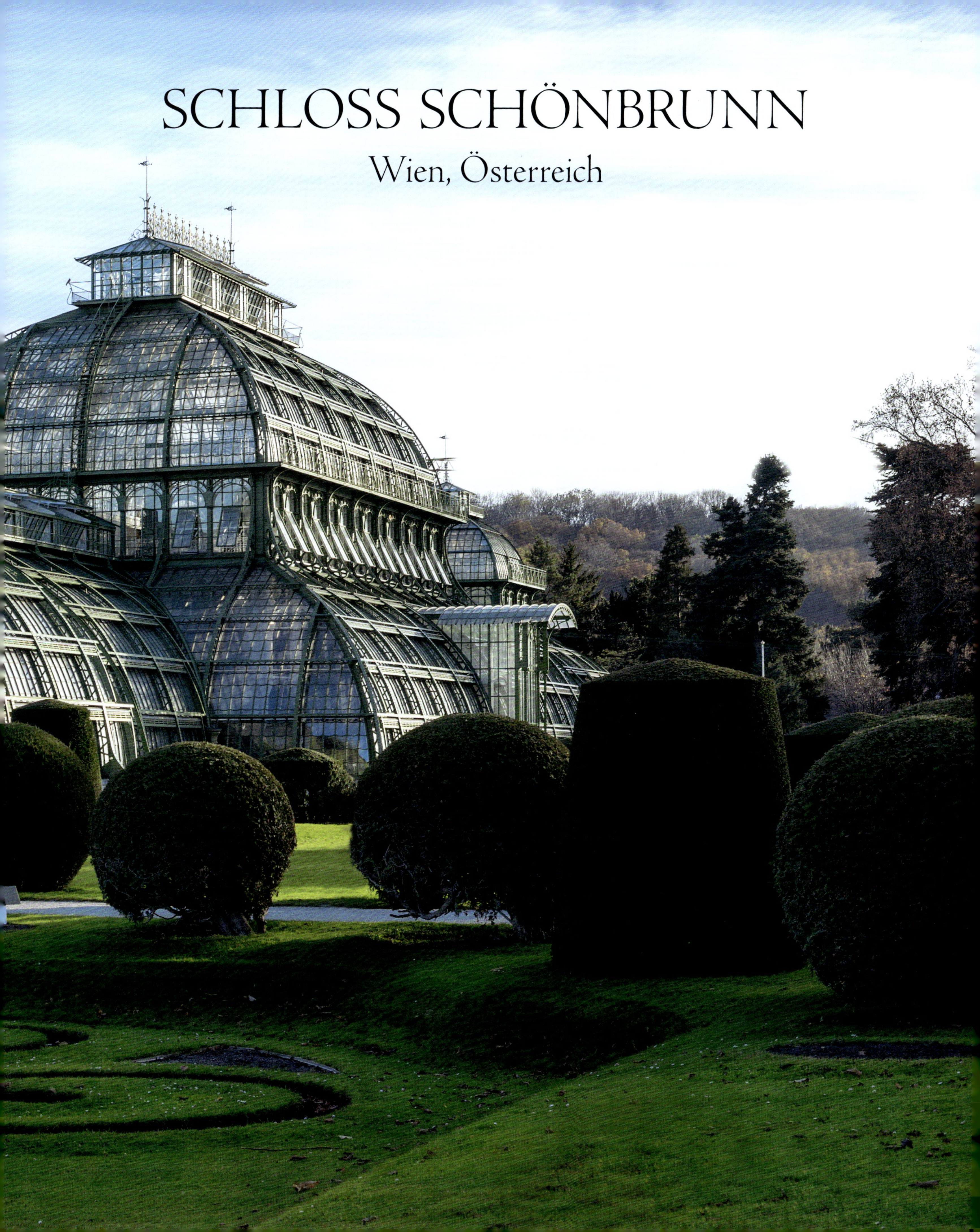

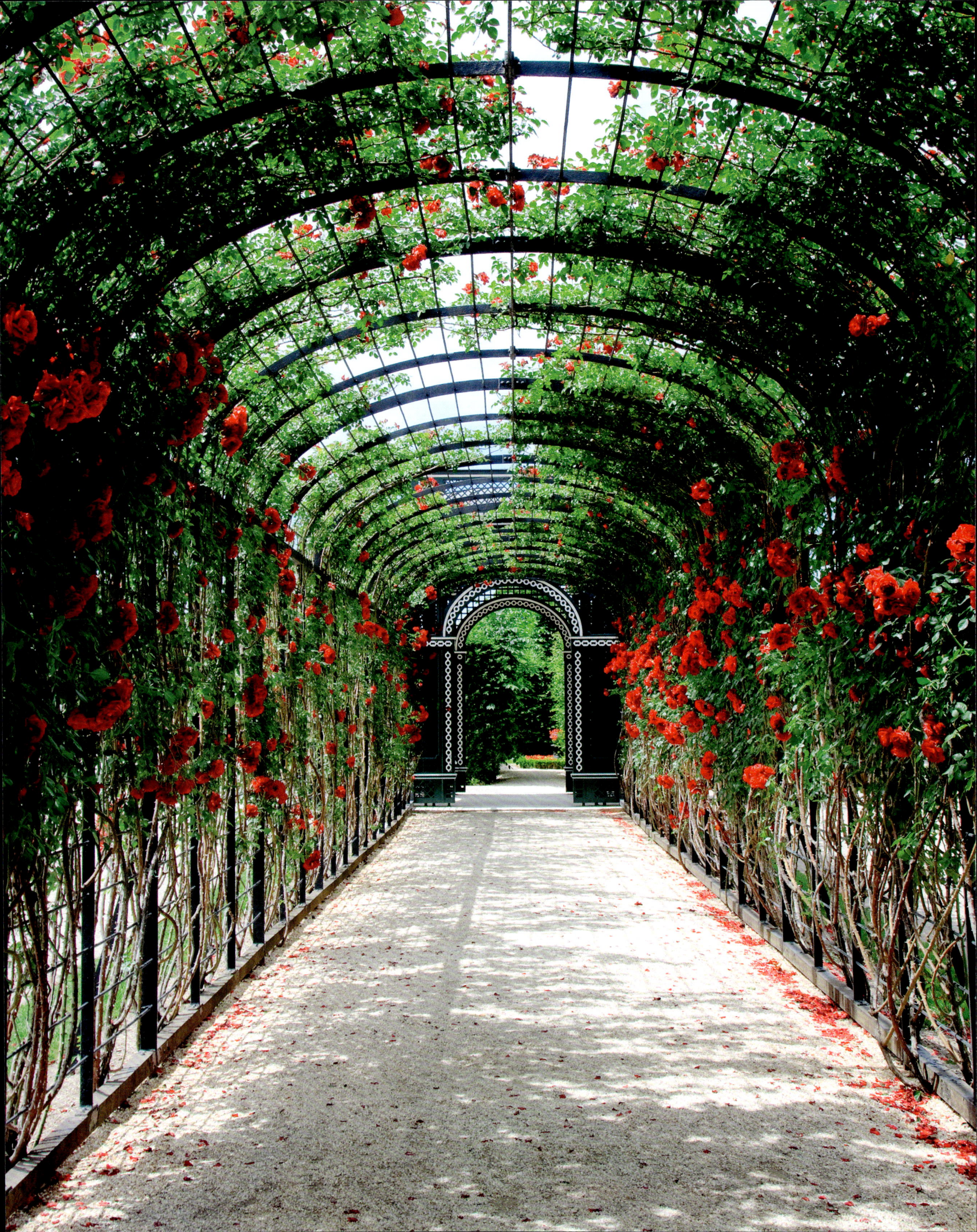

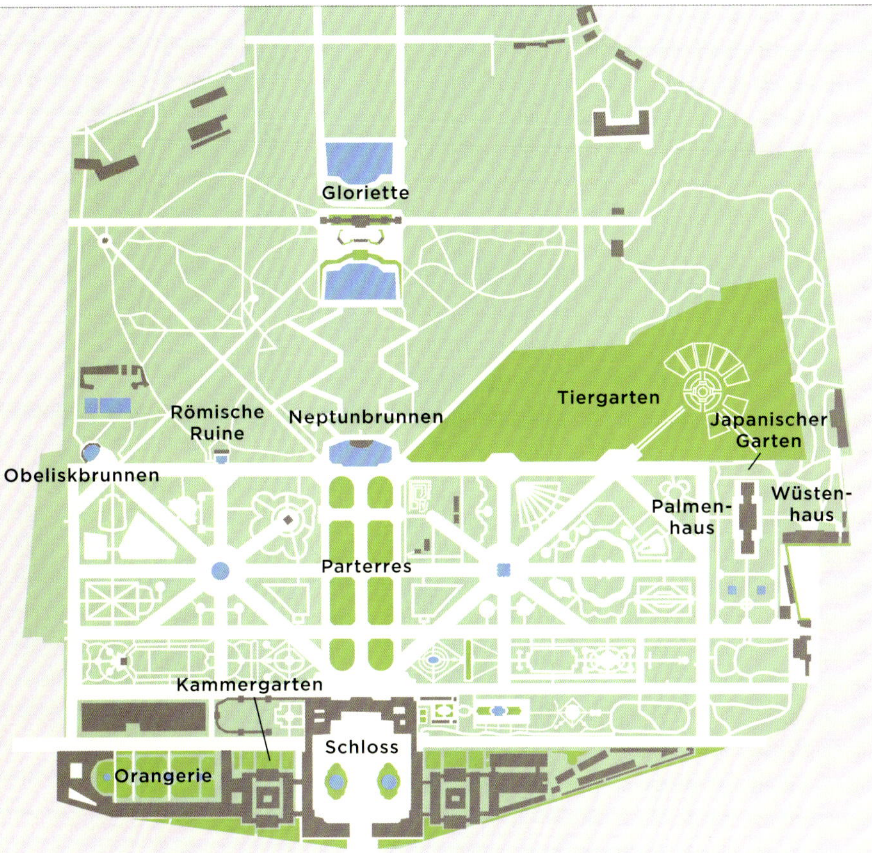

DAS BIS 1918 HERRSCHENDE HAUS HABSBURG WAR EINES DER EINFLUSSREICHSTEN UND ANGESEHENSTEN FÜRSTENHÄUSER EUROPAS. DER 1569 IN WIEN-HIETZING ANGELEGTE **SCHÖNBRUNNER SCHLOSSPARK** SPIEGELT DIE SICH ÄNDERNDEN VORLIEBEN, INTERESSEN UND ANSPRÜCHE EINER FAMILIE WIDER, DIE IN EINEM ZEITRAUM VON MEHR ALS 300 JAHREN DIE DEUTSCHEN KÖNIGE UND RÖMISCH-DEUTSCHEN KAISER STELLTE.

Kaiser Maximilian II. (1527–1576), ein leidenschaftlicher Jäger, wollte ein Jagdgehege und Lustgärten schaffen. 1569 kaufte er dafür ein großes Areal im Augebiet des Wienflusses mit dem 1548 erbauten Herrensitz Katterburg. 1605 verwüsteten ungarische Truppen diese Gärten, die unter Kaiser Matthias (1557–1619) wiederhergestellt wurden. Dabei entdeckte man 1612 eine artesische Quelle, den »schönen Brunnen«, von dem die Anlage ihren Namen hat. Auch Matthias' Nachfolger Ferdinand II. (1578–1637) und seine Gemahlin Eleonora Gonzaga (1598–1655) liebten das Waidwerk und veranstalteten großartige Gesellschaftsjagden. Nach Ferdinands Tod wurde die Residenz ein *Château de plaisance* (Lustschloss). Der Name Schönbrunn ist dafür erstmals 1642 bezeugt.

Die Gartenanlage

1638 bis 1643 ergänzte Eleonora Gonzaga das Jagdschloss durch einen Zubau. Sie besaß hervorragende Kenntnisse auf dem Gebiet der Kunst und des Gartenbaus und umgab das Schloss mit ausgedehnten geometrischen Gärten, dem idealen Rahmen für Hoffeste. Ihre Großnichte Eleonora Magdalena Gonzaga (1630–1686), die Gemahlin Ferdinands III., ließ die Gärten erweitern. Kaiser Leopold I. (1640–1705), ein begeisterter Komponist und Theaterfreund, veranstaltete im »famoso parco di Scheenbrunn« Freilichtaufführungen. Diesem prächtigen Lebensstil setzten 1683 türkische Truppen ein Ende. Wien wurde belagert, Schloss Schönbrunn und sein Park wurden verwüstet. Leopold ergriff davon erst wieder 1686 Besitz. Er vererbte die Anlage seinem Sohn und Nachfolger Joseph I. (1678–1711), unter dem die Arbeiten für den von Leopold in Auftrag gegebenen Neubau fortgesetzt wurden.

Der in Rom lebende Architekt Johann Bernhard Fischer (später: von Erlach) wurde eingeladen, dem kaiserlichen Hof Pläne für die Neugestaltung vorzulegen. Seine Entwürfe waren ein utopischer Idealplan und entsprachen überholten Vorstellungen von Landschaftsgestaltung der italienischen Spätrenaissance. Sein auf einem Hügel gelegenes Schloss sollte Ver-

Vorhergehende Doppelseite
Das große Palmenhaus

Linke Seite
Laubengang im Kronprinzengarten

sailles in den Schatten stellen, der Plan war jedoch nicht finanzierbar. Schließlich legte er einen ausführbaren Entwurf für ein großes Jagdschloss vor, das 1696 begonnen wurde. Sein Bau nahm nur vier Jahre in Anspruch, war aber beim Tod Josephs I. 1711 noch nicht ganz abgeschlossen.

Jean Trehet, ein Schüler André Le Nôtres (siehe Seite 11), hatte schon 1695 Pläne für den Park entworfen, die Arbeiten begannen jedoch erst 1705 und folgten nur teilweise den Entwürfen Fischer von Erlachs. Um die Hauptachse platzierte Trehet ein zentrales Parterre mit einem Bassin, an dem sich die Wege kreuzten. Es wurde von Bosketten flankiert, geometrisch gepflanzten Bäumen und Büschen, die kleine Gartenräume umschlossen. Breite Alleen erinnerten an die frühen Barockgärten, ebenso der Irrgarten – ein fast obligatorisches Element der Gärten dieser Zeit – und eine Orangerie. Der Irrgarten war ein Knoten von mit Eiben gesäumten Wegen mit zentralem Aussichtspavillon. Das in sechs Sektoren gegliederte Wegesystem hatte eine Gesamtlänge von dreieinhalb Kilometern. Im Lauf der Zeit verfiel es, wurde verändert und vereinfacht, bis man schließlich 1892 den letzten Abschnitt einebnete.

Als Joseph I. 1711 starb, wurde der noch unfertige Bau die Residenz seiner Witwe Wilhelmine Amalie von Braunschweig-Lüneburg (1673–1742). 1728 fiel er an Kaiser Karl VI. (1685–1740). Mit den Kriegen gegen Frankreich und das Osmanische Reich beschäftigt, besuchte er in Schönbrunn lediglich das Jagdgehege, um Fasane zu schießen. Da seiner Tochter Maria Theresia (1717–1780) an Schönbrunn sehr gelegen war, gab er ihr nach dem frühen Tod seines Sohns die Gärten und das Schloss zur Mitgift. Während sie in Schönbrunn residierte, erhielt der Park ein sternförmiges Alleensystem mit zahlreichen Promenaden und Ausblicken sowie zwei diagonale Hauptalleen, die an der dominierenden Mittelachse der Anlage zusammenlaufen. Die barocken Gärten stellten ein eindrucksvolles Symbol der kaiserlichen Macht dar und wurden als organische Erweiterung der Innenräume angesehen, ein als Gesamtkunstwerk wirkendes Konzept, in dem viele Kunstformen verschmolzen waren.

Das Grosse Parterre

Vor der Südfassade erstreckt sich das Große Parterre. Darin bilden Buchsbaumhecken in farbigem Kies an Stickereien erinnernde Muster *(Parterres de broderie)*. Beiderseits des Parterres wurden Zierboskette angelegt, die kleine Gartenräume umschließen. Mit den zu hohen Formhecken geschnittenen Alleebäumen wurde Staatskanzler Wenzel Anton Reichsfürst von Kaunitz-Rietberg (1711–1794) Reverenz erwiesen, einem Bewunderer der französischen Gartenkunst. Die diagonalen Alleen und unterschiedlich geformten Zierbuschflächen entsprechen den Vorstellungen des französischen Architekten und Autors Jacques-François Blondel, der vor allem durch seine vierbändige Enzyklopädie über französische Bauten bekannt war, *L'Architecture françoise* (1652–1656).

1752 errichtete der an Naturgeschichte interessierte Kaiser Franz Stephan von Lothringen (1708–1765) im westlichen Teil des Parks den Schönbrunner Tiergarten, im Jahr darauf folgte der Holländisch-Botanische Garten unweit des Dorfes Hietzing. Zwei Jahre später kaufte Maria Theresia von Prinz Eugen von Savoyen (1663–1736) das etwa 60 Kilometer von Schönbrunn entfernte Schloss Hof in Niederösterreich. Es handelte sich um einen zweigeschossigen Bau mit Gärten und Gutshof, ein Anwesen, das Franz Anton Hillebrandt in den 1770er-Jahren grundlegend umgestaltete.

Schloss Hof und der Schönbrunner Schlosshügel

Der Barockgarten von Schloss Hof wurde von dem Gartenarchitekten Johann Anton Zinner im französischen Stil angelegt. Die zentrale, über sieben Terrassen verlaufende Längsachse mit ihren Brunnen teilt ihn in zwei spiegelsymmetrische Areale. Die über die erste Terrasse zum Schloss führende Zufahrt ist mit Trophäen geschmückt, das Schloss liegt auf der zweiten Terrasse. Wie in Barockgärten üblich, wird es von *Parterres de broderie* mit Buchshecken, Blumen und farbigem Kies flankiert. (Heute besitzt diese zweite Terrasse Erweiterungen mit Wiesen und Obstbäumen.)

Rechte Seite oben
Blick über den Schlosspark zur Gloriette

Rechte Seite unten
Im Kronprinzengarten

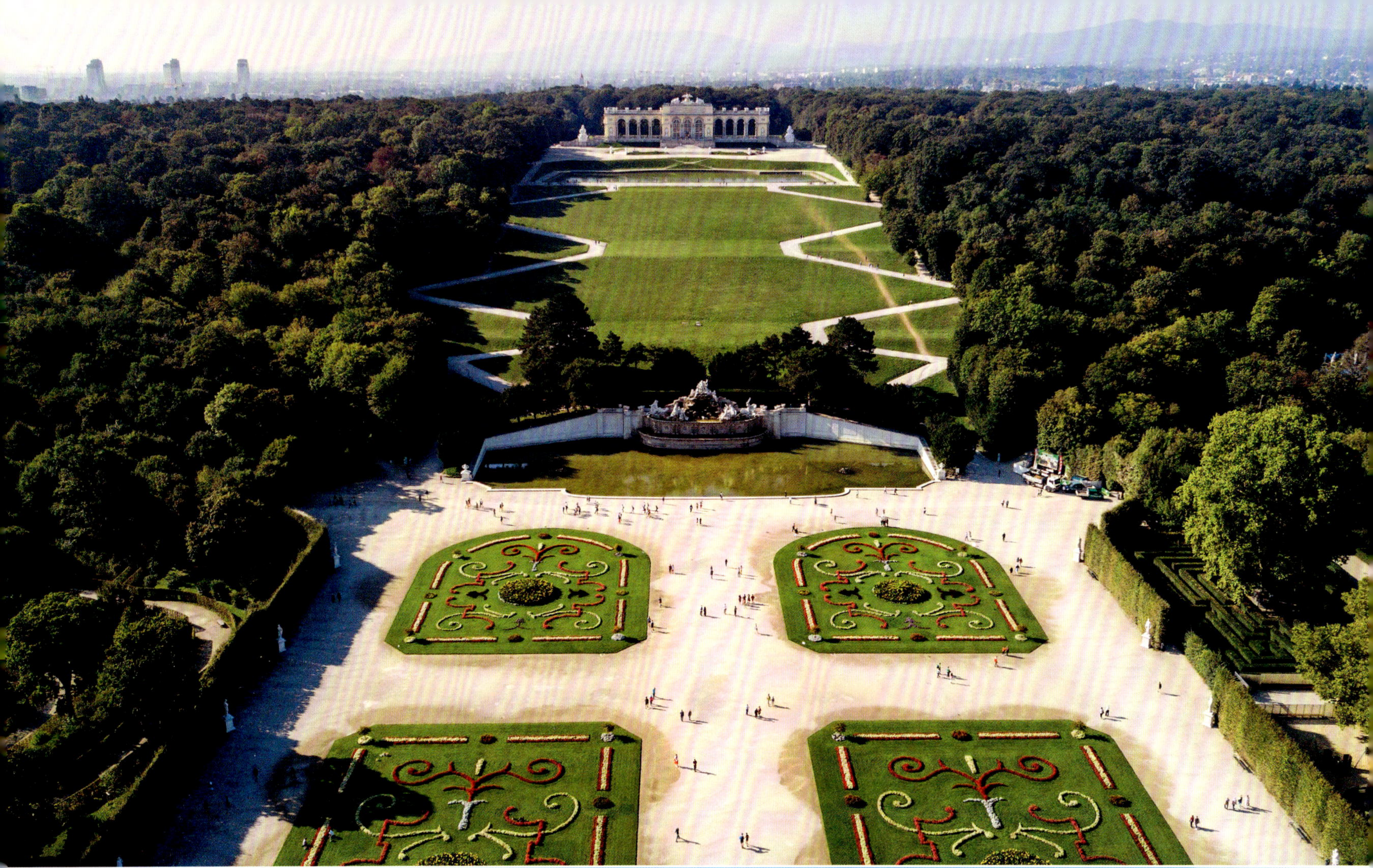

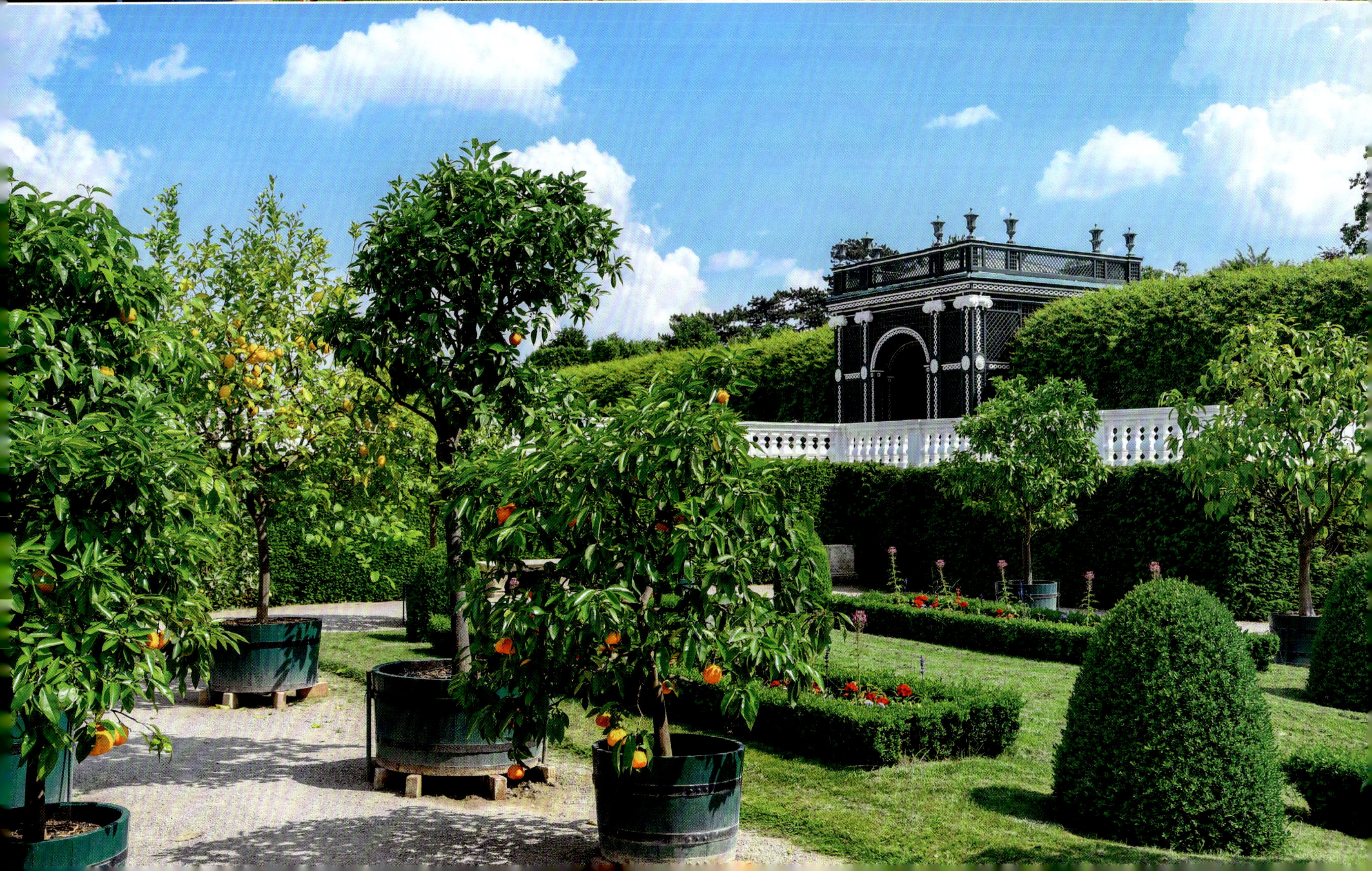

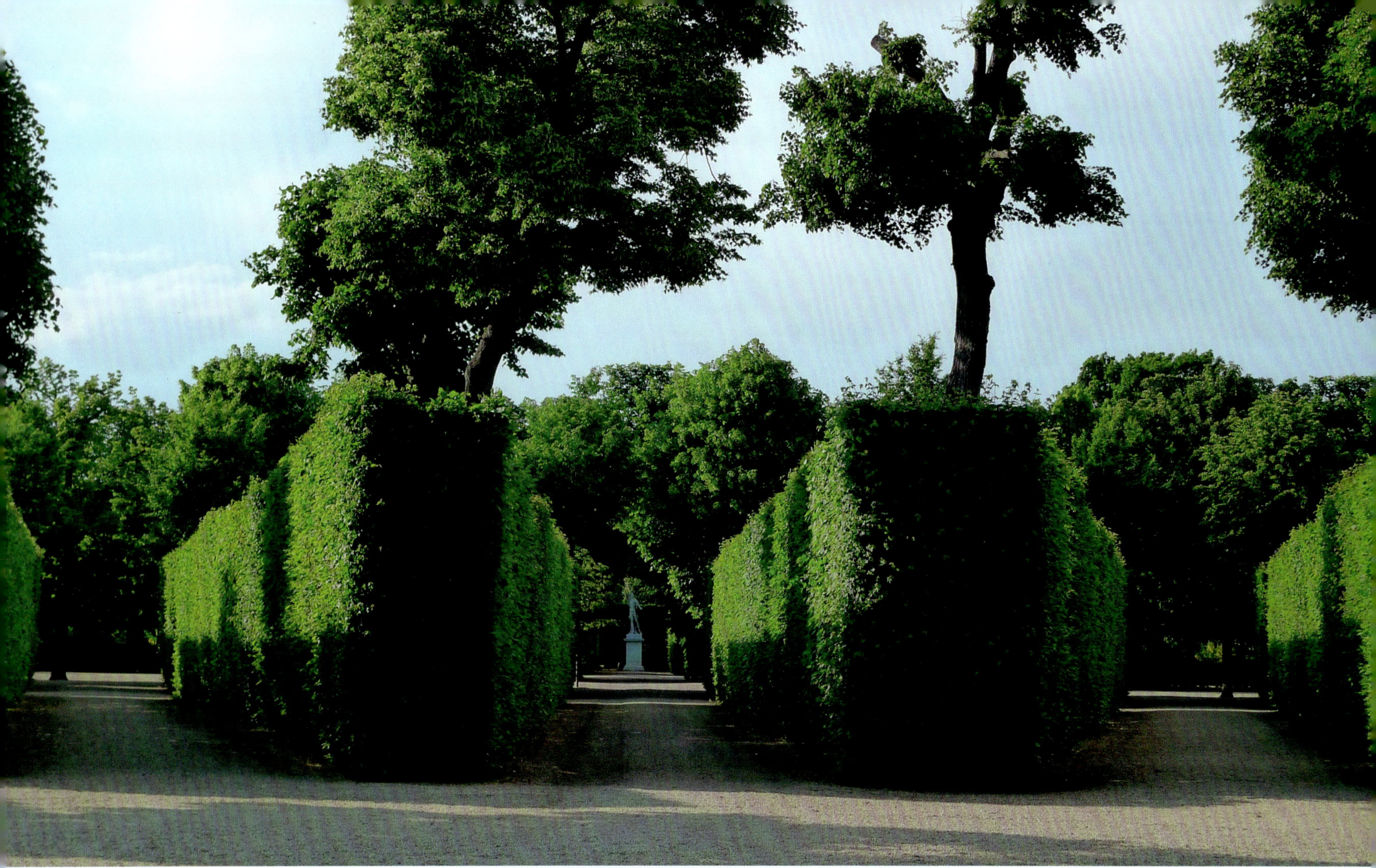

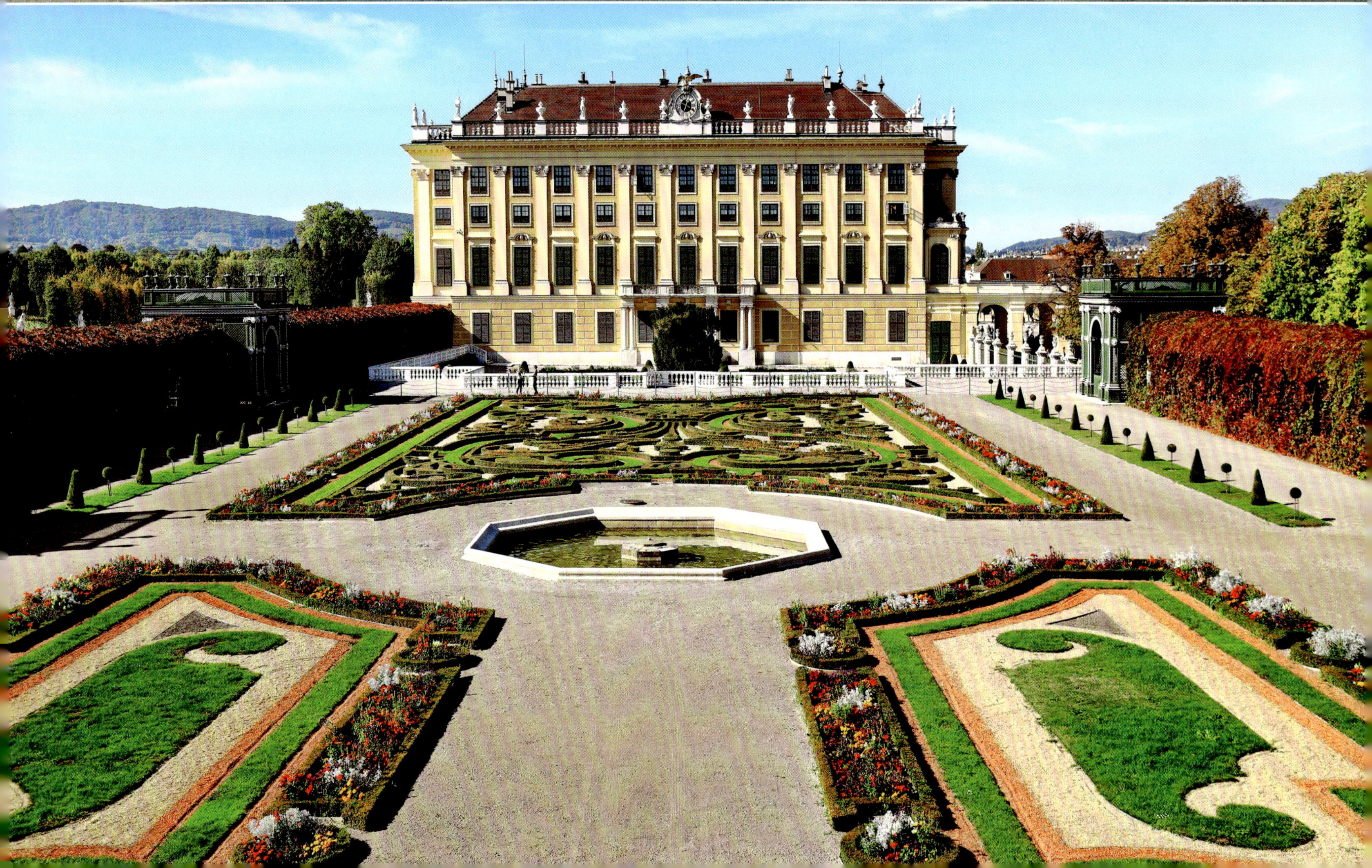

Auf der dritten Terrasse breiten sich teppichartige, von filigranen Blumenrabatten gesäumte Broderieparterres aus. Die an den hohen Mauern der Bastionen gezogenen Spalierbäume schmücken die vierte Terrasse, die äußeren Partien der fünften werden durch Formschnittalleen aus Edelkastanien und Linden bestimmt. Ursprünglich umgaben die Kastanienreihen einen breiten Laubengang mit insgesamt vier Gartenpavillons. Die hauptsächlich aus Holz bestehenden Lauben und Pavillons waren mit Kletterpflanzen überrankt. Im 19. Jahrhundert wurden die Pavillons entfernt, ihre Fundamente sind jedoch noch heute sichtbar. Die Mittelachse wird von Rasenparterres *(Parterres à l'anglaise)* flankiert. Auf der sechsten Terrasse lädt ein Boskett aus Feldahornbüschen mit seinen in Nischen aufgestellten Bänken Spaziergänger zur Rast ein. Der Abschluss dieser Terrasse ist mit Linden bepflanzt, ihre Kronen sind, typisch für Barockgärten, in der Form von Bienenkörben zugeschnitten. Die letzte Terrasse ist die größte des Gartens. Ein Achsenkreuz unterteilt sie in vier rechteckige Felder mit von Bosketten flankierten *Boulingrins* (Bowlinggreens) bzw. abgesenkten Rasenflächen.

Schönbrunn selbst und seine Gärten waren 1760 nahezu fertiggestellt, doch der 60 Meter hohe Schlosshügel hinter dem Großen Parterre bot lediglich eine verzierte Passage durch das sonst bewaldete Gebiet. Johann Ferdinand Hetzendorf von Hohenberg hatte dafür große Pläne und zeichnete Entwürfe für eine Terrassenanlage. Maria Theresia, nunmehr verwitwet, entschied sich für eine einfachere Version: den Neptunbrunnen am Fuß des Hügels und eine Gloriette (einen kleinen Bau, gewöhnlich mit weitem Ausblick) auf dem Gipfel. Die Gloriette (erbaut aus nicht verwendbaren Resten des Schlosses; aus solch einem Material besteht auch der Zierbau *Römische Ruine*) sollte die Macht der Habsburger verherrlichen.

Weitere Architekturen

Ende der 1770er-Jahre wurde das Große Parterre umgestaltet und mit mythologischen Figuren von Johann Wilhelm Beyer ausgeschmückt. Hinzukamen Zierbauten, so die *Römische Ruine* (ursprünglich als *Ruine von Karthago* bezeichnet), der Stabilität und Fortbestand symbolisierende Obeliskbrunnen, der Schöne Brunnen (ein Pavillon mit Springbrunnen) und die Kleine Gloriette, ein weiterer Pavillon. Sie wurden 1780 vollendet, im Todesjahr Maria Theresias.

Der Botanische Garten und weitere Attraktionen

Für die umfassenden botanischen Sammlungen der kaiserlichen Familie wurden Glashäuser errichtet. Östlich des Schlosses befindet sich eine 1755 erbaute, ihrem Pendant in Versailles nachempfundene Orangerie. Unmittelbar östlich davon liegt das halbkreisförmige Cedrathaus, vor ihr ein Küchengarten, der bis 1744 auch einen Weingarten umfasste, den sogenannten Liesenpfennig.

1753 wurde südlich des Areals weiteres Land erworben. Franz I. Stephan errichtete hier den Holländisch-Botanischen Garten, der später erweitert wurde, um die sich ständig vergrößernde Pflanzensammlung aufzunehmen. Ein Teil des Gartens wurde später für den monumentalen Glasbau des Palmenhauses freigemacht, dessen Dampfheizungssystem es ermöglichte, Pflanzen aus der ganzen Welt zu züchten. Als das Palmenhaus am 19. Juli 1882 eröffnet wurde, war es das weltweit größte und zugleich das letzte seiner Art auf dem europäischen Festland. Weitere Attraktionen folgten. Aus der 1752 erbauten Menagerie wurde ein Tiergarten, der als der älteste der Welt gilt. Die westlichen Teile des Parks gestaltete man 1828 bis 1852 zu englischen Landschaftsgärten um.

Renovierungen im 20. und 21. Jahrhundert

Wie so viele Fürstengärten wies auch Schönbrunn kleinere private Räume auf, in die sich die Familie vom Hof zurückziehen konnte. An der Ostfassade des Schlosses, vor dem Appartement Kronprinz Rudolfs, liegen der Kronprinzengarten und der Kellergarten. Diese als *Kammergarten* bezeichneten Anlagen

Linke Seite oben
Boskett

Linke Seite unten
Der Kellergarten

stammen aus der Mitte des 18. Jahrhunderts und zählen zu den ältesten Teilen des heutigen Schlossparks. Sie dienten der kaiserlichen Familie bis zum Ende der Monarchie 1918 als Privatgärten. Der von einem hufeisenförmigen Laubengang begrenzte Kellergarten wurde 1750 bis 1755 im barocken Stil umgestaltet. Um ein oktogonales Becken wurde ein Broderieparterre gelegt. Sein komplexes Muster aus Pflanzen und farbigem Sand wurde 2000 bis 2003 renoviert und mit formgeschnittenen Eiben und Buchsbäumen umsäumt.

Der mit Wildem Wein *(Parthenocissus quinquefolia)* bedeckte Laubengang weist fünf Treillage-Pavillons auf. Der Mitte des 20. Jahrhunderts entfernte Originalpavillon in der Mitte wurde durch einen neuen mit Aussichtsplattform ersetzt. Die historischen Pavillons waren fein geschnitzte Holzbauten mit bemalter Kuppel, die Rankgitter wurden jedoch bereits 1770 durch Eisengitter ersetzt.

Die Lebensader aller Gärten sind die Gärtner, die von Zeit zu Zeit Gelegenheit bekommen, neue Gartenräume zu schaffen. Anfang des 20. Jahrhunderts legten die Schönbrunner Gärtner einen Japanischen Garten an, der später verwilderte. 1998 wurde er renoviert und in drei Abschnitte geteilt: den Teegarten mit gepflastertem Teeplatz, den angrenzenden Steingarten und den daran anschließenden *Kare-san-sui*, einen Trockengarten.

Wertvolle Pflanzen

Neben Tulpen zählten in Schönbrunn Narzissen zu den kostbarsten Zierpflanzen. Sie wurden im 16. Jahrhundert aus dem Osmanischen Reich importiert.

Heute blühen im Frühling in Schönbrunn etwa 10 000 verschiedene Narzissenarten. Im 18. Jahrhundert war es Franz Boos zu verdanken, dass hier viele tropische Pflanzen gediehen. Der frühere Gärtner wurde zum Botaniker, der aus Südafrika Fettpflanzen *(Fockea capensis)*, Knollen *(Veltheimia capensis* und *Haemanthus amarylloides)* und andere, auf seinen Amerikareisen gesammelte, Pflanzen nach Wien brachte.

Das 1904 erbaute Sonnenuhrhaus nahm die Pflanzensammlung Kaiser Franz Josephs (1830–1916) auf. Er wurde in Schönbrunn geboren, wo er auch einen Großteil seines Lebens verbrachte und im Alter von 86 Jahren starb. Bis 1989 diente es als Gewächshaus und zum Überwintern australischer und südafrikanischer Pflanzen. In »Wüstenhaus« umbenannt, beherbergt es heute eine wertvolle Sammlung von Fettpflanzen wie Kaktusfeige *(Opuntia* spp.*)* und Igelsäulenkaktus *(Echinocereus engelmannii)*.

Nach dem Zusammenbruch der Habsburgermonarchie im November 1918 ging Schönbrunn in den Besitz der neuentstandenen Republik Österreich über und wurde ein Museum. Es diente als Drehort und Kulisse für zahlreiche Film- und TV-Produktionen, wie die *Sissi*-Filme, *Prinzessin Olympia* (1960) und für bestimmte Szenen von *James Bond 007 – Der Hauch des Todes* (1987). Der 1720 erbaute Irrgarten wurde gründlich restauriert. Sein erster Abschnitt wurde 1999 als klassisches Labyrinth mit Sackgassen und einer Aussichtsplattform eröffnet. Eintausend Eiben wurden gepflanzt, die eine 630 Meter lange und 1,9 Meter hohe Hecke bilden. Auch der Liesenpfennig-Weingarten wurde wiedererweckt und lieferte 2012 die erste Weinernte.

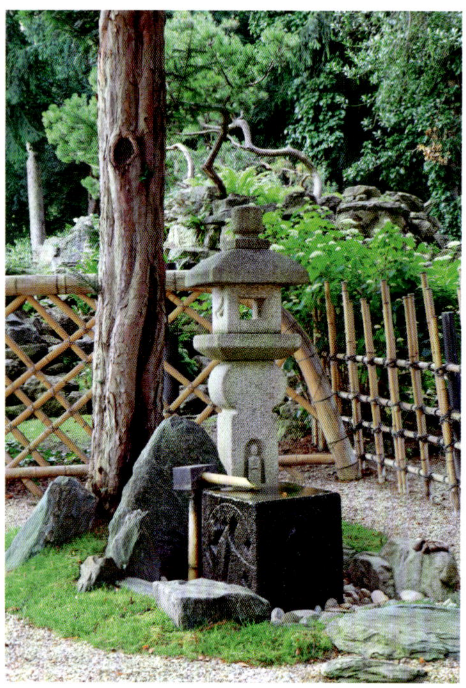

Rechts
Im Japanischen Garten

Rechte Seite
Das Taubenhaus

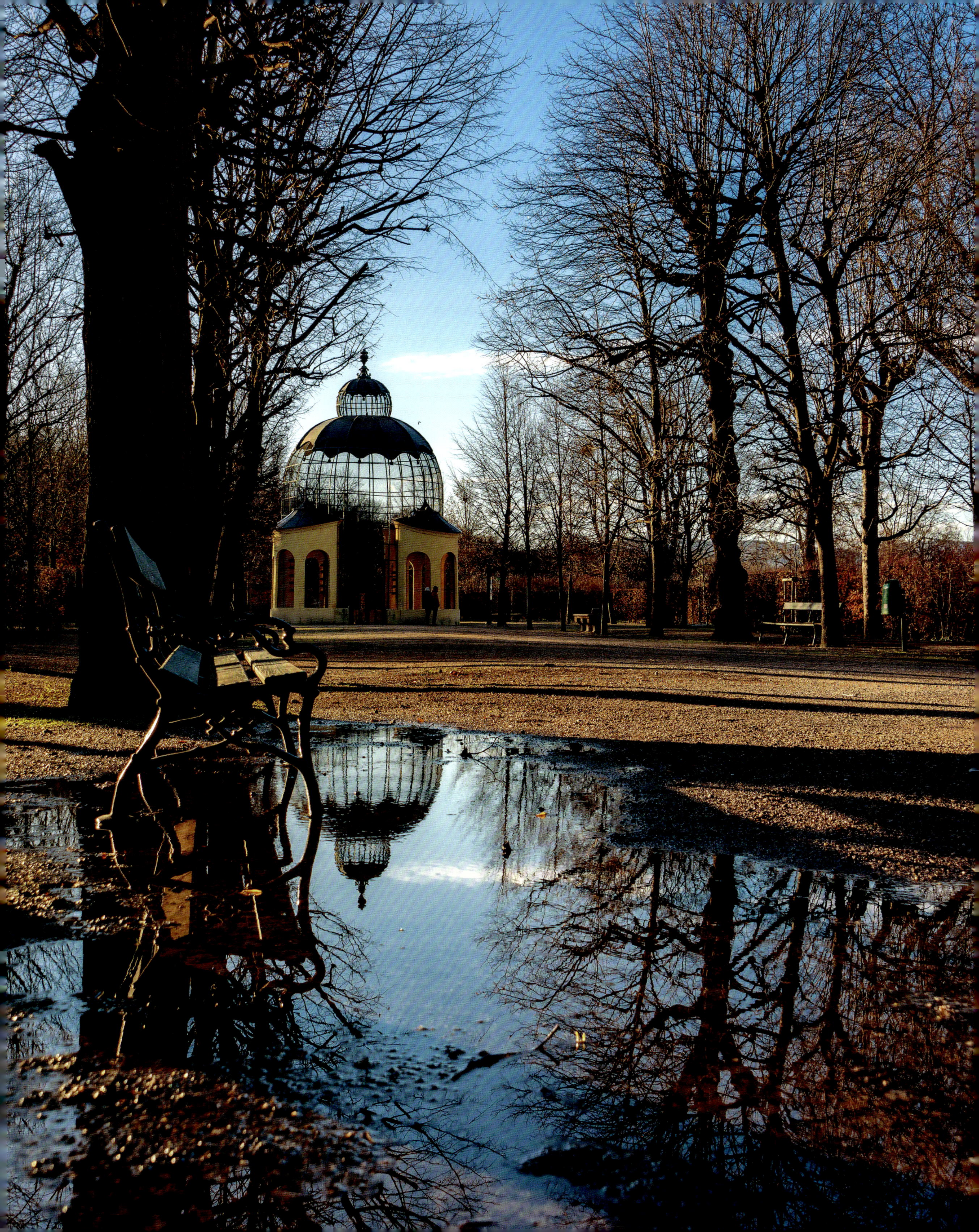

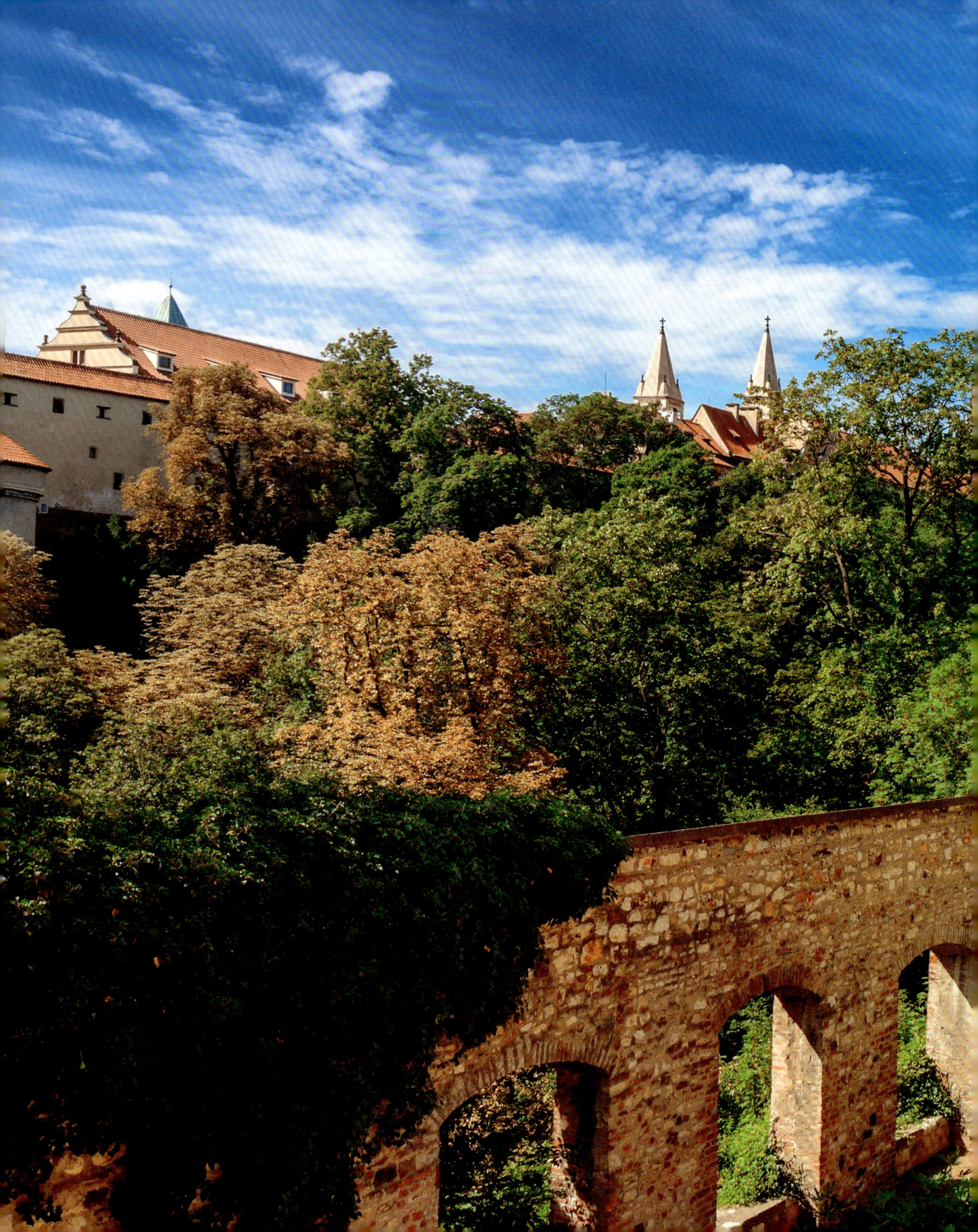

PRAGER BURG

Prag, Tschechien

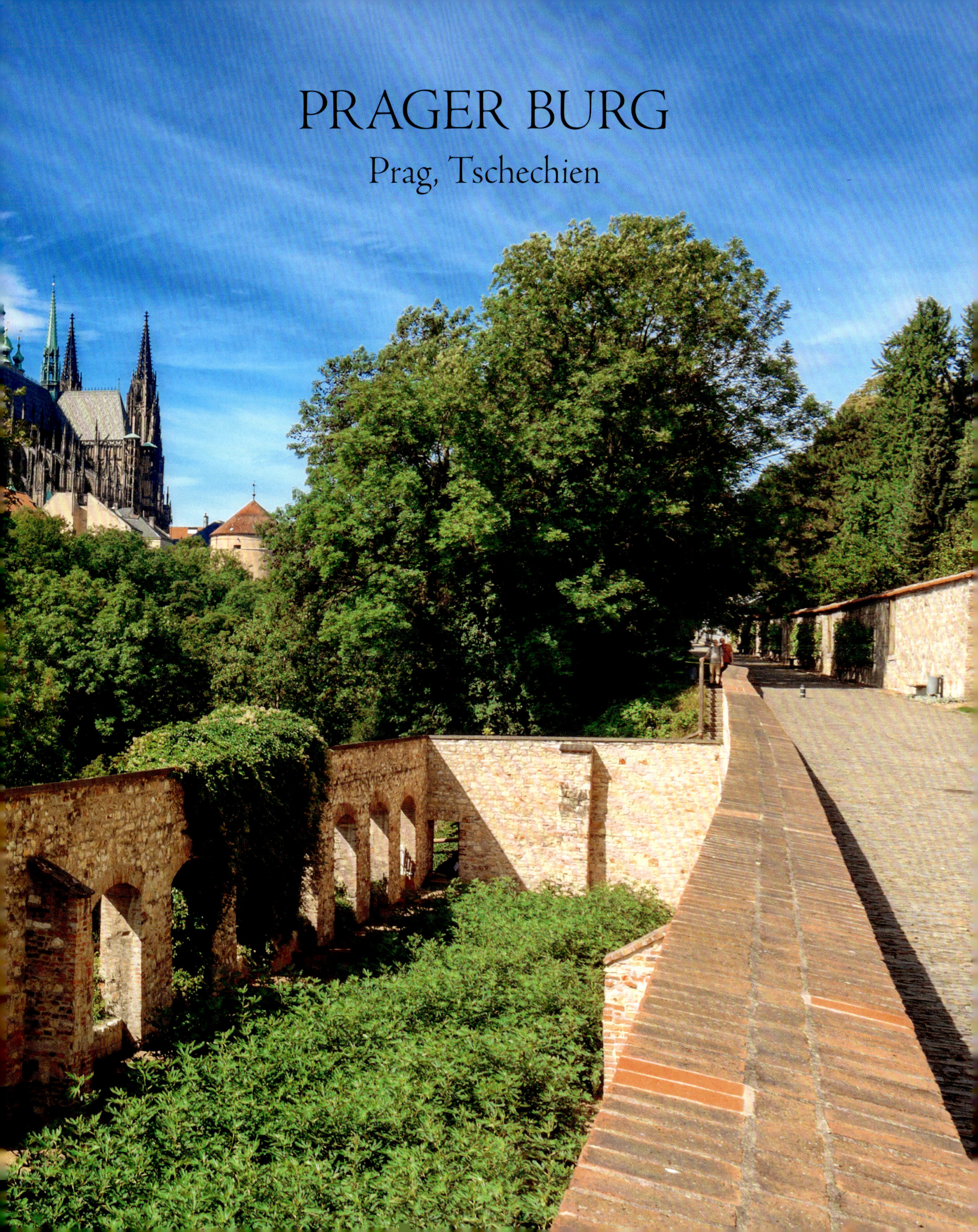

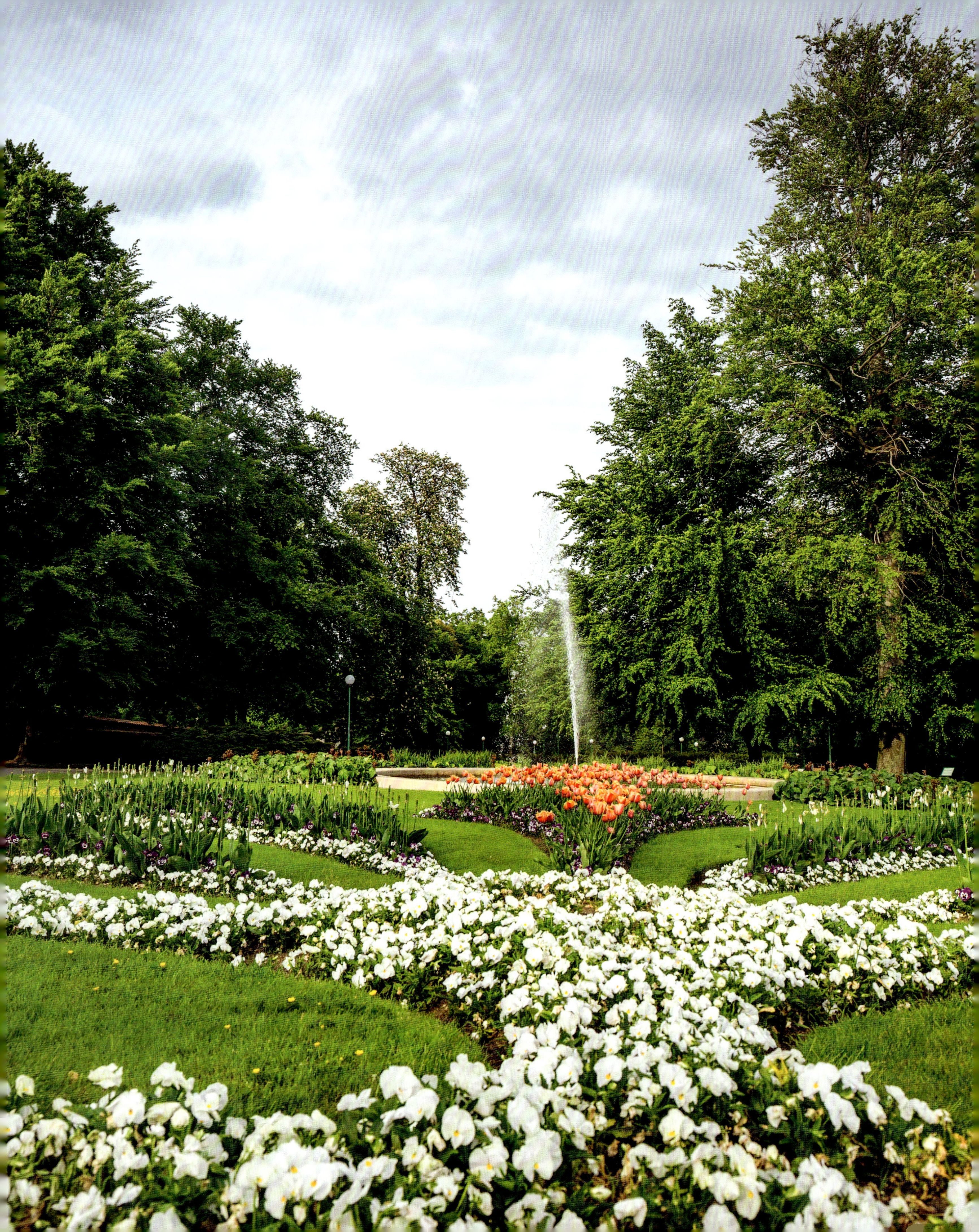

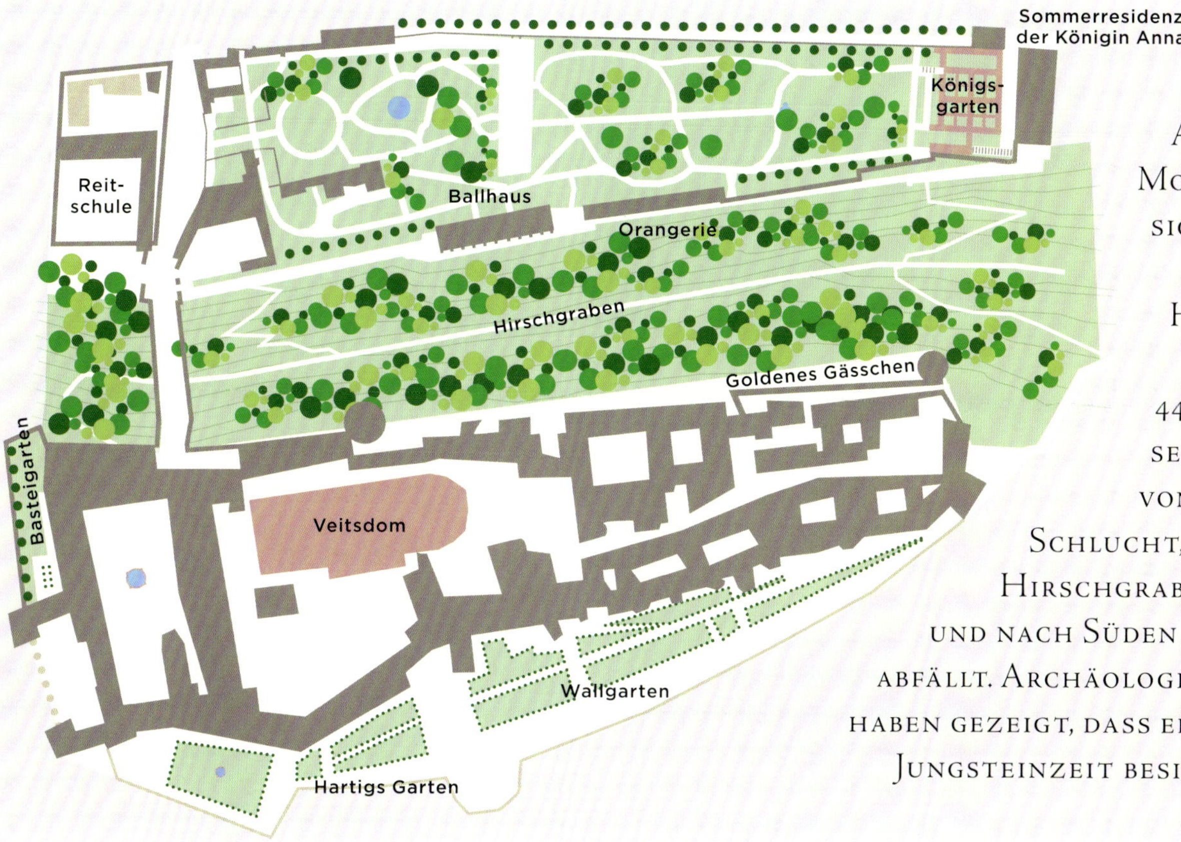

Auf dem linken Moldauufer erhebt sich ein schmaler, spornartiger Hügel mit einer Fläche von 44 Hektar, der auf seiner Nordseite von einer tiefen Schlucht, dem sogenannten Hirschgraben, geschützt ist und nach Süden hin weniger steil abfällt. Archäologische Grabungen haben gezeigt, dass er schon in der Jungsteinzeit besiedelt war.

Auf diesem Hügel erhebt sich der größte Schlosskomplex der Welt, die Prager Burg (im Deutschen gewöhnlich Hradschin genannt), eine Bezeichnung für ein Ensemble von Kirchen, Amtsgebäuden, Befestigungen, Gärten und Palästen. Seit mehr als tausend Jahren ist sie der traditionelle Sitz der Herrscher und Staatsoberhäupter des Landes und dessen religiöses und geistiges Zentrum.

Architektur im Lauf der Jahrhunderte

Die im Lauf der Geschichte wechselnden Erfordernisse und Geschmacksrichtungen spiegeln sich in den weltlichen Bauten der Prager Burg ebenso wider wie in ihren Kirchen. Ihre Geschichte beginnt 875, als der Přemyslidenfürst Bořivoj I. (852–889), der erste christliche Herrscher Böhmens, seine Residenz von Levý Hradec, einer befestigten Siedlung an der Moldau, an den Ort verlegte, der heute das Zentrum von Prag bildet. Zusätzliche Bedeutung gewann die Burg gegen Ende des 10. Jahrhunderts als Sitz des Prager Bischofs. In der gleichen Epoche wurde an der St.-Georgs-Basilika (920) das erste Kloster Böhmens erbaut. In dieser Zeit umfasste die Anlage mit ihrem Grundbesitz etwa sechs Hektar. Die alten Befestigungen aus Holz und Erde wurden in der Zeit der Gotik durch einen mittelalterlichen Burgbau ersetzt, der eine immer größere Ausdehnung annahm. Die bedeutendste Erweiterung erfolgte im 14. Jahrhundert, als der römisch-deutsche Kaiser Karl IV. (1316–1378) die Prager Burg zur kaiserlichen Residenz machte und mit dem Bau eines gotischen Doms begann. 1344 wurde der Grundstein gelegt. Meister Matthias von Arras und nach ihm Peter Parler schufen den Chor mit Kapellenkranz, die Wenzelskapelle, das Goldene Tor und den unteren Teil des Großen Südturms. Während der Herrschaft Karls IV. wurden die Befestigungen verstärkt und einige Dächer mit vergoldeten Metallplatten gedeckt.

Nachdem 1525 die Habsburger den böhmischen Thron bestiegen hatten, erfuhr die Anlage weitere Umbauten, dieses Mal im Stil der Renaissance. Ende

Vorhergehende Doppelseite
Das Feigenhaus

Linke Seite
Im Königsgarten

des 16. und Anfang des 17. Jahrhunderts, in der Regierungszeit Kaiser Rudolfs II. (1552–1612), wurde der Neue Königspalast errichtet. Rudolf wählte Prag zu seiner Residenz und machte es zum Zentrum des Reiches und Kristallisationspunkt der europäischen Kultur und Wissenschaft. Unter der 40-jährigen Herrschaft Maria Theresias (1717–1780) wurde die Burg zu einer repräsentativen schlossartigen Residenz umgebaut und erhielt ihr heutiges, spätbarockes Aussehen. Maria Theresia war die einzige Frau in der langen Habsburger Herrscherreihe und zugleich äußerst tatkräftig. Sie ließ umfangreiche Reparaturen und Umbauten vornehmen, um das Schloss mit einheitlichen Fassaden auszustatten. Nach dem Ende der Monarchie 1918 wurde das Prager Schloss Sitz des Präsidenten der Tschechoslowakischen (und 1993 der Tschechischen) Republik.

Interessanterweise besitzt der Komplex nach mehr als 1100 Jahren trotz aller Umbauten im Wesentlichen noch immer den Grundriss der Přemyslidenburg des 9. und 10. Jahrhunderts. Der Zugang ist von drei Seiten möglich: durch den westlichen Haupteingang vom Hradschiner Platz, den seitlichen (nördlichen) Eingang von der Pulverbrückenstraße *(U Prašného mostu)* und den östlichen an der Alten Schlossstiege.

Die Renaissance und der Königsgarten

Die Herrscher und Adeligen der Renaissance liebten Vergnügungen, schöne Landschaften und gepflegte, von Symmetrie und Harmonie geprägte Gartenanlagen mit Brunnen und Wasserspielen. Große Mode war das Züchten von Tieren und exotischen Pflanzen. Dieser Lebensstil wurde in Prag von Kaiser Ferdinand I. (1503–1564) eingeführt, der seinen Königsgarten *(Královská zahrada)* inmitten von Weingärten anlegte. Die Arbeiten begannen 1543. Auch Ferdinand liebte exotische und mediterrane Pflanzen, sodass im Königsgarten nach dem Vorbild italienischer Gärten bald Orangenbäume in ihren süßen und bitteren Varianten *(Citrus* x *sinensis* und *C.* x *aurantium)*, Mandarinen *(C. reticulata* 'Blanco') und Feigenbäume *(Ficus carica)* wuchsen. 1554 wurde Ferdinands Sammlung um Tulpen aus der Türkei ergänzt. Diese Blumen erregten große Bewunderung und wurden in der Folge in ganz Europa eingeführt.

1538 begannen die Arbeiten zum Bau der Königlichen Sommerresidenz, einem Geschenk Ferdinands I. für seine Frau Anna Jagellonica (1503–1547). Der Architekt Paolo della Stella und später der Steinmetz Bonifaz Wohlmut entwickelten neue Ideen und folgten nicht streng den Regeln der Renaissancearchitektur, wie das einzigartige Gotische Dach des Baus zeigt. Vor dem Gebäude befindet sich der 1568 errichtete Singende Brunnen, dessen Wasser aus Wasserspeiern in rhythmischen Stößen auf eine Bronzeplatte fällt. Wohlmut erbaute 1567 bis 1569 auch das Königliche Ballhaus; es wurde von den Höflingen Ferdinands ebenso benutzt wie die Schießstätte und die Kegelbahn.

Der im Dreißigjährigen Krieg (1618–1648) verwüstete Königsgarten wurde Ende des 17. Jahrhunderts von Leopold I. (1640–1705), dem römisch-deutschen Kaiser, König von Ungarn, Kroatien und Böhmen, im Stil der Renaissance wiederhergestellt. Nach 1700 kam der Barockstil in Mode und der Garten wurde mit einem neuen Glashaus ausgestattet, einem Werk des böhmischen Architekten Kilian Ignaz Dientzenhofer, sowie Statuen des aus Österreich stammenden Bildhauers Matthias Bernhard Braun. Eine dieser Statuen, *Die Nacht*, steht vor dem Ballhaus. Ihr Pendant, *Der Tag*, wurde 1757 von den Preußen zerstört.

Ferdinand V. aus dem Haus Habsburg-Lothringen, der 1848 als Kaiser von Österreich (Ferdinand I.) und König von Böhmen abdanken musste, verbrachte den Rest seines Lebens auf der Prager Burg. Er war ein Musikliebhaber, beherrschte fünf Sprachen und interessierte sich besonders für Botanik. Mit seiner Gemahlin Maria von Sardinien (1803–1884) erwarb er das Areal über dem Hirschgraben, der natürlichen Befestigung der Burg. Ferdinand ließ drei Glashäuser bauen, von dem eines die teuren und kostbaren Kamelien, Rhododendren und Azaleen beherbergte.

Der sich im 19. Jahrhundert in ganz Europa durchsetzende Stil des englischen Landschaftsgartens fand

Rechte Seite oben
Herbstliche Pracht im Paradiesgarten

Rechte Seite unten
Rosengarten im Petřínpark

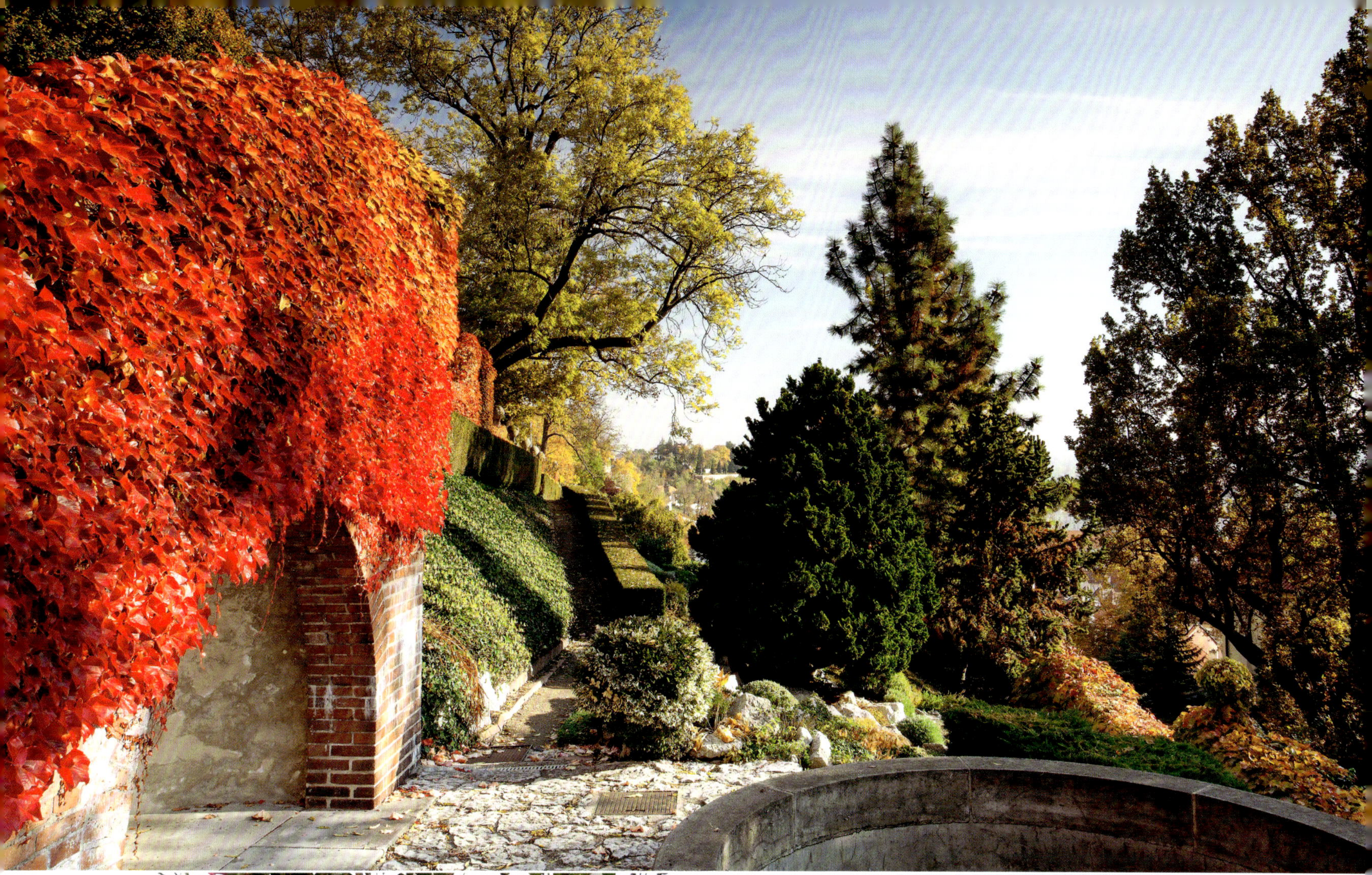

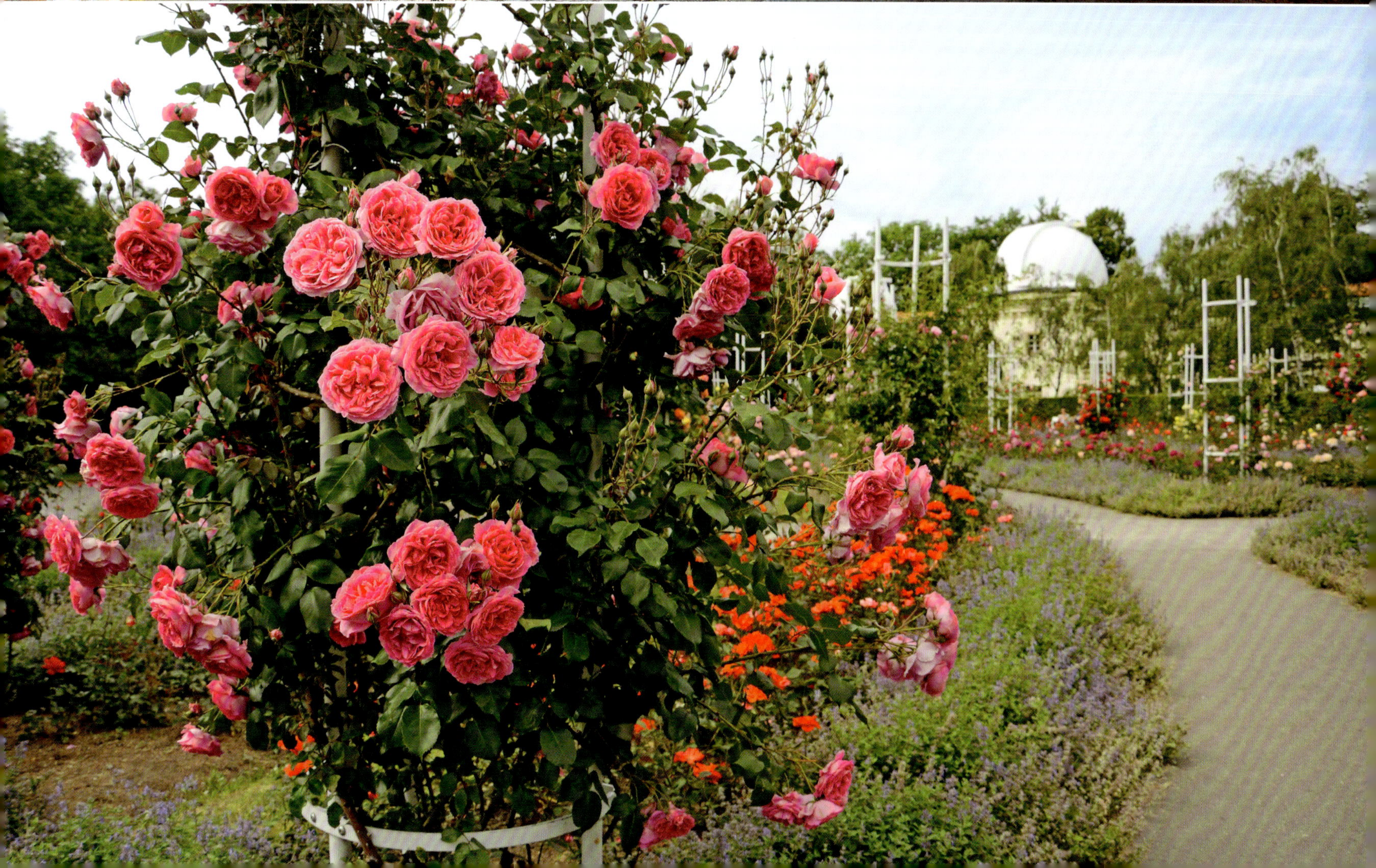

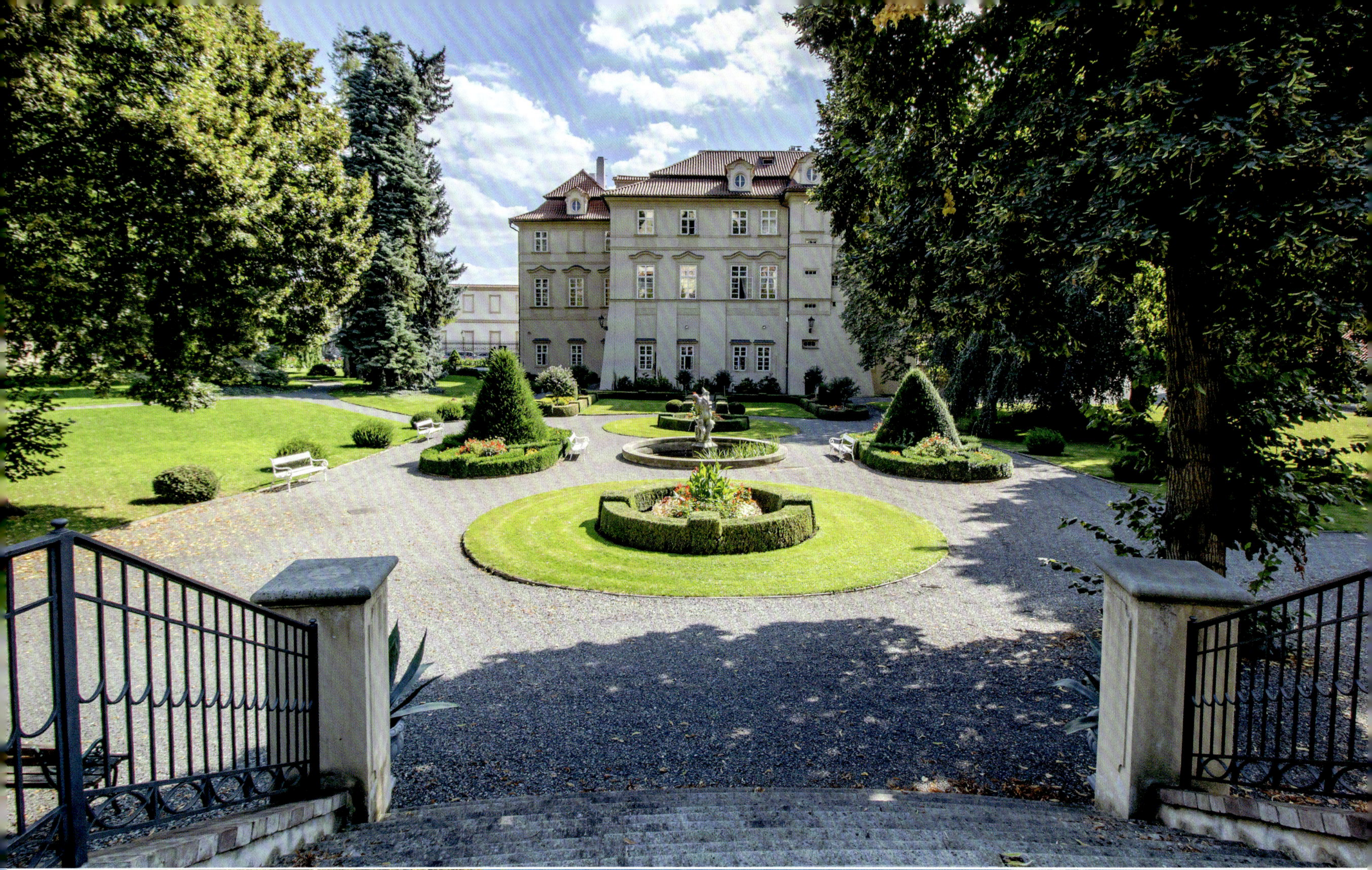
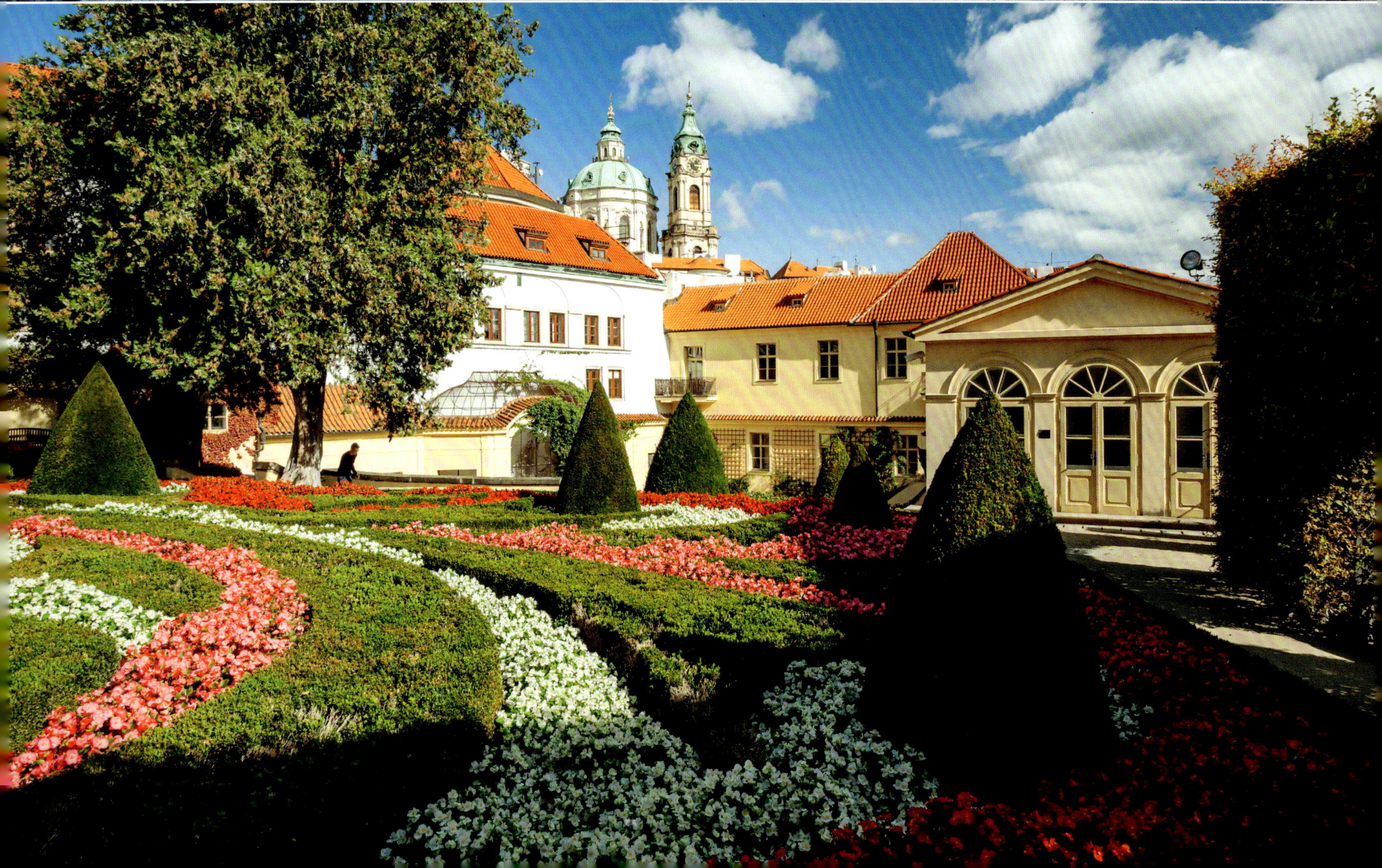

auch in die Gärten der Prager Burg Eingang. Die ornamentalen Blumenrabatten wurden nun durch geschwungene Rasenstreifen ersetzt. Auf diese Weise entstand ein englischer Park, der heute das dominante Element bildet, wobei Renaissance und Barock ihre prächtigen Spuren hinterlassen haben.

Der heutige Königsgarten

Der von Bauten des 16., 17. und 18. Jahrhunderts umschlossene Garten ist mit Zitronenbäumen übersät, die noch heute Ferdinands I. Interesse an mediterranen Pflanzen belegen. Es handelt sich um einen geometrischen Renaissancegarten mit seinen typischen Bosketten und Brunnen. Die das alte kaiserliche Glashaus ersetzende neue Orangerie ist der jüngste Bau des Gartens, eine nahezu 90 Meter lange, tunnelförmige Konstruktion aus Glas und Stahl. Sie wurde 1999 zu Ehren von Olga Havlová, der ersten Frau Präsident Václav Havels, von der Architektin Eva Jiřičná entworfen. Im feuchten Inneren der Orangerie gedeihen Zitronenbäume, Palmen, Yuccas, Neuseelandflachs und Feigenbäume.

Westlich dieses Gartenteils liegt der 1861 angelegte Basteigarten *(Zahrada na Baště)*. Er wurde 1930 von dem slowenischen Architekten Jože Plečnik im Stil japanischer und italienischer Gärten umgestaltet. Die südlichen Anlagen sind drei kleinere Gärten – der Paradiesgarten, der Garten auf den Wällen und Hartigs Garten *(Hartigovská zahrada)*. Sie erstrecken sich in einer Länge von 500 Metern vor der Fassade des Schlosses und gipfeln im St.-Wenzels-Weingarten und dem klassizistischen Sommerhaus Villa Richter, das heute als Restaurant dient. Sie bilden einen zusammenhängenden Bereich mit majestätischen Bäumen. Der 3800 Quadratmeter große Paradiesgarten wurde als Privatgarten Ferdinands I. angelegt. Eine trapezförmige, mit Granit eingefasste Rasenfläche wird von einem aus Mrákotín-Granit gefertigten Becken dominiert, das Plečnik im griechischen Stil entwarf. Hartigs Garten ist erst seit den 1960er-Jahren Teil des Burgkomplexes. Er ist der kleinste der Barockgärten und zeichnet sich durch berankte Mauern und eine mit dekorativen Vasen geschmückte Balustrade aus. Von der großen gepflasterten Terrasse der Reitschule hat man einen der schönsten Ausblicke auf Prag. Der Garten ist als symmetrisches Parterre mit drei ovalen Bassins angelegt.

Ein 1614 unter Kaiser Matthias (1557–1619) erbauter Pavillon markiert den Eingang zum Garten auf den Wällen, einem schmalen Streifen mit mehreren Pavillons, die der berühmte tschechische Maler Josef Navrátil 1848 mit Wandgemälden ausschmückte. Rechts der Treppe befindet sich der älteste Baum der Burg, eine etwa 400 Jahre alte Eibe, die von der Steineinfassung gezielt umgangen wird. Zwei Barockobelisken erinnern an den Fenstersturz der königlichen Statthalter am 23. Mai 1618, der den Beginn des Dreißigjährigen Kriegs markierte. Die Stiertreppe, ein weiteres Werk Plečniks, trennt den Wallgarten vom schon erwähnten Hartigs Garten, dem letzten und jüngsten der Dreiheit. Er wurde in den 1960er-Jahren neugestaltet und ist mit einem Musikpavillon ausgestattet.

Die Palastgärten

Neben den königlichen Gärten umfasst die Prager Burg eine Reihe weiterer bedeutender Gärten, die auf den zum Moldauufer hin abfallenden Südhängen liegen und ineinander übergehen: Ledebur-Garten, Kleiner und Großer Palffy-Garten, Kolowrat-Garten und Kleiner Fürstenberg-Garten. Diese 1697 geschaffenen Anlagen werden oft als Palastgärten *(Palácové zahrady)* bezeichnet. Sie weisen eine Vielzahl von Architekturen wie Terrassen, Gartenhäuser, Balustraden, Dekors und Zierelemente auf. Im Jahr 2000 wurden sie in Gegenwart des englischen Thronfolgers Prinz Charles nach jahrelangen Reinigungs- und Rekonstruktionsarbeiten wiedereröffnet.

In der Stadt Prag selbst liegt in der Prager Kleinseite *(Malá Strana)* der Wallenstein-Garten. Er wurde 1623 bis 1630 im frühbarocken Stil als Teil des Wallenstein-Palasts angelegt. Beherrschendes Merkmal ist eine breite Mauer mit künstlichen Stalaktiten, die eine Kalksteinhöhle *(Grotta)* nachahmen. Der niederländi-

Linke Seite oben
Garten im Fürstenberg-Palais am Südhang der Burg

Linke Seite unten
Der barocke Vrtba-Garten

sche Bildhauer Adriaen de Vries schuf Skulpturen mit Motiven der griechischen Mythologie, so den Marmorbrunnen im Zentrum des Beckens. Die heute hier sichtbaren Figuren sind Repliken. Die Originale, wurden 1648 von schwedischen Truppen fortgeschafft und schmücken jetzt den Park des Schlosses Drottningholm, der Residenz der schwedischen Königsfamilie (siehe Seite 164).

Die Gärten rund um die Prager Burg erstrecken sich bis zu den Hängen des Petřínparks, wo sich auch das barocke Palais Vrtba befindet. Es wurde 1720 von František Maximilian Kaňka entworfen, sein Garten wurde 1990 bis 1998 erneuert. Er ist nicht groß, enthält jedoch alle wesentlichen Elemente eines Barockgartens – elegante Treppenläufe, ausgeschmückte Geländer und Balustraden, Terrassen, Blumenbeete, Hecken sowie Statuen von der Hand des Bildhauers Matthias Bernhard Braun.

Den Petřínpark selbst legte 1268 der böhmische König Ottokar II. (1232–1278) als königlichen Jagdpark an. Im 16. Jahrhundert wurde er neu bepflanzt. Unter Maria Theresias Herrschaft (1740–1780) wurden die Bäume zum größten Teil gefällt und verheizt. 1804 erfolgte die Wiedereröffnung. 1891 errichtete man für die Prager Jubiläumsausstellung einen verkleinerten Nachbau des Eiffelturms. 1932 bis 1934 mussten für die Anlage eines sechs Hektar großen Rosengartens (in 320 Meter Seehöhe) einige Weingärten und Obstbäume weichen. Er wurde in Form einer Rosette und eines Sterns angelegt. Heute blühen hier von Juni bis zum ersten Frost etwa 12000 Rosen verschiedener Sorten. Nach der schweren Überschwemmung, die Prag 2002 heimsuchte, wurde dieser Park geschlossen. Schon nach kurzer Zeit begann die Wiederherstellung, und im April 2003 konnte der Rosengarten wieder eröffnet werden.

Archäobotanische Funde

Ein faszinierender Beitrag in *Natural Sciences in Archaeology* befasste sich 2012 mit auf dem Areal der Prager Burg in den beiden Jahrzehnten zuvor gefundenen Pflanzenresten als archäobotanischem Beweismaterial. Viele stammen von Pflanzen aus Südeuropa, Asien und Amerika: *Cucumis melo* (Melone), *Oryza sativa* (Reis), *Buxus sempervirens* (Buchsbaum), *Ficus carica* (Feigenbaum), *Nicotiana rustica* (Bauerntabak), *Cucurbita pepo* (Zierkürbis), *Ribes rubrum* (Rote Johannisbeere), *Datura stramonium* (Stechapfel) und Heilkräuter wie *Coriandrum sativum* (Koriander) und *Foeniculum vulgare* (Fenchel), die in archäobotanischen Mustersammlungen selten vertreten sind. Weitere Arzneipflanzen wie *Cannabis sativa* (Hanf), *Papaver somniferum* (Schlafmohn), *Anethum graveolens* (Dill), *Lepidium sativum* (Gartenkresse), *Majorana hortensis* (Majoran), *Ocimum basilicum* (Basilikum) und *Satureja hortensis* (Sommerbohnenkraut) wurden ebenfalls festgestellt. Größere Funde wiesen auf Pflaumen, Hasel- und Walnüsse sowie Weintrauben hin. Seltenere hier festgestellte Arten waren *Olea europaea* (Olive), *Prunus dulcis* (Mandel), *Castanea sativa* (Edelkastanie), *Arachis hypogaea* (Erdnuss), *Pistacia vera* (Pistazie) und *Coffea arabica* (Bergkaffee). Alle diese Arten sind im archäobotanischen Kontext Mitteleuropas einzigartig.

Aufgrund dieser Analyse konnten die Wissenschaftler das frühneuzeitliche Leben der Menschen auf der Prager Burg und die landwirtschaftliche Tätigkeit im Umkreis rekonstruieren. Die Ansiedlung mediterraner, asiatischer, afrikanischer und amerikanischer Pflanzen lässt sich als erste Phase der Globalisierung bezeichnen, die in der Folge auch die Herrschaftsgebiete anderer mitteleuropäischer Fürstenhöfe erfasste.

Rechte Seite oben
Vor dem Königlichen Ballhaus

Rechte Seite unten
Garten beim Wallenstein-Palast

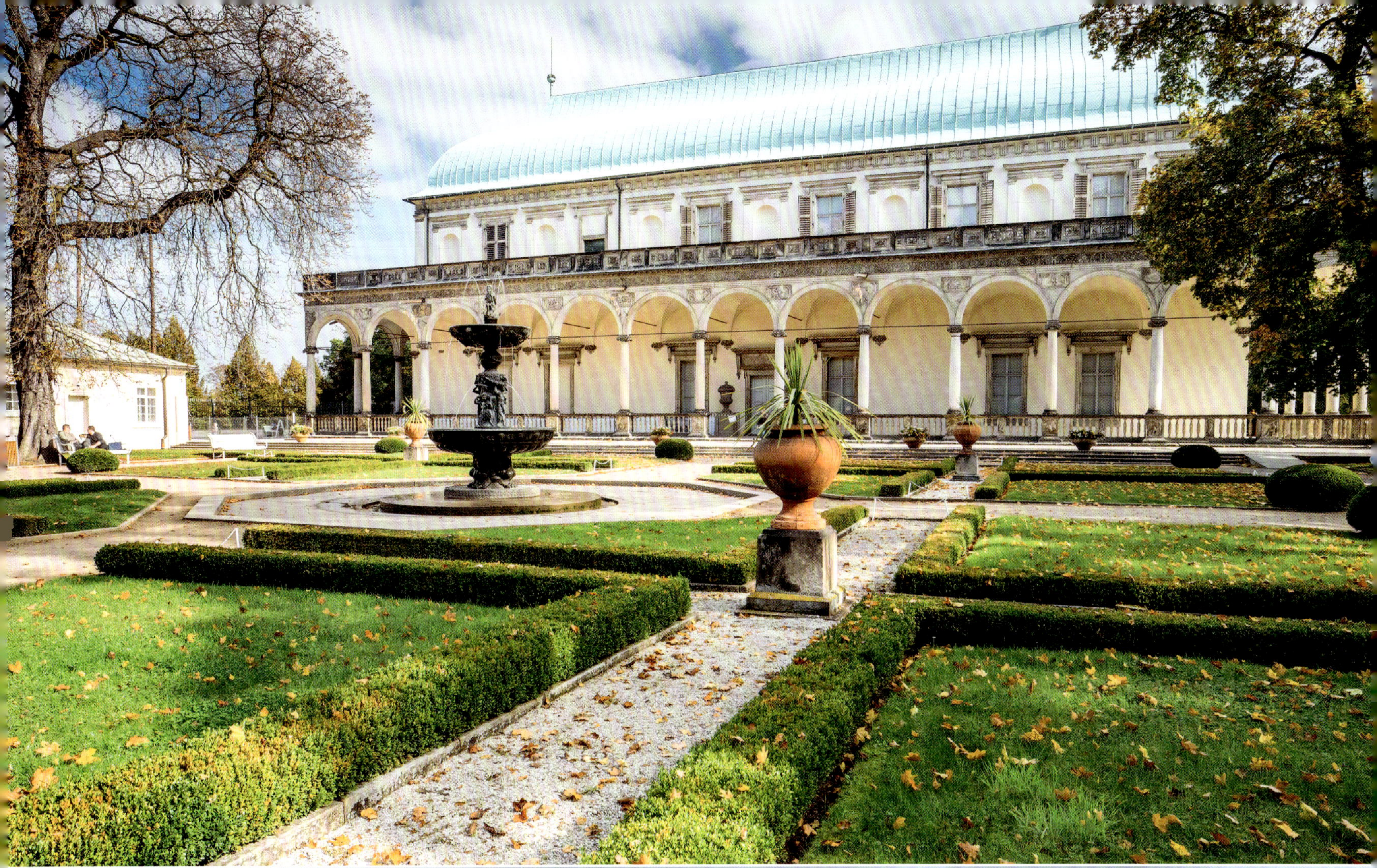

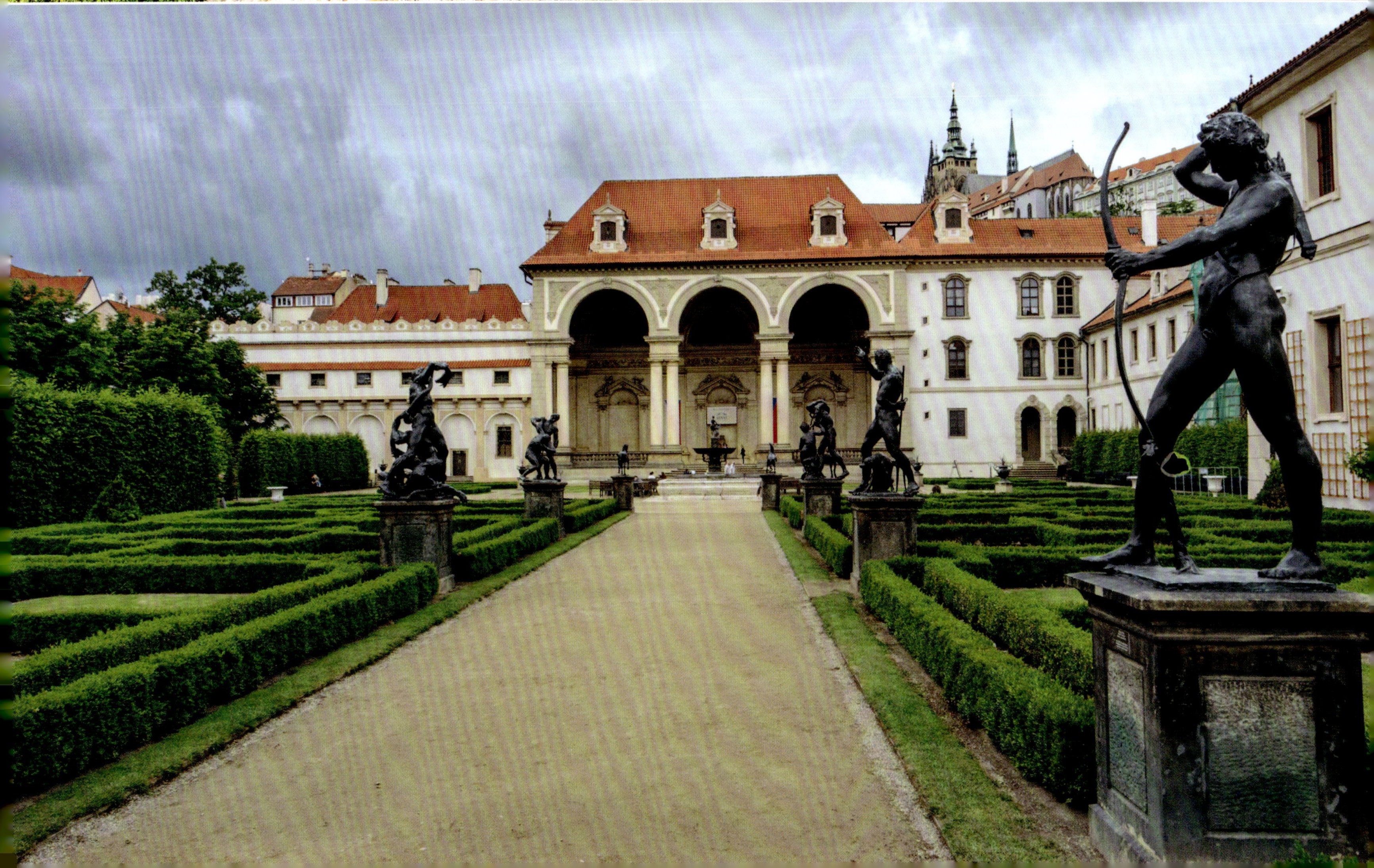

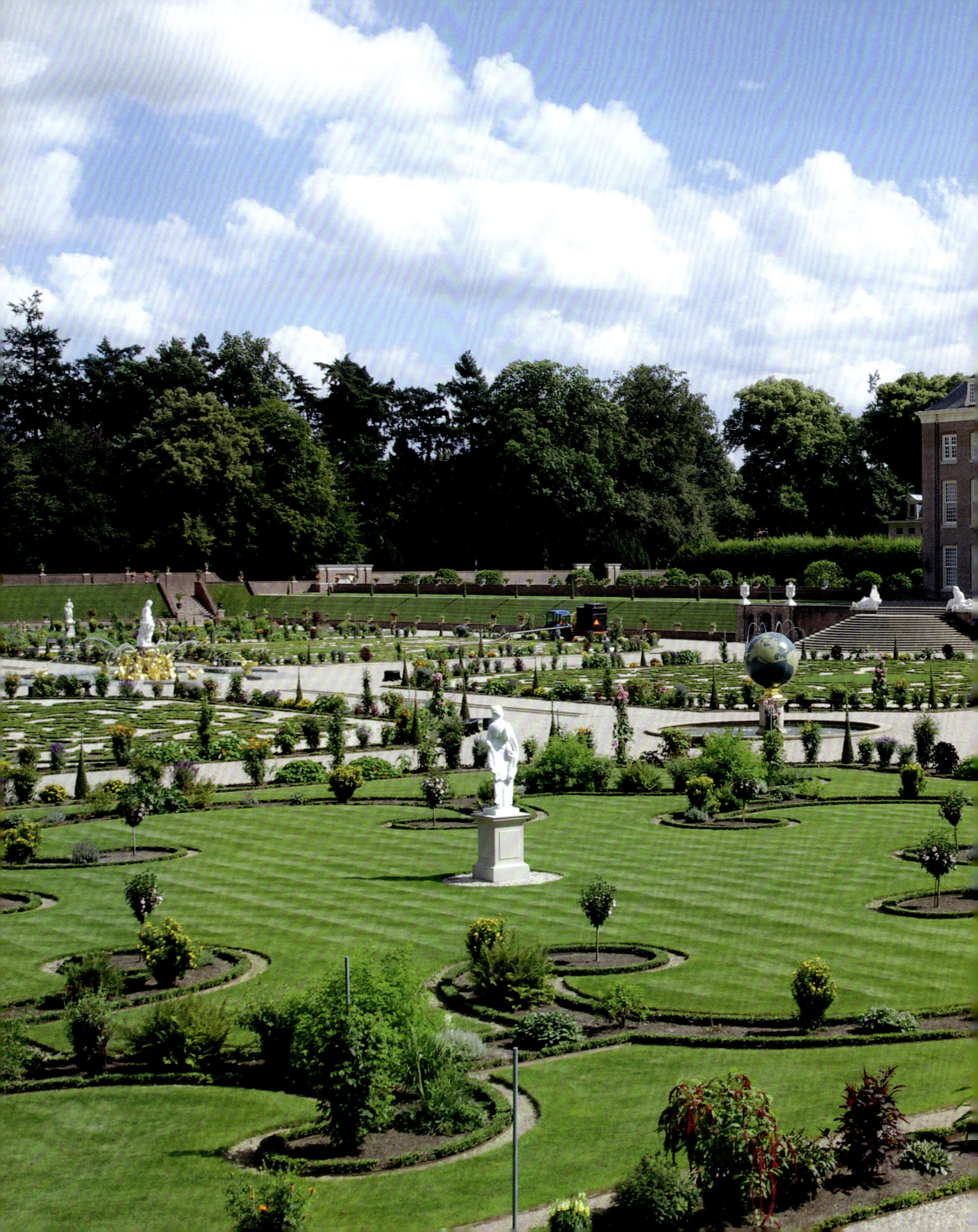

SCHLOSS HET LOO

Apeldoorn, Niederlande

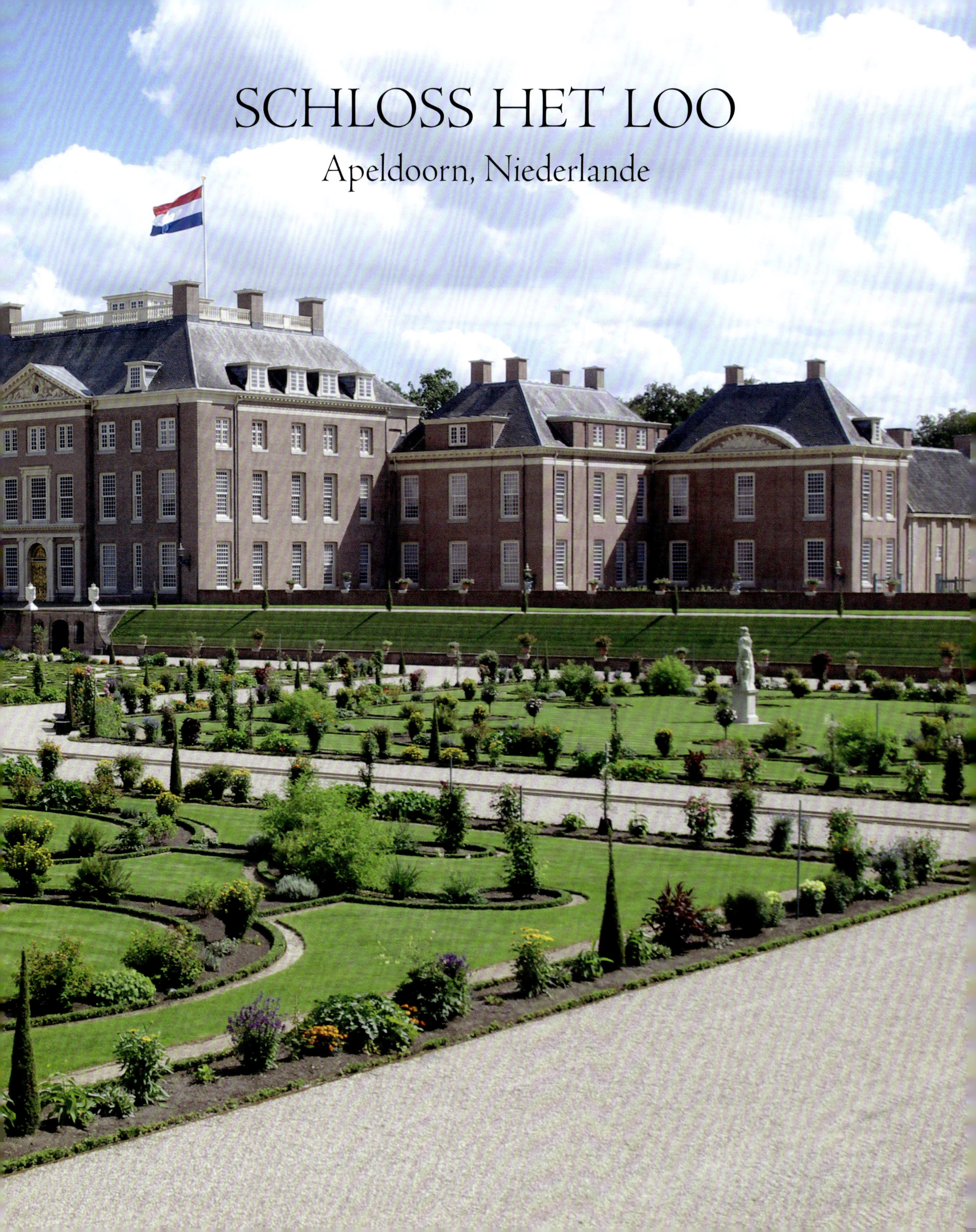

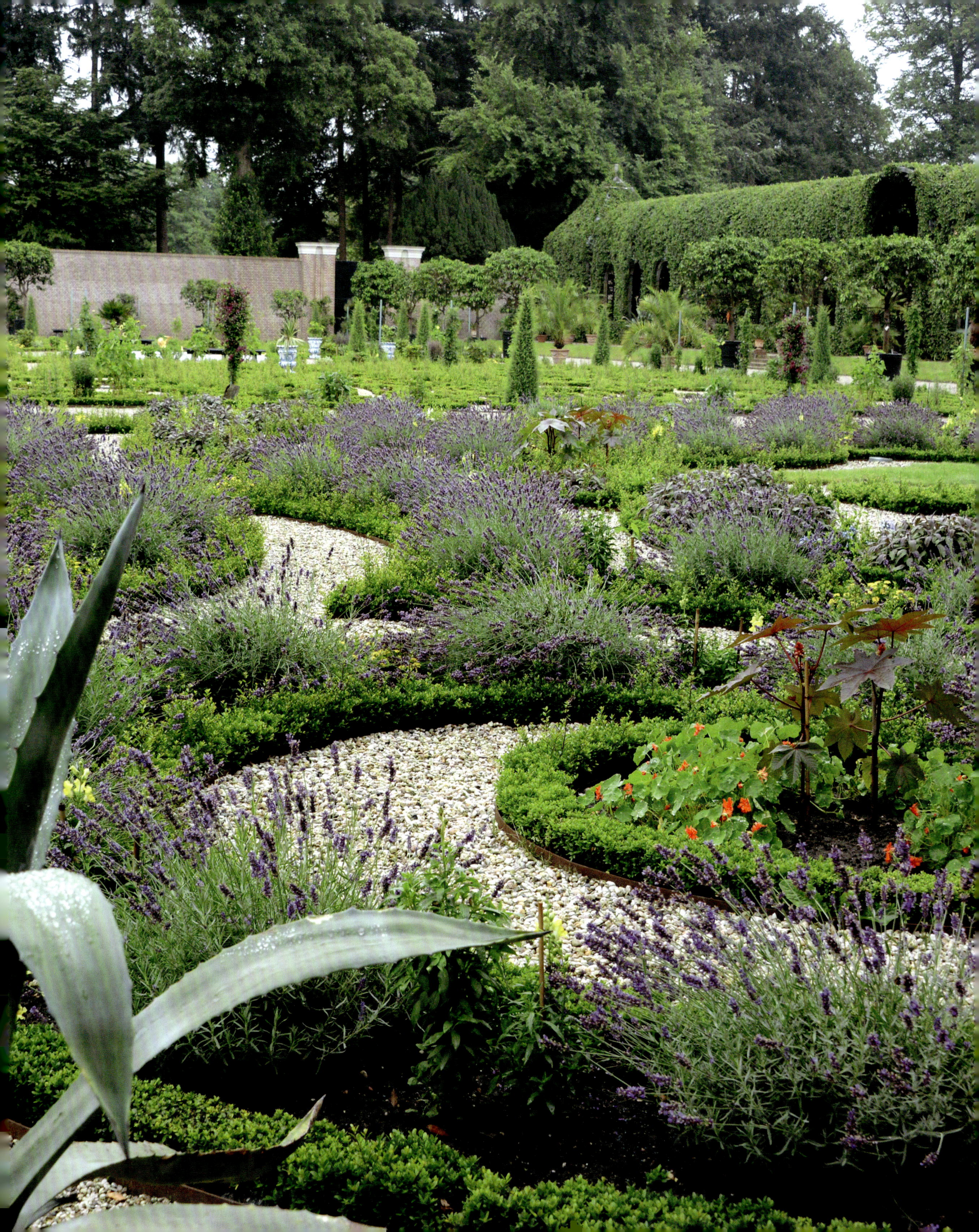

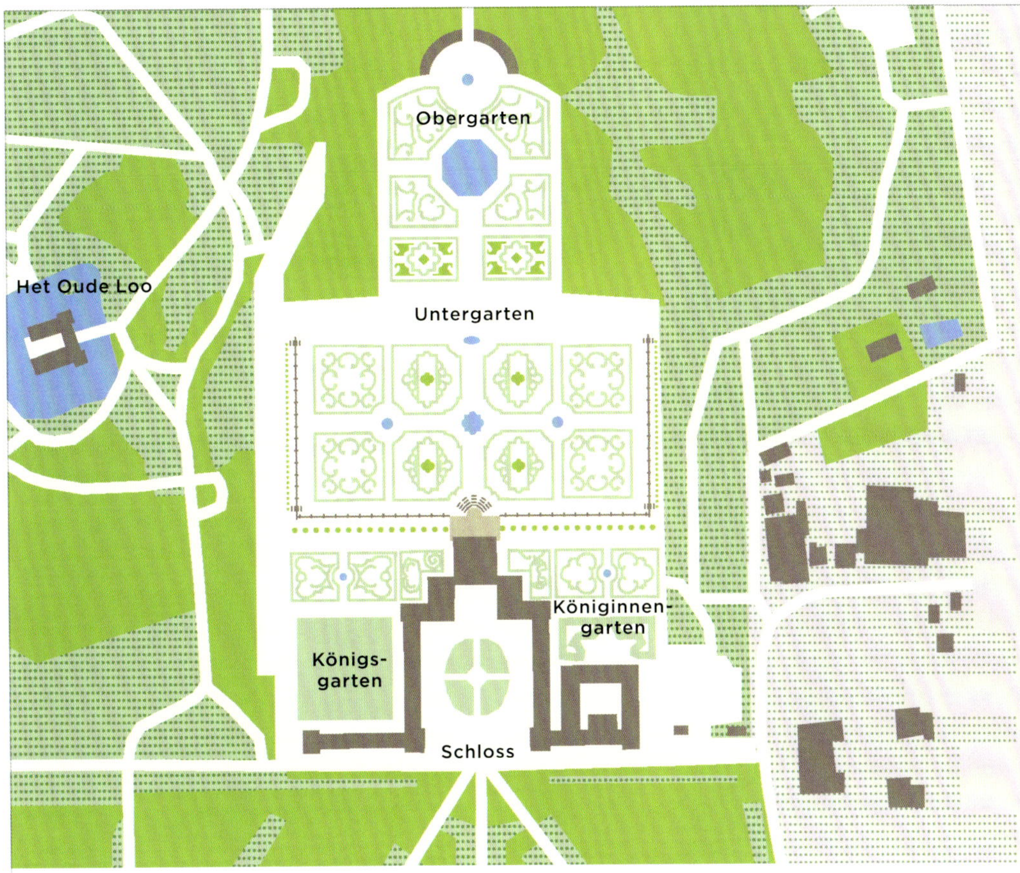

Het Loo, das »Waldlichtungsschloss«, liegt im Nordwesten der Gemeinde Apeldoorn in der niederländischen Provinz Gelderland.

Het Loo ist heute ein für seinen Barockgarten berühmtes staatliches Museum. Von seiner Errichtung ab 1685 durch Statthalter Wilhelm III. (1650–1702) und seine englische Gemahlin Maria II. (1662–1694) bis zum Tod von Königin Wilhelmina (1880–1962) diente es als Sommerpalast des Hauses Oranien-Nassau.

Das symmetrisch angelegte Meisterwerk des niederländischen Barocks war ursprünglich ein einfaches Landschloss *(Lusthof)*. Anfang des 17. Jahrhunderts wurde es unter den Adeligen und Begüterten Mode, Landsitze in ausgedehnten Waldgebieten zu errichten, die als Jagdreviere dienten und zugleich die notwendigen Einkünfte sicherten. Wilhelm III. wählte dafür das offene Land der Veluwe, wo er bereits Jagdrechte besaß. Noch heute steht dort das mittelalterliche Schloss Het Oude Loo. Kühl, in eine üppige Landschaft gebettet, mit aus Quellen gespeisten Wasserläufen und hohem Grundwasserspiegel, eignete sich das Terrain bestens für sein Vorhaben, ein Vorzeigeobjekt seiner Dynastie zu errichten. Der Barockgarten von Het Loo nimmt eine Fläche von sieben Hektar ein, Gärten und Park erstrecken sich insgesamt über nicht weniger als 10 000 Hektar.

Im 16. Jahrhundert betrieb man hier aufgrund des Gefälles zahlreiche Wassermühlen. Neben natürlichen Wasserläufen bestanden künstlich angelegte Gräben, der Wasserstand wurde mithilfe von Staubecken reguliert. Im Verein mit dem abfallenden Gelände gewährleistete dieses System einen ausreichenden Wasserdruck für die Bewässerung eines großen Gartens und die Versorgung seiner Brunnen, Kaskaden, Rinnen und Kanäle. Vorsorglich erwarb der Statthalter sämtliche Wassernutzungsrechte und ließ dann die Wassermühlen abreißen, um Wasserspiele zu schaffen, die in Europa Ende des 17. Jahrhunderts groß in Mode waren. Um aus Orden und Assel in einer Entfernung von fünf bzw. zehn Kilometern Quellwasser heranzuschaffen, wurden keramische Rohrleitungen verlegt. Sie sollten die zahlreichen Wasserspeier und Springbrunnen eines in den Niederlanden einzigartigen Gartens speisen, der in seiner Pracht den Anlagen anderer europäischer Herrscher in nichts nachstand.

Vorhergehende Doppelseite
Parterres des Obergartens

Linke Seite
Parterre des Obergartens mit Blick zum *Berceau* (Laubengang)

Der Schlosspark von Het Loo erstreckt sich mit seinen Parterres, Kieswegen, Springbrunnen, Becken und Statuen entlang einer zentralen Nord-Süd-Achse. Von der Südfront des Palasts strahlt eine *Patte d'oie* (Gänsefuß) in Form einfacher und eleganter Buchenalleen *(Fagus sylvatica)* aus. Anfangs handelte es sich um eine gerade, zum Palast führende Zentralallee, zu der später zwei diagonale Alleen hinzukamen. Die nördlich gelegenen Gärten sind ein Kunstwerk mit menschlichen Dimensionen. Ihre Wirkung beruht auf den Parterres, Abgrenzungen und der strengen Symmetrie des Barockgartens. Im Lauf der Jahrhunderte änderte sich ihr Aussehen mit der Mode und dem Geschmack ihrer königlichen Besitzer. Nach 1980 begann schließlich eine sorgfältige Rekonstruktion, sodass man jetzt wieder die Promenaden, Ausblicke und duftenden Pflanzen genießen kann, wie Wilhelm und Maria drei Jahrhunderte zuvor.

Das Goldene Zeitalter

Die ursprüngliche Anlage wurde von erfahrenen Architekten und Gartengestaltern geplant – Daniel Desmarets, Jacob Roman und Romeyn de Hooghe, später auch von dem aus Frankreich stammenden Architekten Daniel Marot – und unter der Aufsicht von Wilhelms rechter Hand Jan Willem Bentinck errichtet. Die Arbeiten begannen 1685 mit dem Garten und dem Haus. Sie waren als harmonische Einheit konzipiert, in der Innen- und Außenraum nahtlos ineinander übergingen. In Het Loo spiegelte sich das Goldene Zeitalter der Niederlande wider. Ende des 16. Jahrhunderts entwickelte sich das Land rasch zu einer Seemacht und beherrschte in der zweiten Hälfte des 17. Jahrhunderts den Welthandel. Seine Schiffe kehrten mit Porzellan und Gemälden, seltenen überseeischen Pflanzen und exotischen Tieren zurück. Mithilfe der Monopole der Niederländischen Ostindien-Kompanie, der Westindien-Kompanie und eines Netzes in- und ausländischer Pflanzenliebhaber konnte Wilhelm III. eine spektakuläre Sammlung seltener exotischer Pflanzen anlegen. Als Wilhelms Oberintendant der Landhäuser, Pflanzungen und Gärten erstellte Daniel Desmarets 1713 ein Inventar, in dem 200 exotische Pflanzen erscheinen, darunter Myrten, Oleander, Feigen- und Granatapfelbäume. Wandbilder, Gobelins, Möbel, Vasen und anderer Dekor zeigen, wie viele Arten insgesamt gezogen wurden.

Die Gärten

1686 begann man den vertieften rechteckigen Untergarten anzulegen. Er war an drei Seiten von Mauern und Terrassen und zwei beiderseits des Schlossbaus gelegenen kleineren Gärten umgeben – dem Königsgarten mit Parterre, Bowlingrasen und historischen Obstbäumen und dem Königinnengarten, einem mit Akeleien und Lilien geschmückten Privatgarten mit umlaufendem *Berceau*. Dieser Laubengang bestand ursprünglich aus Holländischen Ulmen *(Ulmus* spp.*)*, deren Kronen über dem Dach zu einem grünen Tunnel zusammenwuchsen. Er umschloss ein kunstvolles Ensemble aus Beeten, Becken und weiteren Lauben.

Wer das Laubenensemble geplant hat, ist nicht bekannt. De Hooghe, Marots Konkurrent in Het Loo, nannte Bentinck als Planer, doch die Rundungen der inneren Lauben sind völlig untypisch für Bentincks Quadrate und geometrische Formen. Diese Stiländerung erklärt sich möglicherweise aus seinen Reisen durch Europa, könnte aber auch das Ergebnis einer französisch-niederländischen Zusammenarbeit sein. Dann wäre Bentinck für die traditionellen niederländischen Elemente des äußeren quadratischen Tunnels und die Ecklauben verantwortlich, während Marot die schwungvoll gewundenen inneren Laubengänge schuf.

Diese Gärten und ihre Lauben sind eine Hommage an den dominierenden französischen Stil, doch das Endergebnis beruht auf verschiedenen Ansätzen, Umformungen und Neugestaltungen und nicht dem Entwurf eines einzigen Planers. Der für Het Loo 1686 entworfene Plan orientiert sich an den früheren Gärten des Hauses Oranien-Nassau, die Wilhelms Großvater Prinz Frederik Hendrik (1584–1647) errichtet hatte. Erst nachdem Wilhelm und Maria den englischen Thron bestiegen hatten, wurden die Gärten im französischen Stil umgestaltet. Sie erhielten eine markante Blickachse und Grasparterres, sogenannte *Parterres à l'anglaise*.

Rechte Seite
Im Inneren des Laubengangs *(Berceau)*

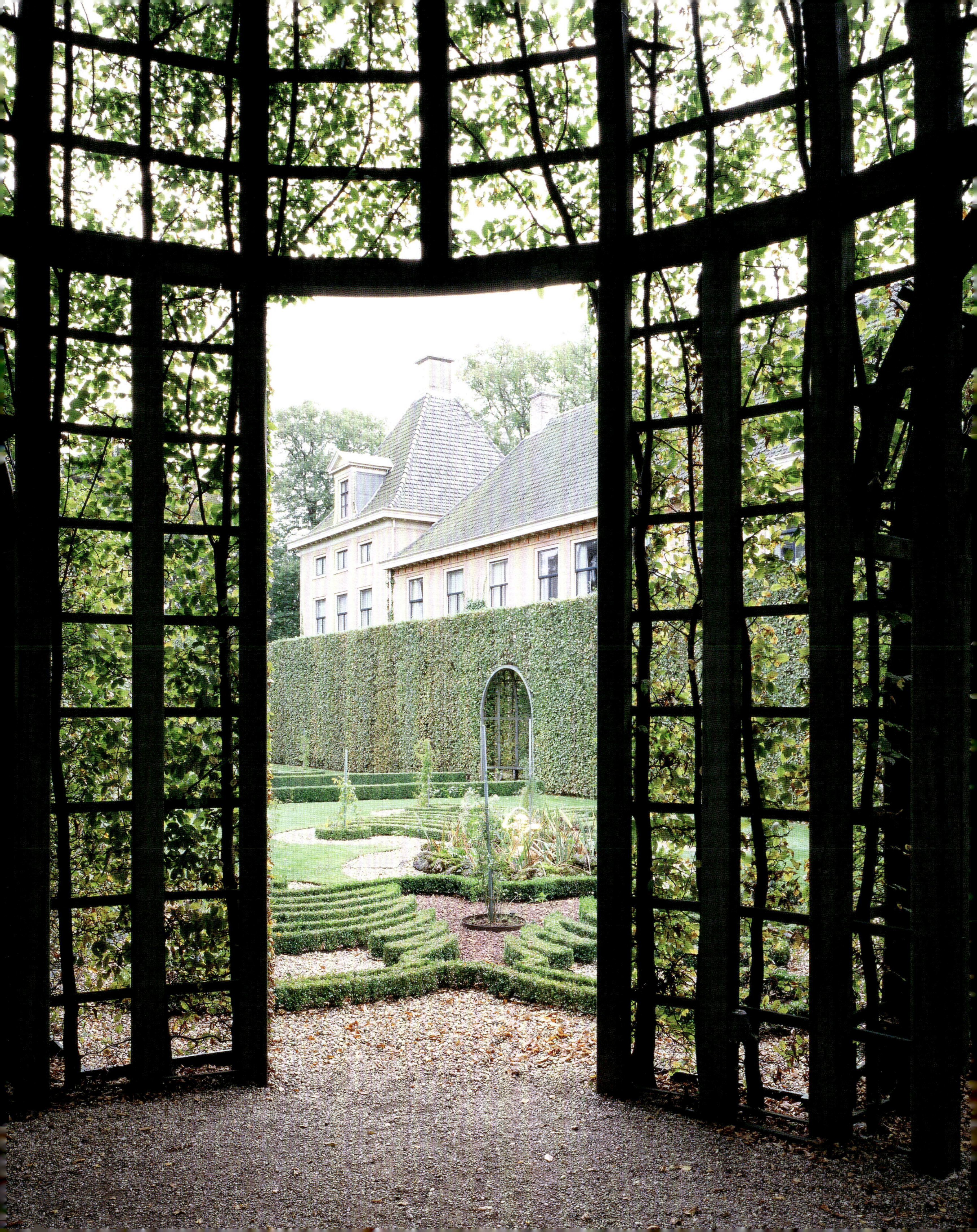

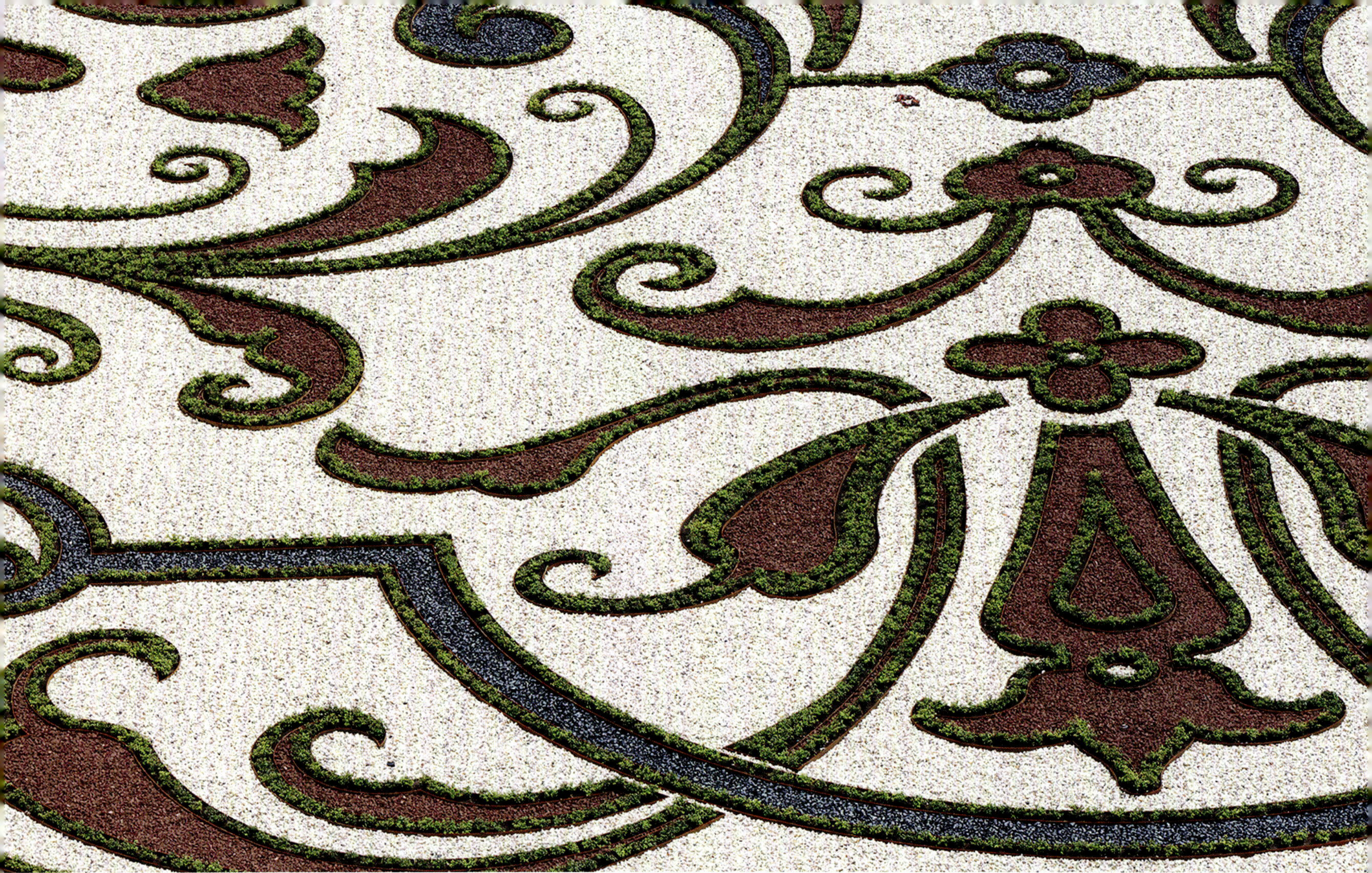

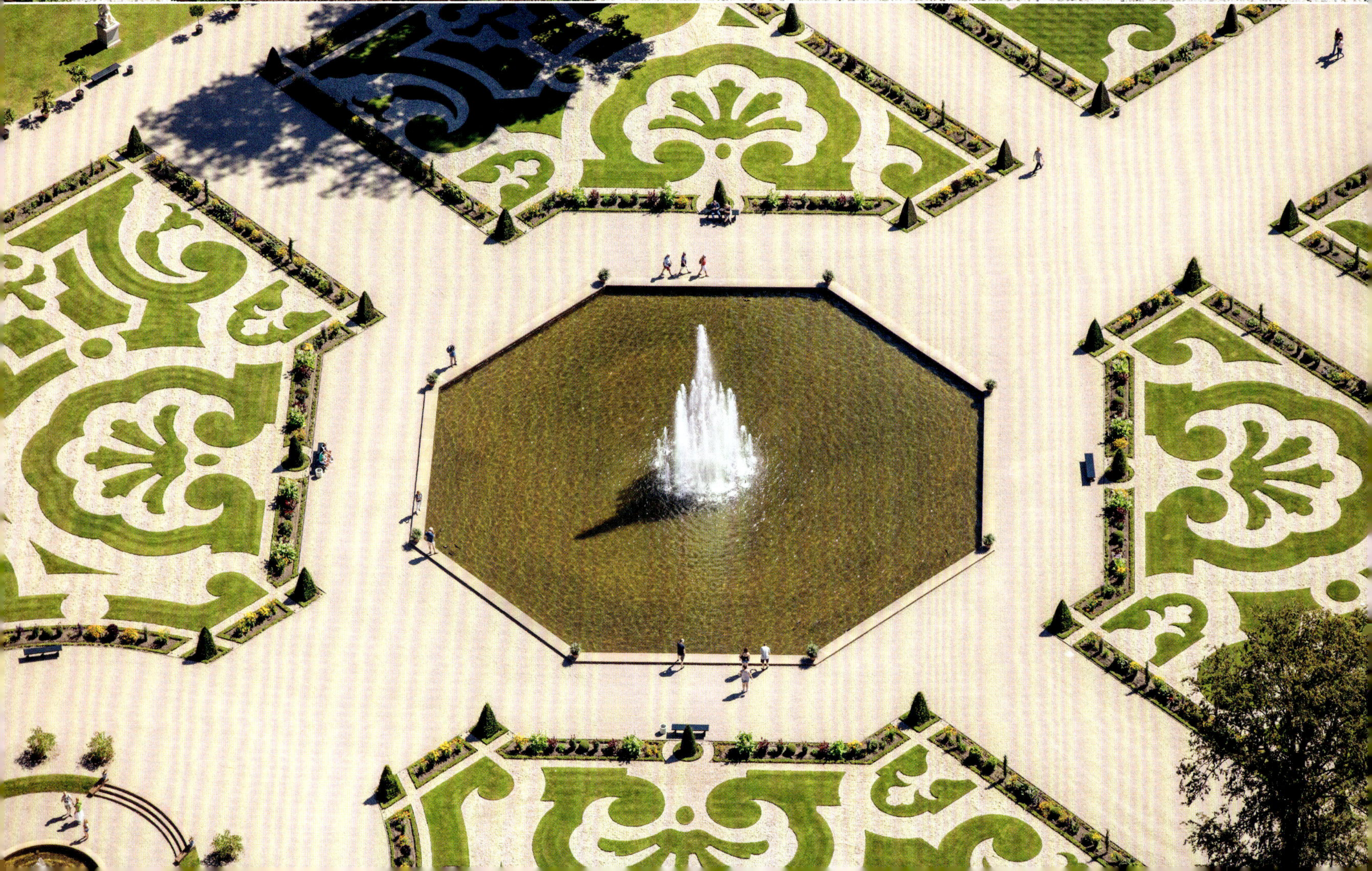

Der Untergarten

Der Untergarten umfasste acht, teils symmetrische Parterres mit gestutzten Hecken, zumeist aus Buchs, und Wacholderpyramiden. Die vier inneren Broderieparterres wiesen kunstvolle, in Het Loo sonst nicht vertretene Stickmuster auf. Die vier äußeren *Parterres à l'anglaise* waren einfacher und bestanden vorwiegend aus Rasen. Die als Umrandung dienenden Buchshecken erreichen zusammen die imposante Länge von 27 Kilometern. Sie bilden einen schimmernden Kontrast zu den lehmigen Spazierwegen und dem farbigen Belag - grauem Kies, schwarzem Schiefer und rotem Granitsplitt - der Broderieparterres. Das Zentrum bildet ein herrlicher Brunnen mit einer von vier Tritonen und vier Schwänen umrahmten Venus.

Alle acht Parterres waren von *Plates-bandes* gesäumt: Rabatten mit einzeln frei stehenden Pflanzen unterschiedlicher Art. Sie dienten den Schlossgärtnern als Schaufenster, um ihre Fertigkeiten und Ressourcen zu zeigen, wie die berühmten, für den Geschmack der niederländischen Barockzeit typischen Tulpensammlungen. Durch immer neue Bepflanzung ergaben sich in jeder Jahreszeit wechselnde farbige Muster.

Von königlichem Rang

Wilhelm und Maria bestiegen 1689 nach der Glorreichen Revolution (1688/89) den englischen Thron. Sie zementierte den Protestantismus in England und erhöhte maßgeblich den Status der Niederlande und seines Herrscherhauses. (Die Niederlande blieben eine Republik, die fürstliche Familie Oranien-Nassau fungierte als »oberste Dienerin« des Staates.) Wilhelm III. entsandte Bentinck aus England zurück nach Holland: »Vergiss Het Loo nicht und sieh nach, was noch zu tun ist. Du weißt, dass mir dieser Ort am Herzen liegt.«

1689 wurden die Gärten einschließlich des Obergartens in einer Weise umgestaltet, die dem neuen königlichen Rang des Hauses entsprach. Einige Jahre danach wurde der *Koningssprong* errichtet, der damals höchste Springbrunnen Europas. Die Höhe seiner Fontäne (13 Meter) wurde allerdings später in Herrenhausen (siehe Seite 54) übertroffen. Eine Eichenallee und ein Wasserlauf trennten den Unter- vom Obergarten. Die Kronenansätze der Eichen waren höher gelegt, damit vom Schloss aus der gesamte Garten in seiner ganzen Länge sichtbar blieb, ebenso der *Koningssprong* sowie die auf einem Fundament aus roten Ziegeln erbaute halbkreisförmige Kolonnade am hinteren Ende des Obergartens. Große Terrakottatöpfe mit Formschnittsträuchern und Palmen bildeten eine Freilichtbühne, die noch heute existiert. Am Ende des formalen Gartens wurden *Reposoirs* eingerichtet, Rastplätze für die Spaziergänger. Ober- und Untergarten bildeten zusammen den zentralen Abschnitt einer viel größeren Anlage, die einen Landschaftspark, Küchengärten und »Gartenräume« umfasste. Westlich des Barockgartens bei Het Oude Loo versprach ein Labyrinth Zerstreuung und Gelegenheit zum Flirten. Insgesamt entstand ein eindrucksvoller Repräsentationsraum, in dem mit Zeremonien, Festen, Konzerten und Empfängen die Erhabenheit der Herrscher und die Macht der Niederlande betont und gefeiert wurden. Zu diesen dekorativen Räumen des Vergnügens und der Repräsentation kamen Nutzgärten für Obst und Gemüse.

Verschönerungen

Unter königlicher Schirmherrschaft und gestützt auf den Reichtum des niederländischen Handelsimperiums arbeiteten die ersten Planer der Anlage an der Vervollkommnung ihres Werks. Daniel Marot, ein Vertreter des spätbarocken Stils, sorgte dafür, dass die Rabatten der Parterres immer dekorativer mit Blumen bepflanzt wurden. Als Hugenotte war er nach dem Widerruf des Edikts von Nantes 1685 aus Frankreich geflüchtet. Er war zugleich Innen- und Außenraumgestalter, aber auch Architekt. Sein eigentliches Meisterstück sollte Hampton Court werden. Het Loo bot ihm die Gelegenheit, sich auf das weit umfangreichere Projekt in England vorzubereiten.

Als 1766 Wilhelm V. (1748–1806) als letzter Statthalter der Niederlande antrat, entsprach die barocke Symmetrie des Gartens nicht mehr dem Zeitgeschmack. 1780 beauftragte er den Architekten Philip

Linke Seite oben
Die kunstvollen Broderieparterres

Linke Seite unten
Blick auf die Rasenparterres

Willem Schonck, einen der Mode gemäßen Landschaftsgarten anzulegen. Schoncks Pläne konnten nur teilweise umgesetzt werden – 1795 kamen französische Revolutionstruppen ins Land. Der Statthalter floh nach England, die Gärten von Het Loo wurden geplündert und verfielen. 1808 ließ Napoleons Bruder Louis Bonaparte als kurzzeitiger König der Niederlande die alten Gärten einebnen, wodurch die barocken Dekors zerstört wurden. Er beauftragte Alexandre Dufour, einen Landschaftspark mit gewundenen Alleen anzulegen. Dufours Entwurf kam nie zur Ausführung, regte aber den niederländischen Gartenarchitekten J. P. Posth zu einem Landschaftsgarten am Schloss an.

Das Schloss diente weiterhin als Sommerresidenz, die Gärten gewannen ihre tragende Rolle im Hofleben aber erst in der zweiten Hälfte des 19. Jahrhunderts zurück, als König Wilhelm III. (1817–1890), ein großer Liebhaber von Pflanzen und Bäumen, und nach ihm seine Tochter Königin Wilhelmina von ihnen Besitz nahmen. Die Gestaltung wurde nicht drastisch verändert, Wilhelm III. ließ jedoch zahlreiche Rhododendren pflanzen, von denen einige noch heute existieren. Wilhelmina war von Het Loo begeistert: In ihren Memoiren *Eenzaam maar niet alleen* (»Einsam und doch nicht allein«) beschreibt sie detailfreudig die Zeit, die sie im Bootshaus, im Teepavillon und im Landschaftspark verbrachte, den sie so gern malte.

Im 19. und bis Mitte des 20. Jahrhunderts gliederte sich das Gärtnerteam in drei Abteilungen: *De Bloemisterij* (Floristikabteilung) unterhielt die Gewächshäuser und die direkt am Palast gelegenen Gärten, *Het Park* (Parkabteilung) betreute die 650 Hektar Land und *De Moes- en Fruittuin* (Küchengartenabteilung) versorgte den Palasthaushalt. Dieses Team wurde 1952 aufgelöst, das gegenwärtige besteht aus der früheren Floristikabteilung und 16 Gartenbauspezialisten.

Erneuerung der barocken Pracht

Seit Wilhelminas Tod 1962 dient der Palast nicht mehr als königliche Residenz, weil man damals beschloss, ihn zu einem staatlichen Museum zu machen. In den 1980er-Jahren begannen Restaurierungsarbeiten mit dem Ziel, Het Loo und dem Park wieder seine barocke Pracht zu verleihen. Die jüngeren Ergänzungen wurden entfernt und das Innere in einer Weise umgestaltet, die dem Geschmack seiner im 17. Jahrhundert lebenden Besitzer entsprach.

Ehe J. B. Baron van Asbeck den direkt hinter dem Palast gelegenen Barockgarten in Angriff nahm, studierte er Christiaan Pieter van Stadens ursprüngliche Pläne. Die Ausgrabung der Brunnenfundamente, Parterreeinfassungen und weiterer aus dem 17. Jahrhundert stammender Reste bestätigte die Genauigkeit der Zeichnungen van Stadens, mit nur einer einzigen Abweichung: Im Obergarten standen große, in der Landschaftsgartenzeit gepflanzte Bäume.Die Umgestaltung wurde hier verändert, um diese Bäume in die rekonstruierte Anlage zu integrieren.

1980 begann die Umsetzung eines Vierjahresplans, um die ursprünglichen Mauern und Kolonnaden auszugraben und neu zu errichten. Das Gärtnerteam fand eine innovative Methode zur Neuanlage der komplexen Parterremuster: Ihre Konturen wurden mit Diapositiven auf eine Mauer projiziert und auf große Papierblätter kopiert, die man auf dem Boden fixierte, um die Konturen auf die Erde zu übertragen. Die auf diese Weise übertragenen Formen wurden miteinander verbunden und mit Hostalit-Einfassungen versehen. Die gepflanzten Buchsbäume machten die markanten Muster und ihre Symmetrie deutlich sichtbar. Aufgrund der kalten niederländischen Winter beschloss man 1989, die ursprüngliche Buchsbaumart – *Buxus sempervirens* 'Suffruticosa' – durch eine robustere niederländische Sorte zu ersetzen. Darüber hinaus mussten die nach 1980 für die Restaurierung des Laubengangs gesetzten und von einem Schädling befallenen Ulmen durch Hainbuchen ersetzt werden.

Die Arbeiten gingen 2007 bis 2015 in vier Phasen weiter, beginnend beim Obergarten. Es hatte sich gezeigt, dass die Instandsetzungen aus den 1980er-Jahren reparaturbedürftig waren. Die Hostalit-Einfassungen waren zerfallen, die Rabattenböden ausgelaugt, die Bewässerungsrohre leck und einige Bäume des Landschaftsgartens abgestorben, mit unschönen Lücken als Folge. Bei dieser Gelegenheit rekonstruierte

Rechte Seite
Van Stadens Plan von 1706

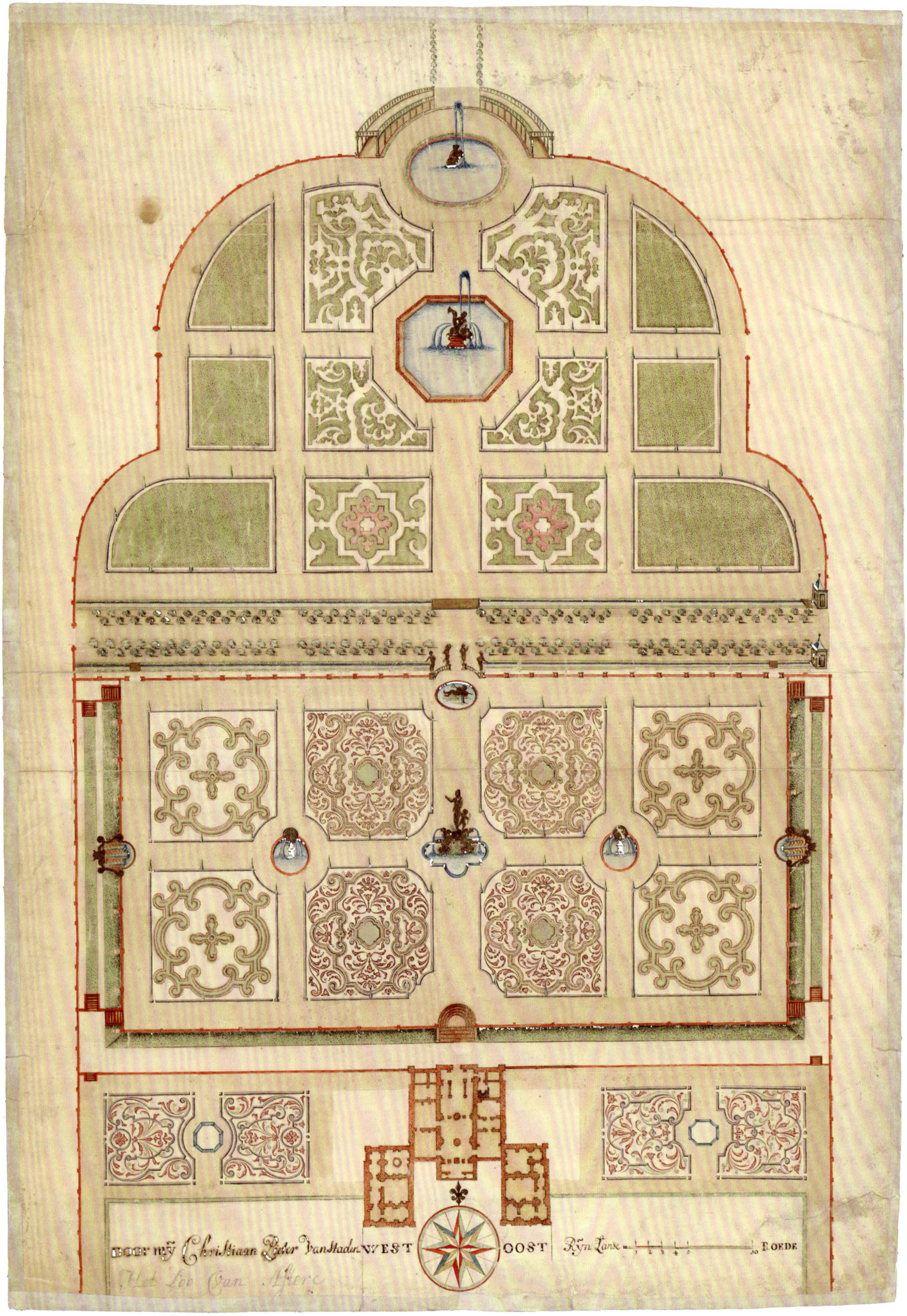
Door my Christiaan Pieter van Staden
WEST
OOST
Ryn Lanse
ROEDE
Het Loo van Achtere

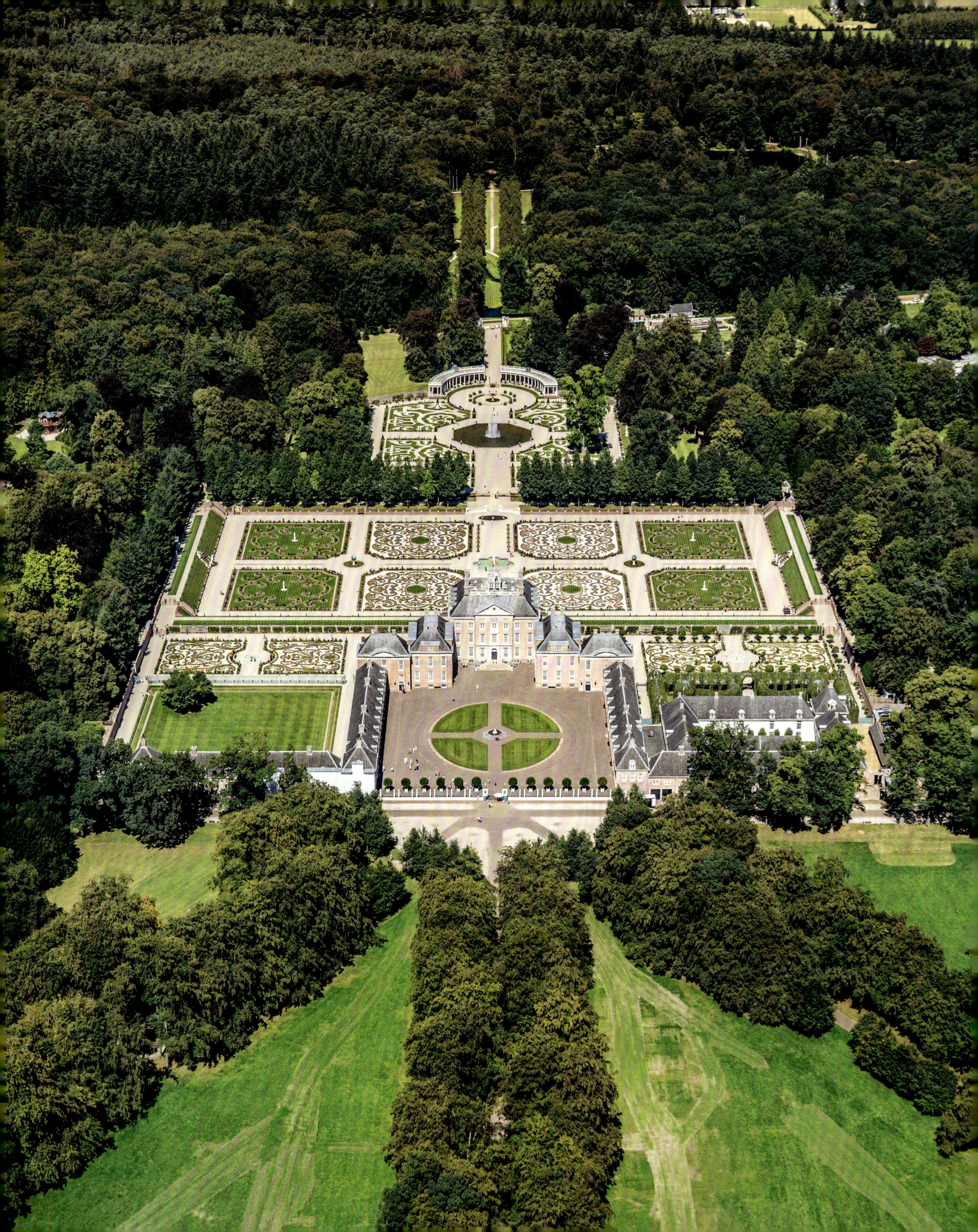

man die Parterres des Obergartens noch sorgfältiger nach van Stadens Zeichnung und dem genaueren Plan von Henry Reetz aus dem Jahr 1706. Statt Kunststoff wurde nun wetterfester Baustahl verwendet.

Sämtliche erhaltenswerten Pflanzen des Obergartens wurden ausgegraben und eingelagert, bevor das Parterre erneuert werden konnte. Beim Pflanzen entdeckte man eine Buchsbaumkrankheit *(Calonectria pseudonaviculata)*. Als das Gelände im April 2019 nach einem heftigen Unwetter unter Wasser stand, griff die Krankheit auf den gesamten Garten über. Deshalb mussten 27 Kilometer Buchsbaumhecken entfernt und durch Japanische Stechpalmen *(Ilex crenata* 'Dark Green'*)* ersetzt werden. Ende 2019 begannen Versuche mit Buxushybriden der Sorte 'Heritage' und 'Babylon Beauty', als Ersatz für die Japanischen Stechpalmen.

Die 2003 in Angriff genommene zweite Phase umfasste die Instandsetzung der bei den Ausgrabungen entdeckten Rastplätze *(Reposoirs)*. 2012 wandte man sich der Renovierung der Privatgärten zu. Im Mittelpunkt standen dabei die zierlichen Broderieparterres. Ihre Muster waren noch filigraner und komplizierter als die der übrigen Parterres, deshalb musste man für ihre Markierung eine neue Methode entwickeln. Nach der Zeichnung van Stadens wurden aus perforiertem Stahl Modelle geschnitten, vor Ort miteinander verschweißt und mit Baustahl eingefasst.

2013 bis 2015 wurde in einer vierten Phase der Untergarten renoviert. Auch hier half die eben beschriebene Markierungsmethode dabei, die vier äußeren *Parterres à l'anglaise* und die vier inneren *Parterres de broderie* wiederherzustellen. 2013 und 2014 konzentrierten sich die Arbeiten auf die linke Gartenhälfte, 2014 und 2015 auf die rechte. Zwischen diesen beiden Renovierungsabschnitten wurde erstmals in der Geschichte von Het Loo die Symmetrie des Untergartens durchbrochen. Eine genaue Untersuchung der auf van Stadens Zeichnung benutzten Farben brachte die Designer des 21. Jahrhunderts dazu, deren Bedeutung neu zu interpretieren. Als Bepflanzung der äußeren *Parterres à l'anglaise* wurde wieder Gras benutzt, ein inneres Blumenbeet wurde mit mehrjährigen Stauden besetzt.

Ursprüngliche Arten und Neupflanzungen

Ein wesentliches Element der Restaurierung waren Neupflanzungen. Von 1974 bis 1984 befasste sich ein spezielles Gartenkomitee mit der Untersuchung von historischen Arten und Pflanzmustern. Botanische Abhandlungen, Drucke und Manuskripte aus den Jahren 1680 bis 1702 wurden gesammelt, so auch eine anschauliche Schilderung von Walter Harris, der bei einem Besuch 1699 schrieb: »Wacholder- und Buchsbaumpyramiden und Büsche, Eibischstauden in allen Farben, alle Arten von Tulpen, Hyazinthen, Ranunkeln, Anemonen, *Auricula ursi*, Narzissen, Binsen etc. Im Sommer blühen doppelte Mohnblumen in allen Farben, Nachtviolen, Rittersporne etc., im Herbst Sonnenblumen, Kapuzinerkresse, Stockrosen, Ringelblumen etc. An den Mauern dieser Gärten wächst eine Vielzahl hervorragender Früchte, die besten Pfirsiche, Aprikosen, Kirschen, Birnen, Feigen, Pflaumen und Muskattrauben aller Art.«

Auf der Liste des Komitees standen auch die für niederländische Gärten typischen Spalierobstarten – Apfel, Birne, Pfirsich, Aprikose, Nektarine, Kirsche und Pflaume –, von denen man weiß, dass sie an den Südmauern des Untergartens gezogen wurden. Die Liste umfasste auch die berühmten Tulpen, vor allem Papageientulpen und gestreifte Arten, die im Tulpenfieber des 17. Jahrhunderts die große Mode waren, als Spekulanten hohe Summen auf die Farbnuancen neuer Zwiebeln setzten und Gärtner mit der Züchtung neuer Farb- und Mustervarianten ein Vermögen machten.

Auf den rekonstruierten Flächen stehen jetzt zahlreiche Exemplare und Varietäten der Bitterorange *(Citrus x aurantium)*, die den Königinnengarten im 17. Jahrhundert schmückte und Emblem des Hauses Oranien war. Einige dieser Bäume sind über 300 Jahre alt und Teil der Staatlichen Niederländischen Pflanzensammlung. Seit 1984 wurden weitere Studien über im 16. und 17. Jahrhundert eingeführte Pflanzen veröffentlicht. Sie zeigen, dass sich die Zahl der für den Barockgarten infrage kommenden exotischen Arten verdreifacht hat.

Linke Seite
Luftbild der Gesamtanlage

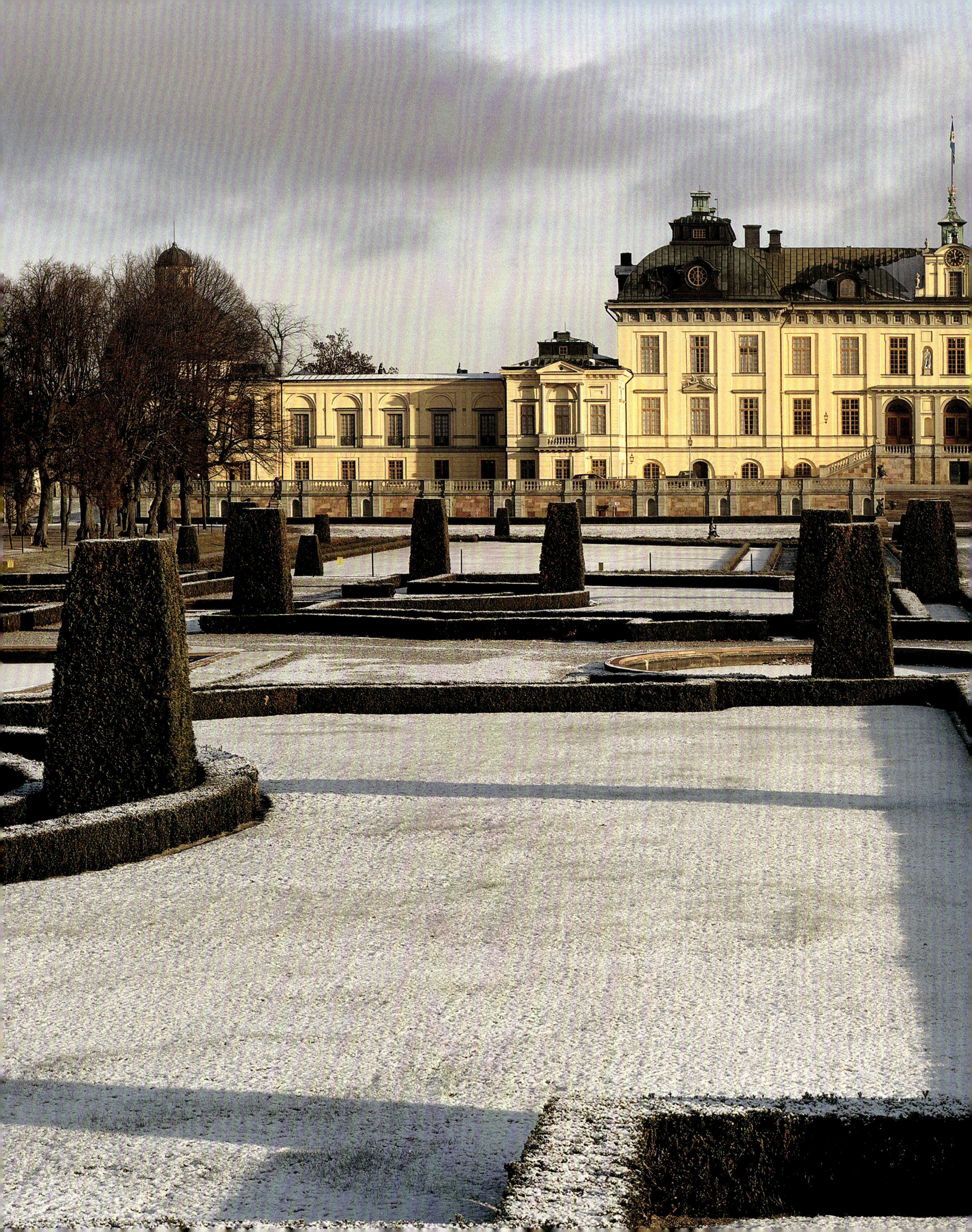

SCHLOSS DROTTNINGHOLM

Ekerö, Schweden

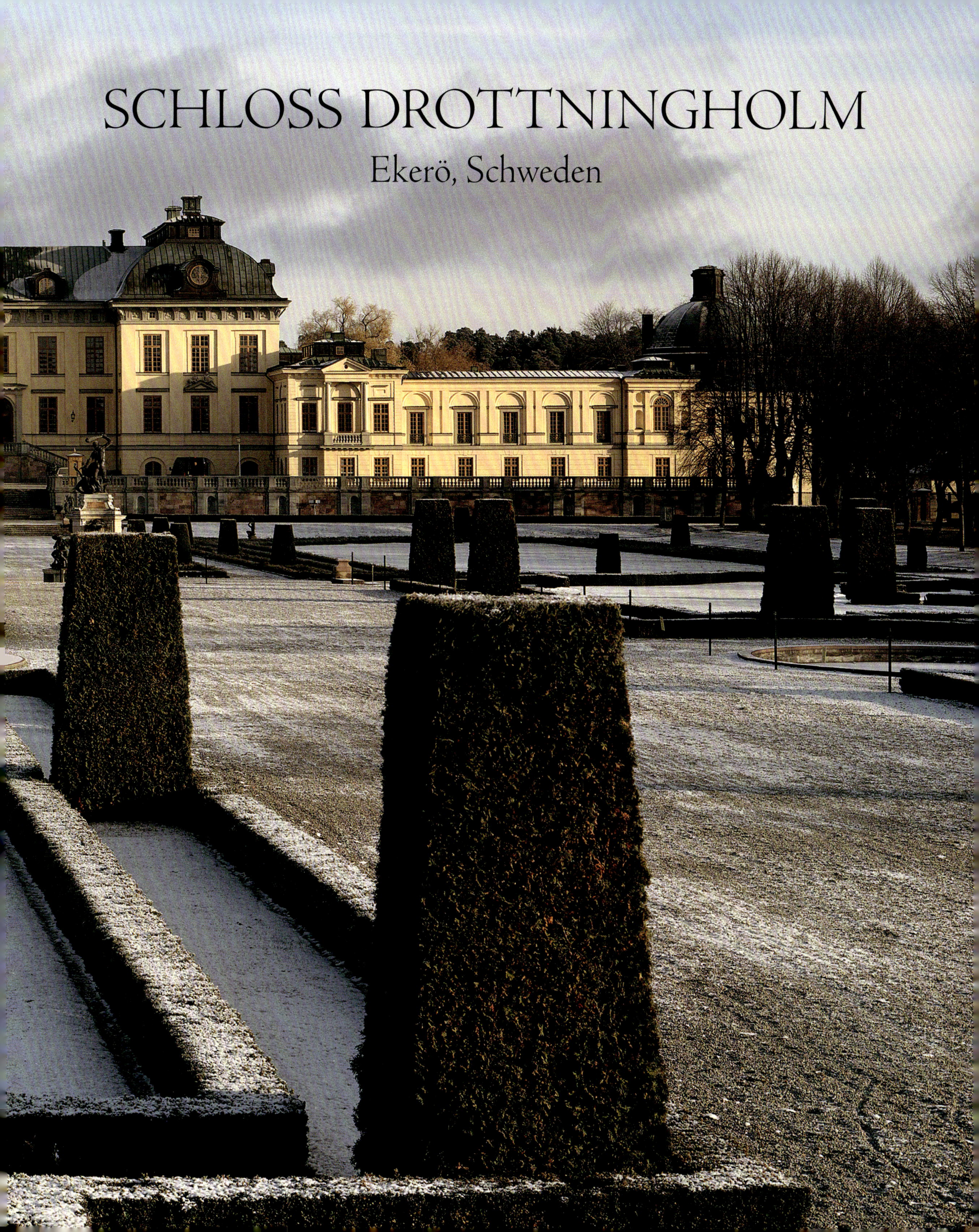

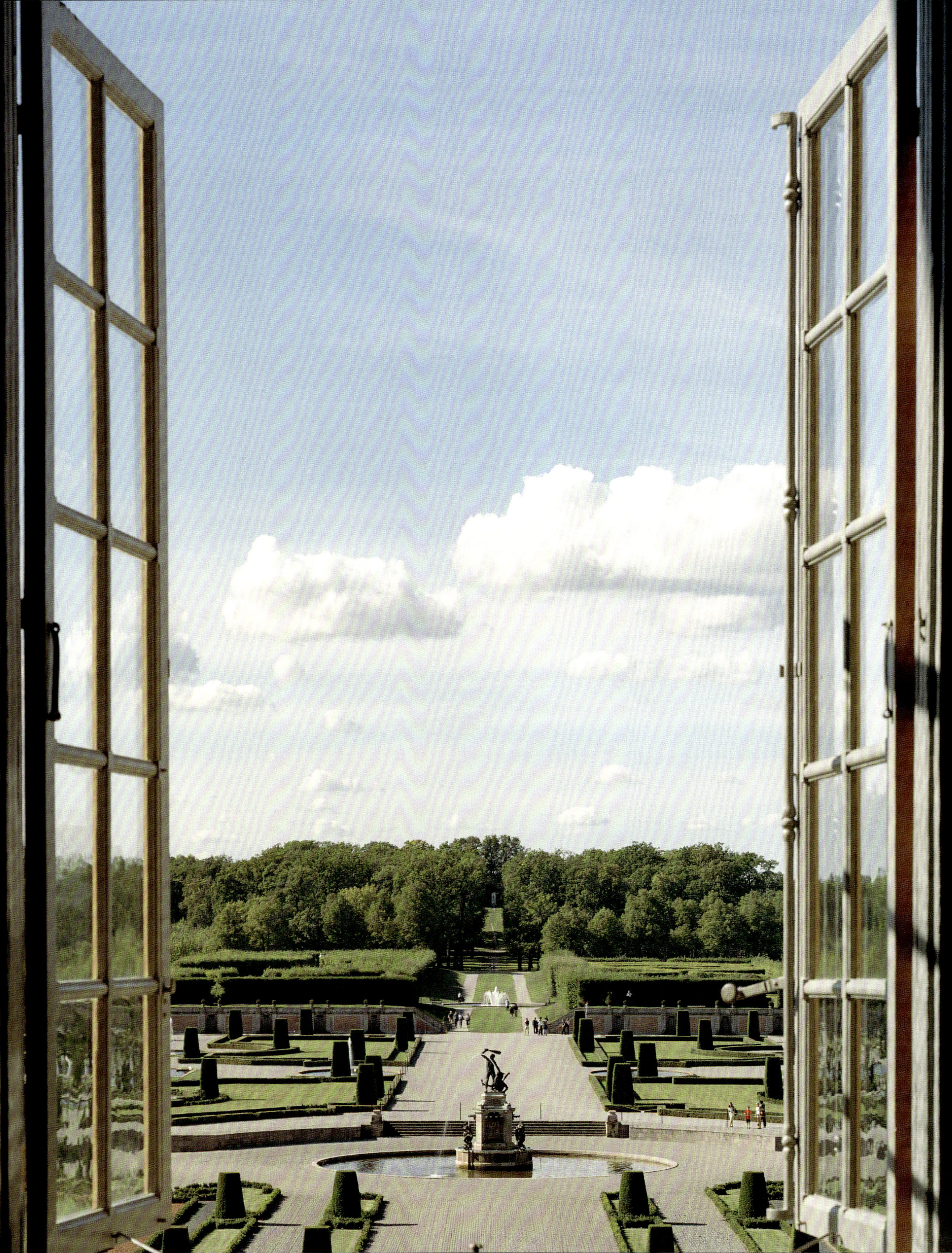

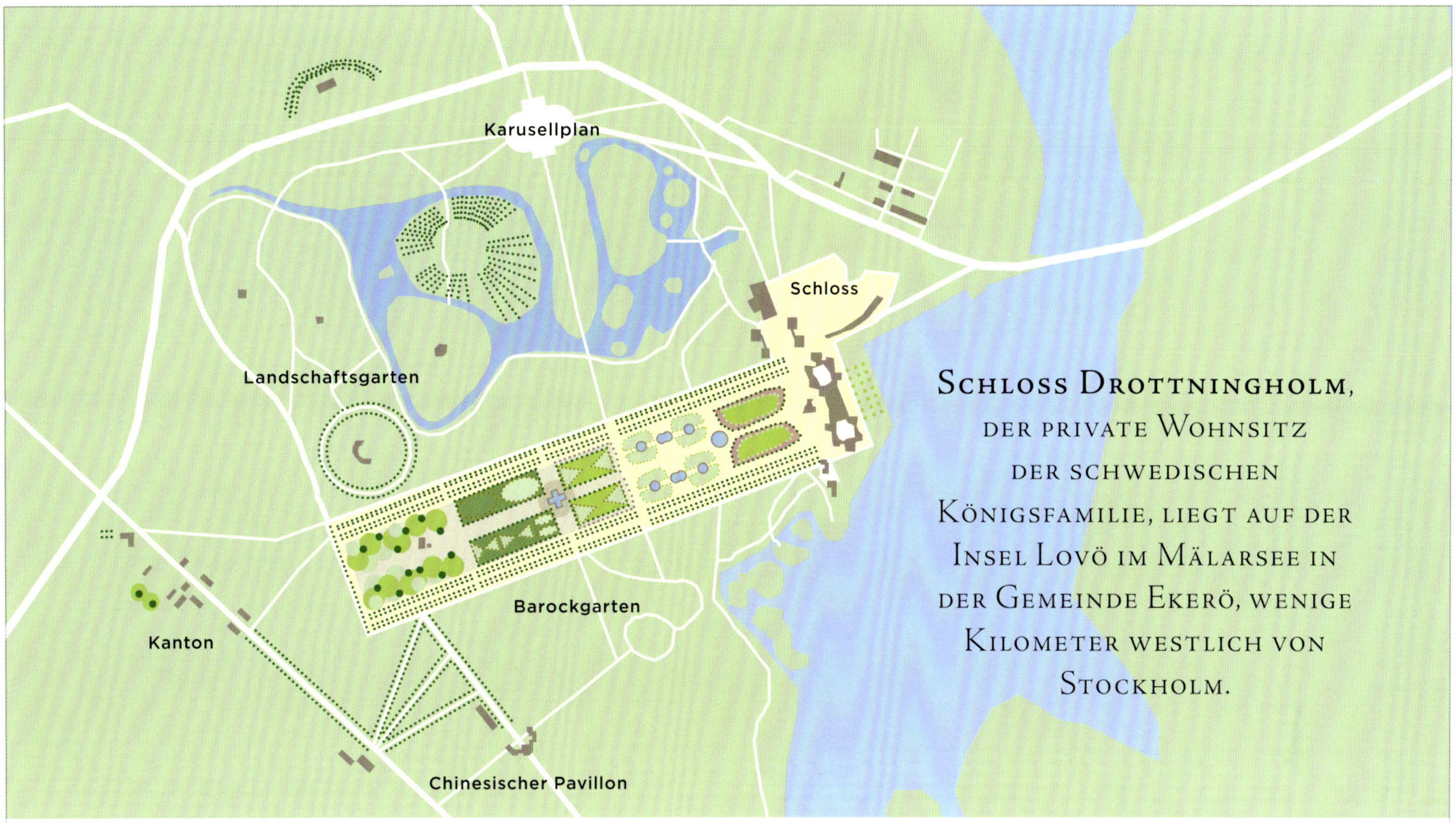

Schloss Drottningholm, der private Wohnsitz der schwedischen Königsfamilie, liegt auf der Insel Lovö im Mälarsee in der Gemeinde Ekerö, wenige Kilometer westlich von Stockholm.

Das Schloss wurde errichtet, um die Erhabenheit und Macht des schwedischen Königshauses zu demonstrieren. Seine 127 Hektar großen Gärten sind teils italienischen und französischen Barockgärten nachempfunden, aber auch den englischen Landschaftsgärten. Drottningholm, zu Deutsch »Königininsel«, begann als Landschloss mit dem Namen Torvesund, das König Johann III. im 16. Jahrhundert (1537–1592) für seine Gemahlin Katharina Jagiellonica (1526–1583) errichtete. Es fiel 1661 einem Brand zum Opfer. Hedwig Eleonora (1636–1715), mit 24 Jahren bereits Witwe Karl X. Gustavs von Schweden (1622–1660), befahl den Wiederaufbau. Da die Pläne des alten Schlosses nicht mehr existierten, wurde ein völlig neues errichtet.

Die Königswitwe und ihr Schloss

Nach dem Dreißigjährigen Krieg (1618–1648) war Schweden eine der führenden Nationen Europas mit etwa einer Million Einwohnern. Königswitwe Hedwig Eleonora wurde als Vormund ihres Sohnes Karl XI. (1655–1697) Staatsoberhaupt und hatte selbst nach dessen Regierungsübernahme 1672 eine einflussreiche Stellung inne, was in einer neuen Residenz zum Ausdruck kommen sollte. Sie beauftragte den Architekten Nicodemus Tessin den Älteren mit der Planung eines Barockparks mit Zentralachse, Formschnittalleen, Skulpturen, Brunnen, Kaskaden, Kanälen und Broderieparterres nach dem Vorbild von Le Nôtres Vaux-le-Vicomte. Die Anlage sollte dem Prinzip der Axialität und Symmetrie gehorchen. Der Plan gefiel Hedwig Eleonora aber nicht, die Arbeiten am Garten wurden bis zur Vollendung des Schlossbaus verschoben.

1681 übernahm Nicodemus Tessin der Jüngere die Stellung seines Vaters. Er hatte sich auf seinen Reisen insbesondere mit der französischen und italienischen Landschaftsarchitektur vertraut gemacht und Chantilly, Versailles, Marly, die Villa d'Este und die Villa Aldobrandini besichtigt. Den von der Königin abgelehnten Entwurf seines Vaters veränderte er in einer Weise, die den Plan als ein völlig eigenes Werk erscheinen lässt.

Vorhergehende Doppelseite
Blick vom Skulpturenpark zum Schloss

Linke Seite
Die zentrale Achse des Parks vom Schloss aus

Der Barockgarten

Der 1681 in Angriff genommene Barockgarten erstreckt sich in südwestlicher Richtung und umfasst vier Bereiche mit paarig angeordneten rechteckigen Parterres und Bosketten. Aus der Vogelschau erscheint er mit seiner Länge von 800 Metern lang und schmal, da Tessins ursprünglicher Plan, dem Verlauf des Geländes entsprechend, im Norden ein rechteckiges Wasserbecken und im Süden eine Kaskade vorsah. Damit erhöhte sich die im Entwurf seines Vaters vorgesehene Gesamtlänge auf das Doppelte.

Zwischen der Ostfassade und dem Mälarsee dehnt sich ein kleineres Parterre mit *Tapis verts*, zu Pyramidenstümpfen geschnittenen Sträuchern und bogenförmigen Salbeibeeten. Eine imposante, auf den See weisende Poseidonstatue symbolisiert die Macht der schwedischen Kriegsmarine im 17. Jahrhundert.

Ein Plan der Anlage von 1698 zeigt eine Orangerie nördlich des Schlosses mit einem großen Küchengarten und Obstbäumen. Davon ist nichts mehr erhalten, später wurde unter Gustav III. (1746–1792) eine Orangerie in der Nähe des englischen Gartens errichtet; sie ist deshalb nicht Teil der symmetrischen Anlage.

An der Westfassade erweitert eine Reihe von Außenräumen den Innenbereich des Schlosses und leitet in den Barockgarten über. Zwei Formschnittalleen mit jeweils vier versetzt angeordneten Lindenreihen bilden ein dreidimensionales Gebilde, das seine Längsausdehnung unterstreicht. Ab 1684 wurden hier 40 Jahre lang insgesamt 792 Linden gepflanzt.

Parterres, Skulpturen und Wasser

Die breiten, von Buchs gesäumten Wege in den am Schloss gelegenen Parterres bestehen aus Kies, zerstoßenen Ziegeln und schwarzem Hyperit (ein Gabbrogestein). Drottningholm ist so gebaut, dass es aus Gartenperspektive auf einer roten Ziegelterrasse zu stehen scheint. Heute bestehen die Parterres aus Rasenflächen, im 17. Jahrhundert dehnten sich hier von zierlich geformten Rabatten gesäumte Broderieparterres. Ihre dem Schloss zugewandten Ecken sind mit runden Skulpturenbrunnen ausgeschmückt.

Über einige Stufen erreicht man den nächsten Gartenabschnitt mit seinen beiden Wasserparterres mit jeweils fünf Brunnen. Die Parterres werden von niedrig geschnittenen Buchshecken und Eibenobelisken umrahmt, die dem sonst flachen Areal etwas Relief verleihen. Als optischer Bezugspunkt dient der vorgelagerte Kronenbrunnen mit einer Statue des Herkules, der die Hydra tötet. Das Wasser für die Brunnen und Kaskaden kam mittels einer Rohrleitung aus ausgehöhlten Baumstämmen von 1,5 Kilometer entfernten Quellen. Da der Höhenunterschied zwischen Quellen und Schloss kaum mehr als zwölf Meter betrug, reichte der Wasserdruck für einen reibungslosen Betrieb sämtlicher Wasserspiele nicht aus.
Die Bronzeskulpturen und Brunnen des Barockgartens sind Werke des niederländischen Bildhauers Adriaen de Vries, der auch in der Prager Burg (siehe Seite 142) und in Frederiksborg (siehe Seite 184) arbeitete. Viele seiner als Wasserspeier dienenden Figuren kamen 1648 aus Prag und 1659 aus Dänemark als Kriegsbeute nach Schweden.

Gezähmte Natur

In etwas größerem Abstand vom Schloss, auf der abgesenkten, von Tessins achteckiger Kaskade geprägten Terrasse, wird die Vegetation dichter und höher. Kiefernhecken bilden hier abgeschlossene Gartenräume. Die Hauptachse setzt sich zwischen vier Bosketten fort. Die nördlichen Boskette sind jüngeren Datums, sie stammen aus den 1780er-Jahren und wirken mit ihren fließenden Linien und Wegen natürlicher, die älteren südlichen sind streng symmetrisch angelegt. Am Ende der Achse des Barockgartens befindet sich ein dichtes Gehölz mit einer zentralen sternförmigen Lichtung, von der Wege und Sichtschneisen ausstrahlen. Den Abschluss des Gartens bildet eine alte Lindenallee.

Rechte Seite oben
Blühende Kastanienbäume

Rechte Seite unten
Beim Chinesischen Pavillon

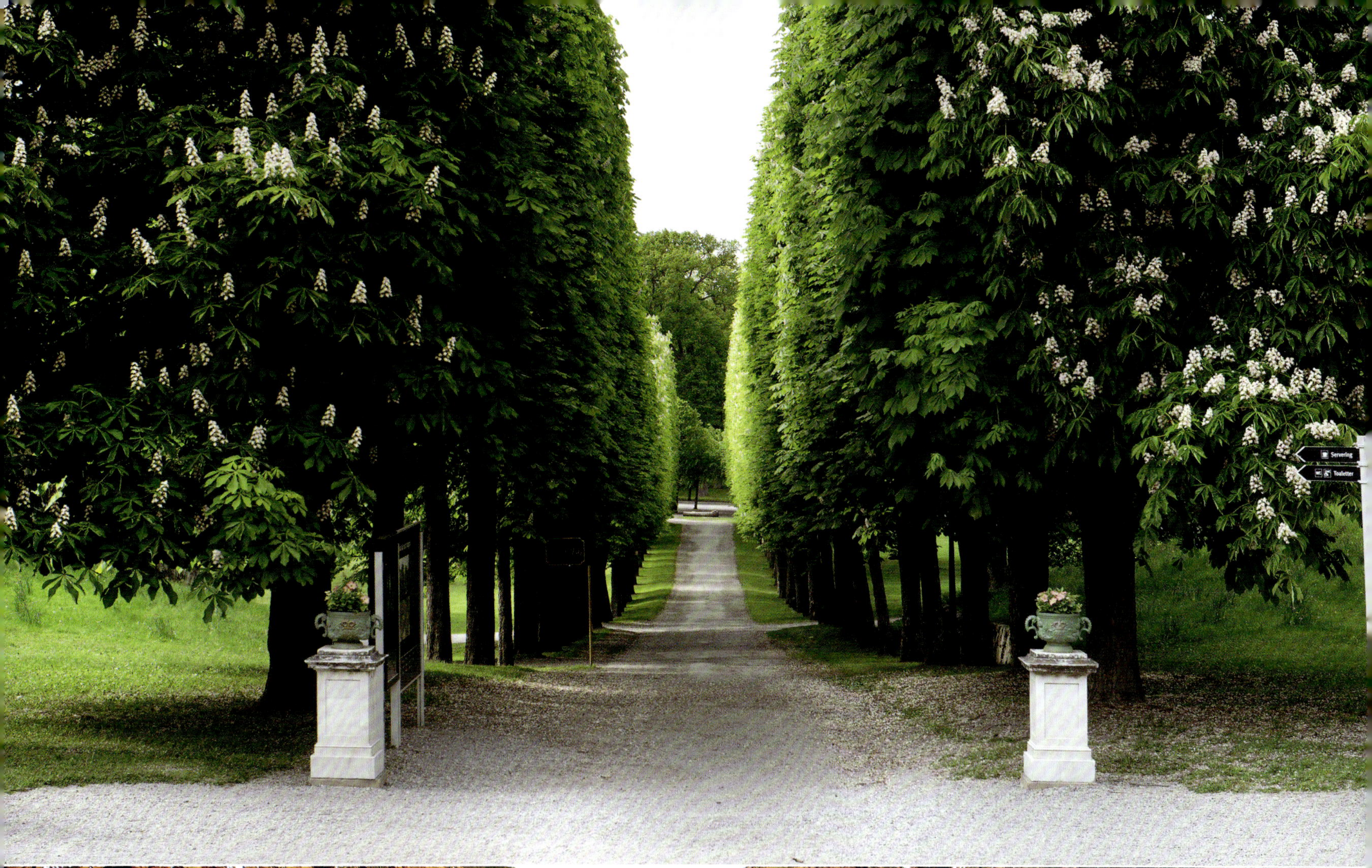
Servering
WC Toaletter

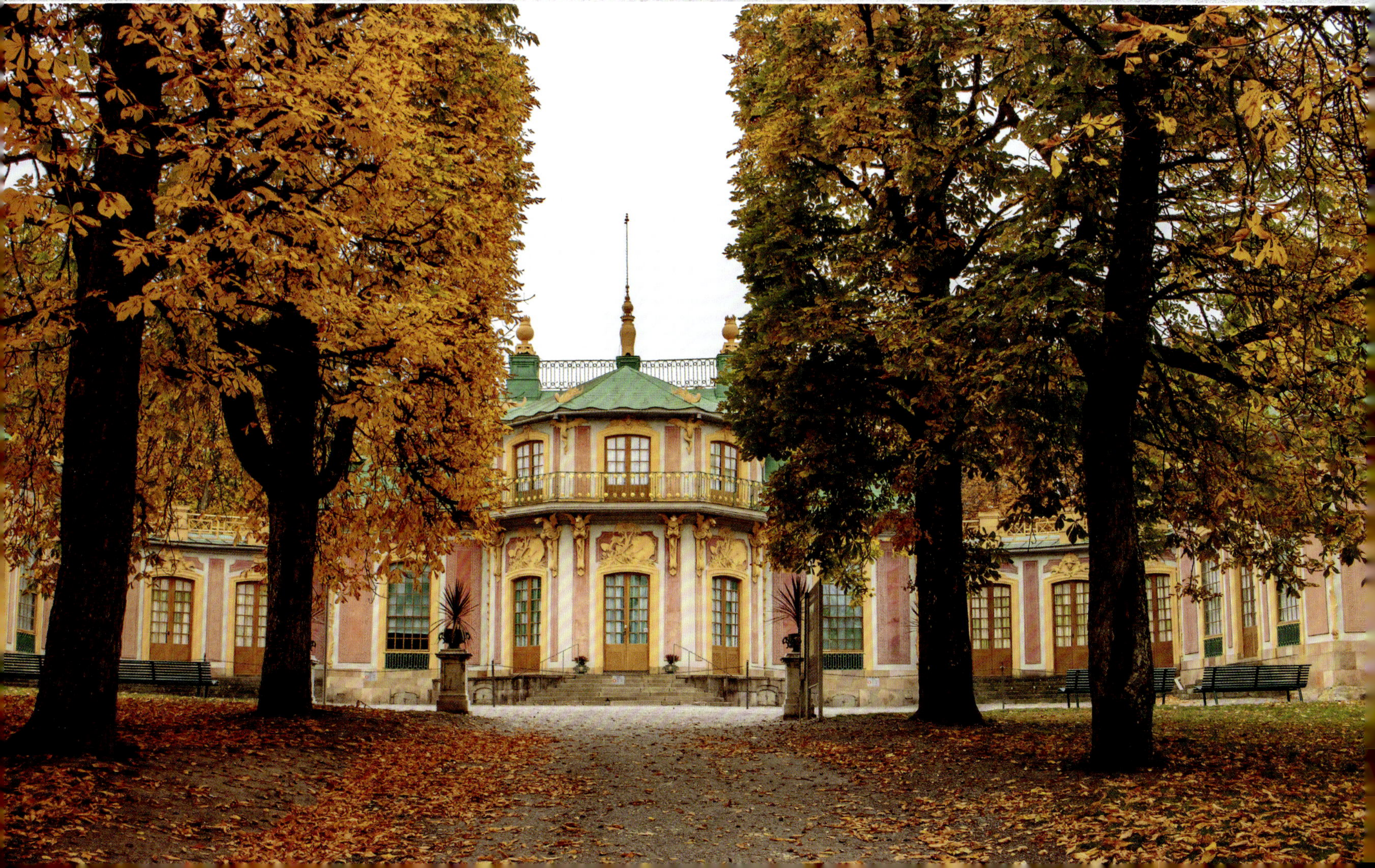

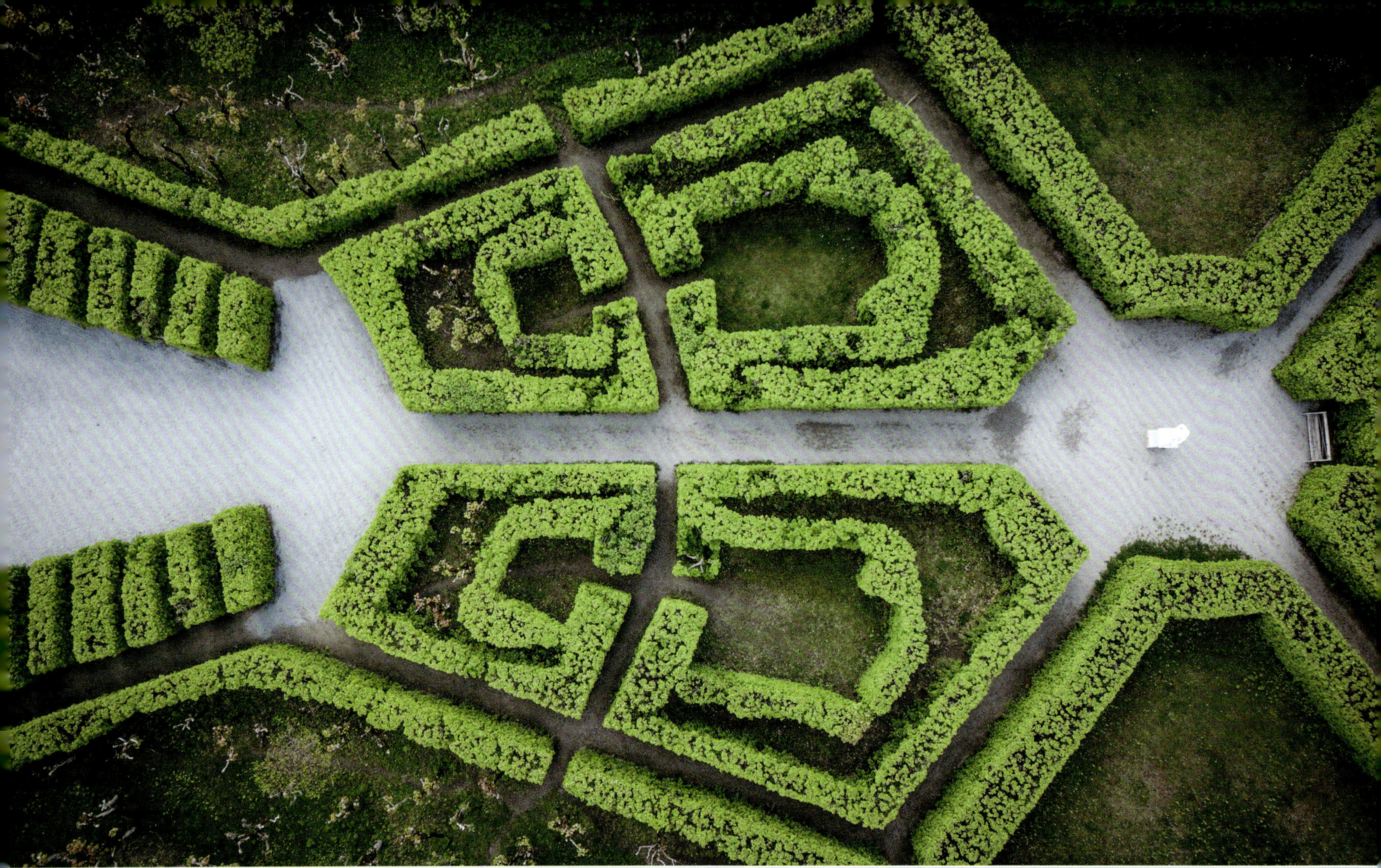

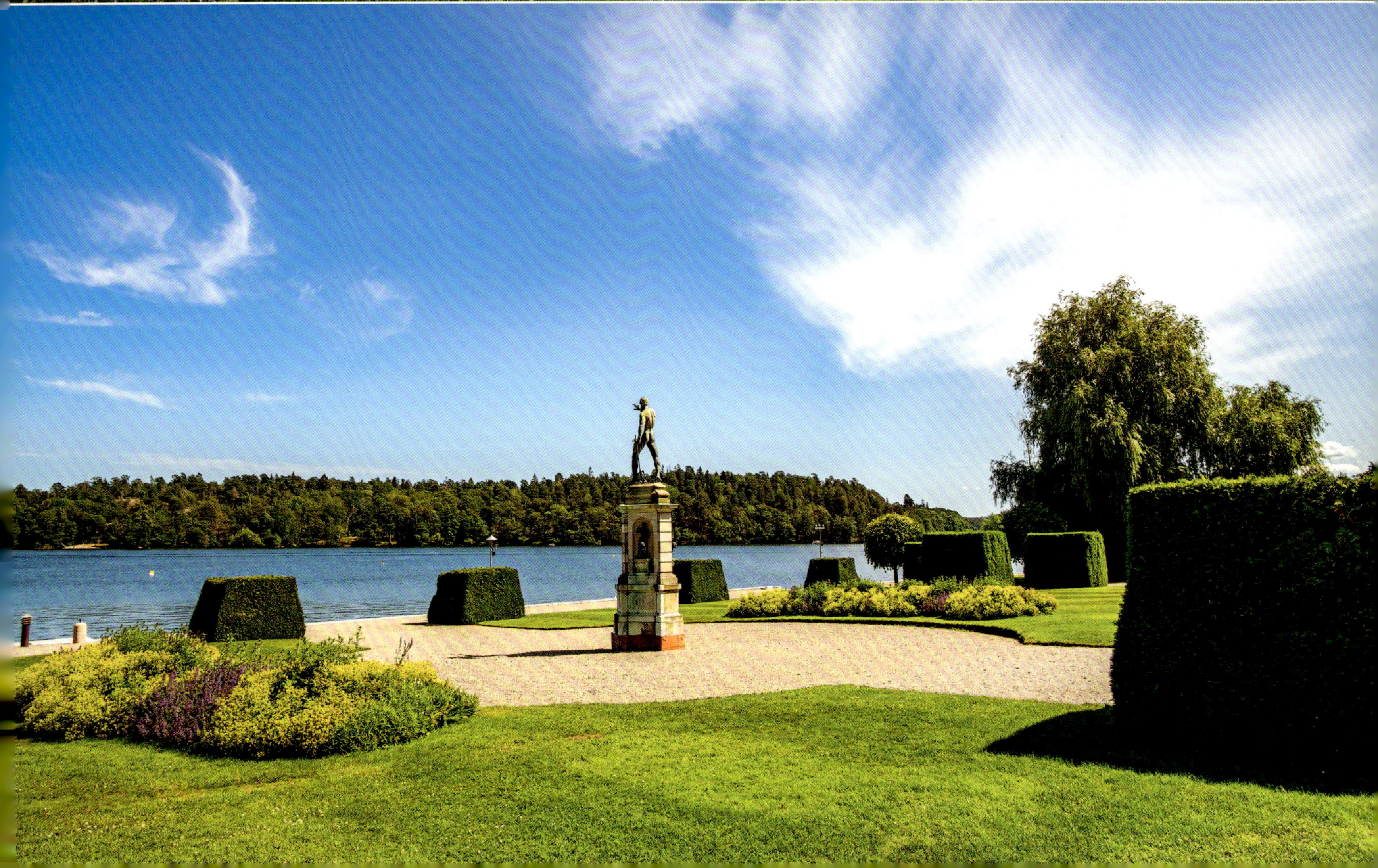

Der Chinesische Pavillon

Von 1720 bis 1792 war das Schloss wiederholt Residenz des Königshauses. 1715 bis 1744 residierten darin Königin Ulrika Eleonora von Schweden (1688–1741) und König Friedrich I. (1676–1751). Anschließend wurde es Kronprinzessin Luise Ulrike von Preußen (1720–1782) übergeben, die nach ihrer Heirat mit Adolf Friedrich von Schweden (1710–1771, König ab 1751) Königin von Schweden wurde.

Königin Luise Ulrike, die sich für Kunst und Naturgeschichte interessierte, erhielt von ihrem Gemahl als Geburtstagsgeschenk einen aus Holz gebauten chinesischen Pavillon *(Kina Slot)*. Diese Bauweise lässt sich auf die Chinoiserien des französischen Barocks zurückführen, die damals große Mode waren und sich aus den intensiven Handelsbeziehungen der Ostindien-Kompanie mit Fernost erklären. Der 1753 errichtete Pavillon steht auf einer Anhöhe im Jagdpark südwestlich des Schlossbaus. Die Königin erinnerte sich in einem Brief an ihre Mutter: »Er führte mich auf eine Seite des Gartens, und plötzlich stand ich staunend und zu meiner großen Überraschung vor einem wahrhaft märchenhaften Gebilde, denn der König hatte einen chinesischen Palast errichten lassen, den schönsten, den man sich vorstellen kann.«

Zur selben Zeit wurde um den Chinesischen Pavillon ein Landschaftsgarten angelegt. In einem freieren, spätbarocken Stil gehalten, bildete er einen natürlichen Übergang zur strengen Geometrie und den geraden Linien der übrigen Anlage. Eine Kastanienallee wurde als Sichtachse gepflanzt, dazu stellte man Rankgitter für Geißblatt, Flieder und Maulbeeren auf. Der Holzpavillon wurde 1769 durch ein in Ziegelbauweise ausgeführtes Lusthaus mit grünem Dach und »exotischer« Ornamentierung ersetzt.

Fredrik Magnus Piper und der englische Park

In den 1770er-Jahren, einer Zeit, in der Schweden unter einer Schwäche der Monarchie, Missernten und Lebensmittelknappheit litt, begannen viele Formgärten zu verfallen. Die Einmischung Russlands und Frankreichs in die Innenpolitik führte zu politischen und sozialen Unruhen, zugleich wurde das Bündnis zwischen Russland und Dänemark stärker. 1777 wurde Schloss Drottningholm die Residenz Gustavs III. Er interessierte sich für Gartengestaltung und entwarf einen Generalplan für einen englischen Landschaftsgarten. Inspiriert vom Garten in Zarskoje Selo in Russland, der damaligen Zarenresidenz, beauftragte er damit den schwedischen Architekten Carl Fredrik Adelcrantz, der als Oberintendant verantwortlich für die königlichen Bauten war, »um das Königreich mit dauerhaften und eleganten Gebäuden auszustatten«. Adelcrantz widmete den größten Teil seiner Zeit Drottningholm und anderen Schlössern. Die königlichen Pläne wurden 1780 von dem schwedischen Landschaftsarchitekten Fredrik Magnus Piper überarbeitet, der bereits den Haga-Park entworfen hatte, heute Teil des Königlichen Nationalen Stadtparks in Stockholm.

Von Gustav III. auf Reisen erworbene Skulpturen wurden in der Naturlandschaft geschickt platziert. Gegen Ende des 18. Jahrhunderts kamen Bauten und Staffagen hinzu, etwa 1782 ein Kupferzelt im türkischen Stil (das Adelcrantz ursprünglich für die Schlosswache entworfen hatte) und 1792 ein gotischer Turm.

Piper besichtigte bei einem Aufenthalt in England Stourhead, Painshill sowie The Leasowes und machte sich mit Landschaftsgärten vertraut. In Drottningholm sollte er einen englischen Garten anlegen. 1797 präsentierte er seinen Masterplan für eine Anlage mit Teichen, Kanälen, kleinen Inseln, Brücken, Rasenflächen, Baumalleen und Bosketten. Gewundene Wege führten durch Wiesen und Felder, die mit ausgewählten Bäumen und klassischen Skulpturen geschmückt waren. Pipers Plan wurde zugunsten eines vom König selbst stammenden Entwurfs abgelehnt.

Nördlich des »Sterns« im Barockgarten, in der unteren südwestlichen Ecke des Landschaftsgartens, befindet sich das »Labyrinth«. Es ist kreisförmig und von hohen Bäumen umgeben. Man kann es deutlich auf den Aquarellen Pipers erkennen, die er in den 1790er-Jahren von den Gärten und dem Park malte.

Linke Seite oben
Vogelschau auf die Boskette

Linke Seite unten
Die Poseidonstatue

Im 18. Jahrhundert hatte es drei Meter hohe Hecken, nach Gustavs Tod verfiel es. Es ist jetzt als Rasenmuster gestaltet und kein Irrgarten mehr, da es nur einen einzigen Weg aufweist. Das Zentrum bilden ein Halbkreis aus Bäumen und eine weiße Statue.

Die Restaurierung bis heute

Gustav V. (1858–1950) ließ 1907 bis 1911 eine umfassende Restaurierung der im 19. Jahrhundert vernachlässigten Gärten durchführen. 1911 wurde das Schloss wieder bezogen und ist seither Residenz des Königshauses. Weitere Arbeiten erfolgten in den 1950er- und 1960er-Jahren auf Initiative Gustav VI. Adolfs (1882–1973). 1981 übersiedelten König Carl XVI. Gustaf (geb. 1946) und Königin Silvia (geb. 1943) aus ihren Gemächern im Königspalast von Stockholm nach Drottningholm, das zu ihrem Hauptwohnsitz wurde.

Die tägliche Pflege der Gartenanlage von Drottningholm erfordert den Einsatz vieler Arbeitskräfte. In der Vergangenheit waren es ganze Regimenter sowie Bauern und kleine Pächter aus der Umgebung. Die Gärten wurden mit Sensen und Sicheln gemäht, zur Gestaltung der Formhecken und Formbäume standen nur Scheren, Messer und Heckensäbel zur Verfügung. Kies wurde mit Schaufeln aufgetragen und mit Rechen verteilt. Große Kübelpflanzen mussten mehrmals im Jahr in die Glashäuser oder wieder herausgetragen werden. Heute sind natürlich Rasenmäher, Motorheckenscheren und Traktoren im Einsatz.

Die Pflanzen

Pflanzen, die mit dem Klima in Schweden schlecht zurechtkommen, mussten im Lauf der Jahrhunderte viele Male ersetzt werden. Heute hat man einige Pflanzen des Parterres durch passendere Sorten ersetzt. Die Abendländische Thuja *(Thuja occidentalis)* aus dem Osten Kanadas und dem Norden der Vereinigten Staaten ist eine Zierpflanze, die auch im kalten Klima Schwedens gut gedeiht und optisch zu weiten Rasenflächen passt.

Die Kaiserlinden 'Pallida' *(Tilia* x *europaea* 'Pallida'*)* wurden ebenfalls neu gepflanzt. Von 1997 bis 2011 wurden die Bäume abschnittsweise verjüngt. Ableger von Bäumen am Schloss wurden nach alten Methoden vermehrt, etwa durch Absenker, deren Wachstum man forcierte, bis sie die für das Umpflanzen erforderliche Größe hatten. Wie der Schlossgärtner Dan Haubo zu Beginn einer 14 Jahre währenden Restaurierung sagte: »Im Lauf der Jahre hatten Fäule, Pilzkrankheiten und übertriebene Rückschnitte im Verein mit schlechten Standortbedingungen die Linden des Parks geschwächt. Wir beschlossen, sie eine nach der anderen neu zu pflanzen. Die 350 nahe dem Schloss stehenden Linden werden durch Ableger von den ältesten Linden des Parks vermehrt. Die anderen Linden im Park sind Exemplare der *Tilia* x *europaea* 'Pallida', deren Klon schon seit Anfang des 17. Jahrhunderts bekannt ist.«

Man muss betonen, dass Drottningholm nicht den Zerstörungen zweier Weltkriege ausgesetzt war und viele seiner Baumalleen und Boskette erhalten blieben. Im 17. und 18. Jahrhundert wurden die Linden gestutzt, eine Maßnahme im Rahmen des Gesamtplans, der Blickachsen und die Betonung des Gartenschemas vorsah. Später ließ man die Bäume einfach zu ihrer natürlichen Form wachsen oder man kappte sie. Für die Restauratoren ist es daher schwierig zu entscheiden, welche Art des Beschnitts im 21. Jahrhundert die richtige ist.

Die Gärten des Schlosses Drottningholm wurden hervorragend restauriert und gepflegt. Ihre drei Stile – Barock, die eher formalen spätbarocken Gärten um den Chinesischen Pavillon und der romantische englische Landschaftspark – zeugen vom Geschmack ihrer königlichen Besitzer und den sich im Lauf der Zeit wandelnden Vorstellungen ebenso wie von der Kunst der Gartengestaltung an sich.

Rechte Seite
Stille Wege zwischen den Bosketten

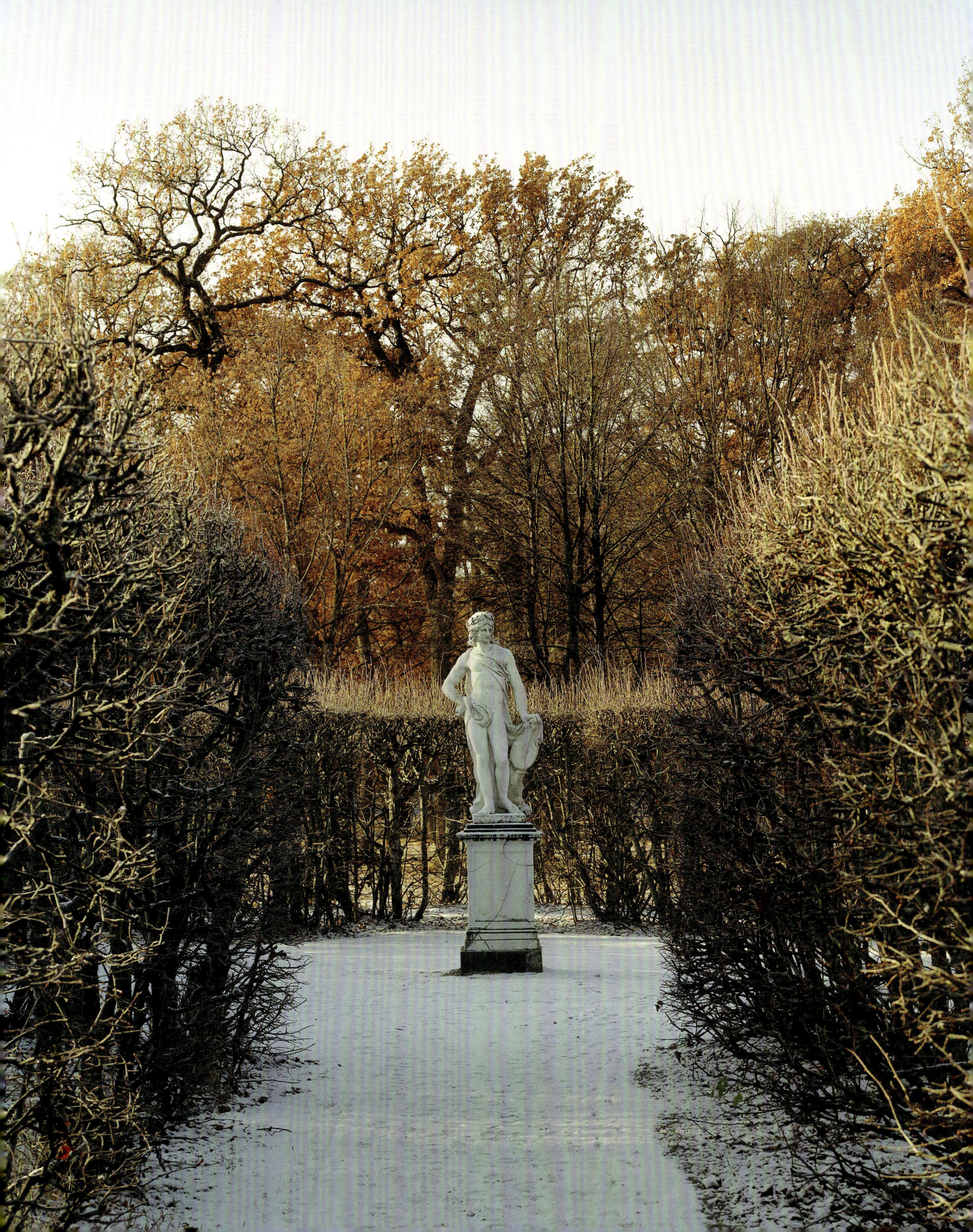

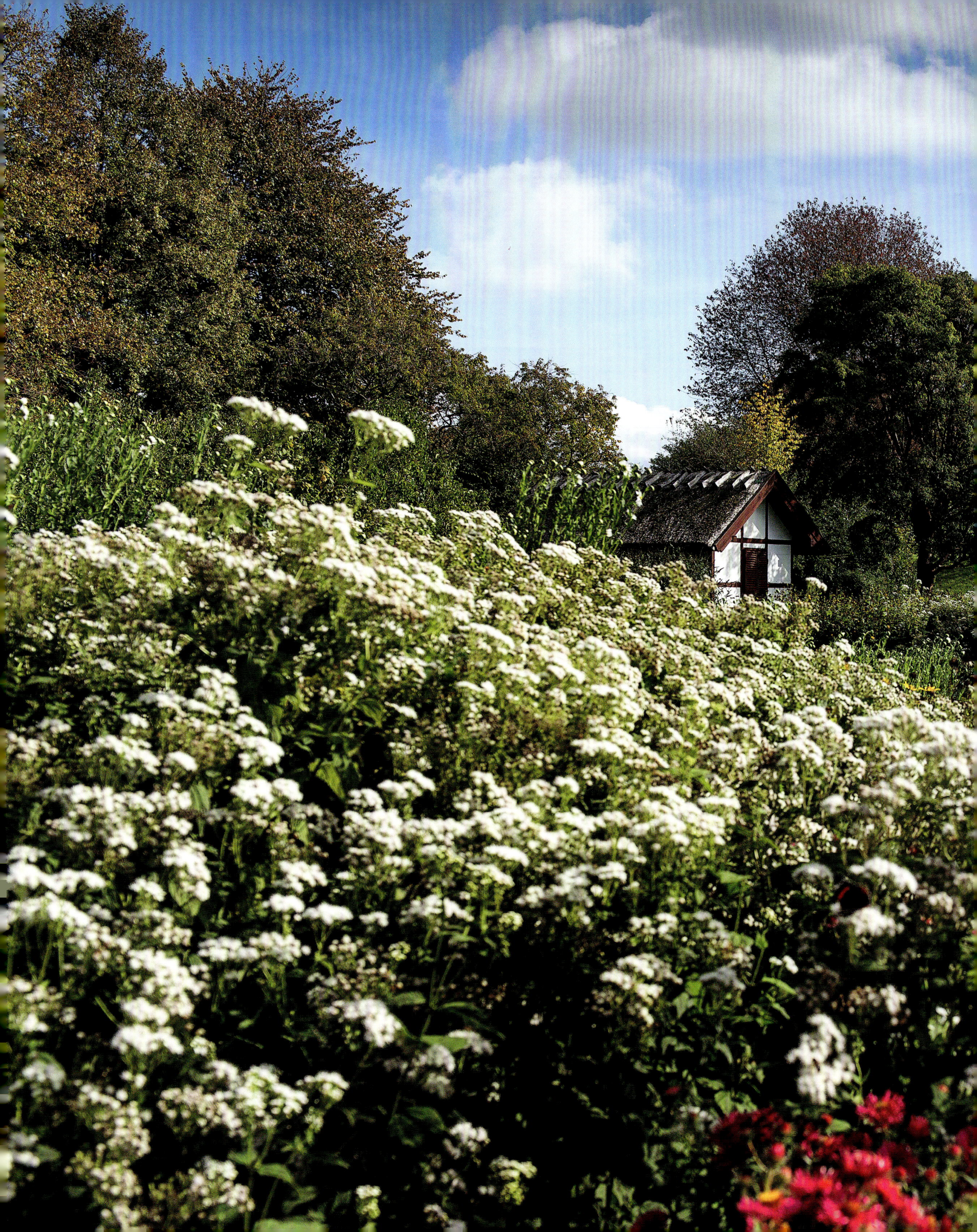

SCHLOSS FREDENSBORG

Fredensborg, Dänemark

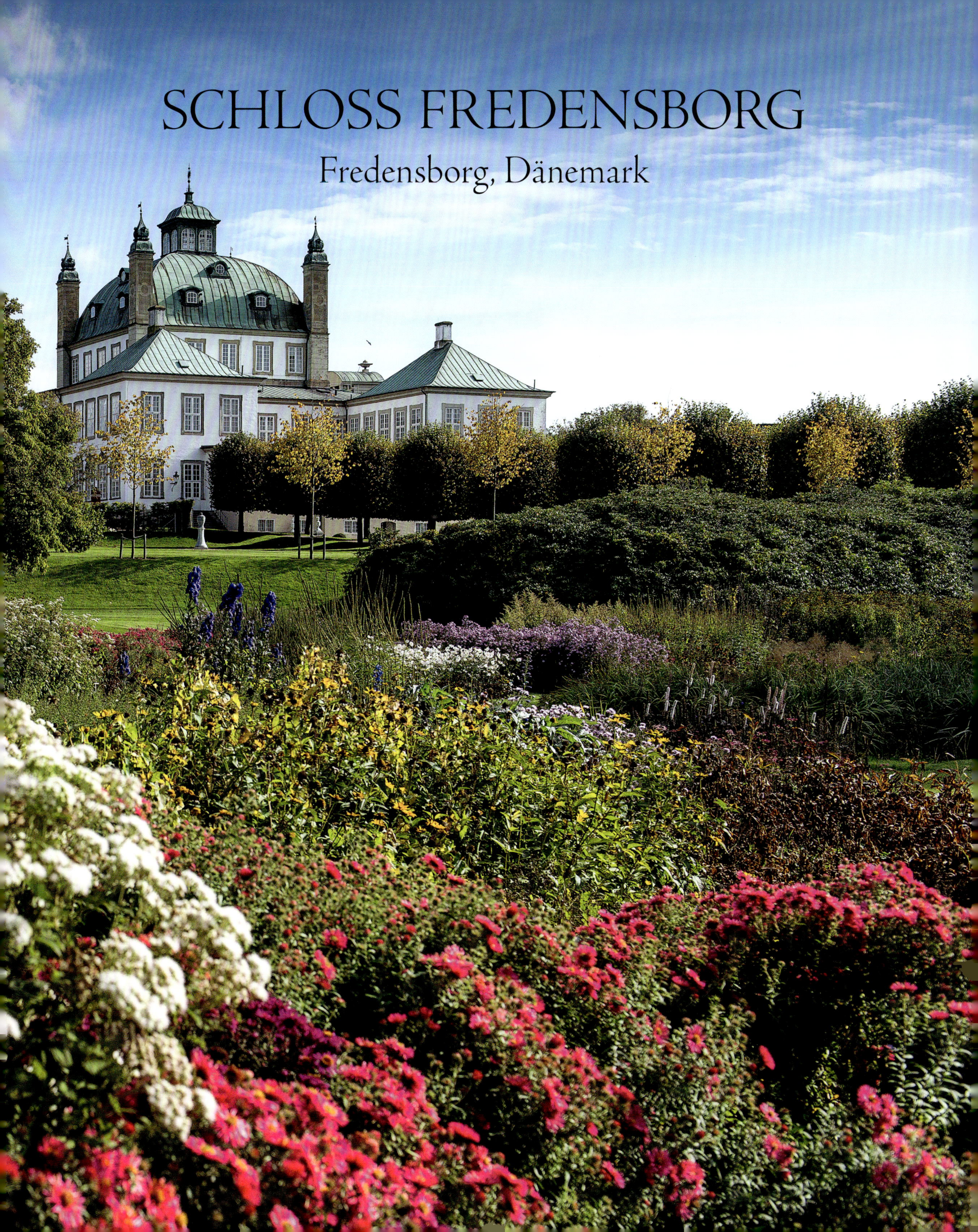

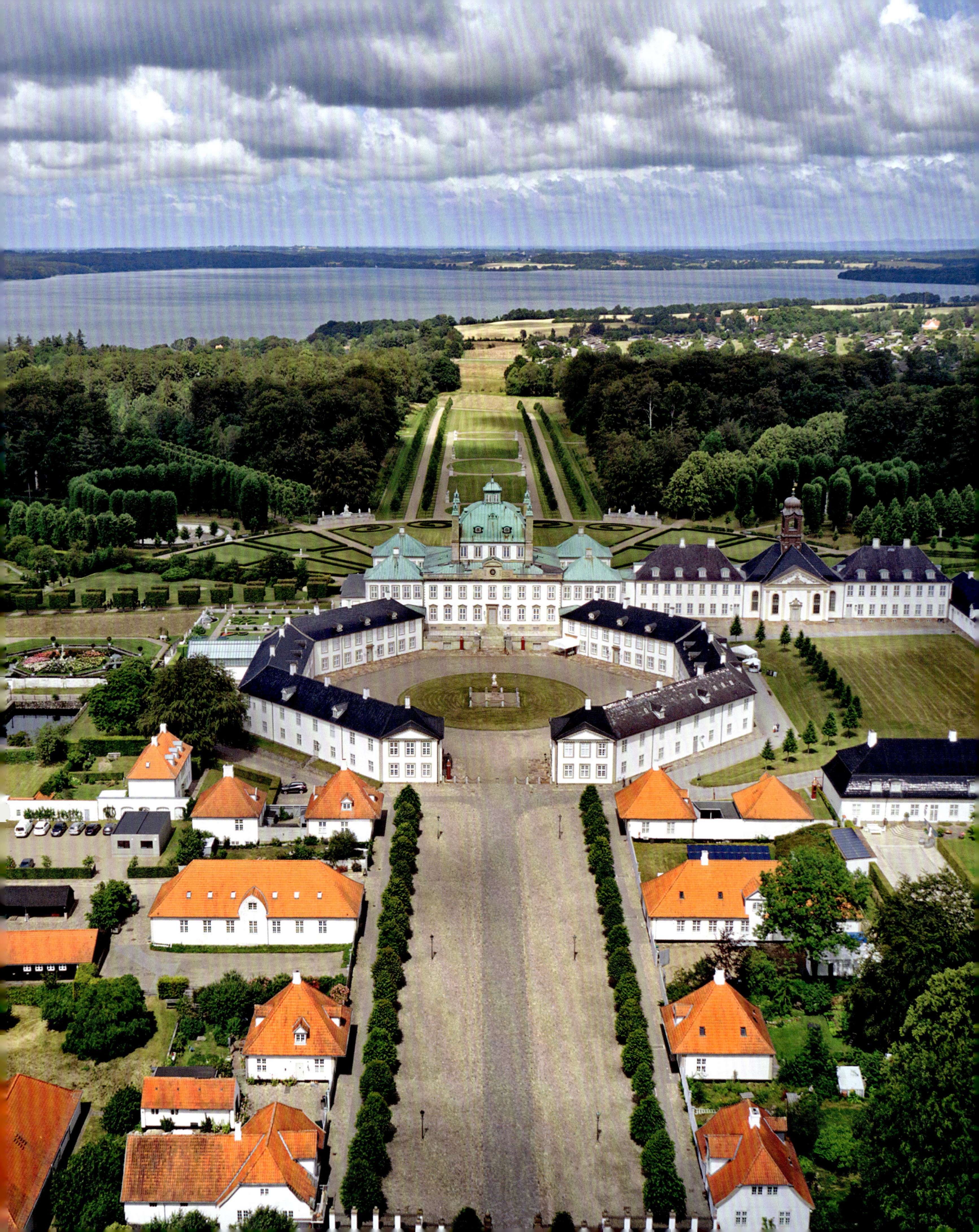

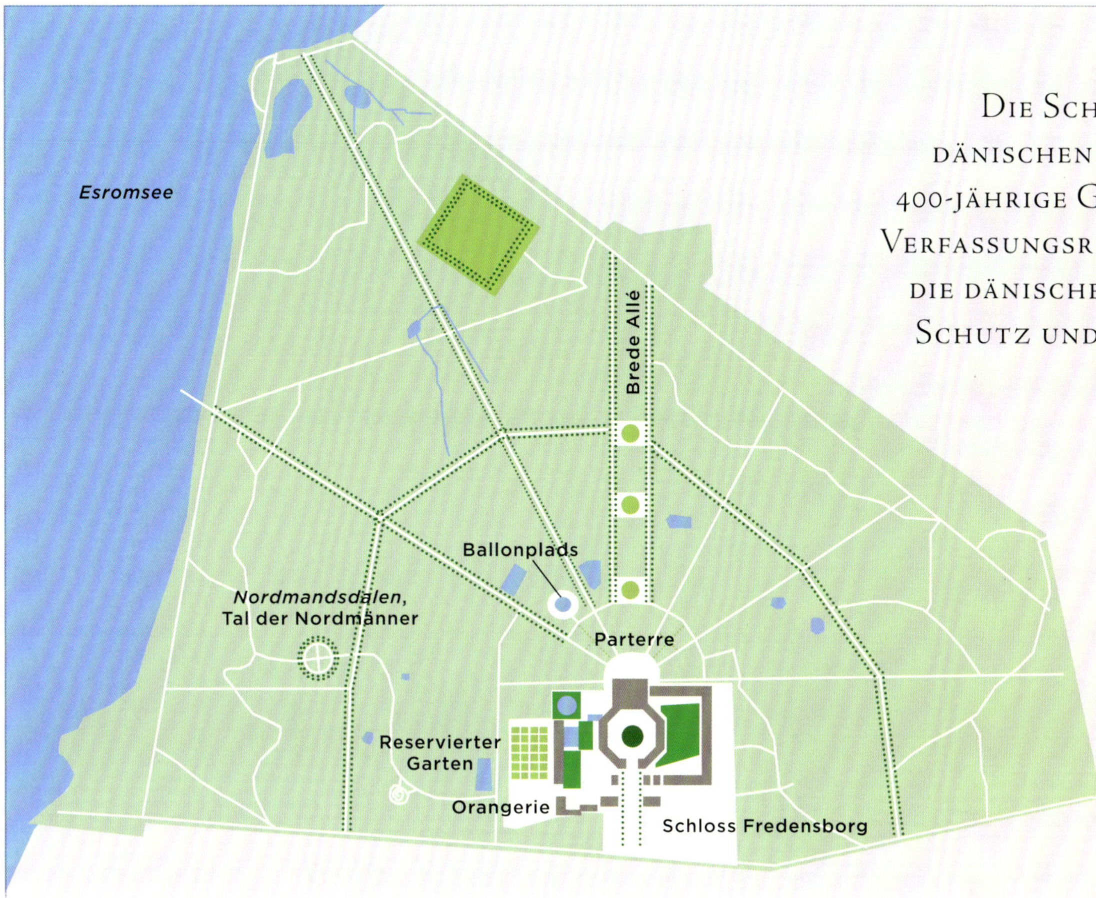

DIE SCHLOSSGÄRTEN DER DÄNISCHEN KÖNIGE HABEN EINE 400-JÄHRIGE GESCHICHTE. NACH DER VERFASSUNGSREFORM VON 1849 SORGTE DIE DÄNISCHE NATION FÜR ERHALT, SCHUTZ UND ERNEUERUNG DIESER GÄRTEN.

Die königlichen Parkanlagen Dänemarks erlauben einen Einblick in die Entwicklung der Gartenplanung vom Beginn des 17. Jahrhunderts bis heute. Darin spiegeln sich Tendenzen, Vorlieben und Abneigungen verschiedener Epochen ebenso wider wie in der Architektur oder der Mode. Im 17. und 18. Jahrhundert gingen Herrscher und Höflinge auf Reisen und besuchten vorbildliche Gärten. Auch Hofarchitekten und Hofgärtner machten Besichtigungsreisen, um Anregungen, Kenntnisse, Pflanzen und Kunstobjekte zu sammeln. Viele Ideen wurden nachgeahmt oder abgewandelt, um sie an die heimatliche Umgebung oder Landschaft anzupassen. Gärten stehen aber nicht still. Bäume und Pflanzen wachsen und sterben, Skulpturen verfallen, und Bauten müssen ausgebessert werden. Neue Stile bewirken in den Gärten Veränderungen; Zweckbestimmungen, Objekte und Materialien wandeln sich. Gärten sind wie Kristallkugeln: Sie eröffnen Einsichten in die Vergangenheit und in zukünftige Erfordernisse und Notwendigkeiten.

PFLANZEN ALS GARTENGESTALTUNG

Ende des 17. und Anfang des 18. Jahrhunderts begannen die Könige von Dänemark und Norwegen Christian V. (1646–1699) und sein Sohn Frederik IV. (1671–1730), ihre Gärten mit Pflanzen zu gestalten. Sie folgten einer in Deutschland, Italien, Frankreich und den Niederlanden gängigen Praxis. Der König war die Schlüsselfigur der Gesellschaft und seine Gärten wurden nach einem genauen Plan angelegt. In ganz Europa war der Barockstil in Mode. Frederik IV. zählte zu seinen Anhängern und gab für die Schlösser Frederiksborg (siehe Seite 184), Frederiksberg und Fredensborg die Anlage aufwendiger Gärten in Auftrag, um auch auf diese Weise seine Macht zu demonstrieren.

Schloss Fredensborg wurde von Frederik IV. in den 1720er-Jahren im Norden der Insel Seeland am Ostufer des Esrom-Sees, acht Kilometer von Frederiksborg, auf dem Terrain des vormaligen Gutshofs Østrup erbaut. Der König wollte ein Lust- und Jagdschloss mit einem

Vorhergehende Doppelseite
Blick vom Reservierten Garten

Linke Seite
Luftaufnahme der Gesamtanlage

schönen Park als Sommerresidenz inmitten von Hügeln und Wäldern errichten. Er betraute damit 1720 den Architekten Johan Cornelius Krieger (Hofgärtner in Rosenborg in Kopenhagen, einer Residenz Christians IV.) und Generalbaumeister Johan Conrad Ernst. Das Schloss, in einem italienisch und französisch beeinflussten palladianischen Stil errichtet, wurde 1722 bezogen. Planung und Anlage des Barockgartens nahmen sechs Jahre in Anspruch. Um an das Ende des Großen Nordischen Krieges zu erinnern, an dem sich Dänemark elf Jahre lang beteiligt hatte, wurde die Anlage *Fredens Borg*, Schloss des Friedens, genannt.

Unter Christian VI. (1699–1746), Frederik V. (1723–1766) und dessen Gemahlin Königin Juliana Maria von Braunschweig-Wolfenbüttel-Bevern (1729–1796) wurde der Bau von den Architekten Nicolai Eigtved, Laurids de Thurah und Caspar Frederik Harsdorff umgebaut und erweitert. Nach dem Tod Juliana Marias wurde Fredensborg erst unter Christian IX. (1818–1906) und Königin Louise von Hessen-Kassel (1842–1898) ein Ort des Privatlebens der dänischen Königsfamilie und zum Ferienaufenthalt europäischer Fürstenfamilien.

Auf einem erhöhten Plateau des 120 Hektar großen Grundstücks wurde der quadratische Schlossbau als Ausgangspunkt des sogenannten Jagdsterns *(Jagtstjerne)* errichtet – sieben im Halbkreis ausstrahlende Alleen, die das Schloss mit den umliegenden Waldgebieten verbanden. Heute lenken die insgesamt neun Kilometer langen Alleen den Blick auf die Landschaft und den See bis zum Gribskov, dem viertgrößten Wald Dänemarks. Die 1720 bis 1765 gepflanzten Baumreihen waren zur Zeit Frederiks V. insgesamt 15 Kilometer lang.

Ein Lustschloss

Christian genoss es, in seiner Jacht über den See zu segeln. Sie war in einem Bootshaus *(Chaluphus)* untergebracht. Auf den Wiesen grasten Pferde und Rotwild, eine dreigeschossige Menagerie beherbergte Bären, Wölfe, Tiger und seltene Vögel. Daneben lagen Gehege für Enten, Fasane, Hasen, Kaninchen und Eichhörnchen. Die königliche Familie speiste in einem der Gartenpavillons, wo man die Produkte des großen Obst- und Gemüsegartens auftischte. Ein weiteres sorgsam geplantes Vergnügen war die Jagd. Bei der Parforcejagd fiel jedem Teilnehmer eine bestimmte Rolle zu. Viele Adlige schätzten diese Art von Jagd als reinste und edelste Form des Jagens.

Nördlich des Schlosses erstreckte sich ein halbkreisförmiges Broderieparterre aus Buchsbaum mit formgeschnittenen Hainbuchhecken. Es diente der Königsfamilie und den Angehörigen des Hofstaats für Promenaden, während man die langen Alleen meist zu Pferd oder in Kutschen zurücklegte.

Anregungen aus England und Frankreich

Um Platz für die gesamte königliche Familie zu schaffen, wurde der quadratische Bau in den 1750er-Jahren um vier Eckpavillons erweitert. Im Jahrzehnt darauf bezog König Frederik V. das Schloss. Aufgrund der beträchtlichen Vergrößerungen, die man im Lauf der Jahre vorgenommen hatte, musste der große achteckige Platz vor der Südfront erweitert werden, um seine Proportionen der Schlossfassade anzupassen. Als Vorbild dienten Hampton Court Palace in England (siehe Seite 12) und der Schlosspark von Versailles in Frankreich (siehe Seite 90). Frederik V. änderte den Charakter der Anlage: Der Nutzgarten zur Versorgung der Schlossbewohner sollte ein Park zum ästhetischen und künstlerischen Genuss werden. In dieser Zeit erlebten die Schlossgärten ihren Höhepunkt.

Die Umgestaltung erfolgte in den 1750er-Jahren im zeitgemäßen französischen Stil durch den Architekten Nicolas-Henri Jardin. Er behielt die Grundstruktur bei, ließ sich jedoch von Versailles inspirieren. Er beseitigte alle Zäune und legte eine Hauptachse mit einer skulpturengeschmückten Doppelallee an, die den Rasen oder *Tapis vert* (grüner Teppich) einrahmte. Die zentrale Allee (eine zwecks Betonung der Perspektive von geraden Reihen formgeschnittener Bäume oder Hecken gesäumte Promenade) verbreiterte man im Verhältnis zur Fassade. Im Verein mit dem dänischen klassizistischen Bildhauer Johannes Wiedewelt schuf Jardin ein Meisterstück der Gartenarchitektur, in dem Schloss,

Rechte Seite oben
Die *Brede Allé* (Breite Allee)

Rechte Seite unten
Der Rosengarten der Königinmutter

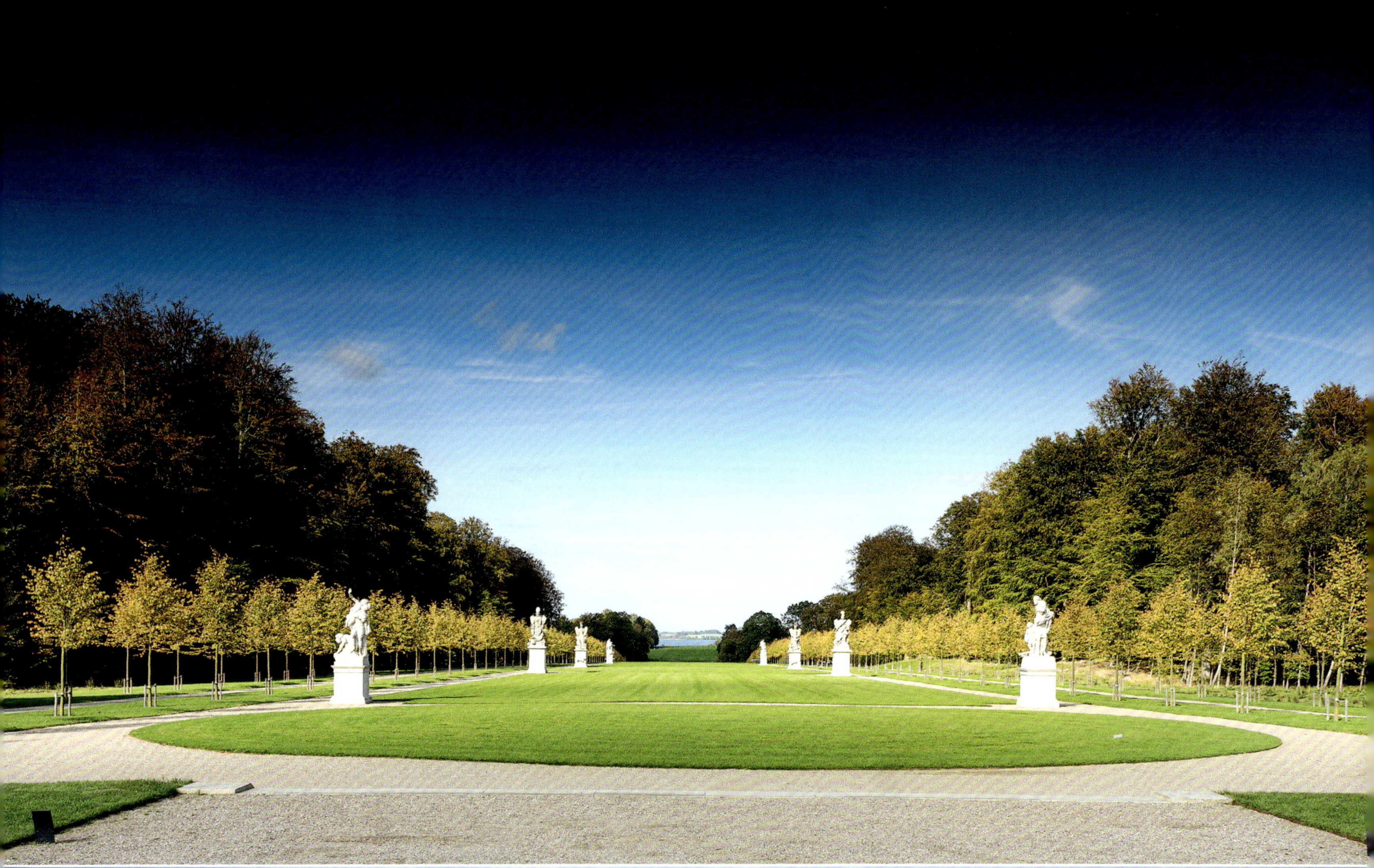
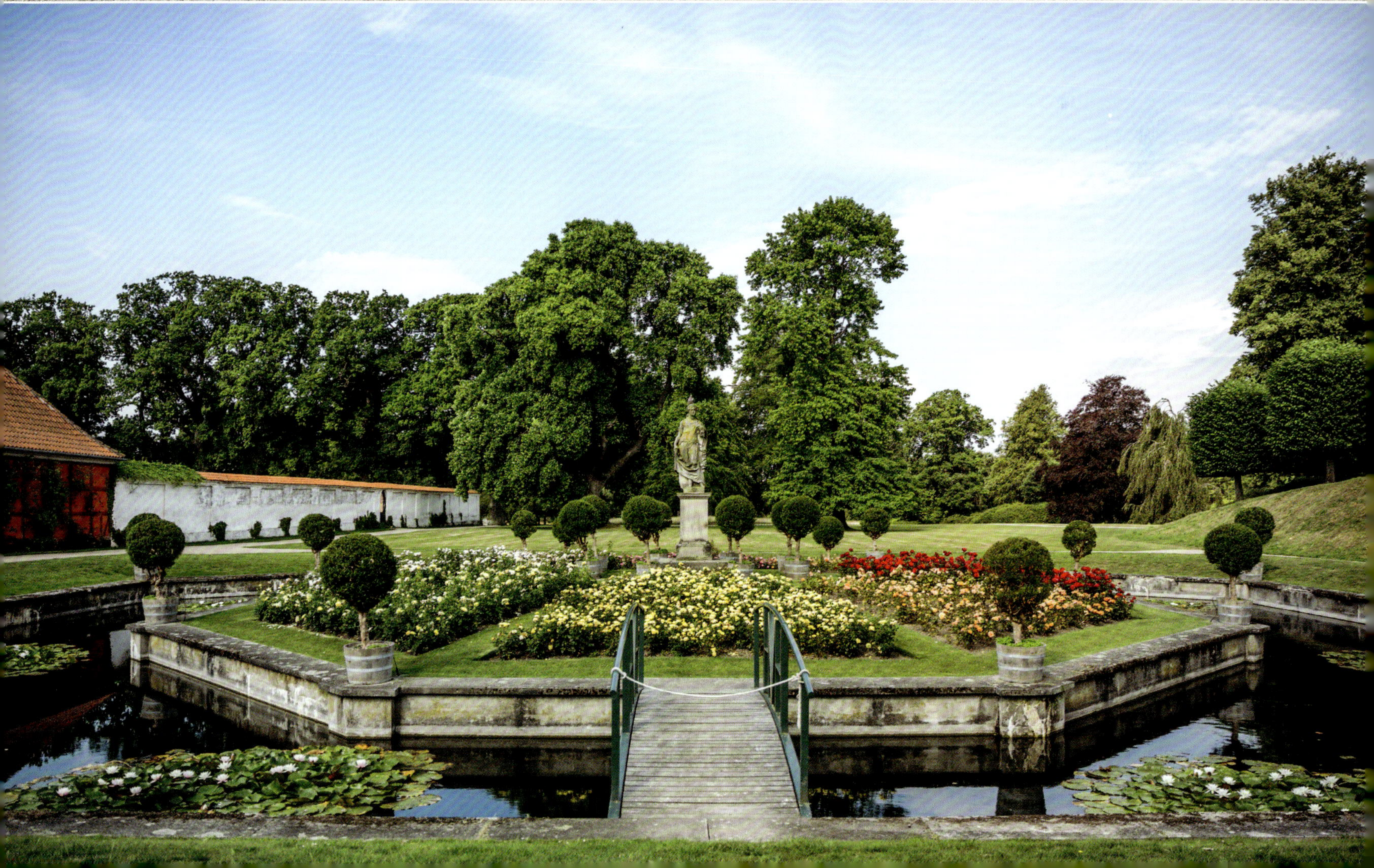

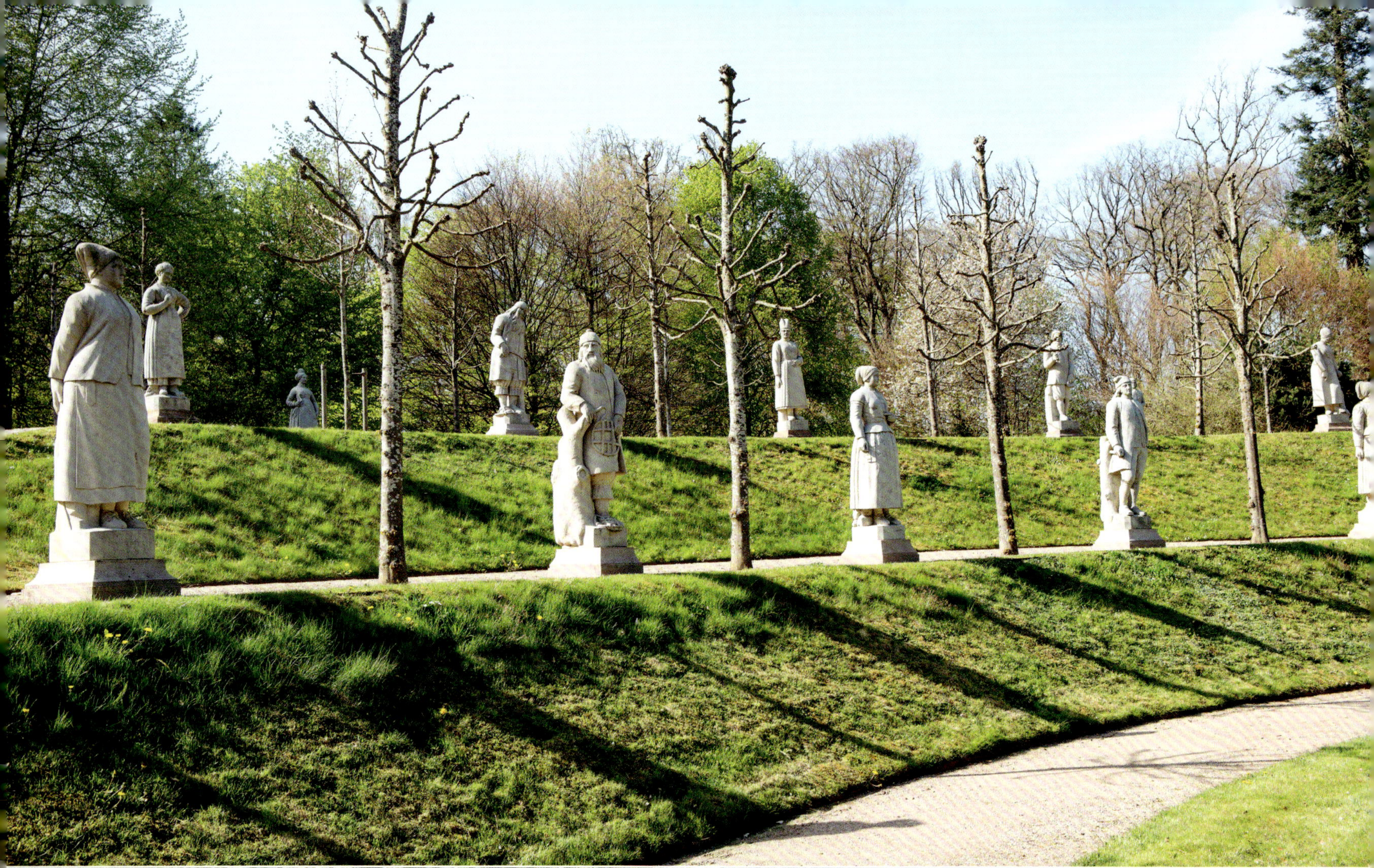

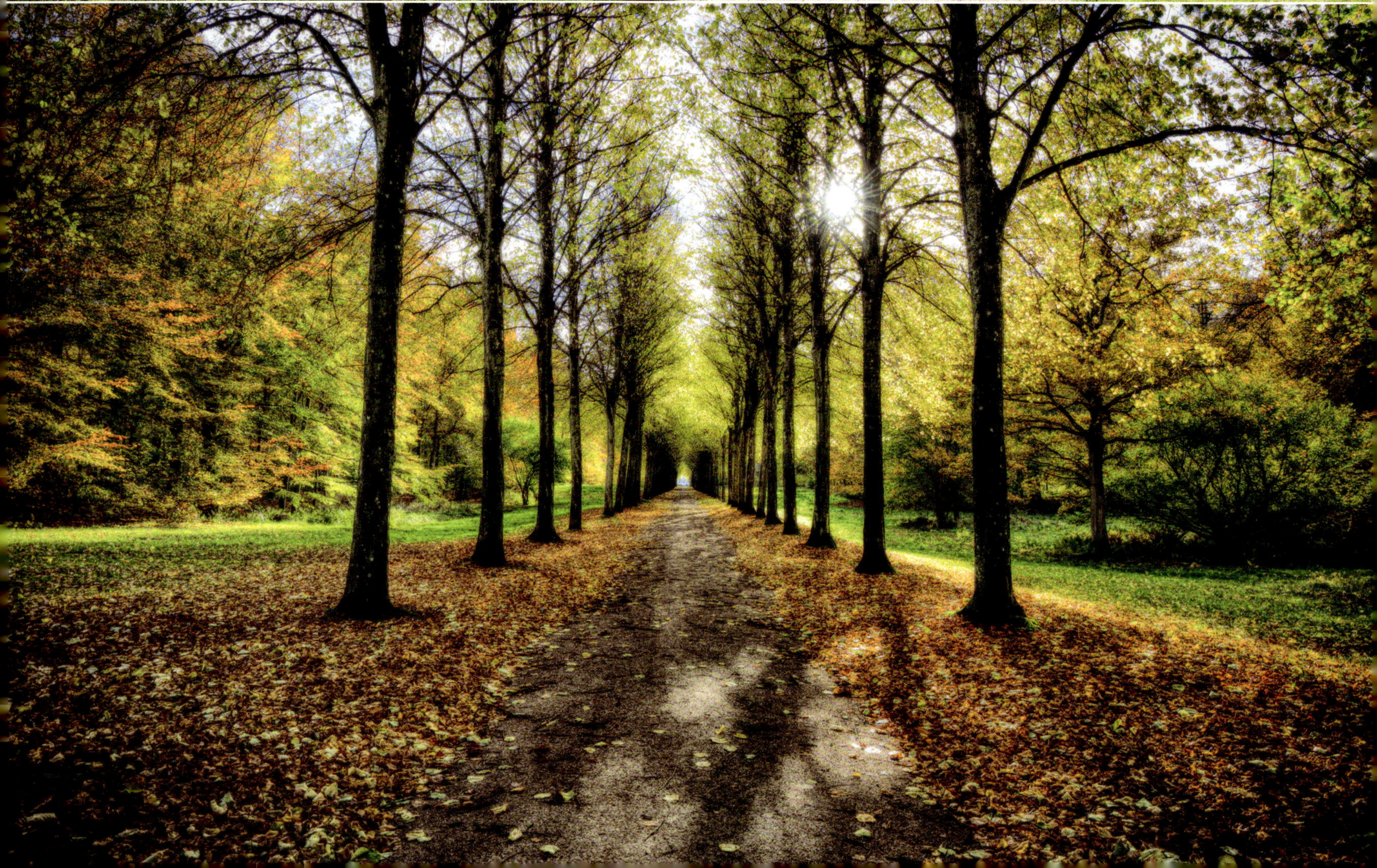

Park und Skulpturen sich vereinten, um »ein noch nie gesehenes Ensemble zu schaffen – ein Juwel künstlerischer Einheit«.

Gestalten und erneuern

Aufgrund nachlassender Pflege befand sich der Park Anfang des 19. Jahrhunderts in einem beklagenswerten Zustand. Die Fichten waren gefällt, die Linden, Hecken und Blumenbeete wirkten unansehnlich. In den 1840er-Jahren wurde klar, dass man etwas unternehmen musste. Um Geld zu sparen, sollte der Park ein moderner Landschaftsgarten werden. Viele Alleebäume wurden gefällt, es wurden neue Wege angelegt. Die Bäume ließ man nun zu ihrer natürlichen Höhe wachsen und beschnitt sie nur so weit, dass die Ausblicke auf die Landschaft erhalten blieben. Die Skulpturen der Breiten Allee *(Brede Allé)* begannen nun, unter dem dichten Laub der Bäume zu verschwinden.

Ein Jahrhundert lang waren viele Zierelemente des Gartens entfernt oder stark vernachlässigt worden. Seit Beginn des 20. Jahrhunderts bemüht man sich jedoch, den Park wieder zu restaurieren, oft als vereinfachte Form des Barockgartens von Frederik V. Um 1930 waren die das Schloss umgebenden Bäume derart hoch und dicht geworden, dass sie den Bau nahezu verdeckten. In den 1940er-Jahren kam im Vorhof ein Mann durch einen umstürzenden Baum ums Leben. Nach diesem schrecklichen Unfall wurden die übrigen Bäume gefällt, eine Vorsichtsmaßnahme und zugleich Beginn einer umfassenden Erneuerung.

Neue Rasenflächen

Das Broderieparterre vor der dem Garten zugewandten Nordfassade des Schlosses wurde in Form eines Halbkreises rekonstruiert und in sechs große Rasenflächen unterteilt, die von formgeschnittenen Eibenhecken gesäumt und mit dekorativen Marmorstatuen und Vasen geschmückt sind. Jardin war ein begeisterter Anhänger riesiger Rasenflächen (seiner *Tapis verts*) gewesen, die er in verschiedenen Formen und mit dazwischen liegenden Kieswegen geplant hatte, was Mitte des 18. Jahrhunderts eine Neuerung darstellte.

Der Garten war die direkte Antwort auf die Schlossarchitektur. Der vordere Schlosshof wirkte wie eine Eingangshalle, das Parterre wie ein eleganter Außenraum, die Breite Allee konnte man als eindrucksvollen Rittersaal auffassen. Den äußeren Bogen des halbkreisförmigen Parterres umgaben eine Reihe kleiner Gartenräume. Diese sogenannten Kabinette waren jeweils unterschiedlich dekoriert. Ein Beispiel ist der noch existierende Ballplatz *(Ballonplads)*. Er ist von hohen Linden eingerahmt und mit einem Becken geschmückt. Eine Brücke führt auf eine quadratische Insel mit einem an Frederik V. erinnernden Obelisken. Der Name »Ballplatz« verweist darauf, dass hier Ballspiele stattfanden (mit einer aufgeblasenen Schweineblase).

Brede Allé verweist auf die Abmessungen dieser Allee: eine Breite von 74 Metern mit vier den *Tapis vert* flankierenden Baumreihen. Sie beginnt mit zwei enorm großen Monumenten zu Ehren von Frederiks IV. riesigem Reich, das Dänemark, Norwegen, Island, die Färöer, Grönland und die Herzogtümer Schleswig und Holstein umfasste. Zwischen den inneren Baumreihen sind acht große Figurengruppen aufgestellt, vier verweisen auf die griechische und römische Mythologie mit den Themen Liebe, Krieg, Feuer und Entführung, die anderen vier stellen Trophäen dar, Waffen und Kriegsgerät, bewacht von einem Löwen mit Kanonenkugel, der die Stärke und Macht des Königs symbolisiert.

Das Tal der Nordmänner

Zwischen Schloss Fredensborg und dem Esrom-See liegt *Nordmandsdalen*, das Tal der Nordmänner, eine einzigartige Attraktion. Während man in den meisten Fürstengärten antike Götterstatuen bewundern kann, findet man hier 70 lebensgroße Sandsteinfiguren des Bildhauers Johann Gottfried Grund, die Norweger und Bewohner der Färöer darstellen – Bauern, Fischer und Frauen in historischer Kleidung mit diversen Attributen wie Sensen, Fischereigerät und Gewehren. Diese Darstellung einfacher Leute war der kühne Versuch, die

Linke Seite oben
Nordmandsdalen, das Tal der Nordmänner

Linke Seite unten
Alleen säumen die langen Wege.

Untertanen dem König näherzubringen – er konnte sich hier mühelos unter sie mischen –, und so gesehen sind diese Figuren etwas für europäische Fürstengärten Einzigartiges. Zu den weiteren Dekors zählen flankierende Pavillons und eine zentrale Säule.

Der Reservierte Garten

Der *Reserverede Have*, auch als Marmorgarten bekannt, ist heute der private Zufluchtsort der königlichen Familie. Er wurde von Frederik V. vor den königlichen Gemächern angelegt. Gemüse- und Kräutergärten liefern hier Erzeugnisse und Blumen für die königliche Tafel und setzen damit eine 300-jährige Tradition fort. Ein Mittelgang mit Bogen für Kletterpflanzen teilt 24 gleich große quadratische Flächen in zwei Abschnitte mit jeweils zwölf Beeten. Südlich davon liegt die 1995 erbaute Orangerie, in der zahlreiche Pflanzen wie Zitronen-, Orangen- und Lorbeerbäume sowie Myrten und Ananaspflanzen gezogen werden. Der Reservierte Garten unterscheidet sich vom Barockgarten durch seine ausgedehnten Rasenflächen mit Rhododendron- und Azaleenbeeten und frei stehenden exotischen Bäumen. Der lockere organische Stil mit mehrjährigen Pflanzen wurde in den 1930er-Jahren von Königin Ingrid (1910–2000) eingeführt. Sie ließ sich dazu vom Landschaftsgarten des beginnenden 18. Jahrhunderts anregen, der sich in Fredensborg und Frederiksberg schnell durchsetzte und seither die Gärtner und Gartengestalter inspiriert.

Vom Reservierten Garten führt eine kleine Brücke über ein oktogonales Bassin zum ebenfalls achteckigen Rosengarten. Dessen einzelne Abschnitte sind jeweils mit Rosen einer einzigen Farbe bepflanzt, seine Ecken werden durch Formschnittbäumchen in hölzernen Pflanzkübeln betont. Seit den 1770er-Jahren wacht im Zentrum der Anlage eine Florastatue über die Rosen (ein neuer Rosengarten wurde 2011 zwischen dem Tal der Nordmänner und dem Ballplatz angelegt, um an den 70. Geburtstag von Königin Margrethe II. im Jahr zuvor zu erinnern. Vorbild dieser Anlage ist Michelangelos Plan für die Piazza del Campidoglio, den Kapitolsplatz in Rom aus dem 16. Jahrhundert.)

Restaurierungsarbeiten

Die Restaurierung des Gartens begann bereits Mitte der 1940er-Jahre und wird zurzeit fortgesetzt. Anhand von Luftaufnahmen konnte der Verlauf der Hauptallee rekonstruiert werden. Die Linden und Kastanien der sieben Alleen wurden auf ihren Zustand und ihre Gesundheit überprüft. Die Neubepflanzung der Alleen erforderte enorme Summen, wodurch nicht genügend Mittel für die immer kostspieligere Pflege blieben. Man musste darauf verzichten, die Alleebäume mit barockem Formschnitt zu versehen, und legte stattdessen an den Innenseiten der Alleen die Kronenansätze höher. Erst fünfzig Jahre nach der Neubepflanzung gelang es, die Bäume wieder mit dem ursprünglichen Formschnitt zu versehen.

2009 beschloss man, zu Ehren Jardins den Barockgarten wieder nach seinem Plan zu gestalten. Der Versuch einer umfassenden Rekonstruktion war jedoch unrealistisch. Einige der Skulpturen mussten aufgrund ihres Zustands ersetzt werden. Die Restaurierungsarbeiten konzentrierten sich auf die Grundstruktur des Gartens, seine geometrische Anlage und die Bäume. Letztere wurden zugleich Gegenstand eines Forschungsprojekts zur Feststellung ihres Genotyps. Von den ursprünglich 220 die Hauptallee säumenden Linden waren nur 115 erhalten. Die Forscher wollten herausfinden, welche spezielle Art man hier ursprünglich gepflanzt hatte. Vergleichende Untersuchungen und DNA-Proben von in derselben Zeit in anderen dänischen Schlossgärten gepflanzten Linden zeigten, dass es sich bei 106 Bäumen um *Tilia* x *intermedia* 'Zwarte linde' und bei fünf um *T.* x *europea* 'Pallida' handelte.

Erhalt, Restaurierung und Entwicklung eines lebenden Kunstwerks sind, vor allem, wenn es fast 300 Jahre alt ist, ein komplexes Unterfangen. Die Gärten von Schloss Fredensborg weisen viele historische Schichten und Elemente der Landschaftsgestaltung auf. Sie sind ein sich wandelndes Kunstwerk aus Altem und Neuem, ein Garten, der sich weiterentwickelt und uns in moderner Erscheinung die Zeugnisse seiner Geschichte vorführt.

Rechte Seite
Eingang zum Rosengarten

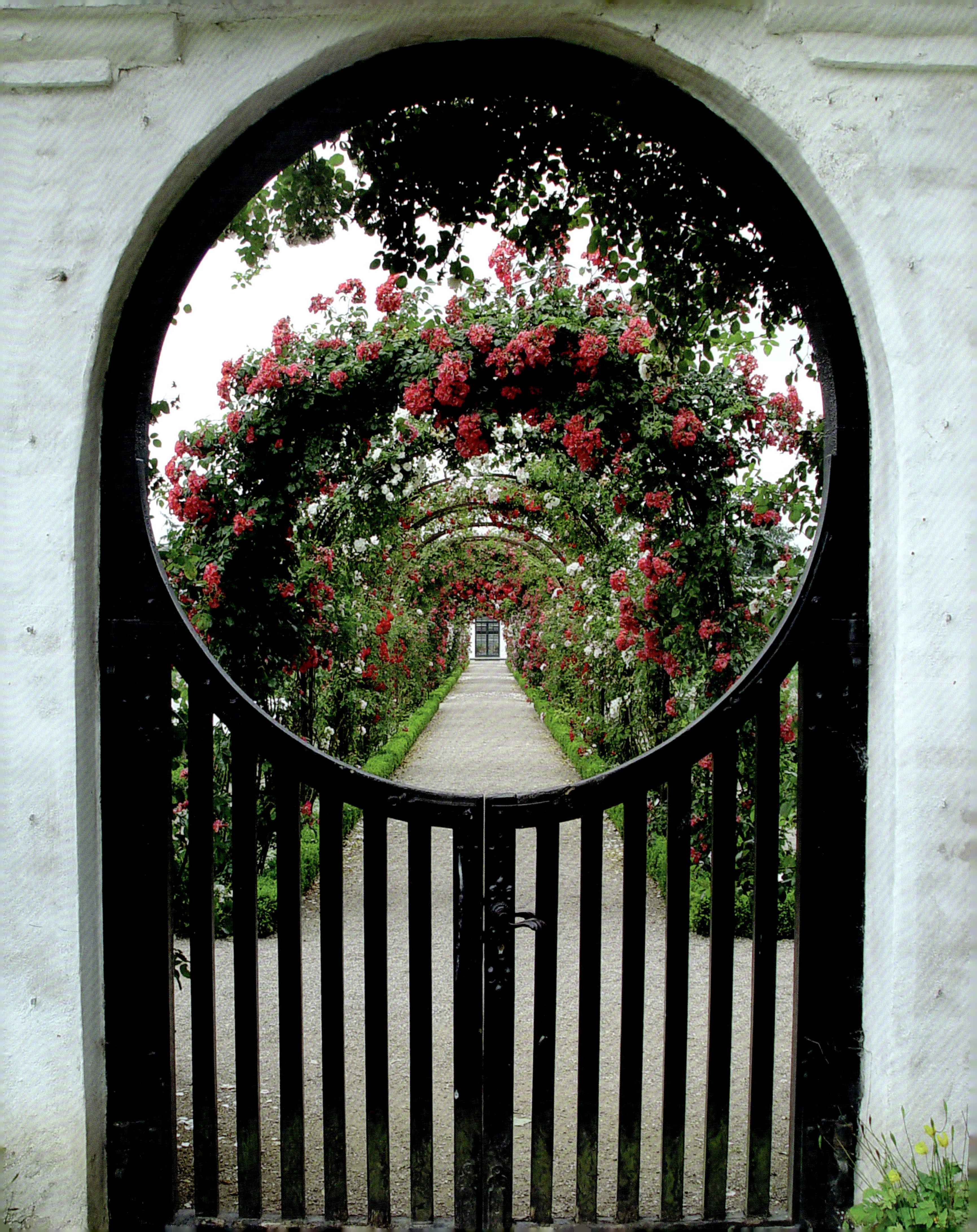

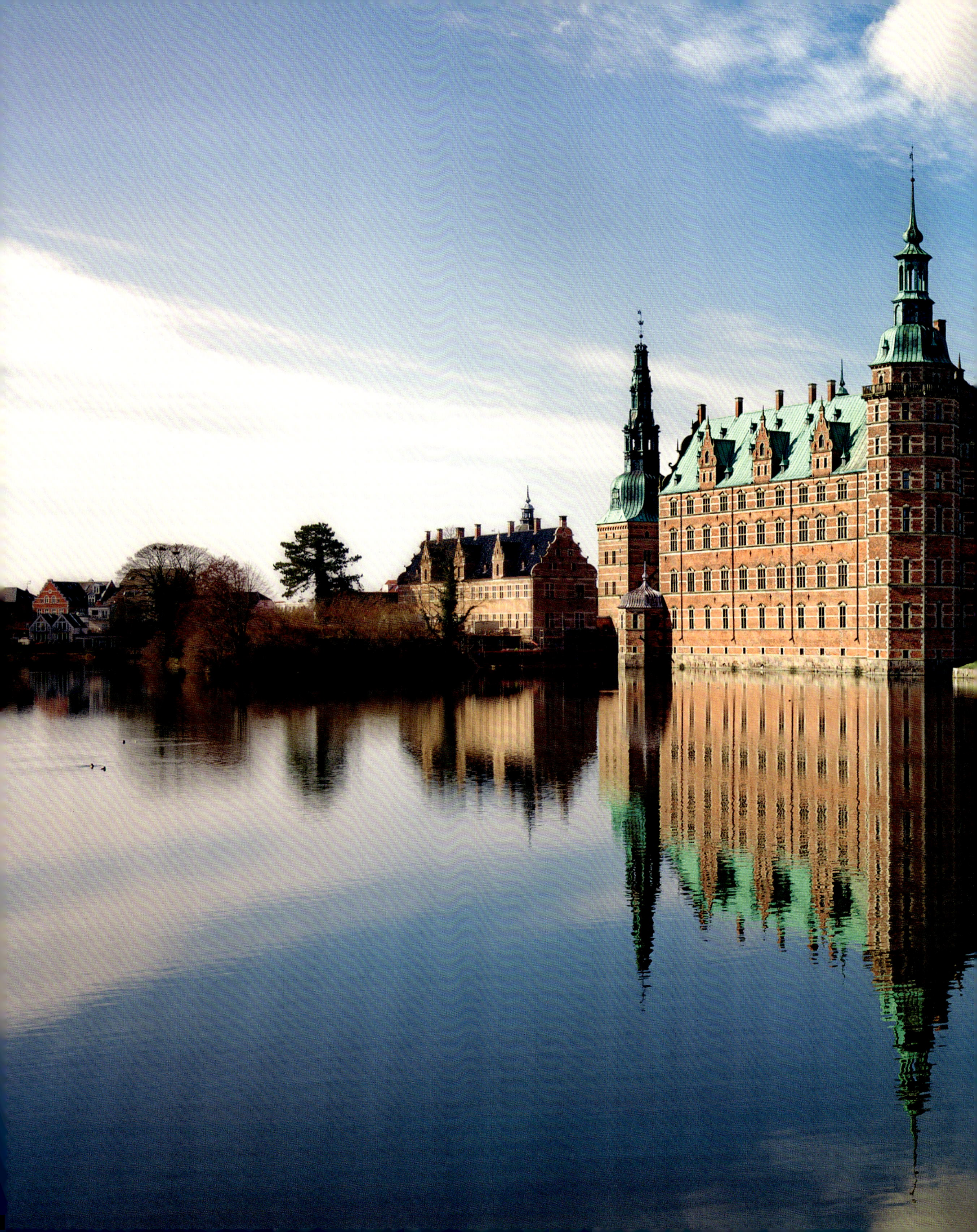

SCHLOSS FREDERIKSBORG

Hillerød, Dänemark

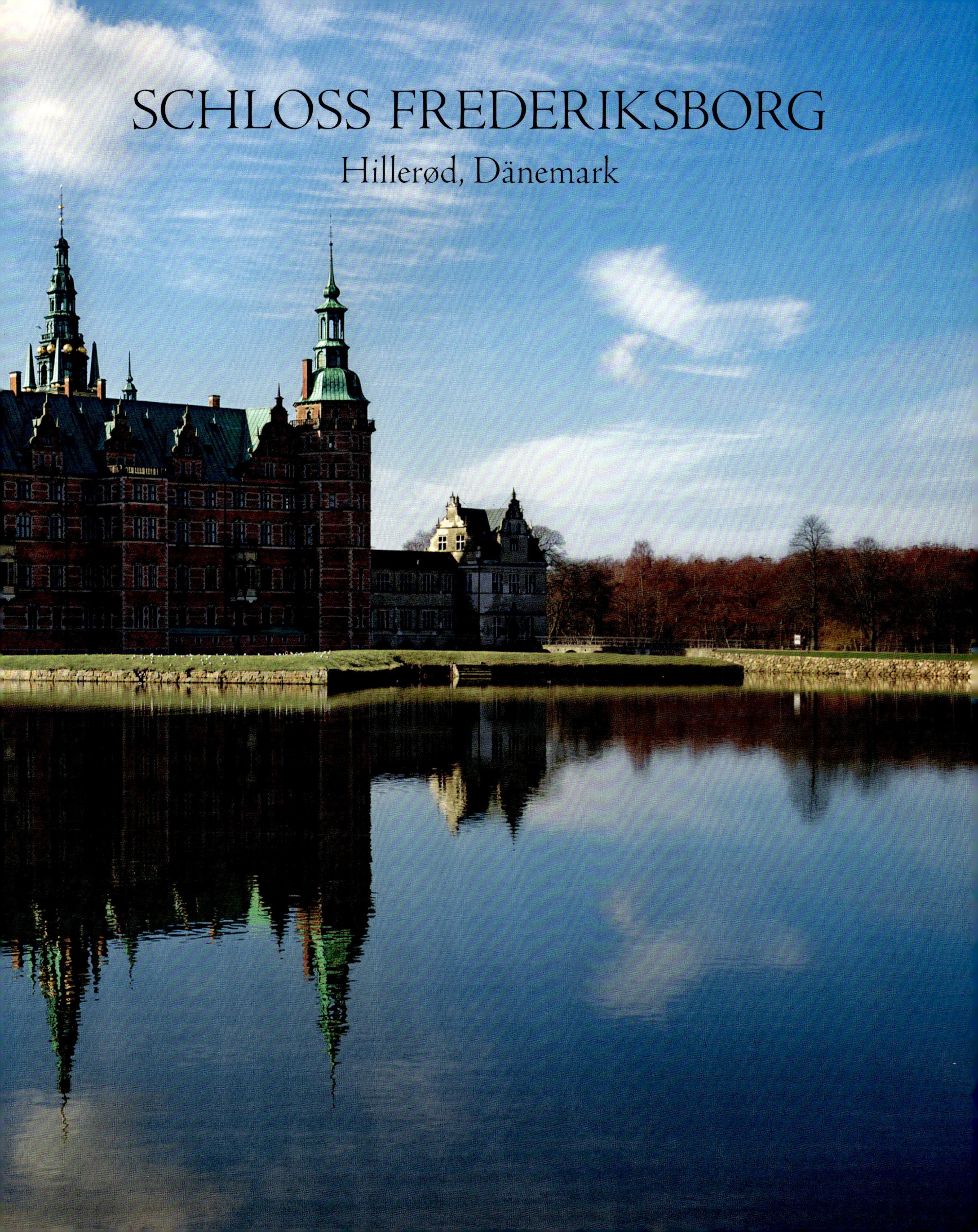

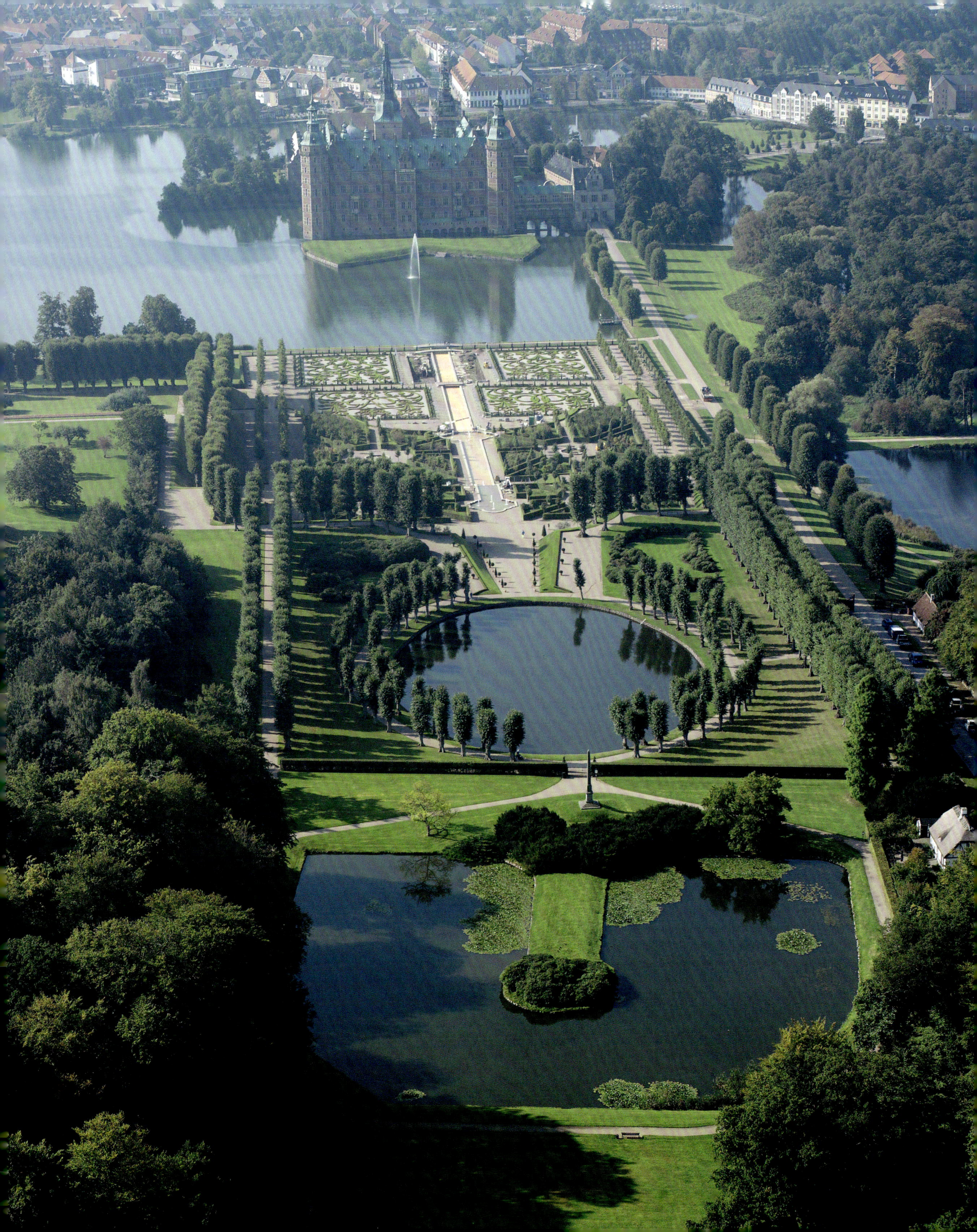

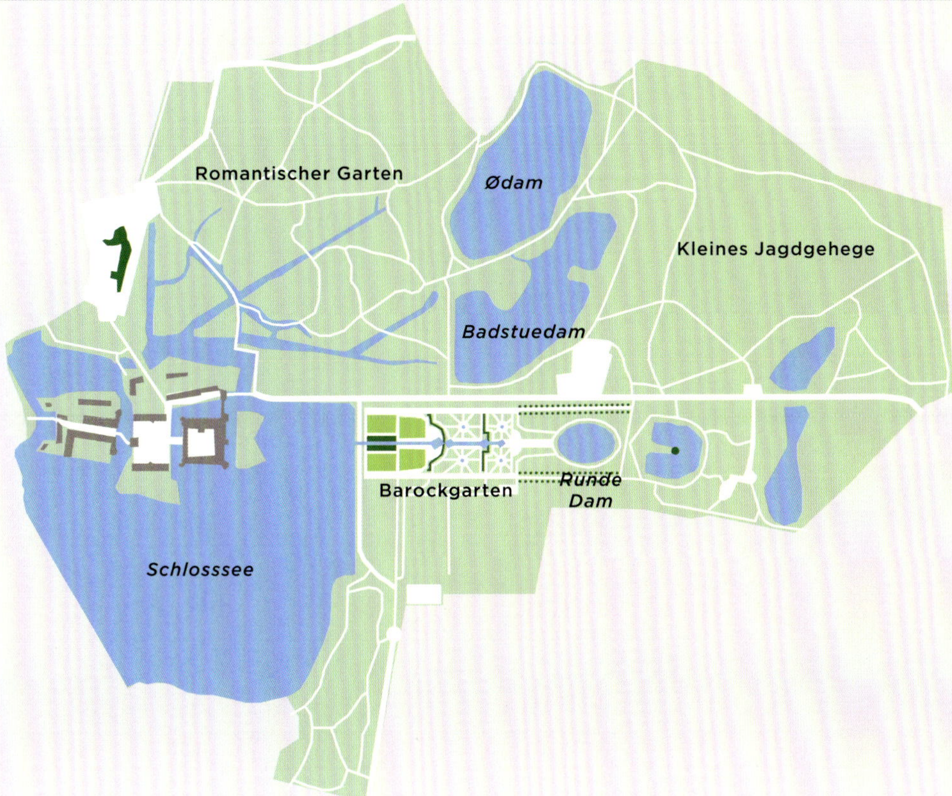

Schloss Frederiksborg ist die grösste im Stil der Renaissance erbaute Palastanlage Skandinaviens. Es wurde als Wasserschloss und ausschliesslich als Lustschloss errichtet. Die Anlage erstreckt sich über drei kleine Inseln im Schlosssee (*Slotssø*) in Hillerød nördlich von Kopenhagen.

Wie viele Schlösser dieser Zeit sollte Frederiksborg den Machtstatus des Königs unterstreichen (die dänische Dynastie ist die älteste Europas, im 10. Jahrhundert oder sogar früher beginnend). Das Schloss ist reich mit Symbolen und Schmuckelementen dekoriert und von einem entsprechenden Park umgeben.

Nordischer Manierismus und Liebe zur Botanik

Im 16. Jahrhundert erwarb Frederik II. (1534–1588), Herzog von Schleswig und König von Dänemark und Norwegen, von einer dänischen Adelsfamilie den Landsitz Hillerødsholm und erbaute den ersten Teil des Schlosses, da ihm das zweitürmige Landhaus zu klein war. Zur Verbindung mit Kopenhagen wurden Straßen angelegt. Frederiks Sohn Christian IV. (1577–1648), der eine Residenz auf dem anderen Ufer des Sees hatte, ließ das Schloss 1600 bis 1620 abreißen und durch einen Neubau im Stil der flämisch-niederländischen Renaissance (bzw. des Nordischen Manierismus) nach Plänen des flämischen Architekten Hans van Steenwinckel des Älteren ersetzen. Christian IV. war ein leidenschaftlicher Pflanzen- und Gartenfreund. Als Kind besuchte er den Garten seiner Großeltern Christian III. (1503–1559) und Königin Dorothea (1511–1571) von Schloss Koldinghus in Jütland. Dieser aus der Mitte des 13. Jahrhunderts stammende Bau gilt als eines der ersten wirklich königlichen Schlösser Dänemarks. Dort gab es einen Klostergarten für Gemüse und Heilpflanzen.

In Frederiksborg unterteilte Christian IV. den Garten in einen Gemüse-, Obst- und Heilkräutergarten. Er sammelte erlesene Pflanzen, exotische Gewürze, Pflanzgefäße und Skulpturen aus der ganzen Welt und besaß schließlich über 1300 unterschiedliche Pflanzenarten.

Schweden und Dänemark

Mitte des 17. Jahrhunderts bekämpften sich Schweden und Dänemark nicht nur im Zweiten Nordischen Krieg, sondern auch in kleineren Handelskriegen, und 1659 wurde Frederiksborg von den Schweden eingenommen. In der Zeit der schwedischen Besatzung nutzte die schwedische Königin Hedwig Eleonora von Schleswig-

Vorhergehende Doppelseite
Schloss Frederiksborg

Linke Seite
Die Gärten aus der Luft

Holstein-Gottorf (1636–1715) Frederiksborg als Residenz und ging in den Schlosswäldern mit Malcolm Sinclair, dem englischen Gesandten in Schweden, der Jagd nach.

Ab 1720 ließ Frederik IV. (1671–1730) den Park von Christian IV. durch einen herrlichen Barockgarten ersetzen. (Das Schloss selbst wurde nach 1730 renoviert, es diente aber seit Ende des 18. Jahrhunderts nicht mehr als königliche Residenz.) Nach 1850 wurde es von Frederik VII. (1808–1863) wieder als Residenz benutzt. Im Rahmen der baulichen Erneuerungen wurden neue Kamine und Öfen eingebaut, um die großen Räume zu heizen. In einer kalten Dezembernacht des Jahres 1859 ließ der König in einem Raum im Obergeschoss Feuer machen. Unglücklicherweise waren die Reparaturarbeiten am Kamin nicht abgeschlossen, ein ausbrechender Brand ergriff schnell die anderen Teile des Baus.

Carlsberg und Frederiksborg

Der Wiederaufbau von Frederiksborg wurde über eine öffentliche Anleihe, einen Lotteriefonds, Zuwendungen des Königs und des Staats und des prominenten Philanthropen J. C. Jacobsen von der Brauerei Carlsberg finanziert. Da die königliche Familie auf das Schloss als Residenz verzichtete, schlug Jacobsen seine Umwandlung in ein Museum für nationale Geschichte vor. Er bot an, für den Wiederaufbau und die künftigen Kosten des Museums aufzukommen. Auf Basis alter Pläne und detaillierter Gemälde Heinrich Hansens begannen ein Jahr danach der Wiederaufbau und die Rekonstruktion. 1882 wurde das Schloss als Nationalhistorisches Museum der Öffentlichkeit zugänglich.

Als 1864 die unter der Leitung des historistischen Architekten Ferdinand Meldahl vorgenommenen Arbeiten abgeschlossen waren, hatte Frederiksborg wieder sein ursprüngliches Aussehen. Zu seinen auffälligsten Merkmalen zählen die Treppengiebel und orangefarbenen Ziegel- und Sandsteinfassaden. Im gepflasterten Außenhof erhebt sich eine von Heinrich Hansen gefertigte Kopie des Neptunbrunnens, die Jacobsen finanziert hatte (das Original aus Prag, Bronzefiguren des niederländischen Bildhauers Adriaen de Vries, wurde nach dem Vertrag von Roskilde von 1658 nach Schweden gebracht und schmückt heute den Park des Schlosses Drottningholm bei Stockholm, siehe Seite 164).

Italienische Einflüsse

Der in Italien und Frankreich Anfang des 17. Jahrhunderts entwickelte Barockstil prägte die Gartengestaltung Europas bis Mitte des 18. Jahrhunderts. Frederik IV. beauftragte den Hofgärtner Johan Cornelius Krieger, anstelle der noch erhaltenen Gärten Christians IV. einen symmetrischen Barockgarten mit Wasserkaskaden, breiten Wegen, Parterres, Formhecken und mit Rasen bepflanzten Terrassenböschungen anzulegen. Der König hatte dabei die auf seinen Reisen bewunderten italienischen Gärten im Sinn. Der Garten wurde als »Architektur unter freiem Himmel« entworfen. Die meisten Fürstengärten dienten dazu, die Bewohner aus ihrem Palast direkt in den Park gelangen zu lassen. In Frederiksborg hingegen wird das Schloss von seinen östlich und nördlich gelegenen Gärten durch den See getrennt. Die gewünschte Verbindung herzustellen war also schwierig. Krieger nutzte dies jedoch zu seinem Vorteil, indem er den Garten um die durch einen langen Kanal betonte Hauptachse des Schlosses legte.

Terrassen, Parterres, Boskette und Heckenschnittkunst

Der Garten umfasste vier zum See hin abfallende Terrassen. Gepflegte Rasenhänge, sorgsam geschnittene Hainbuchhecken, Buchsbaumkugeln oder Eibenhecken und -pyramiden unterstreichen die geraden Linien. Naturstein war Mangelware, deshalb wurden die Terrassen nicht mit Mauern, sondern von Torf- oder Rasenböschungen gestützt. Dank eines ausgedehnten und kostspieligen Systems von Seen, Rinnen, Rohren und Kanälen fließt in der Zentralachse von der zweithöchsten Terrasse Wasser stufenweise zum See herab.

Die untersten Terrassen zieren Monogramme von mit dem Park besonders eng verbundenen Herrschern:

Rechte Seite oben
Blick über die Kaskade

Rechte Seite unten
Blick von den Barockgärten auf das Schloss

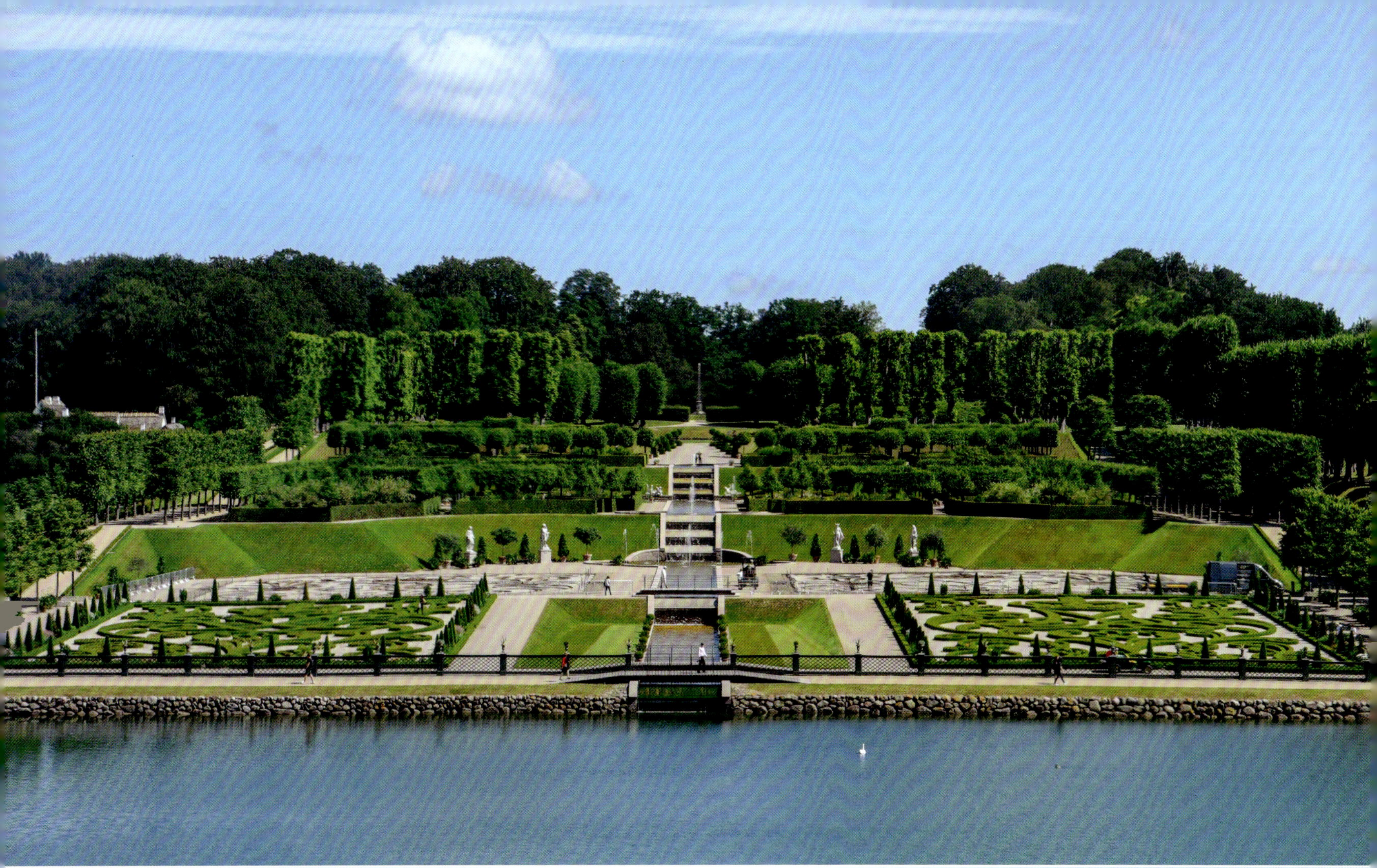

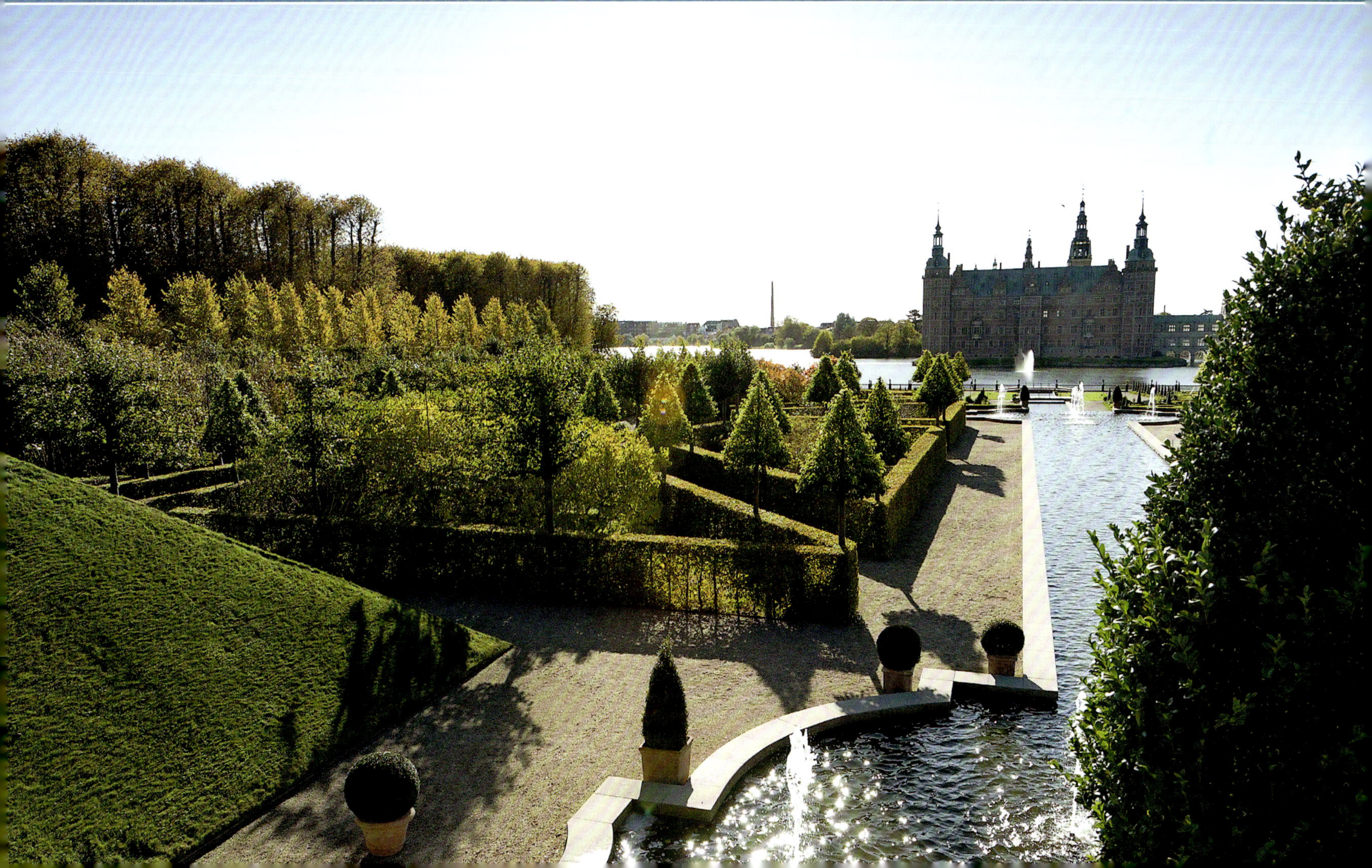

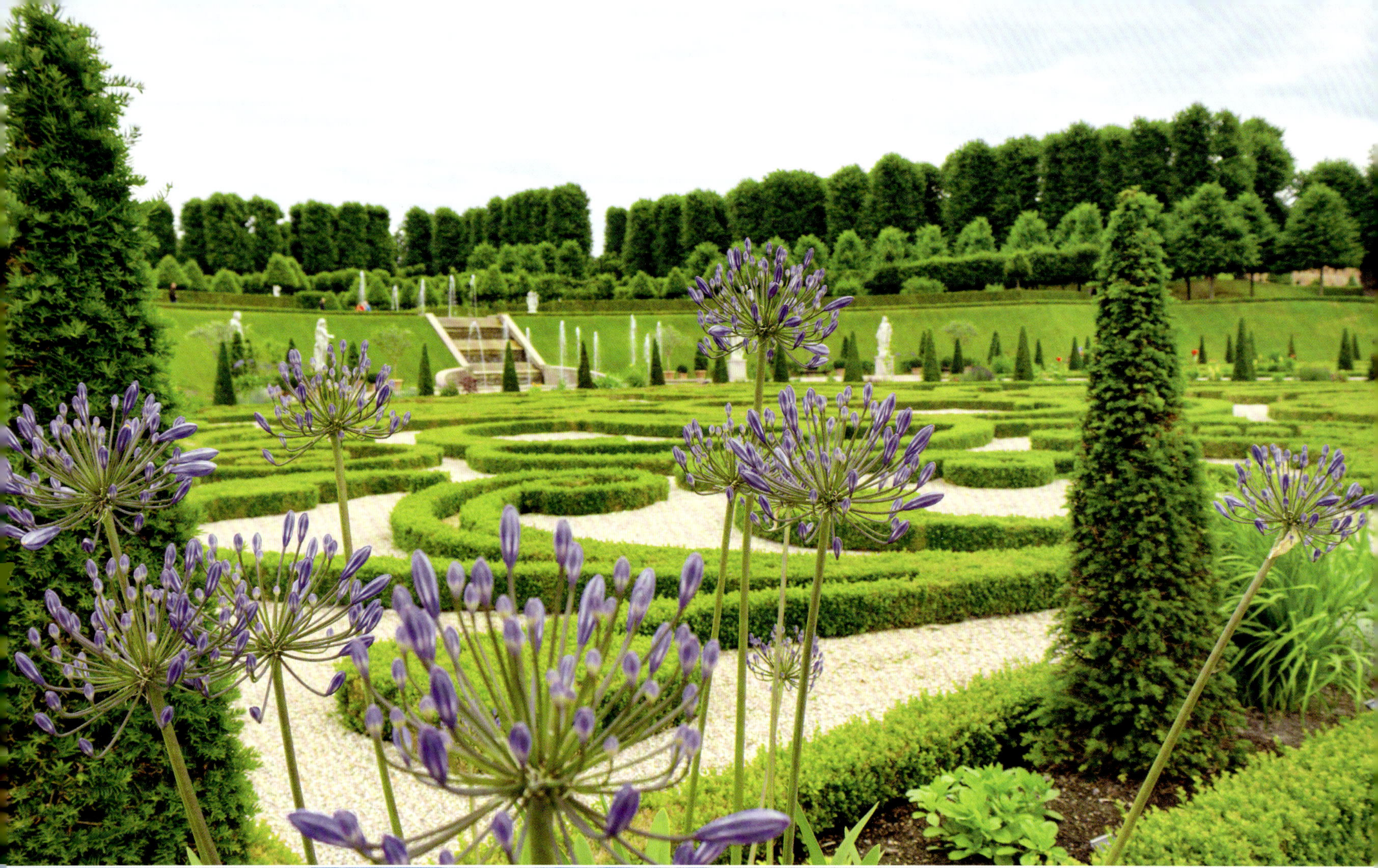

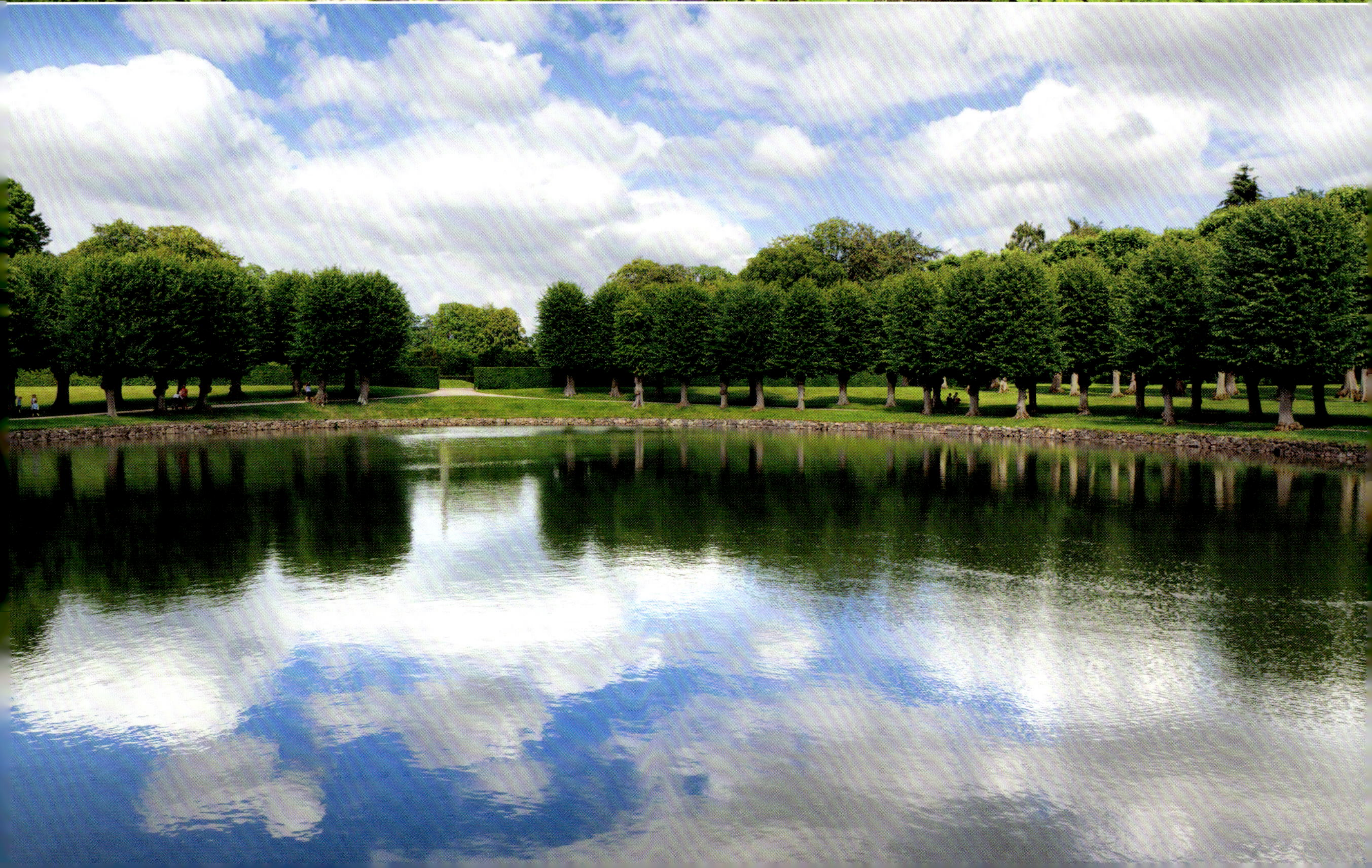

des Erbauers Frederik IV., von Frederik V., Christian IV. und Margrethe II. (geb. 1940), die ihn erneuerte. Sie bestehen aus kunstvoll geschnittenem, von rotem und weißem Kies umgebenen Buchsbaummustern. Man findet hier Hecken, Boskette und Parterres, gesäumt von kuppelförmigen Buchsbäumen und Blumenbeeten mit exotischen und heimischen Pflanzen wie Pfingstrosen, Nelken, Amarant, duftendem Lavendel, gelben Taglilien *(Hemerocallis)*, Duftwicken und Schwertlilien. Im Frühling gedeihen hier gelbe und weiße Narzissen sowie Tulpen und Hyazinthen, die im 17. Jahrhundert groß in Mode waren. (Tulpenzwiebeln, besonders von zweifarbigen Varietäten, wurden damals zu astronomischen Preisen gehandelt und galten als Zeichen von großem Reichtum.) Das auf einem sanft abfallenden Hang gelegene, einem Perserteppich ähnelnde Parterre ist vom Schloss aus zu sehen.

Auf den beiden folgenden höheren Terrassen findet man Boskette aus sternförmigen Hainbuchenhecken. Die »Räume« sind durch mit Pflanzen und Brunnen ausgeschmückte Kieswege verbunden. Die in einem Barockgarten unabdingbaren Skulpturen bestanden nicht aus Marmor oder Granit, sondern aus bemaltem Eichenholz, was billiger war (heute sind sie aus Zinkguss). Beliebte Pflanzen waren Flieder und Goldregen, Liguster musste importiert werden. Er durfte in Frederiksborg ungehindert wachsen und je nach Jahreszeit seine weißen Blüten bzw. schwarzen Beeren zeigen. Aus Gärten und Baumschulen in ganz Europa wurden auch Exoten wie Schmucklilien, Myrten, Granatapfel-, Feigen-, Lorbeer- und Zitrusbäume importiert.

Französische Barockeinflüsse

Charakteristisch für Gärten dieser Epoche sind in der heutigen Zeit undenkbare Größenordnungen. In Frederiksborg wurden im Lauf der Jahrhunderte zehntausende Pflanzen gezogen, geformt und gepflegt. Wie in anderen Barockgärten, etwa Versailles, ist der Brennpunkt des Gartens der Palast. Das zeigt sich vor allem, wenn man von der oberen Terrasse zum Schloss zurückblickt. André Le Nôtre gestaltete Versailles als Erweiterung des italienischen Renaissancegartens. Dieser Stil wurde von zahlreichen Besuchern aus dem Hochadel bewundert, nachgeahmt und »verbessert«. Die Gestaltung der Gärten und Parks stellte eine neue Kunstform dar, die vom Status ihres Besitzers zeugte. Der unübersehbar auf Versailles verweisende Garten von Frederiksborg wurde zur Unterhaltung und zum gesellschaftlichen Umgang geschaffen. In der Nähe des Schlosses wurde die Bepflanzung absichtlich niedriger gestaltet – in Form von Parterres, floralen Zierbeeten oder, weiter entfernt, Rasenparterres mit geschnittenen Mustern. Ein geometrischer, von Symmetrie geprägter Grundriss war für den Barockgarten unabdingbar. Noch heute sind die Alleen und Formschnitthecken Frederiksborgs atemberaubend schön, besonders wenn im Herbst die niedrig stehende Sonne das Laub zum Leuchten bringt. Die Pflanzen werden zu lebenden Statuen, die der Landschaft einen anmutigen Rhythmus verleihen. Diese natürlichen Skulpturen aus Formbäumen und -sträuchern waren ein charakteristisches Merkmal der niederländischen Gärten (siehe Het Loo S. 152). In Frederiksborg resultieren der Rhythmus und die Ausgewogenheit aus der dreidimensionalen Anordnung der Objekte. Heute verstärken Form und Lichtreflexion des Kanals und des Sees die Ausgewogenheit und Ruhe der Szenerie.

Die Kunst der Perspektive

Eine weitere Anleihe Kriegers bei Le Nôtre sind die falschen Perspektiven. Um das Auge zu täuschen, schuf er einen Garten, der größer aussah, als er war. Rampen, auf denen Spaziergänger von einer Terrasse zur nächsten gelangten, waren an der Basis breiter als oben, wodurch sie länger wirkten. Der gleiche Trick wurde bei den Stufen der Kaskade angewandt. Sich wiederholende Elemente wie Terrakottatöpfe wurden mit zunehmender Entfernung vom Schloss immer kleiner, was den Garten ebenfalls länger erscheinen ließ. Das die Terrassenfolge abschließende *Runde Dam*, das Runde Becken, ist in Wirklichkeit ein ovales Bassin, wirkt jedoch über die Hauptachse des Gartens gesehen kreisrund. Es wird von gestutzten Linden umrahmt, die sich darin spiegeln.

Linke Seite oben
Der Barockgarten

Linke Seite unten
Blick über den Schlosssee zum Park

Romantischer Landschaftsgarten im englischen Stil

Sämtliche Gehölze, laubabwerfend oder immergrün, erfordern regelmäßigen Beschnitt, um ihre Form zu erhalten. Gärten mit kilometerlangen Baumalleen und Formhecken sowie Hunderte von Quadratmetern große Blumenbeete und Rasenflächen müssen unablässig gepflegt werden. Die Nachfolger Frederiks IV. erkannten die Unmöglichkeit, das vom Barockgarten vorgegebene Niveau zu halten, und ließen die Bäume einiger Alleen wachsen, sodass ihre geometrischen Formen verloren gingen. Neben einer Seite des Barockgartens, nördlich vom Schloss, liegt der Romantische Garten mit natürlich gewachsenen Pflanzen im Stil eines englischen Landschaftsgartens. Hier steht ein kleines Badehaus, eine Miniaturversion des von Frederik II. 1580 erbauten Jagdschlosses, in dem er mit seinen Jägern baden und essen konnte.

Im Romantischen Garten liegen mehrere Seen, die beiden größten sind der *Ødam* und der *Badstuedam*. Unter den Baumkronen winden sich Wege durch die Wiesen, ein völliger Kontrast zu den geraden Linien und spitzen Winkeln des Barockgartens. Es war ein Ort gemütlichen Flanierens, aber auch der Jagd. Während barocke Gärten die Fähigkeit des Menschen vor Augen führen, der Natur eine rigide Ordnung aufzuzwingen, feiert der englische Landschaftsgarten ihre ungebändigten Formen.

Niedergang und Wiedergeburt

Der Park von Frederiksborg wurde bis Anfang des 19. Jahrhunderts instand gehalten, dann verfiel er und blieb sich selbst überlassen. Die Sträucher verwilderten, Terrassen und Wege blieben allerdings weiterhin sichtbar. Erst 1993 wurden Mittel verfügbar, um ihn wiederherzustellen. 1996 eröffnete man Kriegers restaurierten Barockgarten wieder. Im Parterre wurden die erstaunliche Anzahl von 65 000 Buchsbäumen sowie 166 Eibenpyramiden gepflanzt, für die Alleen und Boskette pflanzte man 375 Linden mit kegel- oder kugelförmigen Kronen und 7000 Hainbuchen. Der Boden der Kaskade besteht aus einer 500 Meter langen Folge von Granitsteinen.

Eine dänische Redensart besagt, »Grün ist angenehm für die Augen« – das trifft das Wesen des Schlossgartens von Frederiksborg genau.

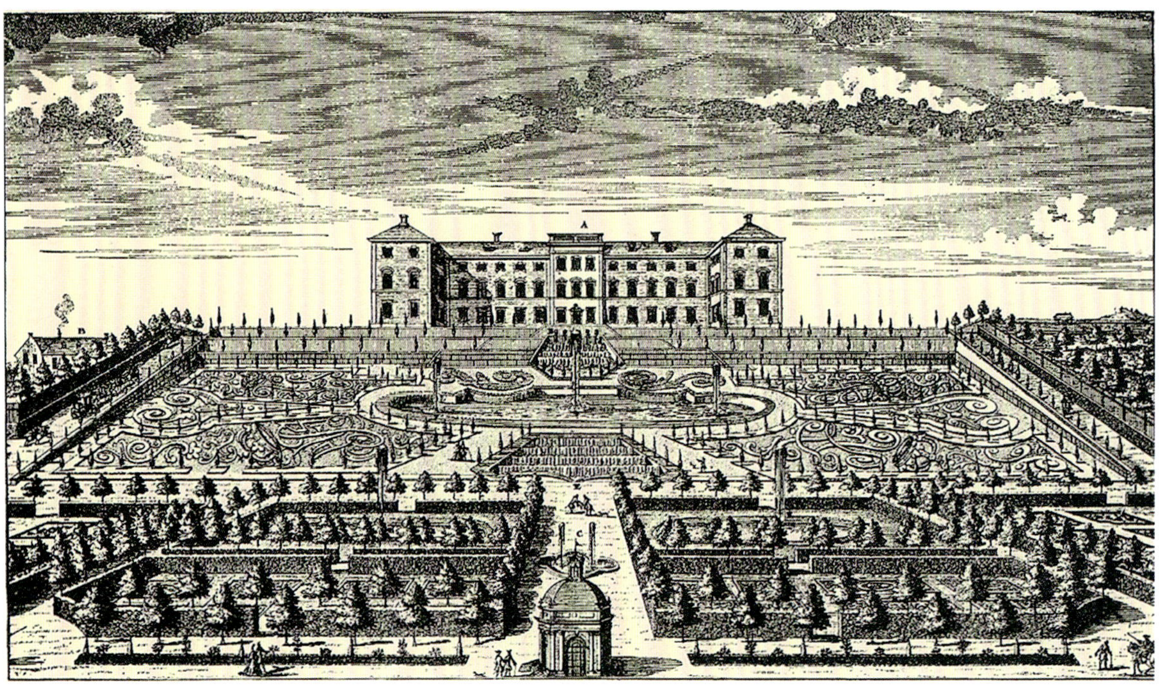

Oben
Frederiksborg 1718, Stich von Corvinus nach Marselius

Rechte Seite
Blick über den Barockgarten zum Schloss

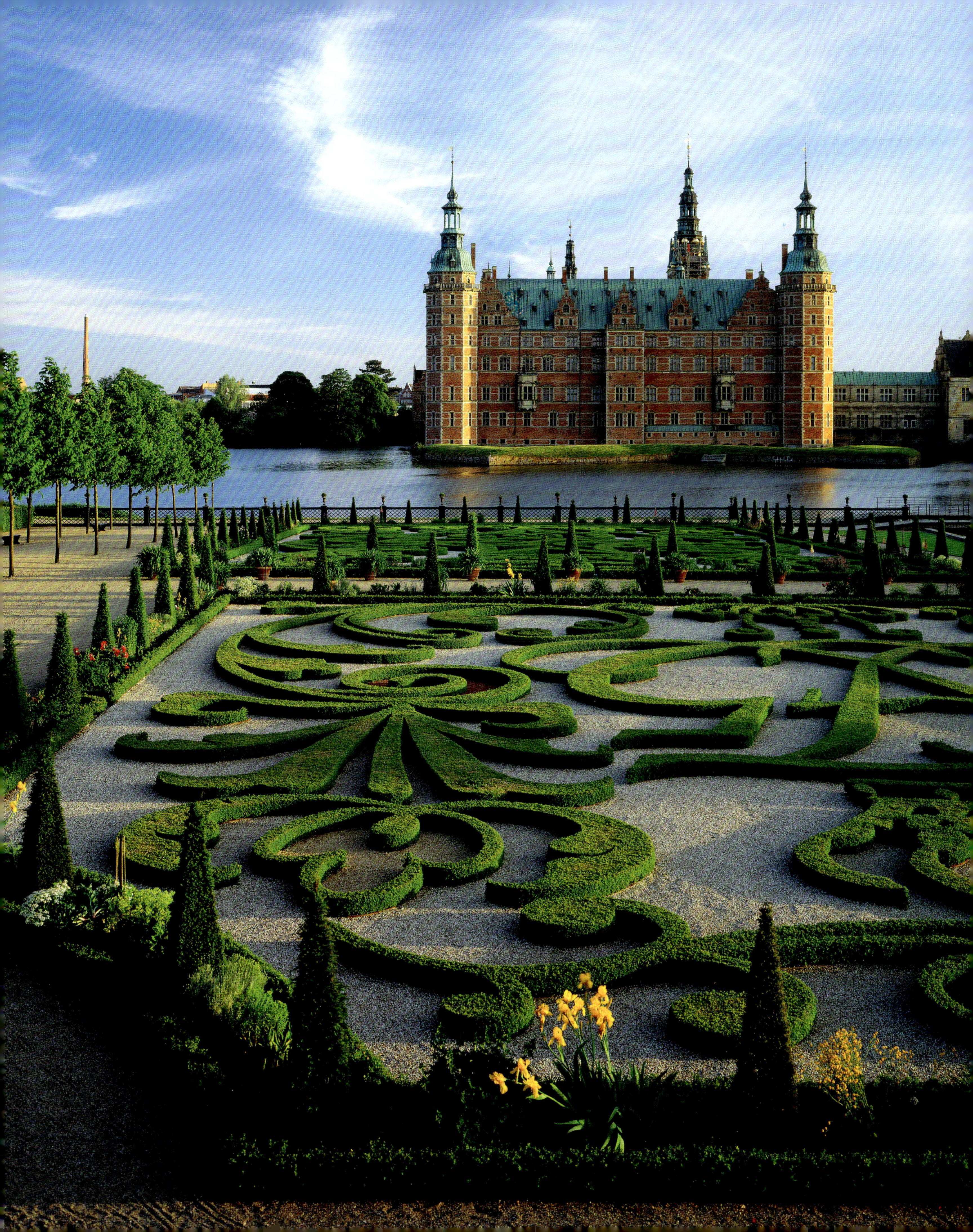

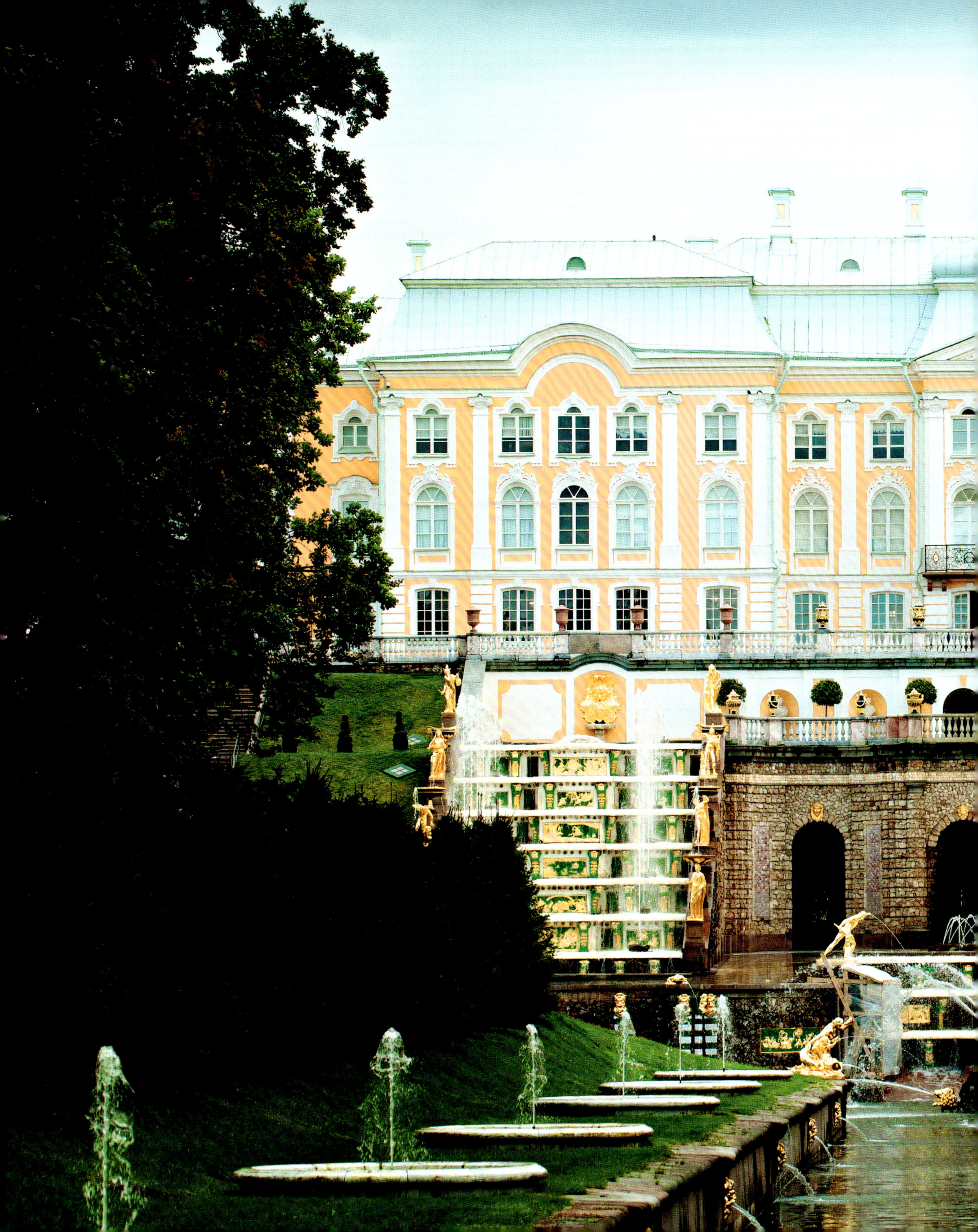

SCHLOSS PETERHOF

Peterhof, Russland

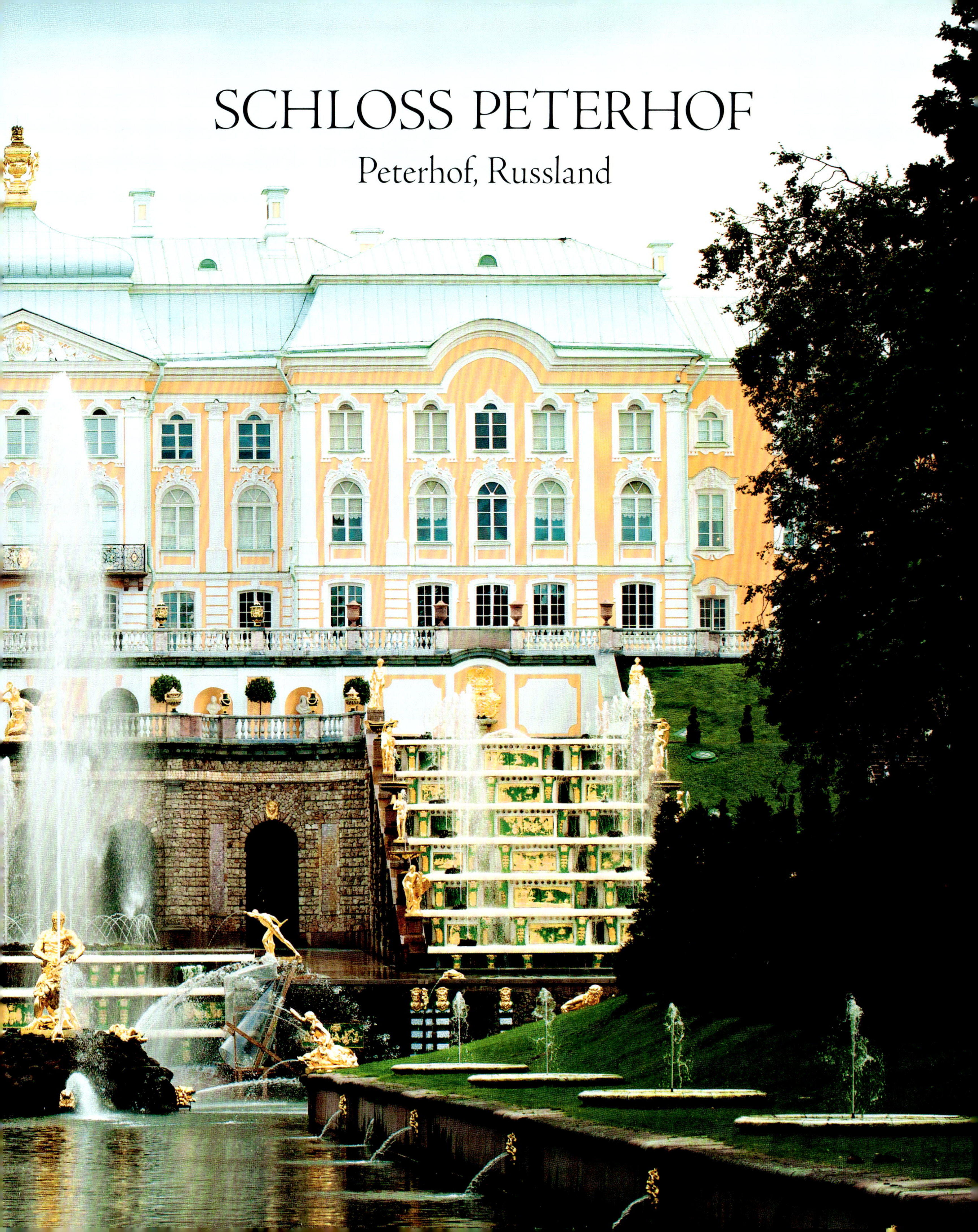

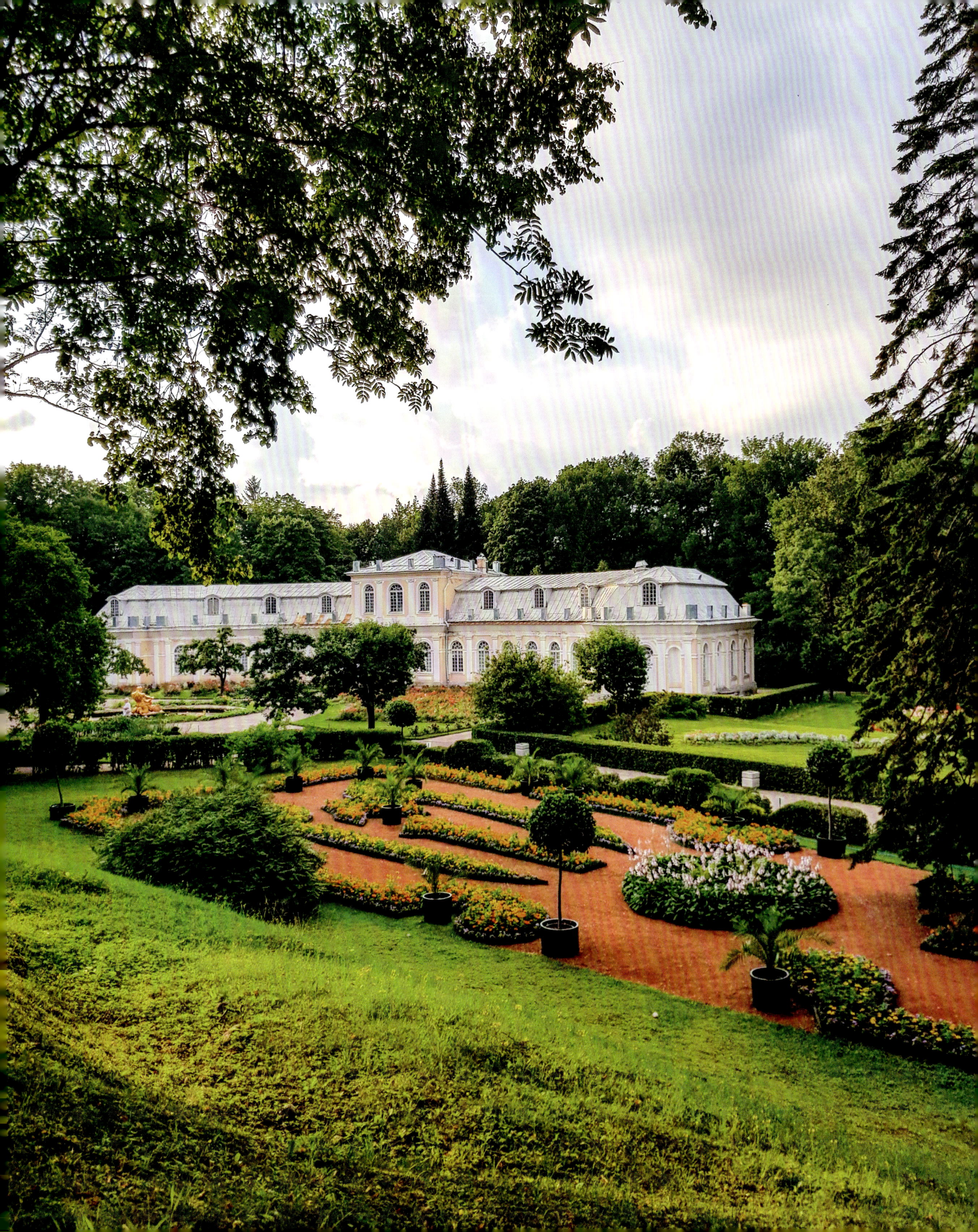

Schloss Peterhof und sein Park wurden von Zar Peter I., dem Grossen (1672–1725) westlich von Sankt Petersburg und des Marinestützpunkts Kronstadt an der Südküste des Finnischen Meerbusens errichtet.

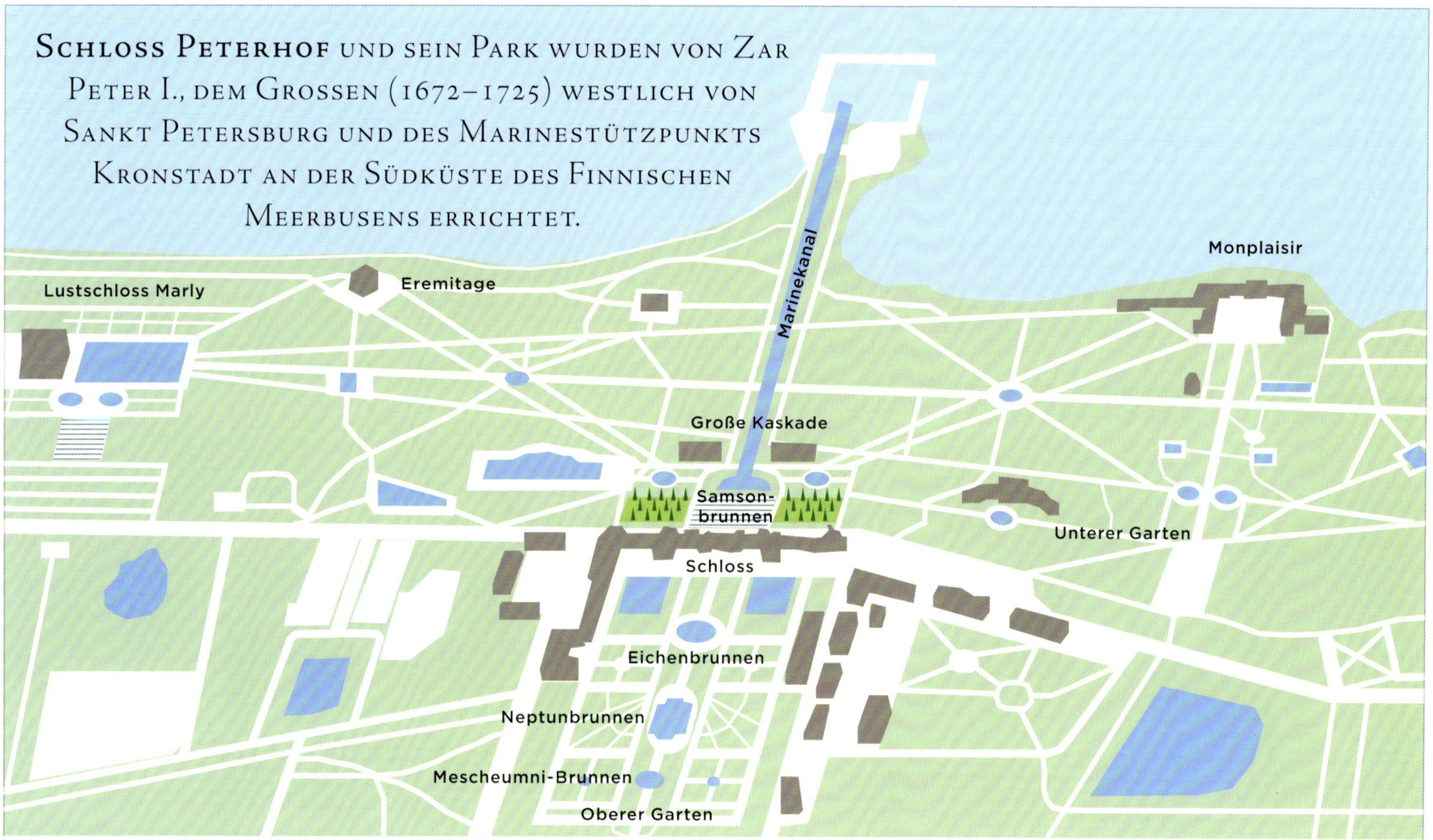

Peter ging es um die Demonstration der Macht Russlands, was den Bau einer Residenz erforderte, die sich mit dem Vorbild Versailles (siehe Seite 90) messen konnte. Sein Großprojekt wurde 1703 begonnen. Die herrlichen Gärten mit ihren Brunnen, Wasserbecken, Kaskaden und Skulpturen sind ein außergewöhnliches Zeugnis der Gartenkunst des 18. Jahrhunderts.

Tiefgreifende Reformen

Peter herrschte über das russische Zaren- und spätere Kaiserreich von 1682 bis zu seinem Tod 1725. Während das übrige Europa zuvor im Zeichen von Renaissance und Reformation gestanden hatte, blieb Russland von diesen westlichen Einflüssen abgeschottet. Als sein Bruder und Mitregent Iwan V. 1696 starb, wurde Peter zum Herrscher von Russland erklärt. Er bereiste Nordeuropa, um sich über Kunst, Wissenschaft und Erziehung zu informieren, und erwies sich in der Folge als großer Reformer. Er modernisierte das russische Alphabet, führte den julianischen Kalender ein und gab die erste russische Zeitung heraus. Das gentrifizierte Bürgertum begann, die westliche Kultur nachzuahmen.

1717 besuchte Peter der Große den französischen Hof in Versailles, was ihn zum Bau seines eigenen Schlosses inspirierte. Da er die niederländische und die italienische Architektur vorzog, beauftragte er den Schweizer Architekten Domenico Trezzini als Baumeister mit der Errichtung einer kaiserlichen Residenz. Trezzini, vom deutschen Barock beeinflusst, hatte in Rom studiert und stand somit auch unter dem Einfluss des klassizistischen Stils. In Russland stellte seine Bauweise einen völligen Bruch mit der traditionellen Architektur im byzantinischen Stil dar. Sie wurde aufgrund der wohlwollenden Förderung durch den Zaren als Petrinischer Barock bekannt. 1710 erhielt Trezzini den Titel eines Oberstleutnants und Architekten der Befestigungen.

Vorhergehende Doppelseite
Die Große Kaskade unterhalb des Schlosses

Linke Seite
Im Unteren Garten

Majestätisch auf einem Hügel thronend, blickt Peterhof mit seiner 300 Meter langen und 16 Meter hohen Schlossfassade und seinen goldenen Kuppeln über das sich schier endlos ausdehnende Areal.

Der Park

Größe und Pracht des Parks von Versailles, seine Wasserspiele und die geschickte Anwendung der Perspektive beeindruckten Peter den Großen mehr als die Architektur des Schlosses selbst. Er beauftragte den französischen Architekten und Gartenplaner Jean-Baptiste Alexandre Le Blond (1679–1719), einen Schlosspark zu entwerfen. Le Blond, ein Schüler André Le Nôtres, erhielt den Titel eines »Generalarchitekten«. Le Blonds Arbeiten erweckten das Interesse Peters des Großen, als er sich in Frankreich aufhielt, er las aber auch Antoine-Joseph Dezallier d'Argenvilles Buch *La théorie et la pratique du jardinage* von 1709, dessen Illustrationen von Le Blond stammten.

Der Park wurde 1752 von dem italienischen Architekten Francesco Bartolomeo Rastrelli (1700–1771) erweitert. Dem Gelände folgend, ist er in den Oberen und den Unteren Garten unterteilt. Die Architekten, Baumeister und Gärtner schufen eine Folge von Terrassen. Der 100 Meter über dem Meer liegende Obere Garten bildet einen dem Schloss vorgelagerten grünen Ehrenhof. Der Untere Garten (auch als Unterer Park bezeichnet) präsentiert sich mit seiner Großen Kaskade zunächst als vergleichsweise kleiner Formgarten und geht dann in den als barocker Formgarten angelegten Unteren Park am Meeresufer über. Daneben liegt der Garten der Venus, ein Obstgarten mit Apfel- und Kirschbäumen. Östlich des Unteren Gartens am Finnischen Meerbusen erstreckt sich der Alexandria-Park, ein romantisch-malerischer Landschaftsgarten, der in der zweiten Hälfte des 19. Jahrhunderts angelegt wurde.

Der Obere Garten nimmt etwa 16 Hektar ein und ist als geometrischer Zugang zum Schloss gedacht. Johann Friedrich Braunstein (gest. nach 1728), entwarf den Plan der Anlage. Seine Aufzeichnungen mit Anweisungen über Baumarten, Alleen und sogar Drainagesysteme existieren noch heute. Im Verein mit Le Blond entwarf er den Oberen Garten ursprünglich als Küchengarten, der Gemüse, Kräuter und Obst für den Palast liefern sollte und auch Fischbecken enthielt. Er wurde im zweiten Viertel des 18. Jahrhunderts durch eine weit großartigere Anlage mit Alleen aus Formschnittbäumen und Skulpturen ersetzt. Auf drei Seiten verläuft ein grün gestrichenes Holzgeländer mit goldenen Spitzen und weiß und gelb verputzten Ziegelpfeilern mit Löwenmasken und runden Enden. Drei paarweise angeordnete korinthische Säulen markieren den Eingang, unmittelbar dahinter stehen zwei Pavillons mit weißem Dach, auf beiden Seiten gestutzte Bäume und ein geometrisches Rasenparterre aus sechs eingefassten Quadraten, die jeweils ein anderes Muster aufweisen – quadratisch, radial und kreisförmig –, und zwei quadratische Becken. Entlang der zentralen Achse geschickt platzierte Buchskugeln lenken den Blick auf das Schloss. Über die gestutzten Baumreihen hinaus betont ein Gürtel von Formschnittbäumen und -sträuchern den geometrischen Charakter dieses Bereichs. Geometrische Formen, eine markante Achse, breite Alleen, Rasenflächen, gestutzte Sträucher und Bäume, Brunnen und ausgedehnte Wasserflächen verkörpern die Prinzipien des französischen Gartens. 1754 bis 1760 führte Rastrelli die letzte große Umgestaltung des Oberen Gartens durch, um den gesamten Bereich zu erweitern und damit der veränderten Fassade des Großen Palasts anzupassen.

Brunnen und Becken im Oberen Garten

Nähert man sich durch den Oberen Garten dem Schloss, gelangt man zuerst zum Mescheumni-Brunnen (»auf halbem Weg«). Der Name täuscht, da sich der Brunnen nicht im Zentrum des Gartens befindet. »Mescheumni« bedeutet auch »ein bisschen dies, ein bisschen das«, was auf die zahlreichen Umgestaltungen verweist. Er wurde 1737 bis 1739 erbaut und hat einen Durchmesser von 30 Metern. Die zentrale Figurengruppe war ein Werk des Bildhauers Bartolomeo Carlo Rastrelli (Francesco Bartolomeos Vater).

Rechte Seite oben
Winterliche Allee in Peterhof

Rechte Seite unten
Blick über den Oberen Garten

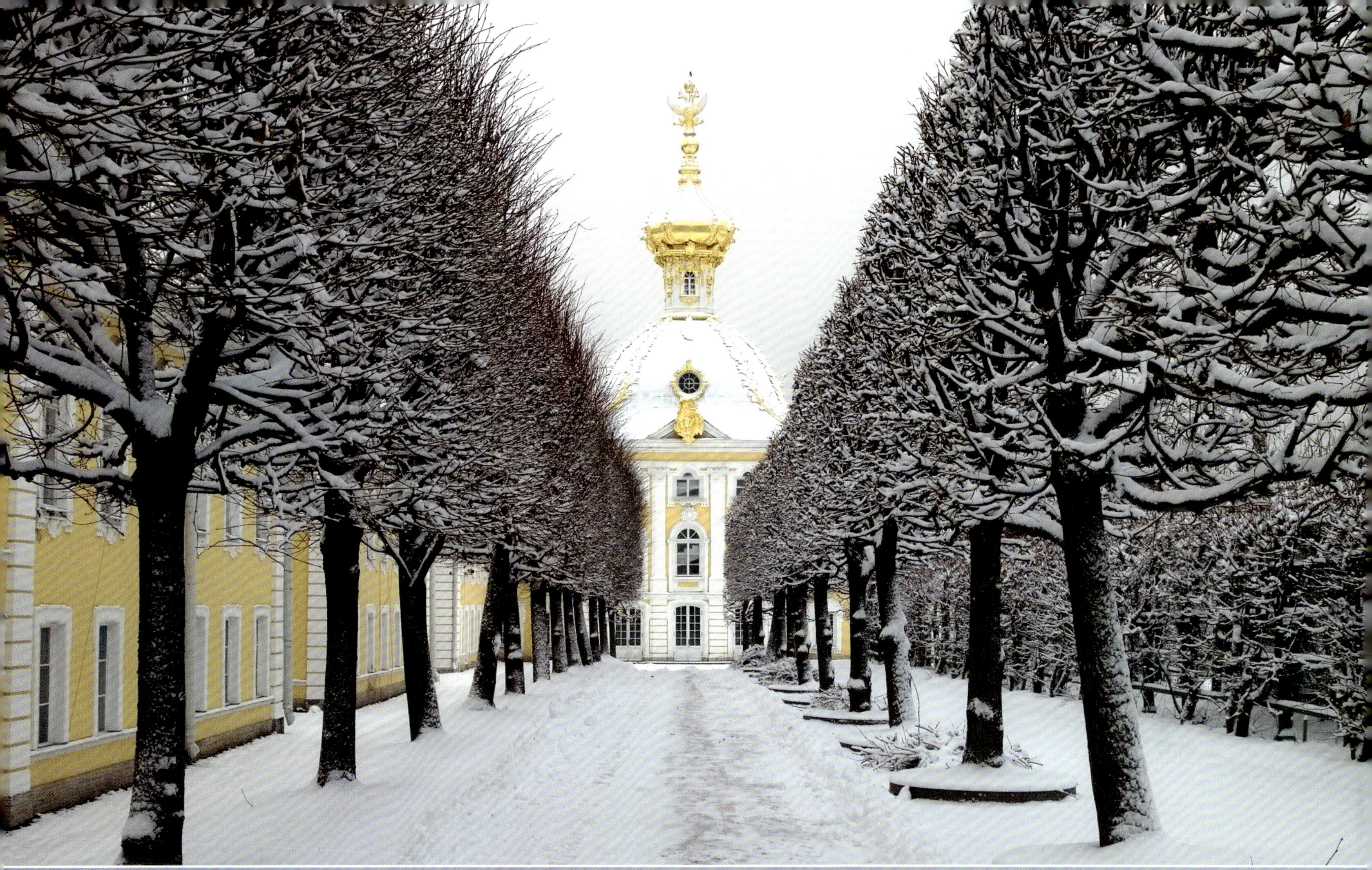

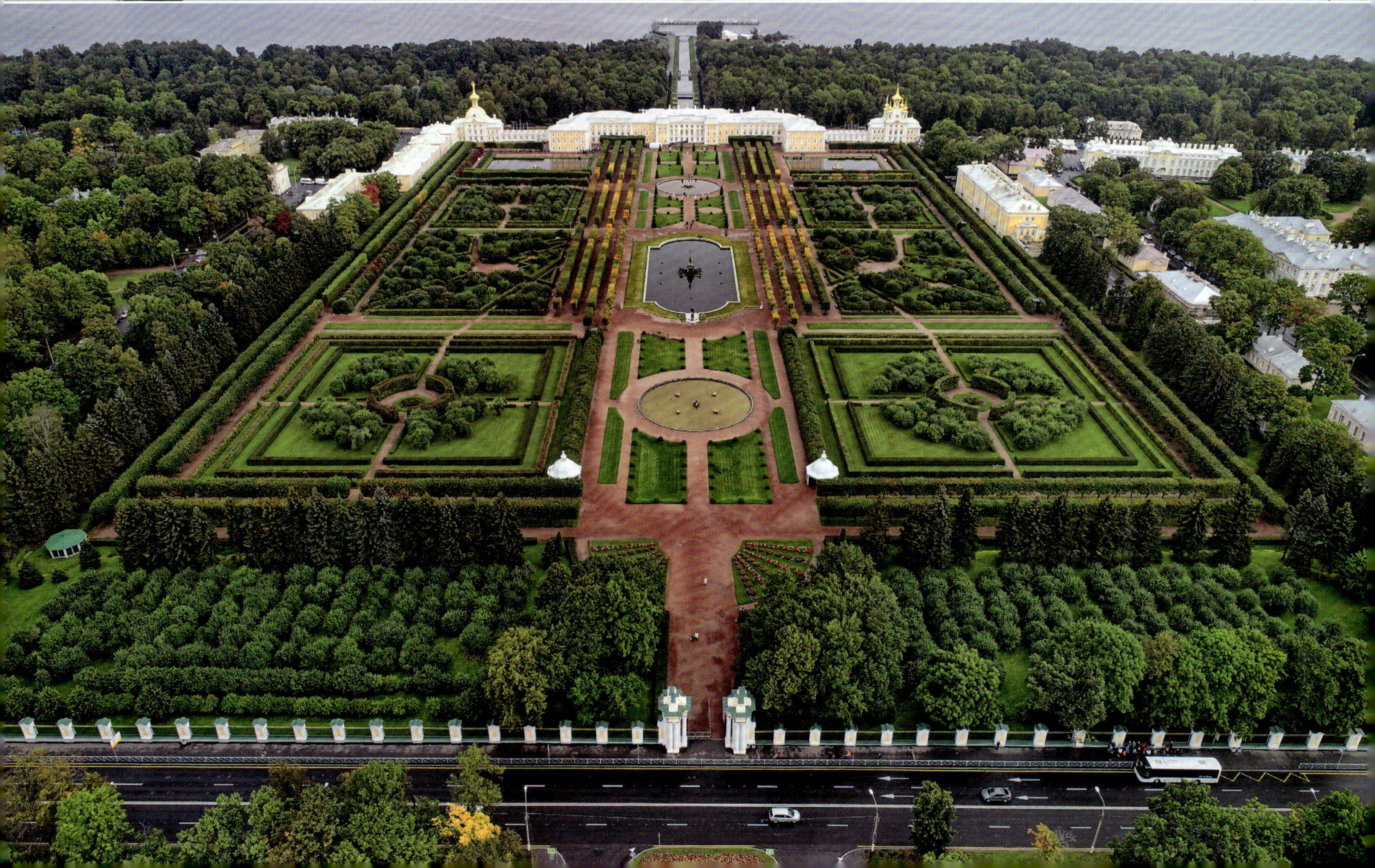

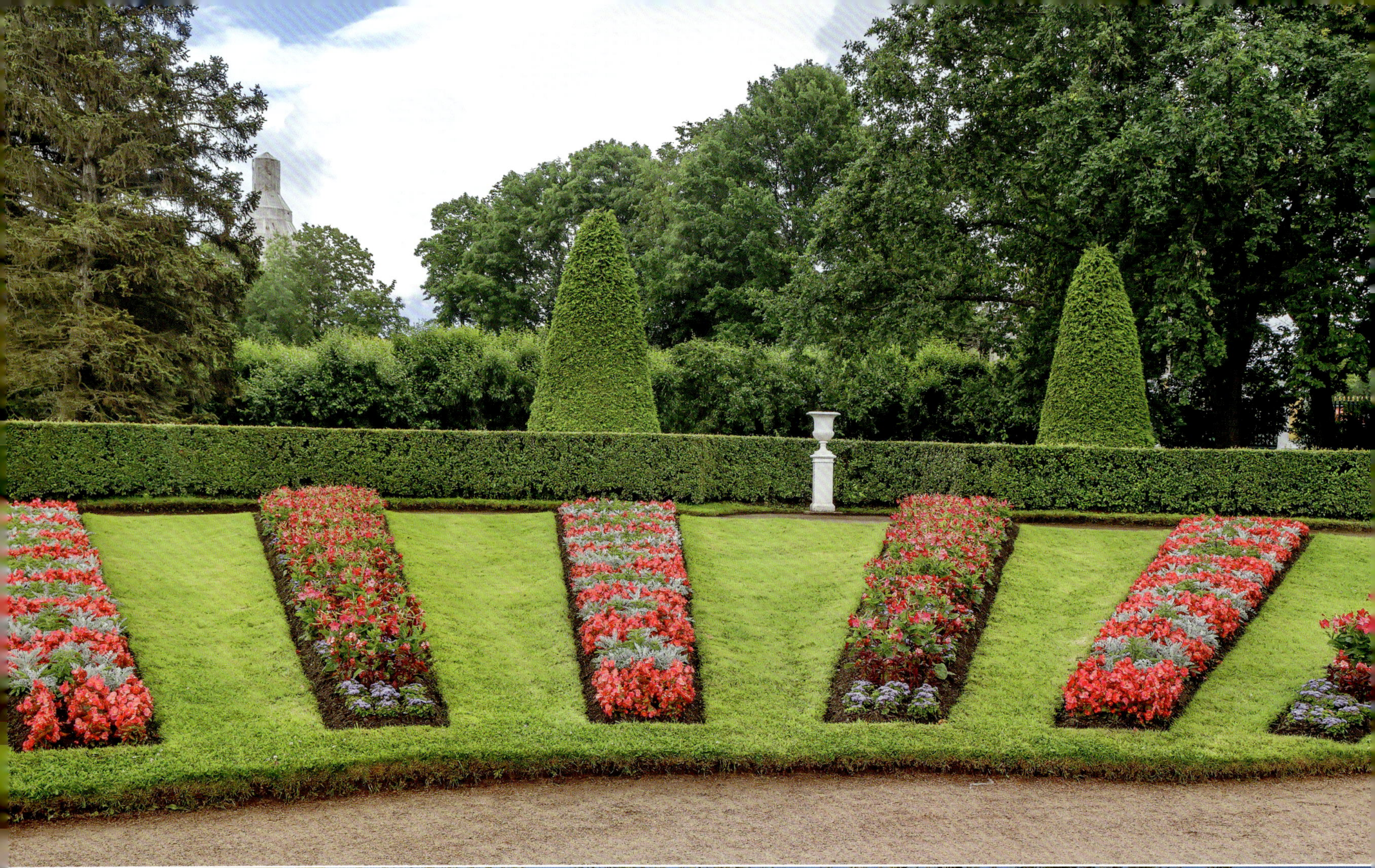

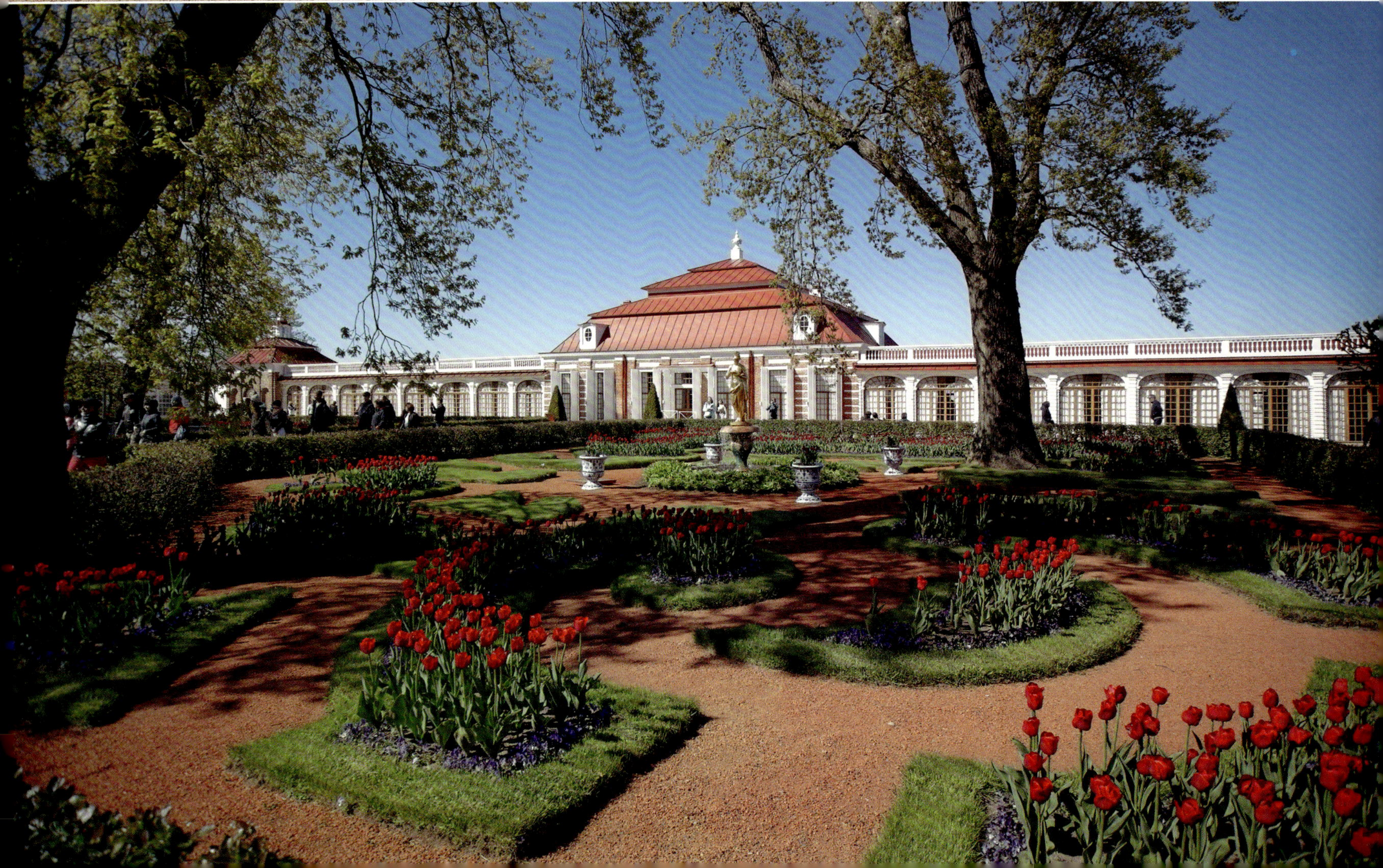

Nach den Zerstörungen des Zweiten Weltkriegs musste der Brunnen rekonstruiert werden. (Aufgrund der Bombenangriffe wurden in Peterhof die meisten Statuen und Brunnen restauriert oder sind Repliken). Zu diesem Zweck schuf der Bildhauer Alexei Gurschi 1957 nach Zeichnungen aus den 1770er-Jahren Repliken von fünf Figuren Rastrellis, einen Drachen und vier Delfine.

Der zentrale Brunnen des Gartens ist der mit Dolomit eingefasste Neptunbrunnen. Mit etwa 40 Fontänen und einem nicht weniger als 92 Meter langen und 33 Meter breiten Becken ist er auch der größte. Die Bronzestatue Neptuns als Wagenlenker, wieder ein Werk Rastrellis, wurde 1737 errichtet, im Zweiten Weltkrieg demontiert und 1947 aus Deutschland zurückgebracht. 1956 wurden acht Delfine gegossen, 1973 schuf Wladimir Tatarowitsch die Reiter im westlichen Teil des Beckens.

Der letzte Brunnen ist der 1733 bis 1735 erbaute Eichenbrunnen, er hat die gleiche Größe wie der Mescheumni-Brunnen und ist mit dem gleichen Kalkstein eingefasst. Der Boden seines Beckens zeigt ein Schachbrettmuster aus hellem und dunklem Granit. Rastrelli hatte eine Gruppe von Tritonen und Delfinen aus Blei unter den vergoldeten Ästen einer Eiche geschaffen, nach dem Zweiten Weltkrieg wurde der Brunnen jedoch in einer reduzierten Version neu errichtet: Delfine umrahmen einen auf einem Seestern aus Kalktuff sitzenden Amor.

Beiderseits der Zentralallee befinden sich die beiden Quadratbecken, das Zentrum bilden jeweils eine Apoll- bzw. Venusstatue mit sechs wasserspeienden Delfinen. Trotz ihres Namens handelt es sich um zwei symmetrisch angeordnete Rechtecke von 54 Metern Länge und 45 Metern Breite. Durch ihre Lage unmittelbar vor der Südfassade des Großen Palasts sind die längeren Seiten nicht als solche erkennbar.

Der Untere Garten und der Park

Der Bereich nördlich des Großen Palasts wurde als geometrischer Barockgarten geplant. Die Bauarbeiten begannen 1714 und nahmen zehn Jahre in Anspruch. Peter der Große entwarf ihn nach seinen Wünschen mit Brunnen und Schlössern an den Enden der Alleen. Braunstein, Le Blond, Nicola Michetti und die Obergärtner Leonardt van Harnigfelt und A. Borisow (später Michail Zemtsow und Rastrelli) schufen Entwürfe für einen 102 Hektar großen Park mit Bosketten und Waldstücken, der von vier Alleen und dem zentralen, den Blick vom Palast zum Meer lenkenden Marinekanal gegliedert wurde. Ein Dreistrahl von Alleen – die Marly-Allee, die Maliebaan-Allee und der Birkenweg – quert den Garten von Westen nach Osten. Im Unteren Garten gibt es insgesamt 150 Brunnen.

Highlight des Unteren Gartens ist die den Palast mit dem Marinekanal verbindende Große Kaskade. Sie ist eine Hauptkomponente des Brunnensystems. Peter der Große wollte Versailles übertreffen, indem er eine komplexe Anlage entwarf. Sie umfasst zwei mit Kalktuff verkleidete Grotten und zwei seitliche Kaskadetreppen, deren Stufen mit vergoldeten mythologischen Figuren geschmückt sind. Hinzukommen zahlreiche Skulpturen, Ziervasen und Statuen sowie die 176 Fontänen. Im Becken vor der Kaskade befindet sich ein Brunnen mit einem den Löwenrachen zerreißenden Samson (eine Allegorie auf den Sieg Russlands über Schweden im Großen Nordischen Krieg). Das Gold der Figuren wirkt übertrieben, vor dem Hintergrund der weißen und gelben Palastfassade ergibt sich jedoch ein einheitlicher und harmonischer Anblick. Vor den Grotten im Zentrum der Kaskade befindet sich der Korbbrunnen. Kleine bogenförmige Wasserstrahlen über einem Kalktuffkreis deuten einen Korb an, die acht senkrechten Fontänen im inneren Kreis stellen die Blumen dar. Auch entlang der Terrasse beiderseits der Großen Kaskade dehnt sich eine Reihe von Brunnen und Kaskaden. Im Unteren Garten befindet sich der Sonnenbrunnen mit seinen 16 Fontänen. Hier bewirkt ein verborgener, von Wasser angetriebener Mechanismus eine Drehung des Brunnens, sodass die Fontänen der Sonne folgen. Eines der bemerkenswertesten Geheimnisse des Schlosses Peterhof ist, dass die Versorgung der Brunnen mit Wasser keine Pumpen erfordert. Aufgrund der Schwerkraft strömt es aus den riesigen unterirdischen Reservoirs im Oberen Garten

Linke Seite oben
Im Unteren Garten

Linke Seite unten
Der Sommersitz Monplaisir

durch ein komplexes Netz von Rohren und Schiebern mit einer Gesamtlänge von 20 Kilometern. Ein Drittel der Rohre sind Originale aus dem 18. Jahrhundert.

Der Marinekanal

Der von Braunstein, Le Blond und Michetti angelegte Marinekanal zeugt von einer bemerkenswerten Ingenieurs- und einer gewaltigen Arbeitsleistung. Er ist annähernd 600 Meter lang und verläuft, den Unteren Garten in seiner ganzen Breite durchquerend, von der Großen Kaskade zum Finnischen Meerbusen. Wie die Gärten basiert auch der Kanal auf einem Entwurf Peters des Großen. Aus Aufzeichnungen vom August 1721 geht hervor, dass der Kanal 115 kleine Schiffe zugleich aufnehmen konnte. Das Gefälle vom Unteren Garten zum Meer ist beachtlich. Um es zu überwinden, baute der Ingenieur Wassili Tuwolkow eine 40 Meter lange und drei Meter hohe Kammerschleuse mit Eichentoren. 1770 wurden die Schleusenmauern mit Granitbruchstein erneuert, aber erst 1962 endgültig mit Granit verkleidet. Der Kanal wird von 22 kreisrunden, von Rasen umgebenen weißen Becken flankiert. Wenn sie sich mit Wasser füllen, entspringt aus einer vergoldeten Maske ein Wasserbogen. Nach Restaurierungsarbeiten bestehen jetzt 14 dieser Becken aus Carrara-Marmor, die übrigen immer noch aus ihrem originalen Pudost-Kalkstein.

Die Grossen Parterres

Die Großen Parterres vor der Großen Kaskade wurden 1716 bis 1723 von Harnigfelt und Borisow nach den Plänen Le Blonds und Michettis angelegt. Es handelt sich um Broderieparterres mit beschnittenen Buchsbäumen. (Bei den Restaurierungsarbeiten wurden zahlreiche Buchsbäumchen durch Preiselbeersträucher *(Vaccinium vitis-idaea)* ersetzt. Als der Palast 1755 bis 1760 wesentlich vergrößert wurde, schufen Rastrelli und Bernhard Fock (1760–1813) neue Parterres mit Mustern aus Marmor-, Ziegel- und Muschelstückchen. Bunte chinesische Vasen und goldverzierte bemalte Kübel mit seltenen Pflanzen begleiteten die Formschnitthecken. 1769 wurden diese Parterres erweitert, aber durch Rasenflächen im englischen Stil ersetzt. Nach den Zerstörungen des Zweiten Weltkriegs wurden sie 1953 von der Gartenarchitektin Regina Kontskaja nach den Plänen Rastrellis neu angelegt. Um den Rasen mit dekorativen Mustern auszuschmücken, verwendete sie zerstoßene Ziegel, Muscheln und weißen Marmorkies. Beiderseits des Samsonbrunnens dehnen sich nun zwei aus vier Quadranten bestehende Parterres, die jeweils ein kreisrundes Becken mit Ziervase und hoher Fontäne umschließen.

Marly-Allee und Schloss Marly

Die Marly-Allee ist die mit Linden bepflanzte, zwei Kilometer lange Hauptallee des Unteren Gartens. Im Zweiten Weltkrieg wurden die 200 Jahre alten Bäume gefällt. Nach der Befreiung Peterhofs 1944 wurden Lindenschösslinge gepflanzt. Als sich die Kronen entwickelt hatten, erhielten sie einen Formschnitt. Die gerade verlaufende Marly-Allee durchschneidet den Unteren Garten in Ost-West-Richtung und kreuzt den Marinekanal. Durch ihre Länge wirkt der Park noch breiter. Seine dicht bepflanzten Boskette und Waldstücke enden an breiten Wegen und regelmäßig gepflanzten, miteinander verflochtenen Linden. Die Kunst der Perspektive tritt in Form gerader Linien entlang der Lindenkronen und der Basis der Baumstämme klar hervor.

Ganz am Rand des Unteren Gartens an der Ostseeküste liegt

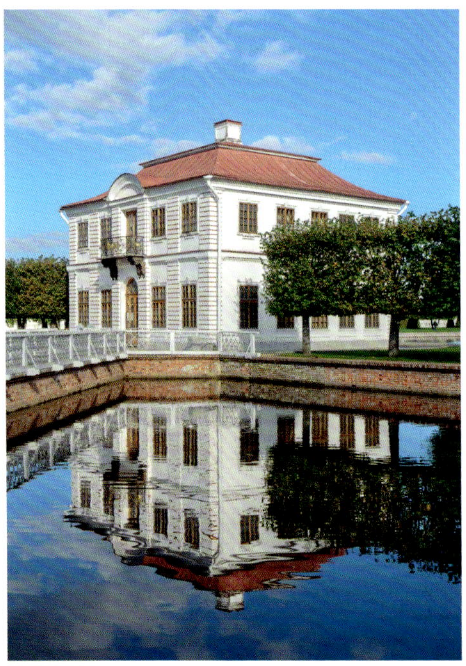

Rechts
Das Lustschloss Marly

Rechte Seite
Im Garten von Monplaisir

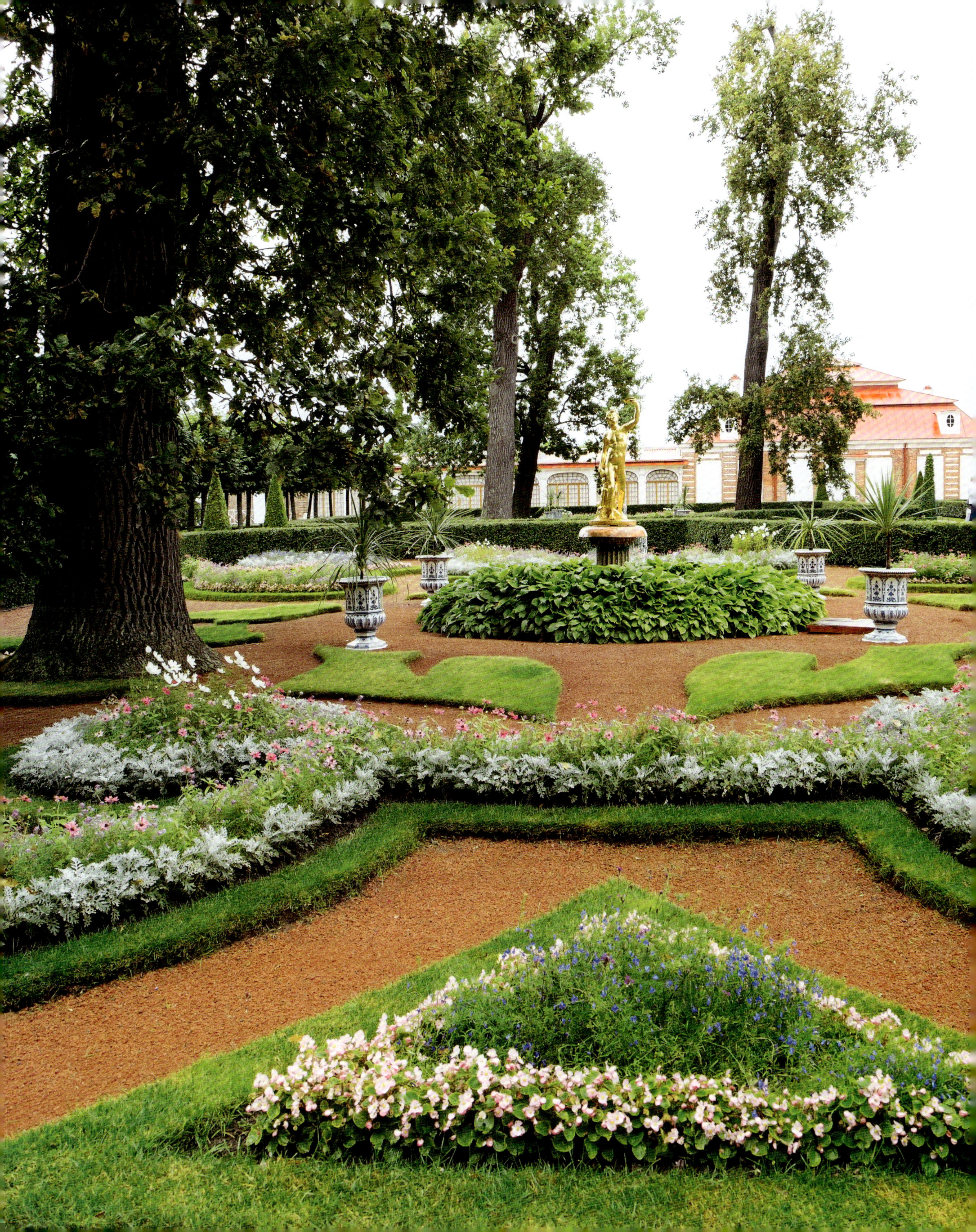

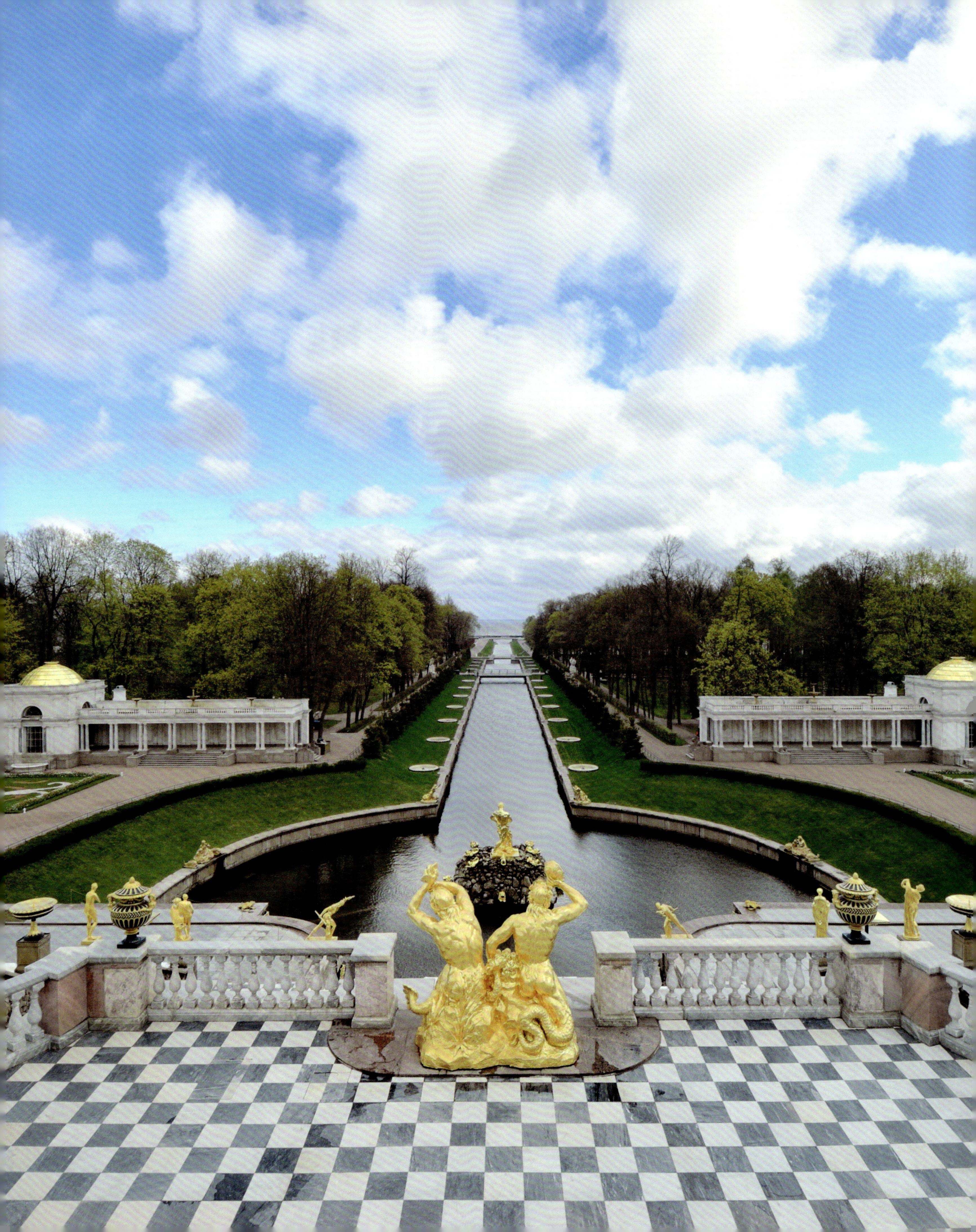

Schloss Marly, ein eleganter zweigeschossiger Bau. Seinen Namen verdankt es Marly-le-Roi, einem Jagdschloss Ludwigs XIV., in das er sich aus Versailles zurückzog. Peter der Große hatte es bei seinem Besuch in Frankreich gesehen und wollte etwas ähnlich Abgeschiedenes erbauen. Es sollte sich von der übrigen Anlage deutlich unterscheiden, aber über einen Park, Obstgärten und eine Kaskade verfügen. Letztere wurde 1722 bis 1732 auf einem Hang errichtet und besteht aus einer 14 Meter breiten Treppe mit 21 Stufen über einem kleinen geometrischen Becken. Aufgrund der vergoldeten Medusamasken des Bildhauers Rastrelli, aus denen sich das Wasser über die Stufen ergießt, wird sie auch als Goldener Hügel bezeichnet.

Monplaisir

In Peterhof liegt hinter einem Labyrinth von Bäumen das Lieblingsprojekt Peters des Großen, ein reizender kleiner Sommersitz, der 1714 bis 1723 erbaut wurde. Mit Unterstützung mehrerer Architekten hatte ihn der Zar persönlich und nur für sich geplant. Monplaisir liegt in der östlichen Ecke des Unteren Gartens direkt am Finnischen Meerbusen, ein eingeschossiger Ziegelbau mit hohem mehrlagigem Dach nach Art eines niederländischen Kolonialbaus. Zwei als Flügel dienende Galerien enden in Pavillons. Der Bau war Peters Lieblingszufluchtsort, in den er nur seine engsten Freunde und Ratgeber einlud.

Das Gebäude umschließt einen Hof mit vierteiligem Parterre, dessen filigrane Muster sich von zerstoßenen Ziegeln abheben, die das Rot des Dachs aufgreifen. Aus einem kreisförmigen, von Herzblattlilien gesäumten Becken steigt eine Fontäne *(Kolokola)*. Sorgfältig beschnittene Hecken, Eibenkegel und mit wildem Wein *(Parthenocissus quinquefolia)* überwucherte und mit vergoldeten Kugeln und Statuen bekrönte Obelisken sorgen für einen sehr formalen Charakter. Die Quadranten sind mit blau-weißen Keramikvasen verziert, die im Herbst, wenn sie mit Kürbissen gefüllt sind, noch dekorativer wirken. Westlich und östlich der Parterres erstrecken sich dreireihige Alleen mit Formschnittlinden.

18. und 19. Jahrhundert

Nach dem Tod Peters des Großen 1725 wurde Peterhof ein Jahrzehnt lang vernachlässigt. Zarin Elisabeth (1709–1762) erweiterte den Palast ihres Vaters (zwei Seitenflügel wurden 1745 bis 1755 von Rastrelli hinzugefügt) und die Wasserspiele. Sie liebte die Jagd und den Gartenbau und stellte Ästhetik über alles. Elisabeth blieb kinderlos und ernannte ihren Neffen Karl Peter Ulrich von Schleswig-Holstein-Gottorf (1728–1762) zu ihrem Nachfolger. Er regierte als Peter III. über Russland, bis seine Frau Sophie Auguste Friederike, die spätere Katharina die Große (1729–1796), durch einen Staatsstreich Kaiserin von Russland wurde. Sie war eine begeisterte Sammlerin von Büchern mit Abbildungen englischer Parks und leitete die Errichtung des Alexandria-Parks, des ersten englischen Landschaftsgartens in Peterhof. Er wurde von dem schottischen Landschaftsgestalter James Meader, dem früheren Gärtner von Alnwick Castle in Northumberland, und dem italienischen Architekten Giacomo Quarenghi (1744–1817) geplant. Unter der Herrschaft Katharinas wurden kaiserliche Gärtner nach Hampton Court entsandt, um bei Lancelot »Capability« Brown zu Erfahrungen zu sammeln.

Südlich des Oberen Gartens liegt der Kolonistskij-Park. Hier wurden im 19. Jahrhundert umfangreiche Erdbewegungen durchgeführt, um den Olga-Teich anzulegen. Aus dem Aushub schüttete man drei Inseln auf – *Olgin*, *Zarizyn* und *Krolichi*. Andrei Stackenschneider erbaute zwei Pavillons, den Zarizyn-Pavillon (1842 bis 1844) und den Olgin-Pavillon (1846 bis 1848). Ersterer ist eine Villa im pompejanischen Stil (die Bodenfliesen stammen aus Pompeji) mit Formgärten, Parterres und einem zentralen Brunnen aus weißem Marmor mit Schachbrettboden. Eine Statue des Narziss blickt ins Wasser, ein Halbkreis mit Bänken ist mit weißen Marmorstatuen und Büsten ausgeschmückt. An der Nordseite des Pavillons dehnt sich ein weiteres geometrisches Parterre mit vier Quadranten, Wegen aus Ziegelstaub und Rabatten mit saisonalen Pflanzen. Der für die Zarentochter Olga Nikolaewna errichtete Olgin-Pavillon ähnelt einer italienischen Villa

Linke Seite
Der Samsonbrunnen liegt am Ende des Marinekanals.

mit Belvedere und Pfauengehege. Vor Balkonen und Nischen mit Marmorbüsten dehnen sich Rasenflächen mit gewundenen Wegen und Rabatten mit Flieder, Jasmin, Erdbeeren und Berberitzen.

Zerstörung und Wiederaufbau

Im Zweiten Weltkrieg wurde Peterhof schwer beschädigt. Die Anlage wurde von deutschen Truppen eingenommen und besetzt, bei ihrer Befreiung 1944 bestand sie aus Ruinen. Der Palast war geplündert, Brunnen und Skulpturen waren geraubt, der Park und die Obstgärten verwüstet worden. Die größten Schäden hatte allerdings Staats- und Parteiführer Stalin verursacht, der die Bombardierung Peterhofs befahl, um den Vormarsch der Wehrmacht aufzuhalten. 1944 wurde der Name der Anlage in Petrodvorets umgeändert. Dank der Anstrengungen von Militäringenieuren und 1000 Freiwilligen konnte 1945 der Untere Garten wiedereröffnet werden. Die Fassaden des Schlosses wurden 1952 restauriert, die aufwendigen Arbeiten sind jedoch bis heute nicht abgeschlossen.

Pflanzen

Historisch gesehen bildet der Park von Peterhof keine Einheit. Er besteht aus mehreren Gärten, die sich in den letzten drei Jahrhunderten entwickelt haben. Die Gartengeschichte Russlands vor dem 18. Jahrhundert lässt sich so gut wie gar nicht erforschen. Immerhin war Russland eines der ersten Länder, in denen ein Arzneibuch erschien. 1778 gab die von Peter dem Großen gegründete Russische Akademie der Wissenschaften in Sankt Petersburg die *Pharmacopoeia Rossica* heraus. Das Werk enthält 770 Monografien, darunter 316 Texte über die Verwendung von Heilkräutern. Die erste in Russisch verfasste nationale Pharmacopoeia wurde 1866 veröffentlicht, fast ein Jahrhundert danach.

Zahlreiche russische Adelige bereisten die Länder Europas, um sich Pflanzen anzusehen, zu sammeln und nach Hause zu bringen. Auch Peter der Große unternahm zahlreiche Reisen. Geht man die Inventare des 18. Jahrhunderts und Braunsteins Lageplan durch, darf man mit Recht vermuten, dass vieles in Peterhof gezüchtet wurden, darunter Erle, Kreuzdorn, Grauerle, Weißbirke, Schneeball, Stechapfel, weißer und lila Flieder sowie Blaubeeren, Pfefferminze, Fenchel, daneben Blumen wie roter und gelber Fingerhut, Acker-Stiefmütterchen und Geflecktes Johanniskraut. Für den Konstantinpalast, die zweite Residenz Peters des Großen, östlich von Peterhof am Finnischen Meerbusen, sind in einem Inventar von 1736 Kirschen, Birnen, Feigen und Aprikosen aufgelistet. Sie wurden ohne Zweifel auch in Peterhof verwendet, wenn nicht sogar gezogen. Lauben und Laubengänge *(Berceaux)* waren in Peterhof mit Erlen und Hainbuchen überwachsen, sodass grüne Korridore entstanden. Als 2004 Maria Ignatiewa und Galina Konechnaja in den historischen Gärten von Sankt Petersburg und im Alexandria-Park floristische Forschungen anstellten, fanden sie Scharbockskraut, Wald-Gelbstern, Zwerg-Gelbstern, Windröschen und Erdrauch.

Aufgrund seiner geografischen Lage kann auf den Grünflächen Peterhofs von November bis März Schnee liegen, die Brunnen und Kaskaden müssen abgedeckt werden. Zum Ausgleich liegt im Frühling und Sommer der Schwerpunkt auf blühenden Sträuchern und Bäumen oder Blumen, die in einen sonst betont geometrischen Garten Farben und Duft bringen. Narzissen, Tulpen, Windröschen und Krokusse sorgen nach der Schneeschmelze für ein erfreuendes Farbenspiel, während die zahllosen beschnittenen Alleebäume im Oberen Garten, die Boskette im Unteren Garten und die Waldungen des Alexandria-Parks dem Park Struktur verleihen und ihn zu einem Lebensraum für Tiere machen. In einer extravaganten und ausgedehnten Anlage mit ihren durch Wasserspiele und dreireihige Alleen verbundenen Gärten schufen die Gartengestalter von Peterhof im 18. Jahrhundert ihr »russisches Versailles«.

Rechte Seite
Samson, der den Löwenrachen zerreißt, ist eine Allegorie auf den Sieg Russlands über Schweden im Großen Nordischen Krieg.

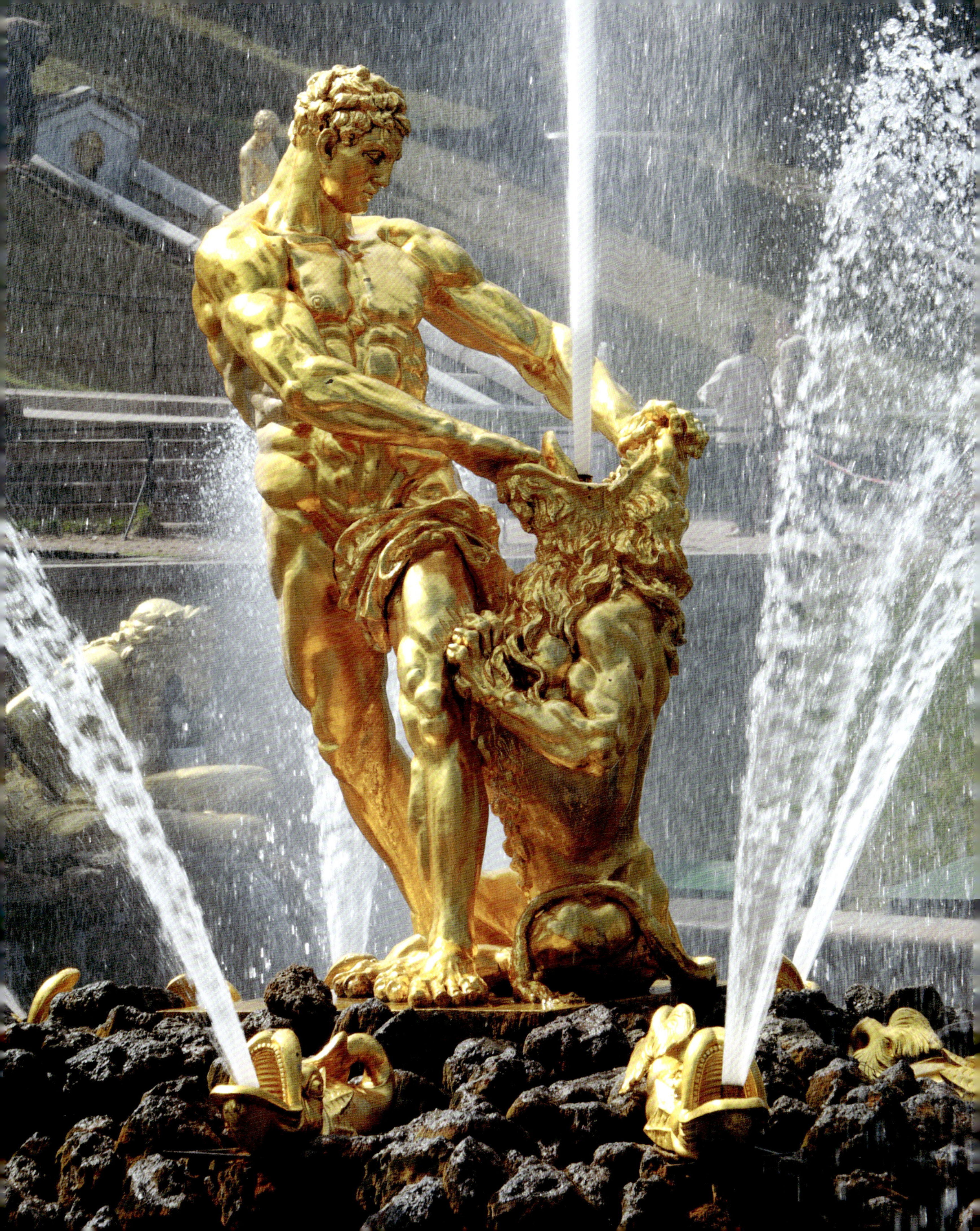

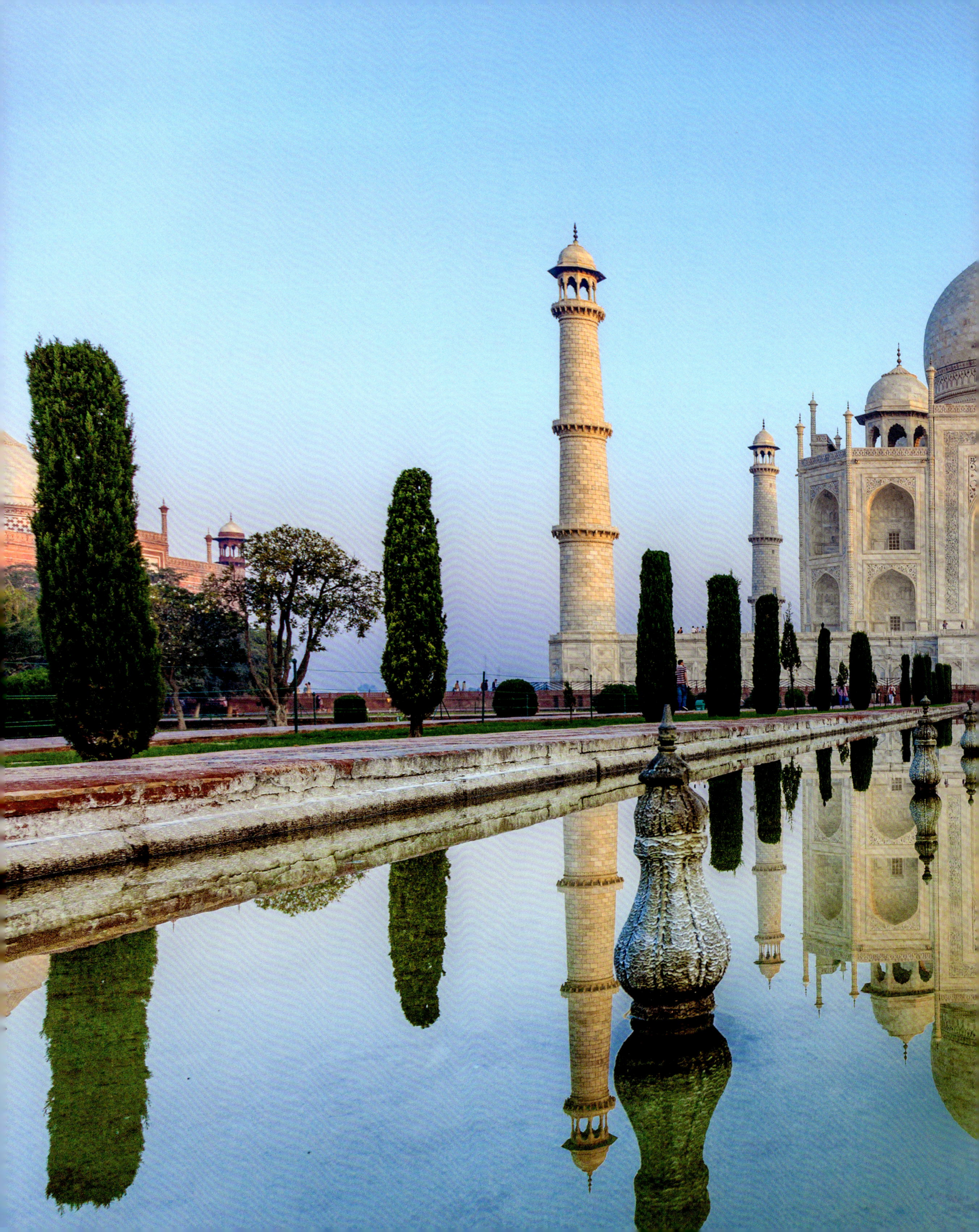

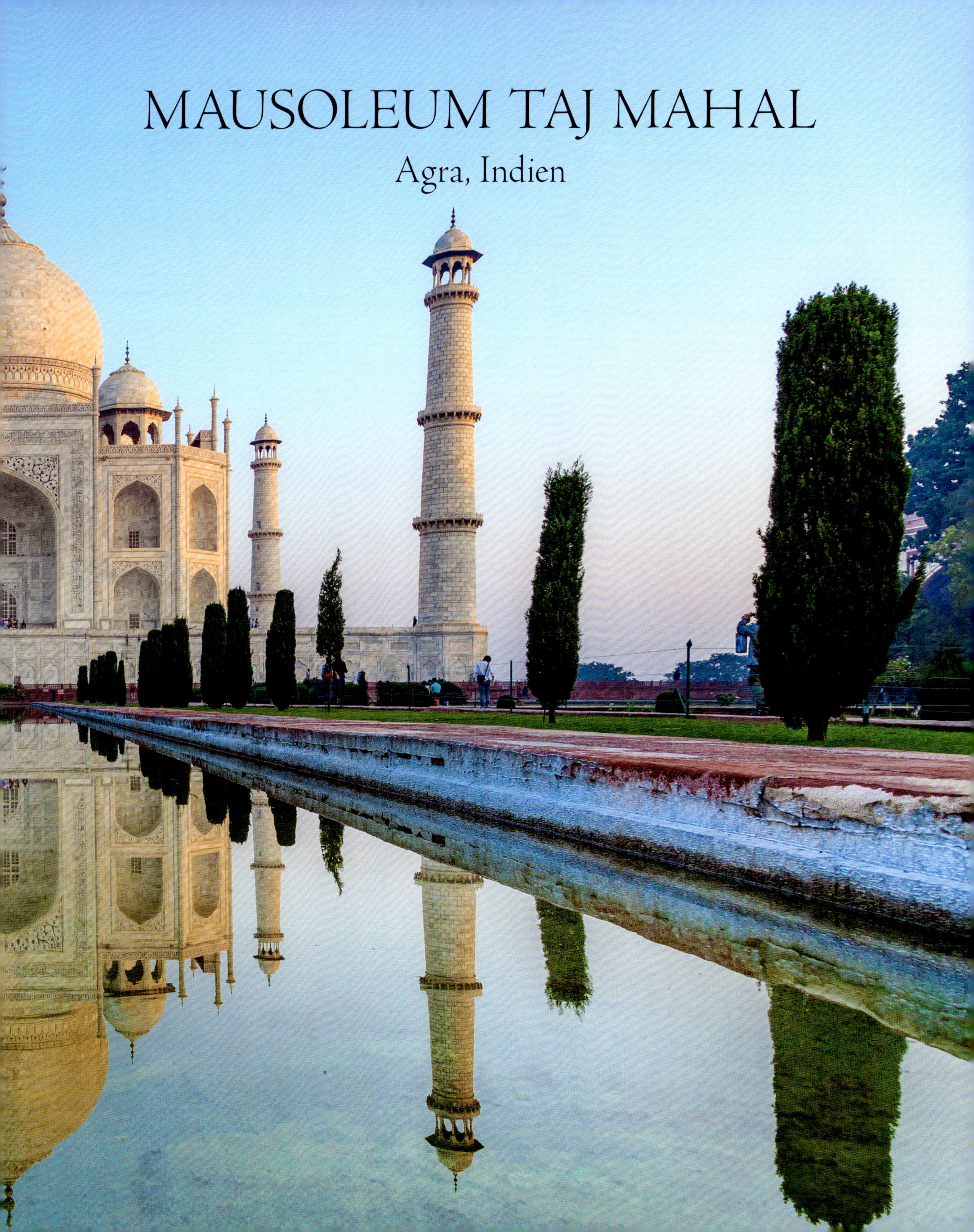
MAUSOLEUM TAJ MAHAL
Agra, Indien

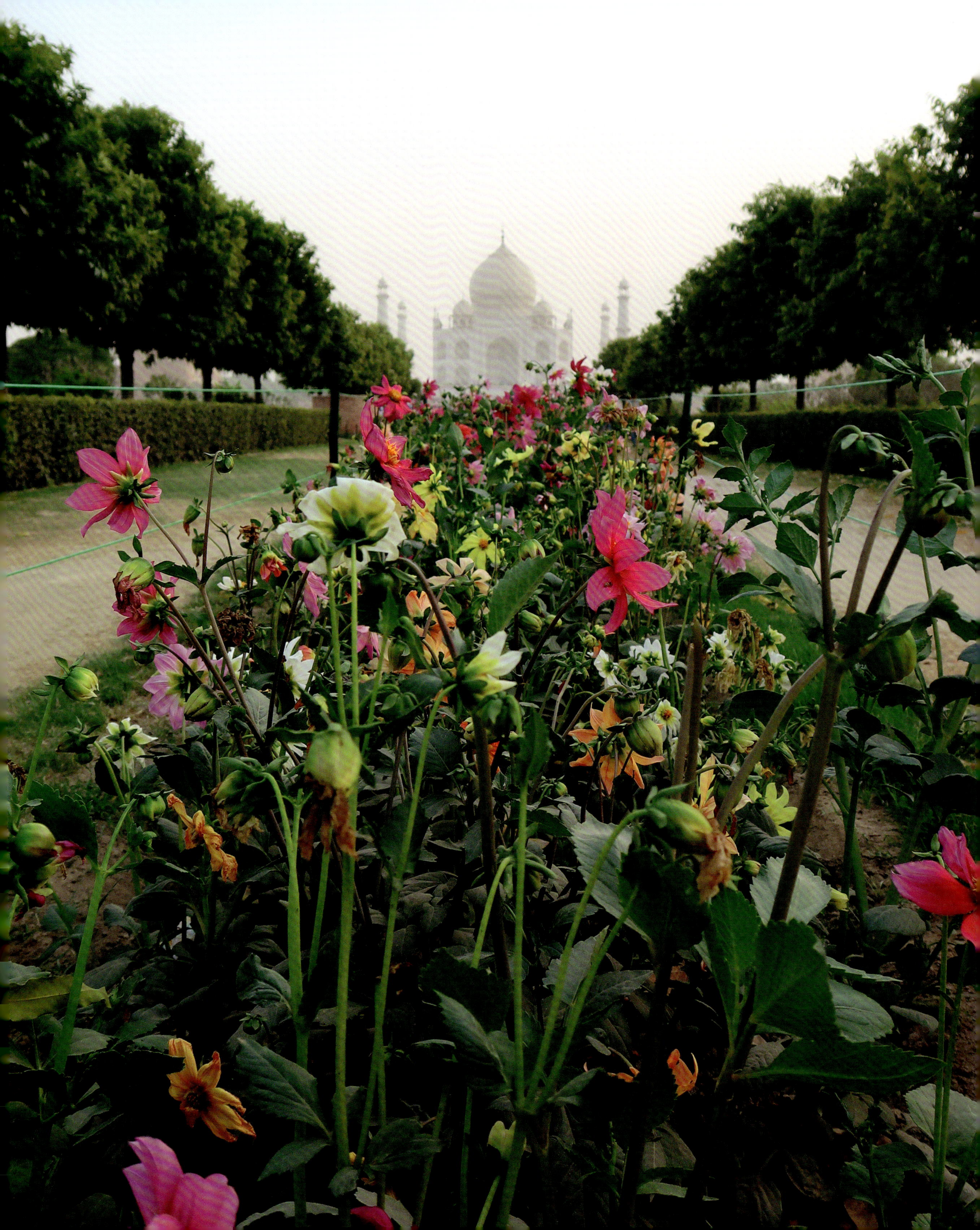

Der Taj Mahal in Agra ist ohne jeden Zweifel einer der wichtigsten Monumentalbauten der Welt und das grösste Kunstwerk der indo-islamischen Architektur.

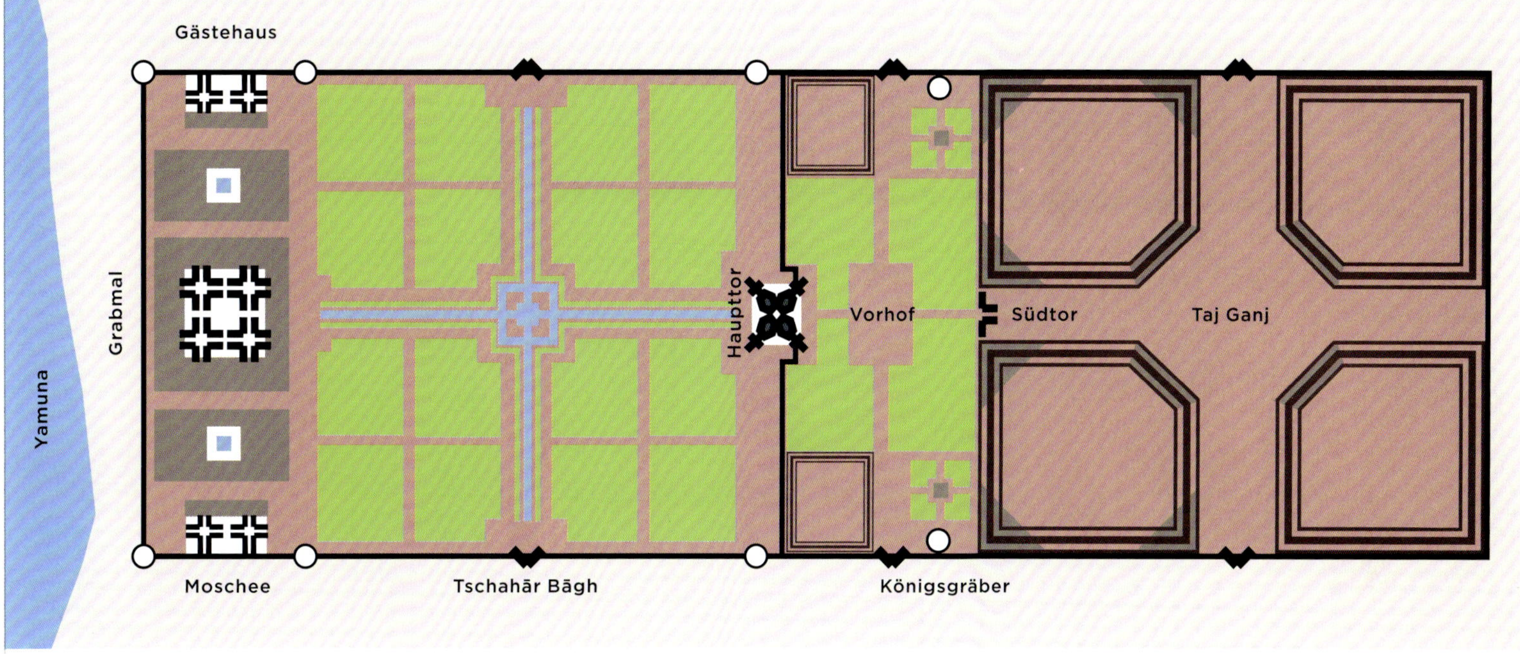

Agra liegt im Herzen Indiens im Bundesstaat Uttar Pradesh. Großmogul Akbar (1542–1605) machte das »Handelszentrum der Welt«, seit jeher ein Kreuzungspunkt verschiedener Kulturen, zur Hauptstadt seines Reichs. Sein Enkel Shah Jahan (1592–1666) war der fünfte Herrscher der Moguldynastie. Von seinen drei Frauen war Mumtaz Mahal (1593–1631) seine Lieblingsfrau. Sie starb nach der Geburt ihres 14. Kindes. Tief betrübt plante Shah Jahan eine der geliebten Gattin angemessene Ruhestätte. 1632 begannen die Arbeiten für das Mausoleum Taj Mahal. Seine Errichtung sollte über 20 Jahre dauern.

Anders als viele der hier vorgestellten Anlagen ist dieser Garten absolut einzigartig. Er ist nicht Teil einer Palastanlage, sondern eine vom Menschen geschaffene ökologische Umgebung, die auf drei Seiten von hohen Mauern und auf der vierten durch den Fluss Yamuna begrenzt wird. Der Komplex beeindruckt durch seine monumentale Größe, seine faszinierenden Gärten, die üppige Ausschmückung und den verschwenderisch eingesetzten weißen Marmor.

Die Gärten von Agra

Die sich an den Ufern des Yamuna erstreckenden Gärten bieten einen wunderbaren Einblick in die Welt der Moguln, ihre Traditionen und Überzeugungen. Diese zu Ehren der Verstorbenen angelegten Stätten wurden in einem Zeitraum von mehr als hundert Jahren geschaffen und dienen als Ort des Gebets und der Erholung von der Hitze der Stadt. Sie umfassen den Taj Mahal, den *Mehtab Bagh* (Mondscheingarten), den *Aram Bagh* (Garten der Ruhe) und das Mausoleum *Chini Ka Rauza*. Wie historische Aufzeichnungen und Abbildungen zeigen, war das Flussufer von der Zeit des ersten Mogulkaisers Babur (1483–1530) bis zur Herrschaft Shah Jahans 1658 »dicht bedeckt mit ummauerten Höfen, Bauten, Pavillons und üppigen Gärten. Heute existieren noch mehr als 40 Mogulgärten in unterschiedlichem Erhaltungszustand, die im Lauf der Zeit wesentlich verändert wurden. Vier davon werden vom Archaeological Survey of India verwaltet.« (World Monuments Fund)

Vorhergehende Doppelseite
Das weltberühmte Mausoleum liegt am Ende des Gartens.

Linke Seite
Der *Mehtab Bagh* (Mondscheingarten)

Gartentraditionen der Moguln

Das Taj Mahal besticht nicht nur durch seine Schönheit, es wirkt auch durch seine eindrucksvolle Symbolik. Vor dem Grabgebäude erstreckt sich ein monumentaler *Tschahār Bāgh*, der die vier im Koran erwähnten Gärten des Paradieses darstellt, eine symmetrische Anlage mit vier Hauptquadranten. Vom Haupteingang des Gartens gesehen, steht das Mausoleum am Ende der Längsachse, unmittelbar vor dem Fluss. Eine solche Anordnung hatte man bis dahin in keinem anderen Garten der Mogulepoche gewählt.

Das Taj Mahal liegt auf einem 17 Hektar großen Areal. Wie bei vielen Gärten Agras bildet die Anlage durch mehrere symmetrisch angeordnete Gebäude, einen Haupteingang und ein Grabmal ein harmonisches Ganzes. Die Mogulgärten folgten dem timuridisch-persischen Prinzip des ummauerten Gartens, der idealerweise durch erhöhte Wege *(khiyaban)* und Kanäle *(nahr)* mit einer Reihe von Brunnen *(farwara)* in vier Bereiche unterteilt war. Die Mauern sorgten für Schutz und Abgeschiedenheit, die sich im Zentrum kreuzenden Kanäle stellten die vier Flüsse des Lebens dar.

Eine der ältesten Erwähnungen des Gartens als Symbol des Paradieses findet sich auf einer sumerischen Keilschrifttafel von 2800 v. Chr. Das Wort »Paradies« geht auf das persische *pairidaeza* zurück, was ummauerter *(pairi)* Garten *(daeza)* bedeutet, bzw. seine griechisch-lateinische Form *paradeisos*. In den Lehren des Islams ist das Paradies ein »von Bächen durcheilter Garten«. Aus dem Palast von Kyros dem Großen (600–530 v. Chr.) in Pasargadae im Iran weiß man, dass die gekreuzten Achsen des *Tschahār Bāgh* bis ins 6. Jahrhundert v. Chr. zurückreichen. Dieser Grundriss erscheint im 8. Jahrhundert n. Chr. in den Umayyaden-Palästen in Resafa in Syrien, im 9. Jahrhundert im Balkuwara-Palast von Samarra im Irak.

Ein unvergesslicher Bau

Geplant als Monument ewigen Gedenkens, wurde das Taj Mahal auch als Bau errichtet, dessen man sich aufgrund seiner Pracht erinnern sollte. Zu diesem Zweck kamen das beste Material und die fähigsten Handwerker zum Einsatz. Aus dem 400 Kilometer entfernten Makrarna in Rajasthan wurde herrlicher Marmor herangeschafft. Man verpflichtete 20 000 Arbeiter, Mir Abd Al-Karim wurde zum leitenden Architekten, Abdul Haqq als Kalligraf und Ustad Ahmad Lahauri zum Aufseher bestellt. Shah Jahan sorgte dafür, dass sämtliche Planungen und Bauarbeiten den architektonischen Grundsätzen der Moguln entsprachen. Nach ihrem Abschluss erklärte er, sein Werk lasse »die Sonne und den Mond in Tränen ausbrechen«.

Tore in der Umfassungsmauer gewähren Zugang zur Anlage. Den Haupteingang bildet ein mächtiger, 30 Meter hoher und reich verzierter Torbau aus rotem Sandstein. Inschriften mit Koranversen laden den Besucher ein, das Paradies zu betreten. Das Mausoleum selbst ist mit weißem Marmor verkleidet, die tragenden Elemente mit rotem Sandstein. Dieser auch andere Bauten der Mogulherrscher charakterisierende Farbenkontrast knüpft an indische Traditionen an, in denen weiße Steine den Brahmanen zugeordnet waren, der obersten Kaste der Hindu-Gesellschaft, rote hingegen der Kriegerkaste. Am Großen Tor beginnt ein langer zentraler Kanal in Form eines Kreuzes. 275 Meter vom Tor entfernt erhebt sich der Taj Mahal, der mit seiner zentralen Kuppel eine Höhe von 73 Metern erreicht. Der 900 Quadratmeter große Garten ist in vier Quadranten geteilt, jeweils zwei beiderseits des Kanals. Sie sind in vier Senkgärten unterteilt, woraus sich 16 abgesenkte Parterres ergeben. Außerhalb des Hauptgartens befindet sich ein Vorhof, der mit Kolonnaden umgebene *Jilau Khana* oder Platz der Versammlung, in dessen Schatten man vor der Hitze flüchten kann. An seinen Ecken befinden sich kleinere Höfe.

Eine zentrale Brunnenreihe verdeckt eine Rohrleitung (ursprünglich aus Ton, 1903 durch gusseiserne Rohre ersetzt). Sie bringt Wasser aus dem Fluss heran. Die Brunnen werden über ein mit einem unterirdischen Kupferkessel verbundenes Kupferrohr gespeist. Heute helfen elektrische Pumpen, ursprünglich gelangte das Wasser aus der Rohrleitung in das Kupferrohr und damit in den Brunnenkopf. Durch ein Netz von Kanälen werden die Gärten auf optimale Weise bewässert.

Rechte Seite oben
Blick vom Mondscheingarten auf das Mausoleum

Rechte Seite unten
Ansicht von der Seite des Yamuna-Flusses

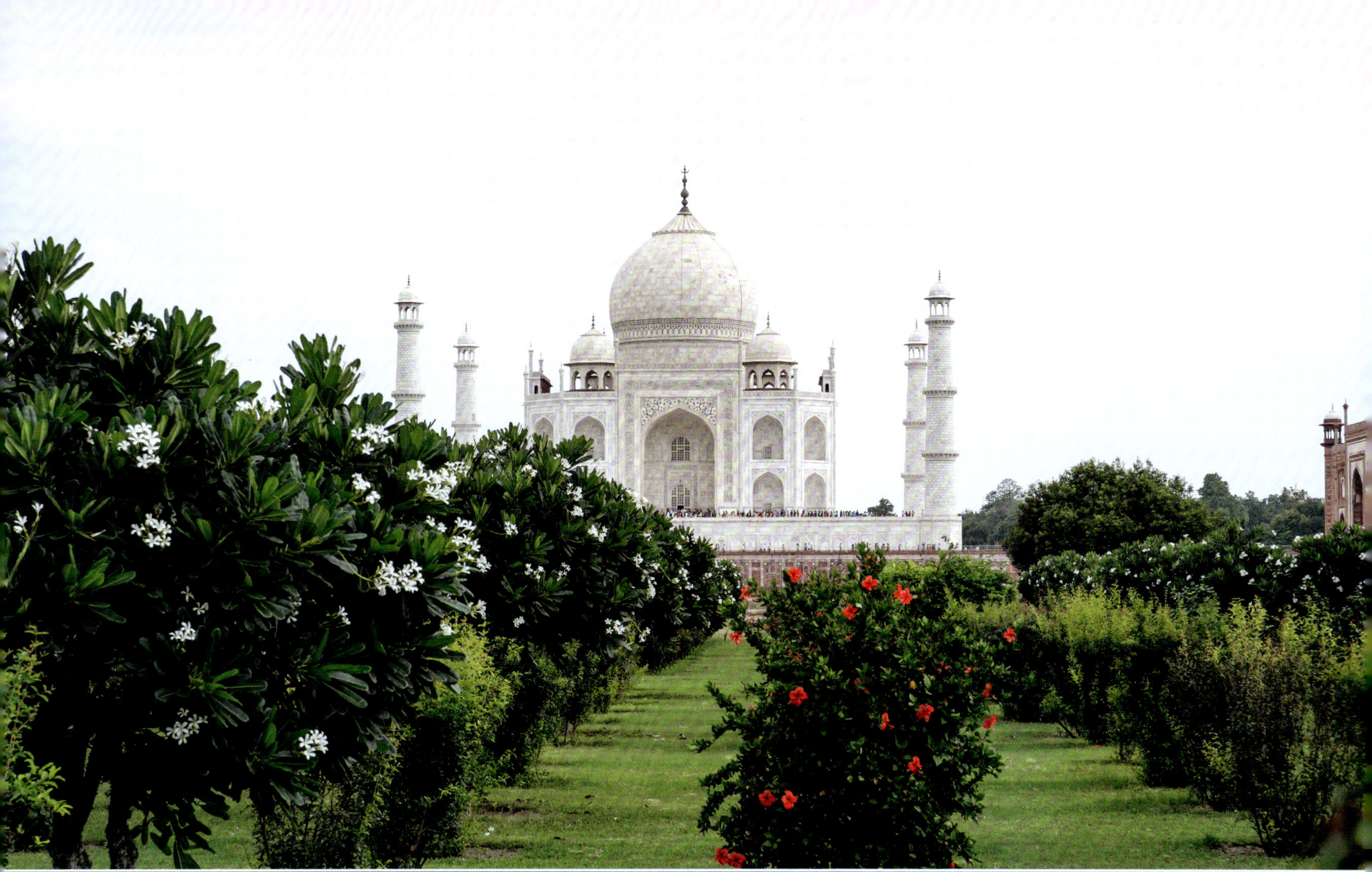

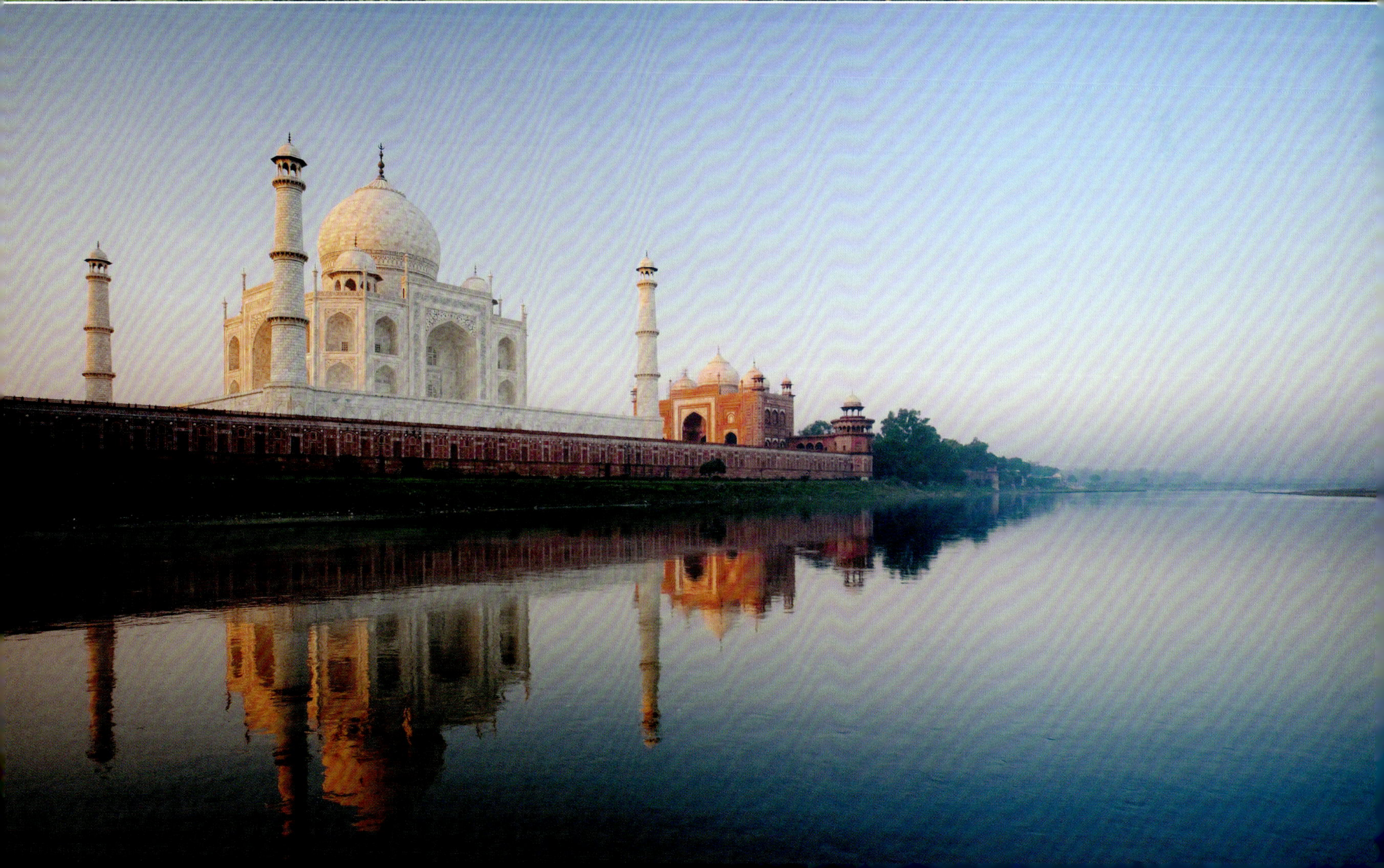

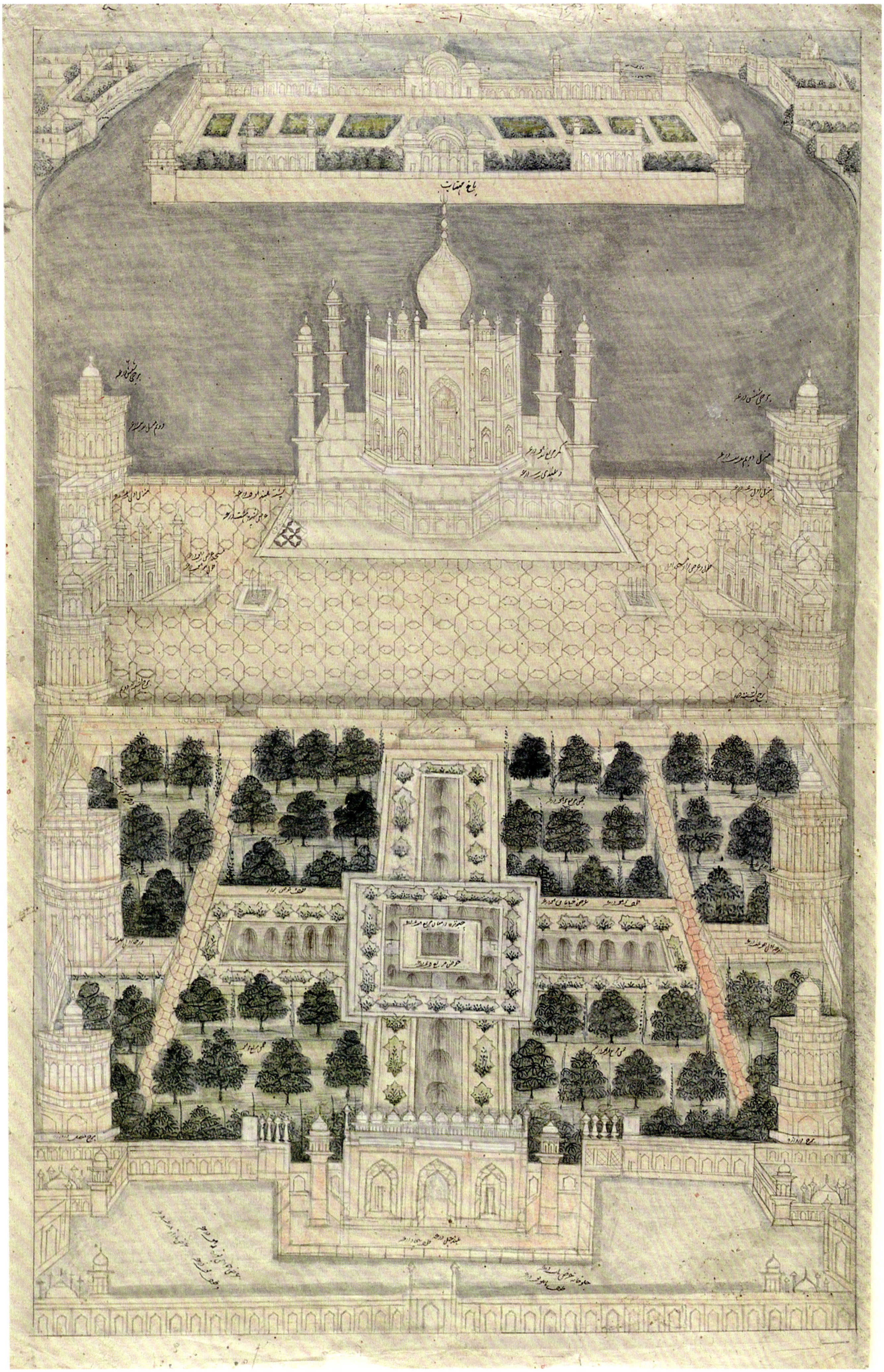
باغ مهتاب

Der Beschluss der Gartenplaner, Ingenieure und Architekten Shah Jahans, das Mausoleum am Ende des Gartens statt in seinem Zentrum zu errichten, stellte für das islamisch beherrschte Indien eine bemerkenswerte Neuerung dar. Sie vergrößert die Entfernung zwischen Mausoleum und Torbau und schafft perspektivische Tiefe. Vom *Mehtab Bagh* jenseits des Flusses gesehen, erscheint das Grabmal jedoch als Zentrum der Anlage. Durch die Abkehr vom Grundriss des typischen *Tschahār Bāgh* konnte das Zentrum des Taj-Mahal-Gartens für ein Becken *(hauz)* auf einer erhöhten, mit Bänken versehenen Marmorplattform verwendet werden. Die Ecken des Beckens sind mit einem Muster aus Lappen, Wellen und Voluten verziert, sein Wasser zeigt das makellose Spiegelbild des Mausoleums.

Neuzeit

Nach dem Tod von Shah Jahans Sohn Aurangzeb (1618–1707) und dem darauf folgenden Zusammenbruch des Mogulreichs verfielen die Gärten. Eine ungeheure Menge an Einlegearbeiten *(Pietra dura)* aus Jade, Kristall, Lapislazuli und Amethyst wurde gestohlen oder beschädigt. Nach der Eroberung Agras 1803 zerstörten die Briten viele der Bauten am Flussufer, um freie Sicht für militärische Zwecke zu schaffen. Fotografien um 1850 zeigen, dass der Blick auf den Taj Mahal von hohen Bäumen und dichten Gehölzen verstellt ist. Lord Curzon (Vizekönig von Indien 1898 bis 1905) veränderte die Gärten grundlegend, als er Ende des 19. Jahrhunderts geometrische Rasenflächen anstelle der vorhandenen Obstgärten und Blumenbeete anlegen ließ. Auf Curzons Anordnung wurde 1899 beiderseits des zentralen Kanals jeweils eine Zypressenreihe gepflanzt. Die Bäume setzte man in Rasenflächen zwischen filigrane Muster aus rotem Sandstein.

Pflanzenvielfalt

Die Mogulgärten waren dekorativ mit blühenden und süß duftenden Bäumen, wohlriechenden Kräutern und Obstbäumen bepflanzt und der *Tschahār Bāgh* des Taj Mahal bildete keine Ausnahme. In seinen Memoiren erwähnt Mogulkaiser Babur Jasmin, Weide, Zypresse, Safran, Mandel, Apfel, Aprikose, Kirsche, Zitrone, Kokosnuss, Dattel, Feige, Guave, Limone, Limette, Mango, Melone, Maulbeere, Orange, Pfirsich, Birne, Ananas, Kochbanane, Granatapfel, Quitte, Walnuss und Wassermelone. Peter Mundy, ein britischer Kaufmann des 17. Jahrhunderts, beschreibt, was er im Garten von Agra sah: »Die Wege waren von Zypressen gesäumt, die Quadrate der Unterteilungen mit Bäumen bepflanzt – Apfel-, Orangen- und Maulbeerbäume, Mango, Kokosnuss, Feigen, Kochbananen … In anderen Quadraten sah man englische Blumen und Kräuter wie Rosen, Ringelblumen …; französische Ringelblumen in Menge; roten, fleischfarbenen und weißen Mohn; und diverse andere Sorten schöner Blumen, die wir in unserer Gegend nicht kennen, von denen viele auf hübschen Bäumen wachsen, die in Zeiten der Trockenheit mit der Hand gegossen werden, was neun Monate im Jahr der Fall ist.« Und Shah Jahans Hofdichter Abu Talib Kalim schrieb über *bulbun* (Rosensträucher), *lala* (Tulpen oder roter Mohn), *gul-i-khorshid* (Sonnenblumen), *nargis* (Narzissen), *gul-l hazara* (Ziermohn), *khiri* (Matronenblumen), *taj-l khorus* (Hahnenkamm), *gul-l ja'fary* (Ringelblume) und *keora* (Duftender Schraubenbaum, ein kleiner Baum mit duftenden Blüten).

1828 erstellte Generalmajor John Anthony Hodgson, der 1826 bis 1829 das Amt des Generalinspekteurs bekleidete, einen Plan, aus dem einiges über die Bepflanzung hervorgeht. Die für den Taj Mahal verantwortlichen Behörden beauftragten Studenten der Harvard Graduate School of Design, festzustellen, welche Pflanzenarten die Gärten früher bevölkerten. Mithilfe von Bodenradar und auf Pollenanalysen beruhenden archäobotanischen Erhebungen kann man heute ein umfassendes Bild der im historischen Garten des Taj Mahal verwendeten Pflanzen gewinnen, sie zeigen aber auch, welche Pflanzen man heute angesichts des noch verfügbaren Wassers wählen sollte. Die wieder eingeführten Pflanzen und Bäume werden ihre Zeit brauchen, um sich voll zu entwickeln, aber schon jetzt sieht man blühende Granatapfelbäume und riecht den Duft von Jasmin, Oleander, Hibiskus und Zedern.

Linke Seite
Vogelschau auf den Taj Mahal, 1790–1810, kolorierte Federzeichnung

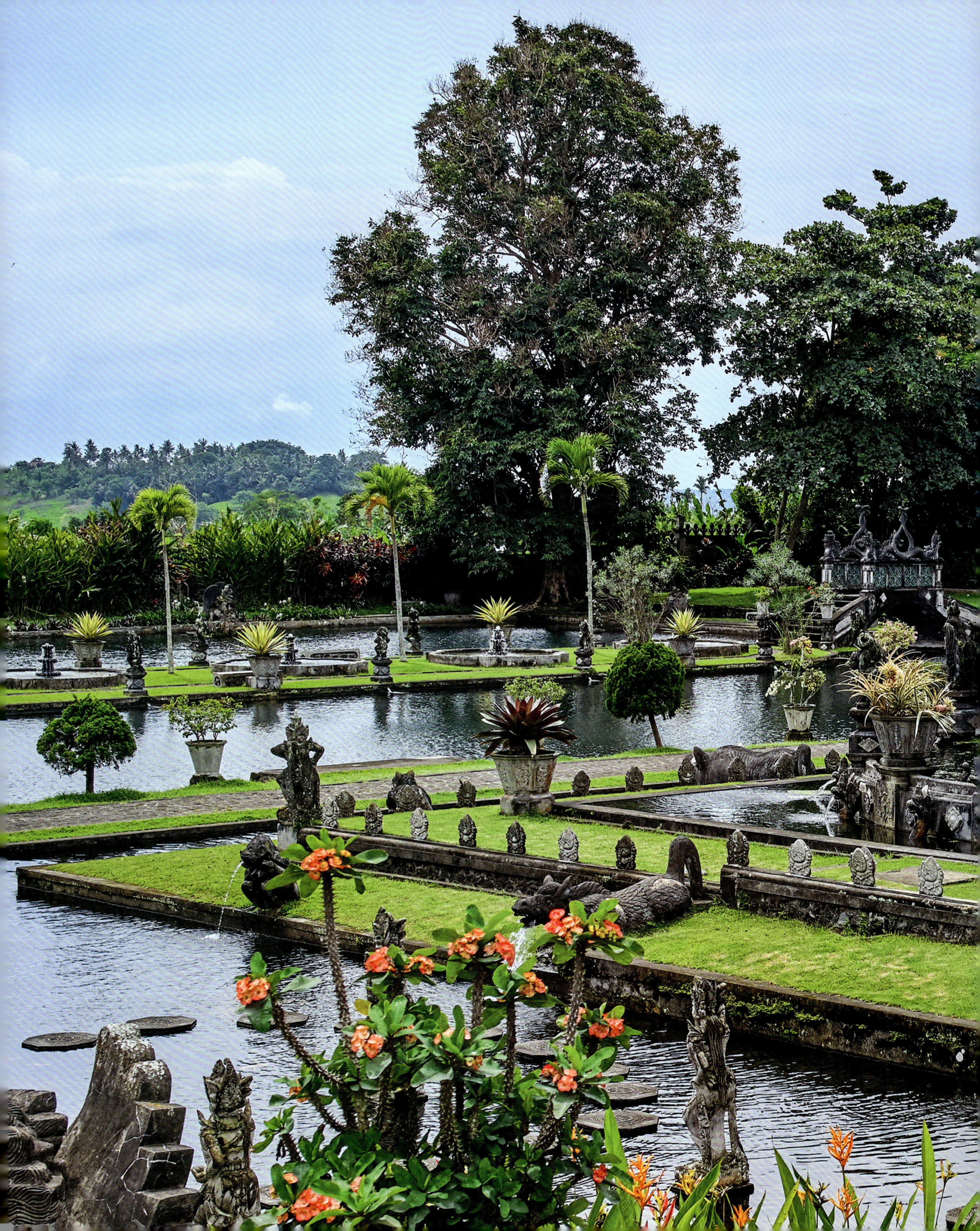

KÖNIGLICHER WASSERPALAST TIRTA GANGGA

Karangasem, Bali

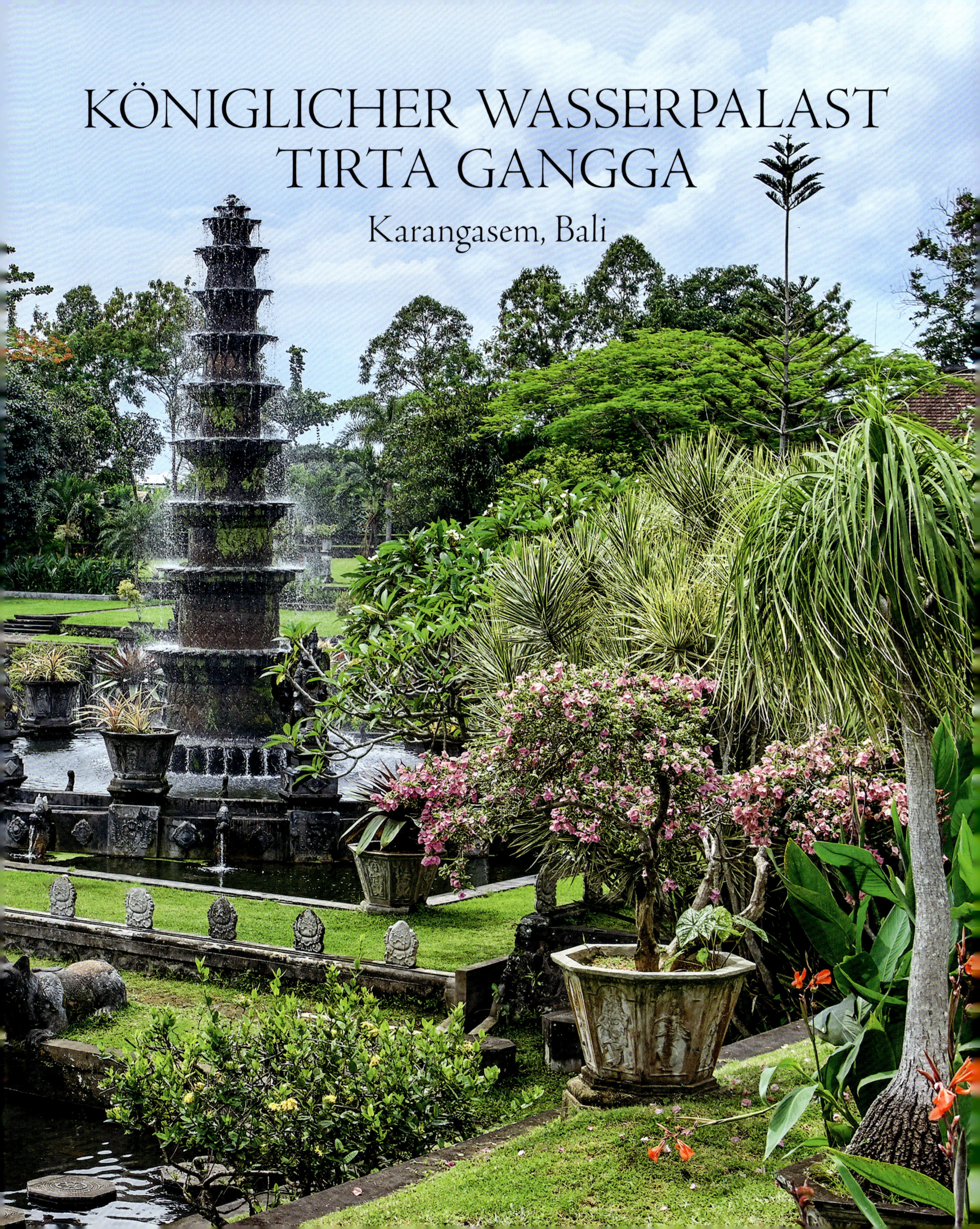

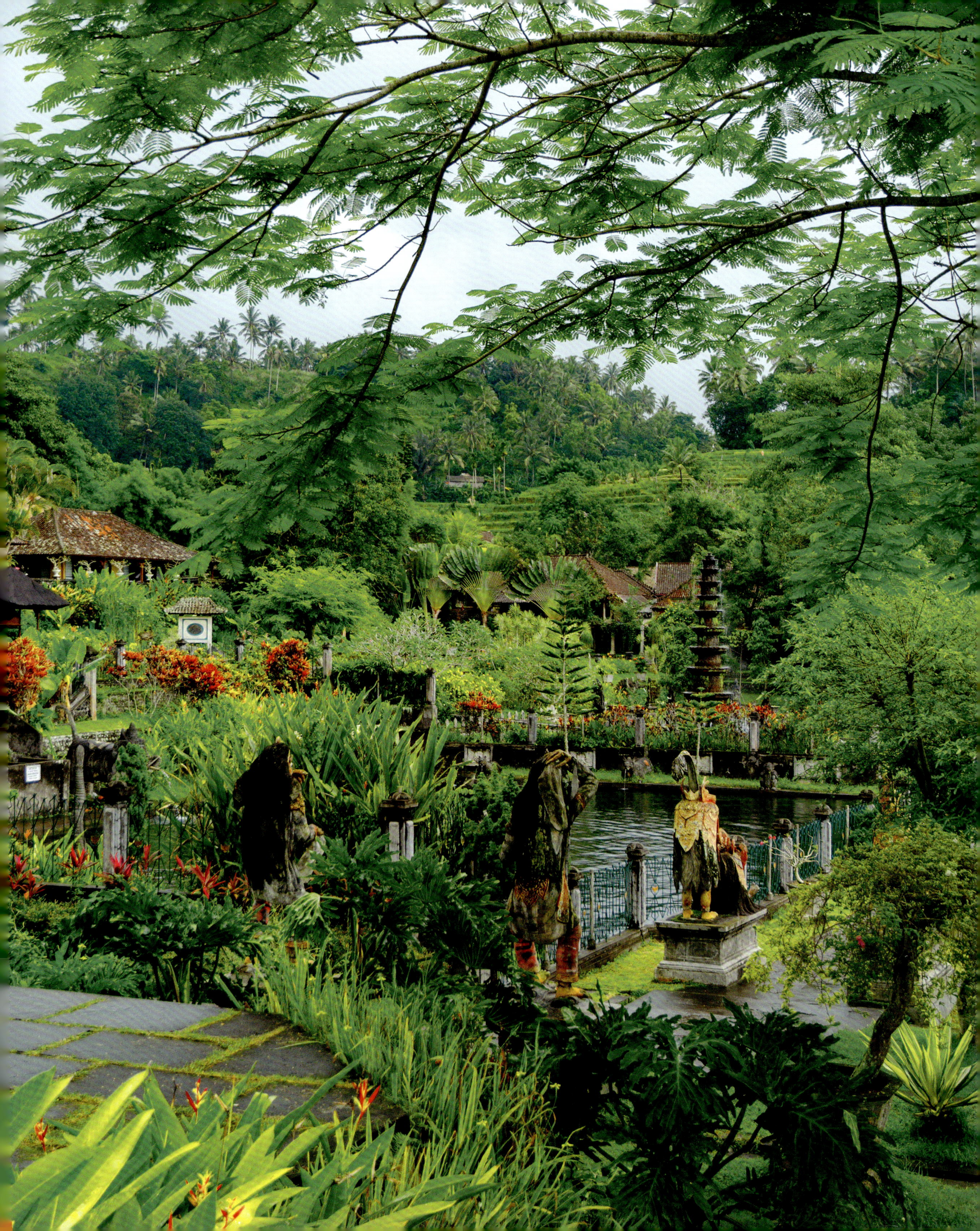

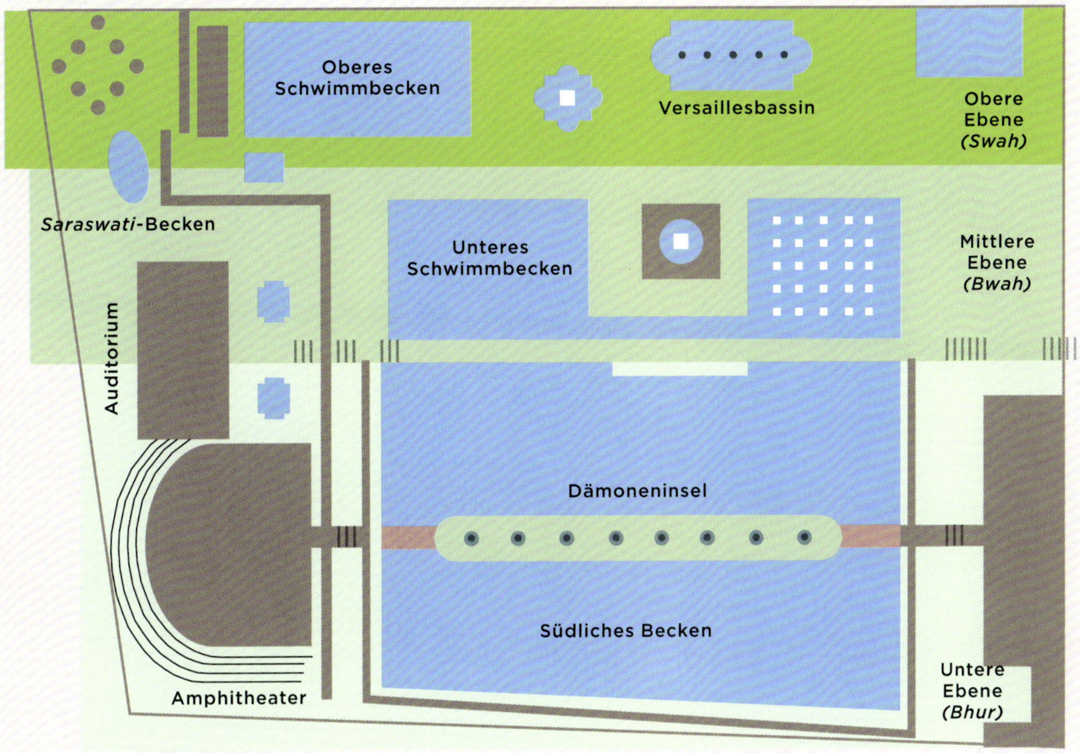

Zwischen zahlreichen Tempeln und Palästen liegt, eingebettet in Reisfelder, den natürlichen Brunnen Rejasa umschliessend und verborgen unter hohen Teakbäumen, der Park des Königlichen Wasserpalasts Tirta Gangga.

Tirta Gangga liegt nördlich von Amlapura, der größten Stadt Ostbalis. Er gehört dem Königshaus von Karangasem, einem der neun Königreiche Balis, und ist wie der Wasserpalast Taman Ujung eine Schwesterstätte des Königlichen Palasts Puri Agung Karangasem. Das Königreich gehörte früher zum Majapahit-Reich auf Java. Es unterstand zunächst dem Oberkönig von Bali, der die Herrschaft über das größte balinesische Königreich und die Nachbarinsel Lombok erlangte. Die Blütezeit dieser Fürstentümer währte vom Beginn des 10. bis Anfang des 20. Jahrhunderts. Sie bereicherte die Insel um die balinesische Hofkultur, in der hinduistische Einflüsse mit den geistigen Traditionen und der Ahnenverehrung der Balinesen verschmolzen.

Die Könige erbauten ihre Paläste als Machtzentren, in denen sie Gesetze erließen, Rituale vollzogen und ausländische Herrscher empfingen. In den Parks gab es Menagerien mit Wildvögeln und anderen Wildtieren wie dem heute ausgestorbenen Balinesischen Tiger. In ihren Archiven wurden heilige Manuskripte aus getrockneten Palmblättern *(Lontar)* aufbewahrt und über Generationen weitergegeben. Es geht darin um Gesundheit und Heilmethoden, Astrologie, Astronomie, Homöopathie, Religion, religiöse Rituale, heilige Sprüche, Magie, Ethik und die mythische und tatsächliche Geschichte der Königsfamilie und des Volkes.

Taman Ujung

Der Schlüssel zum Verständnis von Tirta Gangga ist der königliche Wasserpalast Taman Ujung, der ebenfalls der königlichen Familie von Karangasem gehört. Frei übersetzt bedeutet sein Name »Garten am äußeren Ende«. Er ist einzigartig aufgrund der herrlichen Fischbecken, die ihn umsäumen. Errichtet wurde der Palast 1909 durch Raja I Gusti Bagus Djelantik (1887–1966). Die Architekten waren der Niederländer Van Den Hentz und der Chinese Loto Ang. Vom runden Hauptpavillon aus genießt man einen Panoramablick auf die Lombokstraße. Eine lange, als Korridor dienende Brücke, von perfekter Symmetrie geprägt, bietet eine Zentralperspektive. Erst aus der Nähe fällt

Vorhergehende Doppelseite und linke Seite
Die mittlere Ebene *(Bwah)*

auf, dass sie aus zwei Teilen besteht. Sie führen zum Pavillon Bale Gili, der auf einer Insel im größten der drei Becken der Anlage steht.

Die Karangasem-Dynastie errichtete mehrere Paläste, darunter auch Tirta Gangga. Es handelt sich hier nicht um einen einzigen Bau, sondern einen Komplex mit sechs großen Wasserbecken unterschiedlicher Tiefe. Die Anlage fügt sich in die umgebenden Landgebiete ein. Beschaulich und überwältigend zugleich stellt sie einen Wasserpark dar, in dem sich Zaubersprüche, gequälte Seelen und Schönheit als Ausdruck der balinesischen Folklore präsentieren.

Heilige Wasser

Tirta Gangga liegt auf einem grünen Hügel mit Blick auf das Meer und den in der Ferne aufragenden Vulkan, den heiligen Berg Agung. Der Wasserpark entstand 1948, um den heiligen Charakter des Orts zu unterstreichen und eine Oase der Besinnung, Ruhe und Freude zu schaffen. Sein Erbauer wird heute als Herrscher verehrt, der mithilfe moderner Technik und Kunstgeschick die balinesische Kultur förderte. Anak Agung Anglurah verbrachte hier einen Großteil des Jahres mit seinen Frauen und zahlreichen Kindern. Als Förderer von Kunst und Architektur plante er die Anlage selbst und half sogar mit, die Becken aus dem Schlamm auszuheben. Der elegante, einen Hektar große Besitz wirkt außerordentlich gut gepflegt. Blumen, Tiere und makellose Gärten zeugen von der Verpflichtung, das Andenken an die Königsfamilie zu erhalten und ihre Traditionen weiterzuführen.

Der Königliche Wasserpark Tirta Gangga, einer der drei balinesischen Wasserpaläste, besteht hauptsächlich aus Süßwasserbecken, die täglich zwei Millionen Liter Wasser aus zahllosen Quellen, Teichen, Gräben und Kanälen aufnehmen, über die Brücken unterschiedlicher Stile führen. Tirta Gangga (frei übersetzt »heilige Wasser des Ganges«) weist eine einzigartige Mischung aus balinesischer und chinesischer Architektur auf. Das Zentrum der Anlage bildet ein elfstufiger Brunnen. Sein Wasser dient für Gebetsrituale in nahe gelegenen Tempeln.

Die drei Ebenen des Parks verweisen auf die balinesische Kosmologie. Die oberste, nördliche Ebene *Swah* (die an die Nähe der Götter erinnert) umfasst Quellen unter einem Banyanbaum *(Ficus benghalensis)*, das obere Schwimmbecken sowie zwei Zierbassins, von denen eines vier Wasserspeier besitzt und seltsamerweise »Versaillesbassin« heißt. Das andere enthält heilige Lotosblumen *(Nelumbo nucifera)*. Hinzukommt noch ein kleineres, den *Saraswati* (Gottheiten) gewidmetes Becken. Die mittlere Ebene, *Bwah* oder *Buwah*, die Stufe zwischen Himmel und Hölle *(Bhur)*, enthält den zehn Meter hohen, elfteiligen pagodenförmigen Brunnen *Nawa Sanga* (»in die Unendlichkeit übergehende Einzigkeit«, *sanagha* bedeutet auch Tempel). Er ist der Form von Lotosblumen nachempfunden. Neben ihm befindet sich ein Schwimmbecken und das Becken *Mahabharata* (»das größte Epos aller Zeiten«) mit ansprechend platzierten achteckigen Trittsteinen und balinesischen Statuen auf der anderen Seite. Acht lächelnde, sich um den mächtigen Hindugott Shiva scharende Götterfiguren rund um den Brunnen stellen die Wächter der Himmelsrichtungen dar. Wasserspeier in Form von Tieren wie Ebern oder mythischen Wesen wie dem Vogel *garuda* sorgen dafür, dass das Wasser des Beckens genug Sauerstoff erhält. Im kristallklaren Wasser tummeln sich große Koi-Karpfen. Weiter unten, auf der ausgedehnten Ebene *Bhur* (»Hölle«), liegt das südliche Becken, in dem die Monster wohnen. Es umschließt eine im Zentrum gelegene Plattform mit dem provozierenden Namen Dämoneninsel. Man erreicht sie über zwei mit balinesischen Drachen geschmückte Brücken. Oberhalb des südlichen Beckens liegt ein Amphitheater.

Die Anlage umfasst ein Reservoir zum Sammeln des Quellwassers, mit dem über Rohrleitungen die Stadt Amlapura mit Trinkwasser versorgt wird. Eine zweite unterirdische Rohrleitung speist das obere Schwimmbecken, wo sie im Maul eines *raksasa* (Dämonenstatue) an der Ecke des Beckens endet. Sein überströmendes Wasser fließt in ein niedriger gelegenes Becken, von dem es wiederum in kleine Fischbecken und anschließend in die Reisfelder gelangt, die den Park umsäumen.

Rechte Seite oben
Die mittlere Ebene zwischen Himmel und Hölle *(Bwah)*

Rechte Seite unten
Die Stufe zwischen Himmel und Hölle *(Bhur)*

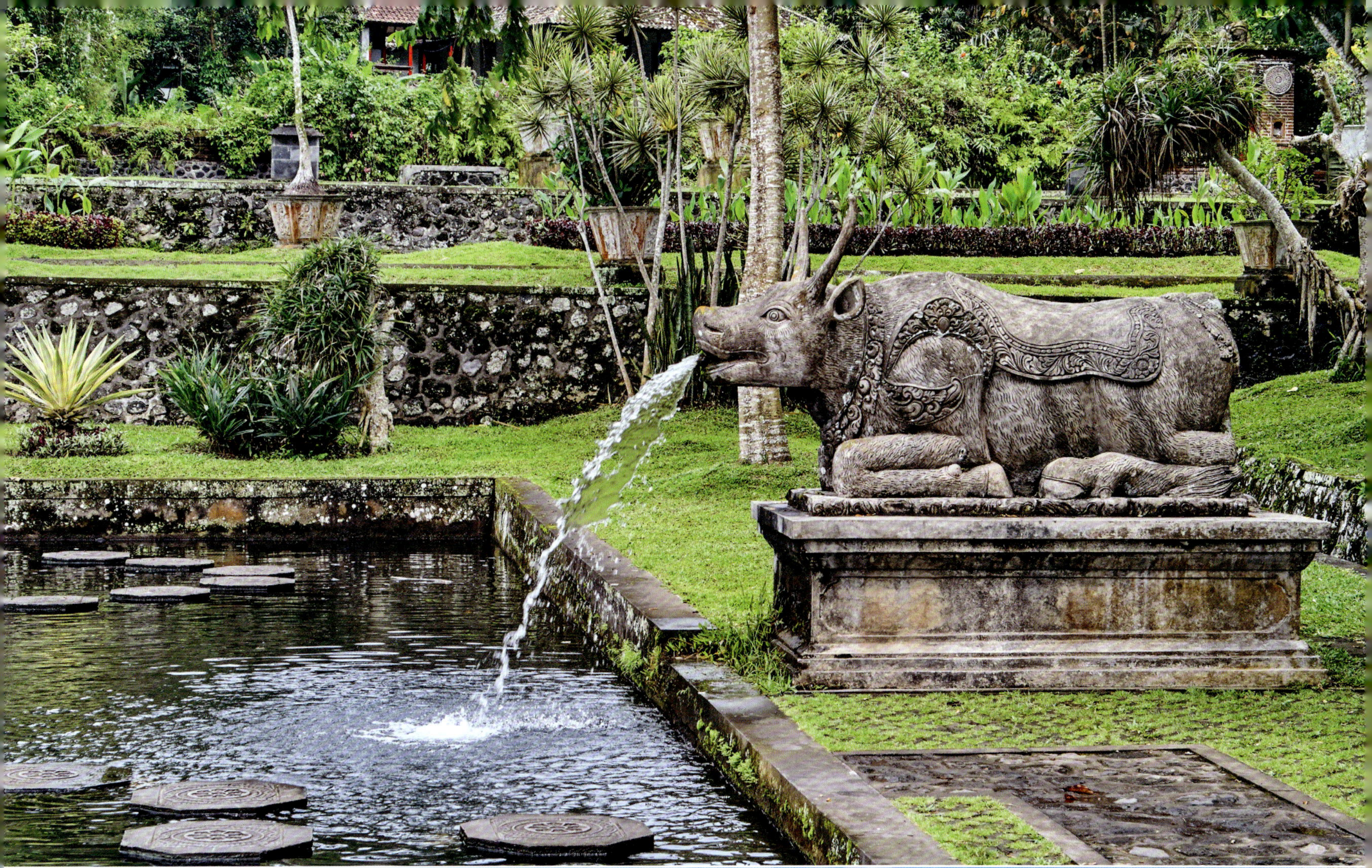

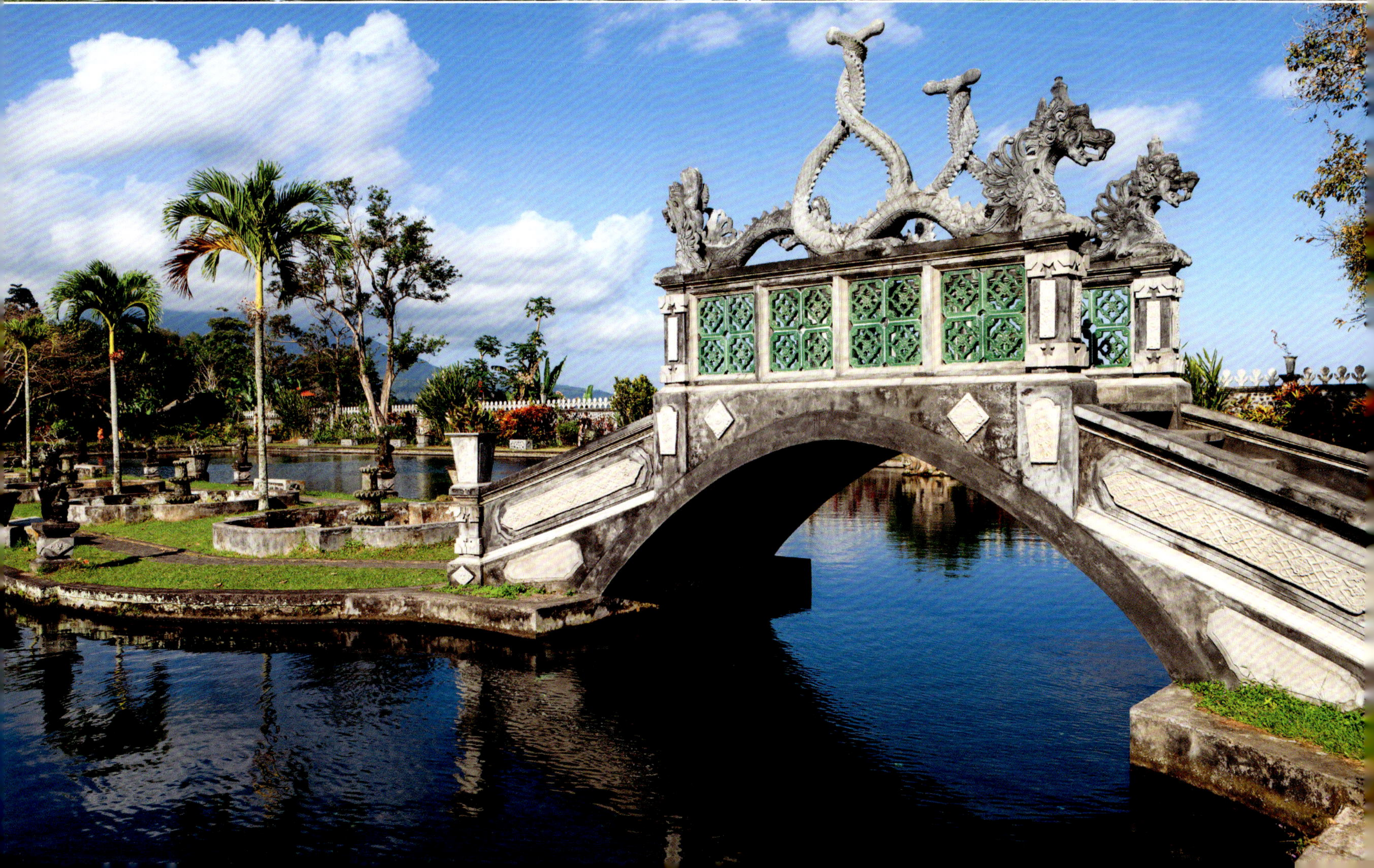

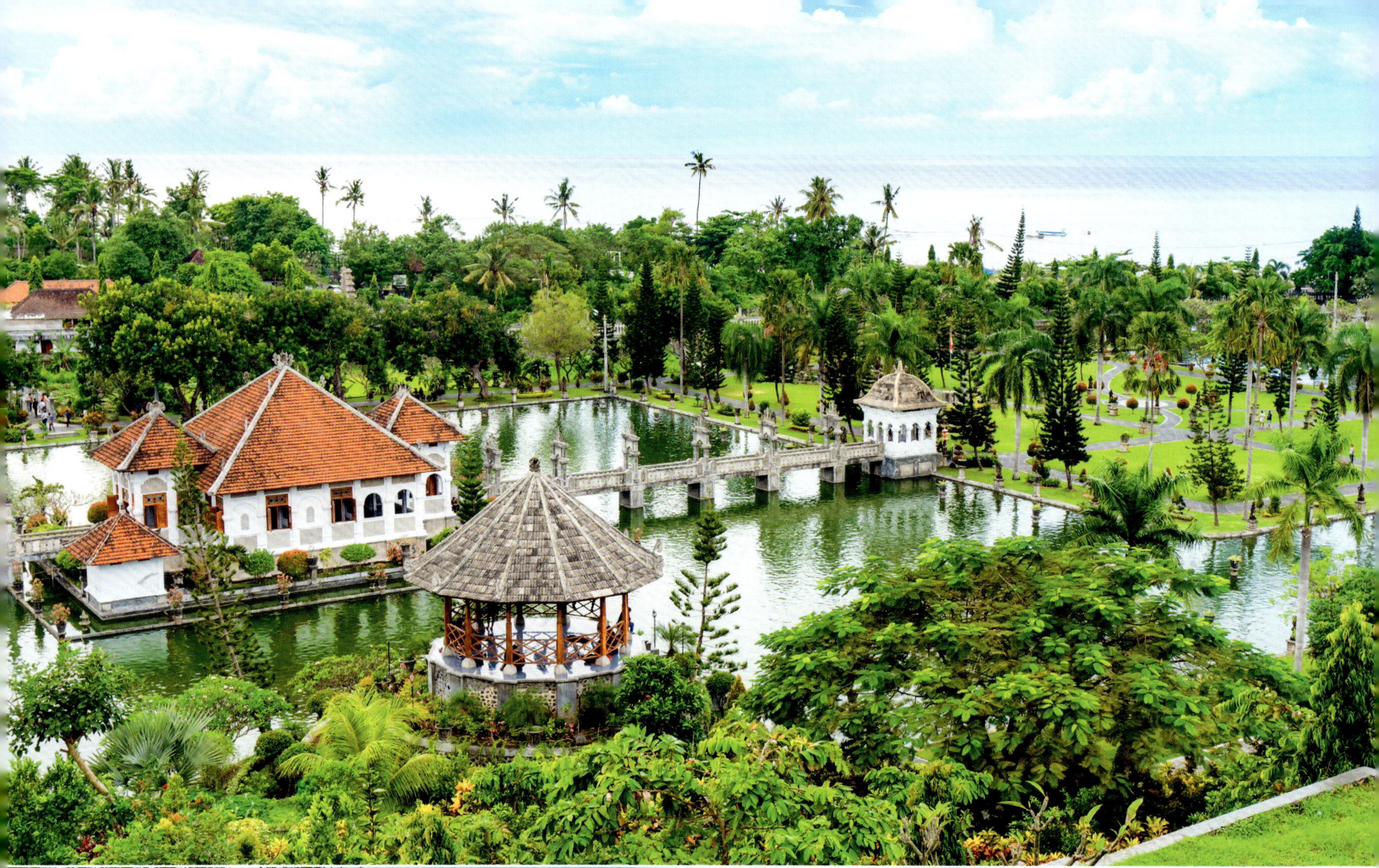

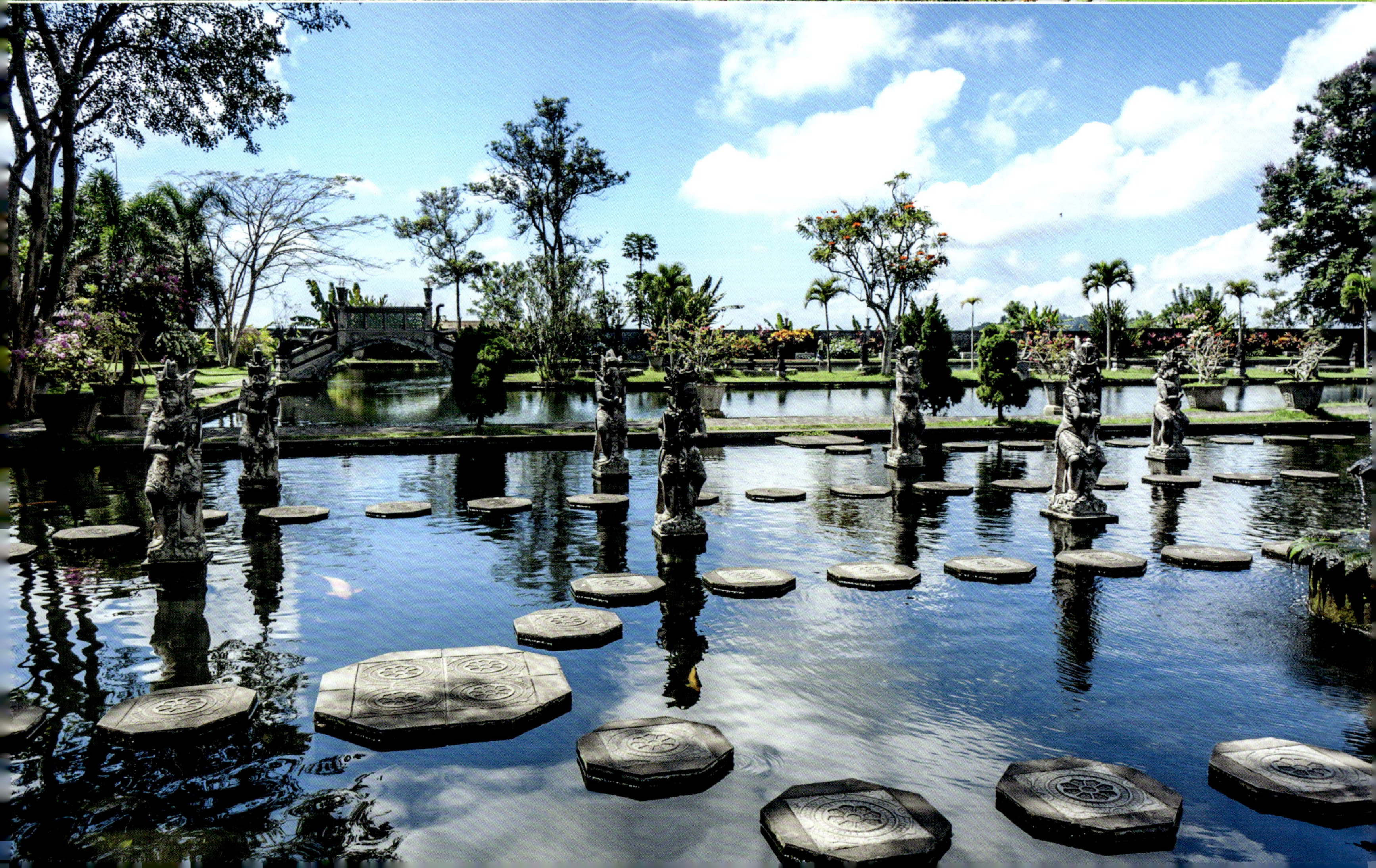

Schäden und Restaurierung

1963 brach nach 100 Jahren Pause der Vulkan Agung aus und zerstörte durch Erdstöße und Aschenregen den Großteil des Parks. Als das Personal in die aufgegebene Anlage zurückkehrte, waren die Gärten geplündert, die Bäume und Pflanzen von Asche erstickt. In den folgenden 15 Jahren verfielen die Gärten noch weiter. Durch ein Gesetz zur Bodenreform hatten Könige und Großgrundbesitzer ihr riesiges Einkommen verloren. Restaurierungen konnten nur vereinzelt und in bescheidenem Maß durchgeführt werden.

Zum Glück griffen die Weltbank und die indonesische Regierung ein, um die Restaurierung zu finanzieren. 1979 wurde unter der Leitung des Königssohnes Anak Agung Made Djelantik (1919–2007) ein Restaurierungsprogramm in Angriff genommen, das sein Enkel Ir. Anak Agung Gede Dharma Widoere Djelantik (geb. 1953) ab 1999 fortsetzte. Er verlieh den Gärten ihren alten Glanz. Was heute zu sehen ist, ist ausschließlich den Plänen Widoere Djelantiks zu verdanken. Als Teil der Verschönerung von Tirta Gangga wurde eine Gruppe prachtvoller Statuen eines führenden Bildhauers aus Karangasem in einem Abschnitt aufgestellt, in dem der König einen großen Teil des Tages mit Dichtung und Meditation verbrachte. Die Statuen stellen die Tugendhaftigkeit der balinesischen Männer und Frauen dar sowie positive und negative Einflüsse, spirituelle Helfer und dämonische Verführer.

Der Park und die Wasserflächen bilden die Kulisse für ein jährliches Kunstfestival, das Begegnungen und Künstler der Region fördern und die Leistungen der Gemeinde demonstrieren soll. Das dreitägige Fest feiert die indonesische Kultur mit Tänzen, Dichtung, Installationen, Theater und Landschaftsmalerei, ein Verweis auf das Engagement des Königs für Kunst, Architektur, Religion und balinesische Bräuche.

Die Pracht der Blumen

Die Blumen auf Bali sind eine Augenweide und ihre Pracht kommt in Tirta Gangga voll zur Geltung. Alfred Russel Wallace, ein Naturforscher der viktorianischen Zeit, bemerkte als Erster einen auffälligen Unterschied zwischen der balinesischen Pflanzen- und Tierwelt und der Flora und Fauna der Insel Lombok, obwohl die sie trennende Lombokstraße nur 40 Kilometer breit ist. Diese Grenze zwischen zwei großen biogeografischen Zonen, Asien und Australien, wird als Wallace-Linie bezeichnet. Flora und Fauna Balis sind mehr westlich als östlich und sorgen in Tirta Gangga für aufregende visuelle Eindrücke.

Die Wasserflächen sind den Großteil des Jahres hindurch mit großen Seerosen und herrlichen rosafarbenen Lotosblumen übersät. Die Becken werden von roten Fuchsien und goldenen Hummerscheren *(Heliconia* spp.*)* gesäumt, die mit ihren farbenfrohen Blüten und aufrechten, paddelförmigen Blättern ins Auge fallen. Im Wasser spiegeln sich die rosafarbenen, über die Beckenränder hängenden Bougainvilleen. Um die oberen Bassins stehen stolz Chinesischer Roseneibisch und Indisches Blumenrohr in den Farben Orange, Rot und Gelb.

Die grüne Waldkulisse rings um Tirta Gangga unterstreicht diese Belebtheit. Über den Park verstreut stehen alte Bananenbäume mit großen fächerförmigen Blättern. Ihre leuchtenden rosa Blüten bilden eine Einheit mit den Frangipani, Bougainvilleen und Lotosblumen. Zwischen einigen der kleineren Becken findet man die langen grünen Blätter des Elefantenohrs *(Colocasia* spp.*)*, in den schattigen Teilen des Gartens erglänzen die rosa und grün gefärbten Blätter der Engelsflügel *(Caladium* spp.*)*.

Die Besichtigung dieses Parks ist nicht nur eine Freude für die Augen. Die Wege sind mit duftenden rosafarbenen Frangipani gesäumt, die Luft ist erfüllt vom Geruch Arabischen Jasmins *(Jasminum sambac)*. Überall hört man das Wasser fließen und die Blätter im Wind rauschen. Der üppige weiche Rasen unter den Füßen kontrastiert mit den feuchtkühlen Trittsteinen in den Becken und Wasserläufen. Tirta Gangga ist ein Garten für die Sinne, vor allem für die Augen, den Geruchssinn und das Gehör. Ein kontemplativer Spaziergang durch den Garten stärkt die Wahrnehmung, erhöht das Wohlbefinden und erfreut den Geist.

Linke Seite oben
Die Pavillons

Linke Seite unten
Die mittlere Ebene *(Bwah)*

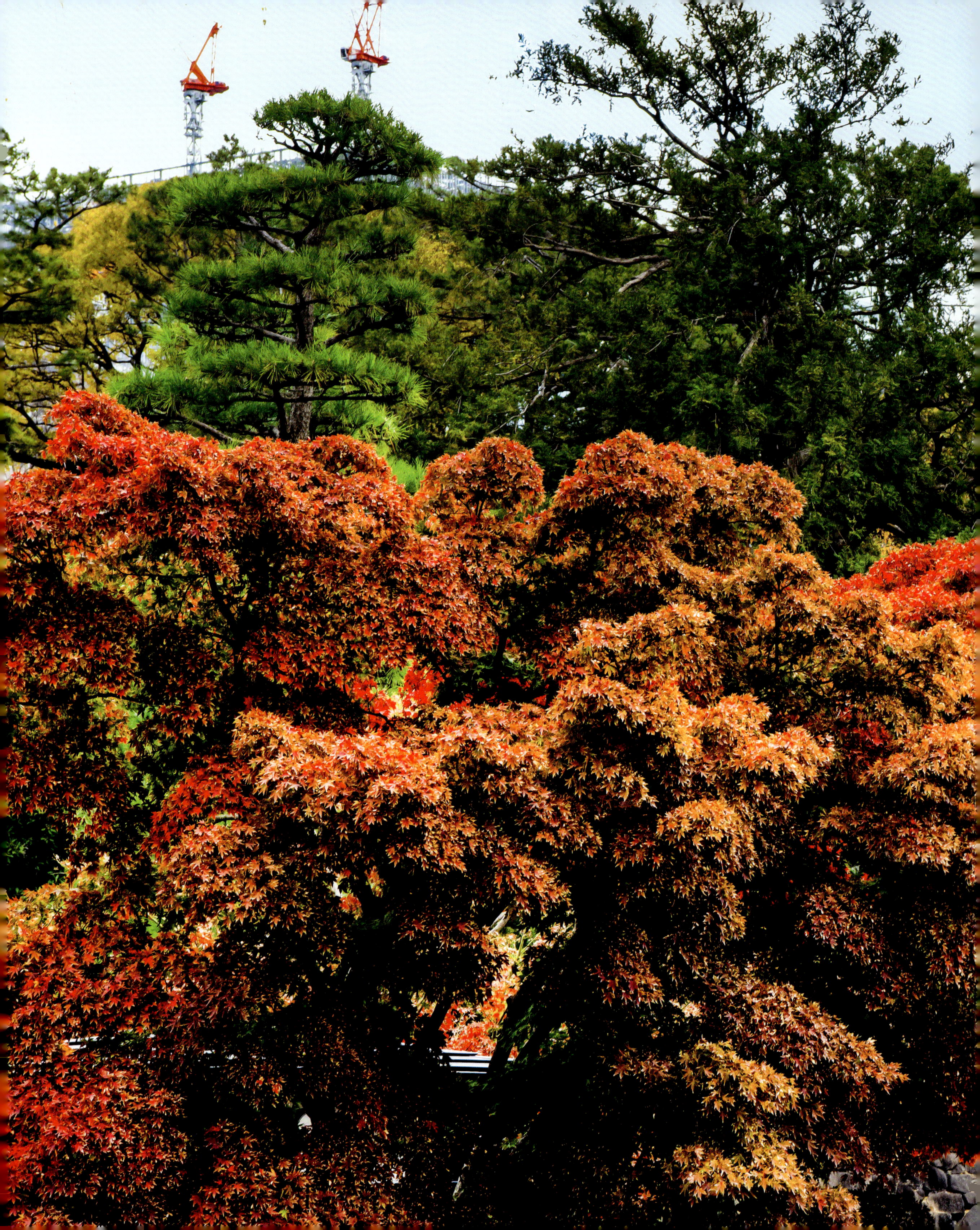

KAISERPALAST TOKIO

Tokio, Japan

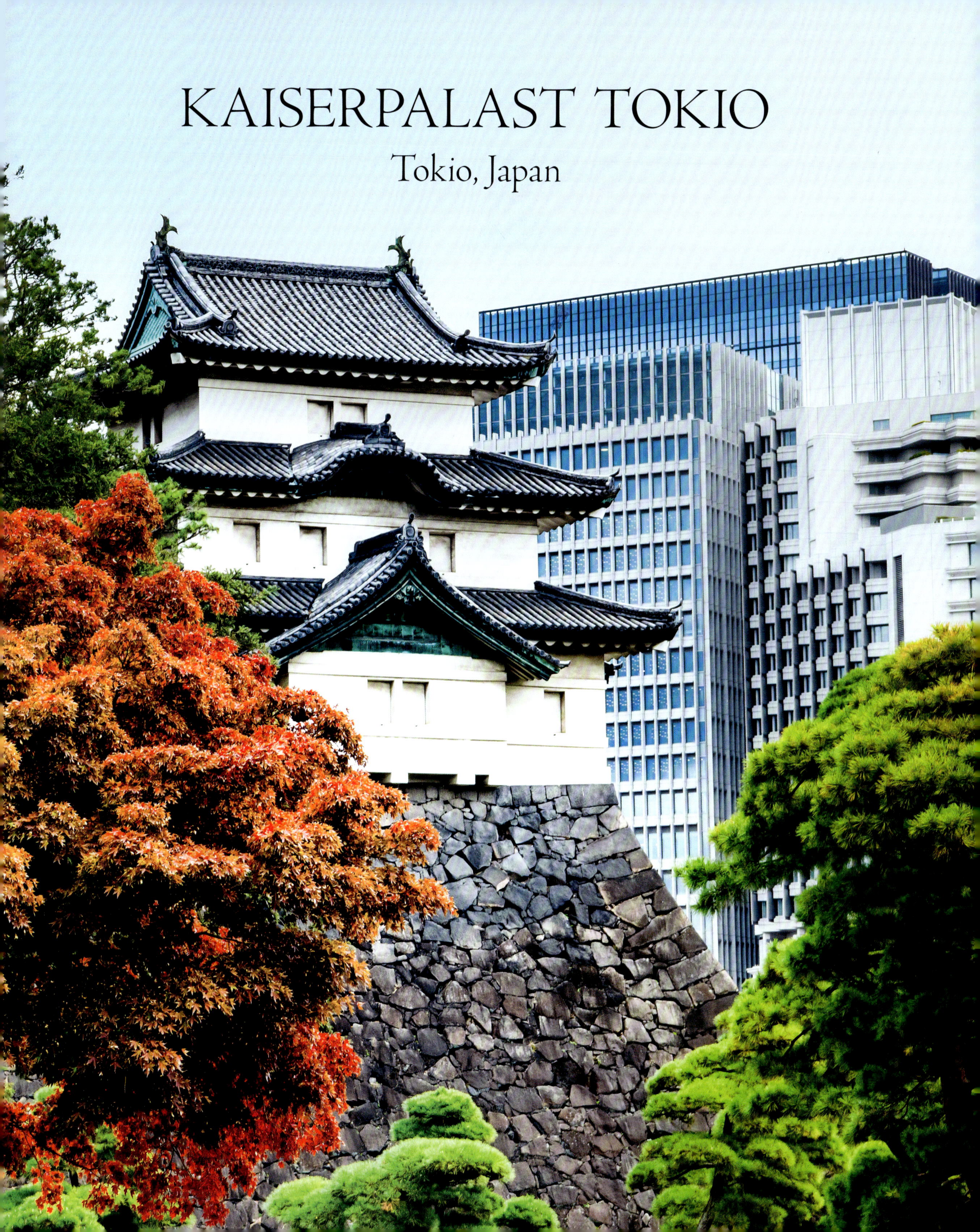

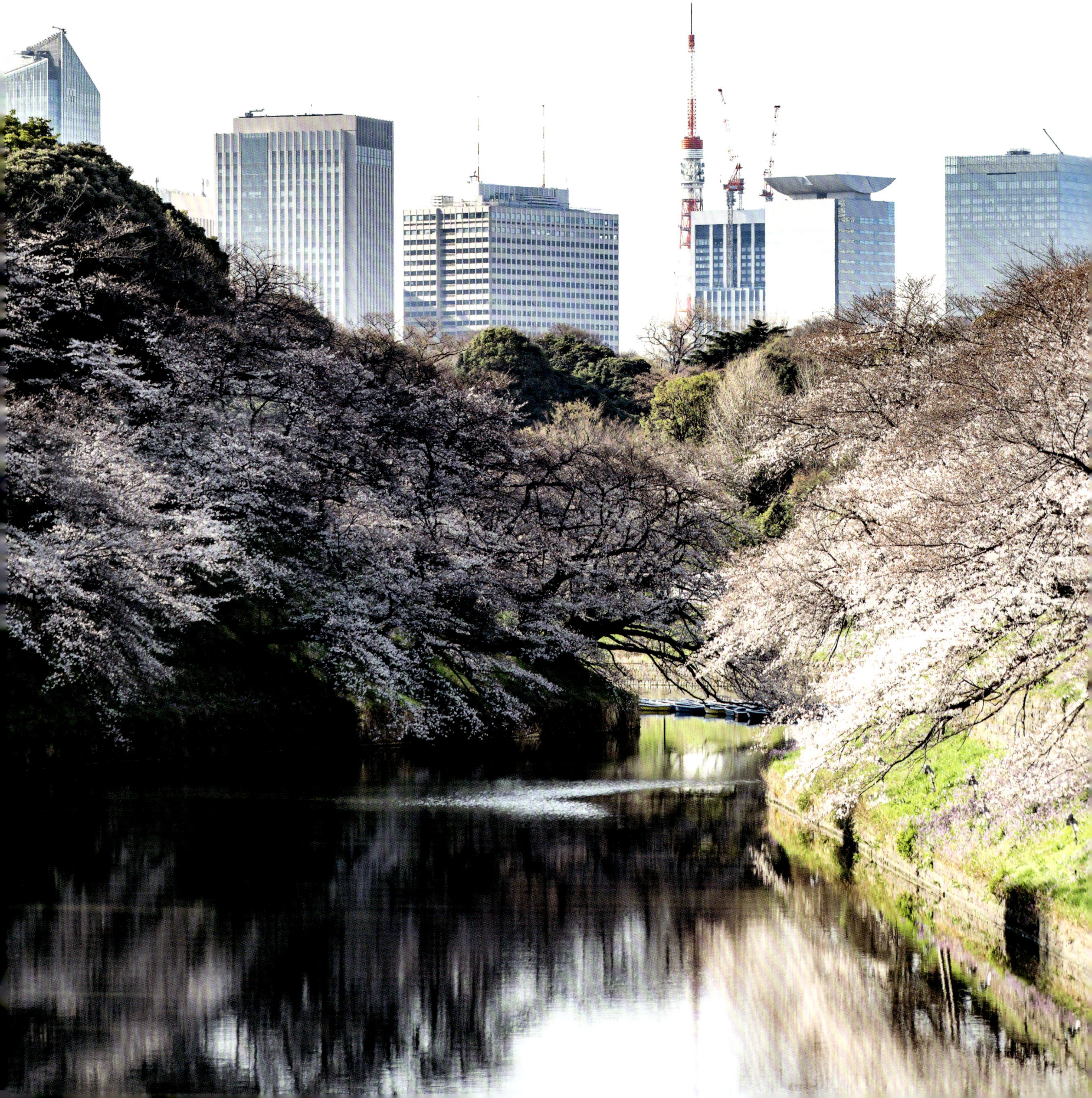

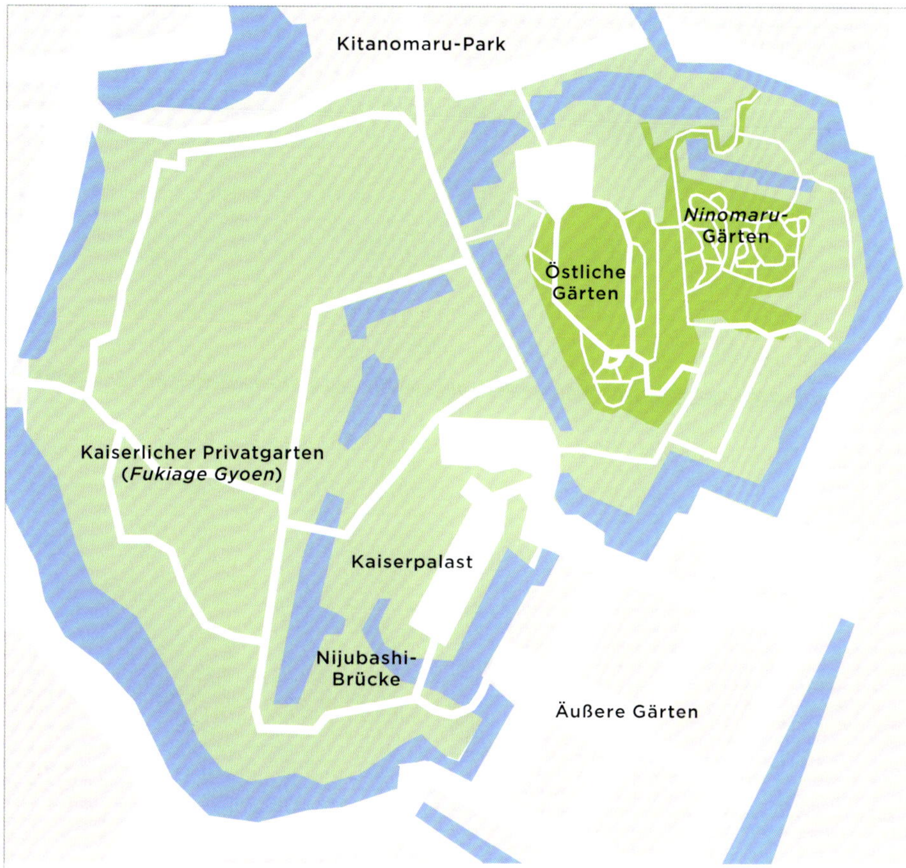

DER KAISERLICHE PALAST IN TOKIO MIT SEINEN STEINMAUERN, BEFESTIGUNGEN UND WASSERGRÄBEN BILDET EINEN EKLATANTEN KONTRAST ZU DEN AUS STAHL UND GLAS ERBAUTEN WOLKENKRATZERN DES BENACHBARTEN GESCHÄFTSZENTRUMS DER JAPANISCHEN HAUPTSTADT.

Der Palast liegt im Zentrum des Bezirks Chiyoda auf dem Gelände des 1457 erbauten Schlosses Edo, das im 19. Jahrhundert einem Brand zum Opfer fiel. Er ist die private Hauptresidenz des Kaisers von Japan und seiner Familie. Die Anlage – 153 Hektar Wald, Gärten und der öffentliche Park – entspricht flächenmäßig etwa 40 Prozent des Englischen Gartens in München. Neben dem Kaiserlichen Palast (Kyuden) umfasst sie zahlreiche weitere Bauten. Im Verein mit der Rolle des Kaisers in der japanischen Gesellschaft und ihrem ausgeprägten Traditionsbewusstsein stellt die Palastanlage das Bindeglied zwischen Alt und Neu dar.

Das ursprüngliche Schloss Edo wurde 1456/57 von Ota Dokan erbaut, einem dichtenden Krieger und buddhistischen Mönch. In den folgenden 150 Jahren wurden zahlreiche Festungen und Wallgräben angelegt. Die tief gelegene Stadt (*Shitamachi*) benötigte Schutz. Der bei der Anlage der Gräben anfallende Aushub wurde zur Nivellierung des Geländes verwendet. Die Steine für die Befestigungen wurden von der 150 Kilometer weiter südlich gelegenen Halbinsel Izu und aus Ome westlich von Tokio herangeschafft. Der kaiserliche Hof residierte lange Zeit in Kyoto. Dies änderte sich in der Sengoku-Epoche, die 1467 mit dem Onin-Krieg begann. Japan, das Land der Haiku-Dichter, Teezeremonien und Kirschbaumalleen, erlebte im 16. Jahrhundert eine kriegerische und blutige Zeit, in der rivalisierende Kriegsherren *(daimyō)* um die Vorherrschaft rangen.

DIE EDO-ZEIT (1603–1868)

Tokugawa Ieyasu (1543–1616) besetzte 1590 Schloss Edo und wurde 1603 der erste Shogun (Militärdiktator) der Tokugawa. Die Shogune regierten Japan mehr als zweieinhalb Jahrhunderte lang, bis 1868 die kaiserliche Herrschaft wiederhergestellt wurde. Als Ieyasus Enkel Tokugawa Iemitsu (1604–1651) nach Edo zog, war es eine kleine Stadt, das Shogunat hingegen umfasste ein riesiges Gebiet. Tokugawa machte Edo zum Sitz der Zentralregierung und beauftragte den Landschafts-

Vorhergehende Doppelseite
Higashi-gyoen, der öffentlich zugängliche Teil des Kaiserpalastes

Linke Seite
Im Kitanomaru-Park

architekten Kobori Enshu (1579–1647), auf dem Areal des heutigen Kaiserpalasts Gärten anzulegen. 1657 wurden der Wehrturm und die zahlreichen Dächer durch den Meireki-Großbrand und später durch weitere Brände beschädigt. Das Schloss wurde jedes Mal neu erbaut.

Der Komplex befindet sich auf einer Terrasse *(musashino)* zwischen den Flüssen Arakawa, Iruma und Tama. Nördlich und westlich davon dehnen sich Wallgräben (am tiefsten liegt der *Shimo-Dokan*), Überreste von Wachttürmen aus dem 15. Jahrhundert und die doppelte Nijubashi-Brücke, die über die Gräben in den inneren Palastbereich führt. Die Wassergräben und Wälle waren unverzichtbar für die Verteidigung des Komplexes.

Als Tokugawa Ienobu (1662–1712), der sechste Shogun der Tokugawa-Dynastie, an der Macht war (1710–1712), erteilte er den Auftrag zur Errichtung eines einen Hektar großen Gartens mit Teich (der noch heute existiert), Wasserfall und Fluss. Er wurde der kaiserliche Privatgarten (*Fukiage Gyoen*). Unter dem neunten Shogun, Tokugawa Ieshige (1712–1761), wurden bis heute erhaltene Gartenpläne erstellt. Sie dienten in den 1960er-Jahren zur Rekonstruktion der Anlage.

Tokugawa Ienari (1773–1841), der elfte und am längsten (1787- 1837) regierende Shogun, führte die Restaurierungsarbeiten im *Fukiage Gyoen* fort. Allerdings waren die späteren Jahre der Edo-Epoche von Kriegen, Rebellionen, Hungersnöten und Aufständen gekennzeichnet, wodurch den Gärten Aufmerksamkeit versagt blieb. Diese turbulente Zeit endete 1868, als der letzte Shogun Tokugawa Yoshinobu (1837–1913) abdankte. Der Kaiser wurde wieder eingesetzt, der Shogun und seine Familie mussten Schloss Edo verlassen.

In der Zeit der Meiji-Restauration übersiedelte Kaiser Meiji (1852–1912) vom Kaiserpalast in Kyoto in das neue Schloss Edo, das den Namen Schloss Tokei (später Tokio) oder Kaiserpalast Tokio erhielt. 1873 brannte es ab und musste neu errichtet werden. Was man heute sieht, ist hingegen der neue Kaiserpalast. Der an der Stelle des Schlosses Edo erbaute Palast war im Zweiten Weltkrieg zerstört worden. Die Neuerrichtung begann in den 1960er-Jahren und erfolgte dieses Mal in Stahlskelettbauweise. Der Bau besitzt zwei über der Geländeoberfläche liegende Geschosse und ein Untergeschoss.

Die heutigen Gärten

Die Gartenanlage des Palasts ist in vier Bereiche unterteilt, von denen nur drei öffentlich zugänglich sind: der Äußere Garten *(Kokyo Gaien)*, die Östlichen Gärten und der Kitanomaru-Park. Der vierte ist ein reiner Privatgarten, *Fukiage Gyoen*, und kann nur im Rahmen von Führungen besichtigt werden, die am Kikyo-mon-Tor beginnen. Alle diese Bereiche haben ihren jeweils eigenen Charakter. Der Äußere Garten mit seinen Ausblicken auf die Wolkenkratzer der modernen Stadt gilt als der urbanste. Er verfügt über einen weiten Platz mit einem an die Hochzeit des Kaiserpaars erinnernden Brunnen und der Statue eines treuen Samurais des 14. Jahrhunderts, Kusunoki Masashige. Man findet hier gepflegte Rasenflächen mit 2000 Japanischen Schwarzkiefern *(Pinus thunbergii)*, von denen einst die Küste bedeckt war, als der erste Shogun, Tokugawa Ieyasu, 1590 in die Burg einzog.

Die Östlichen Gärten umfassen den *Ninomaru*, den Garten, den ursprünglich Kobori Enshu für den dritten Shogun Tokugawa Iemitsu anlegte und der in den 1960er-Jahren rekonstruiert wurde. Es ist ein abgeschlossener Garten, innerhalb der alten Mauern wachsen Blumen und 30 Baumarten aus den 47 Präfekturen Japans.

Der Kitanomaru-Park, heute öffentlich zugänglich, war ursprünglich eine befestigte Verteidigungsanlage nördlich der Burg Edo. Das Ambiente ist hier völlig anders, mit großen modernen Bauten wie dem *Nippon Budokan* (einer Kampfsport-Arena) und dem Wissenschaftsmuseum inmitten dicht bepflanzter Gehölze, Rasenflächen und von schwarzen Pfosten gesäumten Wegen – eine Augenweide für Gartenfreunde und Pflanzenliebhaber. Die meisten Bäume sind mit ihren Namen bezeichnet.

Rechte Seite oben
Die Nijubashi-Brücke führt in den inneren Palastbereich.

Rechte Seite unten
Luftbild von der Gesamtanlage

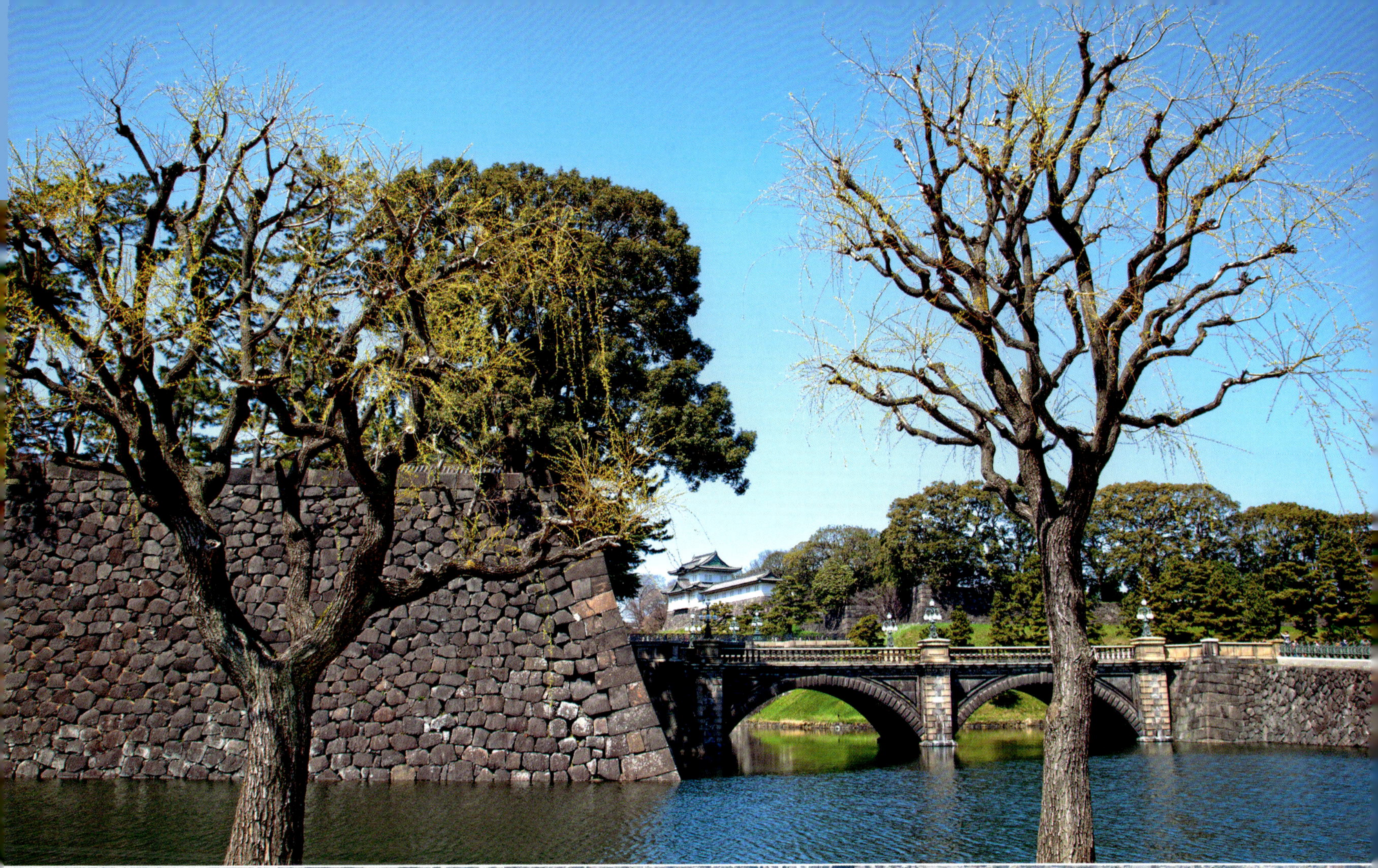

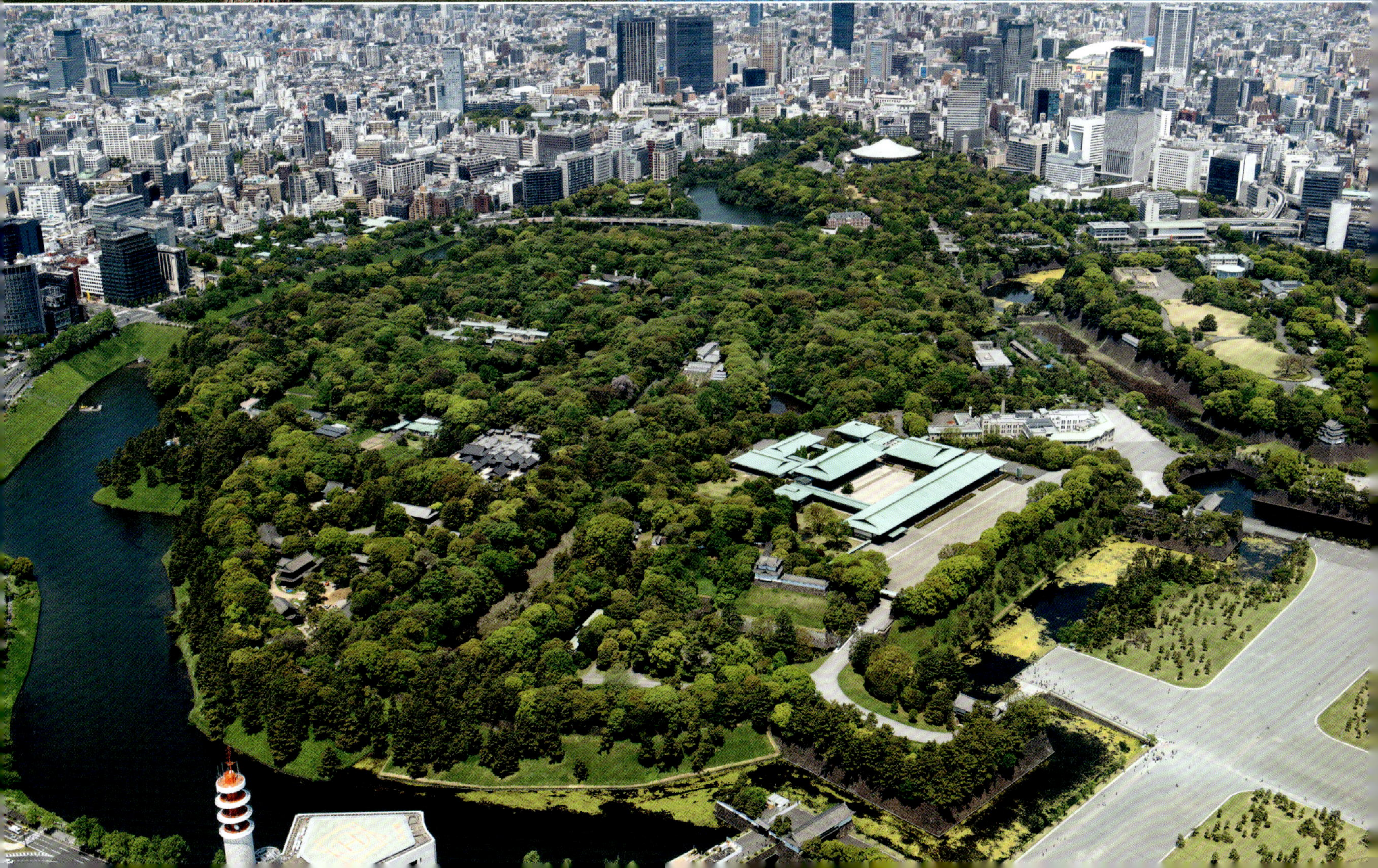

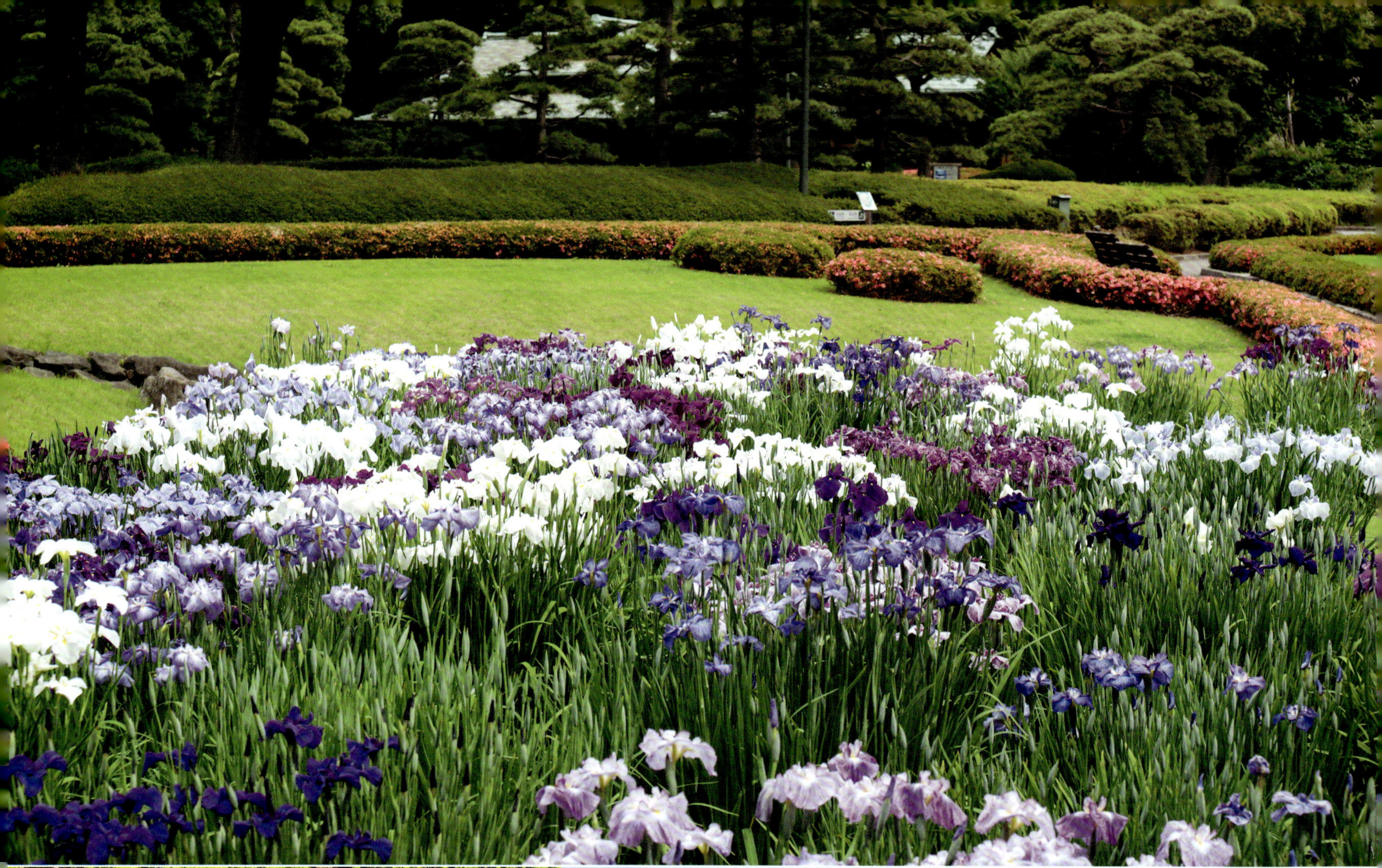

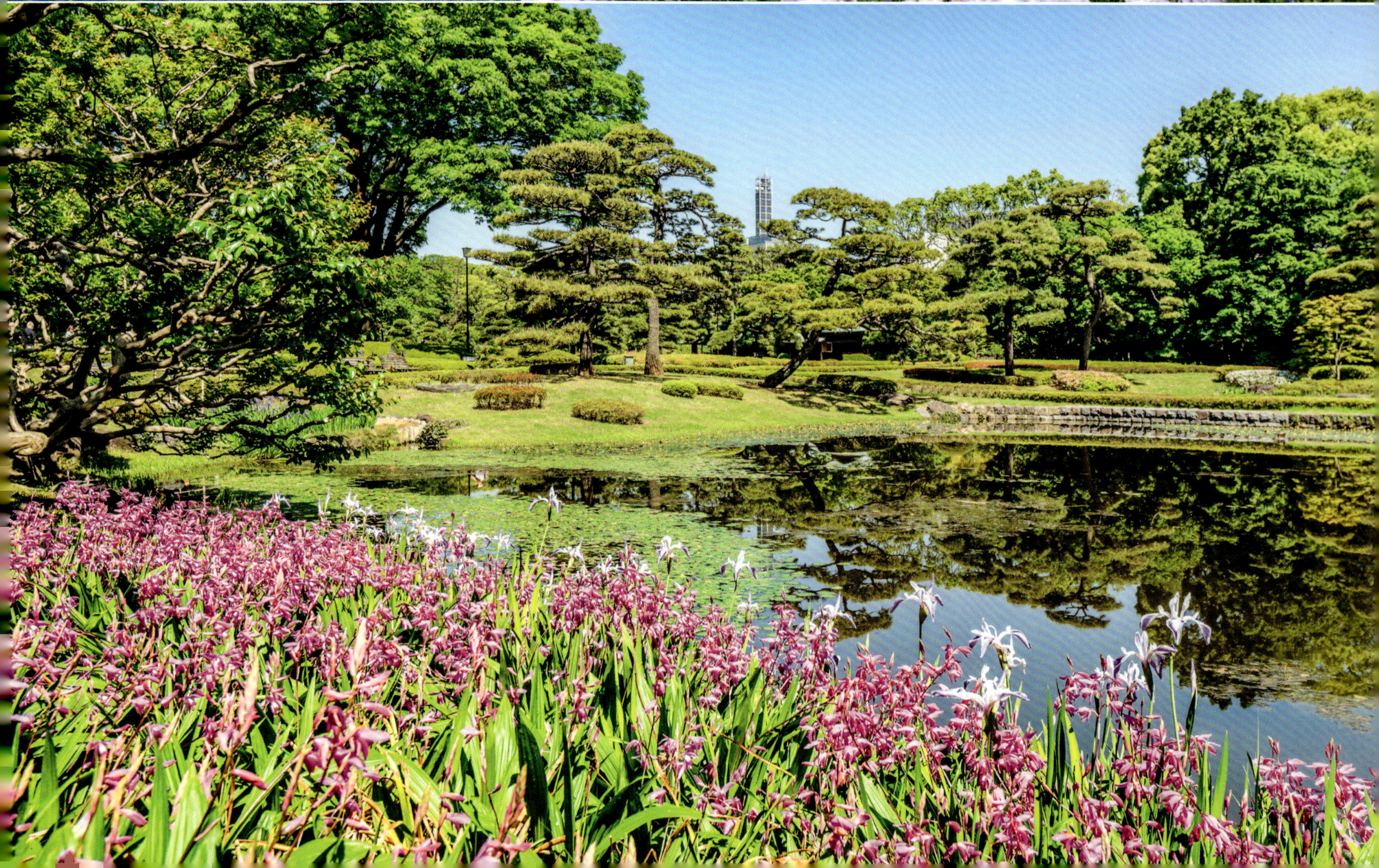

Der Palastbereich

Zwei Brücken, die steinerne Seimon-ishibashi-Brücke, und die eiserne Nijubashi-Brücke, führen zum Haupteingang. Wenn man sie in Richtung Palast überquert, dann blickt man linker Hand auf die moderne Stadt, rechter Hand liegen hohe Steinwälle und mit Kiefern bewachsene Böschungen.

Über allem erhebt sich der Wehrturm *Fushimi-Yagura* mit seinen weißen Fassaden. Er stand früher in Kyoto, wurde jedoch abgerissen und von Tokugawa Iemitsu hier neu errichtet. Beim Betreten des Gartens erblickt man einen Pavillon mit den »Sieben Herbstblumen«, von dem ein Weg in den weiteren Gartenbereich führt. Diese im Herbst blühenden, in Ostasien heimischen Pflanzen sind sehr beliebt und in Tokio fast in jedem Garten anzutreffen: Goldbaldrian *(Patrinia scabiosifolia)*, Chinaschilf *(Miscanthus sinensis)*, Ballonblume *(Platycodon grandiflorus)*, Nelken *(Dianthus* spp.*)*, Japanischer Wasserdost *(Eupatorium fortunei)*, Kudzu *(Pueraria lobata)* und Klee *(Lespedeza* spp.*)*.

Zwischen dem *Fushimi-Yagura*, der Empfangshalle und dem Audienzsaal des Kaiserpalasts erstreckt sich ein wieder neu angelegtes Waldstück. Früher war dieses Areal wie im inneren Privatgarten *Fukiage Gyoen* mit einem Rasen und Azaleen angelegt. Kaiser Hirohito (1901–1989), ein Biologe und Freund der Natur, wollte hier einen Wald nach Art der Edo-Epoche anlegen – mit Eichen *(Quercus serrata* und *Q. acustissima)*, Ahorn und Hainbuchen sowie Yabutsubaki *(Camellia japonica)*, Japanischer Lavendelheide *(Pieris japonica)* und Japanischen Rotkiefern *(Pinus densiflora)* aus Musashino im westlichen Teil Tokios. Verstreut im Wald findet man Japanische Schwertlilien *(Iris japonica)* und *Disporum sessile*. Die Arbeiten begannen 1983 und dauerten drei Jahre. 2002 wurde zusätzlich ein kleiner Bach angelegt.

Die Kunst der Bonsai-Züchtung wird in Japan seit dem 12. Jahrhundert gepflegt. Im Geist dieser Tradition umfasst der Kaiserliche Garten den Oomichi-Garten, in dem ungefähr 90 verschiedene Bonsai gehegt und gepflegt werden.

Typisch japanische Blumen

Im Frühling kommt der *Ninomaru* in den Östlichen Gärten voll zur Geltung, wenn seine zahlreichen Schwertlilienarten blühen. Es gibt drei Hauptarten, sie sind in Edo nach den Gebieten oder Präfekturen geordnet angepflanzt, in denen sie kultiviert werden: Tokio, Kumamoto und Mie. Der berühmte Iris-Garten in Meiji Jingu (Shibuya-Distrikt) lieferte 84 unterschiedliche Kultivare der *Edo hanash bu*. Typisches Merkmal eines japanischen Irisgartens ist die Zickzackbrücke *(Yatsuhashi)*. Sie besteht normalerweise aus acht aneinandergefügten Stegen, die auf die berühmten *Ise*-Geschichten verweisen. Darin ist von den acht Armen des Flusses Azuma die Rede, über die acht Brücken verlaufen. In den locker bepflanzten Bereichen des *Ninomaru* findet man Wiesen mit japanischen Schwertlilien und Zierkirschen sowie schmalen, mit Stein oder Holz eingefassten Bächen. Wege winden sich um Beete mit Schwertlilien und Azaleen, Rhododendren sind zu Skulpturen geschnitten. Alles ist sorgfältig geplant, umgesetzt und gepflegt. Der Beschnitt der Baumkronen, vor allem der Schwarzkiefern, sorgt für Sichtachsen innerhalb des Gartens. Aus diesem Bereich der Östlichen Gärten hat man über die Baumspitzen hinweg einen Blick auf das moderne Tokio.

Nach dem Ende der Irisblüte sind die Goldröschen, Azaleen, weißen und lila Glyzinien, Hortensien, Taglilien *(Hemerocallis* spp.*)* und Lilien an der Reihe. Auch die den Buddhisten heilige Lotosblume zählt zu den typischen Blumen Japans und hat in japanischen Gärten eine lange Tradition. Im Spätsommer ist der Graben um den Kaiserpalast mit Lotosblumen übersät.

Wasserkünste

Der heute im Ninomaru existierende Teich liegt noch an derselben Stelle und besitzt auch die Form, die einst Kobori Enshu gewählt hatte. Er soll eine typische japanische Küstenlandschaft darstellen – einen Sandstrand – und weist die charakteristischen Merkmale eines Gartens der Edo-Zeit auf: sanfte Böschungen und eine zentrale Insel mit Strand *(suhama)*. Der Teich

Linke Seite oben
Schwertlilien in den Östlichen Gärten

Linke Seite unten
Der Ninomaru-Garten

ist mit einer speziellen Karpfenart bevölkert, den Butterfly-Koi *(Hirenaga nishikigoi)*.

Das im Japanischen als *Sanzon Iwagumi* bezeichnete Aquascaping ist die Kunst des Anlegens von Drei-Säulen-Felsformationen. Man kann sie in den Östlichen Gärten bewundern, am besten am Fuß des Wasserfalls. Die Brücke über dem Wasserfall wurde in der Momoyama-Epoche vor der Gründung des Tokugawa-Shogunats erbaut. Das Anlegen von Wasserfällen wird bereits in einem Text des 11. Jahrhunderts beschrieben, dem *Sakuteiki* (Anleitung zur Gartengestaltung). Seine Regeln werden noch heute befolgt.

Pflanzenreichtum

Der Kaiserpalast verfügt über eine faszinierende und vielfältige Flora und Fauna. Laut einem in der *Japanese Times* erschienenen Beitrag des Nationalmuseums für Naturwissenschaften in Tokio leben auf dem Gelände des Kaiserpalasts mehr als 3600 Tier- und Insektenarten und es gibt 1366 Pflanzenarten. Darüber hinaus wachsen hier 20 Prozent der Bäume Tokios. Der verstorbene Kaiser Hirohito war ein Naturliebhaber. Er untersagte den Einsatz von Pestiziden und ermunterte die Mitarbeiter, im Park Insektenhabitate anzulegen. Um Vögel anzulocken, befahl der Tenno die Anpflanzung von Beerensträuchern und Bäumen – Feuerdorn, Orangenkirsche, Spitzblume *(Ardisia japonica)*, Stechpalmen *(Ilex rotunda, I. serrata)* und Filziger Japanischer Schneeball *(Viburnum plicatum* var. *tomentosum)*.

Das gesamte 20. Jahrhundert hindurch wurden Erhebungen über die Flora durchgeführt, die Ergebnisse sind jedoch nicht durchwegs öffentlich zugänglich. Die Östlichen Gärten umfassen Bereiche mit Obstbäumen, vor allem Japanischen Zieraprikosen *(Prunus mume)* und einen Hang namens *bairin-zaka* (Hügel der Pflaumenbäume). Den ersten Obstbaum soll Ota Dokan 1478 gepflanzt haben. Im privaten Fukiage Gyoen gedeihen eine Reihe immergrüner und sommergrüner Laubbäume wie Maulbeere *(Morus nigra)* mit Seidenraupen, Stechpalme *(Ilex integra)*, eine Scheinkastanienart *(Castanopsis sieboldii)*, Japanische Persea *(Machilus thunbergii)*, Eiche *(Quercus acutissima)*, Tanne *(Abies* spp.*)*, Formosa-Amberbaum *(Liquidamber formosana* 'Hance'*)*, Urwelt-Mammutbaum *(Metasequoia glyptostroboides)* und Japanische Zelkove *(Zelkova serrata)*.

2009 führte das Nationalmuseum für Naturwissenschaften im Palastgarten Untersuchungen über Flechten durch. Man stellte 16 Arten fest, zwölf davon waren neue Makroflechten, darunter *Hyperphyscia crocata*, *Parmotrema tinctorum* und *Punctelia borreri*. 2013 fand die Abteilung für Botanik neue Moosarten (Lebermoos, Hornmoos und Laubmoose).

Gärten und Parks des Kaiserlichen Palasts umfassen unterschiedliche Bereiche – Gehölze, von der Sonne erhellte Rasenflächen, Wassergräben und eindrucksvolle Mauern aus massiven, glatten Hausteinen, die in der *Kirikomi-hagi*-Bauweise aufgeführt wurden. Sämtliche Bäume, Sträucher und Blumen haben ihren sorgfältig ausgewählten Platz. Manche verstellen den Blick auf das moderne Tokio, andere sind durch Formschnitt zu lebenden Kunstwerken geworden und ermöglichen Ausblicke. Viele Bereiche der Parkanlage sind öffentlich zugänglich, über den privaten Gärten hingegen schwebt ein Hauch von Geheimnis und Tradition. Spaziert man durch die Östlichen Gärten mit ihren sorgsam beschnittenen Bäumen und Sträuchern, gewundenen Randbeeten und Wasserläufen, wähnt man sich in einem modernen Garten. Bei genauerem Hinsehen entdeckt man, dass hier das historische Konzept von Kobori Enshu durchscheint. Es zeigt seine Ehrfurcht vor der Natur und zugleich, wie sehr der Garten der japanischen Landschaftsästhetik verpflichtet ist, in der die Verwendung des Raums und einfacher Skulpturen genau bemessen und zeitlos ist.

Rechte Seite
Herbststimmung in den Östlichen Gärten

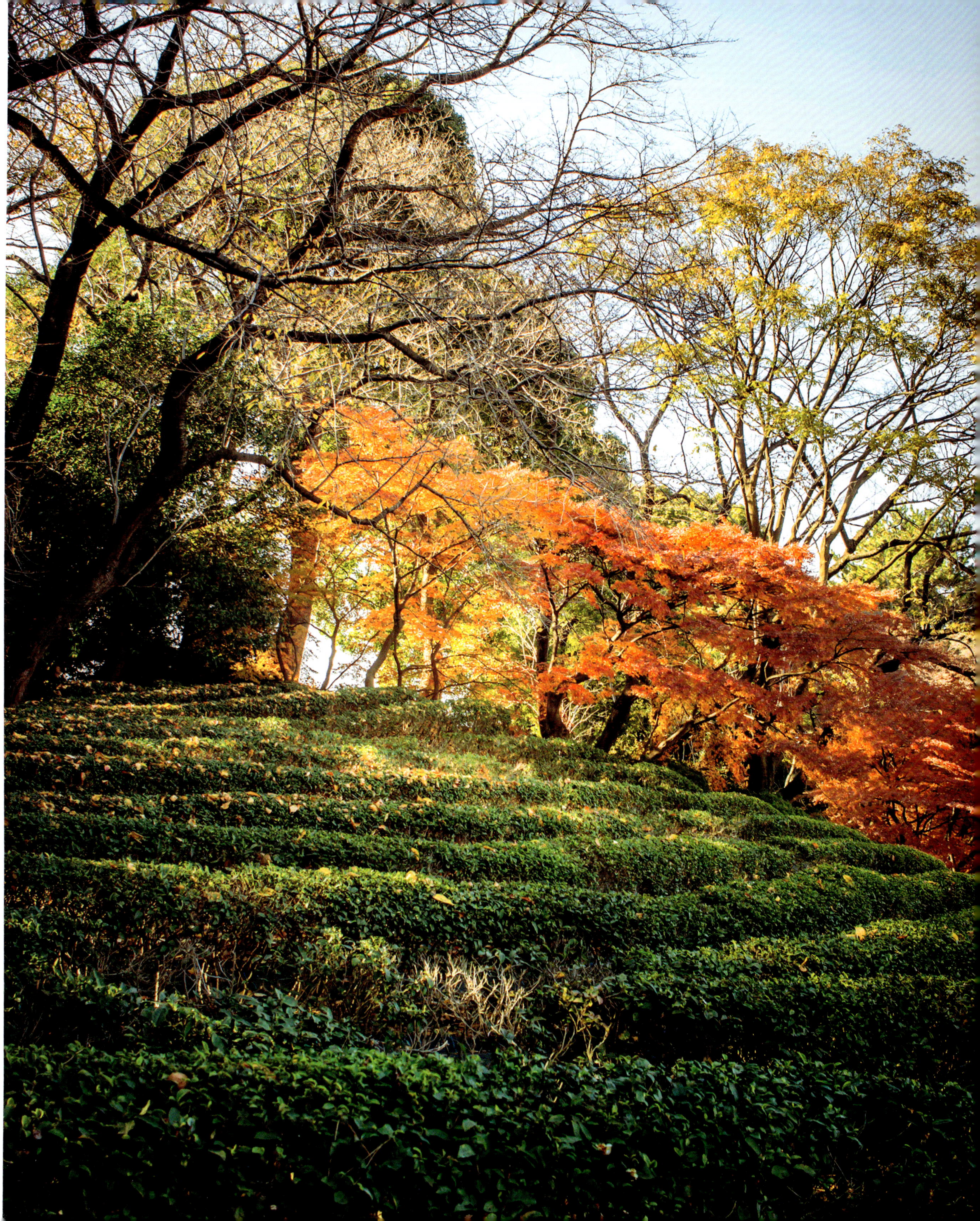

Ienobu, Tokugawa 228
Ieyasu, Tokugawa 227f.
Imbert-Terry, Frederic Bouhier 48, 51
Isabella I., Königin von Kastilien 125

Jacobsen, Arne 61
Jacobsen, J. C. 188
Jacopo, Giovanni Battista di 84
Jahan, Shah, Großmogul 211f., 215
Jakob II. 20
Jardin, Nicolas-Henri 178, 181f.
Jiřičná, Eva 149
Johann Albrecht I., Herzog zu Mecklenburg 71
Johann Friedrich, Herzog von Hannover 65
Joseph I., römisch-deutscher Kaiser 135f.
Juvarra, Filippo 117f., 121

Kalim, Abu Talib 215
Kaňka, František Maxmilián 150
Karl II., König von England 15, 19f.
Karl IV., römisch-deutscher Kaiser 145
Karl V., römisch-deutscher Kaiser 125
Karl VI., römisch-deutscher Kaiser 136
Karl VII., König von Neapel und Sizilien 105f.
Karl XI., König von Schweden 167
Karl Emanuel II., Herzog von Savoyen 117f., 121
Katharina die Große, Zarin von Russland 205
Katharina Jagiellonica, Königin 167
Kaunitz-Rietberg, Wenzel Anton von 136
Keck, Anthony 27
Klett, Theodor 72, 75f.
Kontskaja, Regina 202
Krieger, Johan Cornelius 178, 188, 191f.

Lablaude, Pierre-André 101
la Fosse, Charles Louis Remy de 62
Lahauri, Ustad Ahmad 212
La Quintinie, Jean Baptiste de 98
La Venaria Reale, Königspalast 114–121
Laves, Georg Ludwig Friedrich 58
Le Blond, Jean-Baptiste Alexandre 198, 201f.
Le Breton, Gilles 83f.
Le Brun, Charles 94
Le Corbusier 117
Legeay, Jean Laurent 72, 75
Le Nôtre, André 11, 20, 62, 87, 94, 97, 101, 106, 136, 167, 191, 198
Le Vau, Louis 16, 87, 94
Leibniz, Gottfried Wilhelm 58
Lenné, Peter Joseph 72, 76, 79
Leopold I., römisch-deutscher Kaiser 135, 146

Loelia, Duchess of Westminster 47
London, George 19f.
Lorenzani, Giovanni Andrea 105
Loto Ang 219
Louis Philippe I., König von Frankreich 98
Ludolph, Heinrich 65
Ludwig VII., König von Frankreich 83
Ludwig IX., König von Frankreich 83
Ludwig XIII., König von Frankreich 93f., 97
Ludwig XIV., König von Frankreich 8, 11, 57, 87, 93f., 97f., 101, 105, 205
Ludwig XV., König von Frankreich 98
Ludwig XVI., König von Frankreich 98, 101

Macmillan, Maurice 27
Margrethe II. 182, 191
Maria II., Königin von England 15f., 19, 23, 125, 155f., 159
Maria Carolina, Königin von Frankreich 110
Maria Theresia, Königin von Frankreich 93
Maria Theresia von Österreich 136, 139, 146, 150
Marie Antoinette, Königin von Frankreich 101
Marot, Daniel 16, 156, 159
Masson, Francis 42
Masson, Hilaire 93
Matthias, römisch-deutscher Kaiser 135, 149
Maximilian II., römisch-deutscher Kaiser 135
Mazarin, Jules, Kardinal 93
Meader, James 205
Meiji, Kaiser von Japan 228
Meyer, Karl H. 58
Michetti, Nicola 201f.
Mir, Abd Al-Karim 212
Mollet, André 11, 20
Mollet, Claude 93
Moreno, Francisco Prieto 126
Muhammad III. 129
Mumtaz Mahal 211

Napoleon I. 83, 88, 101
Napoleon III. 83, 88, 98
Navrátil, Josef 149
Nesfield, William Andrews 37, 41f.
Nugent, Thomas 75

Ottokar II., König von Böhmen 150

Paul, John Paul 27
Paul Friedrich, Großherzog von Mecklenburg-Schwerin 71f., 79

Permoser, Balthasar 72
Perrault, Charles 97f.
Pérronet, Henri 61
Peter I., Zar von Russland 98, 197f., 201f., 205f.
Peter III, Zar von Russland 205
Peterhof, Schloss 65, 194–207
Petersen, Jens 62
Philip, Prinz 7, 31
Pilooth, Gerhart Evert 71
Piper, Frederik Magnus 171
Plečnik, Jože 149
Plukenet, Leonard 16
Prager Burg 142–151, 168
Primaticcio, Francesco 84

Quarenghi, Giacomo 205

Rastrelli, Bartolomeo Carlo 198, 201, 205
Rastrelli, Francesco Bartolomeo 198, 202, 205
Rehberg-Credé, Christine 75
Riggus, Michael 61
Rockefeller, John D. 101
Rothschild, Dame Miriam 28
Royal Botanic Gardens, Kew 34–43, 66
Rudolf II., römisch-deutscher Kaiser 146

Saint Phalle, Niki de 61
Salisbury, Lady 28
Salomone, Gaetano 109f.
Schaumburg, Christian 66
Schinkel, Karl Friedrich 71
Schönbrunn, Schloss 132–141
Schonck, Philip Willem 160
Schultz, Stephan 75
Schweriner Schloss 68–79
Serlio, Sebastiano 84
Shawcross, William 48
Showa, Kaiser von Japan 231
Silvia, Königin von Schweden 172
Sinclair, Alexander Campbell 47
Sinclair, Frederick Granville 48
Sinclair, George 47
Sinclair, Malcolm 188
Sophie, Kurfürstin von Hannover 57f., 61, 65f.
Staden, Christiaan Pieter van 160, 163
Stalin, Josef 205f.
Stella, Paolo della 146
Strong, Sir Roy 11
Stüler, Friedrich August 71
Switzer, Stephen 16

Taj Mahal 208–215
Talman, William 15f.
Tatarowitsch, Wladimir 201
Terracciano, Nicola 110, 113
Tessin, Nicodemus 167f.
Thacker, Christopher 41
Tirta Gangga 216–223
Tokio, Kaiserpalast 224–233
Trehet, Jean 136
Trezzini, Domenico 197
Turner, Richard 38, 41
Tuwolkow, Wassili 202

Ulrika Eleonora, Königin von Schweden 171

Vanbrugh, Sir John 19
Van Den Hentz (Architekt) 219
Vanvitelli (Caspar Van Wittel) 105
Vanvitelli, Carlo 105, 109f.
Vanvitelli, Luigi 105f., 109
Versailles, Schloss 16, 57f., 61, 83, 90–101, 105, 118, 178, 197, 201
Victoria, Königin von England 20, 38, 58, 98
Vignola, Giacomo Barozzi da 84
Viktor Amadeus II., Herzog von Savoyen 117
Viktor Emmanuel II., König von Italien 121
Vries, Adriaen de 150, 168, 188

Wallace, Alfred Russell 223
Wendland, Hermann 66
Wendland, Johann Christoph 66f.
Wiedewelt, Johannes 181
Wildford, Richard 42
Wilhelm III., König von England 15f., 19f., 23, 125, 155f., 159f.
Wilhelm V., Statthalter der Niederlande 159
Wilhelmina, Königin der Niederlande 155, 160
Wilson, Gordon 41, 66
Wise, Henry 19f.
Wohlmut, Bonifaz 146
Wolsey, Thomas Kardinal 15
Wren, Sir Christopher 15f., 19, 23

Yatman, William 27
Yoshinobu, Tokugawa 228
Yusuf I., Sultan von Granada 125

Zinner, Johann Anton 136

BILDNACHWEIS

1 Annie Green-Armytage/GAP Photos; 2–3 Robert Harding/Alamy Stock Photo; 5 NoSystem images/iStock; 8 Bridgeman Images; 9 Vera Lebedinskaya/Shutterstock; 10 Marcus Hawkins/Digital Camera Magazine/Future via Getty Images; 12–13, 14 Andy Butler/Historic Royal Palaces; 17 o. Robert Wyatt/Alamy Stock Photo; 17 u. Vladislav Zolotov/iStock; 18 o. Vladislav Zolotov/iStock; 18 u. Ian Bottle/Alamy Stock Photo; 20 DBPITT/iStock; 21, 22 Andy Butler/Historic Royal Palaces; 23 Chris Harris/Alamy Stock Photo; 24–25, 27 Robert Smith/GAP Photos; 26 Jason Ingram/GAP Photos; 29 o. Highgrove/Rebecca Bernstein/GAP Photos; 29 u. Highgrove/GAP Photos. Holyroodhouse entworfen von William Bertram; 30 o. Highgrove/A. Butler/GAP Photos. Entwurf durch HRH Prince Charles und Mike Miller; 30 u. Highgrove/Robert Smith/GAP Photos; 32, 33 Highgrove/GAP Photos; 40 Charles Bowman/Alamy Stock Photo; Highgrove-Fotos mit freundlicher Genehmigung durch Clarence House; 44–45 font83/iStock; 46, 49 o. und u. Foto Shirley Farquhar/Castle of Mey; 50 o. Gabi Secareanu/Shutterstock; 50 u., 53 Kenny Lam/VisitScotland; 54 55 velislava-germany/Alamy Stock Photo; 60 u. Patrice von Collani/Westend61/Alamy Stock Photo; 70 Daniel Rudolf/Alamy Stock Photo; 80–81 Vladislav Zolotov/iStock; 82 Patrick Escudero/hemis/Alamy Stock Photo; 85 o. Serega Yu/Alamy Stock Photo; 85 u. baccus7/Pixabay; 86 o. Beatrice Bibal/Gamma-Rapho via Getty Images; 86 u. Keith Evans/Flickr; 89 Michael Warwick/Shutterstock; 90–91 Angus McComiskey/Alamy Stock Photo; 92 Berthold Steinhilber/LAIF/Camera Press; 95 o. Philippe Widling/Design Pics; 95 u. Peter Stein/Shutterstock; 96 o. psilosimon/Alamy Stock Photo; 96 u. Alain Le Toquin/Biosphotos/Garden World Images; 98 Kevin O'Hara/agefotostock/Alamy Stock Photo; 99 Giulia Hetherington; 100 Frederic Reglain/Alamy Stock Photo; 102–103 Åke E:son Lindman; 104 Matyas Rehak/Shutterstock; 107 o. Salvatore Laporta/Kontrolab/LightRocket via Getty Images; 107 u. Redmason/Shutterstock; 108 o. Vittorio Sciosia/Reda & Co srl/Alamy Stock Photo; 108 u. Åke E:son Lindman; 110 Marbenzu/Dreamstime.com; 111 Sklifas Steven/Alamy Stock Photo; 112 Åke E:son Lindman; 113 De Agostini/Universal Images Group/Alamy Stock Photo; 114–115 Realy Easy Star/Toni Spagone/Alamy Stock Photo; 116 Laura Portinaro/Reda &Co/Cubo Images; 119 o. Stefano Cavoretto/Alamy Stock Photo; 119 u. Dmytro Surkov/Alamy Stock Photo; 120 o. antinoris/iStock; 120 u. Flavio Vallenari/iStock; 122–123 Paul Williams/Alamy Stock Photo; 124 Luis Dafos/Alamy Stock Photo; 127 o. kossarev56/Shutterstock; 127 u. Kiev.Victor/Shutterstock; 128 o. Insung Choi/123RF; 128 u. Tomasz Czajkowski/Alamy Stock Photo; 130 Bertrand Gardel/Hemis/Alamy Stock Photo; 131 Mark Bolton/GAP Photos; 132–133 Imre Joo/500px/Getty Images; 134 Have Camera Will Travel Europe/Alamy Stock Photo; 137 o. Jeremy Graham/dbimages/Alamy Stock Photo; 137 u. H1N1/Shutterstock; 138 o. Arxichtu4ki/Dreamstime.com; 138 u. Maria Wachala/Zoonar/Alamy Stock Photo; 140 Elena Schweitzer/Shutterstock; 141 Karl Allen Lugmayer/Shutterstock; 142–143 arazu/Shutterstock; 144 J. Pie/Alamy Stock Photo; 147 o. Radomir Rezny/Alamy Stock Photo; 147 u. Madzia71/iStock; 148 o. PleskyRoman/iStock; 148 u. Slawek Staszczuk/Alamy Stock Photo; 151 o. Ryhor Bruyeu/iStock; 151 u. Ershov Maks/iStock; 152–153 Paleis Het Loo, Apeldoorn, Niederlande; 154 Paleis Het Loo. Foto Hans Clauzing; 157 Florian Monheim/Bildarchiv Monheim/Alamy Stock Photo; 158 o. Paleis Het Loo. Foto Erik Hermerg; 158 u. Frans Lemmens/Alamy Stock Photo; 161 Nationaal Archief, Den Haag. Kaartcollectie Binnenland Hingman, 4.VTH, Inventar-Nr. 1868; 162 Frans Lemmens/Alamy Stock Photo; 164–165, 166 Åke E:son Lindman; 169 o. Sveriges Kungahus, Schweden. Foto Alexis Daflos; 169 u. Carolina Larsson/Alamy Stock Photo; 170 o. Sveriges Kungahus, Schweden. Foto Raphael Stecksén; 170 u. Kalin Eftimov/Shutterstock; 173 Åke E:son Lindman; 174–175, 179 o. Thomas Rahbek/SLKS; 176 Dennis Jacobsen/Shutterstock; 179 u. BirgerNiss/iStock; 180 o. Andreas Altenburger/Alamy Stock Photo; 180 u. André Serensen/Getty Images; 183 wd/iStock; 184–185 Ramon Coloma Mozos/Getty Images; 186 DeadDuck/iStock; 189 o. Dreamstime.com Stefano Ember; 189 u. Thomas Rahbek/SLKS; 190 o. DeSid/iStock; 190 u. LordRunar/iStock; 192 Bakkehus/Solbjerg, Bd. 1: Troels-Lund Gyldendal, Nordisk forlag, 1921; 193 Giovanni Simeone/4Corners Images; 194–195 Artmim/Dreamstime.com; 196 Elena Lysenkova/Shutterstock; 199 o. katsyka/iStock; 199 u. Solo122/iStock; 200 o. Borisb17/iStock; 200 u. Ivinst/iStock; 202 S. Tatiana/Shutterstock; 203 Perry Mastrovito/GAP Photos; 204 Joesboy/iStock; 207 WorldWideImages/iStock; 208–209 meinzahn/123RF; 210 Morganelgd/Shutterstock; 213 o. Victor Iniesta/ Shutterstock; 213 u. Pius Lee/123RF; 214 Arthur M. Sackler Gallery, Smithsonian Institution/Bridgeman Images; 216–217, 221 o. AlexeyPelikh/iStock; 218 Sytilin Pavel/Shutterstock; 221 u. Martin Moxter/ImageBroker/Alamy Stock Photo; 222 o. Constantin Stanciu/Dreamstime.com; 222 u. Alain Bachellier/Getty Images; 224–225 denkei/PIXTA; 226 yaophotograph/iStock; 229 o. Gwmb2013/Dreamstime.com; 229 u. Mark Edward Eite/Aflo Co/Alamy Stock; 230 o. E7551/PIXTA; 230 u. travelbild-Asia/Alamy Stock Photo; 233 RS Smith Photography/Shutterstock. Vorderer Vorsatz: Urban Road/iStock; hinterer Vorsatz: Karl Johaentges/Alamy Stock Photo

Weitere Fotografien auf den Seiten 6, 34–35, 36, 39 o. und u., 43, 56, 59 o. und u., 60 o., 63, 64, 65, 67, 68–69, 73 o. und u., 74 o. und u., 76, 77, 78 o. und u., 79 von Sarah Cuttle für Kyle Books/Octopus Publishing
Kartenskizzen: Robin Rout

DANK

The Customer Information Team and Media Relations Team, Royal Botanic Gardens Kew, Großbritannien

The Royal Parks, London, Großbritannien

Royal Communications, London, Großbritannien

Royal Collection Trust, London, Großbritannien

The Crown Estate, Windsor, Großbritannien

English Heritage Press Office, Großbritannien

Library Team, Historic Royal Palaces, London, Großbritannien

Archive Department, British History Museum, London, Großbritannien

Household of the Prince of Wales and The Duchess of Cornwall, London, Großbritannien

Debs Goodenough, Obergärtnerin, Highgrove, Großbritannien

RMN (Réunion des musées nationaux), Château de Versailles, Frankreich

Marc Fernandes bei Heymann, Renoult Associées, Paris, Frankreich

Schloss Schönbrunn Kultur- und Betriebsges.m.b.H., Schloss Schönbrunn, Wien, Österreich

Steffen Ejstrup, Kulturministeriet, Kopenhagen, Dänemark

Christine Waage Rasmussen, Königliche Landschaftsarchitektin,
Center for Slotte og Haver, Slots- og Kulturstyrelsen, Kopenhagen, Dänemark

Hendes Majestæt Dronningens Hofstat, Hofmarskallatet, Det Gule Palæ, Kopenhagen, Dänemark

Paleis Het Loo, mit besonderem Dank an Renske Ek, Konservatorin, Schloss Het Loo für die wertvollen Einblicke,
inhaltlichen Kommentare und ihren Beitrag in »The Royal Garden. Identity, Power and Pleasure«, Niederlande

Reggia di Caserta, mit besonderem Dank an Dott. Vincenzo Mazzarealla, Area Valorizzazione e Servizi Educativi, Caserta, Italien

Verwaltung der Prager Burg, mit besonderem Dank an Martin Herda vom Archiv und Direktor Petr Vlk,
Prag, Tschechische Republik

Tschechische Akademie der Wissenschaften, Prag, Tschechische Republik

Jaromír Beneš, Südböhmische Universität Budweis, České Budějovice, Tschechische Republik

Landeshauptstadt Hannover, Fachbereich Herrenhäuser Gärten, mit besonderem Dank an Melanie Kuiper-Lehner, Deutschland

Claudia Schönfeld, Welterbemanagerin der Landeshauptstadt Schwerin, Deutschland

Jochen Sandner und Dr. Josef Wolf, Geschäftsführer, Staatliches Museum Schwerin, Deutschland

La Asociación Cultural y Pedagógica Alhambra, Granada, Spanien

Diputación de Granada, Spanien

Hauptabteilung, Muzeya-Zapovednika Peterhof, Russland

Abteilung für Tourismus, Regierung des Bundesstaats Uttar Pradesh, Agra, Indien

Ebba Koch, für persönliche Gespräche und Briefwechsel über den Taj Mahal
während meiner Zeit als leitender Redakteur bei Thames & Hudson

Archaeological Survey of India, Agra, Indien

Ministerium für Tourismus, Regierung von Indien

Archiv, The Smithsonian Institution and Museums, Washington D.C., USA

Abteilung für Tourismus, Taman Tirtagangga, Bali, Indonesien

Biologisches Labor, Kaiserlicher Haushalt, Tokio, Japan

Mein besonderer Dank gilt meinem Partner und Vertrauten Jasen Cavalli
und Georgina Edwards für ihre Unterstützung bei den ursprünglichen Recherchen.